椙山林継先生古稀記念論集

日本基層文化論叢

椙山林継先生古稀記念論集刊行会 編

雄山閣

椙山林継先生

目　次

第Ⅲ章　日本文化の形成と変容

第Ⅰ章　基層文化の源流を求めて

縄文時代の鐸形土製品に関する一考察

阿部　昭典

一　はじめに

東北地方北部の縄文時代後期前葉の「第二の道具」（小林一九七七）のなかに、鐸形を呈する「鐸形土製品」がある（図1）。この鐸形土製品の分布域は、十腰内Ⅰ式土器の分布圏と似た範囲を示し、本土器様式に関連性の深い土製品である。時期的には、縄文時代後期前葉の短期間に出現して姿を消す土製品である。当該期の東北地方北部は、他地域に比べて土製品や石製品の数量・種類ともに豊富で、大規模な環状列石が盛んに造営される。鐸形土製品は、この時期の代表的な土製品の一つであり、数量的にも他の土製品・石製品を圧倒しており、その様相解明は非常に重要である。ここでは鐸形土製品に関して、形態的特色の地域性とともに、機能・用途について検討したい。

二　研究史

本土製品の研究は、土偶などの土製品に比べて活発とは言えない。古くは、角田猛彦（一八八一）や樋口清之（一九三二）などの記述がある。角田（一八八一）は、陸奥国東津軽郡の遺跡出土資料を紹介するなかで図示して、「～

用不明の土器又漏斗に似たる土器などを得たり～」と説明している。一方、樋口清之（一九三三）は「鐸状土製品」と呼称して秋田県河辺町荒巻村と青森県西津軽郡裾野村十腰内出土の2例を紹介している。樋口は、「陸奥式土器に伴出する小形土製品」として、「頭部の一孔によって懸垂して使用されたものであろうことは容易に想像され得る」と指摘しているが、その後の研究にはひきつがれることはなかったようである。

その後、青森県弘前市十腰内遺跡の発掘調査報告書のなかで、今井富士雄と磯崎正彦（一九六九）は「鐸形土製品」と呼称して次のような説明を加えている。「小形の鉢をさかさに伏せたようなもので上部に小さな孔をあけたり、鰭状の突起を造り出したりしている。後世の鉄鐸や馬鐸などから連想してこの名をつけたが、もちろん内部に舌とかそれを垂下するような装置はない。しかし、上部に孔をあけたりした例などからすると、垂下した状態で使用したとみるのが適当である」としながらも、「孔があけられていないものもあるから、一概に懸垂した状態でのみ用いられたと考えることはできない」と指摘する。

青森県六ケ所村大石平遺跡では、多量の鐸形土製品が出土しており、報告書のなかで遠藤正夫（一九八七）が詳細に鐸形土製品の特徴について検討を加えている。これらは「手捏による高さ3～8㎝ぐらいの小さなもので、中空となっており、その多くには一個の貫通孔が見られ、全体の形が鐘、鈴、鐸などに似ているもの」と説明する。貫通孔に関しては、A～D類に分類している。A類は開口面と平行で、つまみの短軸方向に平行に穿孔するもの、B類は開口面と平行で、つまみの長軸方向に平行に穿孔するもの、C類は開口面と平行で、つまみが円形であるためA・Bの区別がつかないもの、D類は開口面に垂直で、つまみ上面から中空部に向って垂直に穿孔するもの、である。また鐸身の断面形と開口部の断面形を円形・楕円形に分類し、鰭のつくものがあることを指摘している。文様は、無文と有文に大別し、有文は①沈線文、②刺突文、③沈線＋刺突文に分類する。また用途について、遠藤は大石平遺跡での出土状況や個々の観察から、祭祀や葬送儀礼など特殊な儀式の際のみに使用するもので、煤（炭化物）付着の点を重要視し、その使用は、

鐸形土製品出土遺跡リスト
〔青森県〕
1）三内丸山（6）遺跡、2）近野遺跡、
3）安田（2）遺跡、4）宮本（2）遺跡、5）中平遺跡、
6）小牧野遺跡、7）稲山遺跡、8）月見野（1）遺跡、
9）四ツ石遺跡、10）米山（2）遺跡、11）上野尻遺跡、
12）二股（2）遺跡、13）一ノ渡遺跡、14）堀合Ⅰ遺跡、
15）野尻（2）遺跡、16）十腰内遺跡、17）中の平遺跡、
18）有戸鳥井平（4）遺跡、19）大石平遺跡、
20）上尾駮（2）遺跡、21）幸畑（1）遺跡、
22）幸畑（7）遺跡、23）弥栄平（1）遺跡、24）沖附（1）遺跡、
25）田面木平遺跡、26）丹後谷地遺跡、27）韮窪遺跡、
28）一王子（1）遺跡、29）新井田古館遺跡、
30）風張（1）遺跡、31）是川中居遺跡、32）弥次郎窪遺跡、
33）館平遺跡、34）咽平遺跡、35）館野遺跡、
36）水吉遺跡、37）松石橋遺跡、38）古街道長根遺跡
〔岩手県〕
39）親久保Ⅱ遺跡、40）馬立Ⅰ遺跡、41）馬立Ⅱ遺跡、
42）上村遺跡、43）馬場野Ⅱ遺跡、44）君成田Ⅳ遺跡、
45）長倉Ⅰ遺跡、46）駒板遺跡、47）大日向Ⅱ遺跡、
48）叺屋敷Ⅰａ遺跡、49）秋浦Ⅰ遺跡、
50）芦名沢Ⅱ遺跡、51）湯舟沢遺跡、52）大新町遺跡、
53）沼袋遺跡、54）館石野Ⅰ遺跡、55）立石遺跡、
56）八天遺跡、57）莇内遺跡、58）相ノ沢遺跡、
59）清水遺跡、60）上寺田遺跡、
61）夫婦石袖高野遺跡、62）河崎の柵擬定地、
63）新山権現社遺跡
〔秋田県〕
64）真壁地遺跡、65）萱刈沢Ⅰ遺跡、66）伊勢堂岱遺跡、
67）藤株遺跡、68）塚の下遺跡、69）萩の台Ⅱ遺跡、
70）大湯環状列石、71）高屋館跡、72）中小坂遺跡、
73）道合Ⅰ遺跡、74）萩ノ台Ⅱ遺跡
〔北海道〕
75）石倉貝塚、76）鷲ノ木遺跡、77）浜松５遺跡

図１　鐸形土製品分布図

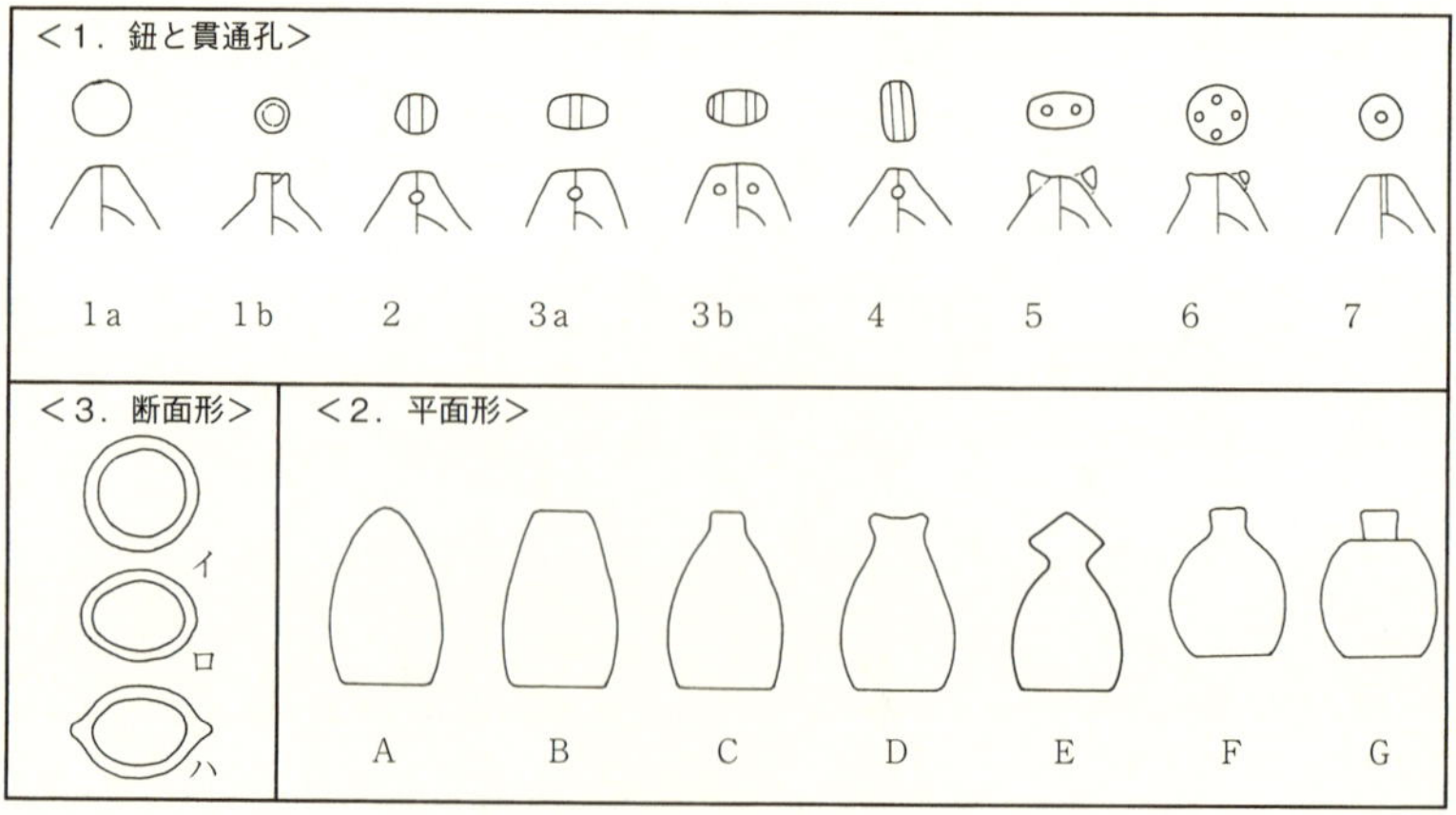

図２　鐸形土製品の形態分類

火（神火）と深く関わりがあるものと推測する。

成田滋彦（二〇〇七）は、十腰内I式期の土製品・石製品を概観するなかで、鐸形土製品の用途について言及している。成田は、遠藤の見解を引用しつつ、内面の黒色付着物の多くはウルシではないかと推測し、紐通し孔の存在から、個人が保有する「ステータスシンボル」の一つであると解釈する。また最近では、成田（二〇〇九）は鐸形土製品が人体を表現した〝土偶の亜流〟であり、黒色付着物を火に由来すると見解を改めて、火を用いた儀礼行為の存在を想定する。本土製品の内面に見られる黒色付着物は、目立った特徴であり、その成因が火の使用によるススコゲの類か、製作時のウルシの塗布によるものかは、自然科学分析等によって解明されるべきであろう。

岡村道雄（二〇〇九）は、鐸形土製品の用途について、土偶の腰部に複数吊り下げているような表現が見られることから、シャーマンが腰に吊り下げて鳴らして踊ったものとする意見を取り上げて、ぶつかれば簡単に割れてしまうことから、祭壇などの安定した場所に吊り下げたことを想定する。確かに、岡村が指摘するように、本土製品は完形で出土する事例も多いことから打ち鳴らして使用したものとは考えにくい。

本土製品の研究は、報告書のなかで分類や若干の考察が加えられる以外は、機能・用途に関する言及にとどまり、正面から研究対象として扱われることはほとんどなかったようである。ここでは、鐸形土製品の特色と地域性をまとめ、機能・用途に関しても筆者の見解を示しておきたい。

三　鐸形土製品の特色

1　鈕と貫通孔（図2−1）

鈕（摘み部）の形態は、大きく4形態が確認され、貫通孔の形態をあわせると、9類に分類される。

1類　貫通孔を持たないもの。鐸身と鈕に括れを持たないもの（1a類）と持つものがある（1b類）。
2類　ほぼ同じ幅の鈕に貫通孔を穿つもの。
3類　横長の鈕に対して短軸方向に貫通孔を穿つもの。孔が一つのもの（3a類）に加えて二つのもの（3b類）も存在する。
4類　縦長の鈕に長軸方向に貫通孔をあけるもの。
5類　鈕が角状に左右に突出して、斜め方向の貫通孔を両側にあけるもの。
6類　鈕が皿状に突出して、斜め方向の貫通孔を4方向にあけるもの。
7類　鈕に垂直方向に貫通孔を穿孔するもの。

2　形態と大きさ（図2）

本土製品の大きさは、高さが4㎝～10㎝の中に収まるもので、ほとんどが5㎝前後である。平面形は、七つの形態に分類され、大きくは、①胴長のもの（A～E類）と短胴のもの（F・G類）がある（図2－1）。正面と側面からでは見える形が変わるが、ここでは正面形態を分類する。前者には鈕と鐸身の間に括れを持たないA類とB類が存在する。A類は鈕が鐸身から窄まるもので、B類は鈕が幅広くなる。またC・D類は鈕に括れを持つもので、D類は角状もしくは皿状に突出する。これが発達したと考えられるものに、森町鷲ノ木遺跡など北海道西南部で出土するイカ形（E類）と称される鐸形土製品がある。F類とG類は、寸胴形のもので、G類は鐸身と鈕の間に段差を有する。

鐸身部の断面形は、遠藤が指摘するように、円形（イ類）と楕円形（ロ類）に潰れるものがあり、後者には両端に鰭状の隆帯が貼付されるものがあり、これをハ類に分類した（図2－3）。

これらの土製品には、鈕の形態に多様性が見られるが、主要分布域である青森平野や下北半島、米代川流域では、これらの形態が併存して存在しており、地域性は明確ではない。

3　文様（図3）

鐸形土製品の文様は、基本的に鐸身（胴部）を上下の沈線帯で区画し、表裏面を側面で縦位沈線などによって区画するものが多い。この区画内を、①沈線、②刺突列、③二本の沈線間に刺突文を施すもの、で直線的文様や曲線的文様を描く。直線的文様は、縦位・横位の区画文、十字状、格子目状、三角形、菱形などの区画文や、クランク文、横位沈線文などの文様がある。曲線的文様は、大形の渦巻文や小形の渦巻文、波濤文、波状文、S字文、楕円文などがある。この他にも、土器に見られるような区画文や樹木状文、などがある。縄文を施す例はほとんどないが、図3-70など稀に見られる。加えて、無文になるものも多く、赤彩されるものもあることから、無文であっても彩色されていた可能性も考慮される。

これらの文様は多様であり、地域性を指摘するのは難しい。そのなかでも、大柄な渦巻文や縦横の区画文など各地域に共通して見られる文様も存在し、より細かく分析すれば、地域性を見出すことも可能であると思われる。

四　鐸形土製品の用途について

1　形態的特色から見た用途

本土製品の用途は、頂部に紐通しの貫通孔があることから、吊るして使用されたとする見解が多い。しかし、これらの貫通孔を観察しても、明確な紐ズレによる磨り痕は認められない。とは言うものの、すべてに孔があるわけではないが、多様な貫通孔の存在は、吊るして使用されたと見るべきであり、蓋然性は高いと考えられる。また、吊るされてい

＜米代川流域＞

1～3・7・11・21～23：大湯、4・20：塚ノ下、
5・6・8～10・12・14～19・24・25：伊勢堂岱、13：真壁地

＜青森平野＞

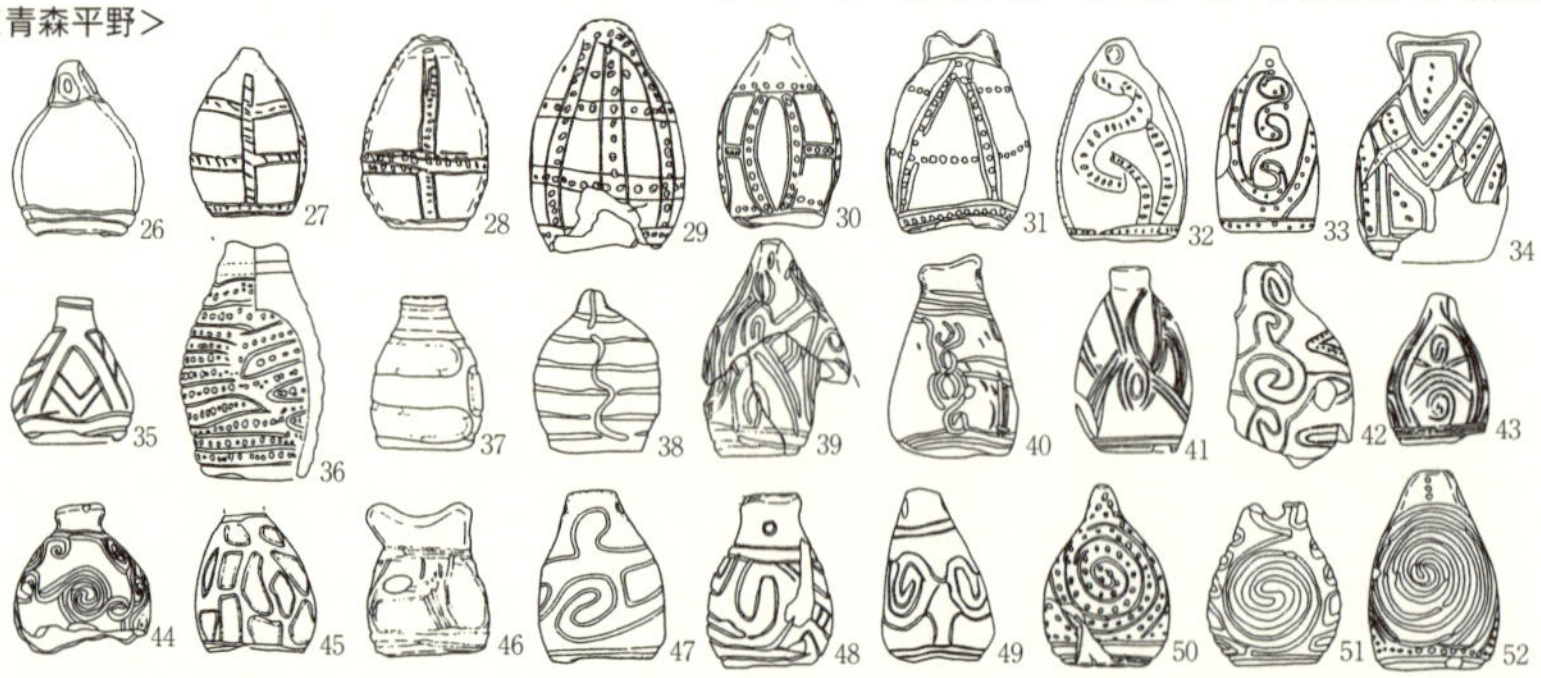

26・28・30・31・33・34・39・40・41～44・50～52：三内丸山(6)、
27・37・45～48：稲山、29・35・38・49：小牧野、32・36：近野

＜下北半島＞

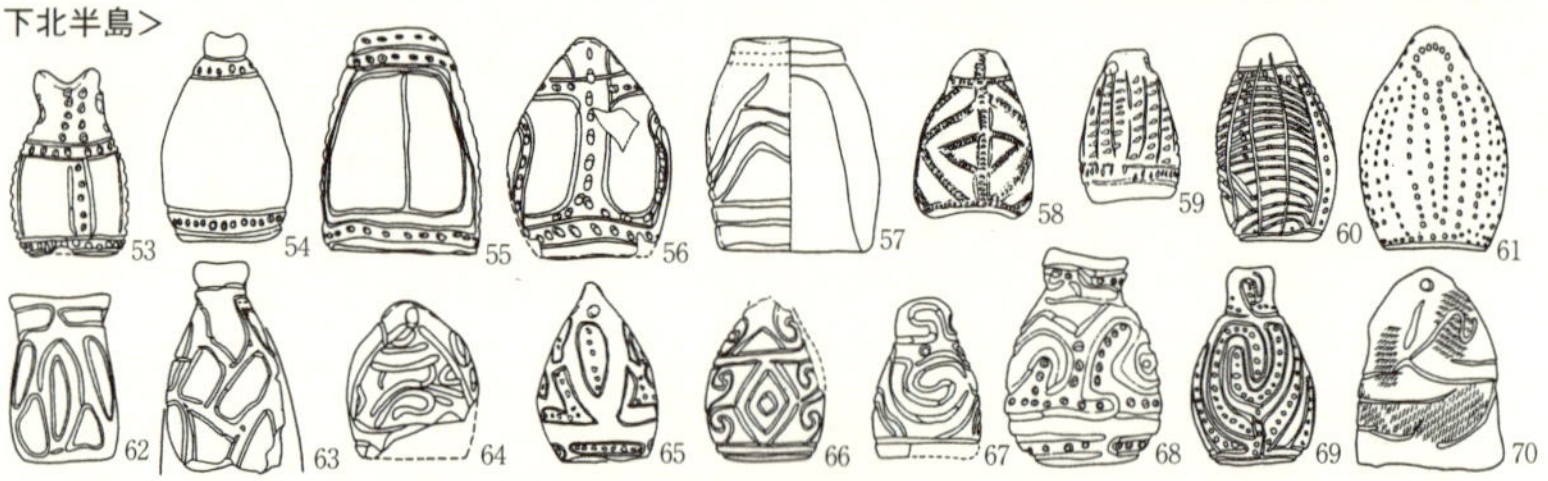

26・28・30・31・53・55～59・61・63～67・69：大石平、
54・60・62・68・70：上尾駮(2)

＜馬淵川流域・北上川流域＞

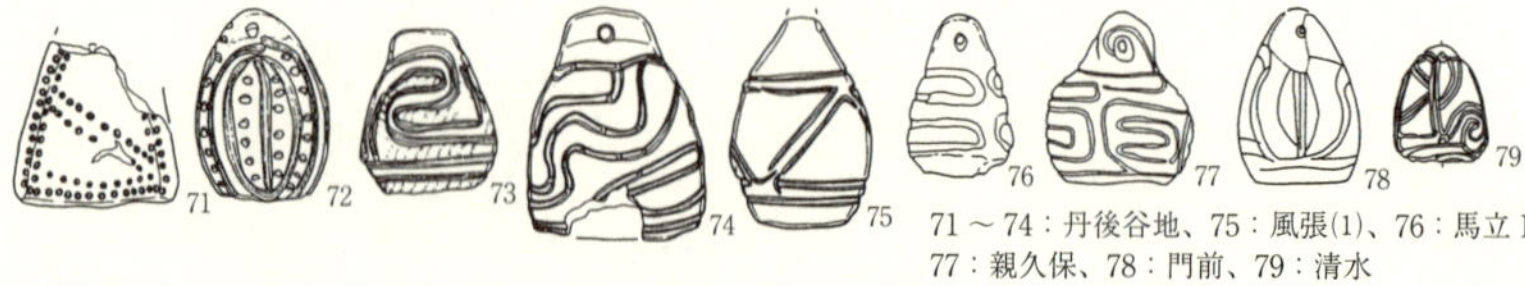

71～74：丹後谷地、75：風張(1)、76：馬立Ⅰ、
77：親久保、78：門前、79：清水

0　10cm

図3　各地域の鐸形土製品

たと仮定した場合、何処にどのように吊るされていたのか、「携帯型」か「固定型」かが問題になる。さらに、葛西勵（二〇〇二）が指摘するように、指をあてて笛のように使用した可能性もあることから、用途についてはこれらも含めて形態からの検討が必要であろう。

2　出土状況から見た性格

本土製品が遺構から出土する事例は、竪穴住居跡床面や墓坑出土がある。特に、墓坑出土例は、青森県大石平遺跡（遠藤一九八七ほか）や秋田県真壁地遺跡（熊谷ほか一九八三）などがある（図4－1・2）。1・2はいずれも大石平遺跡の土坑出土例で、楕円形や隅丸方形の浅い土坑から一点の鐸形土製品が出土している。これらが墓坑であるとすると、被葬者が身につけていた可能性が想定され、複数で使用するというよりは、一つを吊るして身につけていたと見ることができるだろう。

遺構外出土で注目されるのは、環状列石周辺の分布である。大石平遺跡では、環状列石周辺の鐸形土製品の分布が示されている（遠藤一九八七）。これによると、環状列石の外側に分布し、内側からはほとんど出土していない。また小牧野遺跡や稲山遺跡でも同様な傾向が示されている（児玉二〇〇四・二〇〇六）。このように、環状列石内部は分布が希薄で外側が濃密になる傾向は、鐸形土製品に限ったことではないが、廃棄のされ方という点で興味深い点である。

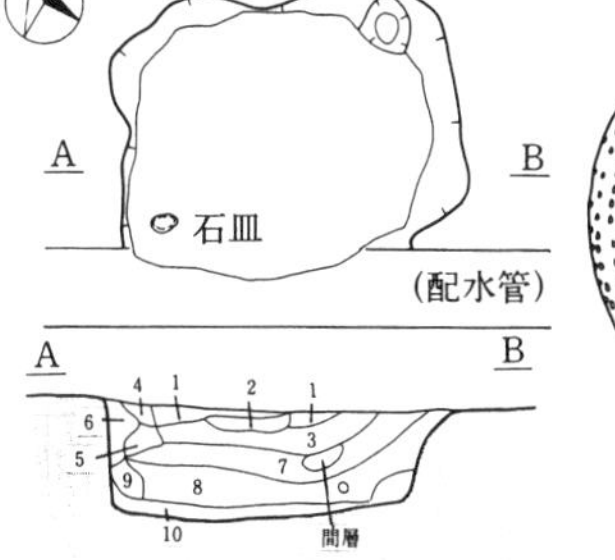

1．大石平・166号土坑

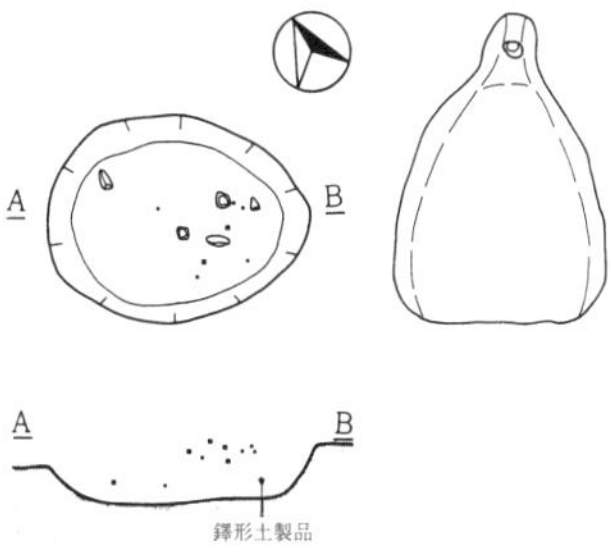

2．大石平・56号土坑

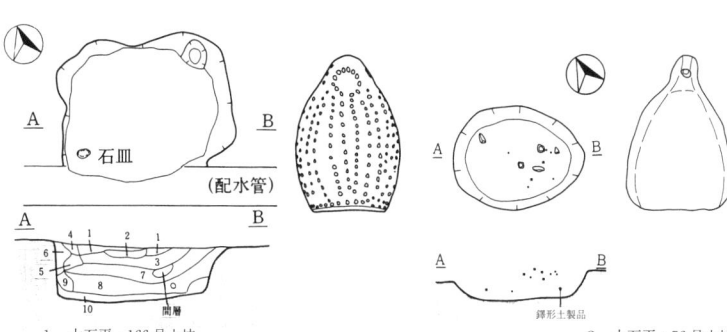

図4　墓坑出土の鐸形土製品

3　内面の黒色付着物

従来、指摘されているように、内面の黒色付着物の由来は鐸形土製品の用途を考える上で重要な要素である。これらが火の使用によって残された痕跡（遠藤一九八七ほか）なのか、成田（二〇〇七）の指摘するように製作時に塗布されたウルシが残存したものかは大きな違いである。実際に、本土製品の内面を観察すると、黒色付着物が付着しているものが多い。筆者が実見した資料の中にも多くの付着例が確認された。その付き方にも、幾つかの特色がある。

多くの場合は、内面に薄く黒色付着物が付着するもので、触ると黒色物質が指に付く粉状のものと、膜状に付着して指で触れても付かないものがある。前者は製作時や使用時に付いた煤の可能性も考えられるが、その他の可能性もあるだろう。後者は、塗布されたウルシの可能性もある。鐸形土製品には稀に赤色顔料を部分的に確認できるものがあることから、土偶などの土製品と同様に赤彩されるものが存在したことが推測される。特に内面は外側に比べて風化しにくく、土中の中でも比較的残りが良かったため遺存したとも考えられる。稀に内面に層状の黒色付着物が付く事例があり、これは小牧野遺跡のみで確認されたものである。この事例は塗布されたものというよりは、土器内面のオコゲの付き方に似ている。しかし、5㎝程度の土製品で煮沸したとも考えにくく、他には見られない状況であることから、黒色付着物にも幾つかの起源があることが想定される。やはり、自然科学分析によってこれらの成分を明らかにすることで、その起源を明らかにする必要があると思われる。

五　おわりに

鐸形土製品は、縄文時代後期前葉の東北北部〜北海道西南部にかけて十腰内Ｉ式土器が分布する範囲に広がりを持つ土製品であり、信仰と関わりのある土製垂飾品であると推定される。出土状況では、墓坑と推定される土坑から出土する事例があることから、人が首に吊り下げていた可能性があり、それも複数ではなく単体での使用が考えられる。内面の黒色付着物は、本土製品の用途と関わる重要なものであるが、由来は不明なままである。これらの黒色付着物の由来は一つとは限らないが、自然科学分析によって由来を解明する必要があり、今後の課題としておきたい。

伝統文化リサーチセンター長である椙山林継先生が提唱された「祭祀考古学」について、本センターの「祭祀遺跡に見るモノと心」グループの調査・研究のなかで方法論を中心として、日々研究に励んでいるところである。本論は、その成果の一部をもとにして執筆したものであり、執筆にあたっては、椙山先生は勿論のこと、以下の方々よりご協力・ご教授頂いた。文末ながら感謝申し上げたい。

井上雅孝、内川隆志、榎本剛治、川口　潤、加藤里美、加藤元康、児玉大成、佐々木雅裕、佐々木務、設楽政健、白鳥文雄、杉野森淳子、高橋　毅、成田滋彦、藤井安正、細田昌史

参考文献

阿部昭典　二〇〇九「東北北部における「第二の道具」の多様化」『平成二十一年度フォーラム　環状列石をめぐるマツリと景観』國學院大學伝統文化リサーチセンター
五十嵐一治　一九九九『伊勢堂岱遺跡』秋田県教育委員会
今井藤士雄・磯崎正彦　一九六九「第十六節十腰内遺跡」『岩木山』弘前市教育委員会
榎本剛治　二〇〇七「環状列石における第二の道具の基礎的研究」『第四回土偶研究会』土偶研究会
遠藤正夫　一九八七「第X章分析と考察　第二節(2)土製品」『大石平遺跡Ⅲ』青森県教育委員会
岡村道雄　二〇〇九『縄文人の祈りの道具―その形と文様―』日本の美術№515　至文堂
角田猛彦　一八八一「陸奥國東津軽郡石器時代の遺跡探究報告」『東京人類学会雑誌』第六巻第六十四号

葛西　勵　二〇〇二『再葬土器棺墓の研究―縄文時代の洗骨葬―』「再葬土器棺墓の研究」刊行会
熊谷太郎ほか　一九八三『真壁地遺跡　蟻ノ台遺跡』秋田県教育委員会
児玉大成　二〇〇四「第五章土製品」『稲山遺跡発掘調査報告書Ⅴ（分析・総括編）』青森市教育委員会
児玉大成　二〇〇六「第五章出土遺物」『小牧野遺跡発掘調査報告書Ⅸ』青森市教育委員会
小林達雄　一九七七「縄文世界のなかの土偶―第二の道具」『土偶・埴輪　日本陶磁全集3』中央公論社
成田滋彦　二〇〇七「十腰内文化概説」『三浦圭介氏華甲記念論集』三浦圭介氏華甲記念論集刊行会
成田滋彦　二〇〇九「後期土製品考」『八戸市風張（1）遺跡合掌土偶国宝指定記念シンポジウム発表資料集』青森県埋蔵文化財調査センターほか
樋口清之　一九三三「鐸状土製品」『史前学雑誌』第五巻第五号

住居廃絶儀礼における縄文土器

中村　耕作

一　住居廃絶儀礼における土器の選択とその意義

儀礼に用いる道具の分布・地域差とその伝播については古墳時代の石製模造品をめぐる椙山林継の先駆的研究があるが、同一の道具の異なった儀礼での使用や、同一儀礼での異なった道具の選択の事例もあり（椙山一九六五・一九七二）、出土状況の具体的検討が必要である。

時代は異なるが、煮炊きに使われた深鉢が圧倒的多数を占める縄文土器にあって、前期以降に出現するものの、分布に偏りが認められる諸器種―盛付用の浅鉢や高杯、液体を注ぐための注口土器、太鼓または酒造具とされる有孔鍔付土器、灯火具あるいは香炉と推定される釣手土器・異形台付土器などは、少数ながら精巧な品が多く、儀礼の場で用いられることも少なくない。筆者は先に、葬送儀礼に関わる土器の出土状況について全国の事例を概観し、また、ケーススタディとして、縄文時代後期中葉の関東と中部の土器副葬と土器被覆葬の器種選択の対比性について論じた（中村二〇〇八a・b）。儀礼においていかなる土器を用いるのか、という問題に関わるこれらの事象は、当時の人々の道具と儀礼・場（遺構の種類あるいは地域）の関係性、道具同士の関係性、道具間の階層的価値認識など、象徴観念・価値認識・分類認識といった「カテゴリ認識」を窺う上での重要な手がかりとなる（中村二〇一〇）。

こうした観点において、葬送儀礼と並んで重要なのが住居廃絶儀礼である。竪穴住居は多くの労力を投じて構築され、一家の拠り所として肉体的にも精神的にも重要な存在であった。その住居を廃絶するに際しては、炉石の抜き取り、放火、そして床面・覆土・炉内への土器・石器・食物の供献・投棄などの儀礼が執行されたようである（大場一九五五、桐原一九七六、山本一九九三、金井一九九七ほか）。

本稿では住居廃絶儀礼のうち意図的放火の結果としての焼失住居を中心に、適宜火を受けていない住居の床面出土例を参照して検討する。焼失の原因は必ずしも儀礼行為に限られないが、完形土器の出土例に限定した場合では、儀礼に関わる意図的な所産とみられることが強く主張されてきた（大島一九九四、神村一九九八ほか）。住居使用時から既に置かれていた可能性もあるが（小林一九八七）、その場でいかなる土器が用いられたのかを検討することは、その土器のカテゴリ認識を検討する上で不可欠な作業である。

二　前期

岐阜県糠塚遺跡では炉を挟んで後葉諸礒b式に属する円盤形の浅鉢が一点は正位で、一点は逆位で出土した［図1―2］。両者はサイズ・文様の有無・色彩の面でも対照的である。その周囲には焼土が堆積しており、火を使った何らかの行為が行われたことを示している。浅鉢の一点は重要文化財に指定されている優品である。これらの類例は小杉康（一九八五）が「木の葉文浅鉢形土器」と名づけ、諸礒式と北白川下層式との間で模倣・交換された交換財・威信財として位置づけており、副葬品としても多くの事例がある。住居床面出土例としては、群馬県小仁田遺跡でやはり二点が正位と逆位で出土している例がある。長野県野々尻2遺跡や神奈川県矢頭遺跡でも大小2つの浅鉢が出土している。この諸礒b式期には高台付の鉢も出現し、副葬例や住居床面出土例（横浜市西ノ谷貝塚など―同図2）が認められる。

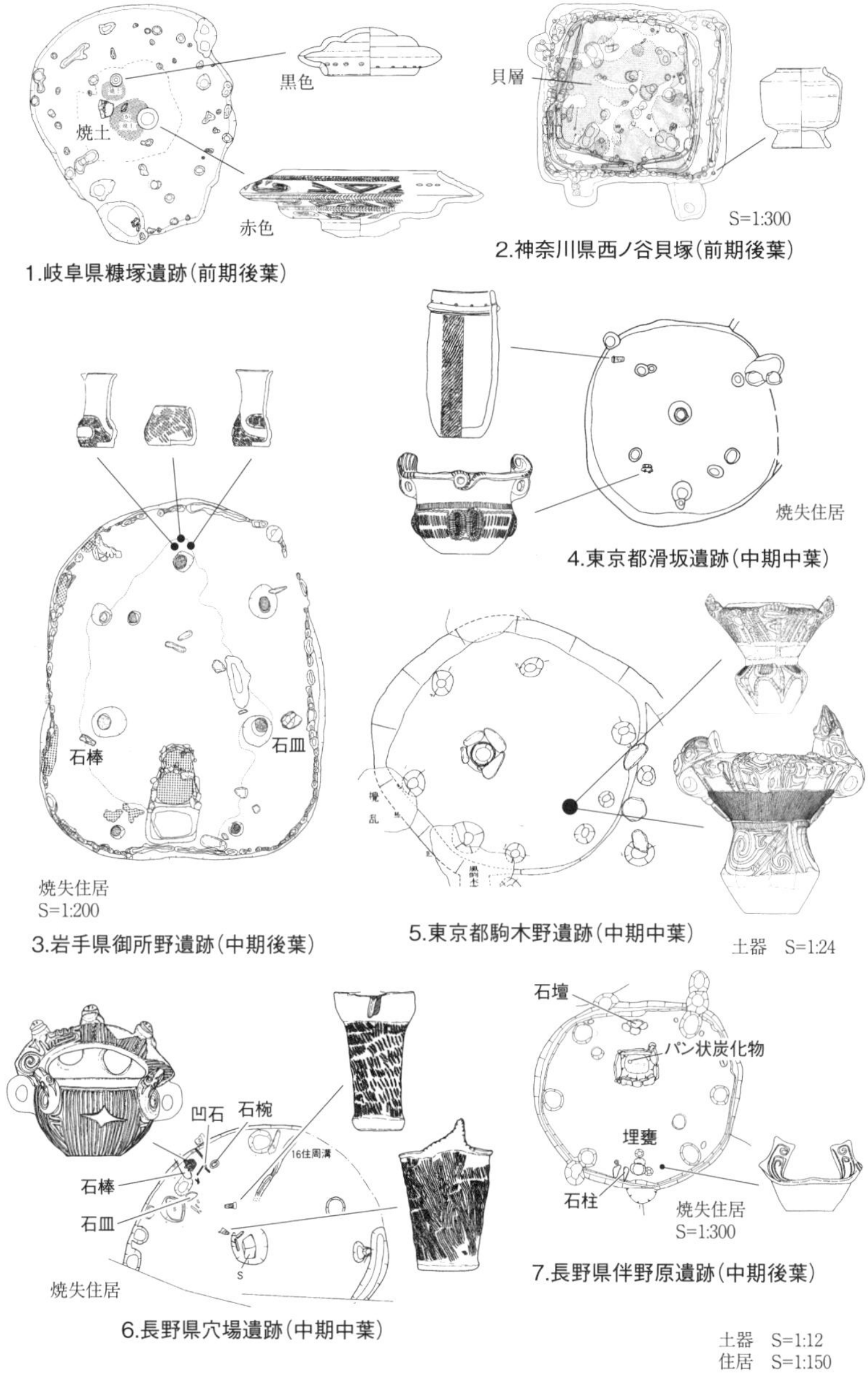

図１　前期・中期の住居床面出土土器の事例

三　中期

北海道南部の陣川町遺跡、茂尻C遺跡、中島松A遺跡などで中期後半の焼失住居から深鉢や浅鉢が出土している。東北地方北部の中期末葉の事例としては、岩手県御所野遺跡の焼失住居が代表例として挙げられる。DF22の奥壁部から徳利形壺二点、鉢一点［図1―3］、GD66―02では徳利形壺六点と無文鉢が出土している。これらの類例については、阿部昭典（二〇〇九）が集成しており、床面出土例として東北北部を中心に六軒の事例が挙げられている。また、秋田県烏野上岱遺跡では徳利形土器二点の出土例がある。

東北南部では福島県馬場前遺跡の焼失住居から側面に二段の横位把手を持つ中期末の注口付壺と、口縁部上に橋を掛け渡す壺の二点が出土している。これらと同様に側面に二段の把手を持つ壺については上栃窪遺跡や宇輪台遺跡にも床面出土例がある（阿部二〇〇六）。また、焼失住居の事例は知られていないが、注口付浅鉢の床面出土例も福島県法正尻遺跡、山形県宮下遺跡、宮城県中ノ内C遺跡、栃木県槻沢遺跡など東北南部から関東北部一帯で事例が知られる。

関東地方では、中葉勝坂式期の焼失住居を集成した嶋崎弘之（二〇〇七）が、横浜市清来寺墓地裏遺跡や東京都宇津木台D地区、滑坂遺跡、忠生遺跡などから小形の深鉢の出土例を報じている。このうち滑坂では有孔鍔付土器と深鉢の二点が出土している［同図4］。また、忠生では壁際の深鉢に接して浅鉢も出土しており、炉の反対側の壁際には細かく砕かれた彫刻石棒が位置している。東京都駒木野遺跡からは屈曲底の深鉢二点の出土例がある［同図5］。後葉加曽利E式期にも焼失住居床面からの深鉢の出土は継続し、焼失住居以外でも、深鉢のほか、浅鉢や器台などの床面出土が知られている（桐生一九八九）。

中部高地を中心とした勝坂式期に登場する器種として、有孔鍔付土器と釣手土器がある。有孔鍔付土器は上述した滑坂例をはじめ、床面出土例は多く、長野県久保上ノ平遺跡からは人体装飾付の事例が出土している。釣手土器は焼失住居からの出土例が顕著であり、当該期の事例としては、石棒に接して釣手土器が出土した長野県穴場遺跡例［同図6］、同じく石棒を伴う藤内遺跡例などがある。続く曽利式期・唐草文期にも焼失住居や床面出土例が多い。伴野原遺跡33号住居址は同遺跡最大級の住居であるが、炉内にパン状炭化物が供献され、入口部埋甕の両脇から石棒と釣手土器が出土している［同図7］。ほかにも東京都、岐阜県、富山県など広範囲で焼失住居からの釣手土器の出土が知られている。このほか焼失住居の事例としては、長野県増野新切遺跡で浅鉢と壷、丸山南遺跡や北丘B遺跡で浅鉢一点、東小倉遺跡で壷二点と浅鉢の出土例がある。また、焼失住居ではないが長野県伊久間原遺跡では被熱した石棒・石皿と深鉢・釣手土器・鍔付土器の床面出土例がある。

四　後　期

北海道末広遺跡、日吉遺跡、新道4遺跡、野田生1遺跡［図2―1］、青森県風張遺跡、岩手県大日向Ⅱ遺跡［同図2］など東北北部から北海道南部にかけて焼失住居を含む多数の住居床面から深鉢・浅鉢・注口土器・壷・高杯・釣手土器・下部単孔土器などが複数個ずつ出土している。器種のセット関係や焼失住居との関係などは未分析であり、また事例数の多さから全てを廃絶儀礼に伴うものと見るかは議論の余地を残すが、風張遺跡の国宝合掌土偶や重文蹲踞土偶もそうした土器とともに床面から出土しており、この地域の特色として注目しておきたい。

東京都なすな原遺跡では焼土の分布する住居床面から堀之内1式期の注口土器三点が並んで出土した［同図3］。また、横浜市原出口遺跡では同じく焼失住居から深鉢四点・土偶一点とともに注口土器一点が出土している。このような、関東地方の前葉から中葉の注口土器の床面出土例については須原拓（二〇〇三）の研究があり、堀之内2式期の東

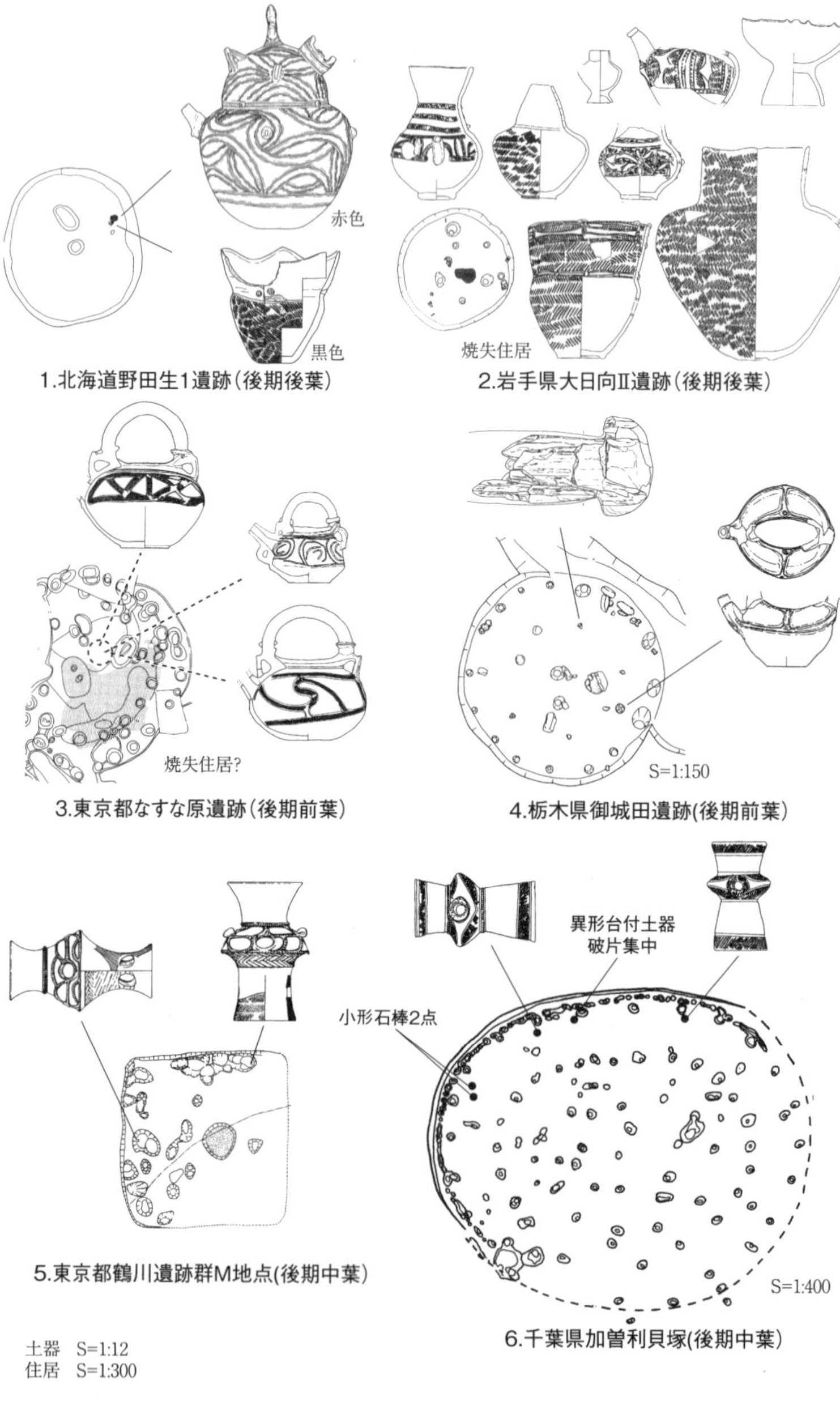

図２　後期の住居床面出土土器の事例

京・神奈川を中心とした関東地方一帯で三八軒（うち焼失住居一一軒）が集成されている。このうち、三軒で大形石棒が共伴しているが、栃木県御城田遺跡では舟形口縁の注口土器と石棒が対峙している［同図4］。また、深鉢の共伴例一二軒、浅鉢の共伴例が三例（一部重複）ある。なお、注口土器の床面出土例は岐阜県垣内遺跡でも見られる。

加曽利B2式以降は東関東を中心に、釣手土器、手燭形土器、異形台付土器などの特殊な器種が増加するが、その多くは住居覆土からの出土である。その中で、異形台付土器は住居床面出土例が目立っている。焼失住居例としては千葉県曽谷貝塚例があり、その他の床面出土例としては、井野長割遺跡、加曽利貝塚［同図6］、東京都平尾遺跡、同鶴川遺跡群M地点［同図5］などの事例がある。このうち井野長割例と鶴川例は二個一対の事例としてよく知られている（後者は他に台付鉢・鉢を共伴する）。また、加曽利貝塚例は小形石棒を、東京都吉祥山遺跡では逆位の注口土器を共伴している。

五　住居廃絶儀礼に関わる縄文土器から提起される問題

器種構成

本稿でとりあげた器種は、深鉢・浅鉢・釣手土器・壷・注口土器・台付鉢・異形台付土器などバラエティに富んでいる。同じく土器を用いる住居廃絶儀礼といっても、その性格や行為自体が様々であったことは明らかである。問題は、一定地域・時期内で使用する器種が統一されているか否かであろう。東京都の床面出土例をみると、勝坂式期では三〇軒中、深鉢一八軒、浅鉢五軒、有孔鍔付土器一軒、器台三軒、ミニチュア四軒、加曽利E式期では二八軒中、深鉢一三軒、浅鉢三軒、有孔鍔付土器・壷・片口注口・器台各一軒である（桐生一九八九）。また、中期後半の長野県松本・伊那・木曽地域の焼失住居では、土器が出土した二二軒中釣手土器が八軒から出土し、他に壷五軒、浅鉢・器台各三軒、深鉢二軒（神村一九九八）となっている。このように、地域・時期によって数の多い器種は存在するものの、同一地域・時期においても器種のバラエティが存在する。この違いの原因を検討するのは困難であるが、少なくとも「住居廃絶儀礼に用いる土器の器種」という強いカテゴリは存在していなかったようである。

墓坑埋納土器との比較

墓坑出土土器にもバリエーションがあるが、時期を通じて釣手土器や有孔鍔付土器、異形台付土器などの非飲食系土器は用いられなかったし、例えば後期中葉の中部高地の土器被覆葬に用いられる浅鉢など、使用器種が強く限定される場合も存在した（中村二〇〇八a・b）。では、同一時期における墓坑出土土器と住居床面出土土器との関係はどうであろうか。前期後葉の浅鉢は副葬例、床面出土例ともに存在する。一方、中期末の東北地方の浅鉢や壷の墓坑出土例は認められないようである。後期前葉の注口土器は関東・中部の広範囲で床面出土例・副葬例が認められるが、中葉には副葬例は神奈川・東京に集中するのに対し、床面出土例は埼玉などにも分布するなど分布範囲の違いが認められる。

分　布

本稿では住居床面からの完形土器の出土例が同一時期・地域に複数例存在するものを取り上げてきたが、単独例を含めると、前期以降の北海道から岐阜県周辺まで断続的に事例が認められた。一方、標題に掲げた住居廃絶儀礼の方法には様々なバリエーションがある可能性があり、また住居の構造や事例検索が不十分という問題も考慮しても、晩期や西日本に明瞭な事例を見出すことができなかったことは注目すべきであろう。墓坑への土器埋納は少数ながら散見されることと比べてもこの違いは際立っている。

住居廃絶儀礼における土器の象徴性

前期の浅鉢、中期の釣手土器や徳利形土器、後期の異形台付土器などが、しばしば二個一対で出土していることに触れておきたい。浅鉢と異形台付土器については既に小林達雄（一九九三）が注意しているが、本稿で挙げたようにそうした例は時期・地域を通じて広範囲に認められるのである。これらの事例は器形・装飾・サイズ・色彩・姿勢の点で対照性を見せており、土器の選択・配置に実用を超えた象徴的意味が込められていたことが想起される。

石棒との共伴関係

中期以降の住居廃絶儀礼に伴う土器にはしばしば石棒が共伴していた。長野県の中期の事例を検討した神村透（一九九八）や三上徹也（二〇〇七）は火入れ行為が石柱・埋甕などの住居使用時から用いられた施設との関係が薄いことを指摘しており、臨機的な原因―特別な成員の死に関わる行為の可能性は高い。石棒もまた石皿と対置される形で、死・再生といった観念とのつながりが指摘されている（谷口二〇〇六）。従って、ここで取り上げた土器と石棒が共伴することは必然性がある。先に見た特定器種と住居との関係が密接な場合があること、土器の選択・配置に象徴的意味が込められていたこと、後期の御城田例で石棒と釣手土器や注口土器が対峙していたこと、などを整合的に理解するには意味の共通性を想定するのが妥当であろう。中期の穴場例など石棒・石皿と土器の三者が共伴する例も少なくないが、こうした事例は、石棒と石皿の対比関係に、さらに住居と密接な繋がりを持つ土器を加え、複数の組み合わせを複合して同一の象徴的意味を表現していたものと理解しておきたい。

※本稿は平成二十一年度髙梨学術奨励基金による研究成果の一部である。

引用文献（紙面の都合上報告書は割愛させていただいた）

阿部昭典　二〇〇六「縄文時代中期末葉の器種の多様化—東北地方における壷と注口付浅鉢の顕在化—」『考古学』Ⅳ
阿部昭典　二〇〇九「縄文時代における徳利形土器の祭祀的側面の検討」『國學院大學伝統文化リサーチセンター研究紀要』第一号
大島直行　一九九四「縄文時代の火災住居—北海道を中心として—」『考古学雑誌』第八〇巻第一号
大場磐雄　一九五五「主要縄文式竪穴の考察」『平出』朝日新聞社
金井安子　一九九七「縄文人と住まい—炉の処理をめぐって—」『青山考古』第一四号
神村　透　一九九八「縄文中期後半の火災住居址—伊那・松本・木曽の事例から—」『信濃』第五〇巻第一〇号
桐原　健　一九七六「土器が廃棄された廃屋の性格」『月刊考古学ジャーナル』一二七号
桐生直彦　一九八九「床面出土遺物の検討（Ⅰ）—東京都における縄文時代住居址の事例分析を通じて—」『物質文化』第五二号
小杉　康　一九八五「木の葉文浅鉢形土器の行方」『季刊考古学』第一二号
小林達雄　一九六五「遺物埋没状態及びそれに派生する問題」『米島貝塚』庄和町教育委員会
小林達雄　一九八七「縄文時代の居住空間」『國學院大学大学院紀要　文学研究科』第一九輯
小林達雄　一九九三「縄文集団における二者の対立と合一性」『論苑考古学』天山舎
嶋崎弘之　二〇〇七「勝坂式期の火災住居址」『奈和』第四五号
椙山林継　一九六五「古代祭祀遺跡の分布私考」『上代文化』第三五輯
椙山林継　一九七二「祭と葬の分化—石製模造遺物を中心として—」『國學院大學日本文化研究所紀要』第二九輯
須原　拓　二〇〇三「住居址内出土の注口土器」『史叢』第六八号
谷口康浩　二〇〇六「石棒と石皿—象徴的生殖行為のコンテクスト—」『考古学』Ⅳ
中村耕作　二〇〇八ａ「葬送儀礼における土器形式の選択と社会的カテゴリ」『物質文化』第八五号
中村耕作　二〇〇八ｂ「墓坑への埋納」『総覧縄文土器』アム・プロモーション
中村耕作　二〇一〇「土器のカテゴリ認識と儀礼行為」『國學院大學伝統文化リサーチセンター研究紀要』第二号
三上徹也　二〇〇七「縄文時代屋内祭祀研究に関する覚書—石皿と石棒・立石祭祀の考古学的所見—」『山麓考古』第二〇号
山本暉久　一九九三「縄文時代における竪穴住居の廃絶と出土遺物の評価」『二一世紀への考古学』雄山閣出版

縄文土偶のイメージ
—「消化器」表現の変遷を中心に—

石井　匠

はじめに——循環する容器

粘土を焼いてつくられた土器は、料理をつくる鍋である。縄文人は土器で調理された料理を食べて命をつないでいた。とするならば、人は土器によって育まれるという側面をもっていると言えるだろう。その意味においては、縄文人たちは料理の器を単なる人工の容器としてではなく、土の器に「母なるもの」のイメージを重ねていたと想像しても不思議ではない。子を育む母なるもの。そこからすぐさま連想されるのは、マトリックス（母胎）であろう。

彼らが土器を「母胎」に見立てていたと仮定して考えてみると、母胎は羊水に満たされた子を育む容器であるが、水と食材を腹に抱えた土器母胎は「料理」という子を産みだす容器であるということになる。土器の「子＝料理」は胃液を湛えた人という「消化容器」に移し替えられることで人に栄養分を与え、「人容器」によって消化され、糞に変容する。そうして、肛門から人容器の外へと排出され、腐敗・分解されると、今度は石・水・土などの無生物や、数多の生命を抱える大地という母胎に還る。つまり、土器母胎も人容器も母なる大地も、単に中身の移し替えを行っているだけということになる。

また、土器母胎の素材は粘土であるから、土器は大地母胎の子でもある。人も料理の食材である動植物も死ねば大地に還るのだから、土器や料理、そして、つくり手である人間自身も大地母胎に取り込まれる中身の一つにすぎない。つまり、土器も人も各々に見合った形の容器に姿を変えながら、大地というより大きな母胎容器の中をぐるぐると廻っているだけなのだ。

ところで、土偶は土器母胎と同じ「大地の子＝粘土」を素材とする。いわば土偶と土器は双子のような関係にある。縄文時代中期以降に多くみられる土偶と融合した土器群は、土器と土偶が分かち難い関係性にあることを示している。土偶の表現対象がスーパーナチュラルな存在であっても、「消化容器」である人型を与えられている。そして、先にも述べた通り、人・土器・大地はすべからく容器である。これらのことからすると、土偶にも何らかの形で容器性が付与されていたとしても不思議ではない。

一　土器と土偶にみられる三つのイメージ

私は別稿において、双子のような土器と土偶の形式比較から「容器」のイメージを抽出し、その移り変わりを縄文時代早期〜晩期にわたって概観したことがあるが（石井二〇〇九b）、土器と土偶の関係性を通時的に比較してみると、両者は常に密接な関係性を維持し、その変化も常に連動していることが分かる。土器と土偶の親和性と変化の連動性の背後にあるのは、両者のつくり手たちが一種の「容器」という形に重ねていたと思われる「消化器・頭部・母胎」という三つのイメージである（図1）。

土器が容器であることはいうまでもないが、中身の生の食材は水とともに火にかけられることで、とろとろの煮込み料理に変容する。これはレヴィ＝ストロース（一九九〇）が指摘するとおり、料理が人体の口から喉を通り、胃腸で消化されていく過程のイメージと重なる。また、底部穿孔土器や底部ないしは胴部下半を欠損する土器などは、人体でいえば消化器の出口＝肛門がもたらされたものと捉えることもできる。つまり、鍋として用いられる場合と炉体や埋甕に転用される場合とでは中身と出入口は違うが、土器という容器は一種の「消化器」なのである。また、土器母胎が生みだす料理によって養われる人との関係性を考えれば、そこに「母胎」イメージを看取することもできる。口縁部や把手に顔面が表現されるならば、土器のボディラインにみられる湾曲や括れ、膨らみなどの形にも「母胎」のイメージを読み取ることもできる。それから、縄文時代前期から晩期にわたって盛んにつくられる顔面付土器や土偶装飾付土器の類がある。胴部を中心に顔面が表現されていれば、容器と化した「頭部」イメージの具現化をそこに見ることができる。おそらく、現代人が容易に顔と判別できるもの以外の極度にデフォルメされた文様群の中にも、頭部イメージが具現化された表現が多数存在するはずである。いずれにせよ、土器のつくり手たちは抽象具象を問わず、三つのイメージの組み合せをさまざまな形で具現化していたと思われる。

一方、粘土を素材とする土偶にも容器としての三つのイメージがさまざまな形で具現化されている（例えば、穴や貫通孔・皿状に窪んだ頭部・頭や体部の中空等）。土器母胎と双子の関係にあり、なおかつ消化容器である人型が採用される土偶の核にあるのは、おそらく「消化器」イメージであろう。

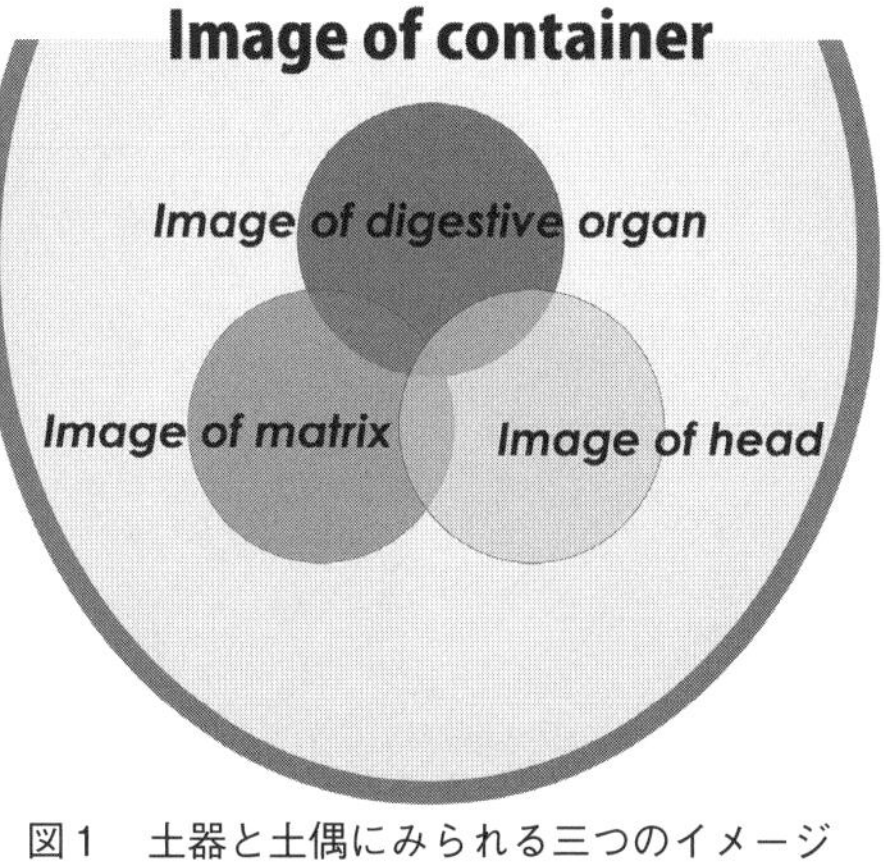

図１　土器と土偶にみられる三つのイメージ

二 「消化器」表現の初現

土偶造形に「消化器」表現を最初に見いだしたのは原田昌幸（一九九五）である。土偶が定着する縄文時代早期の板状土偶の上端（ないしは下端）には、貫通しない細長い穴が穿たれていることが多い（図2―1〜3）。小野美代子（一九七四）や篠原正（一九八六）は、この穴は心棒を刺して頭部を連結させるためのものだという仮説を立てた。それに対して原田昌幸（一九九五・一九九七）は、土偶には「人の胴体」のイメージがその根底にあり、「発生期の土偶」に穿たれるこの穴は人体の「消化器」に対応するという仮説を提示している[1]。

私は原田説を支持するが、その根拠を土器との連動性という観点から提示しておきたい。仮に、初期土偶に表現される未貫通孔が消化器官の穴だとすると、上端の開口部は土偶の口にあたる。この土偶の口は人体の口だけでなく、開口された土器の穴＝口縁部との結びつきも想定される。そこで土器の形に着目すると、出現期の土器の底部形態は丸底で不安定だが、草創期後半の一時期、平底となり自立する。ところが、早期になると尖底となり、自立しなくなる。器形は逆円錐形を呈し、括れをもつものや三角形の波状縁をもつものもある。一方、早期の板状土偶は足が表現されず自立しないが、その形式は「逆三角形」と「ヴァイオリン形」の二つに大別される。ヴァイオリン形はトルソーをイメージした形と言われるが、よく見ると二つの三角形の頂点が結合した形でもある。

つまり、立体の土器と平面的な土偶という違いはあるものの、早期の両者は自立しないという点と、三角形を基本とするという形態面でも一致し、両者は形態的に相似形であると言える。とすると、早期の土器は生の食材ないしは他の生命の死骸をとろとろの料理に変える口をもっているが、土偶にも人体と同様の料理を消化する口の穴が与えられていると読みとることもできる。故に、早期の板状土偶の穴は土器の口縁部に対応する口の表現である可能性が高い。

図２　縄文土偶における「消化器」表現の変遷

１・２. 木の根（千葉県）、３. 小室上台（千葉県）、４. 白座（青森県）、５. 杉則（岩手県）、６. 糠塚（宮城県）、７. 塩ケ森（岩手県）、８. 前田耕地遺跡（東京都）、９. 棚畑遺跡（長野県）、10. 長ケ原（新潟県）、11. 三内丸山遺跡（青森県）、12. 壁谷（群馬県）、13. 後田（山梨県）、14. 中ッ原遺跡（長野県）、15. 赤城遺跡（埼玉県）、16. 浜岩泉Ｉ（岩手県）、17. 二子貝塚（岩手県）

三　継承される「消化器」表現

ところで、消化器表現はすべての土偶に見られるわけではないが、早期から晩期まで形を変えながら一貫して継承されていく。図2は土偶における消化器表現の変遷を簡略に示したものである（矢印は穴や孔を示す）。

前期の消化器表現（図2―4～7）：前期の板状土偶は早期のものと同様に上端に貫通しない消化器の穴が残るものも多い（4）。前期土偶の特徴である頭や胸にみられる器状の窪みも、口ないしは消化器表現の一種と思われる（5～7）。また、この時期から特徴的にみられる正中線も消化器表現の一種であろう。例えば、7の正中線は口から下腹部まで描かれているが、本来は不可視な要素である消化器を皮膚面に表出させていると捉えることもできそうだ。とすれば、前期土偶の正中線は、人体内部の消化器の可視化を目的とした表現と理解するのが自然ではなかろうか。この場合、正中線は早期の消化器表現の簡略化ではなく、強調化とみるべきだろう。

中期の消化器表現（図2―8～11）：前期土偶の器状の口表現は、8のような中期の東北地方の板状土偶に口から下端まで貫通する穴の消化器表現として継承されている。尚、正中線と貫通孔が同居したり、正中線が表裏面に描出されたりする例も多いが、両者は別個の表現の共存ではなく、組み合わせによる消化器表現の徹底化であろう。また、早・前期にみられた上端の消化器の穴は、9・10のような中期立像土偶の頭頂部に継承されている。9の頭部は「容器化＋未貫通穿孔」でロート状を呈している。10の所謂縄文ビーナスは頭部が強調されているものの、頭頂部は平坦で容器化されていない。しかし、頭頂部中心に渦巻文を吸い込むかのような穴が穿たれている。(2) 11は肥大化した頭部がまさに器になっている。これら中期立像土偶の頭部の容器化現象は、おそらく人面付土器が出現する前期末から土器制作に起こる頭部イメージの具現化と連動している。つまり、人面付土器は「消化器＋頭部」イメージの融合的表現であり、その影響からあたかも連動するかのように、土偶の頭部と顔が明示されるようになり、頭部の容器化が起こる。とすると、土偶の頭が中身のこぼれない自立する容器となるには、必然的に立像化が必要となる。つまり、制作者たちの脳内で消化器・頭部・容器のイメージが融合化されることによって、土偶は必然的に立像化されるに至ると思われる。

また、土偶立像化に伴って起こる体部の豊満化には「消化器＋母胎」イメージの融合化を想定することもできる。中期前半から「消化器＋母胎」イメージの融合的表現と思われる土偶の中空表現も現れ始める。それと連動するかのように土器形式にも前期から頸部や胴部に極度の括れが採用され、まるで女体のような曲線的な形が主体となる。加えて、土偶の口から下腹部までを貫く正中線が描かれるものも多く、中空形態と正中線が共存する事例もみられる。いずれにしても、中期の土偶は三つのイメージが融合され、多様な表現で具現化されているが、「母なるもの」のイメージを基底にもつ土器と土偶の変化の連動性が著しい時期といえる。中期のつくり手たちが志向していたのは強烈な「母胎」イメージの具現化である可能性もある(3)。

後期の消化器表現（図2―12～14）：後期になると部分的であった消化器表現と中空の母胎表現との融合が促進され、筒形土偶（12）にみられる口から底面へ抜ける、ないしは仮面土偶（13・14）にみられる頭頂部・口から下腹部や脚部裏面まで、すべてが貫通して筒抜けになる表現形態が出現し、ここに消化器表現の完成された姿をみることができる(4)。また、筒形土偶も仮面土偶も顔を上向きにしているものがほとんどだが、ハート形土偶の多くも同様に顔が上を向いている。この種の土偶の細身の体部は中空ではないが、正中線が描かれることが多い。おそらく、後期土偶の正中線は消化器イメージの簡略的表現なのだろう。また、後期には東北地方を中心に完全に土偶と土器が融合した所謂異形土器と呼ばれる一群も存在する。これらは筒抜けでないために容器の機能を保っているが（土偶と融合する下部単孔土器は中間的存在）、土器と土偶という両者の機能や特性を兼ねそなえたハイブリッド容器であり、晩期に突如として出現する大形中空土偶の出自に関わる重要な土器群である。そのミッシングリンクとなる具体例を挙げれば、図示はしていないが、頭部の左右に角状の二つの筒型の口縁を配し、長い足の間に貫通孔をもつ全身中空の土偶や（東京都・田端東遺跡、北海道・著保内野遺跡）、人面付の壺形下部単孔土器（青森県・尾形遺跡）、赤彩を施され器状の頭部をもつ人面装飾付土器（山形県・宮の前遺跡）などのハイブリッド容器群であろう。

晩期の消化器表現（図2―15～17）：後期に出現した筒抜けの「消化器＋母胎」表現は、晩期の大形中空ミミズク土偶（15）や全身中空の遮光器土偶（16・17）に継承される。小野美代子（二〇〇九）は、大型中空ミミズク土偶は先行時期の異形台付土器や香炉形土器の製作技術と文様の施文手法に影響を受けて誕生したものだという。しかし、制作技術や文様施文手法の継承という問題はあくまで技術論であって、土偶の本質的な問題の解明とは直接的にはかかわりがない。むしろ、中空の容器である土器、それも特殊な使用目的のもとに制作使用された土器群が、同じく特殊な道具である土偶と融合するということに本質的な問題が眠っている。

私は晩期初頭の大形中空土偶の一群は異種の特殊な土器を融合させることによって発明されたものだと考えている。例えば、中空の遮光器土偶は、頭部＝「後期に突如出現して消滅する異形台付土器ないしは香炉形土器」、体部＝「下部単孔土器」というように特殊な二種の土器のハイブリッドであるという仮説である（石井二〇〇九b）。無論、その背景には前段階までに見られる「消化器・頭部・母胎」イメージの融合的表出というつくり手たちの志向性が前提としてあるのだが、一連の土器と土偶の三つのイメージの融合の帰結が、後期の中空筒抜け表現を採る土偶群やハイブリッド容器群であり、その志向性が晩期の大形中空土偶へと繋がって行くと考えたい。

それが証拠に16・17の大形中空の遮光器土偶の構造は、「頭部開口＋全身中空＋手足閉口」という容器性を保ちつつ、口や陰部（肛門）に貫通孔を穿つ消化器表現を取り入れている（15の大形中空ミミズク土偶の頭部は開口されておらず手足が開口されていることからして、消化器表現を意識した後期の筒抜け中空土偶に近い）。

三 小結

土偶と土器は用途に違いがあっても、その変化は常に連動している。いうまでもなく、それは両者を創りだしているのが同時代の人間であるからだ。つくり手たちは土偶発明段階で土器と人体のシンボリックなイメージの融合化を意識し、それが土偶の形や消化器表現として結実された。縄文前期には、口表現や正中線などによって明確な消化器表現を確立するに至る。同時に、土器には頭部・母胎イメージの具現化が土偶との融合のなかで模索され、前期から中期の人面付土器や土偶装飾付土器に結実する。こうした三つのイメージの折衷・融合化の過程で、土偶を立像化する何らかの社会的契機・要請も生じ、土偶にも三つのイメージがさまざまな形で具現化されていく。後期になると土偶の消化器表現は完成にいたるが、同時に土器と土偶の境い目が不明瞭になるハイブリッド容器（土器と土偶）が生みだされていく。晩期に至ると、大形中空遮光器土偶のように容器性を強めた「消化器＋母胎」表現の土偶が確立され、東日本に普遍化する。そして、容器的志向の強い土偶の系譜は弥生時代以降の土偶形容器や黥面土器、特殊な土器同士の融合によって発明された筒抜けの埴輪へと受け継がれてゆくと思われる。

土器や土偶の本質は型式論や編年論、製作技術論をいくら重ねても解き明かすことは叶わない。つくり手がどのような目的で何をイメージしているのか、その「制作者」の心機を考慮に入れなければ、ハイブリッド容器や土偶の発明の契機、そして、それらの社会的意味も解けないであろう。

主要引用参考文献

石井匠　二〇〇九a『縄文土器の文様構造―縄文人の神話的思考の解明に向けて』未完成考古学叢書7、アムプロモーション
石井匠　二〇〇九b「Pots and ceramic figures: Image of transformed container」『The archaeology of Jomon ritual and religion: A one-day workshop at the Society of Antiquaries of London』Kokugakuin University.（発表要旨）
石井匠　二〇一〇「物づくりにおける『モノ』とは何か―縄文土偶と現代フィギュアの比較から」『モノ学・感覚価値研究』第4号、京都大学こころの未来研究センター／モノ学・感覚価値研究会
小野美代子　一九七四「土偶研究の現状と今後の課題」『遮光器』八、みちのく考古学研究会
小野美代子　一九八一「所謂遮光器土偶の発生と変遷」『考古風土記』第六号
小野美代子　二〇〇九「木菟型中空土偶成立の背景」『縄文時代』第二〇号、縄文時代文化研究会
クロード・レヴィ＝ストロース（渡辺公三訳）一九九〇『やきもち焼きの土器つくり』みすず書房
小林達雄　二〇〇九「縄文時代中期の世界観―土偶の履歴書」『火焔土器の国　新潟』新潟県立歴史博物館編、新潟日報事業者
篠原正　一九八六「金掘遺跡出土の土偶に関する一考察」『研究紀要』1、印旛郡市文化センター
原田昌幸　一九九五『土偶』日本の美術№三四五、至文堂
原田昌幸　一九九八「発生・出現期の土偶から中期の土偶へ」『土偶研究の地平「土偶とその情報」研究論集』2、勉誠出版

図2・引用文献

1・2（千葉県文化財センター一九八一『木の根―成田市木の根№5、№6遺跡発掘調査報告書』）、3（船橋市教育委員会社会教育課編一九九一『小室上台遺跡』）、4（青森県階上町教育委員会一九八九『白座遺跡・野場遺跡（3）発掘調査報告書』）、5・6（原田一九九八）、7（岩手県埋蔵文化財センター一九八二『雫石町塩ケ森Ⅰ・Ⅱ遺跡』）、8（青森県教育長文化課編一九九六『三内丸山遺跡Ⅵ』）、9（前田耕地遺跡調査団一九八一『前田耕地』Ⅲ）、10（棚畑遺跡発掘調査団編一九九〇『棚畑』）、11（新潟県糸魚川市教育委員会一九六四『長ヶ原』：筆者写真トレース）、12（植木弘一九九七「筒型形土偶の系譜とその周辺」『土偶研究の地平』1、勉誠社）、13（韮崎市教育委員会一九八九『後田遺跡』）、14（茅野市教育委員会二〇〇三『中ッ原遺跡』）、15（埼玉県埋蔵文化財調査事業団報告一九八八『赤

城遺跡』)、16(岩手県文化振興事業団埋蔵文化財センター一九九八『浜岩泉Ⅰ遺跡発掘調査報告書』)、17(久慈市教育委員会一九九三『二子貝塚』)

註

(1)縄文土偶研究においては「発生」という用語が使われることが通例となっている。例えば、原田昌幸(一九九八)は「縄文時代草創期及び早期前半に新たな文化要素として創造された土偶を『発生期の土偶』」とすると述べている。私が違和感をもつのは、「発生」という用語である。小野美代子(一九八一)もこの語を用いているが、土偶はあくまでも人間が作りだした道具である。道具に対して霊的な何かを看取する人間心理が働くことはあるとしても、生命体ではない人工物が自然「発生」することも「進化」していくこともあり得ない。人工物であるならば「発明」とするのが適切であろう。

(2)中心の穴に吸い込まれるかのような渦巻文が描出されている頭頂部表現は、まるで底部穿孔土器に満たされた水が螺旋を描きながら穴に吸い込まれていく様子を描いているようにもとれる。

(3)このように考えれば、土偶は「地母神像」であるという言い方もできるかもしれないが、土偶と土器の表現の複雑な絡み合いを考慮すると、すべてを一元的に地母神表現とするのはあまりに短絡的である。おそらく、つくり手たちの生命観や世界観、宇宙観と深く関わっており、土偶は土器以外にもさまざまな遺物や遺構の造形デザインと連動しているため、総合的な考察が必要である。

(4)仮面土偶の頭頂部・首・足裏の貫通孔は、焼成時の空気膨張による破裂を防ぐための空気穴とも考えられるが、口や下腹部(陰部ないしは肛門)の貫通孔は消化器表現の一形態と考えられる。また、筒抜けとなる土偶の消化器表現は底部穿孔土器との関連性を窺わせるが、制作段階から筒抜けにされる土偶と、焼成ないしは使用後に筒抜けにされる底部穿孔土器とでは付与された象徴性は異質なものだろう。しかし、常に連動して変化している両者を筒抜けにするという行為がもつ意味は、必ずどこかで通底している。

銅矛の起源

小林　青樹

一　小黒石溝遺跡出土の銅矛関連資料

中国内蒙古自治区赤峰市に所在する小黒石溝遺跡は、西周後期から春秋初頭頃の夏家店上層文化を代表する遺跡である。最近、本遺跡の報告書（内蒙古文物考古研他編二〇〇九）が刊行され、西周前半の良好な資料が報告された。本稿は、特に本遺跡の85AIM2号墓出土の銅矛に導かれながら、東アジア南部全体における銅矛の起源について新見解を述べることを主眼とする。なお、夏家店上層文化の範囲は、「遼西地域」のなかでもヌルルホ山以西の地域に限定し、大・小凌河流域の十二台営子文化とは区分して話を進める。

小黒石溝遺跡は、赤峰市の寧城県甸子郷小黒石溝村の東南のやや低い台地に所在する。問題となる85AIM2号墓は、約285㎝の長さの長方形竪穴墓であり、木棺から多数の遺物が出土した（内蒙古文物考古研他編二〇〇九）。この墓では、南西を向く伸展葬で銅盔を頭に被った人骨を中心に、遺物の平面分布を詳しく知ることができ（図2―20）、銅矛は、腕の周囲から銎柄式銅剣一点・銅刀一点・管銎斧一点・銎内戈一点と共に出土した。その他、当盧・有歯柄刀・獣首刀、・銅錐・銅斧・銅鏃などが出土している（図2）。銅矛は、断面が八稜形の銎柄をもち、脊柱は断面円形をなし、鋒部では細く身の下半部で「ハ」の字に大きく開き太くなる。剣身は柳葉形を呈し両面に刃をなす。柄の中央に

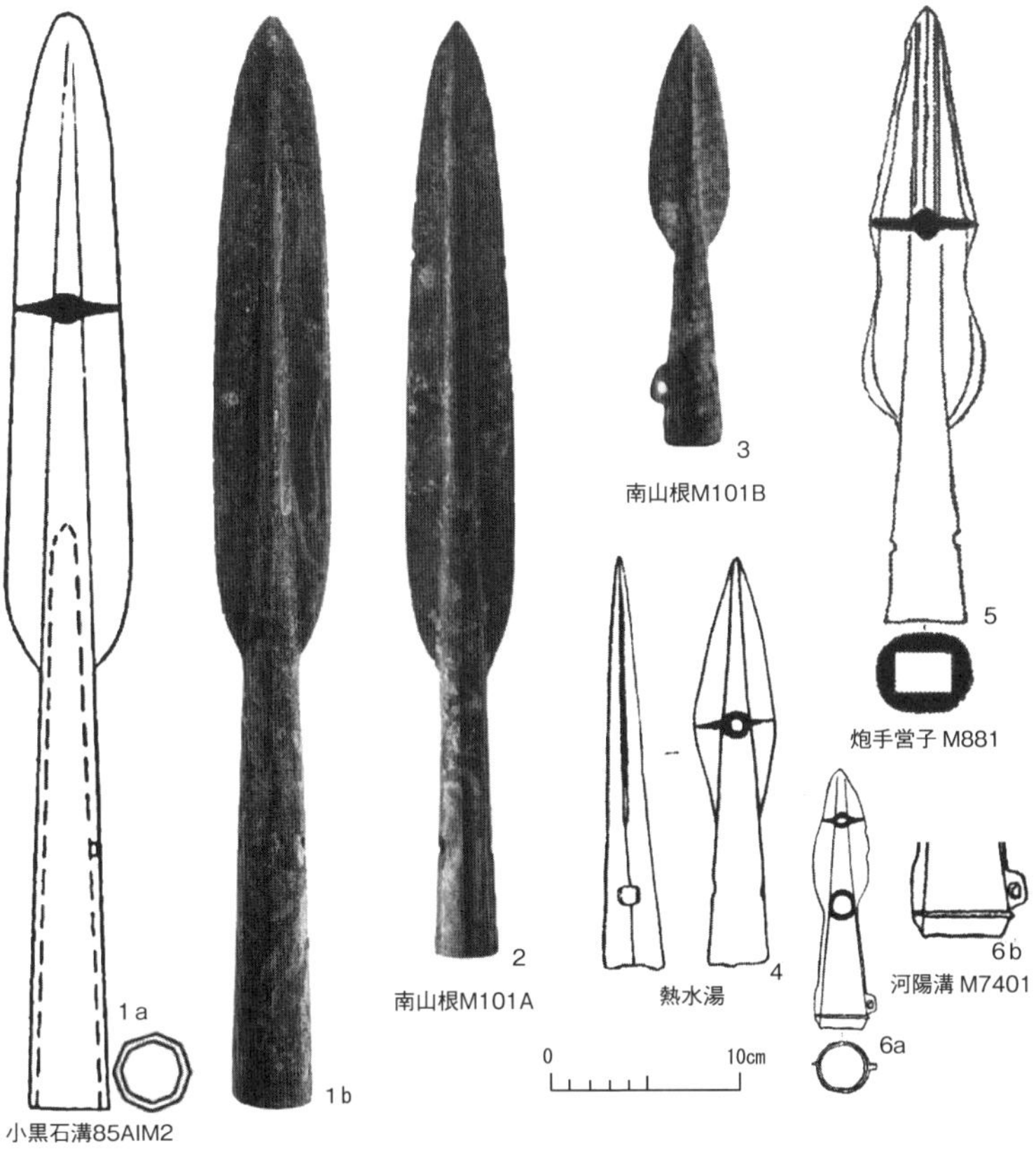

図1　遼西地域の銅戈（図・写真ともにS = 1/4）

表1　遼西地域における銅矛資料

遺跡名	所在地	銅矛	年代	図	文献
小黒石溝85AIM2	赤峰市寧城県甸子郷	断面八稜形の銎柄。脊柱は断面円形。剣身は柳葉形を呈し両刃。柄の中央に両側からの穿をもつ。全長41cm、矛身長23.5cm、幅4.5cm、口径2.8cm。	西周前期	図1－1	内蒙古文物考古研ほか2009
熱水湯	赤峰市敖漢旗新恵鎮林家地郷	円形断面の銎柄。銎部両側面に穿。身は両側に開く木の葉形。全長15cm、鋒長9.2cm。	西周後期	図1－4	邵国田1993
南山根M101号A	赤峰市寧城県八里罕	断面八稜形の銎柄。脊柱は断面円形。剣身は柳葉形。柄の中央やや下部に両側から穿。全長34.3cm、矛身長24.3cm、幅4.7cm、銎口径2.2～2.4cm。	西周末～春秋初頭	図1－2	昭烏達盟文物工作站ほか1973
南山根M101号B	同上	円形断面の銎柄。剣身は柳葉形。銎部やや下部片側に不整形の環状の耳部。全長16cm、矛身長8cm、幅3.1cm、銎口径2.3cm、鈕長1.2cm。	西周末～春秋初頭	図1－3	同上
炮手営子M881	楡樹林子郷	脊柱は前段で断面八角形、下部で円形。断面円形の銎柄部。銎柄部中ほどに両側から穿。全長23.2cm、矛身長15.2cm、幅4.7cm、銎口径3.3cm。	春秋前半	図1－5	李殿福1991
河陽溝M7401	凌源県三官甸子	身は柳葉形。断面円形の銎柄。銎柄下部に細い節帯一条と台形の耳部。銎柄部側面に笵線のバリ。全長9.8cm、矛身長5.3cm、幅2.2cm、銎口径1.6cm。	春秋後期～戦国初頭	図1－6	靳楓毅1982
台集屯徐家溝	葫芦島市徐家溝郷	錦州博物館所蔵。柳葉形。身の下部で屈折。中央に鎬、断面八角形、銎部下端にまで通る。銎部中央よりやや下部に両側から穿。全長は、約17cm。	不明		

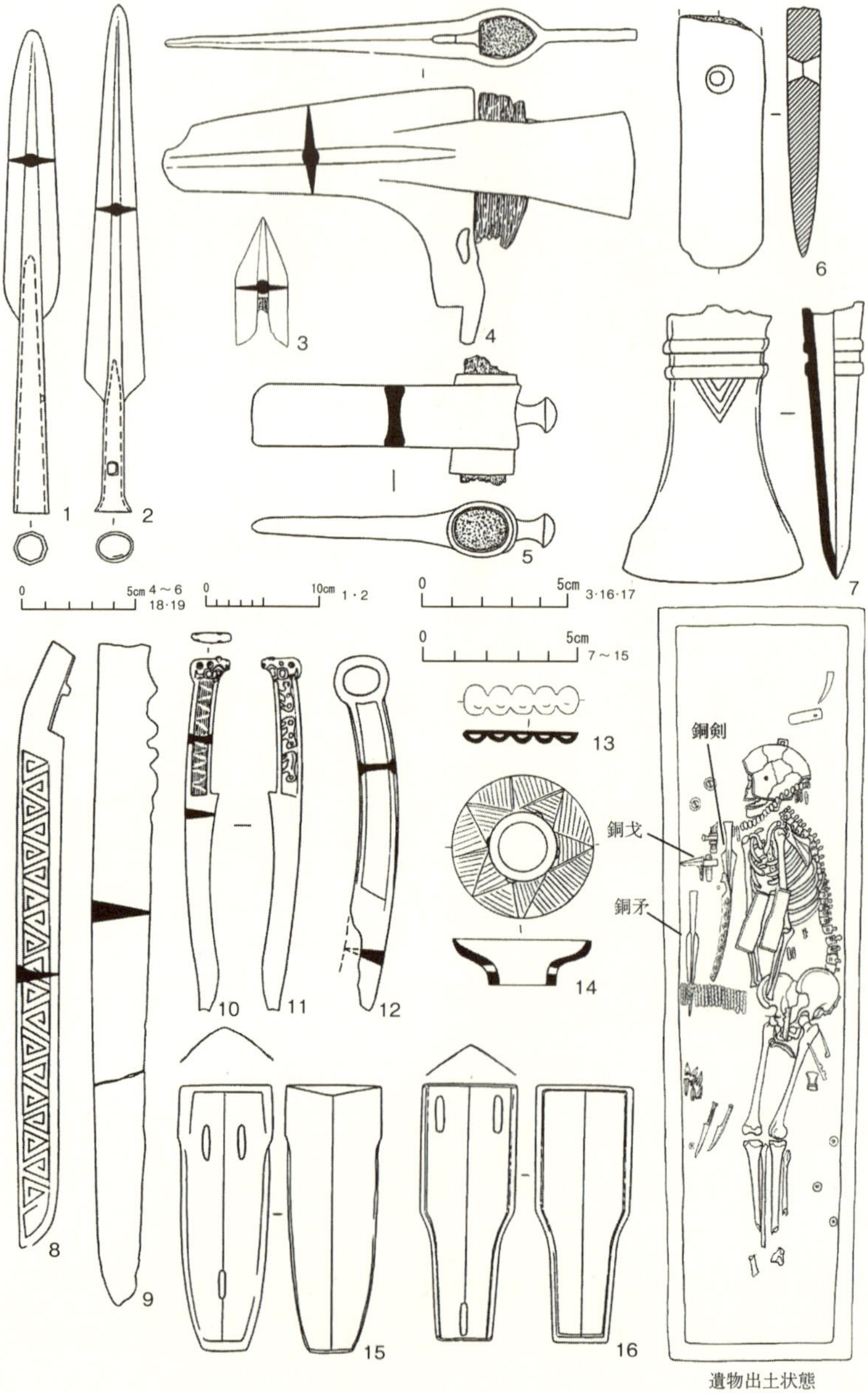

図２　小黒石溝遺跡 1985NDXAIM2 出土遺物

両側からの穿をもつ。全長41㎝、矛身長23・5㎝、幅4・5㎝、銎口径2・8㎝。報告では、南山根M一〇一例と同時期の西周末から春秋初期のものとしている。ヌルルホ山以西の夏家店上層文化である小黒石溝例に類するものは表一のように他にも存在し、大・小凌河流域にも存在する。ここでは、遼西地域にみられる柳葉形の北方系銅矛の一群を「遼西北方系銅矛系列」とし、遼東の遼寧式銅矛とは区別することにしたい。なお、この系列の銅矛は、遼東でも後続する時期に散見するが、成立地と分布の中心は遼西地域にある。遼東の銅矛については、いずれ論じる機会を持ちたい。

二　小黒石溝遺跡85AIM2号墓出土銅矛の年代

85AIM2号墓の副葬品（図2）のうち、年代を推定する上で注目するのは、胡をもつ銎式戈である（図2－4）。この銎式戈は、殷代併行期の北方地域で散見される銅戈であり（三宅一九九九）、中原の殷では中心的なものではない（林一九七二）。小黒石溝例に近いものは、山西省の旌介遺跡一・二号墓出土の二例（図4－1・2）（山西省考古研他一九八六）、河北省小河南村の埋納遺跡例（図4－3）（王峰一九九〇）がある。旌介遺跡例は、いずれも殷後期のものであり、小河南村例も殷後期から西周初頭頃に位置づけられているので（甲元二〇〇六）、小黒石溝例は遅くとも西周前期頃に位置づけることができるであろう。その他の副葬品で殷後期から西周初頭に遡りうる可能性の高いものとして、遼寧省各地で散見する胡をもたない銎式戈（図4－5）がある。また、七点出土した凹基式の銅鏃（図2－3）は、南山根類型にはないウラル・西シベリア系統に類例のあるもので、刃部が撥形に大きく開く銅斧も同じ系統であろうか。さらに、二点出土している羽子板状の当盧は、小黒石溝遺跡M八五〇一墓例（内蒙古文物考古研他二〇〇九）のような目鼻状の突起装飾などがなく、形状的にも型式学的に古相を呈する。以上から、85AIM2号墓出土の遺物は、遅くとも西周前期頃に相当すると判断する。夏家店上層文化の上限年代も遅くとも西周前期に遡ることとなった。

三　遼西北方系銅矛の系譜

以上の年代的位置づけによって、小黒石溝遺跡８５ＡＩＭ２号墓出土の銅矛は、当然のことながら遼西地域で最古の銅矛となった。本例を代表とする遼西北方系銅矛系列に類する柳葉形の銎柄式銅矛は、上村嶺虢国墓地一八二〇墓出土例（河南省文物考古研他一九九九）のように、中原では春秋期以降に登場するものと考えられており（近藤一九六九、林一九七二）、林巳奈夫はその祖型として西周前期の終わりから中期にかかる狭長な矛とする（林一九七二）。しかし、先述のように、小黒石溝例の方が年代的に古い。それでは、小黒石溝例のような柳葉形の銎柄式銅矛の起源はどのように考えればよいのであろうか。この問題を考える上で、山西省柳林県高紅村で出土した銅矛等の青銅器資料は重要である（楊紹舜一九八一）（図3）。銅矛は銎柄式で、全長23・５cmと大形で、柳葉形の身の形態などは小黒石溝例と非常に類似している（図3−1）。そして、本遺跡の青銅器群は、鉞とされる銎式戈などから殷後期に位置づけることができ、年代的にも問題ない。この柳林高紅に関連して注目されるのは、小黒石溝例でも見られた銅盔（図3−5）の存在であり、両者の共通性を示している。以上のように、柳林高紅例と小黒石溝例の間には強い類似性がある。ここでは、こうした銅矛に見る遼西と山西の系譜関係を整理するために、殷後期から西周前半にかけての殷系と河北の銅矛、さらには筆者が該期の青銅器の起源地の候補の一つと考える、ウラル・西シベリア系の青銅器文化（Koryakova and Eoimakhov2007）の銅矛をも含めて検討してみよう。図5にその系譜関係を整理した。以下の出土資料の出典は、文末に示す。

図5は、図と矢印が密集して見にくいが、中央の縦の実線は、殷後期と西周段階を年代的に区切るもので、ウラル・西シベリア系銅矛、遼西北方系銅矛、殷系銅矛、山西北方系銅矛、山西殷系銅矛、河北殷系・北方系銅矛、以上の七つ

のゾーンを点線で区画し大まかな地域の区別を示している。一見して、上段の柳葉形の銎柄式銅矛の系列と、下段の殷系の岡崎敬分類の一・二類銅矛の系列（岡崎一九五一）の二つに分けることができる。

ウラル・西シベリア系青銅器文化については、コリャコワとアンドレフの最近の整理（Koryakova and Eoimakhov2007）に基づいて、当地域における銅矛の変遷について簡単に触れておく。中期青銅器文化以降で見ていくと、まず前二千年前後頃の、ウラルのアファシェヴォ文化・バラノヴォ文化・シンターシタ文化などでみられる銅矛は、銎柄部は鋳造後に丸めて銎柄化するタイプである。おおよそ前一九世紀から前一八世紀頃に出現するセイマ・トレビノタイプになると、新たな中子を利用した鋳造技術によって耳部と節帯をもつ銎柄部の作出へと移行する。ほぼ同時期のアンドロノヴォ文化段階のアラクル文化、そして、後続する西シベリアのアンドロノヴォ様文化ホライズンのチェルカスクル文化で同じような耳部・節帯・銎柄部が見られるようになる。近年の新疆・青海・陝西などでは、セイマ・トレビノタイプの銅矛が発見されており、西域でのウラル・西シベリア系青銅器文化の影響の強さは明らかである（宮本二〇〇八）。かつて岡崎敬は、殷系銅矛の一類について、マックス・レールの中国青銅器外来起源説（Loehr 1951）を引用して外来起源説の可能性を示唆した（岡崎一九五一）。セイマ・トレビノタイプの銅矛（図5―1）を見ると、刃部の下部が膨む身の形態や、片耳・両耳・節帯の存在、さらに殷系の心葉形の窪みに繋がるような脊柱下部のフォーク状の凸線部など、殷系銅矛の祖型として相応しい。また、アラクル文化（図5―2）やチェルカスクル文化の銅矛（図5―3）は、細身の柳葉形をなし銎柄部が伸長しており、山西から遼西にいたる銎柄式銅矛系列の祖型の可能性がある。

ところで、遼西北方系銅矛系列で問題となるのは、遼西に最も近い河北省の初期銅矛（15～17）との関係であろう。河北の初期銅矛において、殷系一類の系列の候補は、17と18であり、耳部や脊柱の有無という面で、一類が後まで影響を与えた可能性がある。18の刃の下端が角張るものは、西周前期の西安張家坡遺跡二〇四号墓に類例があり（林一九七二）、中原系の可能性もある。ただし、現在知られる資料のうちで、耳や鎬（もしくは鎬状の細凸線）といった

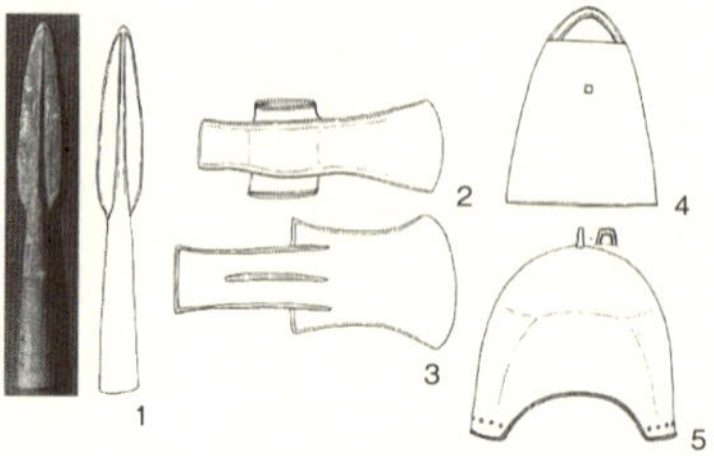

図３　山西省柳林高紅の銅矛と共伴遺物

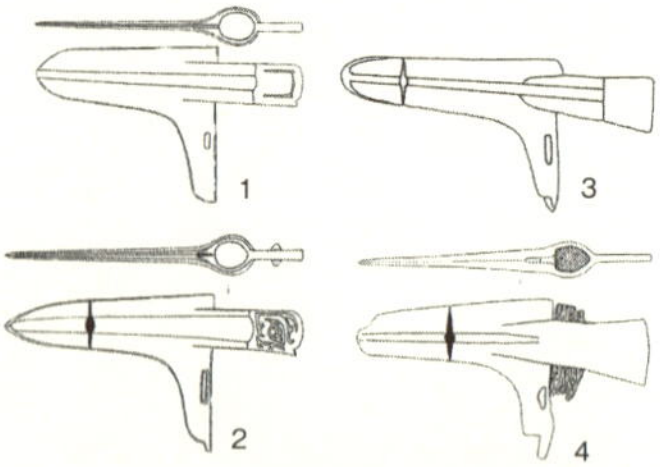

図４　小黒石溝 85NDXAIM2
鍪式銅戈の類例

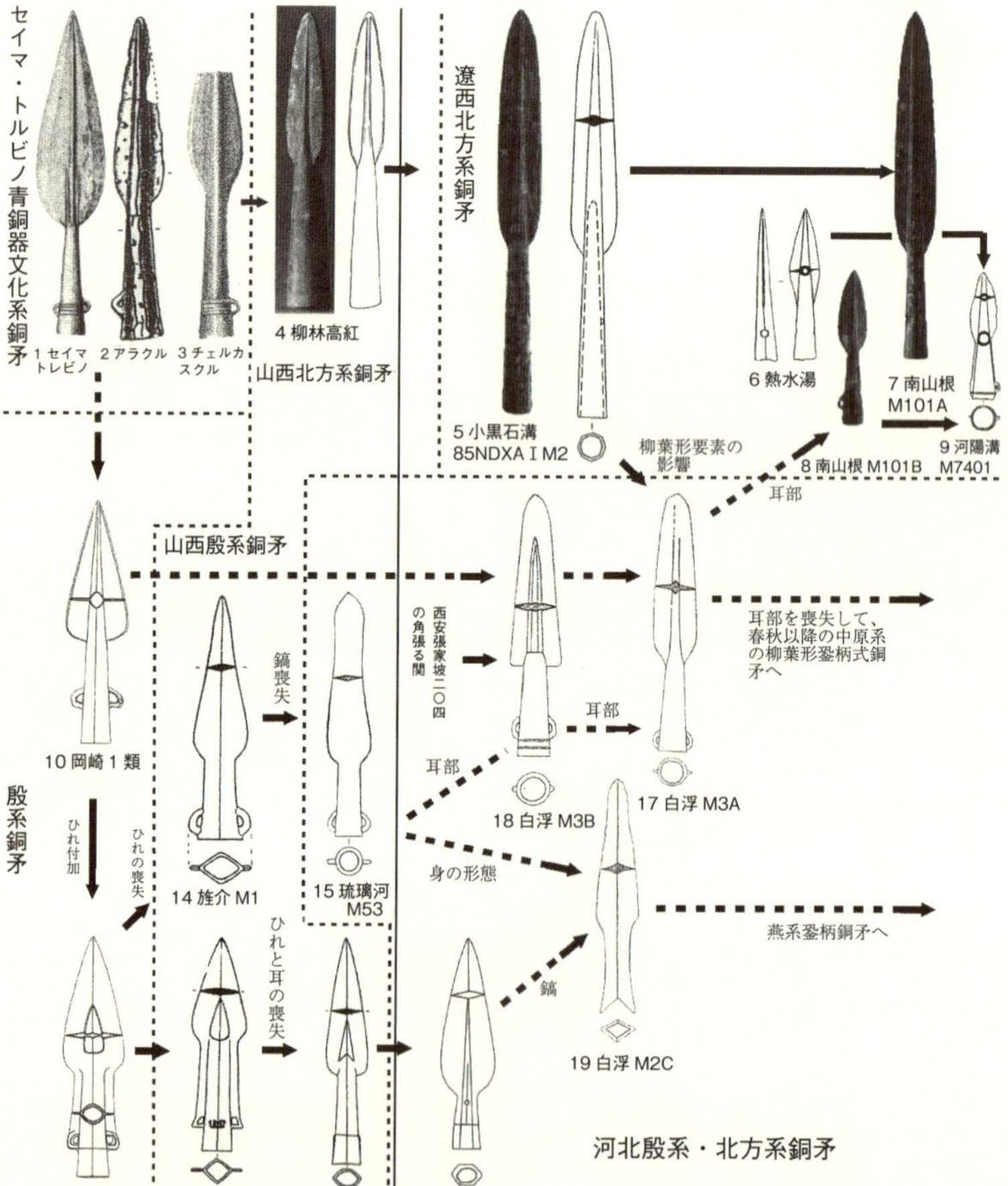

図５　殷・山西・河北・遼西における銅矛の系譜関係（縮尺不同）

部分要素のあり方からみれば、一類（10）から変化した可能性のある二類（11）の系列のなかで考えることも可能である。最下段の二類の系列は、ひれ（近藤一九六九）もしくは胡（林一九七二）とされる部分と耳の喪失、さらに身の下部の心葉部の窪みの細形化に注目すれば、11→12→13→16という変化を想定でき、鎬もしくは鎬状の細凸線）の存在から19への影響関係も想定できる。なお、林巳奈夫によれば、殷後期段階でも大司空第二・三期頃に、胡（ひれ）の喪失による木の葉形の矛が生まれており（林一九七二）、中原各地域では連動した変化があったようである。

また、耳部だけが残る系列は、さらに鎬（もしくは鎬状の細凸線）も喪失するようであり、14→15へという変化を想定でき、この系列の耳が白浮のＡＢＣの三例に影響を与えた可能性もある。ただし、白浮Ｍ三のＡ例（17）の身の形態は、殷系のハート形が逆さとなったような形からは逸脱し、むしろ上段の柳葉形の銎柄式銅矛の系列の影響を考える必要もあろう。逆に、遼西地域では、西周前期段階には有耳のものはないので、そうなると逆に南山根Ｂ例（８）のような耳部の祖型は、張家坡遺跡二〇四号墓のような西周系の要素を直接、あるいは白浮の銅矛を介して受容した可能性もなくはない。以上のように、遼西北方系銅矛系列は、ウラル・西シベリア系銅矛系列が、おそらく西方、そして山西を経て遼西に系段階的に流入して成立した。ただし、さらに殷から西周期に段階的に部分要素が流入し、それをもとに在地で独自の青銅製武器を創成した可能性も考慮しておきたい。

ところで、夏家店上層文化では、遼西北方系銅矛系列における小黒石溝例タイプが、武器を持たない小型墓とは区別されるかのように大型墓のみに細々とではあるが保有され、他の青銅武器類などもウラル・西シベリアに直接的に関係性を想定できる組み合わせを実現していた。かつて甲元眞之は、山西での北方系と殷系の青銅器のあり方から、当地域の有力首長とその集団が殷との関係の中で成熟した姿を想定した（甲元二〇〇六）。一方、夏家店上層文化でも克殷後の西周初期段階に、燕国の形成過程において緊張関係が生じた当地域の集団が、北方において戦士が身につける青銅武器や武具を集団の統合のシンボルとして保有し、おそらく儀礼具や崇拝対象とし、最終的に威信財として副葬したことを示している。クズミナは、セイマ・トレビノタイプの青銅武器は有力な戦士で軍事的エリートの威信的武器であり、彼らの下で各地に拡散したことを指摘している（Kuzumina 2004）。遼西地域の首長層にとっては、殷・西周系文化の影響を受けながらも対立関係にあったわけであり、より遠方の青銅器を入手することが威信を示す重要な行為であり、それらの武器で集団のアイデンティティーを示すとともに集団の統合のシンボルとするために重要であった。

最後に、二点ほど補足的に述べておく。小黒石溝遺跡８５ＡＩＭ2号墓では、銅矛は刃を下に向け、人骨の西側、つまり右側で銎柄式銅剣などと方向と場所をほぼ同じくして出土した（図2）。矛は長柄であったため、柄からはずして副葬した可能性もあるが、銎柄式の矛と剣の密接な関係を示している。夏家店上層文化の銎柄式銅剣は、構造的に見て柄の部分の断面形がCの字形を呈するカラスク系の銅剣とは系譜が異なり、小黒石溝例が西周前期に遡上するのであれば、銅剣の銎柄の形成に銅矛の銎柄が関わった可能性も十分考えられる。次に遼東の銅矛との関係についても触れておこう。遼寧式銅矛は殷末周初頃の遼寧式銅剣出現以後に遅れて誕生したと考える。したがって遼寧式銅矛は、遼西系銅矛系列の流入後、遼寧式銅剣の特徴と折衷し生まれたと考えておく。

最後に、本稿を椙山林繼先生の古稀記念に謹呈し、またご教示いただいた諸先生・諸氏に感謝申し上げる。石川岳彦、郭大順、加藤元康、甲元眞之、塔拉、春成秀爾、宮里修、宮本一夫、村松洋介、李新全（敬称略）。

引用参考文献

王峰　一九九〇「河北興隆県発現商周青銅器窖蔵」『文物』十一期（図5—16出典）
岡崎　敬　一九五三「鉞と矛について—殷周青銅利器に関する一研究」『東方学報』第二三冊（図5—10・11出典）
靳楓毅　一九八二「論中国東北地区含曲刃青銅短剣的文化遺存　上」『考古学報』四期（図5—9出典）
河南省文物考古研究所・三門峡市文物工作隊　一九九九『三門峡虢国墓』文物出版社

甲元眞之　二〇〇八『東北アジアの青銅器文化と社会』同成社
近藤喬一　一九六九「朝鮮・日本における初期金属器文化の系譜と展開―銅矛を中心として―」『史林』五二―一
邵国田　一九九三「内蒙古敖漢旗発現的青銅器及有関遺物」『北方文物』一期（図5―6出典）
昭烏達盟文物工作站・中国科学院考古研究所東北工作隊　一九七三「寧城県南山根的石槨墓」『考古学報』二期（図5―七・八出典）
山西省考古研究所・霊石県文化局　一九八六「山西省霊石介村商墓」『文物』十一期（図5―12～14出典）
内蒙古自治区文物考古研究所・寧城県遼中京博物館編　二〇〇九『小黒石溝―夏家店上層文化遺址発掘報告―』文物出版社（図5―五出典）
林巳奈夫　一九七二『殷周青銅武器の研究』朋友書店
北京市文物管理処　一九七六「北京地区的又重要考古収穫」『考古』四期（図5―17～19出典）
北京市文物研究所　一九九五『琉璃河西周燕国墓地』文物出版社（図5―15出典）
三宅俊彦　一九九九『中国北方青銅器文化の研究』國學院大學大学院叢書
宮本一夫編　二〇〇八『長城地帯青銅器文化の研究』シルクロード学研究二九、シルクロード学研究センター
楊紹舜　一九八一「山西柳林県高紅発見商代銅器」『考古』十三期（図3・5―4出典）
李殿福　一九九一「建平孤山子、楡樹林子青銅時代墓葬」『遼海文物学刊』二期
Kuzumina,E.E, 2004 Historical representatives on the Andoronovo and metal use in eastern Asia, IN Metallugy in Eastern Eurasia from the Urals to yellow River, ed.K.M.Linduff.Lewiston,Queenston,Lampeter:The Edwin Mellen Press
Koryakova,L.N and Eoimakhov,A.G ,2007 The Urals And Western Siberia In The Bronze and Iron Ages, Cambridge World Archaeology , Cambridge University Press
Loehr.M, Ordos 1951 daggers and knives, new material, classification and chronology, Artibus Asiae, Vol.XiX, 1/2, （図5―1～3出典）

青銅器の伝播と変質
―集落内祭祀と祭祀同盟論から―

鈴木　敏弘

一　新発見の青銅器と祭祀同盟

倭列島に青銅器が伝播したのは、弥生時代前期前半に韓半島の遼寧式銅剣を加工して、ノミか銅鏃として再利用した福岡県今川遺跡の二点が知られている。金属としての青銅器の認識は、断片的な地金の利器として再利用にはじまる。北部九州で前期の末には、細形銅剣・銅矛・銅戈の武器と多鈕細文鏡や他の製品が伝播するが、実用的使用を示すもので、権威の象徴の「威信材」として副葬され、祭祀の儀器的な確認はむずかしい。

青銅器の波及は、玄界灘沿岸で前期末から中期初頭に、各種墓制の副葬品として出土し、周知のように朝鮮半島製を中心に、一部が倭列島で作成の可能性もあり、近年に新見解もでてその意味で以下の二遺跡の発見は重要である。

二〇〇八年に発掘された福岡県宗像市の田熊石畑遺跡(1)では、弥生時代中期前半の六基の土壙墓か木棺墓から武器形青銅器計十五本が出土し、甕棺は採用されていない。六基の副葬品は、各墓で装身具をのぞき、一号墓で銅剣四本・銅戈一本の計五本、二号墓で銅剣一本・銅戈一本・銅矛二本の計四本、四号墓で銅剣一本・銅戈一本・銅矛一本の計三本、三・六・七号墓で銅剣各一本の計三本である。遺跡の調査範囲は、約２００㎡で未調査地区が西側に広がり、墓域全体の発掘でないので、青銅器がさらに増える可能性も残っている。

田熊石畑遺跡は、南西側の古賀市馬渡・束ヶ浦遺跡(2)の金海式二号甕棺の銅剣二本と銅矛・銅戈各一本の計四本から、甕棺地域と細形青銅器の主要分布地域の外側で、勝るとも劣らない青銅器の所有集団が確認されたことになる。宗像地域には、先行して久原遺跡で前期のⅡ区8号土壙墓から磨製石剣・石鏃、中期のⅣ区一号墓の銅剣と銅矛各一本の計二本と、朝町竹重遺跡の中期初頭のＳＫ28号墓で銅戈一本と銅矛の切っ先の計二本があり、西谷正氏は両遺跡が田熊石畑遺跡を頂点とする「地域集団の有力者階層」と指摘している(3)。宗像地域の中期前半に田熊石畑遺跡で吉武高木遺跡に匹敵する青銅器を副葬する有力集団が成長していた。すでに前期に韓半島の遼寧式銅剣の段階から磨製石剣・石鏃を持ち込んだ先行の交流が確認でき、その延長上に前期末から中期前半の細形青銅武器が大量にこの地に伝播した。馬渡・束ヶ浦遺跡の金海式甕棺は、分布圏の東端とすれば、北東10㎞で土壙墓か木棺墓の埋葬差は何を意味するのだろう。

吉武高木遺跡では、木棺墓で標石や礫の使用があり、韓半島の支石墓や石槨墓との関連から、渡来集団の埋葬を想定させる。宇木汲田遺跡で墓域内に大石があり、後に『魏志』の九州で最初の末盧（マツロ）国で、東側の伊都（イト）国で支石墓や奴（ナ）国で磨製石剣・石鏃など、早くから韓半島との交流がある地域である。箕子・衛氏集団と倭列島の有力集団との交流を示し、威信財の細形青銅武器に多鈕細文鏡も副葬されている。両遺跡の墓域の被葬者は、渡来集団の有力者も含まれたと考えられ、玄界灘を東方へと、有明海沿岸を南下する両コースの交易が想定でき、後者では青銅器の鋳造も確認されている。

細形青銅武器が韓半島伝来か倭列島での生産かは、後藤直氏(4)と柳田康雄氏(5)の研究があり、前者は細形段階で玄界灘沿岸の多鈕細文鏡と伴出の有力集団のものを伝来とするが、後者はその管理で倭列島で生産を含むと考えている。柳田氏は、細形の初期段階から生産や管理と政権を想定し、後藤氏は副葬品の構成から韓半島製として、従来の筆者の見解は、後者からの立論であったが、今後はその推移を見守ることにしたい。

二〇〇七年に長野県柳沢遺跡で銅戈七本と流水文銅鐸一個が発掘され、二〇〇八年に調査区の土の精査で袈裟襷文銅鐸四個と銅戈一本の破片が発見され、遺跡内に計銅鐸五個と銅戈八本の存在が判明した。二〇〇七年の発見は、従来の青銅器の分布観を大きく変える資料として注目され「シンポジウム 柳沢遺跡を考える」[6]で、その意義について研究者の討論を含めて発表された。二〇〇九年六月に筆者は、列島展の見学で[7]、二〇〇八年に銅鐸四個と銅戈一本の破片の発見を知り、七月に広田和穂氏の「光り輝く青銅器」[8]の講演で二〇〇八年に発見の破片から復元された銅鐸の総高が20cm前後の袈裟襷文銅鐸と知り、仮に銅鐸五個と銅戈八本が同一土坑か、近接し埋納にしても、荒神谷遺跡の銅鐸や銅矛の共存を連想した。多数の武器と銅鐸の伴出確認は重要で、二〇〇八年に発見の詳細は、整理中で未発表であり、出土状態の調査担当者の見解もまだ公表されていない。

柳沢遺跡で銅戈の発見は、直ちに大場磐雄先生が一九四九年に紹介した海ノ口上諏訪社蔵の平形銅戈[9]を連想した。大場先生は、古氏族の安曇族の活動と関連させ、日本海側の海上活動を論じている。約六〇年前の大場先生の論旨は、弥生中期の青銅儀器と古墳時代以降の古氏族や古地名と古社分布などから検討したもので、当時の出雲大社の銅戈と勾玉、梶栗浜遺跡の銅剣と多鈕細文鏡、向津具遺跡の有柄銅剣と、日本海岸の磨製石剣出土の遺跡と安曇族や海部との関係に注目していた。海ノ口上諏訪社の銅戈は、姫川流域の硬玉（ヒスイ）ルートを遡上し、日本海から信濃へ早くからの交易路が存在したことを教えている。

二　二〇〇七〜〇八年の新発見

二〇〇七・〇八年に田熊石畑遺跡と柳沢遺跡の新発見は、前者が箕子系集団、後者は楽浪郡の漢人・韓人系の進出による「祭祀同盟」と考えている。田熊石畑遺跡は、細形武器と多鈕細文鏡や小銅鐸の韓系青銅器の導入時で、前期末から中期前半に吉武高木遺跡を頂点とし、玄界灘沿岸を東方に山口県梶栗浜遺跡や大阪府大県遺跡と奈良県名柄遺跡まで展開の動向の一部だが[10]、細形銅器の韓半島製から北部九州での鋳造がはじまる時期でもある。

倭製銅器は、中期前半に細形と中細形武器がはじまり、次第に後者に移行して本格的な生産がはじまる。この段階の生産集団は、前二世紀代の箕子系から前一世紀代の衛氏朝鮮を背景として、無文土器や擬無文土器と鋳型の出土から、韓半島からの渡来集団が、北部九州を中心に展開し、その製品が西日本各地で出土する。中期前葉か中葉から後半には、楽浪郡との新旧関係が問題だが、小規模な鋳造も東方の近畿地方やその周辺まで伝播する。

柳沢遺跡の青銅儀器は、中期中葉か後半に生産された銅鐸五個の、袈裟襷文四個の詳細が未発表だが、管見によると四区袈裟襷文三号鐸で鰭の肩と胴中位に水平二本単位が複数確認でき、四号鐸でも鰭の肩に飾耳が確認できる。出現期の荒神谷遺跡では、総高23cmの六個の新しい定型化した四区袈裟襷文二・三・六号鐸にも飾り耳が無く、加茂岩倉遺跡で総高30cmの十九個でも確認されず、総高45cm前後で出現している。多鈕細文鏡と伴出の可能性の高い名柄鐸で三木文雄氏は、片面が流水文と連続渦巻文帯一条で、他面が斜格子三段の横帯文とされ、鰭の鋸歯文が外向きで一部内向きが混じり、邪視文系横帯文銅鐸の組紐文のくずれの影響で古相をとどめ、流水文銅鐸のより早い時期と指摘[11]している。名柄銅鐸[12]では、総高23cm鐸で両肩部に飾耳二が出現し、島根県志谷奥二号鐸[13]と伝熊野鐸[14]にもあるが、前者は約30cmの一号鐸と、中細形銅剣C類六本と伴出して、荒神谷遺跡との直接的な関係が想定されている。柳沢遺跡の銅鐸は、総高23cm前後に限定され流水文鐸と袈裟襷文鐸が共存し、後者の一部に飾り耳が一段と二段が確認されている。

柳沢遺跡の銅戈は、二〇〇七年出土の七本で一号銅戈が九州型で中細形C類、他の六本が大阪湾型（近畿型一式）で、両者の共伴は最初と注目され、二〇〇八年の一本は未発表である。九州型の中細形C類の一号銅戈は、最も北東で出土が注目されたが、他の大阪湾型銅戈六本は、前述の上諏訪社蔵銅戈の前例がある。後者はヒスイ原産地の姫川ルート伝播が明白で、前者は上越市吹上遺跡で弥生中期の玉作りと外来系土器の出土[15]で、西日本から関川水系を遡上し信濃への交易を知ることができ、現在の二九二号線で飯山市域経由は明確である。

三　箕子系から漢系祭祀同盟へ

近年に弥生時代の遺跡発掘は、十数年の列島展掲載の諸遺跡だけでも、青銅器の新資料や鋳造関係遺跡と遠隔地と交流の拠点集落の増加が顕著である。最近での田熊石畑遺跡と柳沢両遺跡の新成果は、従来から提唱の「集落内祭祀」と「祭祀同盟論」に重要な資料を提供してくれる。同時に、韓半島の無文土器・青銅器文化から原三国時代では、新資料や研究の進展から、多くの示唆を与えられた。衆知のように、韓半島と倭列島の交流は、すでに新石器時代の櫛目文土器と縄文土器との段階から確認できるが、水稲耕作の伝来から青銅器の伝播で、相互の交流が活発に進められていた。その実態は、集落で出土したり、支石墓と他の墓制に副葬された磨製石剣と磨製石鏃などの韓系遺物にはじまり、前期末から中期前半に細形武器の伝播と、列島での生産も開始される。倭から韓への移出は、長大な細形銅矛にはじまり、中期中頃以降に中細形武器で活発となり、後期に中広・広型武器と小型倣製鏡も加わり、鉄の輸入を中心に相互交流の盛行を反映している。[16]

弥生時代の韓半島と倭列島の関係は、多鈕細文鏡と箕子・衛氏朝鮮の「祭祀同盟論」[17]と、楽浪・真番郡との交易と銅鐸の誕生と関連[18]させて分析した。その後この問題は、歴博の弥生新年代の提唱から、時期と年代に疑問を表明[19]して、より具体的な根拠を考えてきた。田熊石畑遺跡の細形武器は、詳細が未発表で韓製か倭製かの問題が残るが、青銅器の所有は首長や周囲の有力者の副葬品であり、基本的に韓半島での使用と共通する。倭列島で個々の細形武器は、韓製か倭製か議論があり、関係者の見解を俟つことにして、前期以前から韓系磨製石器や中期の青銅武器の存在から、宗像地域の社会と韓半島との交流を西谷正氏の指摘[3]から、東方へ箕子系集団の活動の一端を示す資料として把握したい。

宗像市田熊石畑遺跡の青銅器群は、弥生前期末から中期前半まで、倭列島へ伝播と細形武器製作を検討の重要資料で、後藤・柳田氏の見解が分かれる。中期初頭の年代は、従来の前二〇〇年前後の箕子系集団南下から、衛満建国以後の進出の分析が必要である。歴博の前三八〇年説は、戦国燕の遼西進出期で、朝鮮半島で遼寧式銅剣末期と倭列島の前期前半で、前期末から中期初頭の考古学的事実と一致しない。遼寧式銅剣の年代は、上限が遼寧省で西周期に始まるが、遼西・遼東出現説の議論がある。弥生年代論では、遼寧式銅剣の下限が問題で、松菊里石槨墓の副葬品の伴出で磨製石剣・石鏃や勾玉・管玉が、前八世紀から前四世紀の年代巾があり、細形（韓国式）銅剣文化Ⅰ期に近いと判断している。

細形銅剣Ⅰ期の年代は、多鈕粗文鏡や異形銅器から、早くから燕昭王の遼東郡設置の前三〇〇年前後説がある。Ⅱ期の銅鈴器が韓半島西岸中部から南部に移るが、倭列島で未発見から多鈕細文鏡の倭列島への伝播を、Ⅲ期に衛満が建国後の前二世紀初頭以後の動向と想定した。平章里遺跡では、この時期の蟠螭文鏡が出土し、岡村秀典氏は衛氏朝鮮との交流[20]と想定した。伴出した細形銅剣二・銅戈一・銅矛一の分析から全榮来氏は、後者の全長を32㎝と復元し中細形初段階とし、多鈕粗文鏡と共伴例がないと指摘[21]している。後藤氏は、倭製銅矛の検討対象を35㎝以上とし、中細形出現とする全氏の見解と異なる。平章里鏡は、埋葬時が楽浪郡の前か後か問題が残るが、多鈕細文鏡と併行する前漢前半期である。

前漢の武帝により前一〇八年の楽浪以下四郡設置は、龍田里遺跡で漢系遺物の様相から私見を補強し、真番郡一五県を西に隣接の慶山林堂洞遺跡、その西の大邱八達洞遺跡、東13・5㎞の永川魚隠洞遺跡、慶州の九政洞・朝陽洞・竹東里・入室里遺跡、金海良洞里遺跡、昌原茶戸里遺跡、密陽校洞遺跡など六～七県が想定できる。前八二年に四半世紀余りの郡県支配の後、洛東江流域の慶尚道と前七五年の臨屯郡十五県が放棄され、前者で在地化した漢人（華僑）や、韓族の有力者の成長が確認できる。林堂洞遺跡の草葉文鏡の円形再加工品は、先行の可能性もあるが、龍田里・茶戸里・校洞遺跡の星雲文鏡は、真番郡廃止後の交易活動によるものである。

柳沢遺跡の青銅器は、二〇〇七年出土と二〇〇八年検出の関係が判然としないが、銅鐸五個と銅戈八本の計十三が同一土坑の埋納とすると、日本海ルートで荒神谷遺跡の銅鐸六個と銅剣十六本の計二十二に次ぐことになる。これらの時期と年代は、中期後半の前一世紀代を上限と考えているが、韓半島の永川市龍田里遺跡[22]の倭製中細銅戈一号a類と二号c類に、前一一八年以降の五銖銭三枚が採集され、多くの漢系遺物の副葬から、前一一八年以降に楽浪以下四郡の設置以降で、洛東江流域の慶尚道が真番郡15県の半数以上の主要部と考えている。

真番郡の位置と範囲は、従来から嶺南説と漢江流域説があり、近年に山尾幸久氏の全羅道説[23]も加わり、筆者は県の配置が三説の各地域の一部に広がった可能性もあると考えている。真番郡は、二十六年後の前八二年に廃止され、多くの漢系遺物が出土し漢鏡分布は慶尚道に集中し、北道から南道へ移行を後藤氏が指摘[16]している。

楽浪郡との活発な交流は、敗戦前から知られていたが、近年の考古資料の増加を踏まえて判断すると、真番郡十五県の過半が洛東江水系の嶺南地方に置かれ、一部が漢江流域や中西部から西南部の、広範囲に海陸の交易路に沿って配置と考えるようになった。前二世紀末から前一世紀初頭の二十六年間には、嶺南地方の木棺墓から漢系遺物の出土がはじまり、前八二年の廃止後にも漢鏡や五銖銭の副葬と龍田里遺跡・茶戸里一号墓で倭製武器が伴出し、慶尚北道の新川洞・九政里・安渓里遺跡出土の細形Ⅱ式各類を倭製と見る後藤氏の見解[16]もあり、交流活動の深さを示している。

田熊石畑・柳沢遺跡の発掘は、現地見学しその重要性と筆者の「集落内祭祀論」や「祭祀同盟論」との関連を認識し、後藤・柳田・西谷氏の諸論から啓発されて愚見をまとめてみた。田熊石畑遺跡は、遺跡発掘も一部で墓域と遺構の構成と、副葬品の青銅器の数量など、調査概要の発表からの管見に過ぎない。吉武高木遺跡に匹敵する集団が甕棺分布圏の外の東方での確認は、細形武器と多鈕細文鏡の箕子系集団の活動との関係で重要と考えている。今後、青銅器の分析で韓製か倭製かの判断に注目し、その生産の実態から箕子系の交易行動を解明したい。

柳沢遺跡は、二〇〇七・〇八年の発掘・検出の関係を、調査者の所見を俟つ必要があるが、本論は同一遺跡内一括資料とし、荒神谷遺跡との関係から検討した。両遺跡の銅鐸は、総高が23㎝前後の漢一尺規格で、後者の古相と伴出の中細形から中広形銅矛の上限から下限年代と、前者の23㎝鐸五個は新相だが、伴出一号銅戈が九州型中細形C類で、他の大阪湾型六本と追加一本は未発表である。中細形C類銅戈は、龍田里二号銅戈と五銖銭三枚と伴出し、真番郡設置以降であり、一号銅戈の信濃へ伝来時期は明白である。荒神谷遺跡で23㎝鐸六個と中細形銅矛C類から中広形銅矛十六本の共伴は、茶戸里一号墓の倭製中細形銅矛C類と五銖銭伴出も確認できる。

荒神谷・志谷奥遺跡の膨大な中細形銅剣C類から、東方の柳沢遺跡の九州型の中細形C類の展開が、楽浪・真番郡設置以降の活動と、漢鏡の星雲文鏡や五銖銭出土で証明できる。加茂岩倉遺跡で総高約30㎝鐸の十九個と45㎝鐸二十個の計三十九個も若干遅れて加わる。加茂岩倉遺跡の同笵鐸の分布は、約30㎝鐸と45㎝前後鐸の生産が、出雲主体から近畿地方の広範に展開する。出雲の銅鐸の生産や管理は、出土した23㎝鐸の漢尺一尺から30㎝鐸の一・三尺と約45㎝鐸の二尺まで、中期末期までの出土数や集中は他を圧倒している。

近畿地方の総高規格による銅鐸の鋳造は、大阪府鬼虎川遺跡で総高約30㎝の古い袈裟襷文に復元された銅鐸鎔笵と、銅釧と銅鏃の鎔笵に加え、近年に中細形銅剣の鎔笵が発見されている。大阪府東奈良遺跡では、衆知の流水文銅鐸の片側石製鎔笵と他の破片から六個があり、二号流水文鎔笵の我拝師山・原田銅鐸が総高32㎝、三号流水文鎔笵が気比三号銅鐸で総高45㎝と早くから確認され、流水文一号鐸は製品が未検で、三木文雄氏は稚拙として試作品か習作品で「流通機構にのぼらなかったのではなかろうか」としている。他に袈裟襷文の鎔笵と、銅戈の二本以上とガラス製勾玉二個の鎔笵がある。別に公表の小形四区袈裟襷文銅鐸の鈕部鋳型について、三木氏は約23㎝の名柄鐸よりも小さく「既出土のいずれの銅鐸よりも小さくて、対応する銅鐸を見出し難い」としている。東奈良遺跡の鋳造時期は、一九九〇年の調査で中期後半のSD11号溝から鞴羽口三点が出土し、二〇〇〇年に発表の朝鮮系小銅鐸も、中期後半の溝から発掘された。

近畿地方の銅鐸鋳造の時期は、鬼虎川・東奈良両遺跡で30・45㎝鐸が確認され、前者は四区袈裟襷文の30㎝鐸の古相を示し、後者で両規格が同時生産され、別に小形朝鮮系小銅鐸や23㎝名柄鐸より小さく飾耳のある鎔笵がある。現状で

23㎝鐸の鎔笵の確認がなく、鬼虎川・東奈良両遺跡で30㎝鐸は前者で古相を示し中細形銅剣の鋳造もあり、後者で試作か稚拙な様相で45㎝鐸流水文と近い特徴から、両規格が短期の生産であろう。

出雲で荒神谷遺跡から志谷奥遺跡の時期に、近畿地方の両遺跡の鋳造がはじまり、加茂岩倉遺跡45㎝鐸の五・二一号鐸と気比二・四号鐸が同笵関係、気比三号鐸が東奈良鎔笵製で、これらが前述の慶尚道で真番郡設置以降の前一〇八年以後の動向であることは明白である。

田熊石畑・柳沢遺跡の青銅器群は、前者が箕子系集団か衛氏朝鮮により、後者は真番郡以降の漢系か韓系集団による交易活動により伝播し、その年代が前者は前二世紀代、後者が前一世紀代である。両遺跡の基本的な差異は、朝鮮（韓）系か漢系かであり、前者は細形か中細形初期であり、後者は長大化のはじまる中細形後半から中広形だが、荒神谷遺跡の青銅器群から銅原料の供給力の違いである。郡県支配の開始による交易活動は、倭列島で青銅器のインフレーション的生産の増大[29]をもたらし、荒神谷遺跡の中細・中広形銅矛十六本と23㎝銅鐸六個に、中細形銅剣三五八本の生産を可能にした背景と考えている。前一〇八年前後に朝鮮（韓）系から漢系の交易活動への飛躍により、朝鮮系小銅鐸から初期銅鐸が誕生[17]した。

註・参考文献

（1） 宗像市教育委員会「田熊石畑遺跡発掘調査について」二〇〇八・八・二一
（2） 井　英明「馬渡・東ヶ浦遺跡」『二〇〇二　発掘された日本列島』二〇〇二
（3） 西谷　正「宗像に思う」『季刊　邪馬台国』第百号 二〇〇八
（4） 後藤　直「弥生時代の青銅器生産地—九州—」『東京大学考古学研究室紀要』第一七号　二〇〇二
（5） 柳田康雄「弥生時代の手工業生産と王権」『國學院雑誌』第一〇九号第一一号　二〇〇八

(6) 長野県埋蔵文化財センター『北信濃　柳沢遺跡の銅戈・銅鐸』二〇〇八

(7) 文化庁編「柳沢遺跡」『発掘された日本列島　二〇〇九』二〇〇九

(8) 信州ふれあい歴史講座「光り輝く青銅器―柳沢遺跡の整理作業から―」二〇〇九・七・一一

(9) 大場磐雄「信濃国安曇族の考古学的一考察」『考古学上から見た古氏族の研究』一九七六

(10) 鈴木敏弘「弥生墓と原史交易」『季刊　考古学』第九二号　二〇〇五

(11) 三木文雄『日本出土青銅器の研究』一九九五

(12) 梅原末治「大和吐田郷発見の銅鐸と銅鏡について」『日本考古學論攷』一九四〇

(13) 鹿島町教育委員会『志谷奥遺跡』一九七六

(14) 島根県教育委員会『出雲神庭荒神谷遺跡』一九九六

(15) 笹澤正史「吹上遺跡・釜蓋遺跡」『発掘された日本列島二〇〇六』二〇〇六

(16) 後藤　直「弥生時代の倭・韓交渉」『国立歴史民俗博物館研究報告』第一五一集　二〇〇九

(17) 鈴木敏弘「弥生時代祭祀同盟の成立」『季刊　考古学』第八四号　二〇〇三

(18) 鈴木敏弘『和考研究―銅鐸と祭祀同盟（1）―』XI　二〇〇二

(19) 鈴木敏弘『和考研究―集落内祭祀と祭祀同盟―』XII　二〇〇五

(20) 岡村秀典『三角縁神獣鏡の時代』一九九九

(21) 全榮来『韓国青銅器時代文化研究』一九九一

(22) 西谷　正「永川・龍田里遺跡が提起する諸問題」『高麗美術館研究紀要』第六号　二〇〇八

(23) 山尾幸久「「真番」の所在」『古代王権の原像』二〇〇三

(24) 芋本隆裕・松田順一郎『鬼虎川の銅鐸鋳型』一九八一

(25) 若松博恵「鬼虎川遺跡」「青銅器を作る村近畿地方で発見」『発掘された日本列島　二〇〇九』二〇〇九

(26) 藤沢真依『東奈良』一九七六

(27) 宮脇　薫「東奈良遺跡について」『弥生時代の鋳造』一九九八

(28) 奥井哲秀「東奈良遺跡」『発掘された日本列島　二〇〇〇』二〇〇〇

(29) 鈴木敏弘「銅鐸始私考（三）」『和考楽筆』第一四号　二〇〇〇

弥生王権の東漸

柳田　康雄

一　弥生王権の出現

①首長墓の出現

弥生文化発祥地の玄界灘沿岸地域は、渡来系墳墓の支石墓が営まれるなど文化内容に渡来人の足跡が色濃く残されている。初期支石墓はマツロ・イト・ソノキなどに所在するが、イトでは上石の直径が二ｍを超す日本では比較的大型の支石墓が営まれる。しかも、副葬品として朝鮮半島系磨製石鏃や碧玉製大型管玉をもつ。現在支石墓が発見されていないナ・カスヤ・ムナカタにも有柄式磨製石剣や磨製石鏃を副葬する半島系木棺墓が営まれることから、渡来人の存在が想定できる。同様に有柄式磨製石剣と磨製石鏃が分布する遠賀川中流域のナカマ、四国の瀬戸内沿岸にも渡来系弥生人が定住している。これらの地域を比較すると、家族などの少人数では造営できない大型支石墓をもつイト地域には、渡来人のうちでもより有力者集団が定住したことが明確である。すなわち、イト地域は、紀元前四〇〇年頃の弥生文化発祥と同時に渡来人及び渡来系倭人に統率された階級社会を有する有力倭人集団が出現していることが明晰である（柳田二〇〇〇b・二〇〇二a・二〇〇三b・二〇〇四・二〇〇八d・二〇〇九a）。

②中期前半段階の地域間格差

近畿地方では、墳丘墓が主体となる共同墓地が一般的な特徴で、平墓の被葬者はさらに下位グループの集団となる（都出一九九八）、という。このような墳丘墓的側面では、北部九州は吉野ヶ里墳丘墓のように、中期前半に大きな墳丘墓に埋葬され副葬品をもつ地域大共同体の首長集団とそうでない集団墓に区別できる。

なお、これより先進的な玄界灘沿岸は、中期初頭段階で吉武遺跡群の大共同体（クニ）のように多鈕細文鏡・青銅武器四本・玉類多数をもつ個人を筆頭に副葬品をもつ確率の高い吉武高木大首長集団と周辺の有田・飯倉・野方・東入部などのように集団全体で一・二本の青銅武器などをもつ小共同体の首長集団のように支配層にも数段の階級分化が認められている（柳田二〇〇七b）。

③王墓の出現と元始王権の成立

中期後半になると北部九州は、多量の前漢鏡、多数の青銅武器と玉類をもつ卓越した三雲南小路王墓（柳田一九八三・一九八五）・須玖岡本王墓の存在から、「イト」と「ナ」の地域には中国の冊封体制に組み込まれた「国」が形成されたものと考え、首長墓にも六段階以上のランクが成立している。中園聡は首長墓を五群に細分している（中園二〇〇三）が、そのような手法であれば、三群と四群の間に青銅武器と玉類・貝輪などをもつ一群が欠落しているのでさらなる細分が可能となる（柳田二〇〇〇b・二〇〇二a・二〇〇八d）。

王墓とは、①他の集団墓から独立した一定規模の墳丘をもつ特定個人墓、②隔絶した内容の副葬品をもち、なかんずく大型・中型鏡を含むこと、③王墓とされる背景として王が存在する証明があること（「世々王有り」、「漢委奴國王」金印の授受などがある）の三点が条件となる。三雲南小路王墓のように副葬品中に中国皇帝から下賜された金銅四葉座飾金具やガラス璧などの葬具を含めば朝貢していた証明ともなる（柳田一九九一・一九九四・二〇〇〇c）。

前漢王朝からの径二〇cm以上の大型鏡・葬具の下賜（授受）は、中国の外臣と認知された証拠（岡村一九九九、柳田一九八三・二〇〇二a・二〇〇八d）であり、「イト国」と「ナ国」に元始王権が成立していたものと考える。

北部九州の首長層のランクを整理しておきたい。中期後半の首長墓の副葬品を見る限りは、多量の前漢鏡群と青銅武器・装身具などで構成されている。これを大分類すると、①大型鏡を含む多量の前漢鏡と青銅武器・玉類をもつ王、②複数の前漢鏡と武器・装身具をもつオウ、③小型前漢鏡一面と武器をもつもの、④武器と装身具をもつもの、⑤鉄製武器のみをもつもの、⑥イモガイ製貝輪をもつものの六段階に区分できる。さらに、前漢鏡の中でも、大型鏡・中型鏡・小型鏡のランクが明らかであることに加え、青銅武器に拘泥する王とオウをはじめ、武器の数、装身具の違い、貝輪のゴホウラとイモガイの違いなどでも小分類でき、中園聡の五群ランクは、これらを網羅していないことがわかる。

このように首長層の重層化、祭祀の多様化によって、ランクに応じた威信財の必要性に迫られた結果が、青銅武器・ガラス製品・貝輪・創作青銅器・小形仿製鏡・大型仿製鏡などの製作が統制された管理の下に専業生産されたともいえる。それはあたかも中国の冊封体制を模した威信財製作であり、分配システムといえる（柳田二〇〇八d）。

これに対して以東の青銅武器が割合早く流入する中国・四国地方は、「瀬戸内は細形銅剣の段階から、朝鮮半島や北部九州のように威信財としてではなく、共同性の強い祭器として扱った」（下條二〇〇〇）、といわれるように、首長個人の所有物とはならず、共同体の共有物として銅鐸と同じように伝世・埋納され、武器形祭器と同様な扱いを受けている。その埋納という儀式も、北部九州周辺部の影響で中期末以後に突然開始される（柳田二〇〇六・二〇〇七b・二〇〇八d）。

二　北部九州系文物の東漸

①青銅武器・武器形青銅器

弥生中期前半段階の重要な手工業が青銅器専業生産である。中期初頭から青銅器生産を開始した北部九州は、当初は地域に拡散しているものの、中期前半以後になると福岡・佐賀平野で拠点的に生産される。ここに福岡市今山や飯塚市立岩のように石器専業生産化を達成して階層分化してきた「イト国」・「ナ国」の原点がある（柳田二〇〇八d）。中期後半にはキイのように一部地域で青銅器を生産するが、ほぼ「ナ国」に青銅器専業集団が集約されてくる。

武器形青銅祭器も銅鐸と同じように地域共同体の祭器ではあるが、原材料の調達を含めて弥生王権の下に生産・分配も統制されているものと考えている。青銅器原料の調達に関しては、弥生政権中枢の「イト国」が担った。直接的にはツシマ・イキが「南北に市糴」するが、前一世紀以後朝鮮半島南端とツシマ・イキに分布するのは「ナ国」の土器ではなく、「イト国」の土器であることが裏付けとなる。また、後期には「イト国」王都の三雲遺跡群を中心に多量の楽浪土器や三韓土器が出土する。

ここで青銅武器の保有についての規制・ランクを示しておく。朝鮮半島で製作された「細形」青銅武器のうち銅剣と銅戈がわずかに北部九州に限定して流入する。北部九州で製作された青銅武器の完形品の分布は、「細形銅矛」と「細形銅戈」が北部九州に限定されるのに対して、北部九州製大型「細形銅剣」は東瀬戸内の淡路島の古津路まで及んでいる。さらに武器形青銅器の「中細形」・「中広形」になると、銅矛が北は朝鮮半島東南部、南は熊本県・大分県まで多く、一部が鹿児島県にも及んでいる。東側は、日本海側の島根県荒神谷と四国の香川県・高知県まで及ぶ。銅戈になると、北が朝鮮半島東南部、日本海側が島根県に一本と高知県の数本が知られていた（柳田二〇〇三a・二〇〇三b・

二〇〇五・二〇〇六・二〇〇七a・二〇〇八c・二〇〇八d)。

ところが、近年長野県中野市柳沢で銅鐸・大阪湾型銅戈と共伴して北部九州製「中細形銅戈c式」(拙稿のⅣAc式)が一本出土した。これらは多少の差はあるが、いずれも伝世マメツしている。銅戈は、「大阪湾型・近畿型」とされる型式の製作地が問題となるが、その古式のⅣBa式・ⅣBb式(柳田二〇〇八c)が和歌山県有田市山地と長野県柳沢で出土している。群馬県の銅戈破片二点(吉田二〇〇一)も古式大阪湾型銅戈であることから、柳沢の北部九州製ⅣAc式銅戈が特異な存在となる。

さらに武器形青銅器の銅剣は、北部九州製の「中細形」のうち完形品が島根県・兵庫県・香川県・高知県まで及び、伝世した再生品が愛知県志段味と長野県若宮箭塚で発見されているが、完形品が「細形」を含めて近畿地方に及んでいない。したがって、少なくとも弥生中期段階までに近畿地方で金属製武器が製作された痕跡がなく、完形品を保有していたことは考えられない(柳田二〇〇七a)。

これらを整理すると、実戦に使用できる青銅武器のうち、北部九州製銅剣のみが淡路島古津路を東限とし、弥生後期前半までに北部九州で製作される武器形青銅器の「中細形」・「中広形」の銅矛が島根県・四国まで、銅戈が長野県まで分布する事実から、銅戈が最も普及した武器形青銅祭器であることが明白である。したがって、その普及率からすると、①銅矛、②銅剣、③銅戈の順にその保有が規制されていたことになり、ランクが存在したものと考えている(柳田二〇〇八b・二〇〇八c)。

銅鐸の複合鋸歯文が北部九州製の横帯文銅鐸のみに存在するとすれば、「大阪湾型銅戈」のⅣBb式銅戈(柳田二〇〇八c)の複合鋸歯文も九州系ということになる。和歌山県山地銅戈が横帯文銅鐸と共伴しているという。複合鋸歯文は兵庫県古津路ではⅡBc式銅剣にも施されることから、これも北部九州製ということになる。これについて吉田広は、「大阪湾型の最初期のa類までも、北部九州産である可能性が強い。福田型銅鐸と中細形銅剣B'類・B"類の親縁性からして、大阪湾型銅戈a類についても同じ製作地を考える」。「中期後半から後期初頭の時期に、ある種の青銅器が北部九州で生産され、それらすべてが東へと持ち出されているのである。言わば、北部九州から対東向けに、輸出専用に生産された青銅器とみることができよう。輸出専用品目―福田型銅鐸・鉄戈形銅戈・鉄戈系銅戈・中細形銅剣B'類・同B"類・大阪湾型銅戈a類・上諏訪神社蔵銅戈」(吉田一九九八)という。とすれば、北部九州倭人が東漸した時点で持ち出されたことになるのではないか(柳田二〇〇九b)。

青銅祭器の分布密度では(吉田二〇〇八)、北部九州以外では濃い部分に権力者の墓や最高権威の銅鏡が伴っていないことから、青銅祭器が権力構造と関係ないことが明晰である(柳田二〇〇八d)。

②ガラス

北部九州は、中期前半以後になると確実にガラス製品が流入している。流入ガラスの代表的なものがトンボ玉・ガラス管玉(大型・中型・細型)・ガラス丸玉・ガラス小玉・ガラス璧・塞杆状ガラス・ガラス耳璫・ガラス原料板材などである。

ガラス勾玉の生産が春日市ウトグチB地点一号土坑例が中期中頃に溯ったことは、北部九州のガラス加工生産のうち最も技術的に高度なガラス鋳造技術を獲得できた時期が溯ったことになる。ガラスの加工生産が中期中頃には開始され、そのガラス勾玉が「イト国」・「ナ国」の元始王を最高位とする北部九州の首長階級に重宝されたことが明晰である。同様に、限定された首長に重宝されるのが小型ガラス管玉である。中期後半の二大王墓で共伴している多量の小型ガラス管玉は、巻き技法の習熟によって小型化で大量生産が可能になった日本独特のガラス管玉である。福岡県安徳台二号甕棺墓三三四個、同立岩二八号甕棺墓五四八個、大分県吹上四号甕棺墓五〇〇個以上など地域の最高位の首長墓の副葬品に採用された小型ガラス管玉は、当該時期には楽浪郡など朝鮮半島にも見られない。しかも、北部九州を出ることもないことから、前漢鏡・ガラス璧・青銅武器・ガラス勾玉に次ぐ威信財であることがわかる。これらのことから、ガラス勾玉とガラス管玉は北部九州弥生中枢部からの地域首長に下賜された威信財であったことを確信するのである。この時期これらは、集落から出土することがないことから、葬具として弥生王権のもとで下賜されたと考えている。

後期になるとガラス勾玉とその鋳型の発見が増加すると同時に、北部九州外にも分布するようになる。これは、中期後半に王権が成立すると同時に始まる文物の東漸と連関する。それには、鋳造技法で加工された中型エンタシスガラス管玉も加わる。これは楽浪土城にも存在することから、舶載品と考えられるが、北部九州では後期初頭以後に見られ、楽浪土城の楽浪三期で後漢前期に相当する。それは北部九州外では首長墓に副葬されるが、北部九州の「イト国」・「ナ国」では集落からも出土することから、下位首長にも普及していることがわかる。

細型ガラス管玉は、引き伸ばし技法で製作された径一・七～三・〇㎜の極細製品であり、後期前半の佐賀県二塚山二六号土坑墓二二一個以上、福岡県井原ヤリミゾ一三号甕棺墓五個などの副葬品や「イト国」・「ナ国」では集落でも出土する。色調は紺色が多く、赤褐色・黄色が続いている。赤褐色の福岡市南八幡例をインド産ムチサラ小玉の未成品とされているが、楽浪石巌里二〇〇号墳では赤褐色六個を含む合計一七個の同型式細型管玉が出土しており、管玉としての地位を確保している。万が一小玉の未成品としたら、北部九州で製品化したことになり、ムチサラ小玉も弥生時代では北部九州をでることはない。

また、ガラス小玉の未成品と考えられるものにガラス連玉がある。弥生時代のガラス連玉が、唯一平原王墓で多量に出土している。意図的に連結したものが四連を最高に、二連が多量にある。四連のものも両側に連結痕跡があることから、本来は六連以上が存在したことになる。ガラス連玉が小玉の製作過程の副産物だとすると、古墳前期以後で数個が出土するものと違い、平原王墓の多量の連玉は、生産地が近隣であることを明示している（柳田二〇〇〇ａ）。

ガラス生産の統制については、ガラス勾玉がヒスイの代用であるとしても、ホナミの立岩堀田遺跡において合計一〇面の前漢鏡をもちながらガラス勾玉をもたなかった。しかし、前漢鏡と多量の小型ガラス管玉をもつことで中枢部との関係を維持している。多量の小型ガラス管玉をもつが前漢鏡をもたない安徳台二号甕棺墓・吹上四号甕棺墓との間に多少の相違があるものの、中枢部の王と地域のオウ・大首長との間には、威信財を通しての関係が保たれている。立岩堀田一〇号甕棺のオウは中枢部の王と同じように銅矛をもつところが、前漢鏡がなく銅戈をもつ吹上四号甕棺の首長より上位にランクされる（柳田二〇〇八a）。

③創作青銅器と倭国の範囲

創作青銅器とは、弥生後期に出現する青銅器のうち貝製品などに起源をもつ巴形銅器・有鉤銅釧などをいう（柳田一九八六）。前一世紀後半以後の「イト国」・「ナ国」の政治権力・経済力の壮大さは、北部九州系青銅器の東漸によって証明できる。北部九州で弥生中期後半以後製作された銅剣・銅矛・銅戈などの武器形青銅祭器だけではなく、後期初頭以後の横帯文銅鐸・有鉤銅釧・巴形銅器などが北部九州以外の地域に拡散してゆく。とくに、銅戈・有鉤銅釧・巴形銅器の分布は、弥生終末・古墳早期までに北陸・中部・東北地方南端まで達する。これは「イト国」を盟主とした「倭国」の範囲が次第に拡大していった様子を明示していると同時に、東海以西の土器の流入からそれらの地域と密接な交渉をもっていたことが解る（柳田二〇〇〇b・二〇〇三b）。

④東漸の時期と青銅器の埋納

北部九州外へ東漸した青銅武器は中期前半まで遡る可能性もあるが、「中細形銅剣b式」以前の型式は伝世マメツしていることから、埋納されるのは「中細形銅剣c式」の中期末以後である。神庭荒神谷では、「中細形」と「中広形」銅矛が共伴することから「中広形」が製作される後期初頭以後埋納されている（柳田二〇〇三a・二〇〇六）。

青銅器埋納がなぜ突然始まるのか。中枢部では埋納青銅器は皆無であるか、時期が下降する。「イト国」は埋納青銅器が皆無であり、「ナ国」では「中細形銅戈」の一部で埋納が始まるが、「中広形銅戈」を含むことが多いことから、埋納開始が後期初頭となる。

青銅祭器の埋納は、弥生王権の東漸に起因すると考えている。北部九州外で「細形銅剣」や最古式・古式銅鐸の埋納が開始されるのが中期末以後であることから、北部九州中枢部に王権が成立した時期と符合する。高地性集落が瀬戸内沿岸に出現するのもこの時期であることから（寺沢二〇〇〇）、弥生王権の権威の東漸の開始であることが明晰となり、中枢部以外で中期末、中枢部の「ナ国」で後期初頭以後埋納されるが、倭国王都の「イト国」では青銅祭器が埋納されることがなかったようで、いまだに埋納青銅祭器が発見されない。

銅鏡の東漸もこの時期に始まる可能性をもっている。早期・前期古墳から出土するマメツ鏡は、少数の漢鏡三期が存在するものの、四期から七期に集中することが知られている。瀬戸内以東の中期末以前の青銅武器・武器形青銅器・多鈕細文鏡は埋納されるが、漢鏡は伝世され弥生王権の遷都後副葬される（柳田二〇〇二b）。

参考文献

岡村秀典　一九九九『三角縁神獣鏡の時代』吉川弘文館
下條信行　二〇〇〇「青銅製武器の伝播と展開」『考古学による日本歴史』6戦争　雄山閣出版
都出比呂志　一九九八『古代国家はこうして生まれた』角川書店
寺沢　薫　二〇〇〇『王権誕生』『日本の歴史』〇二　講談社
中園　聡　二〇〇三『九州弥生文化の特質』九州大学出版会
柳田康雄　一九八三「伊都国の考古学―対外交渉のはじまり―」『九州歴史資料館開館十周年記念大宰府古文化論叢』吉川弘文館、柳田康

雄二〇〇二a所収
柳田康雄　一九八五「三雲遺跡　南小路地区編」『福岡県文化財調査報告書』六九
柳田康雄　一九八六「青銅器の創作と終焉」『九州考古学』六〇、柳田康雄二〇〇二所収
柳田康雄　一九九一「「国」と「王」」『日本文化の源流をさぐる弥生文化』大阪府立弥生文化博物館
柳田康雄　一九九四「筑紫の王墓―須玖と三雲（伊都国王墓）―」『奴国の首都須玖岡本遺跡』春日市教育委員会
柳田康雄　二〇〇〇a「平原遺跡」『前原市文化財調査報告書』七〇
柳田康雄　二〇〇〇b『伊都国を掘る』大和書房
柳田康雄　二〇〇〇c「王墓とは」『須玖岡本遺跡発見一〇〇周年記念展　奴国王の出現と北部九州のクニグニ』春日市奴国の丘歴史資料館
柳田康雄　二〇〇二a『九州弥生文化の研究』学生社
柳田康雄　二〇〇二b「摩滅鏡と踏返し鏡」『九州歴史資料館研究論集』二七
柳田康雄　二〇〇三a「短身銅矛論」『橿原考古学研究所論集』一四　八木書店
柳田康雄　二〇〇三b「「イト国」王墓と初期ヤマト王権の出現」石野博信編『初期古墳と大和の考古学』学生社
柳田康雄　二〇〇四「日本・朝鮮半島の中国式銅剣と実年代論」『九州歴史資料館研究論集』二九
柳田康雄　二〇〇五「青銅武器型式分類序論」『國學院大學考古学資料館紀要』二一
柳田康雄　二〇〇六「中国地方の青銅武器」『喜谷美宣先生古稀記念論集』
柳田康雄　二〇〇七a「銅剣鋳型と製品」『考古学雑誌』九一―一
柳田康雄　二〇〇七b「卑弥呼を共立したクニグニ」『季刊考古学』一〇〇　雄山閣
柳田康雄　二〇〇八a「弥生ガラスの考古学」『九州と東アジアの考古学―九州大学考古学研究室五〇周年記念論文集―』
柳田康雄　二〇〇八b「青銅武器・武器形青銅祭器の使用痕」『橿原考古学研究所論集』一五　八木書店
柳田康雄　二〇〇八c「銅戈の型式分類と生産・流通」『古代学研究』一八〇
柳田康雄　二〇〇八d「弥生時代の手工業生産と王権」『國學院雜誌』一〇九―一一
柳田康雄　二〇〇九a「中国式銅剣と磨製石剣」『國學院大學大学院紀要―文学研究科―』四〇

柳田康雄　二〇〇九b「弥生時代青銅器土製鋳型研究序論」『國學院雜誌』一一〇―六
吉田　広　一九九八「鉄戈形銅戈考」『愛媛大学法文学部論集人文科学編』四
吉田　広　二〇〇一「弥生時代の武器形青銅器」『考古学資料集二一』
吉田　広・増田浩太・山口欧志　二〇〇八「青銅祭器の対立構造」『弥生時代の考古学7　儀礼と権力』同成社

第Ⅱ章　神祇信仰の原点と古墳文化

横穴墓の大甕祭祀

池上　悟

一

本邦における横穴墓は、新来の埋葬施設である横穴式石室を規範形として、五世紀後半代に北部九州を淵源の地として各地に波及したものと考えられてきた。しかるに近年、朝鮮半島南部の百済の地において本邦横穴墓の初現構造に類似する構造の横穴墓が調査され、横穴墓の起源問題が新たに惹起されている。

現状で報告されている韓国所在横穴墓の所産年代が北部九州初現例に遅れる点から、僅かに確認できる五世紀代の文献史料を重視して九州地方から朝鮮半島への横穴墓制の伝播が想定されているものの、未確認例の存在を考慮すると、横穴式石室と同じく朝鮮半島起源の墓制の本邦への波及の可能性を考慮することもできよう(1)。

五世紀後半から六世紀初頭にかけての北部九州と百済地方の横穴墓の構造は、入口部が傾斜して玄室に至る点、玄室平面形が縦長・横長の二類が確認されている点において共通するものの、本邦初現例が後背墳丘を有する点において顕著な差異を顕現させている。

横穴墓が墳丘を有する点において、明確に古墳として位置づけることが可能であり、横穴墓なる埋葬施設は横穴式石室の代替として構築されたものと理解できる。

墳墓としての横穴墓造営に伴う葬送儀礼は、横穴式石室と同じく多くの土器類、特に須恵器の多用として認識されるものの、従前の検討は僅少に過ぎない。本稿では、横穴墓における出土土器を対象として葬送儀礼の一端を検討してみたい。

二

後背墳丘を有する横穴墓は、北部九州および山口・島根・鳥取県などの初期横穴墓の波及した地域に集中しており、横穴墓の伝播に従って東国に及んだ点が近年明確になってきている。(2) 古墳の基本として、墳丘と埋葬施設において実修された葬送儀礼は、出土土器類の組成の違いによって内容には差異があったものと想定されている。横穴墓もまた同様であったものと想定されるところであり、その実際を確認しておきたい。

北部九州地方における五世紀代に遡及する初現期横穴墓例として、大分県・上ノ原横穴墓群の実態を検討したい。上ノ原横穴墓群は台地斜面に直線状に展開した横穴墓群であり、斜面下位に初現期の横穴墓が展開し、上位斜面に六世紀代の横穴墓が造営されている。この横穴墓群の群構成に関しては、多様な理解が可能である。

上ノ原横穴墓群の十二基の初現期横穴墓のうち、大形横穴墓を主体とした六基に七〇~九〇㎝ほどの高さの墳丘が構築されている。墳丘部から土器類が出土している横穴墓は三基を数えるのみであるが、十一号墓からは須恵器甕のみ、二五号墓からは土師器甕と蓋杯、二七号墓からは須恵器甕と蓋杯・高杯および土師器壷の出土が確認されている。墓道から出土する多くの土器類は種々の葬送儀礼が実修された証左であり、墳丘から出土している器種以外に壷・提瓶・横瓶・𤭯などが知られる。初現期横穴墓の内部からの出土は蓋杯を主体として高杯・壷が従うものであり、基本的には被葬者への飲食物供献の結果として理解されるところであり、小林行雄の指摘した黄泉戸喫の儀礼に関連するところであり、高塚古墳例の分析からは、出土状況により供献の実態を推測させる様相と、現世の飲食を拒否した様相の二様が指摘されている。[3]

甕は基本的には横穴墓内部に持ち込まれてはおらず、墳丘部から出土した事例にあっては墓道からは出土していない。墓道からの甕の出土が確認されるのは墳丘から出土しない場合に限られており、墳丘を伴わない六世紀前半代以降には墓道から出土している。外部からの甕の出土は黄泉戸喫とは異なった葬送儀礼を想定させる。

上ノ原横穴墓群おける初現期横穴墓では、墳丘において横穴墓内部でも認められる杯・高杯を用いた食物供献儀礼と、甕・壷を用いた飲物供献儀礼が想定されている。また六世紀代になると、複数の横穴墓にまたがる土器の破砕散布行為が確認されている。墓道から出土する甕を主体とする破片の接合の事実であり、横穴墓被葬者間における紐帯を表わす祖霊祭祀の可能性が指摘されている。[4]

福岡県・久戸古墳群においては、墳丘横穴墓が石室墳と混在して構築されており、石室墳と同様に墳丘から甕が出土している。墳丘における甕を使用する儀礼は、前期古墳以来の伝統を踏まえた飲食儀礼が想定され[5]、横穴墓においても同様の儀礼が想定されよう。

朝鮮半島南部の公州丹芝里横穴墓群の出土土器の様相は、横穴墓内部への副葬品として小形の蓋杯・三足杯・椀と中形の深鉢・壷の出土が顕著であり、最大で二十号墓からの十六個体の出土である。[6] 墓道からの土器の出土は認められず、本邦横穴墓との葬送儀礼の違いは顕著であり、大甕の使用は認められない。

六世紀後半の前方後円形の墳丘を伴う福岡県・狐塚一号墳では、墳丘裾から蓋杯・高杯・平瓶・壷・横瓶とともに四個体の甕が出土しているが、斜面下の横穴墓群の墓道からも大甕が出土している。

六世紀中葉から群造営を開始する福岡県・水町遺跡横穴墓群では、墳丘横穴墓を契機として造営が開始されている。墳丘を画す周溝からの出土土器は二基から確認されている。A三号墓から土師器を含む蓋杯と高杯および土師器の甕が出土しており、一墓道に複数横穴墓が伴う九州型横穴墓の墓道からは六個体以上の須恵器大甕が出土している。Ａ六号墓の周溝からは蓋杯と高杯の出土であり、甕は四個体以上が墓道から出土している。ここに窺われる実際からは、甕使用儀礼の変容を確認することができ、墳丘を伴わない段階においては約半数の横穴墓墓道から甕が出土しており、限定された横穴墓において甕使用儀礼が実修された点を確認できる。(7)

本州最古の六世紀前半代の墳丘横穴墓群である山口県朝田横穴墓群は、個別横穴墓の墳丘が明確である。後背墳丘ないし周溝からの出土は土師器を含んだ蓋杯を主体として六基から確認されており、一例のみ高杯・甕・壷・提瓶も共伴している。甕は一例以外は墓道から出土しており、六世紀前半から中葉にかけて甕使用儀礼実修の場が墓道に限定された様相を確認できる。(8)

山陰地方においても、墳丘横穴墓は出雲地域を中心として隣接する伯耆西部にかけての分布が確認される。これらのうち最良の事例として出雲中枢部の意宇平野周辺に位置する島田池横穴墓群を位置づけることができる。島田池横穴墓群はＹ字状に広がる尾根上に墳丘を築造し、斜面部に多数の横穴墓を掘削造営しており、前方後方墳と方墳の相違を規模に関連して顕現している。(9)

墳墓としての特徴的な横穴墓使用法は、出土した人骨の様相より、隣接して掘削された複数の横穴墓を第一次葬と第二次葬に区分して使用したものと想定される点であり、これに関連して須恵器大甕を破砕した破片を横穴墓内部に敷き詰めた「須恵器床」を敷設している。(10)尾根上の墳丘部からは多数の須恵器大甕が出土するのに対し、横穴墓の墓道からは土師器甕しか出土せず、内部からは土師器甕ないしは小形甕しか出土しないという違いを確認することができる。注目すべき事象は、後背墳丘部出土の須恵器大甕の破片と横穴墓内部に敷設された「須恵器床」の破片が接合する事実であり、「須恵器床」相互の接合関係も確認されている。墳丘の儀礼に用いられた大甕片を、特に遺骸を安置する横穴墓内部の「須恵器床」に使用する理由は、単なる破片の再利用ではなく大甕片が特別に重視されたものと考えられる。

文献史料の検討からは、甕が単なる容器ではなく呪術的力を保持するものとして扱われて来た点が指摘されており、[11]古墳時代に遡及しての実修も想定されている。大甕に認められる呪術的力との関連では、墳丘の大甕片を横穴墓内部に持ち込む理由としては、墳丘に祀られた祖霊との関わりが想起されよう。祖霊を祀るに必要とされた大甕は祖霊が宿るものとして、大甕片に遺骸を安置することにより被葬者の霊魂と祖霊との一体化が促進されると思惟されたものであろうか。

島田池横穴墓群においては、尾根上の墳丘出土の大甕破片と斜面の横穴墓からの破片が接合するのみならず、並列する複数の横穴墓相互にも連関性を明示している。一区横穴墓群は三基のすべての横穴墓出土の破片が接合しており、六区横穴墓群では三〜十四号の十二基の横穴墓出土破片が複数の大甕を通じて関連している。さらに地区を異にした墳丘・横穴墓間にも関連が確認されている。大甕片の接合関係を通じて血縁的関連を明示する如くであり、祖霊信仰の実態を瞥見することができよう。この祭祀の系譜は、六世紀前半代に上ノ原横穴墓群で実修された複数横穴墓間の土器片散布祭祀を地域で変容したものと考えることができよう。

意宇平野周辺に位置する初現期横穴墓としては、全長二二mの前方後方墳である中竹矢二号墳の主体部として構築された一号横穴墓が知られる。墳丘からは蓋杯多数と高杯・小壺が出土し、横穴墓内部からは蓋杯のみ、墓道からは多数の蓋杯と高杯・小壺五が出土しており、須恵器甕は出土していない。

出雲地域の東端を占める安来地区は、古墳時代後期にあっては出雲中枢部とは異なった支配体制下にあったものと考えられている。この地区にのみ横穴墓に前方後円形ないしは円形の後背墳丘が伴っており、単龍環頭ないしは双龍環頭大刀が集中する地区であり、畿内の特定の有力豪族と独自の関連性を有していた地区と想定されている。岩屋口一号墳は全長十二・五mの小形前方後円墳であり、主体部として横穴墓を構築している。六世紀後半の早い時期としての出雲初現期の一例と位置づけられる横穴墓であり、墳丘には二二個体の円筒埴輪を巡らしており、裾部から須恵器蓋杯六と土師器高杯三個体が出土している。横穴墓内部からは須恵器蓋杯二個体と提瓶一個体が確認されている。

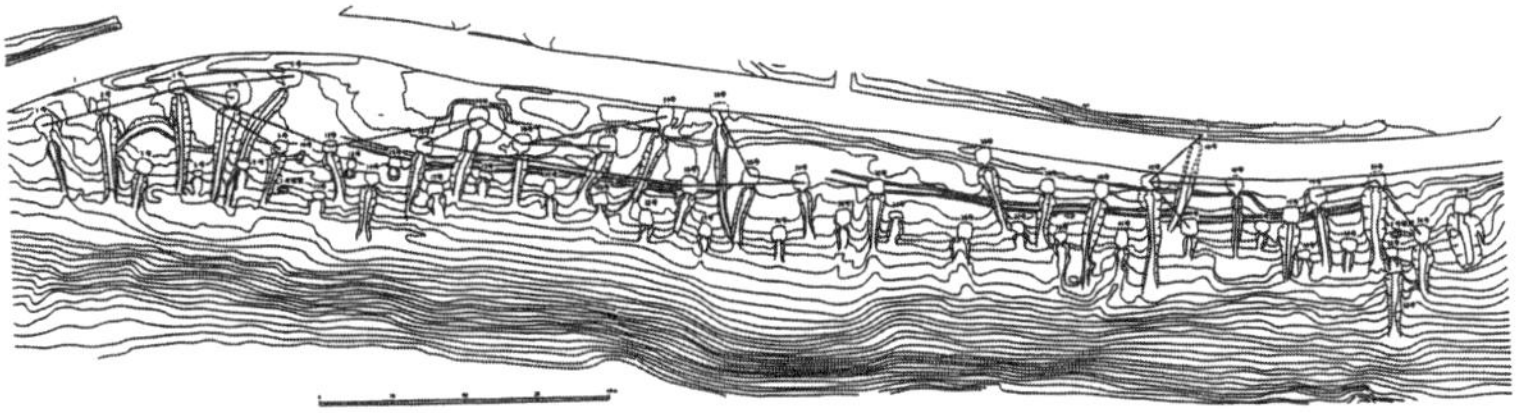

大分県・上ノ原横穴墓群土器片接合状況

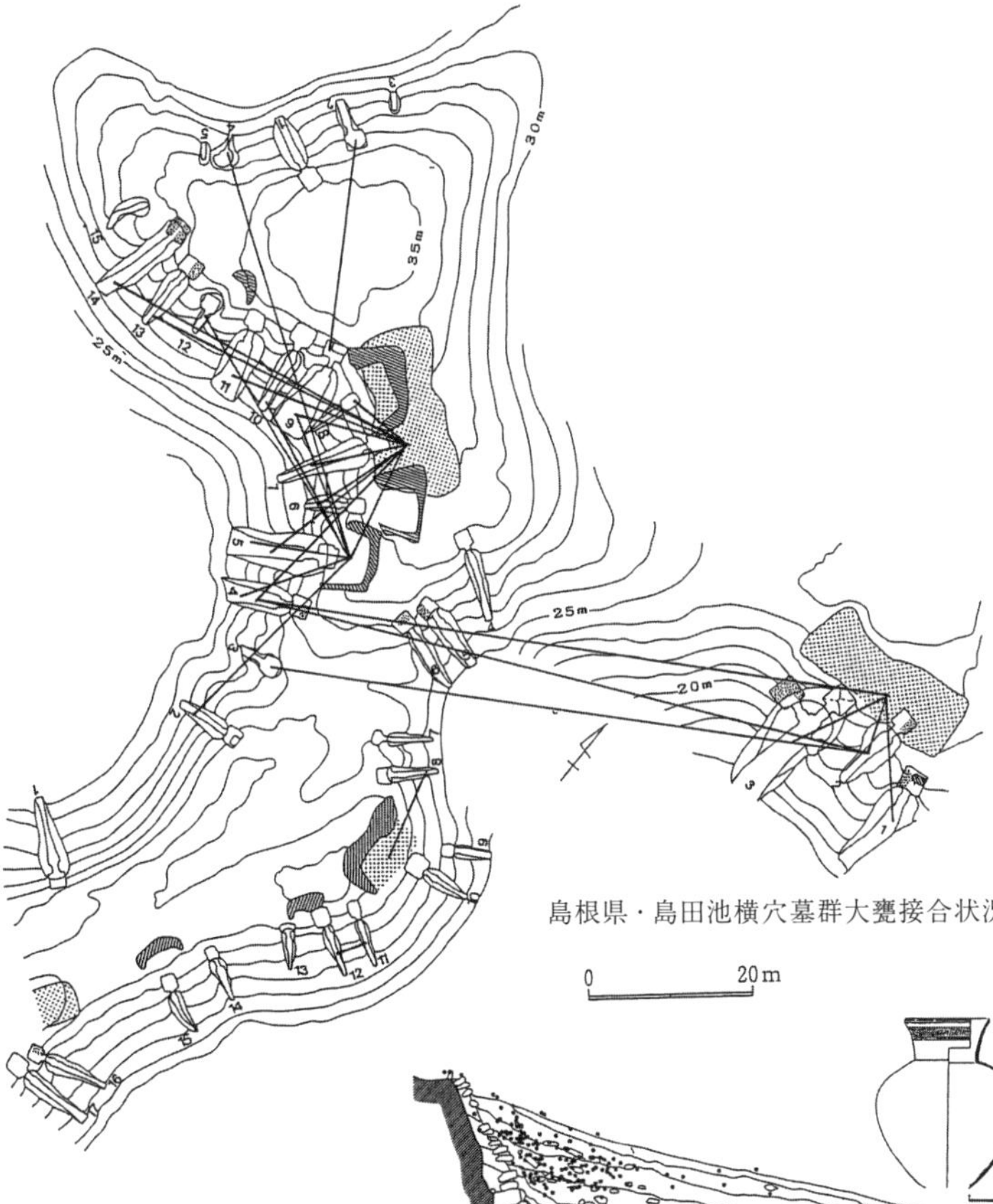

島根県・島田池横穴墓群大甕接合状況

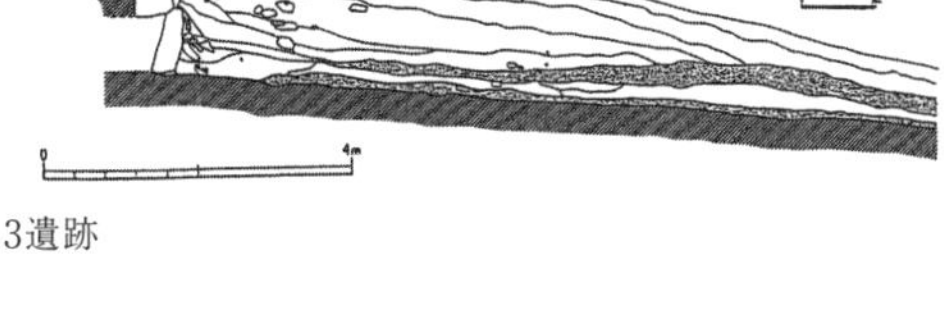

東京都・多摩ニュータウンNo.313遺跡

伯耆西部においても、島田池横穴墓群と同様の様相を確認できる。米子市・陰田横穴墓群は尾根上に方形を基本とした後背墳丘八基を築造し、斜面に三十基ほどの横穴墓を六世紀後半以降に構築している。群内には六基の須恵器床を敷設する横穴墓が主体的位置を占めて造営されている。須恵器床のうちには墳丘部出土の大甕片と接合関係が認められる例も一例確認されており、須恵器床相互に接合する例も一例確認されている。墳丘出土例との接合関係が確認できる資料は僅少である点に関連してか、陰田横穴墓群では墓前から須恵器甕が出土する例と内部からの土師器甕出土例が目立つ。マケン堀横穴墓群は、円形の後背墳丘六基を築造し、それぞれに群集して横穴墓を六世紀後半以降に造営している。墳丘部からは甕を主体として蓋杯を伴う土器類が出土しており、横穴墓内部および墓道からは甕の出土は認められない。

山陰地方の墳丘横穴墓を中心に検討したところでは、当該地域における横穴墓制受容当初には大甕を使用した葬送儀礼は顕著ではなく、地域横穴墓型式確立にあわせて墳丘における大甕祭祀が定着した様相を確認できる。その後の大甕祭祀は墳丘部に限定されることなく墓道において実修されており、あわせて横穴墓内部への小形甕の副葬も行われるように変化している。

三

墳丘横穴墓は、近年東国においても僅かではあるが発掘事例が確認されるようになり、従前の想定から事実へと認識が転換されてきた。西日本の様相とは異なって個別横穴墓に伴う墳丘という築造ではなく、横穴墓群の表徴としての変容した位置づけと認識される。

尾根上の後背墳丘と斜面に造営された横穴墓群という関係であり、横浜市・市ヵ尾車塚と横穴墓群が古く調査された例として確認できる。横穴墓群が営まれた谷を見下ろす尾根上に立地する径二〇mを測る墳丘からは明確な埋葬施設は検出されず、須恵器大甕が破片となって出土している(12)。

最北における墳丘横穴墓の調査事例は、福島県白河地区の弘法山横穴墓群である。尾根の縁端部に円形の墳丘を築き、下位斜面に八基の横穴墓を構築している。墳丘部からは須恵器大甕の破片二一点が出土しており、二基の横穴墓の墓道からは土師器甕片が出土している。総体としての土器出土は僅少であり、横穴墓内部からは蓋杯、墓道からは蓋杯・壷・平瓶・フラスコ形細頸瓶・𤭯などが出土している。墳丘部に限定された大甕使用葬送儀礼の実修を確認できる事例である(13)。

東北地方において留意される横穴墓からの土器出土状況は、福島県会津地区において確認できる。改葬施設としての横穴墓の利用が特徴的な、駒板新田横穴墓群である(14)。調査された二九基の横穴墓からの出土土器は僅少なものであり、墓道からの土師器を主体とする蓋杯と甕の出土である。これらのうち同一支群に属する十三号と十七号墓、二二号墓と二三号墓から出土の須恵器破片が同一個体と報告されている。現在までのところ、山陰地方以外において確認される事例はこの事例に留まる。

駒板新田横穴墓群における初現横穴墓構造としては、縦長玄室平面の寄棟妻入り天井構造が確認できるが、従前この系譜は明確となってはいない。東国における出雲型横穴墓としては、横長玄室平面の寄棟平入り天井構造として認識してきたところであるが、出雲・狐谷横穴墓群における類例の存在に(15)、特徴的な異なる横穴墓間の須恵器甕片の共有という点を重視すると、会津の地における横穴墓構築の一つの要素としての出雲系要素の波及を勘案することも可能であろう。

四

以上に墳丘横穴墓を中心として、本邦各地における横穴墓出土土器の様相を出土位置を問題として土器類を検討してきた。被葬者への土器類、すなわち飲食物の奉献は新来の葬送儀礼として北部九州で受容され、横穴式石室が定着した後の六世紀代に普及する点が確認されているが、北部九州の特殊埋葬施設として位置づけられる初現期横穴墓にあっては早く実修され、あわせて伝統的な墳丘部における大甕祭祀も取り入れられている。

大甕は、横穴墓制の終焉を担う東国における七世紀代の限定された横穴墓群からも出土している。神奈川県・下尾崎横穴墓群、千葉県・千代丸力丸横穴墓群、宮城県・矢本横穴墓群などを典型として、他の器種とともに墓前域からの大甕の出土を確認できる。(16)

東国における七世紀代の展開期横穴墓は、横穴墓型式が従前の受容期の構造を脱して同時期併存の石室構造を模倣するなど地区ごとの特徴を明示するとともに、墓前域を拡大・整備する点が目立つ。多人数が参集する墓前儀礼の執行を前提とする変容と理解することが可能であり、墓前域出土土器類にも関連して間接的には被葬者に対する儀礼執行ではあるが、直接的には参集者による土器使用儀礼が実修されたことが思慮される。

即ちあくまで限定された状況ではあるものの、大甕使用儀礼の執行は横穴墓に不可欠の葬送儀礼と認識されるところである。勿論同様の儀礼は横穴式石室の墓前域でも行なわれており、その差異を確認することが横穴墓被葬者集団の性格を明確化するためには必要なところであろう。

また七世紀代における墓前域整備段階において、墳丘を構築しなくとも横穴墓を構築した斜面上部が葬送儀礼執行の場として意識されていた点を確認することができる。東京都多摩ニュータウン地区内の三一三遺跡における横穴墓で確認できるところであり、(17)大形の石積みを施した墓前域から出土した須恵器の大甕とフラスコ形細頸瓶は、細片として上部から流入した状況で出土しており上部に破片として置かれていたものと考えられるものである。個別横穴墓の機能に関連して、種々の葬送儀礼執行の状況が想定される。

横穴式石室と異なる横穴墓に特有の大甕使用儀礼は、出雲地域に定着した大甕破片重視の様相であり、墳丘を介在として個別横穴墓と連関する祖霊祭祀との係わりが彷彿される事象である。東国各地に拡散した出雲系横穴墓の造営に当たっては、[18] 物証は僅少例ではあるものの、その思惟は意識されていた可能性も考慮されよう。

註

（1）池上　悟「朝鮮半島における横穴墓の様相」『宗教社会史研究Ⅲ』平成十七年
（2）池上　悟「日本の墳丘横穴墓」『立正大学文学部論叢』第一〇九号　平成十一年
（3）亀田　博「後期古墳に埋納された土器」『考古学研究』第九十二号　昭和五十二年
（4）村上久和・吉留秀敏「上ノ原横穴墓群における葬送儀礼の諸相」『上ノ原横穴墓群Ⅱ』平成三年
（5）楠元哲夫「六文銭」『考古学と生活文化』（同志社大学考古学シリーズⅤ）平成四年
（6）忠清文化財研究院『公州丹芝里遺跡』平成十八年
（7）直方市教育委員会『水町遺跡群』平成九年
（8）山口県教育委員会『朝田墳墓群Ⅰ・Ⅴ』昭和五十一・五十七年
（9）島根県教育委員会『島田池・鶴貫遺跡』平成九年
（10）池上　悟「山陰横穴墓の埋葬様式」『日本の横穴墓』平成十二年
（11）池田源太「瓶尊と古代人の情緒」『末永先生古稀記念古代学論叢』昭和四十二年
（12）甘粕・田中ほか「市カ尾古墳群の発掘」『横浜市史史料集』二一　昭和五十七年
（13）福島県文化センター「弘法山古墳群」『福島空港・あぶくま南道路遺跡発掘調査報告書』八　平成十二年
（14）福島県教育委員会「駒板新田横穴群」『東北横断自動車道遺跡調査報告』六　平成元年
（15）山陰横穴墓研究会『山陰の横穴墓』平成九年
（16）東松島市教育委員会『矢本横穴墓群Ⅰ』平成二十年
（17）東京都埋蔵文化財センター『多摩ニュータウン遺跡・No.三二三遺跡』平成十五年
（18）池上　悟「東国における出雲系横穴墓の展開」『考古学論究』第十一号　平成十八年

古墳立柱と日光投影

石野　博信

一　福岡県平原《ひらばる》1号墓と大柱

一九六六年、原田大六さんは『実在した神話　発掘された「平原弥生古墳」』で、「（平原弥生古墳では）被葬者の股間に朝日がさしこむ」（原田一九六六・一三八頁）設計になっているとして、「日本における帝王日子観」（原田一九六六・一四五頁、図1）が生まれたと指摘された。

その後、一九九八年の周辺調査によって、墓壙東端から14・8ｍ東側に大柱柱穴があり、それが墓壙主軸線上にある四柱穴の延長上に当ることが確認された。大柱は径65㎝・長さ15ｍ前後で、地上13ｍの高さと推定されている。そして、その延長1・5㎞先の三雲端山古墳の円丘部中央を経て、5・75㎞先の日向峠に至る（柳田康雄・角浩行ほか二〇〇〇・一九頁、図2）。

それより前、一九九二年五月五日、私は諏訪大社上社の前宮と本宮の御柱根固神事を見学していた。宮坂光昭氏によると、御柱祭は神社の祭りではなく、氏子による御柱の奉納だという。幅1ｍ余、長さ6～7ｍのスロープ状の細長い柱穴を掘り、五丈五尺＝16・7ｍの御柱をおとしこみ、立てる（図3）。一九九九年二月に、伊都国歴史資料館で岡部裕俊さんから平原1号墓にともなう大柱柱穴の調査状況を聞いたとき、諏訪大社御柱とのあまりの類似におどろいた。

前原市教育委員会は大柱柱穴検出後、墓壙中心軸の柱穴と大柱柱穴に柱を立て、十月十五日の日向峠からの日の出と平原1号墓遺構群の関連を実験調査した（図4）。原田大六さんが早くに指摘していた「被葬者の股間に朝日がさしこむ」ことが、三十数年ぶりに大柱付きで検証された。

私は一九七五年十一月二十五日に森浩一さんと原田宅を訪ね、「平原弥生古墳」の調査と伊都地域の遺跡の実態をウィスキーと共に十分に頂いた。その時は特に違和感はなかったが、大柱が見つかってから「股間に朝日がさしこむ」話に「はてナ」と思いはじめた。

日向峠に陽が昇り、大柱の長い影が被葬者に伸びる。しかし、陽が昇るごとに大柱の陰は短くなり被葬者から離れる。陽が昇った瞬間、「股間に朝日がさしこ」んではいるが、大柱の陰は引いていく。大柱の陰は股間にさしこまない。しかも、当然のことではあるが、「朝日がさしこむ」のは墓壙の囲郭施設もなく、高さ2mと推定されている墳丘もない段階のことであって、墳丘築造後は大柱の陰が墳丘に投影されるだけである。

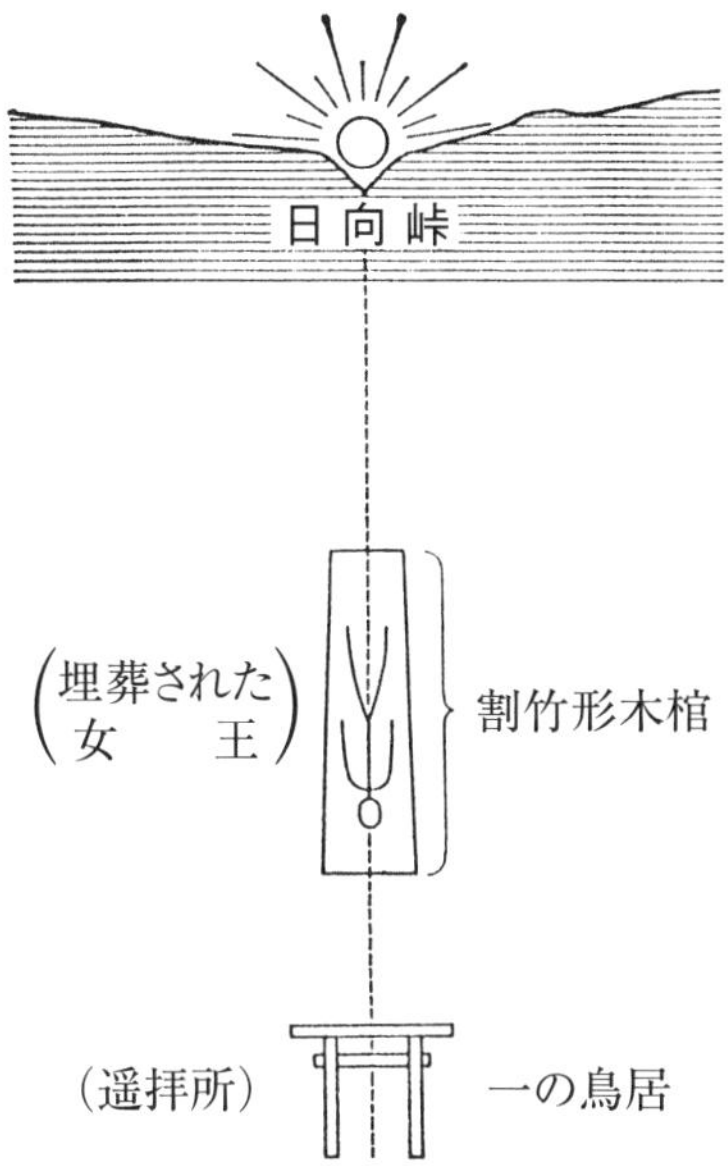

太陽と女王の一体化

日向峠から秋の十月下旬に出た朝日の光芒が、平原弥生古墳の被葬者である女王の股間を射するのを、鳥居で神として祭っている。太陽はこの場合には男性で、女性はその妻と考えられた。

図1　平原王墓と日向峠
（原田大六『実在した神話』学生社、1966）

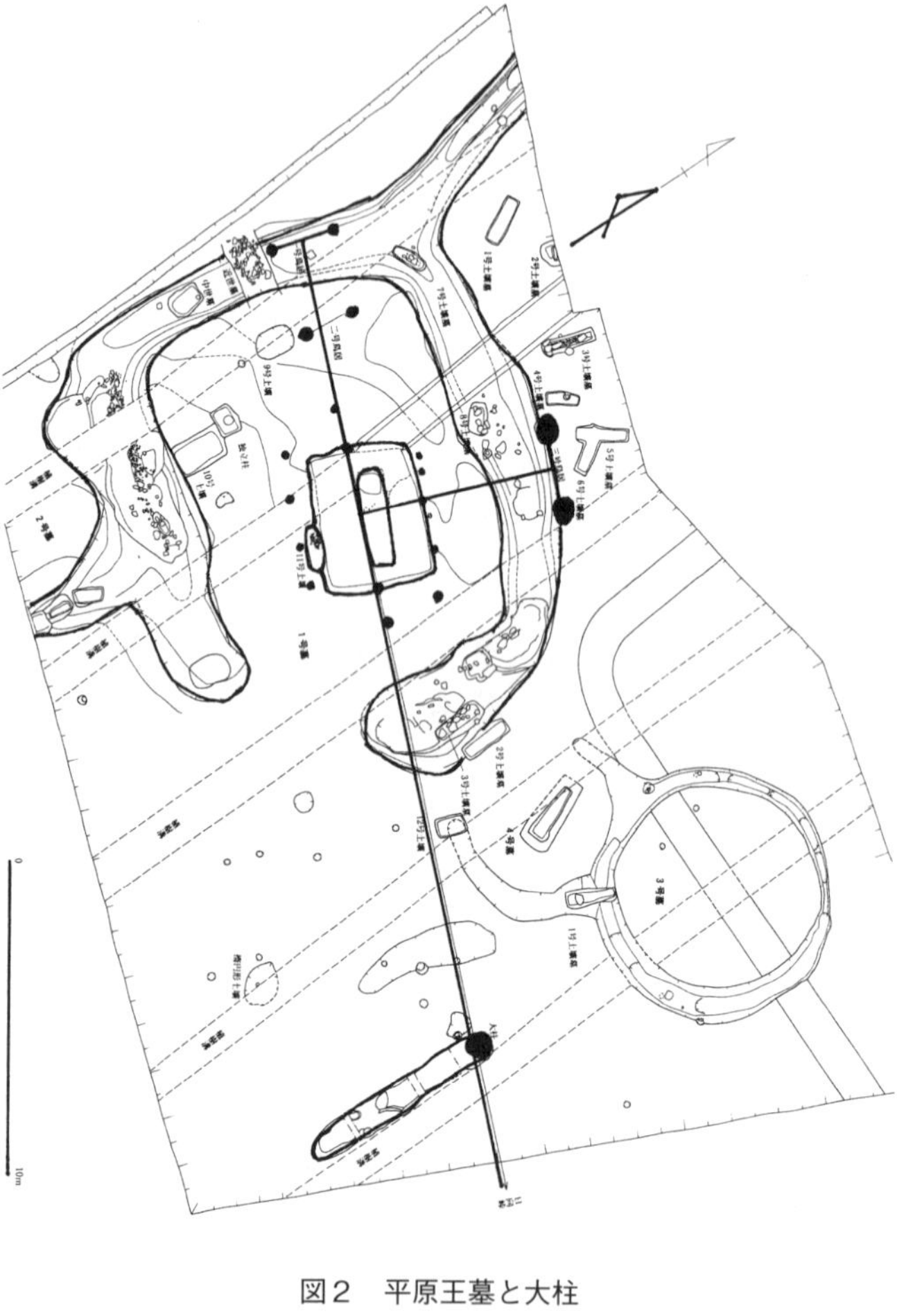

図２　平原王墓と大柱

図３　諏訪大社の後柱祭
（1996 年撮影・石野）

図４　平原１号墓と日向峠
（伊都国歴史資料館提供）

二　奈良県黒塚古墳と大柱

一九九七年、橿原考古学研究所と天理市教育委員会によって、奈良盆地東南部のおおやまと古墳集団内の柳本古墳群にある黒塚古墳が発掘調査された（奈良県立橿原考古学研究所編一九九九）。黒塚古墳は全長約１３０ｍの四世紀前半の長突円墳（前方後円墳）で、円丘部に長さ８・３ｍの竪穴石室があり、棺内頭位に画文帯神獣鏡一面、棺側に三角縁神獣鏡三十三面が副葬されていた。円丘部の石室から方丘部にかけて、墓道と作業道が墳丘主軸に沿って設けられている。

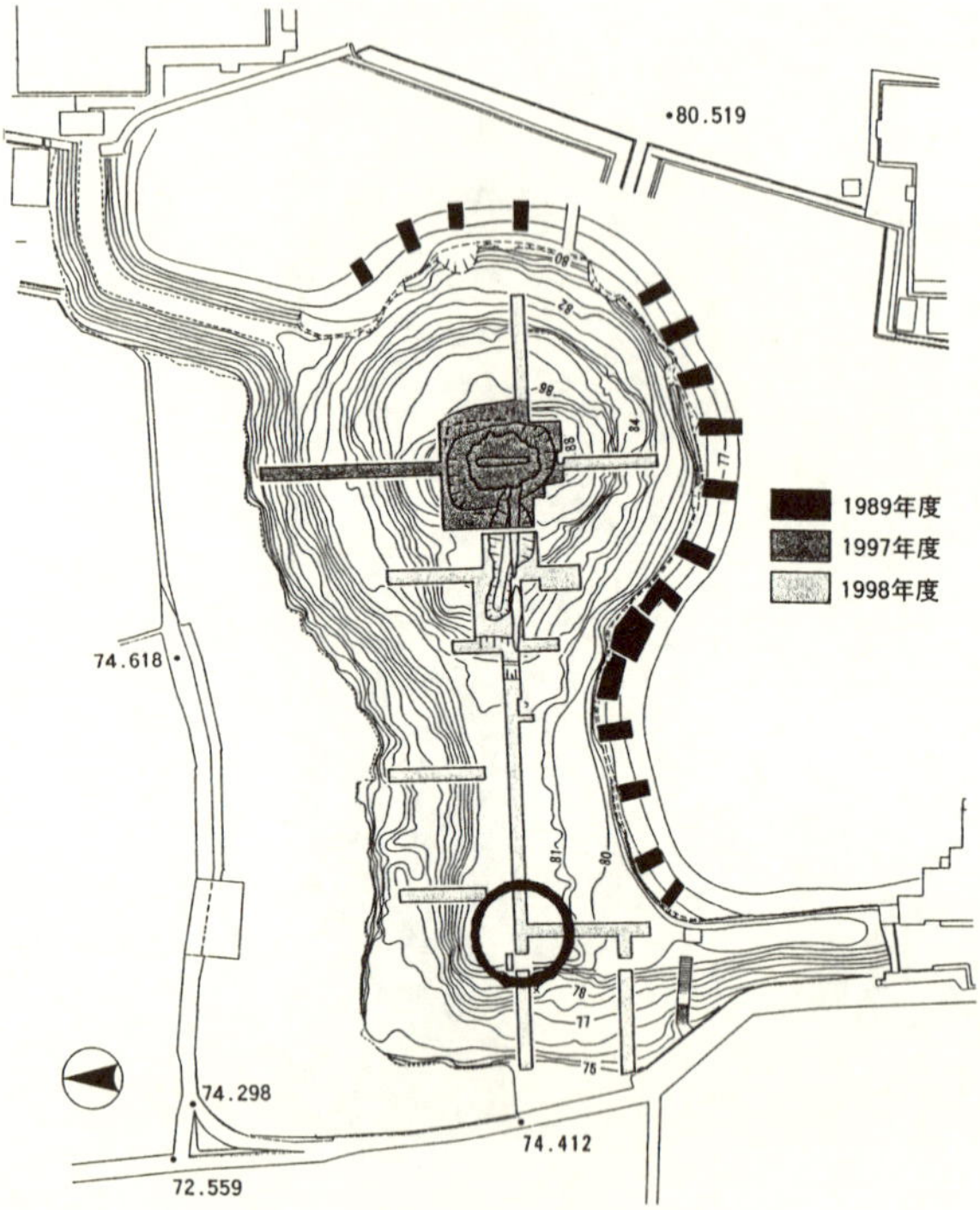

図５　黒塚古墳　方丘部の大穴

本稿の主題は、方丘部先端の径６ｍ余、深さ２ｍ余の大穴である。報告書未刊のため詳細は明らかではないが、実見した限りでは古墳築造時の可能性が高く（図５）、大穴に大柱が立つ、と予想した。黒塚古墳の墳丘主軸はほぼ東西で、方丘部を西に向ける。従って、太陽が西に沈みかけると大柱の陰は少しづつ東に伸び、南北方位の竪穴石室の中央部に当る。

柳本古墳群には行燈山古墳（崇神陵）や渋谷向山古墳（景行陵）などの四世紀の大王墓が存在し、上田正昭氏はミマキイリヒコ（崇神）、イクメイリヒコ（垂仁）などの大王名からイリ王朝と呼称された。「イリ」は沖縄に残る方言では「西」をさし、私は「ミマキ」と「イクメ」の両大王は西方からヤマトに来たことを示している、と考えた（石野二〇〇三）。黒塚古墳は行燈山古墳の西４００ｍにあり、イリ王権中枢の人物である。西に沈む陽光を大柱に受け、被葬者に投影する装置は、まさに「イリ」を象徴する。

三　ヤマトの日の出の山と日の入りの山を向く二つの古墳
―纒向《まきむく》石塚古墳と黒石10号墓

纒向石塚古墳は、おおやまと古墳集団内の纒向古墳群にある全長96ｍの三世紀初の長突円墳である。墳丘主軸は北西―南東で、方丘部はヤマトの神山であり日の出の山である三輪山山頂を向く（図６）。ただし、纒向古墳群には勝山古墳、矢塚古墳、東田大塚古墳などの長突円墳が三世紀代に築造されているが、墳丘主軸方位はバラバラであり、纒向地域の被葬者ならびにその一族が三輪山を信仰の対象していたかどうかは明らかでない。

しかし、全長２８０ｍの長突円墳である箸中山古墳（箸墓）は、三輪山山麓に最も近く、三輪山に墳丘側面をみせ、山に抱かれているようである。その上、二〇〇九年に検出された三世紀前半の一直線に配置された四棟の建物は東西に主軸を揃え、東は三輪山北方の由槻岳を望む。由槻岳は柿本人麻呂の纒向万葉に詠まれている名峰であり、七世紀の万葉人の意識が三世紀にさかのぼりそうだ。

葛城地域の広陵町黒石10号墓は、弥生後期の一辺10・４ｍ余の方丘墓で木棺二基をもつ（泉森一九八二）。木棺はほぼ東西に並んでおり、東から南側木棺の主軸に沿ってカメラを構えたら、先方に二上山雄岳の山頂が見えた。（図7）。不思議に思って北側木棺を入れて同様に構えたが、二上山山頂は入らない。二基の木棺の主軸は2ｍしか離れていないのに、一方の被葬者だけが二上山を意識していたのだろうか。

図6　纒向石塚古墳と三輪山（撮影　石野）

図7　黒石10号墓と二上山（橿原考古学研究所提供）

二上山はヤマトの入り日の山であり、平安時代に『往生要集』を著わした源信僧都が西方浄土とした山である。葛城地域の古墳で二上山を意識した配置は他になく、七・八世紀の終末期古墳と火葬墓群が山麓に集中するだけである。

四　東西南北を占める古墳立柱―京都府鴨谷東《しぎたにひがし》1号墳―

鴨谷東1号墳は、京都府与謝野町にある径48m余の五世紀中頃の円墳である（和田一九八七）。墳丘裾の円筒埴輪列の間に、径18cmの柱痕をもつ一辺40～50cm、深さ110cm余の方形柱穴がある。柱は古墳の南北方向の主軸線上に相対して二基が埴輪樹立以前に立てられており、古墳築造時の基準となっている（和田一九八七、一八頁）。墳丘測量図（図8）によると、二基の柱穴は磁北より東に振っているが方位を意識していた可能性が高い。

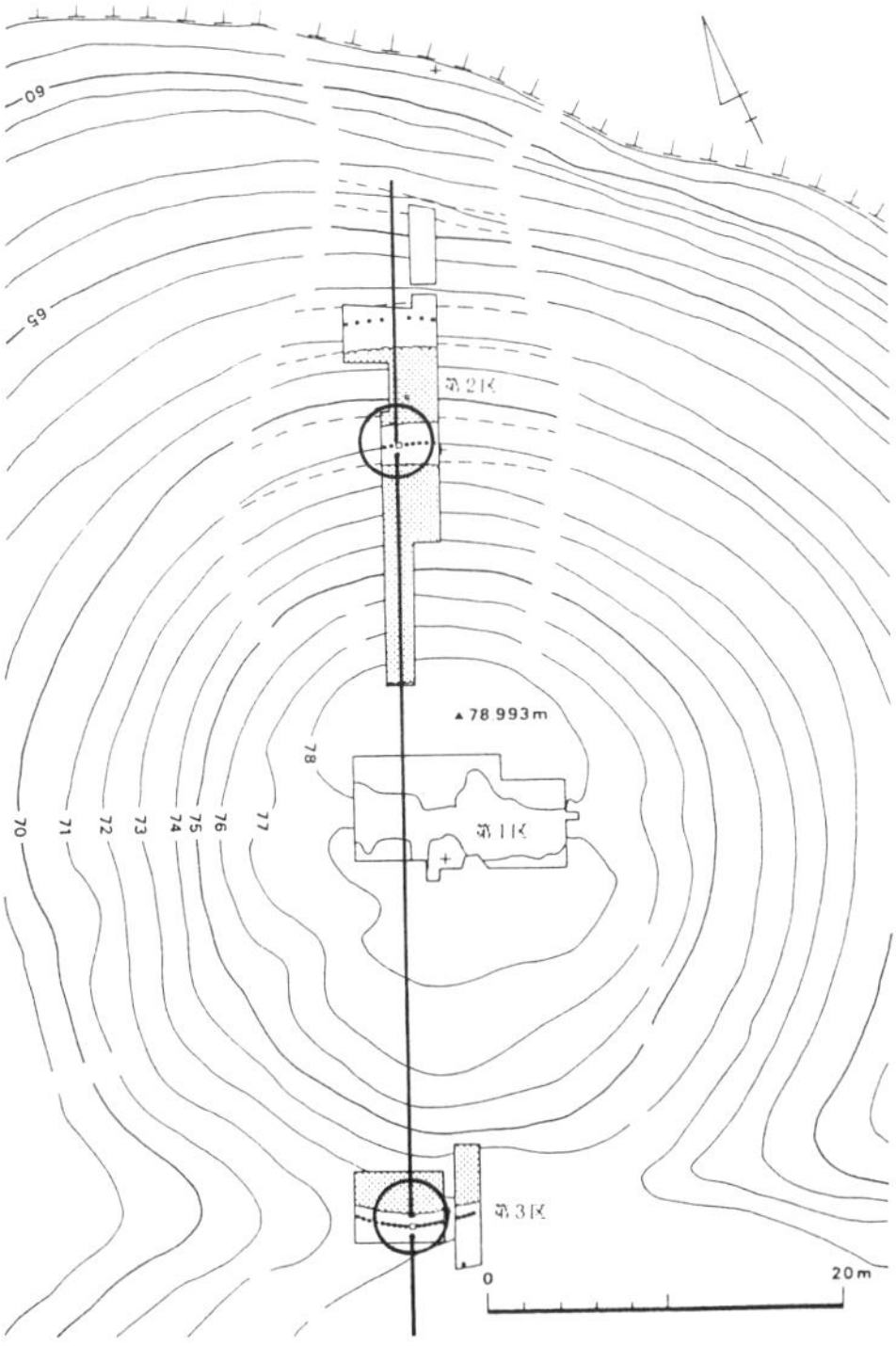

図８　鴨谷東１号墳の立柱

五　要約

「東から昇り、西に沈む」太陽の進行が弥生・古墳時代の墳墓にどの程度反映しているのか、若干の事例をとりあげた。

二世紀・弥生後期のヤマト黒石10号墓に一人

は陽が沈む二上山を意識し、三世紀・古墳早期のヤマト纒向石塚古墳一族は陽が昇る三輪山山頂を意識した。四世紀・古墳前期のヤマト黒塚古墳一族は二上山も三輪山も直接には指向せず、方丘部端の大柱の陰が被葬者を貫くように企図した。

他方、三世紀のツクシ平原墳墓一族は、大柱の陰の一瞬の股間貫入と、その後の徐々の引き込みを儀礼とした。三世紀のツクシとヤマトの特定氏族に、太陽の進行を意識した「帝王日子観」があったのだろうか。

引用文献

石野博信　二〇〇三「特別対談　謎の五世紀」日本経済新聞（夕刊）三月二〇日号
泉森　皎　一九八二「広陵町新山古墳群」『奈良県遺跡調査概報一九八〇年度』第一分冊、橿原考古学研究所
奈良県立橿原考古学研究所編　一九九九『黒塚古墳発掘調査概報』学生社
原田大六　一九六六『実在した神話　発掘された「平原弥生古墳」』学生社
柳田康雄・角浩行ほか　二〇〇〇『平原遺跡』前原市教育委員会
和田晴吾　一九八七『鴨谷東1号墳第一次発掘調査概報』立命館大学

祭祀遺物から見た古代祭祀の継承と断絶

大平　茂

はじめに

発掘調査などで見つかった出土品の中には、実用品（現代人の感覚から考えて）でないものが数多く存在する。祭祀遺物もこれに含まれ、各種の土製模造品・滑石製模造品・木製模造品・金属製模造品などがある。古代において、祭祀の重要性は言うまでもなく、国や共同体の未来を決定するものであった。すなわち、祭りによって政策が決められ、祭りによって一年の農事を定めてきたのである。そこで、祭祀遺物の変遷を「継承と断絶」の視点で捉え直すと、この背景に当時の社会や国家が選んだ精神世界が見え隠れしてくる。

本稿の趣旨は、祭祀遺物の中で古代の社会や国家が前時代の何を受け継ぎ、何を否定したのかを明らかにすることである。その際、基本になるのが祭祀遺物の推移（型式学変遷）と考える。人工物である以上、これらは出現・発達・盛行・衰退と言う時間軸の流れを持っている。この流れに逆らい発達途中で終了したものがあれば、何がしかの原因・社会的変化があったと捉えて間違いないところであろう。こうした考え方で、原始・古代祭祀を通史として概観してみたい。

一　旧石器時代の祭祀具

わが国最古の祭祀遺物は、大分県岩戸遺跡から出土した長さ10㎝のコケシ形石製品である。河原石（結晶片岩）を丹念に叩いて形を整え、目・鼻・口を表現する。これは石偶と呼ばれ、ヨーロッパ・ロシアなど大陸の女性像（ヴィーナス）の流れの中で出現したものと推測される。

二　縄文時代の祭祀具

縄文時代を代表する祭祀具は、土偶と石棒である。それぞれ、女性や陽物（男根）を象ったものである。土偶は先の石偶や、愛媛県上黒岩岩陰遺跡から出土した線刻礫女性像の系譜の中で生まれたものと考えている。形態は、板状のものから立体的な形に変化していく。また、石棒は断面円形のものから徐々に扁平化・小型化する。さらに、イノシシやヘビ・クマなどの動物を象った祭祀具（土器を含む）も認められた。

小林達雄氏は、土偶・石棒などを非日常的な呪術や儀礼の精神生活に関わる「第二の道具」と捉え、実用的な「第一の道具」が世界各地の道具と共通するのに対し、縄文社会独自の世界観に根ざしたものと考える。そして、第二の道具は弥生文化と接触して駆逐され、滅亡していったとする卓見を提示した(1)。

水野正好氏は、この土偶と石棒の祭りをそれぞれ女性原理（女性・農耕・植物）と男性原理（男性・狩猟・動物）で捉え、そうしたものの死からのよみがえりを祈ったと説く。さらに、水野氏はこうした祭祀具を使用する祭りの場を、環状集落の中央に位置する墓地を含む広場に求め、ムラ人（生者）は葬られた死者とともに各種行事（祭儀・饗宴

など）に参加し、被葬者はやがて祖先神へ転化していくとする想念の世界を描き、祖先祭祀の始まりを提言したのである。(2)

このように、縄文時代の祭祀具は旧石器時代から始まった女性像の流れに、新たな活力をもたらす石棒を加え、生命の誕生と再生、並びに豊穣の祭りに関わる地母神の象徴としたのである。課題は墓地を中心にした祭場を、祖先祭祀の開始時期とどう関係付けるかであろう。

三　弥生時代の祭祀具

この時代を代表する祭祀具は、水稲耕作とともに大陸から伝わった青銅器を改変した銅鐸・銅剣・銅戈・銅矛で間違いない。金関恕氏は『魏書』東夷伝の馬韓の条にある「蘇塗」・「鬼神」に注目し、「鬼神」を祖霊、「蘇塗」は元々鳥杆を指し、後にこれを立てた祭場を意味するようになったと解釈した。(3)

しかし、弥生時代への遷移で注目すべきは、確実に前期まで残っている石棒と土偶である。この後、西日本では土偶が分銅形土製品に変化したと考えられ、石棒は土製品あるいは木製品に姿を変え、古墳・律令期と継続している。縄文の祭祀具は弥生時代の主要な祭祀具とならないものの、決して断絶はしていないのである。

次に、青銅器について佐原眞氏は、銅鐸を農耕祭祀に使用するものと考え、聖域に埋めて保管し、祭りの際に取り出したとする地中保管説を提起した。(4) 神話学の三品彰英氏も、地霊の祭り（地的宗儀）から日の神信仰（天的宗儀）の流れの中で、銅鐸を地霊・穀霊の依代と考え、大地に納めておくことが大切で、これを取り出すことにより地上に迎え、祭りを行ったとする見解を示し、佐原氏の地中保管説を補強したのである。(5)

一方、酒井龍一氏や森岡秀人氏等は詳細にみれば差異はあるものの、基本として銅鐸を共同体の非常発生時に邪悪なものや外敵を防ぎ止めるため、地域や境界に埋納したとする結界祭祀説を提唱した[6]。

また、春成秀爾氏は前記佐原氏の考えを発展させて、銅鐸は稲魂を結びとめておくための祭器と捉え、この祭りには年中行事的なものと最後の祭りの二種があったと説いたのである[7]。さらに、近藤喬一氏や寺沢薫・福永伸哉氏は埋納の意義付けは異なるものの、埋納時期に二段階があったことを披瀝している。

こうした見解から窺えるのは、銅鐸の最後の姿である埋納には中期末から後期初頭の段階と、後期末のものがあり、共同体の中では森岡秀人氏等が説く集団主導型の首長制から個人型の首長制に移行していることである（いち早く銅鐸祭祀を否定した吉備・出雲地域は、墳墓祭祀に力を向けている）。形態的にも盛行期（一番大きく発達した時）に衰退がなく終わったのは、何がしかの原因（宗教変革）があったと考えて間違いのないところである。

さらに、この感を強くしたのが豊岡市久田谷破砕銅鐸の発見である。最終段階（近畿式Ⅳ－5）の銅鐸で、銅鐸破片が何枚も重なる形で出土した。破片は百十七片で、全体の約五分の二しか残っていないが、銅鐸は意図的に破壊しないと、実験でも叩いたりぶっつけた程度で割れることはなかった[8]。

弥生終末期は邪馬台国の時代とされ、卑弥呼の宗教は「シャーマニズム」と呼ばれている。大林太良氏は新興宗教であり、「シャーマニズム」と「道教」を再編したものと捉えたのである[9]。

卑弥呼はこうした外来の宗教・呪術を駆使し、在来の祭祀（銅鐸祭祀）を圧倒した。祭祀具では銅鐸・銅矛類が否定（断絶）され、道教の影響を受けた鏡（画文帯神獣鏡や三角縁神獣鏡）を尊ぶ時代へ突入する。そして、邪馬台国の所在地は未確定であるものの、大和を中心に分布する最初の鏡が後漢末の画文帯神獣鏡なのである。課題は銅鐸など青銅祭器の通常の保管場所が本当に地中であり、祭りの際に取り出し使用したかの検討である。

四　古墳時代の祭祀具

古墳時代前期の祭りは、弥生後期に吉備・出雲で始まった葬送儀礼の場としての墳墓祭祀が主体であった。ここでの祭祀具は、副葬品である鏡・剣・玉類を中心としながらも、極めて呪術性の強い石釧・車輪石などの碧玉製品や鉄製・滑石製の模造品を埋納するという特徴が見られることである。

古墳築造に関わる祭祀・儀礼には近藤義郎氏や春成秀爾氏等の論考がある。春成氏は「埴輪の起源」から始めた研究の到達点として、竪穴式石室の基底部を構築し、粘土床に割竹形木棺が置かれた段階で、亡き首長から新首長への霊を継承する儀礼が行われたと言う。[10]神道史学の岡田精司氏はこれを折口信夫氏の「真床覆衾」論の影響を受けたもので、葬送儀礼と継承儀礼は異なり、墳墓上での継承儀礼はあり得ないと指摘した。[11]

また、水野正好氏は形象埴輪から考えて、墳丘上で践祚（天皇霊の継承）大嘗祭が執行されたと捉え、人物埴輪を新首長に従う構成員が自らの芸能を持って忠誠を誓う場面と解釈する。岡田氏は、これについても葬送儀礼と継承儀礼はあくまで異なると考え、埴輪は継承儀礼の反映ではないとした。同様に、榎村寛之氏も神祭りと死者の祭りは区別すべきで、王権継承儀礼（即位儀）は神祇令に規定があり、神祭りの一環と主張するのである。[12]

初期の王権の神祭りでは、湧水点まで穴を掘る土坑祭祀が奈良県纒向遺跡に発見されている。石野博信氏は、稲籾を脱穀し、炊飯・盛り付け、儀礼の後共食する過程を想定するとともに、これを「纒向型」と名付けた。[13]ただし、この祭りは継承されず、選択されたのは纒向遺跡にも確認されている「導水施設」の井泉祭祀であった。地中から湧き出た水を精製し身体を清める禊が、大王として君臨するための必須要件だったのであろう。[14]

さらに、四世紀後半には新しく三輪山の「磐座祭祀」が始まってくるのである。また、四世紀後半は倭王権が海を渡って朝鮮半島と交渉を開始した時期に当たり、宗像・沖ノ島遺跡でも巨石を対象にした海の祭祀が始まるのである。祭祀具の内容について、沖ノ島祭祀第一・二期では古墳の副葬品と共通するもののみで、「葬と祭の分化」が行なわれていなかったようである。石室内や墳丘上で王権継承の儀礼が執行されていても、不思議とは思えない。

神道考古学の小出義治氏は、五世紀代の古墳出土の石製模造品は勾玉・臼玉・農工具類が主体であるのに対し、同時期の祭祀遺跡では勾玉・臼玉・剣形品・有孔円板が主要なセットを形成していると組成の差から、古墳時代五世紀前半に「喪葬祭祀」と「神祭祭祀」が分離し始めたと指摘する。(15)同様に、椙山林継氏も古墳では刀子や農工具が中心であるのに対して、祭祀遺跡では剣形品と有孔円板が一般的である事実から、同じ石製模造品を使用しながらも墳墓への副葬と神祭りの遺跡では異なった意識の下に扱われており、中期以降の段階に葬と祭の分化がなったと小出説を補強したのである。(16)

一方、白石太一郎氏は改めて古墳出土の石製模造品の時期変遷を整理し、祭祀遺跡出土のものと比較検討した。まず石製模造品は、古墳に副葬された鉄製農工具の石製化から始まることを明らかにする。そして、椙山氏が指摘する神祭りに用いた剣形・有孔円板・勾玉は、古墳における祭祀にも使用されることが少なくないことから、中期になって初めて分離したとは考えられないと従来の分化論を否定した。さらに、首長に対する葬送儀礼と、神に対する祭りは古墳時代の初めから別個のものと捉えたのである。(17)

古代史学の井上光貞氏は、沖ノ島祭祀第二期（六世紀前葉前後）から第三期（七世紀代）への展開こそが葬と祭の分化・祭儀の確立と把握した。(18)

ここでは宗像・沖ノ島遺跡に注目し、以下のように考えてみたい。四世紀代までの古墳には、鏡に続いて鍬形石・車輪石・石釧といった石製呪具が重要な副葬品であったが、四世紀後半には斧・ノミ・刀子・鎌という工具類の石製模造品が主流になっていく。この状況は、四世紀後半に始まる神祭りの遺跡（沖ノ島遺跡・三輪山祭祀遺跡）でも同様であり、鏡と石製腕飾類が「岩上祭祀（磐座）」に奉献されているのである。五世紀になると鏡や石製腕飾類が減少し、替わって滑石製品と雛形鉄製品が出現してくる。次いで、五世紀までの岩上祭祀は六世紀代になると「岩陰祭祀」に遷り、祭壇が巨岩上から巨岩下の平坦な地面に設けられた。

また、奉献品にも二つの傾向が見られたのである。一つは、西日本の古墳時代後期の古墳副葬品と同等のものがあること。鉄剣・鉄矛などの武器類、ガラス製の切子玉・三輪玉などの装身具類、金銅製の馬具類があり、朝鮮半島からの舶載品も認められた。もう一つは、時期が新しくなるにつれて、金属製の雛形品や土器などの祭祀品が出現してくること。その内容は、刀・刀子・斧・儀鏡などの鉄製雛形品や金銅製の機織具・壺・碗の雛形品、形代としての金銅製人形、須恵器の大甕・壺・器台などがあり、いわゆる「律令的祭祀」の先駆けと捉えられるのである。

年代的には、七世紀前葉というところか。この辺りを、真の葬・祭の分化として押さえたい。古代人の意識は、墳墓祭祀とは別に中期段階に祭祀遺跡が存在することからも分離していたが、祭祀具から見る限りこれが妥当と考える。

次に、古墳時代の代表的な祭祀遺物として石製模造品と土製模造品があり、このうち滑石製模造品（鏡・剣・玉など）が倭王権の使用した祭祀具なのである。例えば、播磨地域の滑石製模造品の普及から見ていくと、各豪族が倭王権の祭祀を受け入れたのは五世紀前半から六世紀初頭で、この分布が文献に記載のある針間国造・針間鴨国造・明石国造の三つの勢力範囲と重なることが注目されたのである(19)。

また、但馬地域のアメノヒボコが招来した神宝を、垂仁天皇が召し上げたことが文献に見えるなど、各地の豪族が所有していた神宝の奉呈も、倭王権に帰順させるための措置であった。さらに、奈良県南郷大東遺跡など集落遺跡に発見された前記の「導水施設」も王権の重要な祭祀の一つであり、これを土製槽形品として囲形・家形埴輪の祭祀にも取り込んだのである。

一方、墳墓祭祀から始まった土製模造品は古墳時代後期以降、土着の神（特に、荒ぶる神）への供献品となっていく。土着の神を祭るのに神の性格づけが始まり、夢のお告げなどに現れたそれぞれの神が好むものを捧げるようになるのである。

祭祀具の変遷は、石製模造品が写実性の高い立体的なものから扁平な退化したものに変わって終了する。これは、倭王権の祭祀統一の役割を終えた為であり、新しいタイプの子持勾玉を除いて、飛鳥・奈良時代には継続しないのである。しかし、土製模造品では馬形が木製の刀形・斎串や舟形などとともに継承され、律令的祭祀具の中に取り入れられた。これらから考えると、古墳時代の土製馬形も水神祭祀より、律令時代と同じ「祓」に使用した可能性が高い。課題は、葬・祭分離にも関わる王権継承儀礼が、石室内または墳丘上で行われたかであろう。

五　飛鳥・奈良・平安時代の祭祀具

古墳時代は、古代史的に言うと大化改新時に発布された薄葬令によって終焉に向かうが、祭祀具では古墳時代後期まで、古墳の副葬品と祭祀遺跡出土品の類似（鏡・玉・剣がその代表）が認められた。

この後、律令制国家の体制が整うと、祭祀も国家主導になっていく。天武天皇によって発動された宗教改革が始まり、そして伊勢神宮を頂点とする神祇制度を整備していったのである。

祭祀具はそれぞれ金属製祭祀具（人形・鏡・鈴など）、木製祭祀具（人形・馬形・舟形・刀形・斎串など）、土製祭祀具（馬形・ミニチュア竈セット・人面墨書土器など）が代表である。

金子裕之氏は、これらを使用した祭祀の背後に政治的な要素があるとして、「律令的祭祀」の名称を付け、神道考古学の大場磐雄に倣い、木製祭祀具を木製模造品として取りまとめた。そして、七世紀後半の天武・持統朝をこれまでの古墳時代の伝統を持った祭祀具に、新しく人形などの中国系の祭祀具を加え、再編成した時期と推測したのである。[20] 近年では、七世紀中葉の前期難波宮段階に、その祖形が成立した可能性を指摘する。これが、考古学資料に見る「律令制祭祀具」の成立である。

また、個々の遺物の性格を律令祭祀の中でも重要な位置を占める「大祓」と関連づけた。さらに、宗像沖ノ島遺跡の金属製や滑石製の人形・馬形・舟形についても、都城と同様「祓」に用いられたと指摘したのである。[21]

沖ノ島遺跡の祭祀は、最古の金属製人形が二十二号遺跡、そして五号遺跡で発見されている。二十二号遺跡の人形は型式学的に藤原宮出土の金属製人形と同型式で、前記のように七世紀前葉に「律令祭祀の先駆け」があったと推測できる。また、祭場は巨岩に神の依代を求めた「巨岩祭祀」から、沖ノ島祭祀第三期「半岩陰・半露天祭祀」に移行し、社殿祭祀への重要な転換期とも捉えられよう。その後、沖ノ島祭祀第四期「露天祭祀」に引き継がれ、土器が示す年代の九世紀末には遣唐使の廃止もあり、終了したのである。

祭祀具の変遷は、木製人形を見ると、首から肩への切り欠き角度が撫で肩から怒り肩へ逆転する長岡京の時期に一つ画期を認めるが、基本的には平安京まで継承され、手を作る型式は九世紀中葉まで継続している。[22]この後、手を作らない型式が十一世紀初頭まで続き、律令制の崩壊とともに扁平正面全身人形は一旦姿を消したのである。なお、人形の一部の型式は呪符木簡として、中世へ続いていくことも明らかになってきた。

課題は国家主導としながら、律令制祭祀具とする製品の中に木製祭祀具以外のもの（都城型土製馬形・人面墨書土器・模型竈）の分布が、地域によって異なることの解明である。

六　まとめ

各時代の祭りを祭祀具の通史で見ていくと、縄文時代から弥生時代の遷り変わりでは、水稲農耕の社会になっても石棒祭祀・土偶祭祀が少なくとも前期末まで続き、その後も他の材質や形態を変えて継承されたと捉えた。前期末以降は、大陸から伝わった青銅器を改変した銅鐸・銅剣・銅矛などの祭りが普及していくのである。

こうした中で宗教改革と捉えたのが、弥生時代から古墳時代にかけての青銅器（銅鐸）祭祀の断絶である。銅鐸は個人の墓から副葬品として出土しないように、共同体の祭器としての使用法が確立していたのであろう。それゆえ、古墳時代の首長制の先駆けとなる個人型の首長制が生まれると銅鐸祭祀は否定され、墳墓祭祀に力を入れるとともに、最終段階では最も大型化した型式のものを破壊する事態も起こった。そして、中国の道教（神仙思想）の影響を受けた鏡（神獣鏡）が祭祀具の中心となっていくのである。

古墳時代では、この鏡・剣・玉類を模した倭王権の祭祀具である石製模造品が普及する。しかし、王権支配下の祭祀具統一と言う当初の目的を果たすと型式学的にも退化していった。古墳時代の終わりにあった物部氏と蘇我氏の「崇仏論争」の影響が祭祀遺物に現れたのかとも考えたが、断絶というものではない。なお、土製模造品からは馬形が律令時代へ継承され、木製模造品の刀形・斎串なども同様に律令制祭祀に採用されている。

このように捉えると、古墳時代から律令時代への祭祀の変遷に断絶はなく、宗像・沖ノ島祭祀遺跡に見る古墳時代後期以降、古墳の副葬品とは異なる祭祀具の採用が変革と言えよう。「葬・祭の分化」ということである。

律令期は、新たに採用した木製祭祀具の人形・馬形を始め、人面墨書土器や模型竈などが、天皇の宮都を清浄に保つため、奈良・平安時代前期まで盛行している。しかし、平安京では律令体制の崩壊とともに、人形の形態に手を作らないものが出現するなど衰退していくのである。それでも、九世紀後半までは充分に役割を果たした祭祀具と言えよう。なお、こうした人形祭祀は、陰陽師を通じ貴族から庶民へも拡がっていったのである。

原始・古代の祭祀を通史で見ていくと、いつの世も人々は健康・長寿、除災・招福、豊饒・繁栄を祈り、病気・災いを生む原因と考えた穢や悪霊・疫神・鬼神、これらを居住空間に入れないように、外部へ追い出す努力を行ってきたのである。仮に入って来ても、これを丁重に持て成したのが日本人の特性と言えよう。そうした祭りの集大成が、律令制祭祀に基づいた人形祭祀だったのである。

註

（1）小林達雄「縄文世界の形と心」『縄文人の道具』古代史復元3　講談社、一九八八年
（2）水野正好「生者と死者の織りなす古代」『宇宙への祈り』日本古代史3　集英社、一九八六年
（3）金関　恕「神を招く鳥」『考古学論考』小林行雄博士古稀記念論文集　平凡社、一九八二年
（4）佐原　真「銅鐸文化圏」『図説世界文化史大系』第二〇巻　角川書店、一九六〇年
（5）三品彰英「銅鐸小考」『朝鮮学報』第四九輯、一九六八年
（6）酒井龍一「銅鐸・内なる世界」『摂河泉文化資料』第三巻二号、一九八〇年
（7）春成秀爾「銅鐸のまつり」『国立歴史民俗博物館研究報告』第一二集、一九八七年
（8）兵庫県立考古博物館では、これまでに二回の破壊実験を行った結果、意図的に破壊しない限り偶然に割れることはないと判断した。また、久田谷銅鐸のように比較的均一な大きさにする破壊は、再利用を考えた可能性が高い。
（9）大林太良「倭国大乱の原因と結果」『邪馬台国』中公新書四六六、一九七七年
（10）春成秀爾「古墳祭式の系譜」『歴史手帖』第四巻七号、一九七六年
（11）岡田精司「古墳上の継承儀礼説について」『国立歴史民俗博物館研究報告』第八〇集、一九九九年
（12）榎村寛之「古代日本の「信仰」」『日本の美術』第三六〇号　至文堂、一九九六年
（13）石野博信「四・五世紀の祭祀形態と王権の伸張」『ヒストリア』第七五号、一九七七年
（14）この井泉祭祀は一義的に大王（首長）の禊であり、次いで辰巳和弘氏が「地中より湧き出る水を地霊の象徴として、それを祀るものこそが地域を支配できる認識が広く存在したのであろう」と言うように、開発に不可欠な水を確保する場所に作られた祭場なのである。辰巳和弘『地域王権の古代学』白水社、一九九四年

(15)小出義治「古代における祭祀形態の変化とその要因」『人類科学』一八、一九六六年
(16)椙山林継「葬と祭の分化」『國學院大學日本文化研究所紀要』第二九輯、一九七二年
(17)白石太一郎「神まつりと古墳の祭祀」『国立歴史民俗博物館研究報告』第七集、一九八五年
(18)井上光貞「古代沖ノ島の祭祀」『日本古代の王権と祭祀』東京大学出版会、一九八四年
(19)大平　茂「祭祀遺物より見た古墳時代の播磨地方」『播磨考古学論叢』今里幾次先生古稀記念論文集、一九九〇年
(20)金子裕之「古代の木製模造品」『研究論集Ⅵ』奈良国立文化財研究所学報第三八冊、一九八〇年
(21)金子裕之「都城と祭祀」『古代を考える　沖ノ島と古代祭祀』吉川弘文館、一九八八年
(22)大平　茂「木製人形年代考(上)・(下)」『古文化談叢』第三〇集・第三五集、一九九三年・一九九五年

謝辞
椙山林継先生の古希をお祝いし、平成二十一年秋に兵庫県立考古博物館で開催した特別展「古代祭祀の世界」の成果をまとめたものを献呈いたします。椙山先生にはお忙しい中、私の学位論文を査読いただき深く感謝を申し上げます。

古墳中期後半から終末期の鉄鏃の変遷

―西上総の資料を中心として―

小沢　洋

一　はじめに

古墳時代中期後半から終末期（五世紀中葉～七世紀中葉）は、鉄鏃、とくに長頸鏃の出土量が飛躍的に増加する時期であるとともに、小刻みな型式変化を遂げてゆく時期でもある。出土量の多さは、そのまま当該期の古墳の多さ、また古墳の大小を問わず鉄鏃の副葬品としての出現頻度の高さ、生産量の多さをも物語っている。古墳の年代判定の資料としては、より量産的で小刻みな型式変化を遂げている遺物にこそ着目すべきことは言うまでもない。その意味で、古墳・集落ともに出土率が高い土師器・須恵器が古墳時代の段階区分のベースをなしていると言っても良いが、古墳副葬品の中では鉄鏃が最も普遍的存在であり、土器類と同等、あるいはそれ以上の短期的な段階区分を可能とする遺物と認識できる。

筆者は、一九八〇～九〇年代に、西上総地域において多くの古墳調査を手掛け、その報告書作成に携わる中で、先学諸賢の研究成果を参考にしながら、自分なりに当該期の鉄鏃の型式変化を追及していたが、ついにその成果を歴史的・系統的にまとめる機会を得ぬまま今日に至っている。考古学研究、とくに遺物研究から遠ざかる歳月を経過してしまった中で、一九九〇年代後半頃に比べると、編年研究の上での知識を忘却し、認識の欠落してしまった部分も多々あると自覚するが、一つの備忘録として、西上総地方の資料をもとに組み立てた鉄鏃（主に長頸鏃）の編年案についてここにまとめておきたいと考える次第である。

二　西上総地域における中期後半〜終末期の鉄鏃の変遷

（1）五世紀中葉後半（TK二〇八期）

この段階の代表的な資料として、君津市八重原一号墳の鉄鏃群がある。両関腸抉式で箆被上部に重腸抉を有することを特色とする。鏃身部は長三角形で、身部長2〜2・5cm、箆被部長は10・5〜11cmを測り、箆被関は直線的に広がる。身部・箆被部とも4〜5mmの厚さをもつ重厚な造りである。

同じ段階に位置づけられる資料として、木更津市鹿島塚五号墳第一主体部、市原市稲荷台一号墳がある。鹿島塚五号墳第一主体部では、剣身形の長い鏃身部をもつ鉄鏃が多数伴出しており、これらの身部長は重腸抉をもつ長頸鏃群の箆被部長とほぼ等しくなっている。

一方、稲荷台一号墳の重腸抉式鏃は、身部長が2cm前後とやや短く新相が窺われる。当古墳では鉄鏃の遺存状態が悪いが、身部が長く腸抉の深い片刃箭式長頸鏃が多く伴出している。

（2）五世紀後葉（TK二三期）

この段階の代表的な資料として、市原市東間部多一号墳の鉄鏃群がある。重腸抉をもつ鏃は、身部が大きく下端部が広くなり、身部長4〜4・5cm、下端幅2・5cm前後を測る。箆被部も6cm前後と短くなり、重腸抉の位置が前段階よりも下位に移って、その形状も突起状の浅いものとなる。身部・箆被部とも厚さ3mm前後とやや薄くなり、軽量化が進

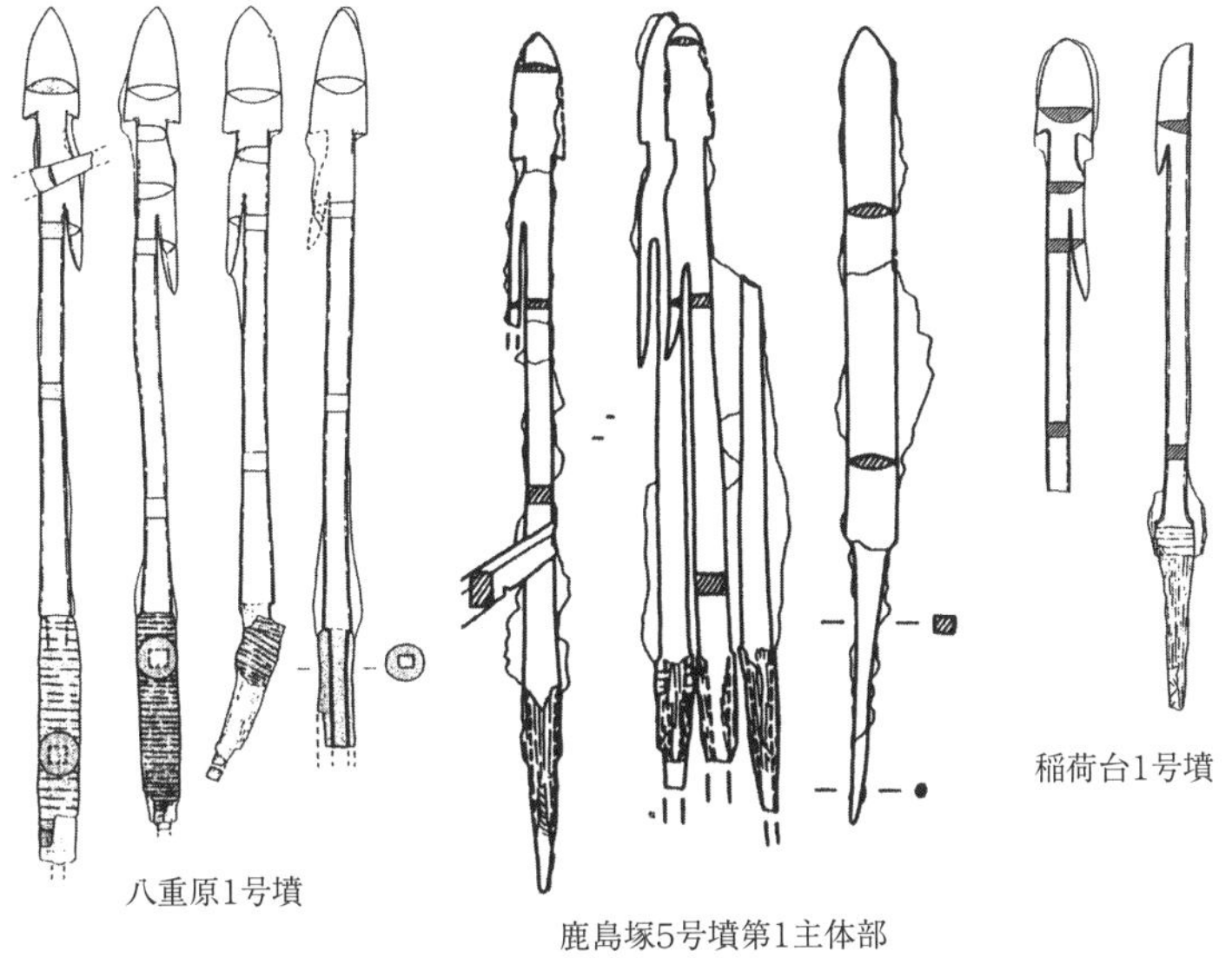

5世紀中葉後半の鉄鏃群

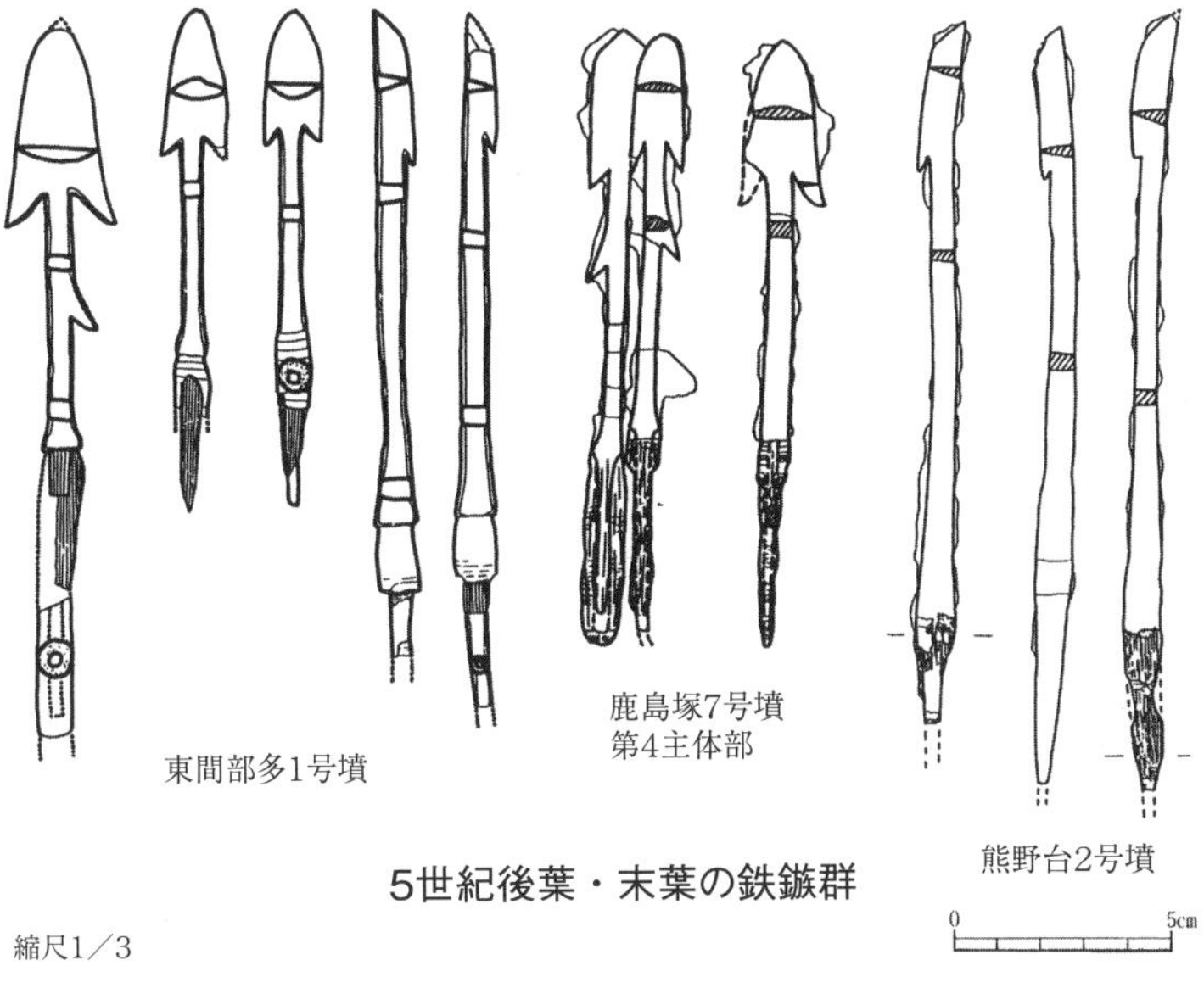

5世紀後葉・末葉の鉄鏃群

縮尺1／3

む。またこれらと近似形態で一回り小さく重腸抉を持たない一群の鏃があり、身部長は３㎝前後、箆被部長は４・５～５㎝と小ぶりである。伴出する片刃箭式の長頸鏃は、身部長が３㎝前後と長いが、腸抉（逆刺）は前段階の稲荷台一号墳例よりも短くなっている。

同じ段階に位置づけられる資料として、木更津市鹿島塚七号墳第四主体部がある。重腸抉をもつ鏃は身部長３～４㎝、箆被部長６・５㎝前後で、重腸抉のない鏃ともども東間部多一号墳例に近似する。

（3）五世紀末葉（ＴＫ四七期）

この段階は両関式鉄鏃群の良好な資料に乏しいが、君津市熊野台二号墳第一主体部の鉄鏃群を例示しておく。片刃箭式の長頸鏃のみから構成され、身部長は３～３・５㎝と長さを保つが、逆刺は短くなり、逆刺を持たずに直角状の関をもつものの割合が多くなる。箆被長は10㎝前後と長い。

同段階に相当する資料として、木更津市大山台二九号墳例があり、鉄鏃は一点のみの検出であるが、当該期の良好な土器群を伴う。鉄鏃は片刃箭式で、鏃身部が５・５㎝と長く、鋭い逆刺を伴うことから、やや古相を呈する。

（4）六世紀初頭（ＭＴ一五期）

この段階の代表的な資料として、市原市江子田金環塚古墳の鉄鏃群がある。剣形の長い鏃身部をもつ両関腸抉式の規格性の強い鉄鏃群で、身部長は４・５㎝と長く、腸抉（逆刺）も幅こそ広がらないが深く鋭い。腸抉部の下端幅は１～１・２㎝である。箆被長は５㎝前後と一律に短い。身部厚は２～３㎜、箆被部厚は３㎜で、箆被部の短縮とともに軽量化が見られる。また箆被下端はスカート状に広がる形態を示し、棘状突起の形成はまだ見られない。

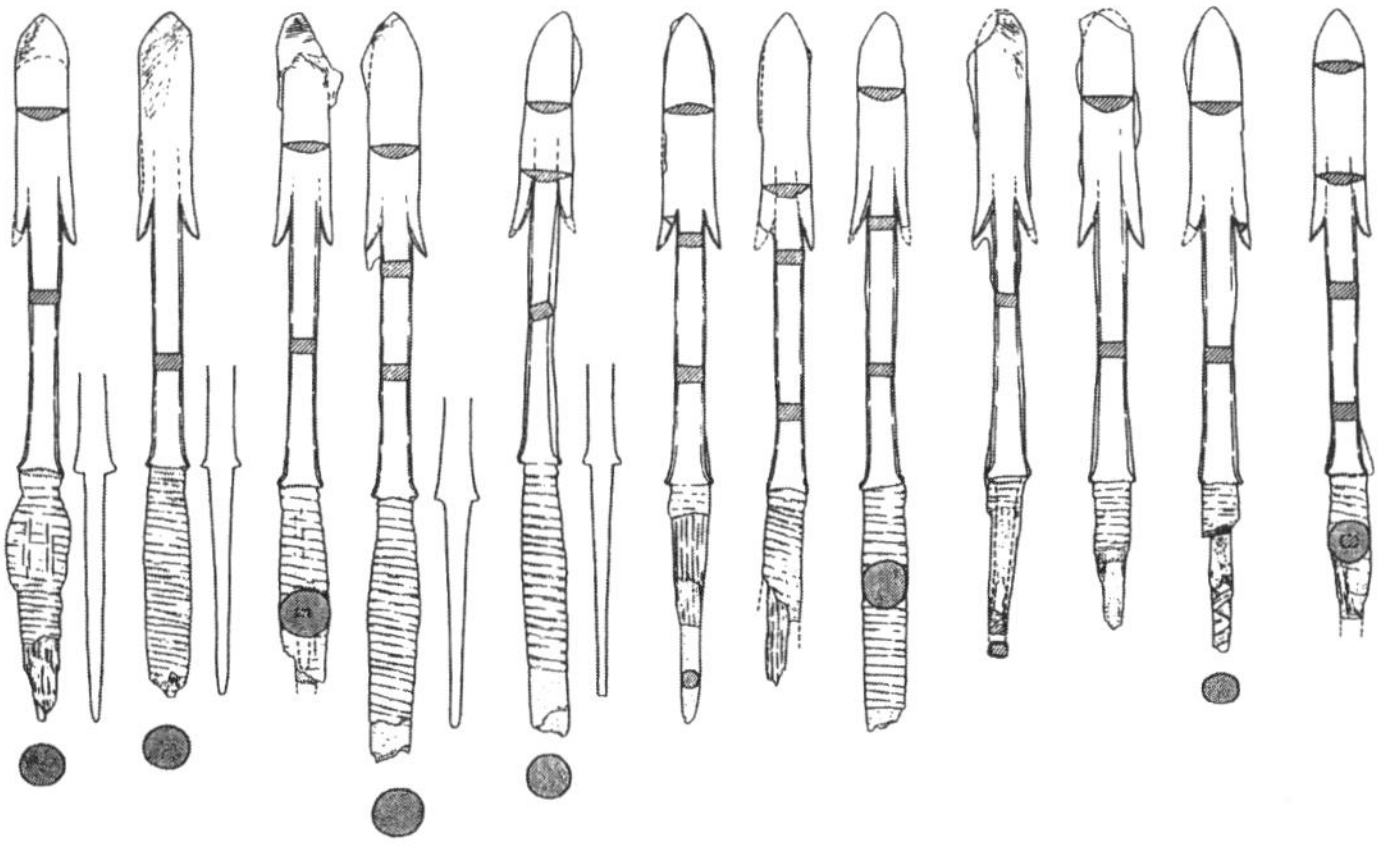

江子田金環塚古墳

6世紀初頭の鉄鏃群

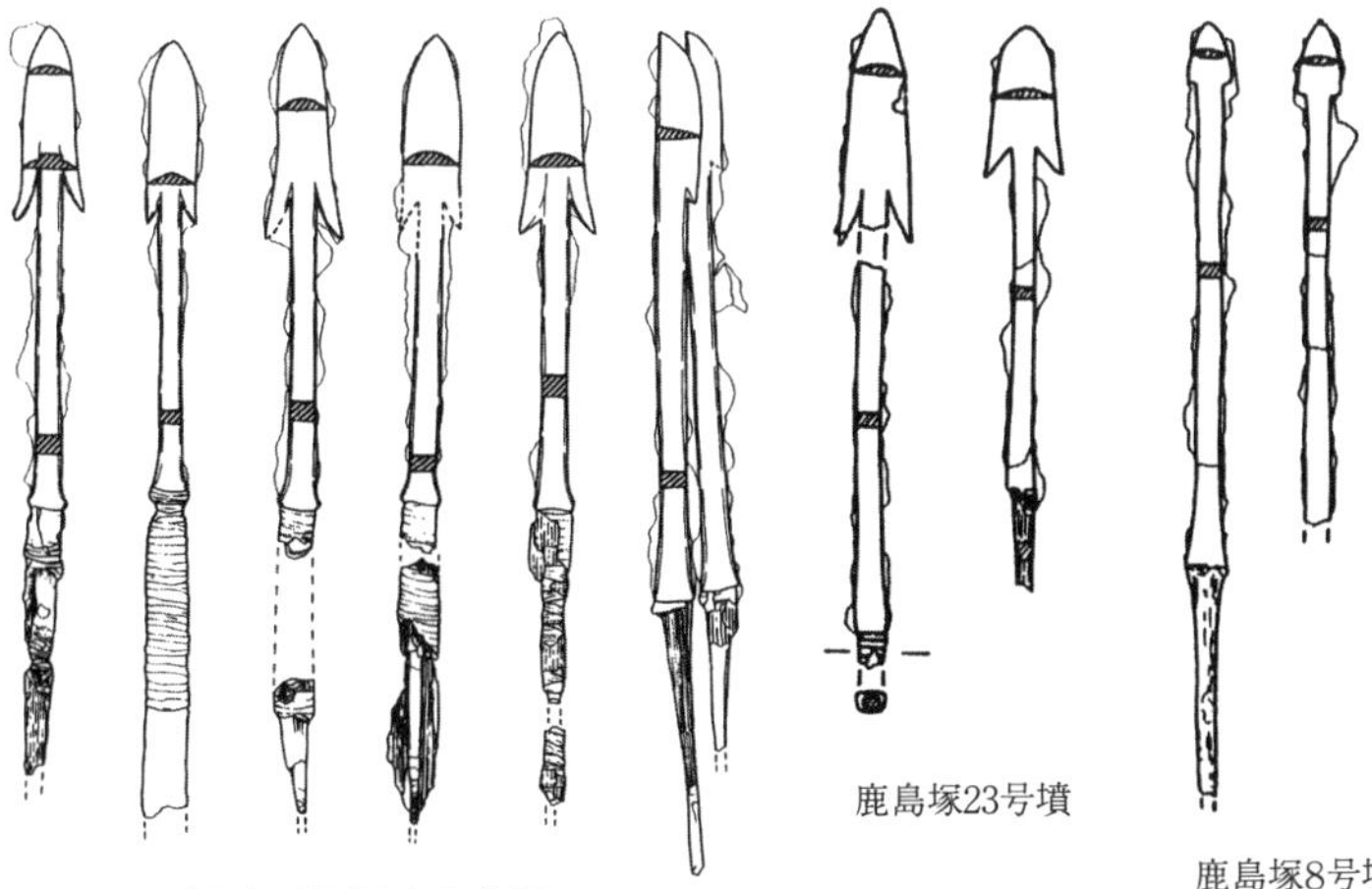

鹿島塚23号墳

鹿島塚8号墳

塚原24号墳中央主体部

6世紀前葉の鉄鏃群

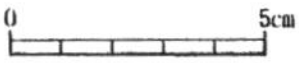

縮尺1／3

（5）六世紀前葉（ＴＫ一〇期）

この段階の代表的資料として、木更津市塚原二四号墳中央主体部の鉄鏃群がある。前段階の江子田金環塚古墳の鉄鏃群の形態を引き継いだ両関腸抉式の鉄鏃群であるが、身部長はやや短く、腸抉部はやや広がりぎみとなって身部は長三角形に近い形状となる。身部長は３・５～４㎝、腸抉部下端幅１・５㎝前後である。箆被部長は６㎝と前段階よりもやや長くなるが、短い傾向は変わらない。箆被下端はスカート状に広がる形態である。同古墳では片刃箭式の鉄鏃も伴出している。片刃箭式は身部長３㎝前後、箆被長８㎝前後で、身部の逆刺は一様に短い。箆被下端はスカート状である。同段階に相当する資料として、木更津市鹿島塚二三号墳の鉄鏃群がある。両関腸抉式で、身部長には２・５～４・５㎝とばらつきがあるが、鏃身部が長三角形で、箆被部が短い傾向にある点は共通する。

なおこの段階には、上記の両関腸抉式の鉄鏃群とは別の様式として、小形三角形の鏃身部をもつ長頸鏃群が存在している。木更津市鹿島塚八号墳第三主体部・大山台五号墳第一、第五主体部・塚原四七号墳・高部三五号墳・浜ヶ谷古墳・清見台Ｂ─１号墳などに見られるもので、身部長は１～２㎝と小さく直角の両関をもつ。計測可能な資料で見る限り、箆被部長は７・５～９㎝と長く、箆被下端はスカート状である。これらもまたこの段階を特色づける長頸鏃の一形態として捉えられる。

（6）六世紀中葉（ＭＴ八五期）

この段階の代表的資料として、木更津市塚原七号墳の鉄鏃群がある。剣身形の両関長三角形の身部をもつ長頸鏃群で、身部長は２・５～３・５㎝、一部のものは身部上面に稜をもち、断面台形を示す。関は直角関である。箆被部長は８～10㎝と長く、この段階から箆被下端に棘状突起を有するようになる。身部厚は２～２・５㎜、箆被部厚は４㎜前後でなお重厚さを保つ。

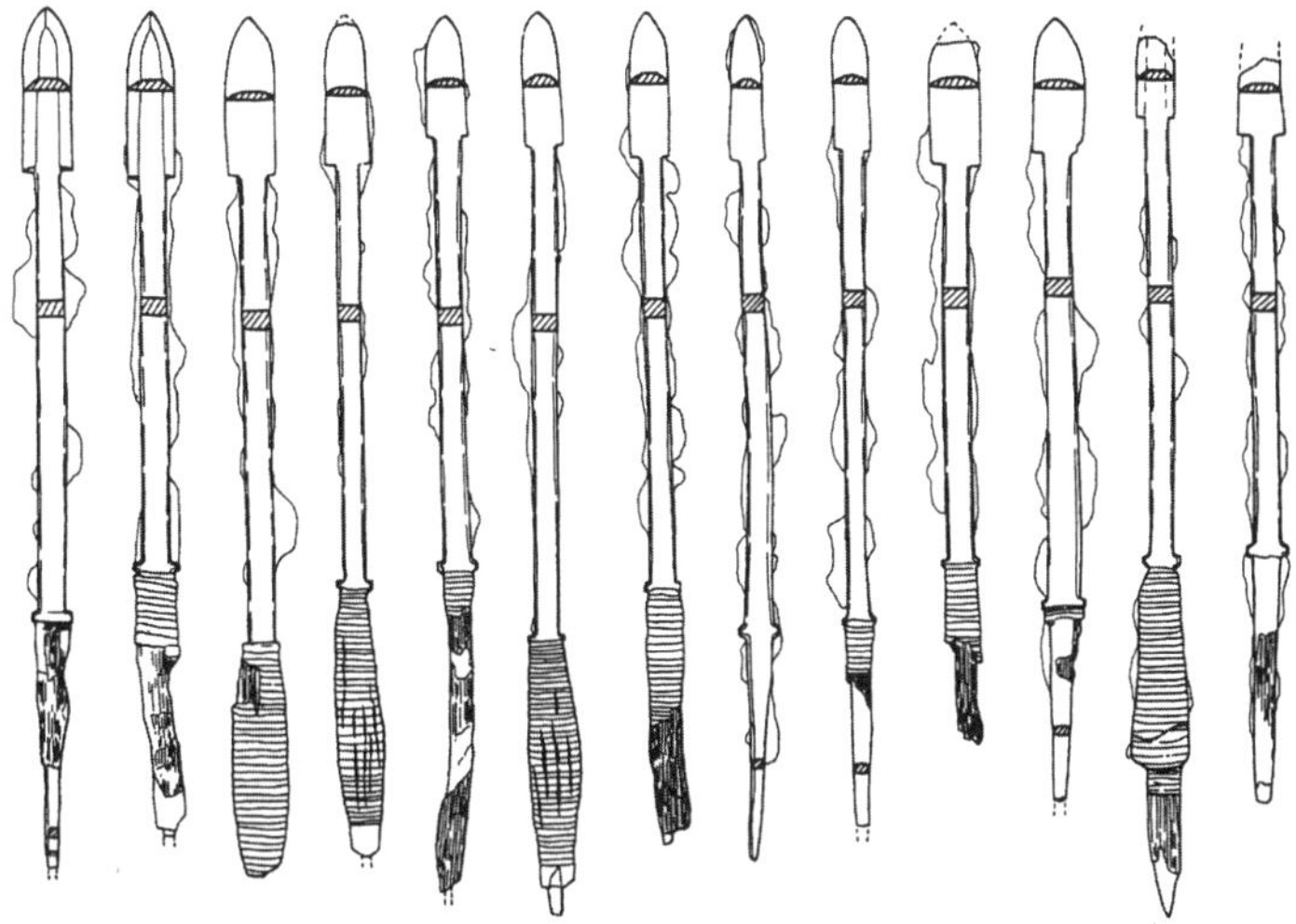

塚原7号墳

6世紀中葉の鉄鏃群

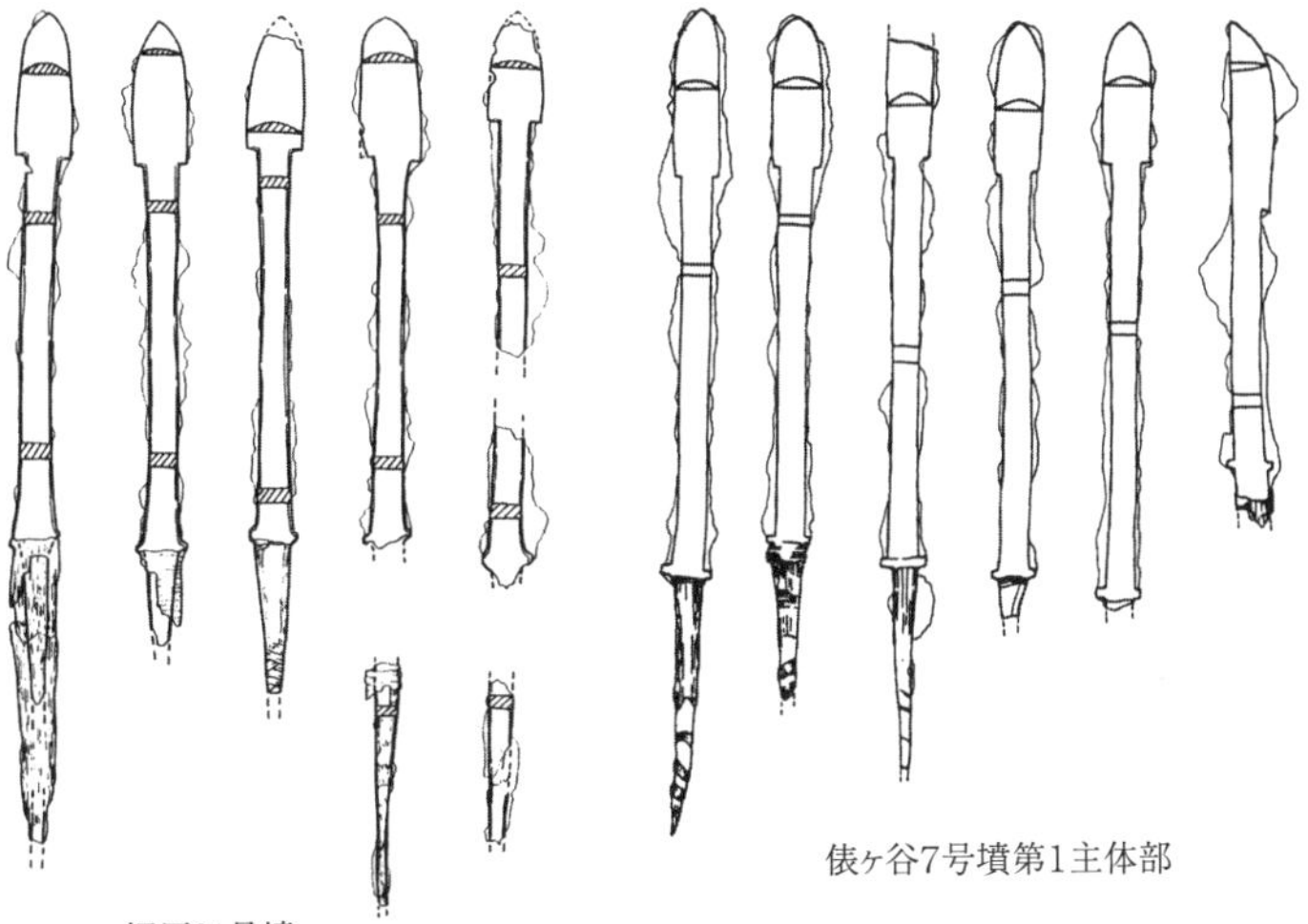

塚原31号墳

6世紀後葉の鉄鏃群

縮尺1／3

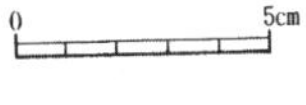

（7）六世紀後葉（ＴＫ四三期）

この段階の代表的資料として、木更津市塚原三一号墳の鉄鏃群がある。前段階に続き剣身形の両関長三角形の身部をもつ長頸鏃群であるが、身部長は2～3㎝、箆被部長は7・5～8㎝とともに縮小、小形化傾向にある。身部厚は2～2・5㎜、箆被部厚は2・5～3・5㎜と前段階よりも軽量化が進んでいる。身部の関は直角、箆被下端に棘状突起を有する。

同じ段階に位置づけられる資料として、木更津市俵ヶ谷七号墳古相（第一・第五主体部）の鉄鏃群がある。身部長・箆被部長は上記塚原三一号墳と近似した値を示し、片刃箭式の鏃を一部伴う。片刃箭式は関が短い形態となっている。

（8）六世紀末葉（ＴＫ二〇九前半期）

この段階の代表的資料として、木更津市塚原三〇号墳の鉄鏃群がある。剣身形の両関長三角形という基本形態は変わらないが、身部長は1・5～3㎝で小形のものの割合が増加し、小形三角形に個体も見られる。身部が大きめのものは、身部最大幅が関部ではなく上位にある五角形に近い形状を示すものが現れる。関はほとんどが直角関である。箆被部長は身部の大きいものは8・5～9㎝と前段階より長くなる傾向が見られるが、身部の小さいものは7～8㎝と全体に小ぶりになっている。箆被下端に棘状突起を有する。

同じ段階に位置づけられる資料として、君津市星谷上古墳後円部、木更津市高千穂三号墳・高千穂四号墳古相（第四主体部）・高千穂九号墳・俵ヶ谷七号墳新相（第三主体部）・下郡古墳の鉄鏃群などがあり、資料数は大幅に増加する。

（9）七世紀初頭（ＴＫ二〇九後半期）

この段階の代表的資料として、木更津市塚原二一号墳中央主体部の鉄鏃群がある。この段階の両刃式長頸鏃の大き

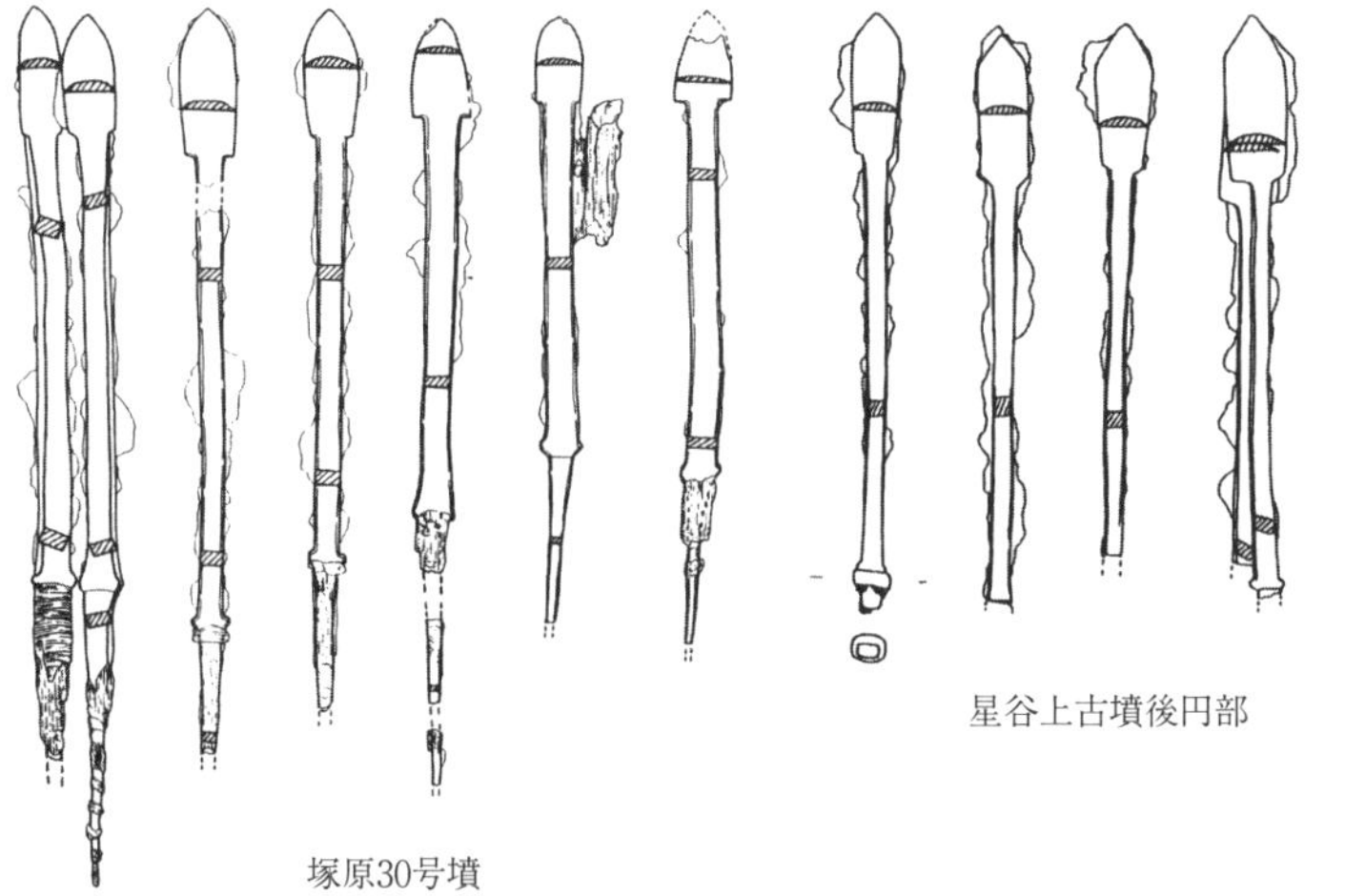

6世紀末葉の鉄鏃群

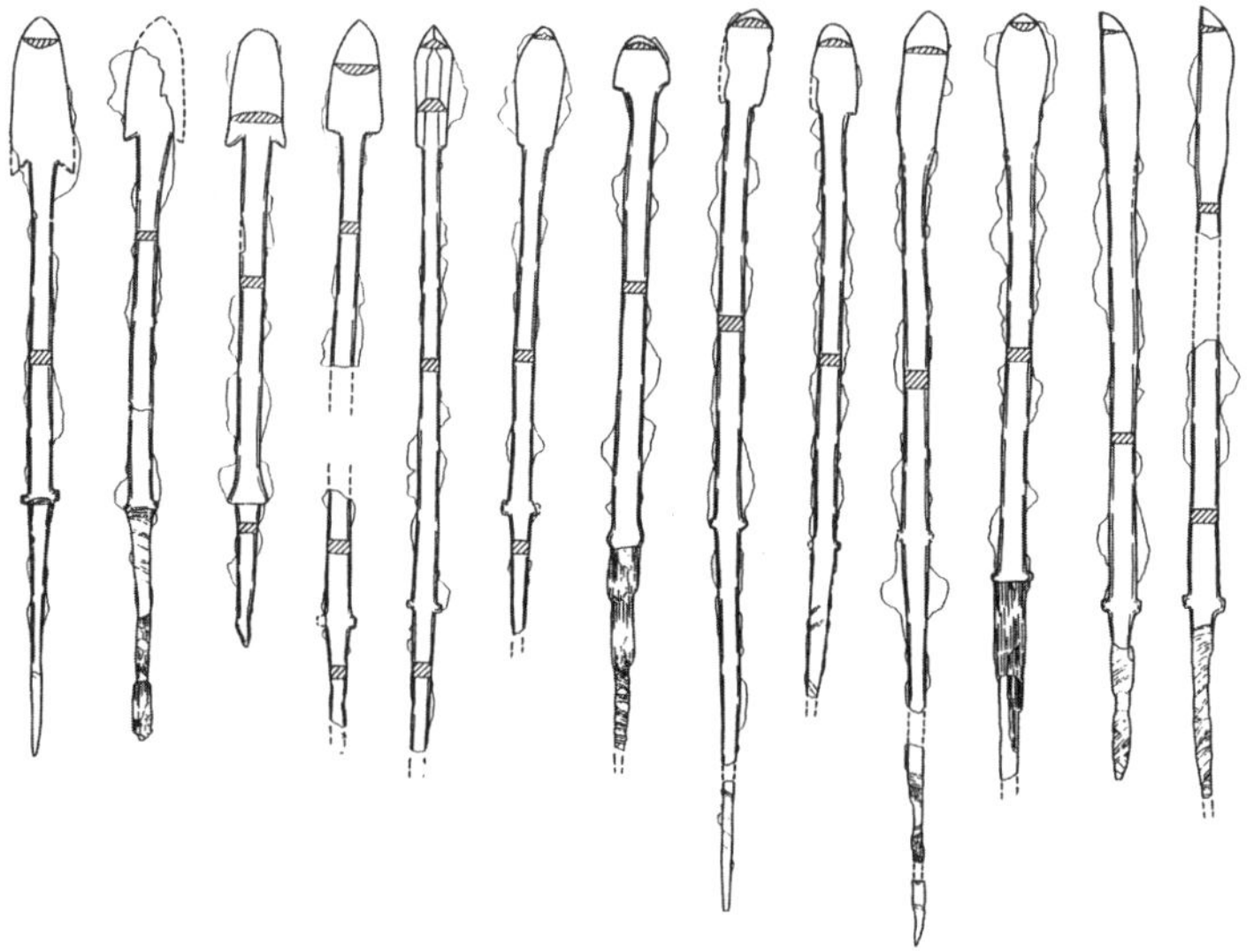

7世紀初頭の鉄鏃群

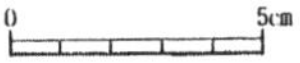

縮尺1／3

な特色としては、身部の小形化、細身化、五角形化、関の斜角化・撫角化が進む全般的な流れの中で、なお逆刺のある形態も残り、形態的な多様化を示すことである。身部長は１㎝ほどの極小形のものから３㎝ほどのものまであるが、関の明瞭なものは概して身部が小さく、１・５～２㎝大のものが主体を占める。箆被部長は７・５～10㎝と、全体としては前段階よりやや長頸化の傾向が見られる。一方、伴出する片刃箭式の鏃にも関の撫角化、消失の傾向が顕著であるが、刃部は後の段階に比べると、まだ一定の長さ（２～３㎝）を保つものが多い。両刃・片刃箭式とも箆被関は棘状である。

同じ段階に位置づけられる資料として、木更津市高千穂四号墳新相（第三主体部）・高千穂六号墳・高千穂一四号墳、君津市白駒一号墳の鉄鏃群などがあり、資料数は引き続き多い。

(10) 七世紀前葉（ＴＫ二一七前半期）

この段階の代表的資料として、木更津市塚原二一号墳東主体部の鉄鏃群が挙げられる。両刃式長頸鏃は身部がより小形化し、１㎝ほどとなるが、なお逆刺を残す。箆被部長は10㎝前後と長い。鉄鏃全体の組成としては片刃箭式の占める割合が高くなり、そのほとんどは関が消失して、刃部長もより短く、明確な計測はできないが、あえて数値化すれば１・５㎝前後が主体となる。

同じ段階に位置づけられる資料として、木更津市諏訪谷四号横穴墓・同六号横穴墓の鉄鏃群などがある。このうち諏訪谷四号横穴墓には身部関の撫角化した両刃式が主体的に認められる。

(11) 七世紀中葉（ＴＫ二一七後半期）

この段階の代表的資料として、富津市割見塚古墳の鉄鏃群などがある。両刃式長頸鏃の身部は極端に小形化し、身部

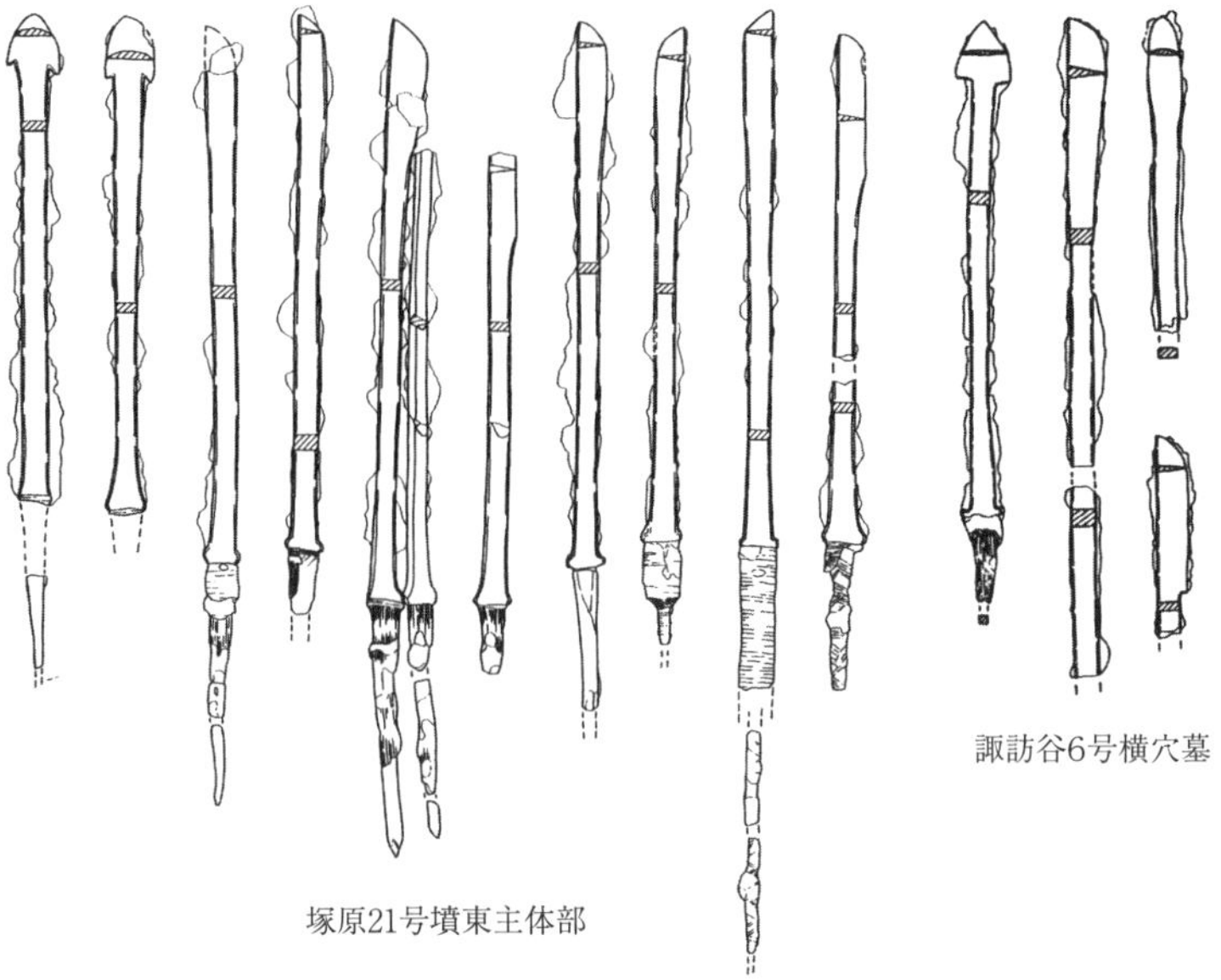

諏訪谷6号横穴墓

塚原21号墳東主体部

7世紀前葉の鉄鏃群

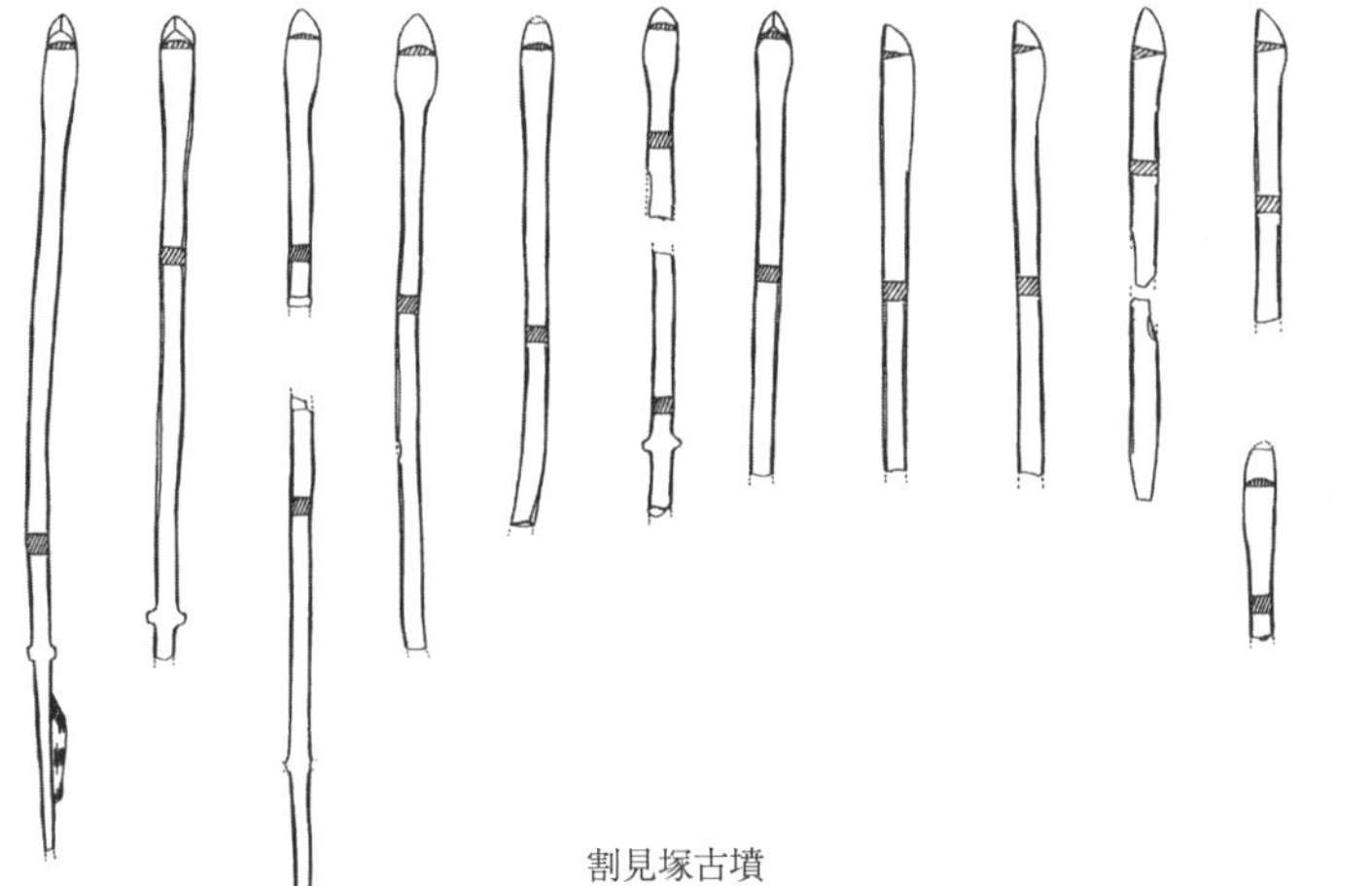

割見塚古墳

7世紀中葉の鉄鏃群

縮尺1／3

長1～1・5㎝ほどで、辛うじて両関三角式の退化形態と捉えられるものもあるが、大半は無関化したいわゆる鑿箭式となる。片刃箭式も無関化し、刃部は先端の1㎝ほどのみとなる。箆被部長は10㎝前後と長頸傾向が続き、全体として細身化する。

三　おわりに

古墳時代中期後半から終末期（五世紀中葉～七世紀中葉）の、主に長頸鏃の変遷について、西上総の資料を中心に、その段階的な型式変化の過程をたどってきた。大きな流れからみると、長頸鏃の変化は重厚から軽量へ、そして量産化への道を辿っている。とくに後期中葉（六世紀中葉）からの両関式（両刃式）長頸鏃の形態変化の流れは、身幅が広く関のしっかりした重量感のあるものが先行し、次第に細身化、長頸化、身部の小型化、関の斜角・撫角化と消失という流れを辿るものと認識された。このような変化の方向性については、千葉・市原市域の資料を中心に分析した白井久美子氏の論考をはじめとして、すでに数氏によって論じられている。本稿では、とくに六世紀前葉以降は、同じ群中で多数の古墳の発掘調査が行われている木更津市塚原古墳群の資料を中心として、木更津周辺地域の古墳出土鉄鏃の変遷を跡づけ、自分なりの整理と段階区分を試みた次第である。当該期の鉄鏃として客体的な存在である広根系および短頸鏃も含めた変遷については、今回は紙幅の関係で論じることができなかったが、是非別の機会に整理してみたいと考えている。

なお筆者の過去の土師器編年の論考で用いた須恵器各型式期の実年代幅と、今回の鉄鏃編年の実年代幅との対照に、各段階で微妙なズレが生じていることをお断りしておきたい。それは、初頭・前葉・中葉・後葉・末葉といった一定の許容幅をもった区切り方の少差に由来するものであることを理解願えれば幸いである。

参考文献

浅野雅則　一九八三『千東台遺跡群』千東台遺跡調査会
小沢　洋　一九八五「割見塚古墳の調査」『二間塚遺跡群確認調査報告書Ⅱ』富津市教育委員会
小沢　洋　一九八八『小浜遺跡群Ⅰ　俵ヶ谷古墳群』君津郡市文化財センター
小沢　洋　一九九〇「浜ヶ谷古墳」『小浜遺跡群Ⅲ』君津郡市文化財センター
小沢　洋　一九九二「塚原七号墳の調査」『木更津市文化財調査集報Ⅰ』木更津市教育委員会
小沢　洋　一九九五『千東台遺跡群発掘調査報告書Ⅰ　塚原三〇号墳・三一号墳』木更津市教育委員会
小沢　洋　一九九五「房総の古墳後期土器―坏の変遷を中心として―」『東国土器研究』第四号
小沢　洋　一九九七『千東台遺跡群発掘調査報告書Ⅲ　塚原二一号墳』木更津市教育委員会
小沢　洋　二〇〇〇『千東台遺跡群発掘調査報告書Ⅴ　塚原四七号墳』木更津市教育委員会
佐伯秀人　一九九一『請西遺跡群Ⅱ　鹿島塚古墳群』君津郡市文化財センター
實川　理　一九九〇『請西遺跡群Ⅰ　大山台二九号墳・三〇号墳　諏訪谷横穴墓群』君津郡市文化財センター
白井久美子　一九八六「東国後期古墳分析の一視点」『研究紀要一〇』千葉県文化財センター
杉山晋作・田中新史　一九八九『古墳時代研究Ⅲ―千葉県君津市所在八重原一号墳・二号墳の調査―』古墳時代研究会
椙山林継・荒木　誠ほか　一九七七『請西』木更津市請西遺跡調査会
高崎繁雄　一九八二「原始・古代」『木更津市史・富来田編』木更津市史編集委員会
田中新史ほか　一九八八『「王賜」銘鉄剣調査概報』吉川弘文館
田中新史・宮本敬一　一九七四「一号墳」『東間部多古墳群』上総国分寺台遺跡調査団
戸倉茂行　一九八六「熊野台遺跡」『富津火力線鉄塔建設用地内埋蔵文化財発掘調査報告書』君津郡市文化財センター
戸倉茂行　一九八六『高千穂古墳群』君津郡市文化財センター
永沼律朗　一九八五『上総江子田金環塚古墳』市原市教育委員会
中村恵次・市毛　勲　一九六八『清見台古墳群発掘調査報告』清見台古墳群発掘調査団

平野雅之・小沢　洋　一九八五『星谷上古墳・野間木戸古墳』君津郡市文化財センター
藤平裕子　一九九六『千束台遺跡群発掘調査報告書Ⅱ　塚原二四号墳』木更津市教育委員会
星　龍象・葛西　功ほか　一九八一『白駒古墳』君津市教育委員会

砂地の饗応
—高萩市浜野遺跡出土の祭祀遺物—

瓦吹　堅

一　はじめに

昭和五十八年に開館した高萩市歴史民俗資料館は、開館以来、地元高萩市の歴史や生活に密着した史資料の収集を進め、それらを主体とした常設展示や特別展示を開催している。寄託・寄贈を受けている約千件の史資料を概略的に分類すれば、約70％が生活に関わる有形民俗資料であり、その他は歴史資料や考古資料などである。これらの中特に注目される資料は、『改正日本輿地路程全図』という日本地図を安永八（一七七九）年に作成して販売した長久保赤水（一七一七～一八〇一）関係資料である。この日本地図は、それ以降明治四年の八版まで増補されながら売り出され、武家や商家をはじめ多くの旅行者に携帯された。また、シーボルト（P.V.Siebold　一七九六～一八六六）によって国外へも持ち出され、高萩市の追跡調査の結果、オランダ・ドイツ・イギリス・カナダ・アメリカなどに三十七点もの地図が保管されていることが判明した。市内の個人所蔵品や高萩市所蔵の赤水関係資料三百七十点は、平成十七年十一月十日に一括高萩市文化財に指定された。その他、昭和五十九年四～十二月の間、常磐自動車道敷設に伴い約六千㎡が調査された小場遺跡出土品も一件と登録されているものの、遺物収納ケース約三百箱と膨大な数が収蔵されている。

平成二十年三月の定年退職後、同資料館に文化財専門員として週三日ほど勤務するようになり、収蔵品の展示や整理

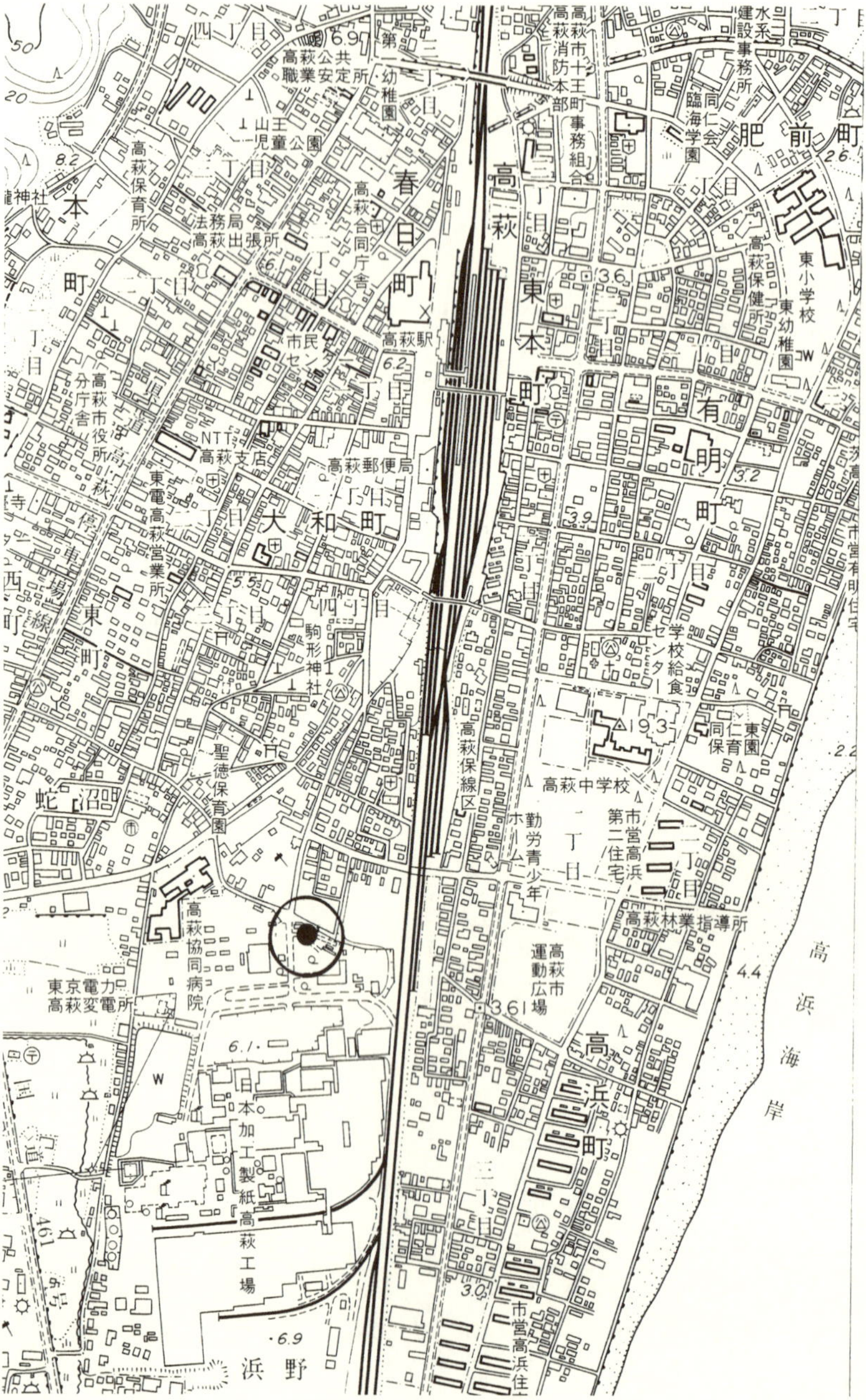
高萩公共職業安定所
第一幼稚園
高萩市十王町事務組合
高萩消防本部
水系建設事務所
同仁会臨海学園
肥前町
王山児童公園
高萩保育所
本町
春日町
高萩合同庁舎
法務局高萩出張所
高萩東本町
東小学校
高萩保健所
東幼稚園
市民センター
高萩駅
高萩市役所分庁舎
NTT高萩支店
高萩郵便局
有明町
東電高萩営業所
大和町
東町
駒形神社
学校給食センター
同仁東保育園
聖徳保育園
高萩保線区
高萩中学校
蛇沼
勤労青少年ホーム
市営高浜第二住宅
高萩協同病院
高萩林業指導所
東京電力高萩変電所
高萩市運動広場
高浜海岸
高浜町
日本加工製紙高萩工場
市営高浜住宅
浜野

図1　浜野遺跡位置図

を進めている中、すでに日本加工製紙工場内出土遺物として資料紹介した三十四点の資料のほかにも接合可能な土器片が収蔵されていることを知った。この小文は、既紹介資料と実測可能な追加資料を含めて再度紹介し、改めて遺跡の性格などについて考えてみることを目的にしたものである。

以前にも述べたことではあるが、昭和四十五年七〜九月に発掘調査を実施した赤浜古墳群・赤浜遺跡[2]の遺物整理中、市内安良川にある日本加工製紙工場内から、駐輪場建設の際、地表下30〜50㎝の砂の中から多くの土器が出土したとの連絡が入り、市教育委員会職員が現場に赴いた。殆どの土器は取り上げられていたが、一部はまだ砂中にあり、それらの出土状態は乱雑であったという。教育委員会へ搬入された土器は、形あるものが選別されていたらしく、川崎純徳氏（現茨城県考古学協会長）が一部を実測し、その後筆者が実測して紹介した。

前述したように、当時は選ばれた土器を実測したものの、その他に多くの土器片が存在していたことについては記憶が無く、最近の資料整理の折に古いダンボール三箱に入った破片を発見したのである。その後、破片の洗浄や接合作業を実施して実測し、接合資料を加えて改めて紹介するものである。接合作業については、市教育委員会職員の協力を得た。

二　遺跡の位置

浜野遺跡は（図1）、JR常磐線高萩駅の南約1㎞の高萩市安良川字浜野二百六十七に所在し、旧日本加工製紙工場内に位置している。遺物は、工場内の駐輪場建設中の3・3㎡ほどを掘り下げたところ、砂中から四十点以上の土器が出土した。

遺跡は、蛇行して東流する花貫川左岸の現川岸から北1・1㎞、太平洋汀線から西へ0・7㎞ほどの砂丘上に位置し

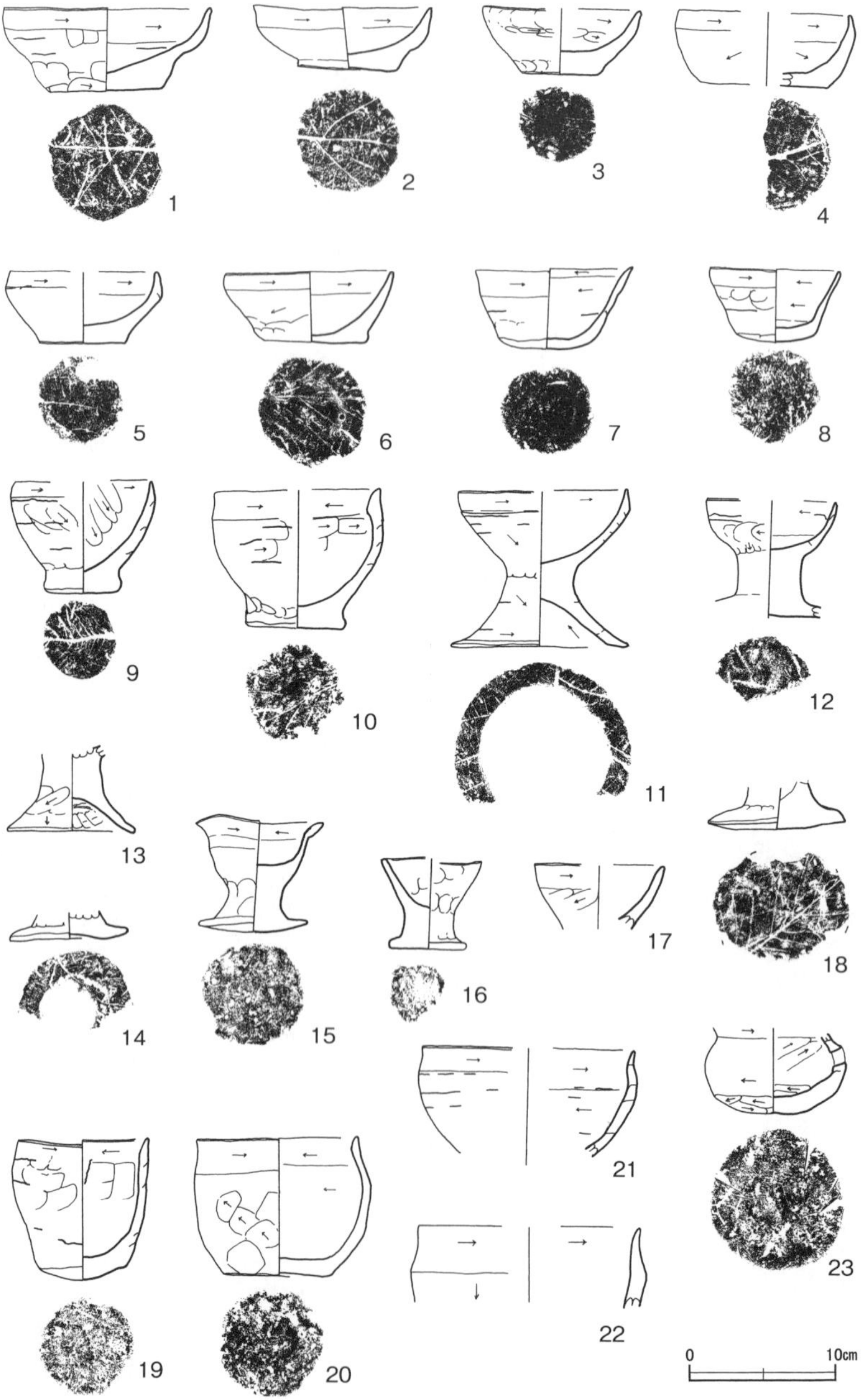

図２　出土遺物(1)

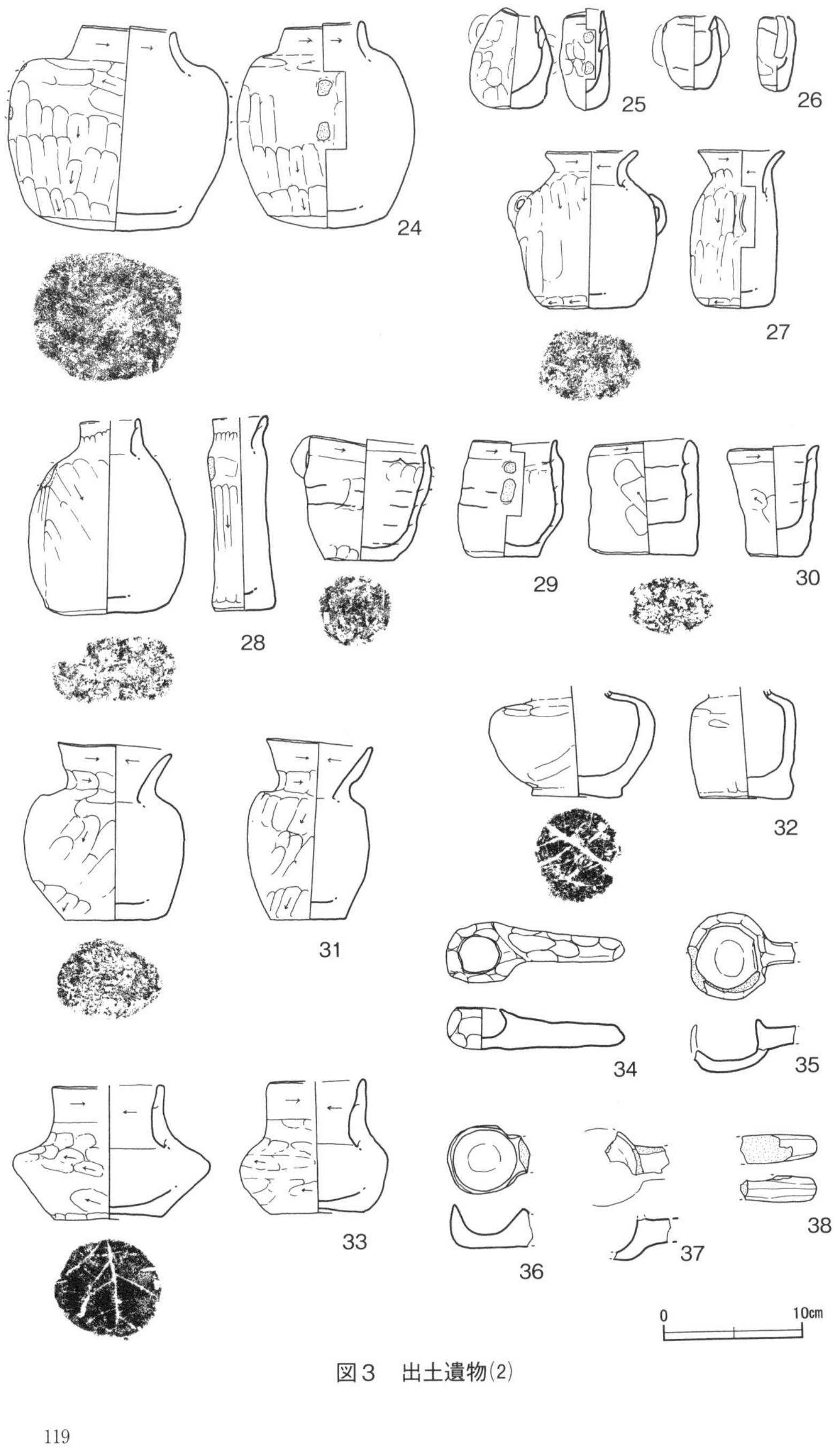

図３　出土遺物(2)

ている。汀線に接している砂丘帯は、現在市街地化しているが、本来標高4・4mほどで南北に延びていたと考えられ、工場内は造成の際に土盛りされた可能性が高く、工場敷地中央部では標高6・9mを測る。

花貫川は、水源を竪割山麓などに発する流路長19・4kmの二級河川で、市域の北部を流れる関根川(流路長15・8km)流域の低位面より4mほど標高が低い。文化七(一八一〇)年、松岡郡奉行寺門忠太夫義周によって編纂された『松岡地理誌』には、「古ハ荒川ト書シニ洪水ノ度々田畠損失スルニ依テ安良川ト書改メシヨシ」と記され、応長元(一三一一)年から元禄七(一六九四)年二月四日まで一四九六名の戒名が記されている『赤浜妙法寺過去帳』の中にも「アラ川」と書かれた地名が見られる。また、長禄四(一四六〇)年などの「岩城領地目録」に「荒川村」の記載があり、花貫川及びこの周辺部は荒川と呼称されていたと考えられる。この周辺部は、現在市街地化が進んでかなり地形の変動が見られるが、砂丘は東西幅約1km、南北長約2・5kmの範囲に新旧二列があり、砂丘西側には湿地帯があったという(3)。

三　出土遺物について

地表下30~50cmの砂中から出土した土器類については、前述したように既に資料紹介している。今回、新たに実測した結果、六十点を図化することができたが、接合できなかった破片について集計すると、甕・壷・鉢類口縁部片八十、胴部片二百九十六、底部片二十二の計三百九十八点、坏類は口縁部片四、底部片二の計六点、提瓶類は口縁部から底部までの破片十五、把手部六の計二十一点であり、実測した器種を加えた総数は四百八十五点で、甕類がもっとも多く、個体数は三十前後であろうか。ここで出土した器種ごとに概観する。

坏類　（1～10）　口縁部は体下部から彎曲気味に開く1～5、9、10と、外反して直線的に開く6～8が見られる。口辺部内外とも横撫でが見られ、体部外面には不鮮明ながら篦撫でや篦削りが認められるものが多い。器種全体に見られることではあるが、焼成は脆弱で不良のものが多く、体部外面に輪積み痕が顕著に残るものも多い。また、底部外面には7・8以外木葉痕が認められる。色調は橙や褐色を呈するものが多く、胎土中に石英など砂粒を多く含んでいる。1は坏というより鉢類に含まれるかも知れない。

高坏類　（11・13・14）　一般的な形状の高坏は11であるが、13・14のようにいわゆる手捏タイプのものもある。後述する12・15～18についても既報告では高坏として分類したが、脚部がいわゆる平底状を呈していることから竪臼として分類した。高坏類も坏類と同様に横撫でや篦削りが見られ、胎土・焼成・色調も坏類と類似している。

竪臼類　（12・15～18）　底部の形状が平底のものを竪臼とした。17は高坏類の可能性もある。臼部の形状も口辺部が外反するものと直線的に開くものがあり、平底部には木葉痕が認められる。

鉢類　（19～22・60）　底部から口縁部に向かって直線状に立ち上がりを見せているもの（19・20・60）と彎曲して立ち上がるもの（21・22）を鉢とした。

𤭯　（23）　以前に実測した際には口縁部は現存していたが、体部だけが確認された。底部は篦削りされ、雑に穿孔されている。

提瓶類　（24～33）　器形も大きさも多様である。表面と側面部の法量が異なる器種を提瓶として分類したが、耳状の把手を有する24～29と確認できないもの30～33がある。また、U字形の25・26とカップ状の29・30なども見られる。底部に木葉痕がある32・33のほかは、粗い篦削りが施されている。この器種のとくにカップ状のものはより脆弱で作りも粗雑である。

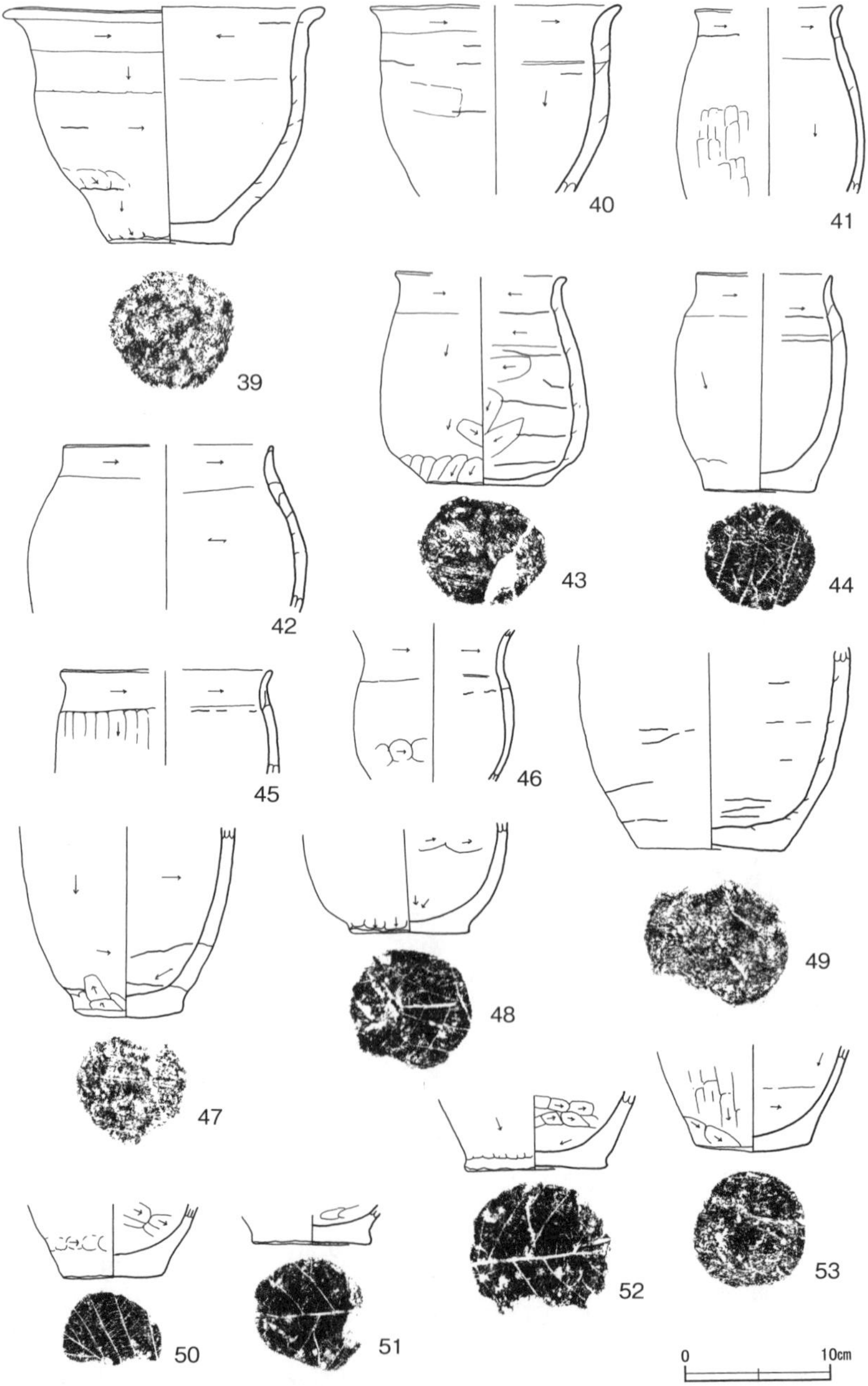

図４　出土遺物(3)

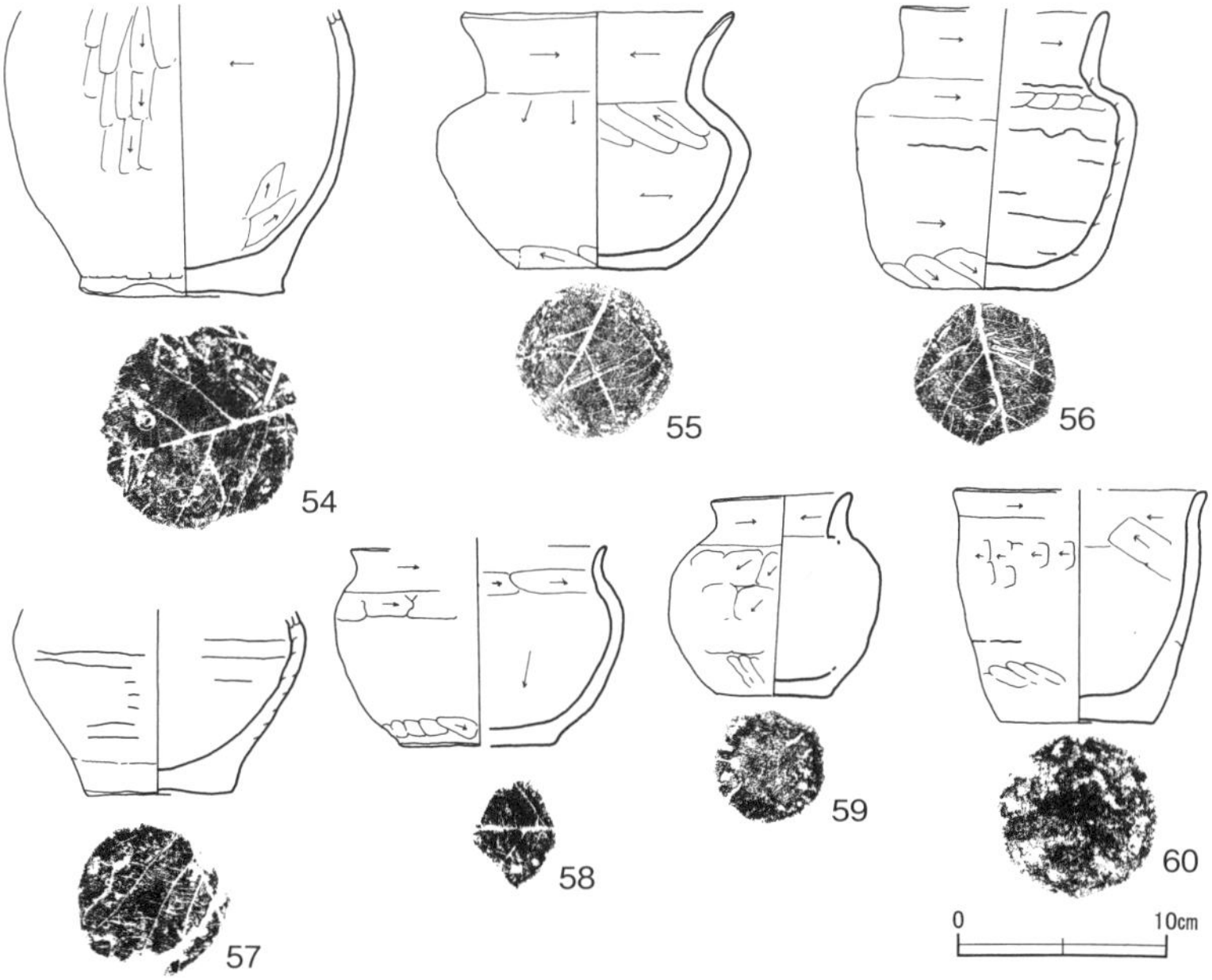

図5　出土遺物(4)

柄杓類（34～38）全体的な形状を残すのは34であり、35～37は杓部が確認できるが、38は柄部である。いずれも指撫でで作られている。

甕類（39～59）ほぼ全体的な形状を残しているのは39・55・59であり、そのほかは部分的に欠失部を有している。器形的にはやや多様であり、口縁部が外反して開く39・40・46・55、直線的に開く41～45・58・59などがあり、55・56・59は壷的な様相を示している。これらのほとんどの底部には木葉痕が認められる。作りは粘土紐の繋ぎ目を残したものが多く、全体的に粗い整形痕を残している。さらなる器種細分も可能であるが、一括甕類とした。

以上、図示した土器を概観したが、出土した器種の多様さから時期差は明確でない。

四　おわりに

当遺跡から出土した土器類は、その形状や作りなどから模倣土器類と認識することができる。これらの中には器種分類が明確でないものも含まれるが、この場を祭祀の場として何らかの祭祀行為が行われた痕跡と認定することができる。それはどのような祭祀行為だったのであろうか。

浜野遺跡のような状況から、かつて荒ぶる川の渡河を祈願する祭祀と考えたことがある(4)が、これを否定するものではない。祭祀の形はさまざまで、先学の類型化した祭祀の形は、山、峠、海、湖沼、岩石などを対象としている。これは、人がこれらに対して畏怖の念を抱くと共に、その場への人の進出（侵略）を意味している。

古谷毅氏は、奈良県三輪山祭祀遺跡群の分析から寺沢薫氏がA：小型素文鏡や碧玉製などの玉類等を中心とした四世紀後半～五世紀前半と、B：滑石製・土製模造品や子持勾玉・須恵器等から構成される五世紀後半から六世紀後半を中心とした二時期(5)に、C：須恵器にみられた六世紀後半を中心とした時期を加え、延喜式に見える酒造具との類似から酒造に関わりがあるとし、「古墳時代のいわゆる土製・石製模造品が仮器であることと、本遺跡（山ノ神遺跡）の場合は酒器ではなく造酒における複数過程に使用される用具を象っていることに注意する必要がある。」と述べ、「酒造を実修する所作を伴う、または象徴化した状況を示唆する」可能性が高く、この祭祀行為は天皇が巡幸先で土地の神を祭る際にみられた造酒を実修する祭祀行為と類似した土地の神祭りの跡と想定された(6)。しかし、当浜野遺跡では案・箕・杵・槽の検出はないが、臼・杓が含まれており、類似点が認められる。この砂地での神祭りは、荒ぶる川を鎮めるためであり、神酒を醸す象徴化された儀式が執り行われ、神酒を捧げて荒ぶる神との饗応が執り行われた聖域と想定できるのではないだろうか。ここから出土した模造土器は造酒具や饗応具であるが、その形状が定形化したものではないことから時期差が想定されるが、ある時期ごとに同じ場所で複数回祭祀が執り行われたと想定される。その時期は、六世紀後半から七世紀前半とやや幅がある。このような祭祀形態の分類のため、類似する遺跡の発見が今後も待たれるところであり、各方面からのご教示をお願いした。

この小文を執筆するにあたり、古谷毅氏からご教示を多く賜った。また、遺物洗浄、接合などでは高萩市教育委員会豊田智美さん、井坂茉莉子さんにもご協力を賜った。文末ではあるが各位に感謝の意を表するものである。

椙山林継先生には大学二年頃からご厚誼をいただいている。我々当時の学生は生意気にも、大場先生の助手であった椙山さんを皆「林継（りんけい）さん」と呼んでいた。三年生の時、林継さんに大場研究室の留守番を頼まれたことがある。研究室の茶箪笥には大場先生用のブランデーが入っており、それを少し飲んでしまった。林継さんには怒られたが、それ以後よく発掘に駆り出された。

昭和四十三年八月二十八日から九月二十日は土浦市宍塚古墳群第一次調査、同年九月二十九日から十月六日は町田市木曽団地内遺跡、同年十月十一日から二十一日まで和歌山県那智経塚遺跡、昭和四十四年二月二十三日から三月十六日まで宍塚古墳群第二次調査と各遺跡を転戦した。宍塚古墳群第一次調査の頃、林継さんは妙子夫人との結婚直前だったと記憶している。リーダー格の小山修三氏の策略で、妙子さんからの定期的な電話に出られないようにするため騙して土浦市内へ飲みに連れ出したり、土浦の料亭で開催された先輩院友諸氏主催の大場先生を囲む宴席では、大場先生の都々逸の後、小山さんが「富士の白雪はノーェ。富士の白雪は…」と踊り出し、我々も踊らされたりと、当時の発掘は夜も昼も大変勉強（？）になった。当時、林継さんはわれわれやんちゃな学生に手を妬いていたことと思う。我々自体、未だにやんちゃ学生から抜け出していない。

このようなやんちゃ達をこれからも相手にするのは大変でしょうが、当時から兄貴のように思っていた林継さんからいただいた学恩に対し、一文を献呈いたします。これからのご活躍とご健康を祈念し、末永いお付き合いをお願いする次第です。

（二〇一〇・一・十三日脱稿）

註

（1）瓦吹堅「高萩市日本加工製紙工場内の祭祀遺跡」『常総台地』七　一九七六・五　常総台地研究会

（2）a諸星政得ほか『赤浜古墳群（発掘調査の概要）』一九七二・三　高萩市教育委員会
b川崎純徳ほか『赤浜遺跡発掘調査報告』一九七二・三　高萩市教育委員会

（3）a宮田清正「第一編　高萩の自然と人文」『高萩市史　上』一九六九・十一　高萩市
b神永久米男「安良川・高萩の昔と今」『高萩の歴史散歩』一九九八・十

（4）a前述（1）
b瓦吹堅「砂地の祭り—茨城県北部の様相—」『一山典還暦記念論集　考古学と地域文化』二〇〇九・六　一山典還暦記念論集刊行会

（5）寺沢薫「三輪山の祭祀遺跡とそのマツリ」『大神と石上』筑摩書房　一九八八

（6）古谷毅「酒を醸し、酒を捧ぐ意味—奈良県山ノ神遺跡—」『まつりのそなえ　御食たてまつるもの』國學院大學研究開発推進機構伝統文化リサーチセンター　二〇〇九・十

日本列島出土の角杯をめぐって

木下　亘

一　はじめに

角杯は本来、牛や水牛或いはサイといった動物の角を利用し容器として造られた杯を指す言葉である。この特異な形状の杯は、広くユーラシア大陸の各地に於いて、その出土が知られており、その材質も角だけではなく土器や金属器、玉器やガラスと言った各種材質でその形を写し取った物が多数知られている。

これらの角杯に就いては、その特殊な形状や稀少性から早くから注目を集めており、巽善信氏(1)や山田俊輔氏(2)によって、型式分類が行われてきている。山田氏に依れば、角杯は以下の四類に分類が可能とされる。

A類：実際の角の形態と同様のもの。
B類：先端部分に立体構造を施したもの。
C類：湾曲のない形状で、先端部に立体構造を施したもの。
D類：先端部が把手状になっているもの。

以上に分類され、更に注口の有無によりこれらを二つに細分されている。

さて、日本列島出土の角杯は古墳時代に出現するが、その起源は韓半島三国時代の角杯に求めることが出来る。ここでは、当該期に半島からの窯業技術の伝播に伴い、もたらされた土器の器種組成を列島側がどの様に受け入れるのか、角杯を一つの事例として取り上げ考えてみたい。

二　韓半島出土の角杯

韓半島では、三国時代を中心とした時期に、陶製・青銅製或いは漆器の角杯が認められるが、数の上では圧倒的に陶質のものが主体となっている。出土地域は所謂、加耶・新羅を中心とした地域で、西海岸を中心とした百済の地域では確認されていない。

三国時代の角杯は、その大半が実際の角の形状を模倣した上記分類中のA類に属するものである。中には釜山市東萊区福泉洞古墳群7号墳出土事例(3)の如く、馬頭を先端に取り付けたB類に属するものも含まれるが極めて稀である。又、角杯を載せ置く脚台、或いは角杯そのものに脚を取り付け安定化させたもの、更には動物や器物に角杯を貼り付けた形状のもの等、様々な型式に分化していく。

個々の角杯を見ると、丁寧なナデ調整を行い仕上げたものが多く、口縁部直下にコンパス文や鋸歯文といった文様を施すものも知られている。角杯を載せ置く脚台を伴うものでは、脚台上に一個の角杯を載せ置くものから、複数個載せ置くものまで、個体間の差異が大きくバラエティに富んでいる。

また、韓半島に於いては、三国時代以降も角杯は継続して生産される事が知られている。高麗時代の青磁、或いは朝鮮時代の白磁等にも角杯と言う器形は受け継がれる事は良く知られている。

三　日本列島出土の韓半島製角杯

韓半島、特に伽倻や新羅の地域から数多く発見されている陶質の角杯は、日本列島に於いてはその出土例が極めて限られている。然し近年になって僅かながらもその出土事例が増加し、所属時期や分布について幾つかの新しい事実が知られる様になって来た。ここでは、日本列島から出土する陶質の角杯に就いて、その特徴等を概観する事とする。

列島で生産された角杯に就いて触れる前に、先ず韓半島からの舶載品と考えられる資料に就いて見てみよう。

韓半島から直接もたらされたと考えられる角杯として、奈良県橿原市の南山4号墳（円墳、直径約18m）から出土した騎馬人物形角杯が挙げられる[4]。恐らく現時点で発掘資料としては唯一かと考えられる舶載の角杯資料である。当墳出土の騎馬人物形角杯は、盗掘時に大きく破損しており、残念乍らその全体像を正確に知る事は出来ない。然し幸いな事に、この資料と近似する騎馬人物形角杯が国立慶州博物館に所蔵されている。伝金海徳山里とされる出土品[5]で、これによって南山4号墳出土品に就いても本来の姿を大凡推定する事が可能である。慶州博物館所蔵の騎馬人物形角杯は、甲を装着した馬に正面を向き、前面に楯そして武器を持つ人物が乗るものである。この2つの資料を比較すると、脚台部の形態、胎土・色調或いは釉調といった細かな特徴までが極めて似ている点が指摘出来、南山4号墳出土品が半島製である点を証明する。

四　日本列島での須恵器生産の開始と角杯生産

五世紀初頭に始まる我が国の須恵器生産は、韓半島の陶質土器生産技術を導入したもので、以後の我が国の窯業に大きな影響を与えるものであった。須恵器生産の技術は、大規模な窯の構築や土器製作時の轆轤の使用など、従来の土師器などの土器生産技術とは大きく異なり、専業工人の編成など、その生産体制までも変革をもたらすものであった。

大阪府陶邑窯を中心にここで組み立てられた須恵器編年は、特に文献資料の少ない古墳時代に於いて、古墳などの時期決定のモノサシとして大きな役割を果たしている。

この須恵器生産の技術は、当時の倭社会の中にスムーズに受け入れられ、その後、急速に普及、拡大していった。極めて貪欲と言っても良い程に、その技術を吸収していったかの様相を示している。これは短時日に全国的な生産の広がりを見せ、各地で生産が開始される事からも容易に頷く事が出来る。

さて、大阪府陶邑TG231・232等の須恵器生産初期には、形態や製作手法の面で韓半島陶質土器の影響を色濃く残す製品が数多く製作された。この時期は韓半島の製品と形態上一見区別し難い須恵器が生産される点が大きな特色でもある。然し角杯に就いて言えば、半島の工人の影響が大きい須恵器生産揺籃期に於いてさえ、その生産は行われていない。初期須恵器窯であるTG231・232、TK73といった窯跡の調査に於いても未検出で、器種の選択的受容がその導入時から早くも行われていたと考えられるのである。以後、列島での土器生産が軌道に乗り、生産規模も拡大するにつれ、須恵器としての器形・器種の独自化は一層進行していく。そして定形化・日本化への方向へと歩み始め、韓半島での形態、器種組成の在り方とは方向を違え、独自に発展していく状況が見られる。この中に角杯と言った半島色の強い器種は、その構成要素の中に組み込まれる事は全くなかった。

韓半島では、生産数は減少方向へ向かうものの、高麗時代そして朝鮮時代にまで角杯が継続生産されているのとは状況が大きく異なっている。

日本列島では古墳時代のある一時期以外、角杯の生産が行われる事は無く、角杯自体に対する意識が半島とは基本的に異なっていると言える。この意識の差は、須恵器生産導入時に角杯をその生産器種リストに含めなかった列島側の意志が、後の角杯生産への方向を決定付けたと言える。つまり、中枢窯である陶邑窯跡群で、その生産を開始しなかったと言う事実が、地方窯成立時の器種組成リストに角杯が含まれなかった大きな要因と言えるのである。

地方窯では基本的に陶邑窯の器種組成や器形を踏襲し、その生産が始まると考えて良い。大枠から見れば、古墳時代須恵器はどの地域の土器を取り上げても、基本形態は細かい地域差を除けばほぼ等しいと言える。日本列島内では、地域を越えて広く陶邑編年がある意味適応可能とも言える。この点、韓半島の三国時代各国に見られる地域的個性は見られない。

五世紀後半から六世紀に至ると、列島の各地域でも地方窯として須恵器生産が開始される。この地方窯の中に突如として角杯という韓半島由来の器種の生産が開始される地域が知られている。それまで、船載品以外に確認されていなかった角杯という器形が突如として現れるのである。

現在までに角杯が出土した地域として、岡山、兵庫、京都、大阪、岐阜、愛知、福井、石川、富山などの各県から、十数例が報告されている。検出遺構も古墳、住居址等様々である。これらの中には窯で焼成された須恵質のものと軟質の土師器の二者が存在している。

この中でも兵庫県と福井県では須恵器窯という生産遺跡からの出土であり、確実にその地域で生産されたものであると言う点で重要な意味を持っている。これらは福井県美浜町の興道寺窯跡[6]と兵庫県明石市の赤根川・金ヶ崎窯跡[7]の二つの須恵器窯跡である。地域的に離れているこの二つの窯には、幾つかの共通点が存在する。先ず六世紀前半というほぼ同時期に操業が行われている点、次ぎに角杯の生産はこの一時期で収束し、継続されない点である。つまり極めて限られた時期に一過性の生産が行われていると言う大きな特徴を備えている。正にこの時期における当該地域と半島との強い交流がもたらした文物と言えるのである。

列島で出土する角杯を観察してみると、数が少ない事もあり個体間の差異が大きい事が判る。製作面では器面調整はナデ或いは櫛目調整がなされている。更に器面に附される文様も、その当時に須恵器に行われていた櫛描波状文や櫛描列点文等が、そのまま使われている事が判る。又、施文も時期がやや下ると、器面を界線によって区画し何段にもわたる文様帯を構成する装飾性に富んだもの等が出現してくる。つまり、角杯という器形は導入・模倣されたがその製作技法は、当時の須恵器の持っている在来の技術で生産され、文様も須恵器のものが応用されたと言えるだろう。

この中で、兵庫県では生産遺跡の赤根川・金ヶ崎窯跡を除く三遺跡全てが土師器の角杯である点が注目できる。柿坪遺跡・亀田遺跡では角杯の先端部が平坦に切り落とされた形をするものであり、美乃利遺跡の事例では角杯とは言うものの、カップに尾鰭が附いたような粗雑・稚拙な作りである。これらは陶質の角杯の模倣したかの感を呈し、本来の角杯を知らずに作られたものかも知れない。以下、管見に触れた角杯出土地を列記する。

1	岐阜県岐阜市関市	陽徳寺裏山古墳	六世紀前半	
2	岐阜県各務原市野口地内	七世紀		
3	福井県三方郡美浜町	興道寺窯跡	六世紀前半	○
4	福井県三方郡美浜町	獅子塚古墳	六世紀前半	
5	石川県羽咋郡志賀町	中村畑遺跡	六世紀	
6	石川県加賀市	敷地天神山古墳	六世紀中葉	
7	富山県氷見市	上久津呂中屋遺跡		
8	大阪府東大阪市	西岩田遺跡	六世紀前半	
9	兵庫県明石市	赤根川・金ヶ崎窯跡	六世紀前半	○
10	兵庫県朝来市山東町	柿坪遺跡	五世紀	土師器

11	兵庫県加古川市	美乃利遺跡	古墳時代	土師器
12	兵庫県揖保郡太子町	亀田遺跡	古墳時代	土師器
13	京都府中郡峰山町	大耳尾2号墳	六世紀中葉	
14	愛知県豊田市	梅坪遺跡	七世紀	
15	岡山県赤磐郡山陽町	斉富遺跡	六世紀前半	

※【〇印は生産遺跡】

以上の出土地一覧を一瞥して判る事は、時期的には五世紀から七世紀まで見られるが、六世紀前半とされる時期が圧倒的多数を占める点が第一に挙げられる。それにその分布地域が日本海側では北陸地域に、関西ではその周縁部に偏る事が指摘出来る。更に、東海以東、四国、九州には現時点では確認されていない点も特徴として挙げられるだろう。

五　おわりに

以上の様に、日本列島で見られる角杯は、生産時期・生産地域に偏りが見られ、須恵器という全国的に見ても斉一性の高い土器群の中にあって、異質な存在である。須恵器は生産技術導入時点で器種・器形が取捨選択され、受容されたもののみが生産されたと考えられる。この結果、角杯は列島の中に浸透・定着する事は無く、一つの器種としてその構成に加えられる事はなかった。前述の様に、半島に於いては細々ではあっても、後代までその生産が継続すると言う角杯の在り方とは大きな差異が認められる。

然し受容された器形の中にも比較的短時日にその生産の終焉を向かえ後に継続しない器種も存在する。例えば樽形𤭯等は典型事例であろう。

角杯はこの中で、導入時に採用されなかったものの、一定時間をおいて、又ある特定地域に限ってその生産が始まる、と言う特殊性を持っている。須恵器が器種・器形の面で日本化が進行し安定した段階、敢えてその時期に生産が開始されると言う事情は、それぞれの地域が持つ固有の事情を考慮する必要があろう。他にも、角杯そのものではないが、和歌山県の紀ノ川流域に立地する井辺八幡山古墳(8)では、角杯表現を持つ人物埴輪が出土している。築造時期も六世紀前半と考えられ、その意味では他地域の角杯出現時期と軌を一にしている。埴輪に表現される事から、角杯に就いての知識は持っていたものと思われる。

同様に半島からの搬入品としては多数の出土が知られているものの、それを模倣或いは受容しなかった事例は、他にも見られる。時期は下るが、新羅の印花文土器は九州から関東までその出土が広く見られる。然しこの印花文と言う器面装飾法を須恵器が取り入れる事は無かった。

この様に、須恵器生産に関わる新技術そのものに対しては、積極的な導入が図られ貪欲に吸収されていったと考えられるが、その器種選択や文様といった個々に関しては選択的受容の側面を持っていたと言えるだろう。

最後になりましたが、この度、楢山林継先生には目出度く古稀をお迎えになられた事をお祝い申し上げるとと共に、今後益々ご活躍され、我々後進を御指導頂きますよう御願い致します。

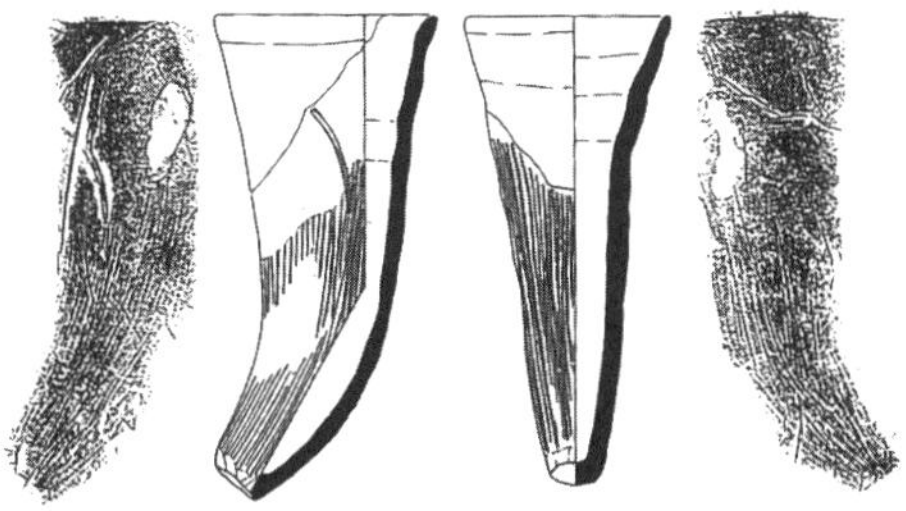

獅子塚古墳

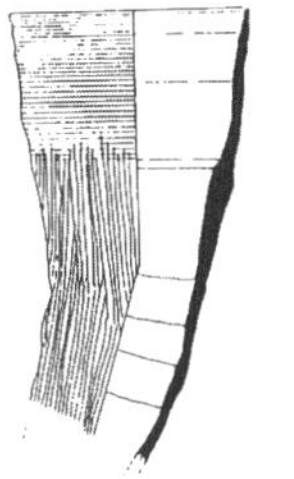

興道寺窯址

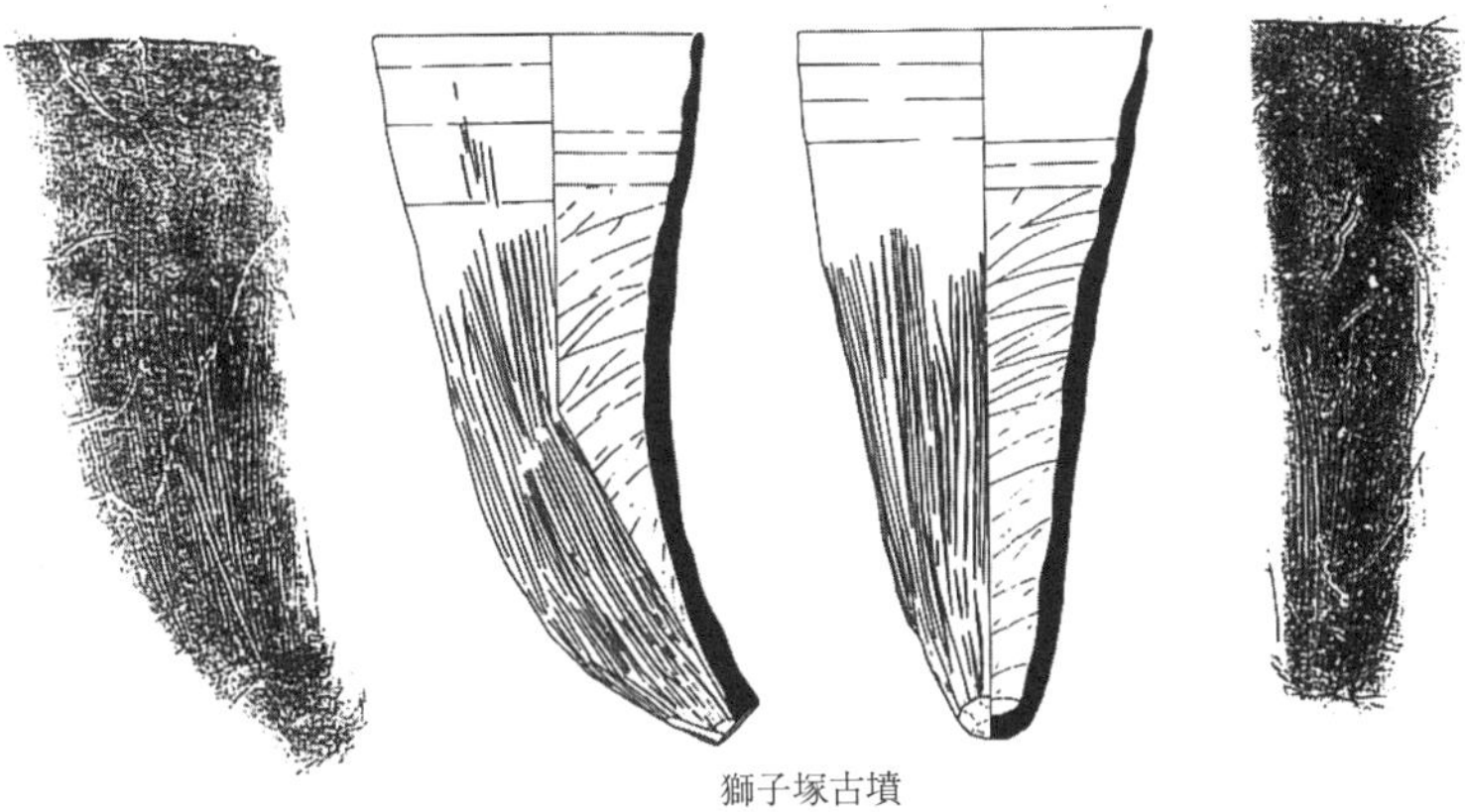

獅子塚古墳

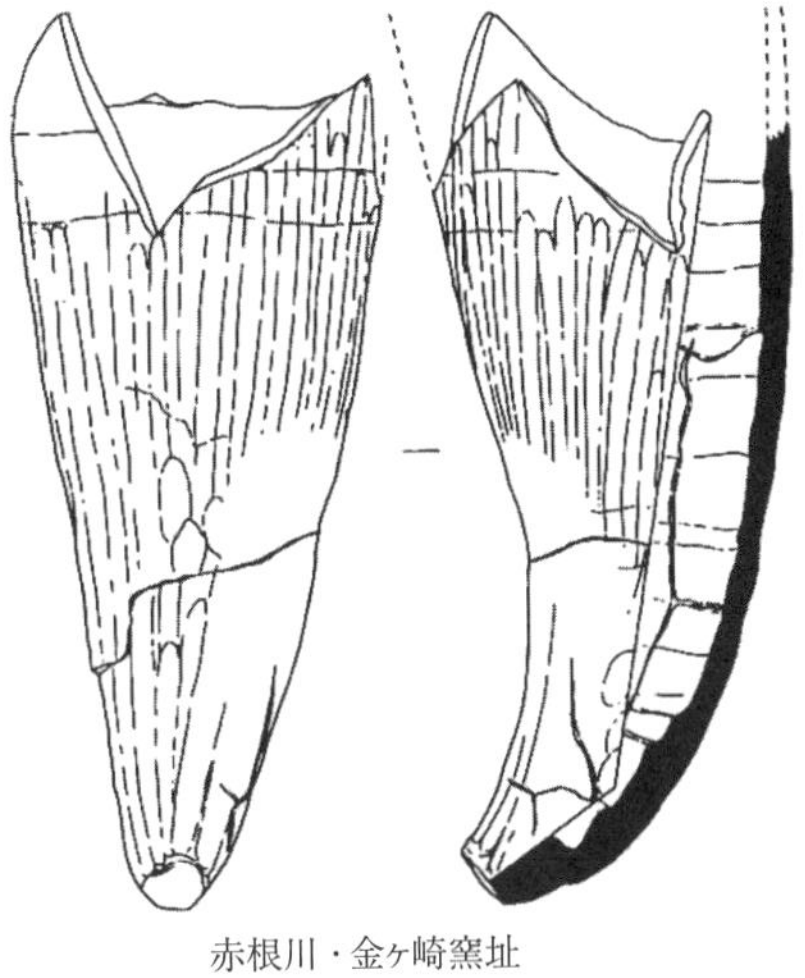

赤根川・金ヶ崎窯址

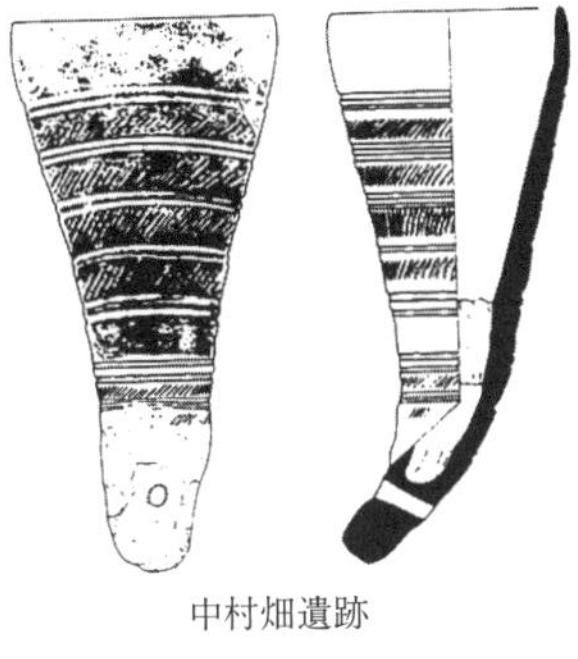

中村畑遺跡

《縮尺任意》

註

（1）巽善信『角杯に見られる西方の影響―リュトン東方伝播試論―』「宗教と考古学」金関恕先生の古稀をお祝いする会編　勉誠社　一九九七

（2）山田俊輔『角杯に見るユーラシアの東西交渉』「中国シルクロードの変遷」アジア地域文化学叢書　七　シルクロード調査研究所編　雄山閣　二〇〇七

（3）『上老大島』「古蹟調査報告第八冊」東亜大學校博物館　一九八四

（4）阪口俊幸『橿原市南山古墳群第4号墳』「弥生・古墳時代の大陸系土器の諸問題　第Ⅱ分冊―中国、四国、近畿、中部以東篇―」埋蔵文化財研究会・（財）大阪府埋蔵文化財協会　一九八七

（5）『菊隠李養璿蒐集文化財』國立慶州博物館　一九八七

（6）『興道寺窯跡の試掘調査』「福井県埋蔵文化財調査報告書　第三集」福井県教育委員会　一九七九

（7）『福井県史　資料編一三　考古』福井県　一九八六
『兵庫県明石市赤根川・金ケ崎窯跡』「昭和六十三年度発掘調査概報」明石市教育委員会　一九九〇

（8）『井辺八幡山古墳』和歌山市教育委員会　一九七二

最大長の双龍環頭大刀について

酒巻　忠史

はじめに

東京湾の東岸、現在の千葉県木更津市に含まれる小櫃川の下流域は、県内でも有数の古墳分布地域である。この中心には、祇園・長須賀古墳群が展開し、「馬来田国造」と呼ばれる、有力な政治勢力の存在が想定されている（図1）。古墳群は、南北5km、東西2kmの範囲に展開し、失われた古墳を含め、30基以上が知られている。近年の確認調査や、関連資料の検討により、六世紀から七世紀に至る4基の首長墓が、古墳群のほぼ中央、東西約250m、南北約600mの範囲（図2）に分布することが判明し、出土品の諸特徴から、酒盛塚古墳（前方後円墳　六世紀中葉）→稲荷森古墳（同　六世紀後半）→金鈴塚古墳（同　六世紀末葉）→松面古墳（方墳　七世紀初頭）という、変遷が明らかになっている。

古墳群出土の飾大刀

本古墳群の特徴の一つは、金鈴塚古墳をはじめとする、各古墳より出土した良好な飾大刀群である。その豊富な出土

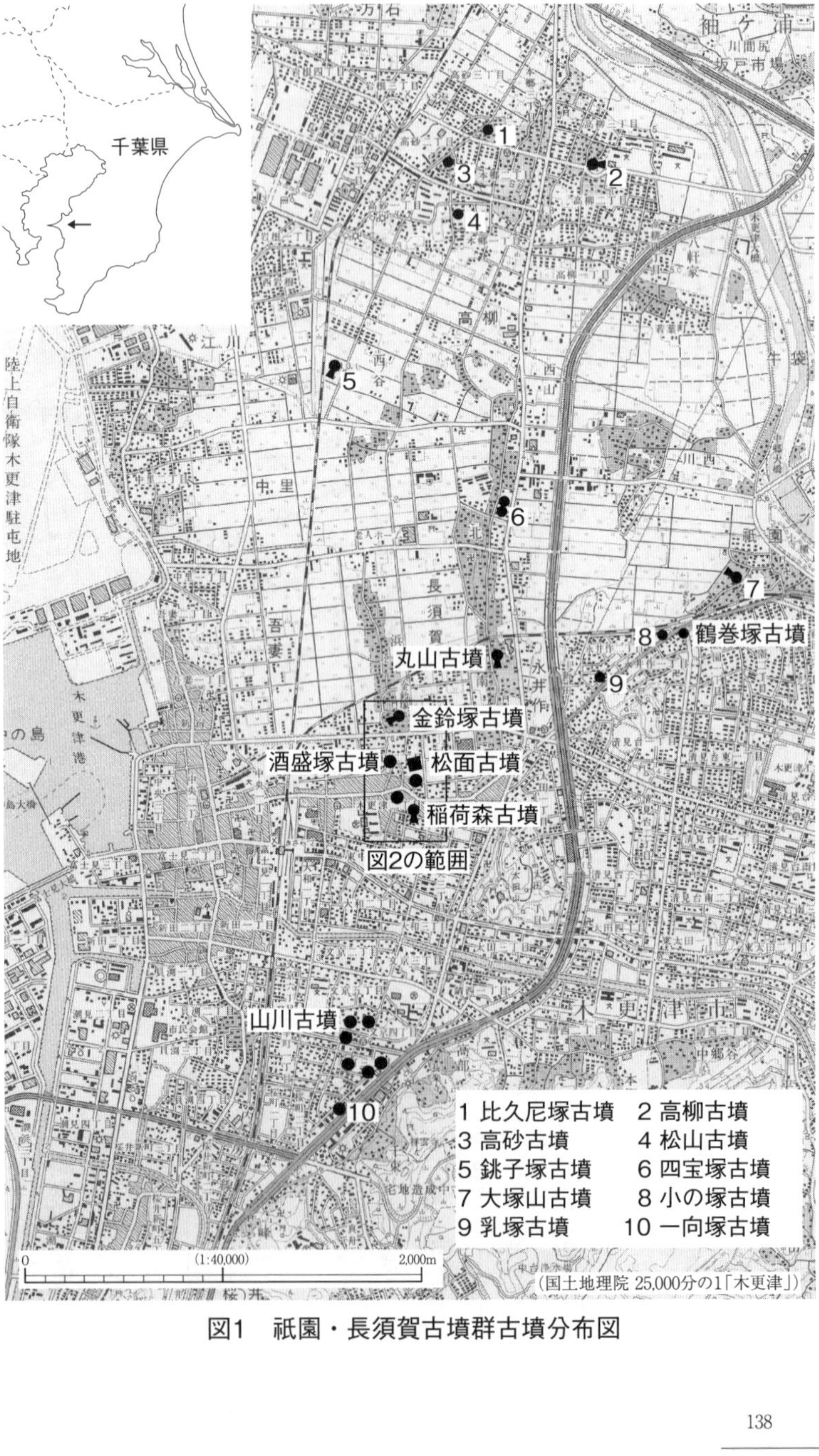
千葉県
1
2
3
4
5
6
7
8
鶴巻塚古墳
9
丸山古墳
金鈴塚古墳
酒盛塚古墳
松面古墳
稲荷森古墳
図2の範囲
山川古墳
10
1 比久尼塚古墳 2 高柳古墳
3 高砂古墳 4 松山古墳
5 銚子塚古墳 6 四宝塚古墳
7 大塚山古墳 8 小の塚古墳
9 乳塚古墳 10 一向塚古墳
0 (1:40,000) 2,000m
(国土地理院 25,000分の1「木更津」)

図1　祇園・長須賀古墳群古墳分布図

図2　金鈴塚古墳・松面古墳周辺の古墳分布図

数は、三葉（塁）環頭大刀など、一部の形式を欠くものの、多くを取り揃えた、「飾大刀の博物館」といった、様相を呈している。飾大刀の変遷を時系列的に知ることができる、全国でも数少ない地域である。

飾大刀は、金鈴塚古墳・松面古墳のほかにも、稲荷森古墳で、双龍環頭大刀の出土が推定され、鶴巻塚古墳で、獅噛環頭大刀・圭頭大刀・円頭大刀、丸山古墳と山川古墳では、頭椎大刀などが出土している。さらに、六世紀中葉と推定される酒盛塚古墳は、墳丘と石室が完全に失われて、出土遺物も行方不明となっているが、千葉県内でも、同時期の前方後円墳である山王山古墳・殿塚古墳・城山1号墳などより、古式の飾大刀が出土していることから、酒盛塚古墳にも、本来は、多くの飾大刀が副葬されていたと考えられる。

金鈴塚古墳出土の双龍環頭大刀

金鈴塚古墳より出土した飾大刀は、一九五〇年の発掘調査による十九振（双龍二・獅噛三・単龍一・単鳳一・圭頭三・頭椎二・銀装鶏冠頭二・鶏冠頭一・銀装圭頭一・金銀装一、金銅装一・楔形柄頭一）と、一九三二年に出土し、國學院大学所蔵、柴田常恵氏の野帳に記録が残る、二振を加えた、総計二十一振である。

双龍環頭大刀は、初葬と三次葬に伴う新旧二振が出土し、石室奥（北側）より出土した双龍1は、表裏面とも刀装具の細部まで入念な細工を施した、豪華な大刀である。この時期の双龍環頭大刀としては、国内最大長のものであるが、追葬時の遺物移動のためか、柄縁金具から柄間の部分を失い、環頭部分のみが、約1m離れた位置から出土している。環頭部分も最大長に相応しく、幅12・0㎝、長さ14・4㎝の大形のものである。鞘に接する位置で、金鈴五点と金糸が出土していることから、金鈴を結んだ装飾紐や、金糸を編みこんだ装飾布を伴っていた可能性がある。

双龍環頭大刀の図上復元

永らく土中にあった飾大刀は、劣化が進行し、本来の姿をとどめるものは少ない。このため、本来の姿に復元し、基本的なデータを算出することが重要である。金鈴塚古墳の双龍1には、柄間の状態を知る手掛かりは、残されていないが、形式的に近い時期の、兵庫県黍田15号墳、愛知県稲之洞古墳、やや時期が下る（伝）舟塚古墳[1]（茨城県）出土の双龍環頭大刀では、この部分が銀線巻きであったことが確認でき、京都府湯舟坂2号墳出土の双龍環頭大刀についても、報告書で、その可能性が指摘されている。

このような類例の特徴から、金鈴塚古墳の双龍1についても、柄間は、銀線巻きであったと考えられる。銀線巻きの大刀の多くは、各古墳での初葬段階のもので、追葬時のダメージを受けやすいことや、板状の柄間金具を用いる、新段階の大刀に比べ、雨水の影響を受けやすく、多くが破損している。復元図では、柄間の長さを12・5cmとしたが、この前後の数値が、多くの飾大刀の柄間に一般的であり、柄を握った際の拳の幅より、一廻り広めに設定した長さであったと考えられる。

柄縁金具には、鞘尻金具の上端と同様、龍のウロコを模した半月状の透かし文様が想定され、湯舟坂2号墳出土大刀の柄縁金具を組込んで復元した。その両側の責金具は、柄頭側には佩裏の状態を、柄間側にも同様のものを復元した。

このように図上復元を試みた、金鈴塚古墳の双龍1は、推定長134・0cmを測り、この時期の双龍環頭大刀としては、国内最大長、さらに、新旧のうちでも、後述の松面古墳出土大刀（双龍1）に次ぐものである。これまで、国内で出土した双龍環頭大刀で、刀装具全体が残るものは少なく、猪之洞古墳、静岡県院内3号（乙）墳出土の双龍環頭大刀は、全長では金鈴塚古墳の双龍1に及ばないものの、大形の柄頭を装着した優品である。また、黍田15号墳出土の大刀は、残存部分の状況から、金鈴塚古墳の双龍1にも匹敵する、長尺の大刀の可能性もある（図3）。

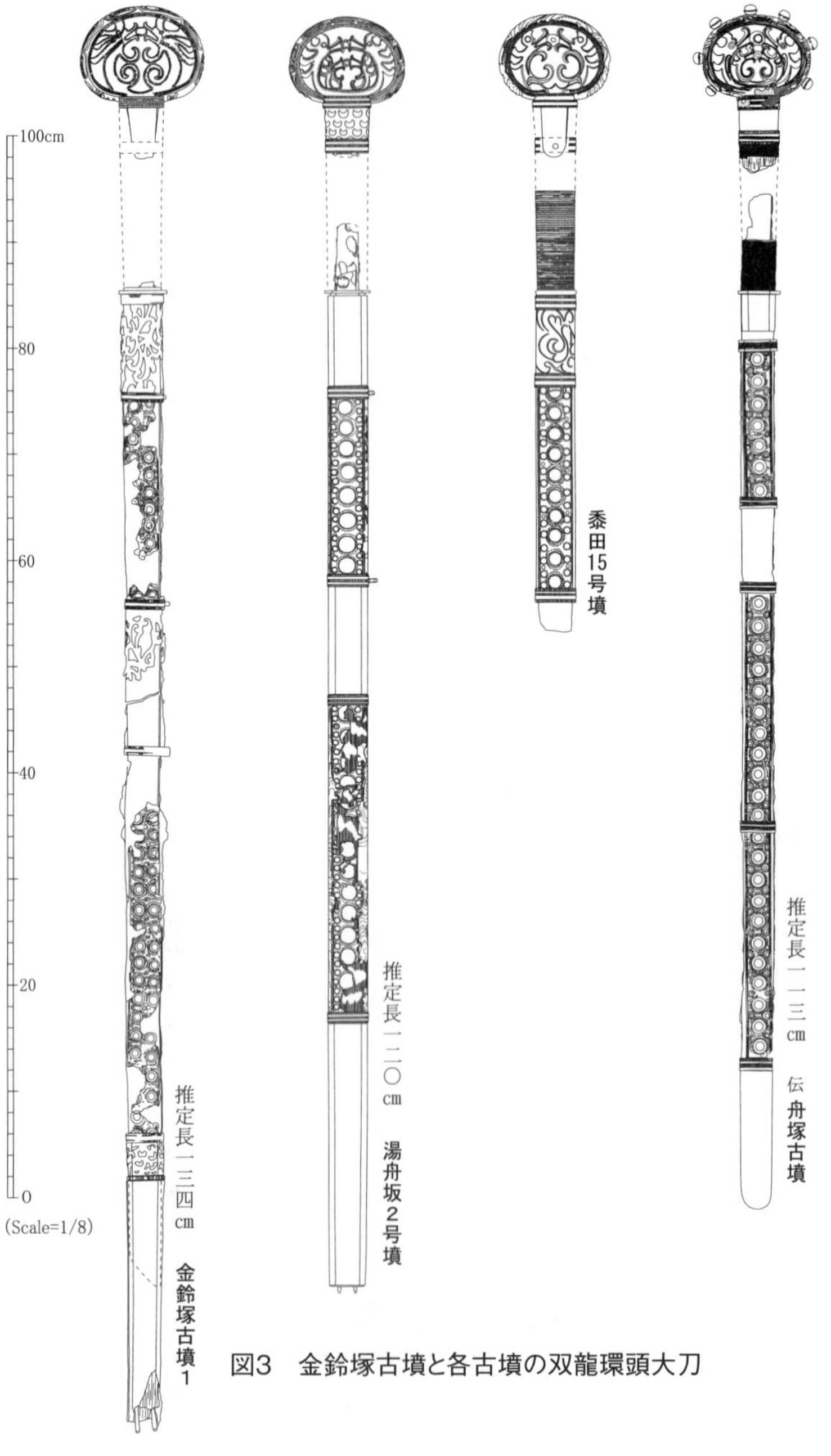

図3　金鈴塚古墳と各古墳の双龍環頭大刀

松面古墳出土の双龍環頭大刀

松面古墳は、金鈴塚古墳の南側に位置する七世紀初頭の方墳で、近年の確認調査により、墳丘長約44m、二重周溝の外側で、85×80mの規模と判明している。一九三八年に石室内より出土した飾大刀は、双龍環頭大刀二（うち一振は所在不明で、國學院大学所蔵の大場磐雄資料に写真が残るもの）・捩環頭大刀一（双魚佩一組が伴出）である。このうち、東京国立博物館に所蔵される、双龍環頭大刀（双龍1）は、全長137・9cmという、双龍環頭大刀としては、国内最大長のものである。さらに、この長さに相応しく、柄頭部分も幅11・7cmの大形のものとなっている。

現在、これに匹敵する長尺の双龍環頭大刀[2]は知られておらず、この時期のものとしては、本古墳より出土した、写真のみの双龍2が、環頭部を失うものの、推定120cm以上、高知県小村神社に伝わる国宝の双龍環頭大刀[3]は、全長119cm、静岡県室ヶ谷4号墳出土の双龍環頭大刀[4]は、全長118・5cm、また、金鈴塚古墳、新段階の双龍環頭大刀（双龍2）は、全長112・8cmにとどまっている（図4）。

さらに、金鈴塚古墳・松面古墳出土の大刀を並べ置く（図5）と、刀装具各部の比率（←→で図示）には、共通点が多いことが判明した。松面古墳出土大刀では、双龍のデザインも形骸化し、双方の製作時期には、25年前後の時間差があると考えられるが、長尺の大刀の各部分に、基本的なサイズが存在したことを、窺わせるものである。

飾大刀の所有と分与

祇園・長須賀古墳群（馬来田国造と一族の墓域）の展開する、小櫃川下流域は、すでに多くの研究にもあるように、相模（三浦半島）より、東京湾（浦賀水道）を渡海し、上総・下総（房総半島）を経て、常陸へと続く古東海道ルート

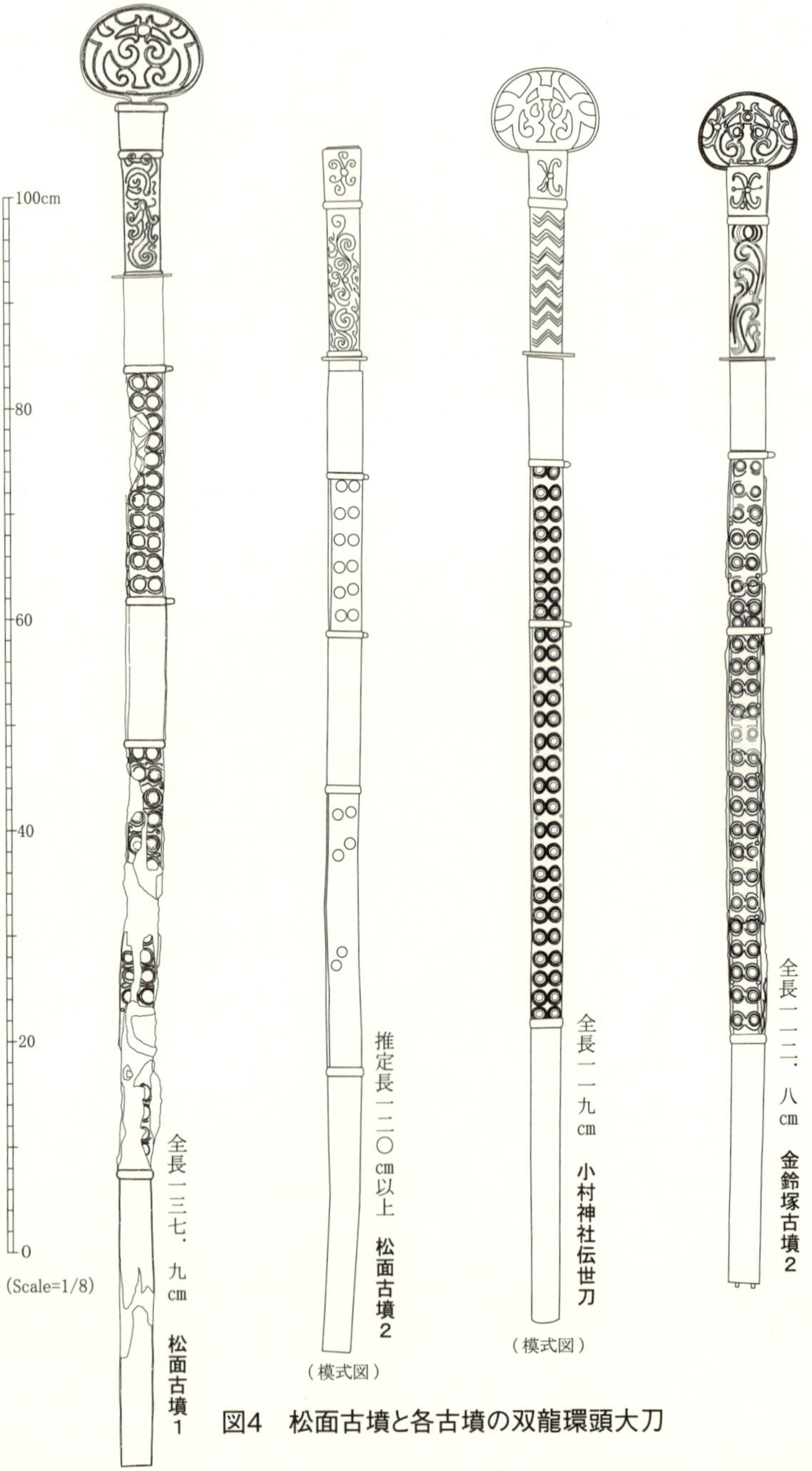

図4　松面古墳と各古墳の双龍環頭大刀

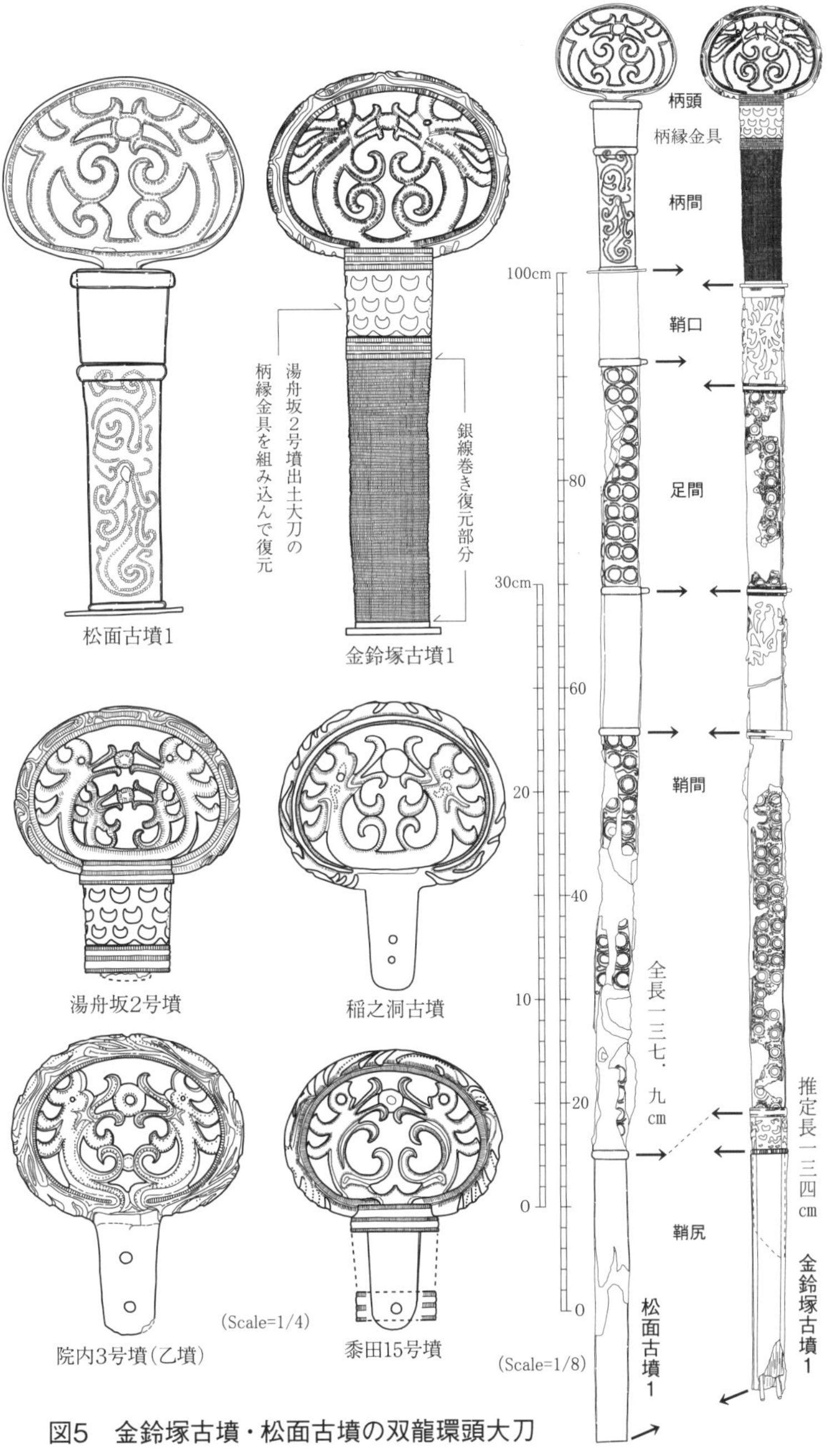

図5　金鈴塚古墳・松面古墳の双龍環頭大刀

の要衝である。金鈴塚古墳・松面古墳の生前の被葬者は、海路と陸路の結節点という、当地域の地理的な利点を生かした、畿内政権への軍事的貢献により、このような、最大長の双龍環頭大刀を、入手する機会に恵まれたと考えられる。

ともに、名刀の誉れ高い長尺刀であり、両古墳での出土状況を見る限り、金色に輝く飾大刀が、威信財としての機能を充分に果たしていたことは、確かであろう。生前の被葬者が、畿内政権に対して功績の証（恩賞）として、各種の飾大刀を求めた可能性が高いと考えられる。金鈴塚古墳・松面古墳の生前の被葬者層に集約した飾大刀の一部は、古墳群を構成する、中小規模古墳の被葬者層へ、再分与されたと考えられるが、多くの古墳が失われた現在、古墳群中における、各被葬者層の飾大刀の所有状況を、確認することは、困難となっている。

同時期の古墳群として参考になる、小糸川下流域の内裏塚古墳群（須恵国造と一族の墓域）では、中規模な古墳（白姫塚古墳・古井戸古墳？）より、飾大刀（双龍環頭大刀・頭椎大刀など）が出土しており、その所有が、大形古墳の被葬者層に限定されたものではないことがわかっている。いずれも断片的な資料ながら、大刀の所有と分与の状況を知る手掛かりとなる。祇園・長須賀古墳群においても、同様の状況が想定されるが、それには、金鈴塚古墳・松面古墳の被葬者層との関係、年齢や性別、職掌といった、従来の方法では探求し難い、多くの要因が含まれるものと考えられる。

おわりに

大形古墳の分布の多い当地域においても、組織的な発掘調査によって、これ以上の飾大刀を見出すことは、難しい状況になっている。従って、小文も現状での状況証拠による、推論の域を脱することができないものである。今後も、県内外で出土した大刀の実測や、所在不明の出土遺物の探索などにより、小文の不備を補っていきたいと考えている。

謝辞

椙山林継先生に初めてお話を伺ったのは、一九八五年に國學院大學考古学研究会で、「峠の祭祀」についての、ご講演をお願いした時と記憶している。筆者は、一九八八年に財団法人君津郡市文化財センターに就職し、先生の地元での調査に携わることになり、それ以来、多くのご指導を賜っている。今後とも健康に、ご留意され、益々のご活躍を願っております。

小文の執筆にあたり、椙山先生をはじめ、穴沢咊光・黒澤彰哉・佐藤正好・長谷川聡・光江　章・安藤敏孝・永吉亮一齋藤礼司郎の諸氏には、各資料の実見、文献の探索など、大変お世話になりました。記して感謝いたします。

註

（1）茨城県立歴史館に収蔵される「伝舟塚古墳出土資料」には、新旧二振の双龍環頭大刀が含まれている。二〇〇九年六月、写真撮影、実測。小文には、小縮尺の図面のみを提示したが、後日、詳細な図面に細部の写真を添えて、公表したいと考えている。

（2）三重県宮山古墳出土の双龍環頭大刀については、報告書に復元図の掲載がある。しかし、大刀の遺存状態が悪く、全長130cmを超える長尺の大刀という判断は難しい。関西大学考古学研究室編　一九九二『紀伊半島の文化史的研究 考古学編』

（3）小村神社伝世の双龍環頭大刀　東京国立博物館　一九七八『日本の武器・武具』掲載の図版などより、模式図を作成。

（4）全長は、木鞘の収縮を考慮しての川江秀孝氏による算定値。川江秀孝　一九九四「潰された飾大刀について―飾大刀を副葬する静岡県の後期古墳―」『向坂鋼二先生還暦記念論集　地域と考古学』　向坂鋼二先生還暦記念論集刊行会

参考・引用文献

酒巻忠史　二〇〇七「金鈴塚古墳出土遺物の再整理　二　大刀の実測」『木更津市文化財調査集報』一二　木更津市教育委員会
新納　泉・清水みきほか　一九八三『湯舟坂2号墳』久美浜町教育委員会
松本正信・加藤史郎ほか　二〇〇〇『山津屋・黍田・原』兵庫県揖保川町教育委員会
大下　武　二〇〇二「猪之洞古墳について」『尾張古代史セミナーⅠ』六　春日井市教育委員会
白井久美子・山口典子　二〇〇二『千葉県古墳時代関係資料』第一～三分冊　財団法人千葉県資料財団
伊藤美鈴　一九九八「院内古墳群」『森町史』資料編一　考古　森町史編さん委員会
稲葉昭智　二〇〇六「稲荷森古墳測量調査」『木更津市文化財調査集報』一一　木更津市教育委員会
酒巻忠史　二〇〇八『酒盛塚古墳発掘調査報告書』木更津市教育委員会
稲木章宏　二〇〇六「松面古墳の調査」『木更津市文化財調査集報』一一　木更津市教育委員会
酒巻忠史　二〇〇八「山川古墳出土資料」『木更津市文化財調査集報』一三　木更津市教育委員会

祭祀に関与した古代氏族
—信濃国埴科郡青木下遺跡をめぐって—

坂本　和俊

一　はじめに

長野県埴科郡坂城町青木下遺跡(1)では、石製模造品と共に土師器と須恵器が多量に出土する土器集積が検出され、そこで祭祀が行われたことが推定される。その祭祀の対象について、報告者は「交通」・「水」に関連するものなどを想定している。しかし、筆者は報告者が重視するように遺跡所在地が信濃国埴科郡坂城郷に属していたとされることを手がかりに検討する必要があると考える。ここでは筆者が、青木下遺跡の祭祀を考える上で、重視している点を紹介すると共に祭祀に関与したと思われる氏族についても論及したい。

二　青木下遺跡の概要

青木下遺跡からは祭祀に関連する土器集積が二一ヶ所検出されている。その概要を報告書を参考にして示すと、第一段階（Ut７・Ut28・Ut29）は六世紀初頭～前半で、やや大きめな石と共に剣形品・有孔円板・臼玉などの石製模造品、手捏土器、多量の土師器、須恵器少々が出土し、石を磐座にした祭祀が行われていたことが想定されている。第二

図１　青木下遺跡遺構配置図

図２　青木下遺跡 Ut7 出土遺物

段階（Ut13・Ut15）は六世紀前半から後半で、勾玉・有孔円板・臼玉などの少量の石製模造品、手捏土器、土師器、少量の須恵器、少量の金属器で構成される。所謂祭祀遺物の中では、石製模造品の比率が減り手捏土器の量がやや多くなる。石の出土は無く、磐座が設けられなかった可能性が高いようである。第一段階・第二段階の土器集積は、ブロック状を呈する。第三段階（Ut2・Ut3・Ut4・Ut6・Ut9・Ut11・Ut12・Ut17・Ut20・Ut21・Ut22・Ut30）は、六世紀後半～七世紀前半で、大量の土師器・須恵器、それに混じって石製模造品の大型臼玉が、弧状・馬蹄形状に広い範囲で出土している。石製模造品の臼玉が大型化して剣形・勾玉・有孔円板が含まれず、手捏土器も殆ど存在しない。第四段階（Ut5）は七世紀前半で、大量の土師器・須恵器が環状に置かれた状態で出土し、それに混じって石製模造品の大型臼玉、鉄鏃・刀子・鋤などが出土している。第五段階（Ut1・Ut8・Ut10）とされるのは六世紀後半から八世紀までの土器が散在的に集積したもので、一つの祭祀に関わると捉える訳には行かないとされる。

三　青木下遺跡の祭祀の推移と復原

青木下遺跡の第一段階は最大長が三〇～五〇センチの石を複数使って磐座を設け、その周囲で剣形品・有孔円板・臼玉などの石製模造品、手捏土器、多量の土師器と少量の須恵器を使った祭祀が行われたことが推定される。この時期須恵器は、Ut7で𤭯一・高坏一・坏身一、Ut28で𤭯二・坏蓋一、Ut29で無しと極めて少ないが、Ut7で須恵器の蓋を模した土師器一、Ut28で土師器の𤭯が四・所謂模倣坏が一、Ut29で土師器の𤭯が一・脚に三角形透かしがある須恵器の高坏を模した土師器が一・所謂模倣坏が四・模倣坏に脚を付けた高坏が一出土しているのを考えると、貴重なるが故に出土量が少なかったと捉えるべきであろう。つまり、この段階の祭祀で石製模造品や手捏土器だけでなく、須恵器の𤭯が重要な役割を果たしていたと推定される。

図３　青木下遺跡から見た岩井堂山
（電柱の一部・電線を画像処理で消した）

磐座は巨岩でなく複数の石が出土しているので、一時的に設けられて祭祀の時に神が迎えられたことが想定される。この神が普段どこに居たのかが問題になるが、遺跡に立ってみれば千曲川を挟んだ北西五キロメートルの位置にあるすり鉢を伏せたような標高七九三メートルの岩井堂山が考えられる。岩井堂の名称は祝い堂に通じ、神が常住する山として信仰の対象になっていたことが示唆される。遺跡の標高が四一二メートル程であるから比高は三八一メートル前後で、典型的な神奈備形の山である。ただ、この山が真正面に見えるのは、遺跡から西へ三キロメートルほど行った四ッ屋地域であり、もっと大規模な祭祀遺跡がその辺に存在する可能性もある。

第二段階は土器がブロック状を呈して出土する点で第一段階と変わらないが、石を伴っていないので磐座が設けられなかったか、象徴的に石を使用しただけなので石が残らなかったか、神の依代として木などを建てたことが想定される。いずれにしろ祭祀に変化があったと考えられる。手捏土器・須恵器・金属器の出土量が前段階に比べて増加するのもそうした変化と対応する。須恵器は増加したと言ってもUt13で10・Ut15で9であり、Ut13では土師器の𤭯が一・須恵器の蓋を模倣した蓋が一、Ut15では土師器の𤭯が三・脚部に三角形透かしのある須恵器を模倣した高坏が一・所謂模倣坏が一・模倣坏に脚を付けた高坏が一出土しており、まだ須恵器が貴重品であったのが窺われる。土師器は前段階に引き続いて多量に出土するが、大型壺が目立つようになる。大型壺の口縁端部がシャープな作りで、須恵器の甕を意識したと思われるものが存在するのも注意される。土器群には、須恵器の様相を見ると時期差があるので少なくとも二回の祭祀が行われたと想定される。

第三段階は大量の土師器・須恵器、それに混じって石製模造品の大型臼玉が弧状・馬蹄形状に広い範囲で出土する。石製模造品の臼玉が大型化して剣形・勾玉・有孔円板が含まれない点や須恵器の割合が増加したことは時期的な変化と捉えることもできるが、手捏土器が殆ど存在しない点や遺物が弧状・馬蹄形状に出土している点は祭祀が変化したことを示すものであろう。須恵器は増加したが主体は土師器であり、土師器の𤭯や須恵器を模倣した高坏を出土するグループが存在し、依然として須恵器への憧憬が続いている。第三段階には須恵器の大甕が複数存在するものと、前段階同様に土師器の大型壺が須恵器の大甕の役割を果したと考えられるものがある。

この段階の祭祀を考える上で弧状・馬蹄形状に出土した土器の空間が重要であろう。筆者は、Ut3・Ut6の土器集積下に風倒木痕の可能性があるものが存在したと報告される点に注目する。それらの位置は遺構全体図に示されていないので報告書の記述から判断すると空白でなく、土器の集積中にあったようである。この風倒木痕と思われるものには土器が巻き込まれているので祭祀以前に生じたものでないが、確認面より上に木が生えて倒れたと言う状況でもない。つまり、立木があった周辺に土器の集積が行われ、それが倒れたものと思われる。これが事実なら弧状や馬蹄形状の土器集積中心部の空白には巨木が存在し、その周囲に土器が置かれたと思われる。

このような巨木周辺から多量の土器が出土した例として、愛媛市宮前川北斎院遺跡[2]津田第Ⅱ地区があげられる。ここでは、川岸に生えた幹の直径が二《メートル》あるクスノキの巨木の根冠が水辺であるために残っており、そこを中心にして直径二〇《メートル》の範囲から古墳時代前期の土師器などが多量に出土している。遺物には土製勾玉・手捏土器・小型精製土器が含まれ、土器集積が祭祀に関わったものと想定される。これと青木下遺跡の第三段階・第四段階の土器出土状況は似ているように思われる。

また、埼玉県本庄市地神遺跡[3]では、竪穴住居址から四〇《メートル》以上離れた第一号風倒木痕から古墳時代前期の壺四・台付甕三・小型器台一、第二号風倒木痕から古墳時代前期の壺四・小型壺四・甕一・台付甕三・小型器台七が出土し、木の根元で土器を置いた祭祀が行われたことが岩瀬 譲氏によって想定されている。遺跡名が地神であるのも興味深い。岩瀬氏は木の周辺から土器や祭祀遺物が出土し、木の周辺で祭祀が行われた例として、他に群馬県渋川市中筋遺跡(4)・黒井峯遺跡(5)、埼玉県深谷市城北遺跡(6)をあげている。高木の神、高城神社などの神名や神社名などからすれば、木の周辺で祭祀が行われた遺跡は他にも多数存在したであろうが、木の生えていた痕跡を確認するのは難しいから認識される例が少ないのが実態だろう。

このような点から青木下遺跡第三段階の祭祀には巨木の根元周辺に土器を置いて行われたものが含まれていたと思われる。小縣郡と埴科郡の郡界に近い坂城郷域に遺跡が存在することからすると郷名の坂城は、榊あるいは境木に由来すると思われる。この祭祀が木に神を降臨させるものなのか、木の根元に土器を置いて送り出す儀礼なのかは問題である。多量の土器が出土する場合、神を招く祭祀ばかり考えられがちだが、使われなくなった土器を送り出す儀礼も想定する必要がある。ただ青木下遺跡では、前段階からの関連で岩井堂山に常住する神が降臨する依代が磐座から立木になったのであろう。坂城が境木ならば、祭祀は境界・交通にも関係するだろう。

第四段階は七世紀前半で、大量の土師器・須恵器が環状に置かれた状態で出土し、それに混じって石製模造品の大型臼玉、鉄鏃・刀子・鋤などが出土している。環状に置かれた土器の中央部で須恵器の大甕が出土しているため須恵器の大甕を中心に据えた祭祀が復原されているが、中央部には巨木でなければ立木が存在しても良い空間が存在するので、第三段階と同じように立木を依代にした祭祀が行われた可能性も指摘しておきたい。

大甕を据える祭祀については、『万葉集』巻第十三の三二八四・三二八八の歌にある齋瓮を据え、竹珠や木綿を使って天地の神に祈った例が想起される。万葉集の竹玉を臼玉と捉える大場磐雄氏(7)の説に従えば、須恵器の大甕と臼玉が一三九出土したUt5とは共通性が認められる。しかし、Ut5の場合、多量の土師器・須恵器に加えて、鉄鏃七五、鋤

一、刀子四が出土しており、歌の情景と全面的に一致するわけでない。それを祭祀の違いとみるか、歌は儀礼の一面を表現したとみるのかで解釈が違ってくる。竹玉についても、七世紀中葉以降の祭祀遺跡では臼玉の出土が減少することから遺物として残りにくい細い篠で作った玉の可能性も考えて置くべきであろう。

第五段階とされたものは六世紀後半から八世紀までの土器が散在的に集積したもので、一つの祭祀に関わると捉える訳には行かないとされるように第四段階の後に位置づけられるものでなく、段階設定としては不適切である。しかし、それまでに貴重であった須恵器が多く含まれているのを考えれば、祭祀に使われた後に集積されたのは明らかであり、近辺で八世紀まで須恵器の大甕を多く使った祭祀が行われていたのが推定される。

青木下遺跡では須恵器の䭾だけでなく、須恵器の不足を補うために土師器の䭾が使われており、各段階を通じて䭾が重要な役割を果たしていたことが想定される。それに加えて、須恵器の大甕とその代用と考えられる土師器の大型壷の存在が注目される。さらに触れなかったが、甑と甕の存在にも眼を向ける必要がある。こうした土器組成を考えるとそこでは、椙山林継氏(8)が指摘するように酒を醸して、神と共に飲食をすることが行われたと思われる。つまり、神奈備形の岩井堂山に常住する神を磐座や依代となる神木に招いて、酒を醸して捧げ、神と共に飲食したのである。そして、上述した土器よりさらに多く出土する土師器の坏・埦・高坏類が、参列者の飲食に使用され、出土量の少ない須恵器の坏・高坏が神の供物を盛るのに使用されたと想像される。

四　青木下遺跡の祭祀に関与した氏族

こうした祭祀が青木下遺跡で行われたとすると、『日本書紀』や『万葉集』から関与した氏族が思い浮かぶ。崇神紀八年条には夏四月の庚子の朔乙卯に、高橋邑の人活日を以て、大神の掌酒とす。冬十二月の丙申の朔乙卯に、天皇、大田田根子を以て、大神を祭らしむ。是の日に、活日自ら神酒を擧げて、天皇に獻る。仍りて歌して曰はく、

この神酒は　我が神酒ならず　倭成す　大物主の　醸みし神酒　幾久　幾久

如此歌して、神宮に宴す。即ち宴竟りて、諸大夫等歌して曰はく、

味酒　三輪の殿の　朝門にも　出でて行かな　三輪の殿を

茲に、天皇歌して曰はく

味酒　三輪の殿の　朝門にも　押し開かね　三輪の殿を

即ち神宮の門を開きて、幸行す。所謂大田田根子は、今の三輪君等が始祖なり。

の記事がある。

『万葉集』には、

味酒　三輪の山　あをによし　奈良の山　山の際に　………………　（巻第一　一七）

味酒を　三輪の祝が　齋ふ杉　手触れし罪か　君に遇ひがたき　（巻第四　七一二）

味酒の　三諸の山に　立つ月の　見が欲し君が　馬の音そする　（巻第一一　二五一二）

……秋づけば　丹の穂にもみつ　味酒を　神奈備山の　帯にせる……　（巻第一三　三二六六）

の歌がある。これらの歌は三輪山に常住する大物主神の祭祀を活日に代表される酒人が醸した酒を使って、大田田根子の子孫の三輪君等が行っていたことを示している。また、崇神紀七年条に大田田根子が茅渟縣陶邑で発見された記事から酒を醸す容器や祭祀に須恵器が使用されたと考えられる。こうしたことから同じように青木下遺跡でも岩井堂山に常住する神を三輪君と関係ある氏族が須恵器の大甕などで醸した酒を使って祭っていたことが想起される。

遺跡の形成された信濃国埴科郡に三輪君と関係ある氏族が居住していたことは、

ちはやぶる神の御坂に幣まつり斎ふ命は母父がため　『万葉集』（巻第二〇　四四〇二）

の歌を詠んだ主帳埴科郡の神人部子忍男の名が『万葉集』に見えること、埴科郡屋代郷域の遺跡と考えられる千曲市屋代遺跡群出土の木簡(9)に神人部の文字が記されていたことから確認される。神人部子忍男が歌を詠んだ場所が神坂峠であり、そこに祭祀遺跡(10)が存在すること、歌の内容が祭祀に関わることも注目される。

紀貫之が紀伊国から都に帰る途中、急に馬が倒れて進まなくなったのを蟻通しの神の仕業だと言われたが、神に捧げる幣が無いので

かきくもりあやめも知らぬ大空にありと星をば思ふべしやは　『貫之集』（八三〇）

の歌を詠んだところ馬が元気になって通ることが出来たという『貫之集』の詞書き、

このたびは幣もとりあえず、手向け山、紅葉の錦、神のまにまに

の百人一首に採られた菅家の歌などからすると、古代には歌を詠むことが荒ぶる神を宥和する手段の一つであったと推定される。したがって、神坂峠を通過する時に神人部子忍男が歌を詠んだのも祭祀の一形態だったと思われる。このことは神人部が祭祀に関わる人達であり、三輪（神）君の配下にあって、神人・神部などと共に祭祀に従事していたことを示している。筆者は、神君及び神人・神人部・神部などをミワ系氏族と呼び、文字通り神まつりを職掌とする人達であったと捉える。

埴科郡にミワ系氏族が居住していた痕跡はこれだけであるが、神人部子忍男が埴科郡の主帳で郡司層であったことや、『倭名抄』記載の郷名や『延喜式』記載の神社名などから郡内には関係氏族が濃厚に分布していたと推定される。埴科郡の郷名は、倉科・磯部・船山・大穴・屋代・英多・坂城からなる。磯部は磯部か物部氏系の石上部、船山は山の形、大穴はオホナムチ、屋代は社、英多は県、坂城は榊か境木に由来するものであろう。屋代・坂城は神祭りが職掌の

ミワ系氏族の居住地に相応しいし、英多も大田田根子が茅渟県陶邑で発見されたように、ミワ系氏族に縁が深い所である。

大穴郷は『延喜式』の出雲国造神賀詞に

（前略）すなわち大なもちの命に申したまはく『皇御孫の命の静まりまさむ大倭の国』と申して、己命和魂を八咫の鏡に取り託して、倭の大物主くしみかたまの命と名を称へて、大御和の神なびに坐せ、己命の御子あじすき高ひこねの命の御魂を、葛木の鴨の神なびに坐せ、事代主命の御魂をうなてに坐させ、かやなるみの命の御魂を飛鳥の神なびに坐させ、（以下略）

とあるように三輪山に祭られるようになったオホナムチ神に由来し、ミワ系氏族が居住していたと考えられる。

埴科郡にミワ系氏族の居住が濃厚であったことは式内社からも言える[11]。埴科郡の式内社として、粟狭神社・坂城神社・中村神社・玉依比賣命神社・祝神社があげられる。粟狭神社は千曲市粟佐に存在する神社に比定され、健御名方命・事代主命・少彦名命が祭神とされる。祭神には後世に変更されたものが少なくないが、少彦名は粟と関係が深く、オホナムチと共に国作りをしたことが『記・紀』に記される神であるのでミワ系氏族が祭った神社と推定される。坂城神社は坂城町大宮に存在する神社に比定され、祭神が大己貴命・事代主命・健御名方命など出雲系の神だけでなく天神系の神にも及ぶが、伝承からやはり出雲系神を祭った神社と推定される。位置は、青木下遺跡が坂城郷の東端にあるのに対して、西端の磯部郷との境界地帯に存在する。中村神社は長野市松代町西条に存在する神社に比定され、名称から郡の中央にあったと推定される。比定社は古く大国大明神と称されていた。玉依比賣命神社は長野市松代町東條にあり、一般には「イケダノミヤ」と呼ばれているが、社地は二転しているようである。正月に社宝の子持勾玉をはじめとする玉類を数え、玉の増殖を確認する神事が行われる。

玉依比賣命の名称が、大物主大神との間に大田田根子をもうけた活玉依媛に似ていること、大物主大神の坐す三輪山と周辺、大田田根子が発見された茅渟県にある陶邑深田遺跡から子持勾玉が発見されていることから考えて、活玉依媛は子持勾玉を使って神を祭る巫女を象徴するものだろう。ミワ系氏族には、そうした祭祀に長けた巫女が存在したのであろう。玉依比賣命の名を持ち、子持勾玉を使った神事が行われる玉依比賣命神社もミワ系氏族によって祭られたと考える所以である。中村神社と玉依比賣命神社が皆神山と呼ばれる神奈備形の山の南に存在するのをみると、この山の信仰からそれらの神社は発展したものと思われる。

祝神社も長野市松代町字鍛治町に存在し、皆神山を仰ぎ見る位置にあるが、これが祝神社を称するようになったのは十八世紀半ばであり、それ以前には千曲市屋代に祝神社を称する神社が存在したようである。上野国片岡郡には類似した小祝神社という名前の式内社が存在する。小祝神社は群馬県高崎市石原町に所在する神社に比定され、小坂山と呼ばれる神奈備形の山が望め、その山の麓に寺尾東館遺跡[12]という祭祀遺跡がある。こうしたことから祝神社は、当初の位置を確定するのは難しいが、神奈備山を祭った神社でミワ系氏族によって祭られていたものと考えられる。その場合、松代や屋代の祝神社から全く離れるが、祝が岩井に通じるので、神奈備山である岩井堂山が望める青木下遺跡からそれほど離れない位置に存在した可能性もあろう。このような点から埴科郡にミワ系氏族は濃厚に居住し、その地域の祭祀に関わっていたと推定される。その分布は更級郡・高井郡を間に置いた位置にある水内郡にも及んだことが、美和神社・伊豆毛神社・粟野神社・健御名方富命彦神別神社が存在することから確認される。

青木下遺跡の祭祀では、須恵器の大甕で酒を醸すことが重要であったと推定される。この酒を醸す役割を果たしたのが崇神紀八年条の三輪山祭祀では掌酒であり、高橋邑の人活日の役割であった。青木下遺跡の祭祀にミワ系氏族が関与したとすれば、埴科郡にはミワ系氏族だけでなく、酒を醸す役割の酒人が存在したことが想定されるので、あらためて屋代遺跡群出土の木簡に記された人名に触れることにしよう。

屋代遺跡群出土木簡の多くは記載内容や伴出遺物から七世紀後半から八世紀前半のものと推定され、近くに存在したと思われる官衙的施設から廃棄されたものとみられる。そうした木簡に名を残した人達の多くは、内容から埴科郡を中心とする地域に居住していたと推定される。木簡に記載された人達の姓（含部等）部分をグループ化して多い順に列挙すると、金刺舎人・金刺部十二、酒人・酒人部十一、宍人・宍人部・宍部六、石田部五、他田舎人・他田部三、物部二、神人部・三家人部・刑部・尾張部・若帯部・守部・壬生部・小長谷部・三枝部・戸田部・穂積部が各一となる。金刺舎人・金刺部に次いで多いのが、酒人・酒人部である。人名は同一木簡に複数記載される場合があるので木簡数でみると、酒人か酒人部が九で、金刺舎人か金刺部の五よりも多い。

金刺舎人は地方豪族が欽明天皇の宮に舎人として出仕したことに由来する姓[13]とされ、金刺部はその活動を支える部民とみられる。『日本三代實録』貞観四年三月廿日条には、信濃国埴科郡大領外従七位上金刺舎人正長と小縣郡権少領外正八位外他田舎人藤雄が借外従五位下を授けられた記事があり、金刺舎人一族が埴科郡に郡司層として勢力を維持していたことが知られる。他田舎人も地方豪族が敏達天皇の宮に舎人として出仕したことに由来する姓とされ、信濃国では伊那郡や小縣郡の郡司層であったが、木簡出土地が勢力圏から外れるのか木簡が少ないようである。こう考えると金刺舎人や金刺部よりも木簡数が多い酒人・酒人部グループは社会的地位はともかく、埴科郡に一定の広がりを以て存在したことは明らかである。

屋代遺跡群出土の木簡に文字が記されたのは古くて七世紀後半であるが、六世紀に大王の宮に出仕した金刺舎人や他田舎人が後に埴科郡と小縣郡になる地域に居住したことを示す史料とみられるので、酒人・酒人部も六世紀代に埴科郡になる地域で酒造りに携わっていたと考えられる。酒人・酒人部の系譜には複数あるが、大国主神の後裔忍甂足尼を祖とする酒人君が三輪君と同祖の鴨氏一族とされる。したがって、埴科郡を中心とする地域にミワ系氏族が多く居住していたことからすれば、この地域の酒人・酒人部は三輪君と同祖関係にある酒人君配下の人達であったと思われる。酒人・酒人部を率いる酒人君に三輪君と同祖関係にあった者が存在したのは、味酒が三輪に掛かる枕詞であることからも納得できる。

六世紀初頭から酒を造って神祭りが行われたと推定される青木下遺跡の存在する後に埴科郡になる地域に、神祭りを職掌とするミワ系氏族、それと同祖関係にあったことが想定される酒人・酒人部が存在したのは、その祭祀にミワ系氏族と酒人・酒人部が深く関わっていたことを示すものであろう。

五 青木下遺跡出現の契機

青木下遺跡出現の契機を探るために、それに関わったと推定されるミワ系氏族についてあらためて触れよう。ミワ系氏族は神・神人・神部と書いて、ミワ・ミワヒト・ミワべと読まれる場合が多いことから、その職掌は文字通り、神祭りに関わると考えられる。崇神紀から知られるように倭王権にとって三輪山に坐す大物主神を祭ることは重要なことだったので、それを祭った人達を神と書いてミワと読むようになり、三輪・美和などの表記も生じたと思われる。神氏の中で葛城地域に坐す神を祭ることになった集団は、神がカモに転化したか、神意を窺うのに鴨を使うようなことからか鴨氏と称されるようになった。大田田根子の後裔が三輪君と鴨君に分かれる背景にはそうした経緯が想定されるが、両者はその後も深く結びついていたことが分布から知られる。

大田田根子が茅渟縣陶邑で発見されたことからミワ・カモ系氏族は須恵器生産に関与したことが想定される。須恵器窯址の分布地とミワ・カモ系氏族の居住地は重なる場合が多いから地方窯の成立にもミワ・カモ系氏族の関与が大きかったと推定されることをかつて指摘したが[14]、その予測は福岡県大野城市牛頸ハセムシ窯跡群出土須恵器に[15]「大神君百江・大神ア麻呂・大田」などの文字、群馬県沼田市戸神諏訪遺跡出土須恵器に[16]「神人子真丘　神人□」の文字が箆書きされていたことから次第に裏付けられている。その詳細は別稿で触れるが、ここでは大田田根子の発見地が茅渟縣であったことを問題にしよう。

山城国の賀茂県主、美濃国賀茂郡の県主族の存在からミワ・カモ系氏族と県は深い関係があったと推定される。このことは原島礼二氏[17]が県の置かれたと思われるとしてあげた七十余の地域を中で、四十以上の所でミワ・カモ系氏族の居住が想定される点からも言える。その原島氏はミワ系氏族が多く居住したのが明らかにされた埴科郡の英多郷について、県に由来する郷名とみることを保留したが、屋代遺跡群出土木簡に三家人部と記されたものがあるから県に由来するものであろう。この木簡によってまず埴科郡域かその近辺に屯倉が設置されたことが考えられる。屯倉には、「三島県主が領田四十町を献じて三島竹村屯倉が成立した」と原島氏が指摘するように、県が再編されて成立したと考えられるものが存在するから埴科郡の英多郷は県の設置に由来する郷名で、その屯倉は県から発展したと想定するのが妥当であろう。この英多郷の郷域について、『地理志料』は長野市松代町一帯を充てている。

原島氏は県の設置を地方豪族の叛乱伝承、首長墓の規模の縮小と結びつけ、五世紀後半から六世紀前半に行われたと推定している。そこで埴科郡を中心とする善光寺平の大型前方後円墳の築造動向をみると、四世紀初頭の森将軍塚（九九メートル）から川柳将軍塚（九三メートル）→倉科将軍塚（七三メートル）→五世紀中葉の土口将軍塚（六七メートル）まで次第に規模を縮小しながらも大型のものが築造されたが、その地域内で五世紀後半から一段と規模が縮小した中郷（五三メートル）・有明山将軍塚（三二メートル）・舞鶴山二号（三七メートル）が並列的に築造され、六世紀初頭に腰村一号（四三メートル）が築造されてから前方後円墳は築造されなくなる[18]。その築造動向は原島氏が捉えた程単純でないが、同じ信濃国でも伊那谷では六世紀に前方後円墳の築造が隆盛を迎えるから、善光寺平で前方後円墳の築造が終わる六世紀初頭頃に異変があったのは確かであろう。埴科郡域に県が設置されたとすれば、やはりこの時期になると思われる。

県の設置とそれに伴う伝統的な首長勢力の衰退はそれまで在地首長が行ってきた神奈備山などに常住する土地の神に対する祭祀の断絶を意味するから民衆にも大きな混乱が生じたと想定される。それはまさに崇神紀に記された三輪山に坐す大物主神が祟った状況に通じる。こうした事態に対処して土地の神を祭って県の経営を円滑に進めるために王権が派遣したのが、ミワ・カモ系氏族であると筆者は考える。彼等が須恵器生産にも関与したのは、神の分身である在地の土で作った須恵器で神を祭る必要があったからであろう。青木下遺跡出土の須恵器の生産地は明らかでないが、善光寺平で前方後円墳の築造が終了する時期、MT15型式初頭に長野市松の山窯跡で須恵器生産が始まっているので、在地産のものも含まれると想定される。多くの地域で初期在地窯の製品の流通実態が明らかでないのは、それらが祭祀などのために限定的に生産されたからであろう。

論点を整理すると、青木下遺跡の祭祀は善光寺平地域に県が設置されたのが契機となって、岩井堂山などの神奈備形の山に宿る土地の神を祭るために、王権から派遣された神氏によって始められたと想定される。祭祀の執行に当たって動員された在地の人は神人・神人部、酒人・酒人部等とされ、三輪君と擬制的同祖関係を持ったと考えられる。そうした中で依代が磐座から立木に変わったように、祭祀も次第に変化して行ったと推定される。

註

（1）助川朋広他『南条遺跡群　青木下遺跡Ⅱ・Ⅲ』坂城町埋蔵文化財調査報告書第三〇集　二〇〇七
（2）大滝雅嗣他『宮前川遺跡』（財）愛媛県埋蔵文化財調査センター調査報告書第一八集　一九八六
（3）岩瀬　譲他『地神／塔頭』（財）埼玉県埋蔵文化財事業団報告書第一九三集　一九九八
（4）大塚昌彦他『中筋遺跡第二次調査発掘調査概要報告書』渋川市発掘調査報告書第一八集　一九八八
（5）石井克己他『黒井峯遺跡－日本のポンペイ』（日本の古代遺跡を掘る四）読売新聞社　一九九四
（6）山川守夫『城北遺跡』（財）埼玉県埋蔵文化財事業団報告書第一五〇集　一九九五
（7）大場磐雄『まつり』学生社　一九六七

（8）椙山林継「Ⅰ　青木下遺跡の性格」『青木下遺跡』坂城町郷土シリーズ第二集　二〇〇八
（9）平川　南他『長野県屋代遺跡群出土木簡』（財）長野県埋蔵文化財センター　一九九六
（10）大場磐雄他『神坂峠』阿智村教育委員会　一九六九
（11）式内社については『式内社調査報告』第十三巻東山道二皇學館大学出版部　一九八六を参照
（12）高崎市編「寺尾・東館Ⅰ・Ⅱ・Ⅲ遺跡」『新編高崎市史』資料編二　原始古代Ⅱ　二〇〇〇
（13）坂本太郎・平野邦雄監修『日本古代氏族人名辞典』吉川弘文館　一九九〇以下古代氏族は本書参照。
（14）坂本和俊「東国における古式須恵器研究の課題」『第八回三県シンポジウム　東国における古式須恵器をめぐる諸問題』千曲川水系古文化研究所他　一九八七
（15）中村　浩他『牛頸ハセムシ窯跡群』大野城市文化財調査報告書第三〇集　一九八九
（16）三浦京子他『戸神諏訪遺跡』（財）群馬県埋蔵文化財調査事業団　一九九〇
（17）原島礼二「第一部　県の史的位置」『日本古代王権の形成』校倉書房　一九七七
（18）矢島宏雄「第一章信濃　第一節千曲川流域の前方後円墳」『前方後円墳集成』中部編　山川出版　一九九二
（19）笹沢　浩・原田勝美「長野県下出土の須恵器（上・下）」『信濃』第二六巻第九・一一号　一九七四

子持勾玉埋納遺構にみる〝たましずめ〟
—毛長川流域法華寺境内遺跡発見の子持勾玉出土状況の考察から—

佐々木　彰

はじめに

大場磐雄氏が昭和三十六年に行なった調査以来、数々の調査が行われた東京都足立区にある伊興遺跡は、古墳時代祭祀遺跡として古くから著名である（大場他一九六二）。しかし最近になって、伊興遺跡と同じく毛長川右岸に立地する他の遺跡でも祭祀遺構の発見が相次いでいる。

舎人遺跡では、流域の最古段階に位置づけられる井戸祭祀跡の発見があった（足立区遺跡調査会二〇〇九）。舎人遺跡から発見されたCO5G―3号井戸跡は、埋土中に壷を置き、故意によると思われる埋め戻しが行われ、さらに丹塗り完形壷を包み込んだ、もしくは封じ込めたような不自然な焼土の堆積が上層に認められている。井戸にまつわる祭祀が執行された可能性の高いことが考えられている（佐々木二〇〇九ａ）。

また最近では伊興遺跡に隣接する法華寺境内遺跡でも、子持勾玉を埋納した遺構の発見があった。後述するように、この遺構でも子持勾玉を包み込むように、須恵器片や土師器片が確認されており、その不自然な出土状況から祭祀が執り行われた可能性が高いことが想定されている。

子持勾玉が埋納された時期が、古墳時代後期前半であることが、伴出土器によって明らかにされたが、舎人井戸祭祀跡とは、およそ三世紀にもおよぶ時期差が介在する。にもかかわらず、遺物出土状況には共通する要素も多く認められ、古墳時代毛長川河岸に類似した祭祀が執行された状況が想定されるのである。

さまざまな祭祀遺構のある中で、今回の論考では、法華寺境内遺跡発見の子持勾玉埋納遺構の特異な遺物出土状況に焦点をあて、井戸祭祀跡との比較から、古墳時代の毛長川流域河岸で執行された具体的な祭祀の様相を「たましずめ」をキーワードに検討を行っていくことにしたい。

C05G−3号井戸跡の祭祀の復元

舎人遺跡で発見されたC05G−3号井戸跡は、舎人遺跡南東端から発見された井戸祭祀跡である。長軸2・3m、短軸1・5mの長楕円形を描き、確認面からの深さは2・6mであった（図1）。古墳時代早期に位置づけられ（佐々木二〇〇九b）、舎人遺跡に限らず、毛長川流域で今のところ最も古い井戸跡である。遺跡の開闢期とも重なっており、第一世代もしくはそれに近い集団 が残した井戸跡と思われた。堆積した土層の状況から、儀礼行為は以下のように再現される。

3号井戸跡執行の祭祀は、井戸が放棄されてしばらくの後、下層がすでに埋まりかけた段階で、破砕した壺を井戸底に投棄したことから、開始されたようである。その後、土砂を充填し、平らにならした上に壺三個を置

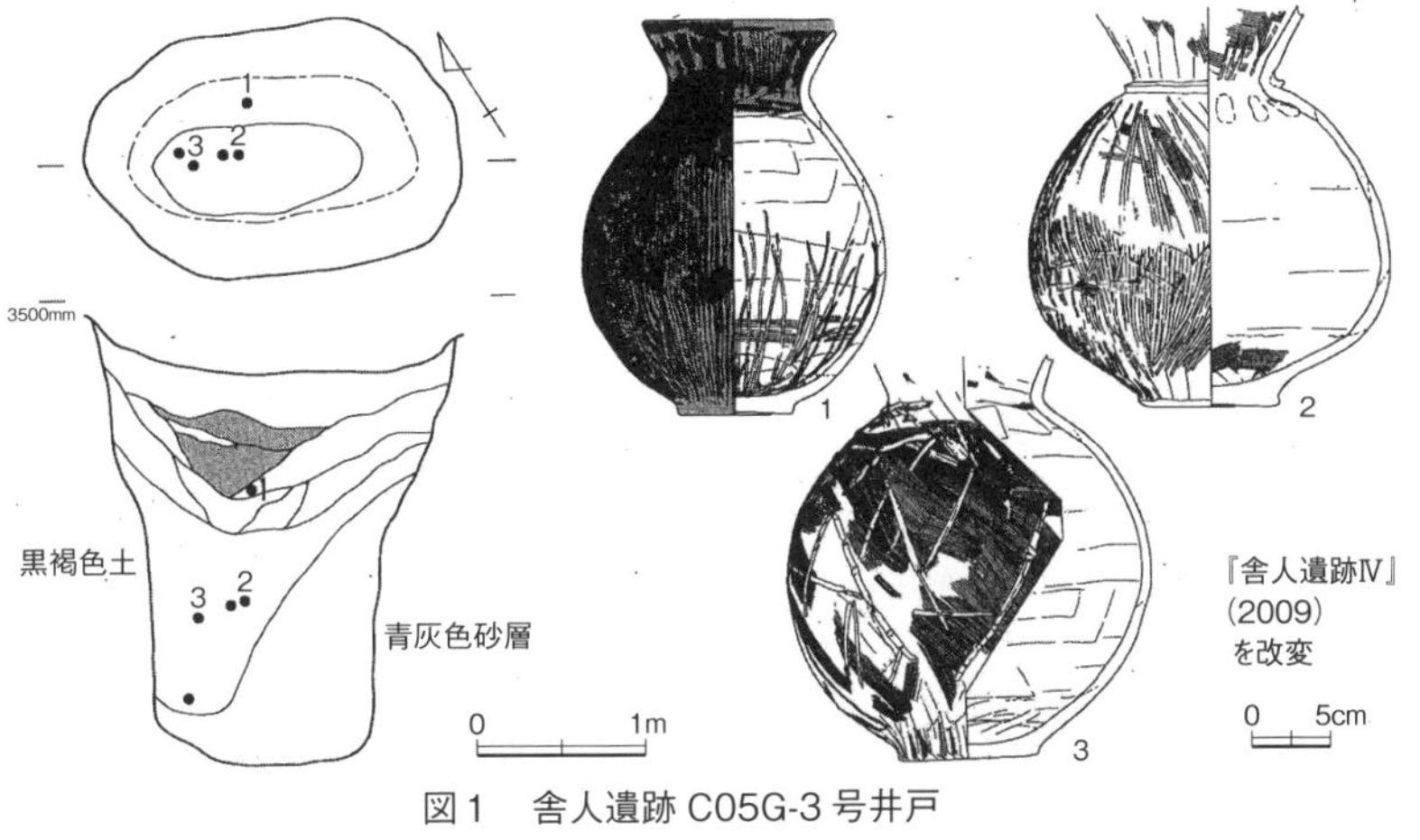

図1　舎人遺跡 C05G-3 号井戸

く行為がなされている。

覆土中層の完形の壺の三個体は互いに接するように、土抗中央に直立させられていた。最初とは異なり、壺の丁重な埋納による儀礼行為であったらしい。

さらにこれらの壺の上にも土砂を投棄する行為が行われるが、土層中には壺口縁片や高坏片が含まれており、あるいはこの段階にも再度、土器片の投棄を伴なう儀礼が執行された可能性も考えられた。

土砂を投棄し、九分どおり埋め戻した後、最後の祭儀が執行される。弥生土器の系譜を引く、丹塗りの完形壺（図1－1）を最上層の土坑中央に横倒しに配し、さらにその上を焼土で充填する（写真1）。丹塗り壺（1）と同様に、おそらく焼土にも祭祀的意義が求められ、丹あるいは朱を撒く行為と同様な効果をもたせたのだろう。

3号井戸跡の祭祀とは、完形壺の埋設と土砂による埋め戻しの、反復行為からなる儀礼行為であったことが想定され、最後の完形壺の焼土内埋納をもって、祭祀は完了とされたようである。

板付遺跡ではさまざまな井戸祭祀例が報告されている

写真1　CO5G－3号井戸上層の焼土と舟塗り壺

（森一九七三）。井戸底からまとまって出土する例も知られるが、多くの井戸では、三〜四層にわたって各層ごとに土器を投入し、それぞれの段階ごとに呪術的儀礼を施したとの指摘がある。さらに土器の多くは丹塗磨研の完形壺であったらしく、土器の埋置もしくは投棄と土砂の交互の埋め戻しを繰り返す、CO5G－3号井戸と類似の祭祀が執行されたとすべきなのであろう。

同じ東京東部低地にあり、大規模な方形周溝墓群が形成された北区豊島馬場遺跡でも、周溝墓群を縫うように、類似した井戸跡の発見がある（北区教育委員会一九九五・一九九九）。中には数個のまとまった完形壺の発見のある井戸跡も報告されている。板付例と同様に、報告者は壺の埋納を祭祀跡とするが、おそらくその目的は、井戸廃絶に伴う鎮魂儀礼である「たましずめ」にあったのであろう（後藤一九八九）。

舎人遺跡3号井戸跡で繰り返し行われた壺の埋納や土砂の埋め戻しも、井戸廃絶に関わる「たましずめ」のための段階的儀礼であったことが考えられ、特に最上層の丹塗り壺の出土は、鎮魂儀礼のクライマックスで執行された象徴的な儀礼行為であることが、想像されるのである。すなわちここでは、焼土に包まれた、もしくは封じ込まれたかにみえる壺の特殊な埋設行為に着目し、法華寺境内遺跡発見の子持勾玉埋納遺構について考えていくことにする。

法華寺境内遺跡発見の子持勾玉埋納遺構

筆者は先の論考で、毛長川河岸に位置する古墳時代遺跡群の動態について述べたことがある。毛長川流域の遺跡群は早期の小規模遺跡拡散分布の時代から、前期を経て、中期には下流域の伊興遺跡周辺のみに収束してしまうという論旨であった（佐々木二〇一〇）。毛長川河岸のほとんどの遺跡が中期をまたずに姿を消していくなかにあって、子持勾玉を出土した法華寺境内遺跡は伊興遺跡に隣接し、この段階まで存続する数少ない遺跡のひとつである。

法華寺境内遺跡の繁栄の一つのピークが古墳時代中期から後期にあったと今のところとらえているが、遺構・遺物の分布は希薄であり、この時期のみに終止した遺跡であった可能性も残る。基盤層の標高が低く、毛長川による水の害を直接受けやすかったことが原因として考えられ、遺跡の基盤層を形成するシルト層は、湧水の影響を現在も受け続けている。古代の人々が快適に暮らせる環境にはなかったらしい。

子持勾玉を埋納した土坑は、法華寺境内遺跡でも毛長川に面した旧河岸の微高地端部から発見されている。確認した限りの規模は、南北０・７ｍ・東西１ｍであり、平面形は東西にいくぶん長い楕円形であった。

土坑上面には浅い溝がはしり、発見当初から周辺に甕底部や坏などの土師器片や須恵器の甕片が散乱しており（写真２）、上層はすでに大きく撹乱を受けていたことが判断された。上層を取り除くと、次に現れたのは片側のみの、土師器甕の大型の胴部片である（写真３）。胴部片は土坑中央からの出土であった。当初は片側の破片を故意に埋め込んだことも推定したが、土坑上面に散乱していた土師器片と同一個体の破片であり、あるいは甕をそのままこの地点に埋め込んだことも想定された。

子持勾玉はこの甕片を取り除いた直後に発見されている（写真４）。口縁を欠くが、それ以外は完全な球体をとどめる壺（もしくは坩）に隣り合うような出土であった。横並びの配置は、おそらく意識的なものであろう。甕片直下からの出土であるので、土師器甕のこの位置の埋設も意識的に行われたことが考えられた。

さらに埋納遺構の覆土中からは、上面出土の須恵器片と同じ個体の破片も相次いで発見されている。興味深いことに、これらの破片は一定の大きさをもち、また中央ではなく、土坑の壁面に沿うように出土している。覆土下層でも、同様の破片が確認されており、子持勾玉と壺の周囲を包むように土坑内に須恵器片を配したことも推定された。あるいは須恵器片による囲いは、土坑上面まで達していた可能性がある。

法華寺境内遺跡発見の子持勾玉埋納遺構の祭祀とは、須恵器片を土抗底面と側面に配して土砂を充填し、子持勾玉と壺を埋納した後、さらにこれらの上に甕もしくはその破片を置く儀礼行為を伴なっていたことが推定される(1)。土器の破片によって、壺と子持勾玉を包んでいたのである。また土抗は小さく、当初から土抗掘削の目的がこれらの祭祀行為にあった可能性も残る（写真５）。

出土した勾玉は頭部が失われていたものの、完形であれば、おそらく15㎝前後の大きさになると思われた（写真６）。これまで毛長川流域で発見された子持勾玉の中でも最も大型の勾玉である。しかし剥落が激しく、子の勾玉は原形をとどめてはおらず、また頭部の割れ口には明らかな磨耗の痕跡も認められている。土坑内に頭部片は見当たらず、子持

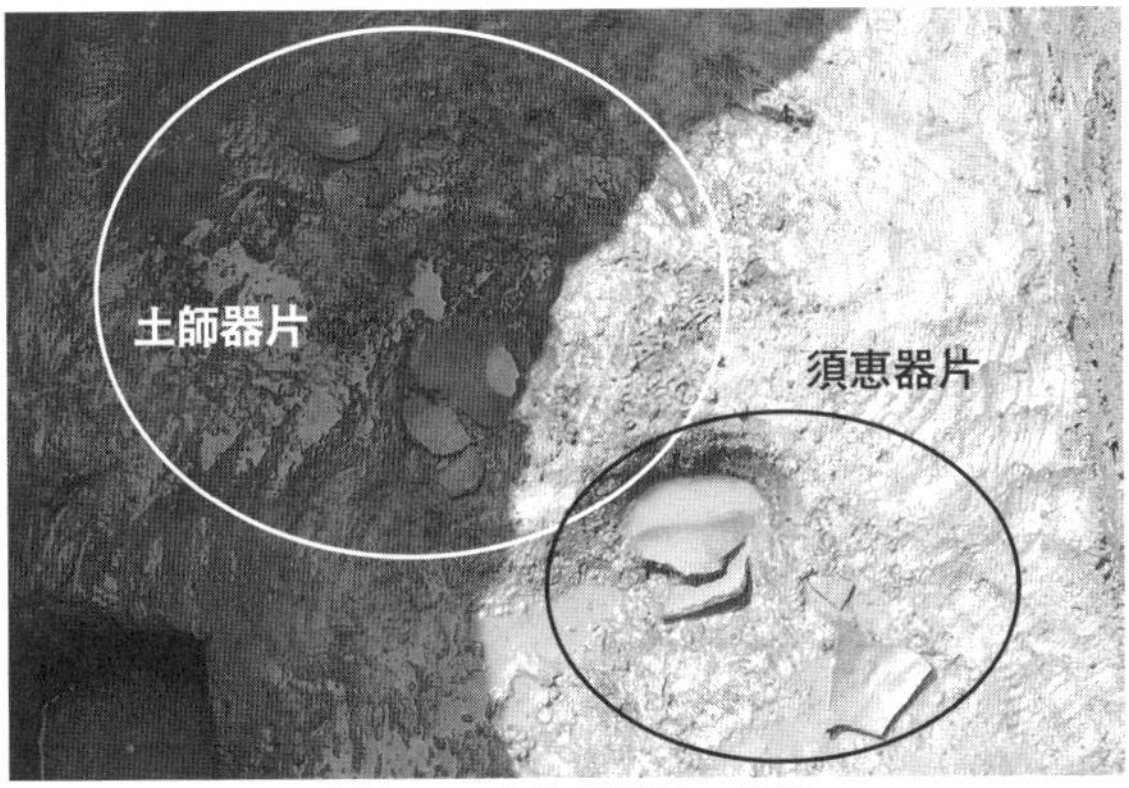

写真２　土坑掘削前の状況

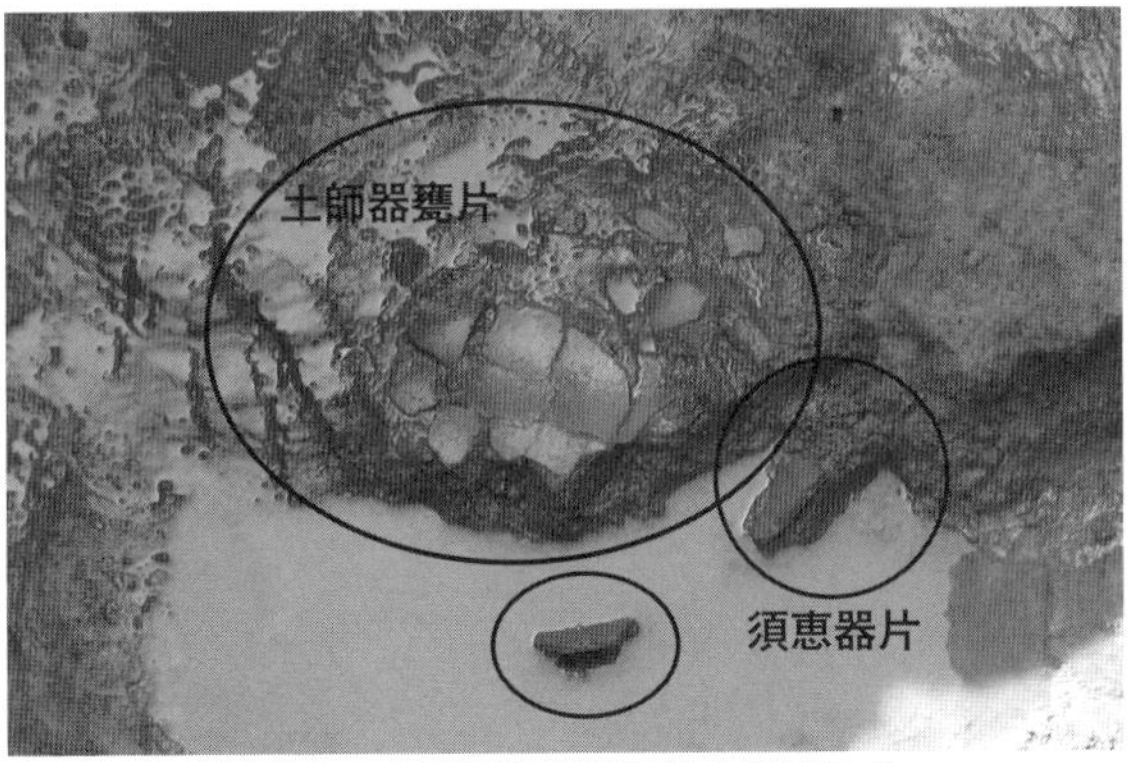

写真３　土師器甕大型破片と須恵器片

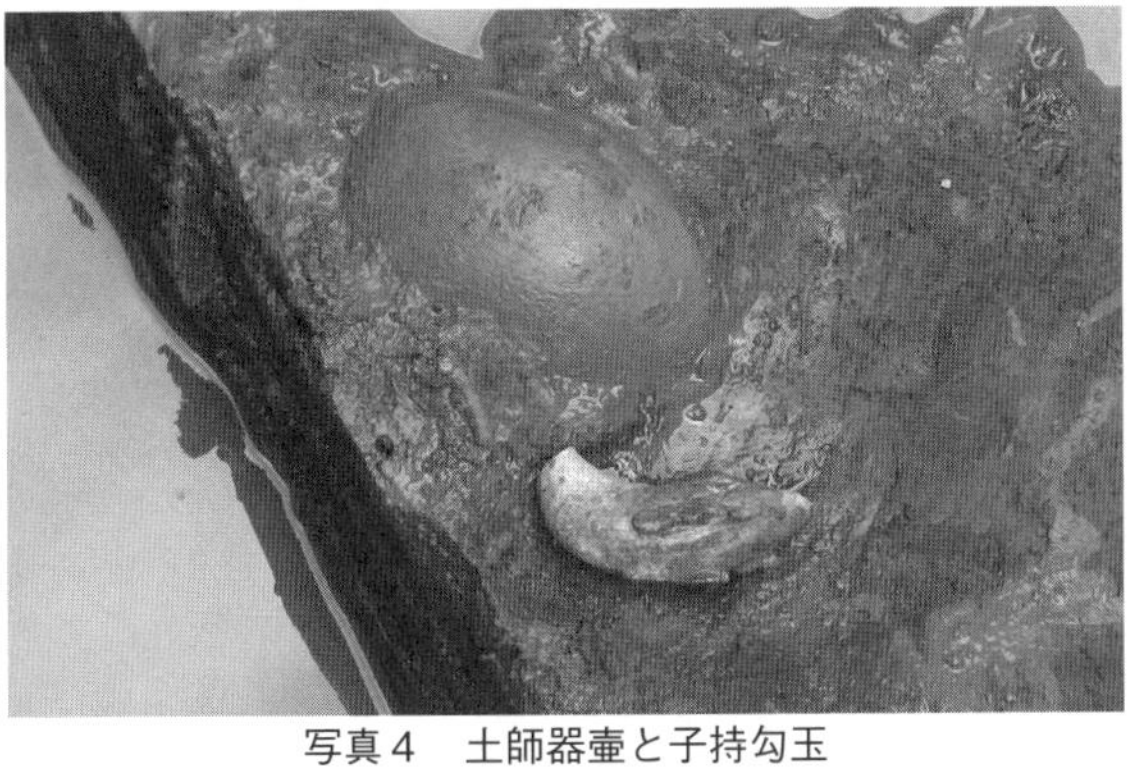
写真４　土師器壺と子持勾玉

勾玉は破損した以後も用いられ続けられていたことが判断された。長期間にわたる使用の後にこの土坑に埋納されたらしい。椙山氏は、筒状の断面形から子持勾玉の製作年代を五世紀代とされたが(2)、土坑内の出土土器の年代は六世紀前半代を示しており、まさにこの間が、日常のさまざまな場面で子持勾玉が用いられた期間に相当するのであろう。

壷と子持勾玉埋納による「たましずめ」

子持勾玉の有無を別にすれば、先に述べた舎人遺跡3号井戸跡との類似のあることに気づかされる。3号井戸跡の最上層の丹塗壷は焼土に包まれていたが、子持勾玉埋納遺構でも壷は須恵器・土師器片に周囲を包み込まれた状況での出土であった。

壷に特殊な意味をもたせ、それを包むという行為には何らかの祭祀的意義を込めていたのであろう。中空構造の壷は他界とこの世を結び、異空間を現出する容器としての役割を付与されたとする見解がある。壷は二つの世界をむすびつける「母胎」であるという(辰巳二〇〇六)。壷を「包む」という行為には、守護の意味とともに、他界からその内部を画する行為としてもとらえられる。壷は依代として用いられ、焼土や土器片による

写真5　掘削終了後の埋納遺構
(写真2〜6　足立区教育委員会提供)

写真6　埋納遺構出土の子持勾玉

囲い込みは、壷を結界する目的でなされたことが推定されるのである。

ところで「たましずめ」には、二つの義があるとされる（瓜生・渋谷一九九八）。神の御魂を招き入れ、自らの魂を広大にする法（「おおみたまふり」）と、自らの魂が離れ去るのを招き返す法（「みたましずめ」）である。「おおみたまふり」は再生を願う義とも解される。両者の違いを筆者はよく咀嚼できないでいるが、ここでいう壷を包み込む祭祀とは、壷から魂が離れ去るのを防ぐ、おそらく「みたましずめ」に比重をおく行為のようにも思えるのである。

しかし子持勾玉埋納遺構を壷を対象とした「たましずめ」の場として理解した場合、もう一方の子持勾玉はどのようにとらえられるのであろうか。佐野氏によれば、子持勾玉を用いる祭祀とは、「通常の祭祀とは別に、特定の祈願宿禱を行った上、地下に納埋（埋納？）」する儀礼行為とされている。（佐野一九八一）。子持勾玉が、単独で出土する例が多いことから、導き出された結論であるらしい。子持勾玉そのものに霊力の内在を考え、「御霊代」や「神宝」としての役割を与えた見解である。

ただし埋納遺構では壷の出土があり、勾玉も祭祀の対象としたならば、二種の異なった「御霊代（依代？）」が一つの土坑に埋納されたことになる。さまざまに論ずることは可能であり、このような見方も一方では成立するのかもしれない。しかし壷のみを依代とし、子持勾玉を呪物として、見立てた場合の解釈も可能のように思えるのである。

子持勾玉も勾玉の一種である立場にたてば、前述の辰巳氏の論考が参考になる（辰巳　前掲）。辰巳氏は勾玉を「たまふり」の呪物とみなしている。「おおみたまふり」すなわち「たまふり」とは、再生を願い、生命力を付与する呪的行為であった。氏によれば、古代人は「勾玉に強い魂振りの霊力の発揮を期待した」のであり、子持勾玉は「勾玉に対する呪力を強化して同形の子を付着させたものがその発想」（大場　前掲）とする見解もある。

埋納遺構では、壷と子持勾玉とが並置されていた。壷を依代とみなし、一方の子持勾玉に強い「たまふり」の意味を込めた呪物と解せば、「たましずめ」の二つの義が同時に土器片によって結界された囲い込みの内に顕現することになる。両義による「たましずめ」が両者の埋納によって、完結するのである。想像を重ねた上での推論ではあるものの、「鎮魂」と「再生」のための意義を、そこに込めたようにも思えるのである。磨耗し、破損した子持勾玉に対して、最後の霊力の発揮を期待したことも想像される。

おわりに

ところで、子持勾玉埋納遺構で「たましずめ」された「みたま」とは、何を対象としているのであろうか。いまのところ筆者は、毛長川となんらかに関わりのある「みたま」であることを考えている。埋納遺構は旧毛長川に接する河岸に単独で構築された遺構であり、古代においては、毛長川を望む地点の立地であることからの推論である。

伊興遺跡では平安初期に毛長川の水辺で行われた祭祀跡が発見されている。利根川の流路転換に伴なう(久保一九九四)、毛長川の細流化・泥流化、またそれによる生活環境への多大な影響などが、要因となった祭祀である可能性を指摘したことがある(佐々木二〇〇四)。

しかし平安初期の祭祀で推定したように、恒常的な祭祀の対象となりうる毛長川そのものに、単独で発見された埋納遺構の「みたま」をそのまま帰してよいのかは疑問である。佐野氏の指摘にもあるように、子持勾玉の祭祀とは「特定の祈願宿禱」を目的とした祭祀であったらしい。おそらく埋納遺構の「みたま」もなんらかの形で毛長川に関わったのであろうが、突発的に現われた、もしくは出現すると思われる荒ぶる「みたま」に対する「たましずめ」であった可能性を想定しておきたい。ともあれ古墳時代を通じて毛長川河岸で執行された祭祀の中に、壷を「包む」あるいは「囲う」という意識の働く、儀礼行為が存在したらしいことに着目してみたいのである。

註

（1）半完形の坏や火熱を受けた土師器片も覆土内から出土しており、これらの破片も祭祀に関連した可能性がある。
（2）椙山林繼氏のご教示による。（「足立よみうり」平成一九年八月十日号）

参考文献

大場磐雄他　一九六二『武蔵伊興』　國學院大學考古学研究報告第二冊
足立区遺跡調査会　二〇〇九　『舎人遺跡Ⅳ』
森貞次郎　一九七三『弥生時代の遺物にあらわれた信仰の形態』「神道考古学講座」第一巻　雄山閣
北区教育委員会　一九九五・一九九九『豊島馬場遺跡』『豊島馬場遺跡Ⅱ』
後藤　直　一九八九「弥生のマツリ」『古代史復元』　講談社
瓜生中・渋谷申博一九九八「神道がわかる小事典」『日本神道のすべて』　日本文芸社
佐野大和　一九八一「子持勾玉」『神道考古学講座』第三巻　雄山閣
辰巳和弘　二〇〇六『新古代学の視点』　小学館　＊辰巳氏は小南氏による次の論考を参照されている。
小南一郎　一九八九「壷形の宇宙」『東方学報』　第六十一冊
久保純子　二〇〇〇「関東平野中部と東京湾・関東平野の凹地帯」『日本の地形　四』東京大学出版会
佐々木彰　二〇〇四「川の祭祀—伊興遺跡出土墨書土器の分析—」『季刊　考古学』八七　雄山閣
佐々木彰　二〇〇九ａ「ノート　ＣＯ５Ｇ—３号井戸跡の井戸祭祀」『舎人遺跡Ⅳ』所収
佐々木彰　二〇〇九ｂ「七一節　舎人遺跡の古墳時代早・前期土器の変遷」『舎人遺跡Ⅳ』所収
佐々木彰　二〇一〇・刊行予定　「毛長川流域の開拓史—三ツ和遺跡から伊興遺跡に至る遺跡動態に関する試論—」『鳩ヶ谷市の歴史—論集・三ツ和遺跡とその時代—』鳩ヶ谷市教委　所収

鹿島神宮と「卜氏の居む所」

笹生　衛

一　はじめに

常陸国鹿島（香島）郡に鎮座する鹿島神宮は、下総国香取郡の香取神宮とともに東国の守護神として広く信仰を集めてきた。古代にあっては、ともに律令国家により神郡が設定され、祭祀の安定的な存続が図られていた。この内、鹿島神宮と、神郡の香島郡に関しては、『常陸国風土記』に八世紀初頭時点の豊富な情報が残されている。

また、鹿島神宮周辺では多くの発掘調査が実施されており、古墳時代から奈良・平安時代にかけての考古資料の蓄積も行われてきた。鹿島神宮の考古資料による分析は、すでに椙山林継先生が行われ、境内の出土資料を紹介するとともに、神宮周辺に五世紀代の祭祀遺跡が集中する傾向、平安時代の厨台遺跡群内に神宮司の役所が存在した可能性などを指摘しておられる。[1] その後、厨台遺跡群の主要な地点の報告書が刊行され、新たな知見も加えられており、さらに細かな分析が可能となっている。そこで、ここでは、鹿島神宮に隣接する厨台遺跡群の集落跡や宮中条里大船津地区の祭祀遺物などから、風土記以前の鹿島神宮とその祭祀集団について考えてみたい。

二　『常陸国風土記』に記された鹿島神宮

『常陸国風土記』香島郡条には、香取郡の成立と鹿島神宮に関して以下の内容を見ることができる。(2)

・孝徳天皇己酉年（六四九）に、中臣□子・中臣部兎子等の申請により、那珂・海上国造の領域を分割して神郡である香島郡を設定した。
・天之大神の社、坂戸社、沼尾社を合わせて香島の天之大神と称し、高天原から降った神として信仰されていた。
・崇神天皇の時代、香島に坐す天つ大御神は、祭祀を条件に天皇の統治を約束する神託を下し、大刀、鉾、鐡弓・矢、許呂、枚・練鐵、馬、鞍、鏡、五色絁の幣が捧げられた。
・神宮に所属する神戸は、当初、八戸であったが、孝徳朝に五〇戸、天武朝に九戸を加え、庚寅年（六九〇）に二戸を減じ六五戸となった。また、天智朝に神の宮が造られた。
・倭武の天皇の時代、香島の天の大神は、中臣巨狭山命に船を管理するように神託を下し、津の宮に船を奉る「御船祭」が始まった。

これらの内容からは、鹿島神宮の神は高天原から下り、天皇と緊密な関係を持ち、同時に、舟運など水上交通との強い関連をうかがえる。また、これ以外に、神宮周辺には祭祀集団である卜氏の住居が存在したことを伝える。複雑な谷が入り組んだ台地、そこに美しい草木とともに営まれた卜氏の居所、谷内の井泉の様子などの景観描写を行っている。さらに、風土記編纂当時、郡家は、神宮の南に位置していたことも記している。

三　鹿島神宮周辺の遺跡とその性格

次に、神宮に隣接する遺跡の内容について見ていくこととしよう。

宮中条里大船津地区

鹿島神宮周辺の代表的な祭祀遺跡に、宮中条里遺跡大船津地区[3]がある。この遺跡は、現在の鹿島神宮の西約８００ｍの沖積低地に立地する。発掘調査の結果、幅５～６ｍ程度の流路跡を検出しているが、これは、鹿島神宮の北側の支谷内を流れていた河川の跡と考えられる。この流路内から、石製模造品（剣形四六点、有孔円板六一点、勾玉三二点）、臼玉五二一点、手捏土器一八点、坩・壺三〇点、甕四点、杯・椀二点、高杯五点が出土している。纏まった数の石製模造品を伴う水辺の祭祀跡と推定できる。出土土器には、須恵器は含まれず、高坏など土師器は、茨城県の古墳時代中期土器編年Ⅰ～Ⅱ期[4]に当たる。中期Ⅱ期は、ＴＫ73型式並行とされており、五世紀前半の年代が推定できる。

宮中条里遺跡大船津地区の祭祀は、鹿島神宮と大船津に隣接し、石製模造品・臼玉の出土量は神宮周辺の遺跡の中では極めて多く、年代も確実に五世紀前半までさかのぼる点に特徴があり、鹿島郡域で最古段階の祭祀の跡とみてよいだろう。

厨台遺跡群

鹿島神宮の北側、支谷を隔てた台地上に立地する集落遺跡で、墨書土器「中臣宅処」「神厨」、紡錘車の刻書「左右・申田」などの遺物が出土し、鹿島神宮との密接な関係が指摘されており[5]、『常陸国風土記』に記された「神の社の周匝は、卜氏の居む所」の一部を構成していたと考えられる。遺跡群内の片野地区（ＬＲ９）、円龍台地区（ＬＲ11・ＢＲ５）、厨台№28遺跡（ＬＲ17・ＬＲ19）、鍛冶台遺跡（ＬＲ10・ＬＲ18・ＢＲ３・ＢＲ４）、厨台遺跡ＢＲ２区では面的な発掘調査が実施されている。(6) グラフ1は、そこで検出された竪穴住居数の推移を出土土器の型式により時代別にまとめたもので、年代観は、茨城県の古墳時代中期の土器編年の他、隣接する下野・下総国の古墳時代後期土器編年、さらに下総国香取郡内の香取市吉原三王遺跡の土器編年に基づいている。(7) ただし、竪穴住居数は、出土土器から年代が推定できるものに限っている。

このグラフを見ると、五世紀中頃に台地の南西部分を中心に集落の形成が始まっている。五世紀中頃には鍛冶台遺跡（ＢＲ４）で三軒、厨台№28遺跡で五軒、円龍台地区で十一軒の竪穴住居が確認できる。最初期の竪穴住居を見ると、鍛冶台遺跡（ＢＲ４）ＳＢ１１６は石製有孔円板、円龍台地区ＳＢ１２７・２０２・２６８は石製有孔円板・扁平勾玉・臼玉・石製紡錘車、厨台№28遺跡ＳＢ48は石製有孔円板・剣形・臼玉がそれぞれ出土しており、集落の形成時点から祭祀と関連する要素を伴っている。

五世紀後半になると円龍台地区で二十一軒、厨台№28・鍛冶台遺跡で各三十軒と竪穴住居数が増加するとともに、円龍台地区の北側に続く片野地区にも集落が拡大し、厨台遺跡群の西端から南西部分に、平安時代まで継続的に維持される集落が成立する。

六世紀前半には、一時的に竪穴住居数の減少傾向が認められるが、六世紀後半に片野遺跡で二十軒と増加すると、円龍台地区で六世紀末期から七世紀前半に二十九軒、七世紀中頃から後半に三十軒と急増し、片野地区でも同時期に二十五軒と増加している。円龍台・片野地区では、七世紀代に竪穴住居数の増加傾向が顕著に認められ、八世紀前半にかけて中核的な集落が営まれている。片野地区のＳＢ３０８からは、八世紀前半から中頃のものと思われる須恵器杯の墨書土器「鹿嶋郷長」が出土しており、風土記で「卜氏の居所」とされた中核部分に該当すると考えられる。

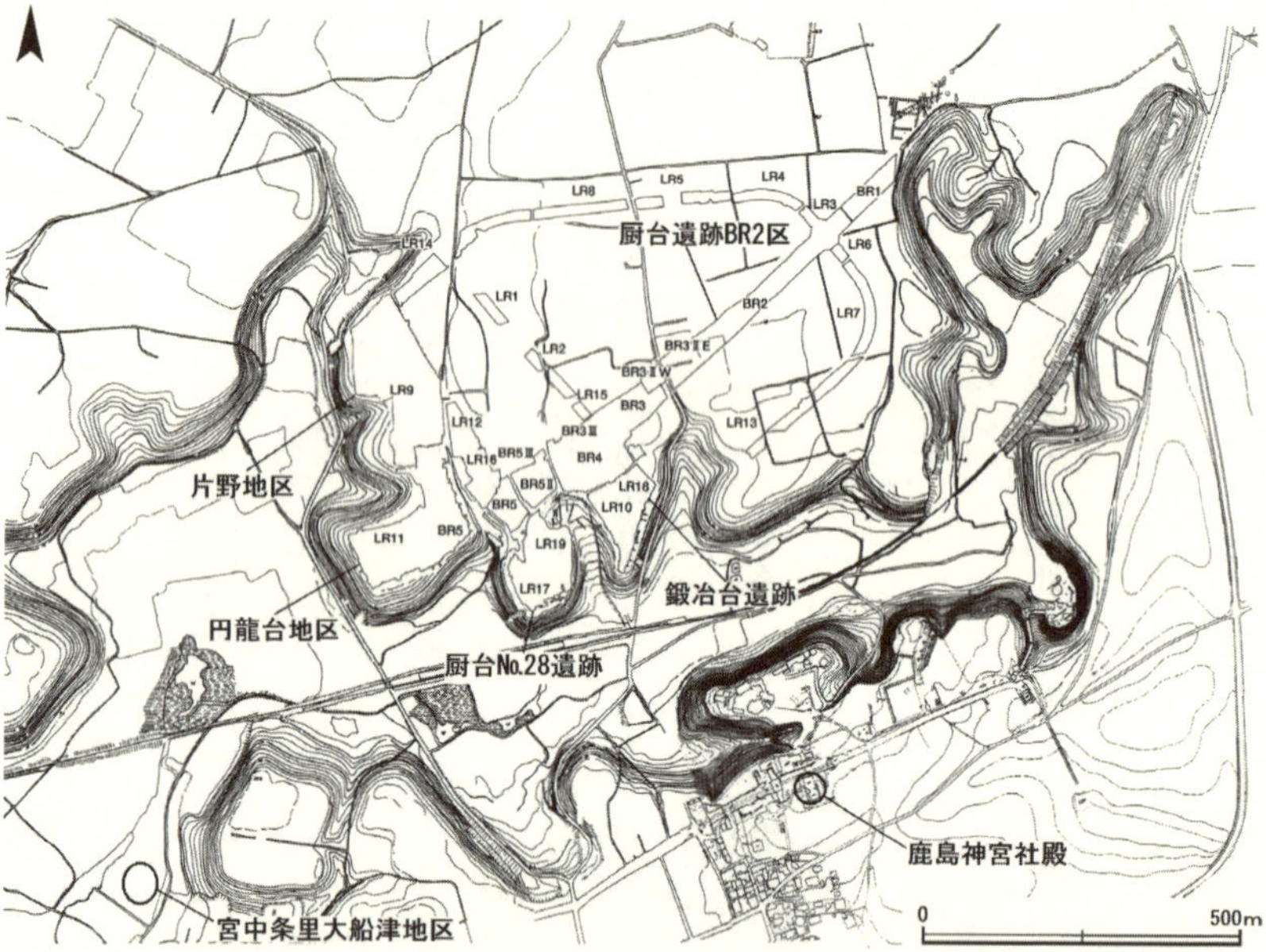

図１　厨台遺跡地形図

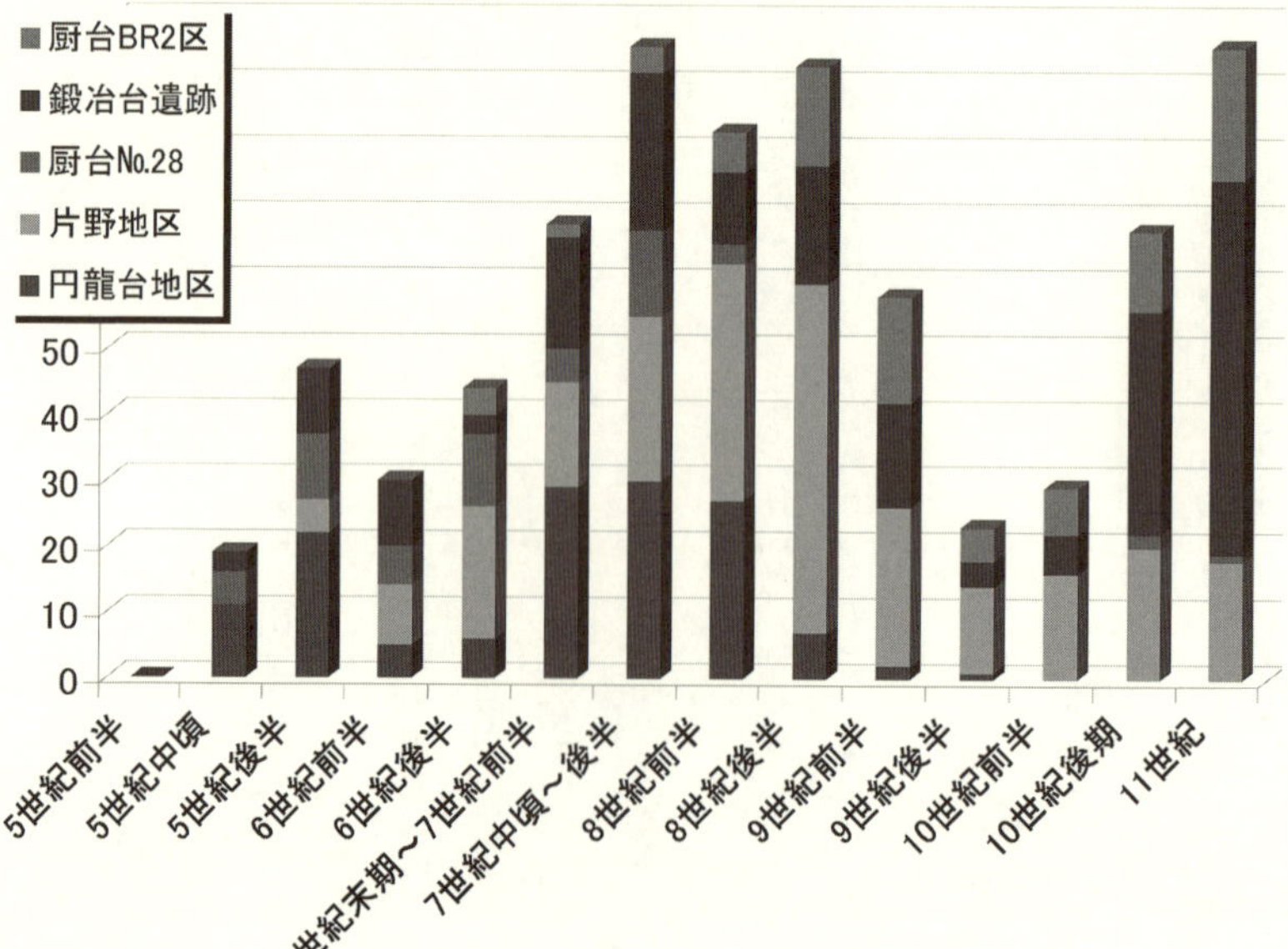

グラフ１　厨台遺跡竪穴住居数の推移

祭祀関連の遺物では、五世紀後半の円龍台地区ＳＢ１２５・１３０で石製有孔円板・扁平勾玉・紡錘車が、鍛冶台遺跡ＳＢ１１６では石製盾形が見られ、六世紀代にも石製模造品の出土は続いている。七世紀中頃の厨台№28遺跡ＳＢ43からは石製の剣形三点・斧形一〇点・刀子形三点・鎌形六点・履形一点・有孔円板二九点・扁平勾玉二点・臼玉一九点が出土しており、七世紀中頃まで石製模造品の使用が確認できる。また、六世紀後半の片野地区ＳＢ１１４からは手捏土器四〇点、台付手捏土器三点、石製剣形一点とともに、鹿島神宮境内で出土したものと同形の手捏ね高杯土器が出土、同時期の厨台№28遺跡ＳＢ91からも鉄製鎌形、手捏土器とともに手捏ね高杯土器が出土しており、円龍台地区では七世紀にかけて確認できる。さらに、鹿島神宮境内からは、子持勾玉（大平分類Ａ―２類）[8]が採集されているが[9]、子持勾玉は円龍台地区で二点（Ａ―１・２類）、鍛冶台地区からも一点（Ａ―２類）が出土している。いずれも、丸みを帯びた五世紀から六世紀中頃にかけてのものである。これらの祭祀遺物から見て、厨台遺跡群の祭祀との関連性、鹿島神宮境内との結び付きは、五世紀から七世紀にかけて維持されていたと考えられる。

四　鹿島神宮の祭祀と「卜氏の居む所」

宮中条里大船津地区の祭祀は五世紀前半にさかのぼり、鹿島神宮周辺では最古の事例で、鹿島神宮の草創と密接に関係している可能性が高い。遺跡は、北浦に面した沖積地上、大船津地区に位置している。かつて、大船津には、「御船祭」で船が奉られたとされる津の宮があり、『常陸国風土記』御船祭の伝承との関連が想定できる。その祭祀の性格は、舟運など水上交通との関係が考えられる。

これと類似した祭祀の事例には、霞ヶ浦の浮島内、茨城県稲敷市尾島貝塚の祭祀遺構と、房総半島の南端、南房総市白浜町の小滝涼源寺遺跡がある。浮島は『常陸国風土記』信太郡条に九つの社があるとされ、五世紀前半から八世紀代までの土器が出土する尾島貝塚の祭祀遺構は、その一つに該当する可能性が高い。ここからは、宮中条里大船津地区と類似した石製有孔円板・剣形の他、関を明瞭に表現した大型の石製剣形、鉄鏃、鋳造鉄斧、鉄製鎌・鋤先、細型鉄鋌と思われる鉄製品が出土している。(10) 小滝涼源寺遺跡でも石製模造品とともに鉄剣、鉄鏃、細型鉄鋌の可能性が高い鉄製品が出土しており、(11) 両遺跡ともに鉄製品と石製模造品の存在から、大和王権との密接な結び付きが推定できる。浮島について『常陸国風土記』は、景行天皇の「浮島之帳宮」の伝承を伝え、小滝涼源寺遺跡は、安房坐神社の神郡、安房郡内に位置するのも全くの偶然ではないだろう。両遺跡の祭祀遺構は、大和から陸奥方面へと赴く水上交通ルートの要衝に位置しており、大和王権と水上交通との関係の中で形成された祭祀の場であったと推定でき、宮中条里大船津地区の五世紀前半の祭祀も同様の背景を想定することができる。

五世紀中頃には、宮中条里大船津地区の祭祀が終焉するのと入れ代りに、鹿島神宮北側の台地上で厨台遺跡群の集落形成が始まっている。厨台遺跡群では、中核となる地点を移動させながらも五世紀から十一世紀まで継続的に居住域が維持されている。また、五世紀後半から六世紀には、採集された子持勾玉の存在から、現在の鹿島神宮境内域と祭祀との関係が推定できる。そして、境内では、厨台遺跡群の六・七世紀代の竪穴住居でも出土する手捏ね高杯土器や、古墳時代後期から奈良時代の土器類が出土しており、厨台遺跡群に対応する形で、祭祀の場が維持され、七・八世紀の神宮に連続していたと推定できる。厨台遺跡群はその祭祀集団の居住域として機能していたと考えてよいだろう。

厨台遺跡群西側の台地上には、宮中野古墳群が存在する。ここでは南群に四世紀末期から五世紀初頭と推定される前方後円墳の伊勢山・二十三夜古墳があるものの、五世紀代の古墳の存在は明確となっていない。ところが六世紀に北群で前方後円墳の夫婦塚古墳（全長１０８ｍ）が築かれると、七世紀前半の造り出し付円墳、大塚古墳（径80ｍ）、七世紀後半の長方形墳、九九号墳（長辺34ｍ）と系譜をたどれる大規模な古墳群が形成され、香島郡（評）の建郡（評）人との関連が指摘されている。(12) この古墳群はその位置関係から、同時期の厨台遺跡群の集落と何らかの関係を持っていたことは間違いなく、厨台遺跡群に生活した人々は、ここに葬られたと考えても無理な想像ではないだろう。さらに、大塚古墳の周辺で古墳時代末期から平安時代のものと推定できる土坑墓（二段式土坑・L字形土坑）が多数検出されており[13]、奈良・平安時代まで継続的に墓域として認識されていた可能性が高い。つまり、五世紀代を境として、固定化した祭祀の場、鹿島神宮境内、継続的に維持された祭祀集団の居住域、厨台遺跡群が形成され、六世紀には宮中野古墳群が祭祀集団の葬祭の場として機能し始めたのではなかろうか。これにより平安時代までつづく鹿島神宮周辺の地域景観が形成されたと考えてよいだろう。

厨台遺跡群のもう一つの大きな画期は、七世紀代における竪穴住居軒数の増加である。特に七世紀中頃から後半にかけての円龍台・片野地区における増加傾向は顕著で、これは、その年代から考えて、『常陸国風土記』に記された孝徳朝における神戸五十戸の加増に対応していた可能性が高い。この推定が妥当ならば、孝徳朝以前の神戸八戸は、五世紀以来、円龍台・片野地区を中心として展開していた集落が、その実態を示していると考えて大過無いものと思われる。そして、厨台遺跡ＢＲ２区の十世紀代のＳＢ16からは、墨書土器「中臣宅処」が出土しており、厨台遺跡群における中臣氏の居住を確認でき、六四九年に神郡設置を申請した中臣□子・中臣部兎子との関係も想定できる。

鹿島神宮境内と、円龍台・片野地区を中心とした厨台遺跡群の集落は、八世紀初頭には神野向遺跡の場所に移転していた香島（鹿島）郡衙とともに、神郡中枢部の景観を構成していたのである。

五　まとめ

以上、鹿島神宮周辺における遺跡の分析から、鹿島神宮やその祭祀集団の形成について考えてきたが、その結果は、次のように要約できる。

・五世紀前半、鹿島神宮に隣接する地点で、大和王権と水上交通との関係から祭祀の場が設定された。
・五世紀中頃から後半に、鹿島神宮の北側の厨台遺跡群に祭祀集団の居住域が成立、これに連動して鹿島神宮となる祭祀の場が設定されたと考えられ、奈良・平安時代につながる鹿島神宮周辺の景観の原形が形成された。
・厨台遺跡群の七世紀代における竪穴住居軒数の増加は、孝徳朝における神戸加増に対応していたと推定でき、その集落跡は、『常陸国風土記』に記された神戸や「卜氏の居む所」の実態を示していると考えられる。

椙山先生は「鹿島神宮」の中で、「厨台遺跡群が神宮に関係する集落であることは明らかで、今後報告書が刊行されるに従い、集落の全貌が判明し、祭祀関係の遺物を保有していた竪穴住居址などの位置づけが行われるであろう[14]」とされているが、この拙文が、先生の期待に少しでも答えていることを願いつつ擱筆したい。

註

（1）椙山林継「鹿島神宮」『風土記の考古学1　常陸国風土記の巻』同成社　一九九四
（2）秋本吉郎校注『日本古典文学大系　風土記』岩波書店　一九五八
（3）『鹿島湖岸北部条里遺跡Ⅷ―宮中条里遺跡大船津地区―』鹿島町教育委員会　一九八九
（4）樫村宣行他「茨城県における五世紀の動向」『東国土器研究』第五号　東国土器研究会　一九九九
（5）註1に同じ。
（6）『鹿島神宮駅北部埋蔵文化財調査報告書Ⅳ』鹿島町遺跡保存調査会　一九九〇
（7）註4文献　津野仁「栃木県における六・七世紀の土器編年と地域的特徴」・小沢洋「房総の古墳後期土器」『東国土器研究』第四号　一九九五・『佐原市吉原三王遺跡』㈶千葉県文化財センター　一九九〇
（8）大平　茂『祭祀考古学の研究』雄山閣　二〇〇八
（9）大野雲外「雑報」『東京人類学雑誌』二十一巻第二四三号　一九〇六

(10)『一般県道新川・江戸崎線道路改良工事地内埋蔵文化財調査報告書　尾島貝塚外2遺跡』㈶茨城県教育財団　一九八八
(11)『小滝涼源寺遺跡』朝夷地区教育委員会他　一九八九
(12)白石太一郎「常陸の後期・終末期古墳と風土記建評記事」『国立歴史民俗博物館研究報告』第三五集　一九九一
(13)『大塚古墳周辺地区発掘調査報告書』㈶鹿嶋市文化スポーツ振興事業団　一九九七
(14)註1に同じ。

参考文献

鹿島町遺跡保存調査会　一九九一『鹿島神宮駅北部埋蔵文化財調査報告書Ⅶ』
鹿島町遺跡保存調査会　一九九二『鹿島神宮駅北部埋蔵文化財調査報告書Ⅸ』
(財)鹿島町文化スポーツ振興事業団　一九九五『鹿島神宮駅北部埋蔵文化財調査報告書ⅩⅣ』
(財)鹿嶋市文化スポーツ振興事業団　一九九六『鹿島神宮駅北部埋蔵文化財調査報告書ⅩⅤ(第一分冊)』
(財)鹿嶋市文化スポーツ振興事業団　一九九七『鹿島神宮駅北部埋蔵文化財調査報告書ⅩⅥ』
(財)鹿嶋市文化スポーツ振興事業団　一九九七『鹿島神宮駅北部埋蔵文化財調査報告書ⅩⅦ』
(財)鹿嶋市文化スポーツ振興事業団　一九九八『鹿島神宮駅北部埋蔵文化財調査報告書ⅩⅤ(第二分冊)』

勾玉腹部弧の数値化に関する一考察

篠原　祐一

はじめに

勾玉を規格化するものは、全長・幅と腹部弧に要素がある。特に腹部弧は、内磨砥石の凸形状に研ぎ出された凹形状で、腹部弧の一致が製作工房や工人などの生産地並びに流通、更には勾玉使用に関する時間的問題を考える上で重要である（篠原二〇〇九）。又、子持勾玉の類似性を示すために分類を行い（篠原二〇〇二）、類似性を示すため、全長（縦）比に対する全幅（横）比、腹部比や各子勾玉比を出して比較したこともある（篠原二〇〇八）。何れも図上比較であって、視覚的な類似性を客観的に表現する方法が課題であった。そこで、勾玉の弧に注目し、その弧を数学的に表現できないかを模索した。しかしながら、根っからの文系頭脳には雲を掴む話であり、「微積分」や「ベクトル・行列」、「曲線」「曲面」「微分幾何学」が平易に解説されている書籍を紐解いても、「定理」や「解」で気が遠くなり、「フルネ・セレの公式」「ブーケの公式」に至っては失神してしまう日々であった。

勾玉腹部弧は一見単純に見えて、その実単なる弧ではない。幾つかの弧の複合である理由は、研ぎ出す際の内磨砥石の弧及び研ぎ出しの方法に起因する。古墳時代の玉作工人は、発掘例を見る限り三種程度の砥石で全てを賄っている。主に背部を研ぎ出す筋砥石、腹部を研ぎ出す内磨砥石に大別しているが、実際には筋砥石の裏面は脇部の研磨に使用し、その角は腹部の荒研磨で磨り減っているなど様々に用いられている。又、砥石そのものも、筋砥石の筋となる溝や内磨砥石の研磨部分など、当たりを付けてから理想的な形になるまで、使用し乍ら作るため、多角的に磨かれ、結果的に複雑な弧の集合により一つの形状を成している。又、特に内磨砥石の場合、腹部より幅が狭いもので磨くと、砥石が腹部を複数の横移動で磨き込むため、これも又、複雑な弧の集合となる。

それらの条件を念頭に、複雑な弧の曲線を単純化し数値化することに努めた結果、「楕円」を当て嵌めて表現する方法が容易であるとの結論に至り小論を起した。しかし、頭部と腹部の境に顎を持つ所謂丁字頭勾玉や、極端な「コ」字状勾玉の腹部弧が表現出来ないなど、過渡的な考え方であることを先に挙げ、ここでは、勾玉と子持勾玉の平面形状の表現の方法を模索した、ひとつの試みとして紹介する。

一　楕円扁平率

浅学に依ると、楕円は、所謂数学的なグラフや図形での曲線・曲面として登場する場合と、天文学が惑星軌道や距離の計算に用いる場合の二種があるように見受けられる。何れにしても、平面上二点からの距離の和が一定である曲線という定義[1]や、基準となる二つの定点を焦点と言うことなど、根本的に同じものである。長軸の長さ（長径）をa、短軸の長さ（短径）をbとすると、楕円形のつぶれ方を表す扁平率（扁率）fは、

扁平率　$f=\dfrac{a-b}{a}$

となる。この時、$a=b$は円となり$f=0$である。その逆に円ではなく直線に近い状態は$f=1$である。従って、$0<f<1$となり、fの値が0に近いほど真円、1に近ければ扁平な楕円ということになる。

二次元直交座標系での楕円は、代数的に

標準形＝$\frac{x^2}{a^2}+\frac{y^2}{b^2}=1$　（$a>b>0$）

の方程式で表す。（$a>b>0$）の場合、グラフ上では長軸と短軸の交点（0）を中心とするため、長軸を中心で二つに分けた線分を半長軸とし、その長さを長半径、短軸を中心で二つに分けた線分を半短軸とし、その長さを短半径とする。従って、それぞれは、a^2、b^2となり、これを横軸（x）縦軸（y）の平面グラフに図形化すると横長の楕円となる。（$a<b<0$）の時は逆に、長軸はb^2、短軸はa^2であり、これを図形化すると縦長の楕円となる。それぞれの焦点は、三平方の定理（ピタゴラスの定理）で求められ、

（$a>b>0$）＝（$\pm\sqrt{a^2-b^2},0$）

（$a<b<0$）＝（$0,\pm\sqrt{b^2-a^2}$）

となる。この時、長半径ａに対する距離の比は、

$$e=\frac{\sqrt{b^2-a^2}}{a}$$

で与えられ、これを離心率（e）と言う。この場合も$0<e<1$であり、楕円が真円に近いほど離心率は小さな値となる。なお、扁平率（f）と離心率（e）の何れか一方に値が与えられると、もう一方の値も定まり、両者には、

$$e^2=2f-f^2$$

が成り立っている。

このように、扁平率（f）と離心率（e）は、同様の指標に成り得るものであるが、長径・短径が逆転した場合など

の計算の簡便性から、扁平率（f）を用いることとする。

二　勾玉への応用

勾玉の形状を表す指標には、腹部弧に基準を置くことが有効である（篠原二〇〇九）。しかし、この考えを示した折には、平面実測図の画像透過図を用いて示すにとどまった。それは、紙面の関係もあったが[2]、有効な表現方法を模索していたからでもある。例とした奈良県新沢五〇〇号墳出土勾玉を、改めて楕円の扁平率を利用し、計測し直すと表1の如くである。

瑪瑙製勾玉の扁平率（f）では、

イ	一	〇・二八八
ロ	十	〇・一七〇
ハ	四	〇・二九二
	五	〇・二九四
	七	〇・二九二
	八	〇・二九三
ニ	二	〇・二五三
	三	〇・二六二
	六	〇・二五四
	九	〇・二五五

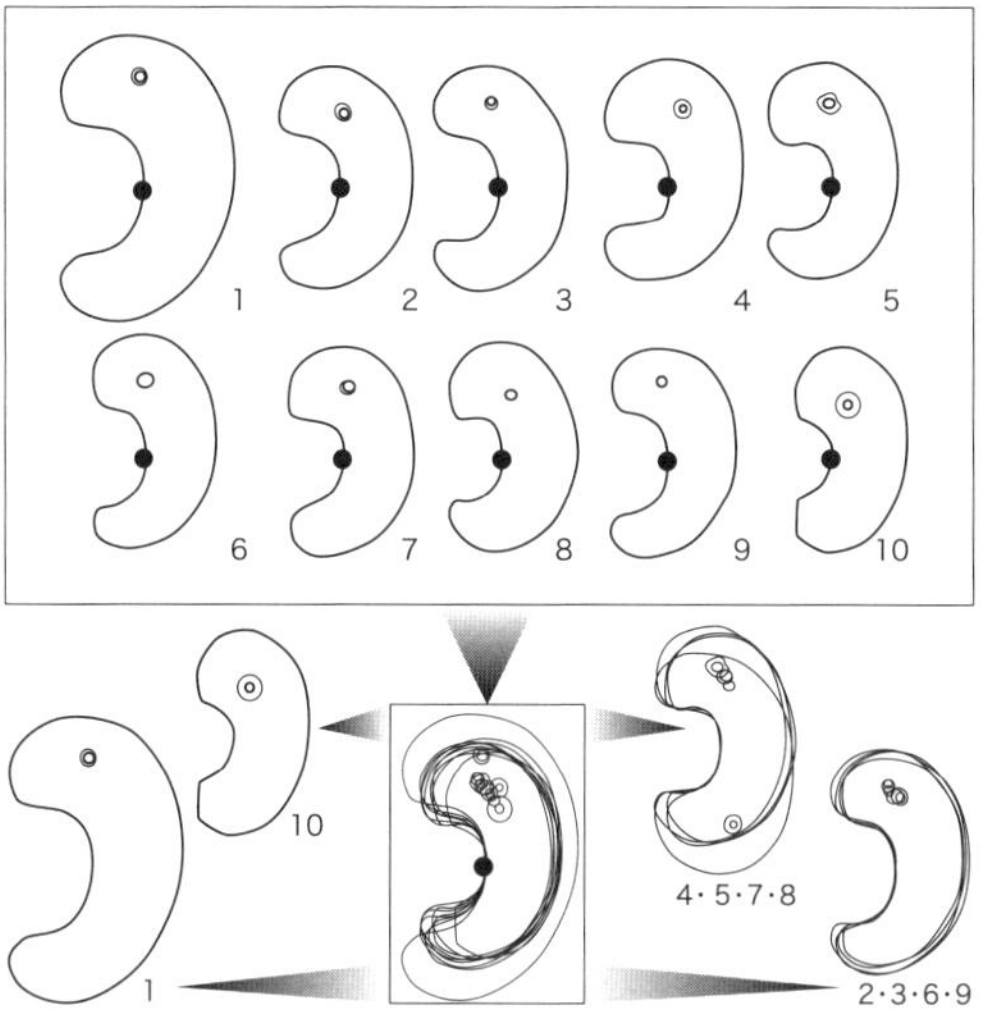

図1　新沢500号墳出土勾玉腹部基準平面透過図

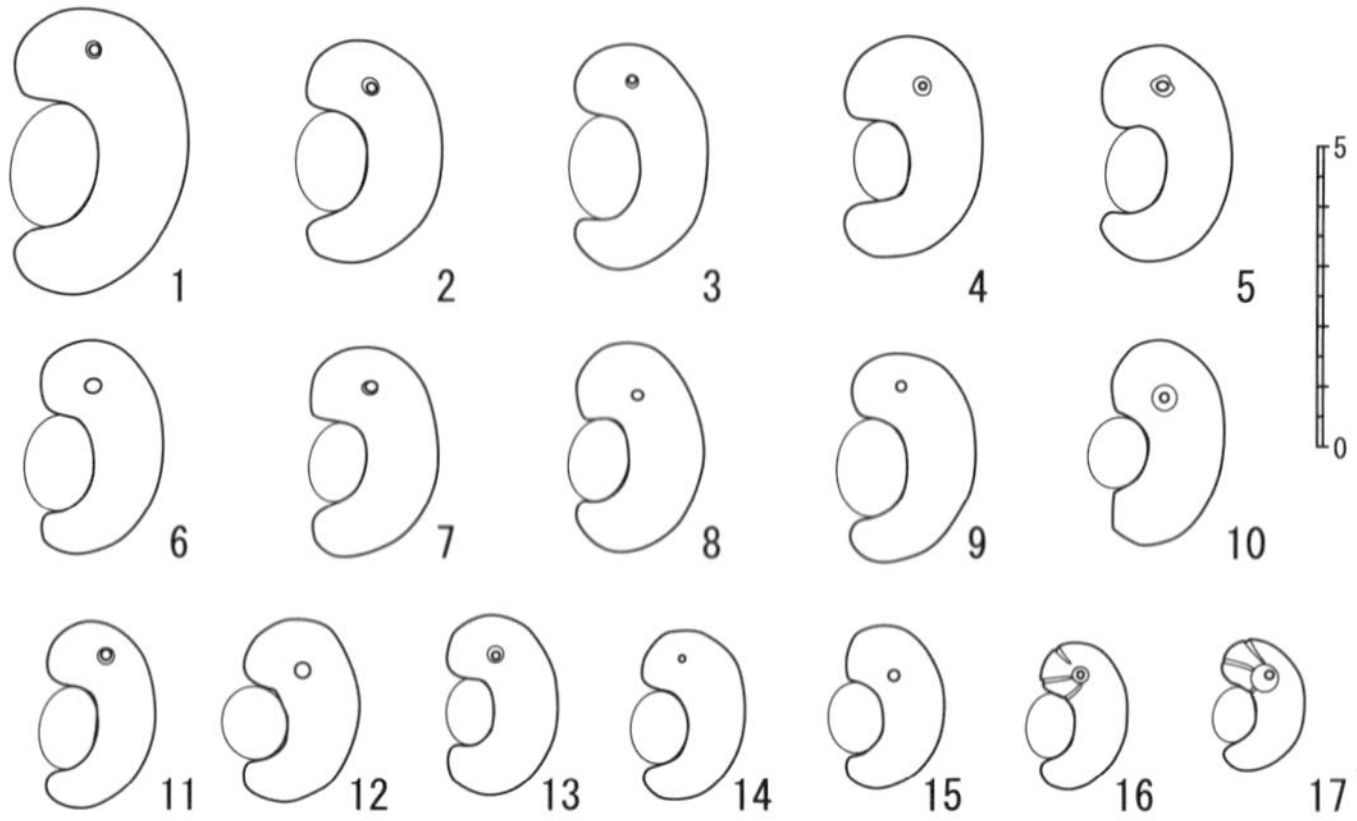

図２　新沢500号墳出土勾玉腹部弧楕円適合図

表1　新沢五〇〇号墳出土勾玉腹部弧楕円率一覧

番号	石材	長径 a（粍）	短径 b（粍）	扁平率 f
一	瑪瑙	二〇・六一三	一四・六八三	〇・二八八
二	瑪瑙	一六・七二〇	一二・三一三	〇・二五三
三	瑪瑙	一六・七二一	一二・二三三	〇・二六二
四	瑪瑙	一三・五六三	〇九・五九八	〇・二九二
五	瑪瑙	一四・三五三	一〇・一三〇	〇・二九四
六	瑪瑙	一五・九六五	一一・九〇八	〇・二五四
七	瑪瑙	一三・六四八	〇九・六五八	〇・二九二
八	瑪瑙	一三・九八八	〇九・八九五	〇・二九三
九	瑪瑙	一六・二五〇	一二・一〇〇	〇・二五五
十	瑪瑙	一一・八八八	〇九・八七〇	〇・一七〇
十一	水晶	一三・七二五	一〇・〇三八	〇・二六九
十二	水晶	一二・一〇〇	一〇・九九八	〇・〇九一
十三	水晶	一〇・九九八	〇八・二三五	〇・二五一
十四	水晶	一一・九九五	〇九・五二五	〇・二〇六
十五	硬玉	一一・六六八	〇九・四三三	〇・一九二
十六	硬玉	一〇・七五〇	〇八・一二五	〇・二四四
十七	硬玉	〇九・三一三	〇七・二五五	〇・二二一

表2　年代別勾玉腹部弧扁平率一覧

遺跡名	所在地	時期	扁平率f
大木遺跡七号土壙	福岡県夜須町	紀元前四世紀～三世紀	〇・〇三一
隈・西小田遺跡 第三地点八八号甕棺墓	福岡県筑紫野市	紀元前二世紀	マイナス 〇・二八六
天王垣外遺跡	長野県岡谷市	紀元前一世紀	〇・〇〇五
鋳物師谷遺跡一号墓 A主体部	岡山県清音村	西暦二世紀	マイナス 〇・二九九
命主神社真名井遺跡	島根県出雲市		マイナス 〇・四九一
観音寺山古墳	岐阜県美濃市	西暦三世紀	〇・〇二四
奥十四号墳	香川県さぬき市	西暦三世紀	〇・〇三三
桜井茶臼山古墳	奈良県桜井市	西暦四世紀前葉	〇・一七六
和泉黄金塚古墳中央槨	大阪府和泉市	西暦四世紀末葉	〇・二〇一
和泉黄金塚古墳東西槨	大阪府和泉市	西暦四世紀末葉	〇・〇一五
新沢千塚五〇〇号墳	奈良県	西暦四世紀末葉	〇・二四四
新沢千塚五〇〇号墳	奈良県	西暦四世紀末葉	〇・二八八
豊中大塚墳	大阪府豊中市	西暦五世紀前葉	〇・一〇六
妙徳寺山古墳	山口県山陽町	西暦五世紀	〇・一九六
妙徳寺山古墳	山口県山陽町	西暦五世紀	〇・一四九
金崎一号墳	島根県松江市	西暦五世紀末葉～六世紀初葉	〇・一九二
金崎一号墳	島根県松江市	西暦五世紀末葉～六世紀初葉	〇・二七五
藤沢狄森五号墳	岩手県	西暦七世紀	〇・六一五

の四種に大別出来、図1で示した分類と同様の結果となり、視覚と計測値に相違がないことを確認出来た。又、水晶製は、〇・〇九一から〇・二六九までに散在し、共通性は見出せない。硬玉製も〇・一九二から〇・二四四までの間にあり、同一の内磨砥石である可能性は少ない。

このように、扁平率に長径・短径を加えた観察により、瑪瑙製は四種の工房若しくは工人の所産となり、水晶・硬玉製は、個別経路によるもの又は伝世品を含むものと考えられる。

三　勾玉の扁平率の編年

各時期の勾玉に対し、腹部弧の楕円の扁平率を計測した結果、表2の数値が得られた。

標本抽出数が少ないため、先の結果を概数として見ると、紀元前一世紀までの間に真円に近い時期や横に長い楕円の弧のものがあり、不安定であることが目立つ。この時期は、獣形勾玉や緒締形勾玉、丁字頭勾玉等、多様な勾玉の混在し、勾玉の形状が定まらないことを意味する。これらが、一定の状態に落ち着くのが西暦二世紀代である。西暦二世紀代は長

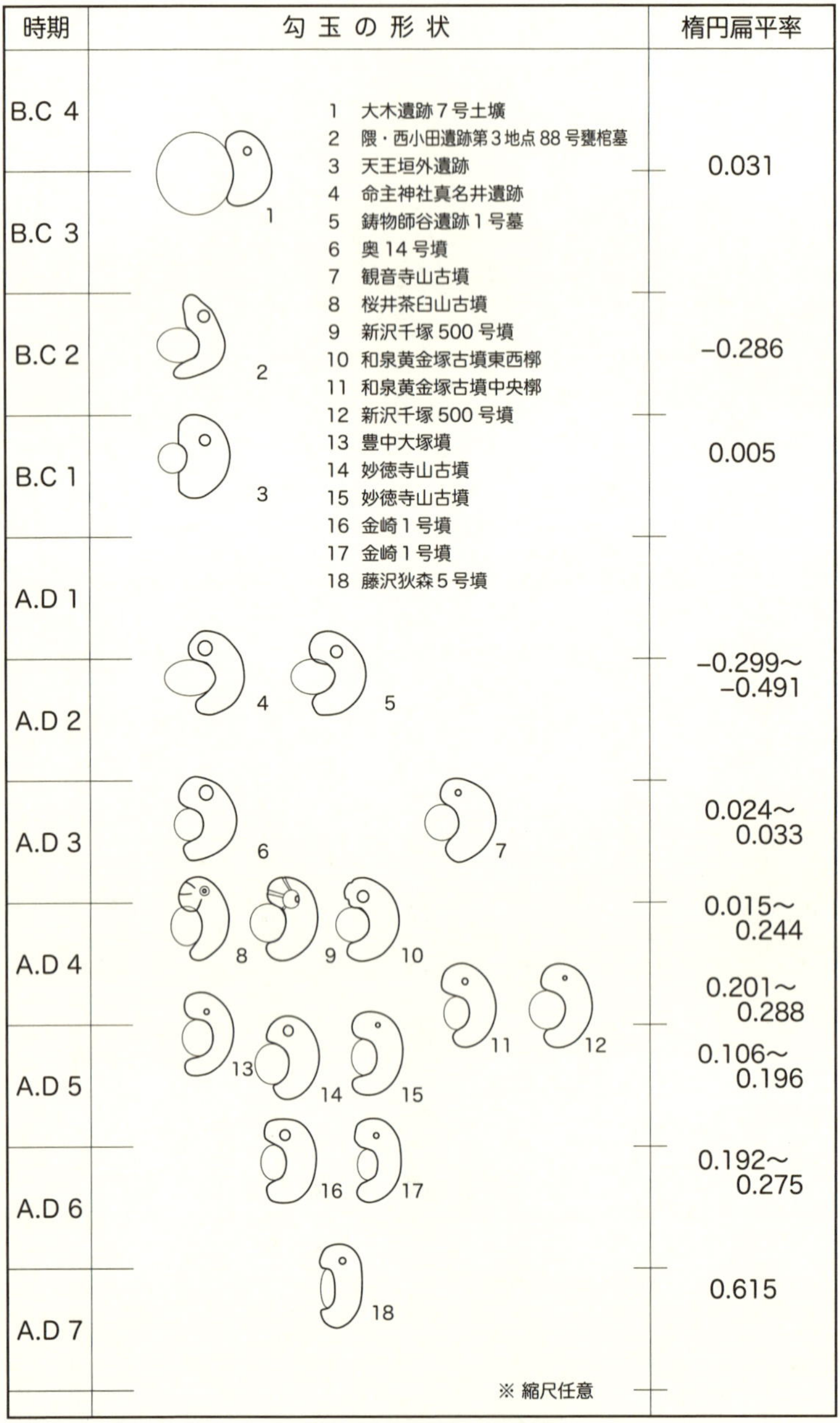
時期
勾玉の形状
楕円扁平率
B.C 4
B.C 3
B.C 2
B.C 1
A.D 1
A.D 2
A.D 3
A.D 4
A.D 5
A.D 6
A.D 7
1　大木遺跡7号土壙
2　隈・西小田遺跡第3地点88号甕棺墓
3　天王垣外遺跡
4　命主神社真名井遺跡
5　鋳物師谷遺跡1号墓
6　奥14号墳
7　観音寺山古墳
8　桜井茶臼山古墳
9　新沢千塚500号墳
10　和泉黄金塚古墳東西槨
11　和泉黄金塚古墳中央槨
12　新沢千塚500号墳
13　豊中大塚墳
14　妙徳寺山古墳
15　妙徳寺山古墳
16　金崎1号墳
17　金崎1号墳
18　藤沢狄森5号墳
0.031
−0.286
0.005
−0.299〜 −0.491
0.024〜 0.033
0.015〜 0.244
0.201〜 0.288
0.106〜 0.196
0.192〜 0.275
0.615
※ 縮尺任意

図3　勾玉腹部弧比較図

径（a）と短径（b）が逆転しており、楕円形の長軸が横となる特徴がある。これは、弧が鋭角に近いもので、勾玉の腹部が深い印象の形状であることを物語っている。そして、この安定こそが、所謂定型化した勾玉の発生を示すものと思われる。西暦三世紀は扁平率（f）の小数点以下一桁が零代で、真円に近い状態である。西暦四世紀代は扁平率（f）が零から〇・一前後、西暦五世紀が〇・一前後から〇・二前後、西暦六世紀代は〇・二前後から〇・三前後、西暦七世紀代は〇・三以上と扁平率が増加していると推定される。又、今日まで所謂逆「C」字状勾玉と呼んでいた中期的様相の勾玉と、「コ」字状勾玉との境は、楕円率の〇・二付近にあると考えられる。更に、巨視的に見て、弥生的な勾玉の腹部は円の長軸が横の楕円、古墳時代的な勾玉は楕円の長軸が縦のものが多いと見ることも出来よう。

四　子持勾玉への応用

子持勾玉は、腹部に子勾玉を擁する例が多いため、勾玉と同様に腹部を製作するものではない。特に、勾玉が内磨砥石で研磨されるのに対し、子持勾玉は刀子状鉄製工具で削り出されているという大きな相違がある。従って、勾玉と同じ観点で見ることは出来ないが、形状の類似性を比較し、子持勾玉間での共通意匠を見い出すための有効性は内包されていると考えられる。

以前、子持勾玉の形状比較をする際、方眼を被せる方法を用いた（篠原二〇〇八）。それは、子持勾玉の意匠中、親勾玉の胴部と、腹部の抉り込み、又、子勾玉との比率を抽出し類似性を求めようとしたものである。つまり、全長（縦）比に対する全幅（横）比及び胴部比、全長を基準とした子勾玉各々腹部・背部、腹部内彎の比率を数値化する試みである。これは、滋賀県志賀小学校出土品と韓国慶尚道出土品、群馬県箕輪出土品が、分類上では親勾玉の截面形C・平面形1・頭尾Ⅰ、子勾玉背・脇部形割ａ・形状③・腹部形状ⅰ、重圏文の施文は圏1と（篠原二〇〇二）、それぞれ一致することに対して、視覚的には群馬県箕輪出土品が異なることを解決するためであった。比率を求めた結果、滋賀県志賀小学校出土品の腹部抉り込み比二六・七九％、韓国慶尚道出土品の腹部抉り込み比二三・六四％、共に近い数字であることに対し、群馬県箕輪出土品の腹部抉り込み比は四一・六七％と異なることが視覚的に異なる要因であることを抽出した。

しかし、腹部内彎の比は、その彎曲の弧を数値化するものではなく、その抉り込み深度を比率として出したものである。腹部弧自体を数値化したものでは無かったため、形状の表現を正確に成しているか懐疑的な部分もあった。そこで、親勾玉の腹部弧自体を数値化する楕円扁平率を用い、再度その類似性を検討した。

三者の比較に際しては、滋賀県志賀小学校出土品が実物不明で、最大長三寸以外不明のため、正確な数値化は出来ない。そのため、長径・短径の実数を挙げず、扁平率のみの比較とした。計測の結果、

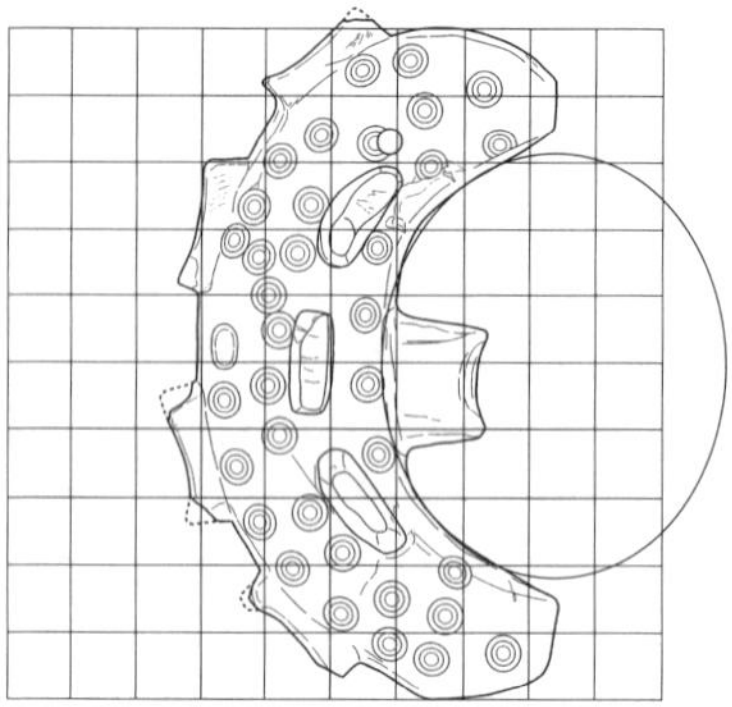

群馬県箕輪出土品

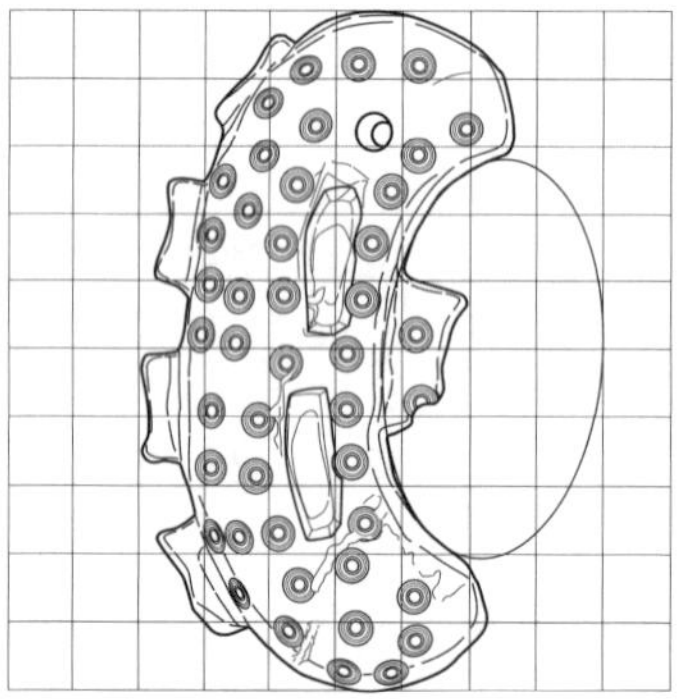

滋賀県志賀小学校出土品

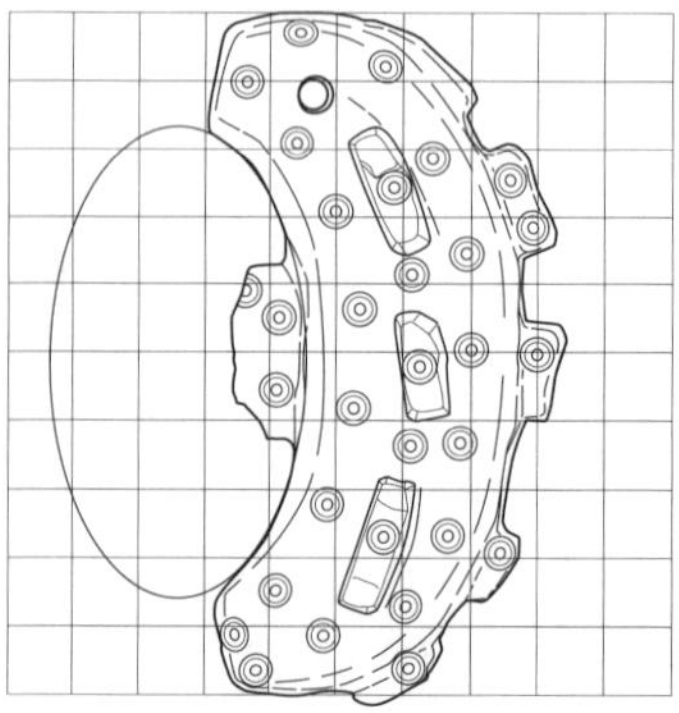

韓国慶尚道出土品

図４　子持勾玉腹部弧比較図

群馬県箕輪出土品　扁平率（f）〇・一六五
滋賀県志賀小学校出土品　扁平率（f）〇・四四〇
韓国慶尚道出土品　扁平率（f）〇・四七二

との数値が得られた。群馬県箕輪例が真円に近い弧を描いているのに比して、滋賀県志賀小学校出土品と韓国慶尚道出土品は、明らかに楕円率が高く、又、近似した数値を示す。子持勾玉の腹部が削り出されていることを考慮すると、この二者の数値は、殆ど同じ弧であると見て良い。従って、製作時点で双方が並存していた、言い換えれば同一工房で、同時期に製作されていた可能性があると言うことが出来よう。

おわりに

勾玉・子持勾玉は、石材や製作技術に関わる特殊性から、限られた生産地からの供給品という特徴を持っている。この流通や消費地との関係は、当時の社会構造を知る上で、重要な示唆を与えるものである。そのため、その比較に必要な観点を多角的に持つことが急務であり、腹部弧の数値化もその一つの試みである。

今回の検討では、類似性を示すに有効であると考えられたが、比較の絶対数が如何せん少ない。今後、勾玉の腹部弧を、実際の長径・短径の数値とその楕円扁平率で示す類例を増やし、その検証を進めることを課題としたい。

本稿を草すに当り、戸井田秀夫氏、内川隆志氏、篠原浩恵をはじめ、多くの方々から御助言・御協力を賜わった。ここに、深甚なる敬意と謝意を記して表するものである。

「林継さん」「林継先生」と誰からも親しみを持って呼ばれる椙山先生が、此度、古稀をお迎えになられましたこと先ず以て言祝ぎ申し上げます。先生の御誕生日と我が娘の誕生日が同じというのも、奇しき御神縁と申せましょう。林継先生の門を叩き、その懐の大きさ、学問の深遠さに感銘し、勝手に弟子を称しておりますが、先生には學恩ばかりではなく、公私共に御高配を賜り、感謝の文字を何乗すれば良いのか分かりません。どうぞ、これからも沢山酒学を御教えいただきたいと申し上げたいところですが、お身体を御自愛下さり、喜寿や米寿の論文を献呈させていただけますようお願い申し上げます。

註

（1）ある定点（F）とある直線（l）からの距離の比が一定（FP/FH＝一定）で、この比の値が離心率とする定義もある。

（2）栃木県考古学会誌の編集長として携わってたことから、頁合わせの論文が必要となり、急拵えで活字にしたため不備が多い。新沢五〇〇号の腹部分類も、当初は五つに分けていたが、今回の作業で四つが適当と判断出来たので訂正する。

参考・引用文献

網干善教　一九八一「主槨の出土遺物」『新沢千塚古墳』奈良県史跡名勝天然記念物調査報告第三九冊　奈良県教育委員会
磯田正美ほか　二〇〇九『曲線の事典　性質・歴史・作図法』共立出版
篠原祐一　二〇〇二「子持勾玉小考」『子持勾玉資料集成』付録　國學院大學日本文化研究所
篠原祐一　二〇〇九「勾玉の規格性に関する一考察」『栃木県考古学会誌』第三〇集　栃木県考古学会
篠原祐一　二〇〇八「重圏文子持勾玉攷」『祭祀考古学』第七号　祭祀考古学会
椙山林繼ほか　二〇〇二『子持勾玉資料集成』國學院大學日本文化研究所
中内伸光　二〇〇五『じっくり学ぶ曲線と曲面―微分幾何学初歩―』共立出版社
北條芳隆・禰宜田佳男編　二〇〇二『考古資料大観』第九巻　小学館

前方後方墳とその周辺

高橋　一夫

前方後方墳（前方後方形低墳丘墓を含む）は、全国で５００基ほど確認されている。そのほとんどは三世紀から四世紀前半に属し、東国では前方後円墳に先行して出現すること、東海系土器が出土する例が多いこと、東海西部が発祥地であることから狗奴国との関係で論じられるなど、その性格をめぐって改めて注目が集まっている。本稿ではこれまでの調査・研究成果を整理し、若干の問題提起をしたいと思う。

なお、方形周溝墓と同程度の規模、周溝の規模から低墳丘と思われるものは前方後方形低墳丘墓（以下、低墳丘墓）、高塚をもつものを前方後方墳と呼称する。

一　形　態

前方後方という形は方形周溝墓（B0型）から出発し、①周溝の一部が途切れるもの（B1型）、②途切れた個所の周溝が肥大化して前方部が形成されるもの、または前方部側面に細い周溝がめぐるもの（B2型）、③前方部先端にも細い周溝がめぐるが隅の一部が途切れ、周溝は墳丘と相似形のもの（B3型）、④前方部の周溝が全周し、周溝全体は墳丘と相似形のもの（B4型）、⑤周溝は墳形にとらわれずに幅広で全周するもの（B5型）、という5型式が存在する。(1) 周溝はB3型やB5型になっても浅いものが圧倒的に多く、そこから得られる土量は少なく、現存するものも低墳丘である。

また、B1型からB5型は同一墓域に併存する場合が多いが、B1型からB5型へと型式順に造営されたわけでもない。例えば、埼玉県南志度川遺跡ではまずB3型が出現し、次にB2型が、その後にB0型の方形周溝墓が出現し、型式を逆行している（長滝歳康二〇〇五）。こうした点から、B5型の出現は遅れるが、B1型からB4型以降の各型はほぼ同時期に出現したと理解してよく、型の採用は被葬者の階層に起因しよう。

二　消　長

時期区分　まず、時期区分を行っておこう。今回の検討の中心は東国であり、東海系土器の出土が多いことから廻間編年を基本にしたい。

1期：廻間Ⅰ式（二世紀後半～三世紀初頭）、2期：廻間Ⅱ式（三世紀前半～中）、3期：廻間Ⅲ式（三世紀後半～四世紀初頭）、4期：四世紀前半。

出　現　低墳丘墓で最古のものは、廻間Ⅰ式古段階に位置づけられている愛知県廻間SZ01号墓（B4型・25m）といわれている（赤塚次郎二〇〇五）[2]。

それに先行する遺跡として、「長宜子孫」銘のある中国製内行花文鏡が出土している岐阜県瑞龍寺山山頂遺跡がある（楢崎彰一ほか一九六七）。遺跡は標高158mの山頂にあり、確認調査により岩盤を鋭利に掘り込んだ長さ4m、幅1mと長さ3・4m、幅1mほどの遺構が二つ確認された。第1遺構からは碧玉製管玉一点、第2遺構からは何も出土しなかったが、かつて出土した内行花文鏡と土器はこの遺構から出土したようだ（岐阜市一九七九）。実測図は前方後方形をしているが、それを見る限りでは墳丘と自然地形の見分けがつかない[3]。内行花文鏡が出土していることから墳墓の可能性が高いが、墳丘墓か前方後方墳かの判断はしかねる。出土土器は高坏・器台・鉢で、山中式中頃に比定できよう。ただ、柳田康雄はこの内行花文鏡（柳田は「長宜子孫連孤文鏡」と呼ぶ）を、日本で伝世しない最初の三世紀の鏡、という見解を示している（柳田二〇〇二）。

高塚が現存する出現期の前方後方墳として、滋賀県神郷亀塚古墳がある。墳長は約38mで、墳丘は前方部で1・3m、後方部で3・8mの高さを残す。出土土器は弥生終末期の斗西1期が主体で、四世紀前後の土器も出土しているが、築造年代を斗西1期としている（植田文雄二〇〇四）。この年代に疑義があるとの声も聞くが、墳丘と周溝から2期ないし3a期の手焙形土器が二点出土している。主体部は二つあることから、手焙形土器が葬送儀礼に使用されたと考えられるので、植田文雄の示す年代を支持したい(4)。

また、奈良県ノムギ古墳も2期と思われる手焙形土器が出土していることから、1期には前方後方墳が畿内にも波及したようだ(5)。

瑞龍寺山頂墳はいまひとつ実態が分からないので保留するとしても、1期から2期にかけての二世紀末から三世紀前半には、濃尾平野と近江で低墳丘墓と前方後方墳が出現したと捉えることができる。

波　及　調査が進んでいる関東を中心に見てゆきたい。

南志度川4号墓（B3型）から廻間Ⅱ式期のパレス壺の形態と文様構成をもつ壺が出土している。この壺は岐阜県東町田10号墓（B2型）の胴部突帯のある壺と文様構成が酷似するが、胴部が球形となっているので、廻間Ⅱ式でも若干年代が下ろう。また、千葉県東1号墓（B1型）から神門5号墳と類似する壺が出土している。千葉県滝ノ口向台8号墓（B4型）や高部32号墓（B4型）からは近江系の3a期の手焙形土器が出土していることから、2期後半には東国に低墳丘墓・前方後方墳が波及したと見てよい。

その他、当該期の墳墓として、石川県小菅波4号墓（B2型か）、長野県弘法山古墳（63m）、埼玉県下道添2号墓

（B2型）があげられる。

盛　行　3期になると各地に低墳丘墓が出現し、大型前方後方墳も出現する。また、この時期には東北地方まで波及し、福島県男壇2号墓（B2型）をはじめ多くの低墳丘墓が出現し、73ｍの山形県天神森古墳・同県宝領塚古墳（70ｍ）も出現する。

3期前半の前方後方墳として神奈川県秋葉山4号墳（41ｍ）、埼玉県塩1号墳（35ｍ）、栃木県駒形大塚古墳（64ｍ）が、低墳丘墓では埼玉県三ノ耕地1・2号墓（B5型）、千葉県飯合作2号墓（B5型）、同県山王田辺2号墓（B4型）、同県東間部多2号墓（B3型）、群馬県下佐野A4号墓（B3型）などが該当しよう。

3期後半の前方後方墳として埼玉県山の根古墳（55ｍ）、同県諏訪山29号墳（50ｍ）、群馬県元島名将軍塚古墳（95ｍ）、栃木県那須八幡塚古墳（57ｍ）、同県茂原愛宕塚古墳（50ｍ）が、低墳丘墓は千葉県北の作1号墳（B2型）、同県草刈A99号墓（B2型）、群馬県鈴の宮7号墓（B3型）、同県伊勢崎流通団地8号墓（B5型）などが該当する。東北では福島県本屋敷古墳（36ｍ）はこの段階のものであろう。

消　滅　4期が消滅期で数は減少するが、１００ｍを超える栃木県藤本観音山古墳（１１５ｍ）、東国最大の１３０ｍの群馬県前橋天神山古墳、栃木県上侍塚古墳（１１４ｍ）、同県大桝塚古墳（96ｍ）、茨城県勅使塚古墳（64ｍ）もこの時期のものだろう。１００ｍ級の前方後方墳は北関東に集中する傾向にある。低墳丘墓では群馬県下郷42号墓（B5型）が該当する。

東日本では前方後円墳は4期で終焉を迎えるが、畿内では数は少ないがその後も大型前方後円墳が築かれ、島根県では古墳時代を通じ継続して造営されるという特異な現象を示す。本稿では、こうした新しい段階の前方後方墳は検討の対象から外している。[6]

三　分　布

低墳丘墓・前方後方墳は長崎県から宮城県まで分布するが、東日本が圧倒的に多い。発祥地である愛知は19基、滋賀36基であるが、関東だけを見ても神奈川6基、東京1基、埼玉16基、千葉32基、群馬36基、栃木20基、茨城17基とそれらの地域を凌駕する。また、北陸も福井15基、石川37基、富山15基と多く、東北の福島21基、宮城11基、山形8基という数も無視できない。因みに、畿内以西は158基で32％、畿内以東は342基68％で、およそ七割が東日本に存在する。前方後方形墳墓は濃尾平野・近江で出現したが、これらは主に東日本に向けて発信され根づいた墓制であるということができる。

四　前方後円墳との相違

群構成　低墳丘墓は単独で存在せず、方形周溝墓と群をなすという特徴をもつ。また、前方部はB1型からB4型までの型式変化を見ると、墳頂部への通路から発達した様子が窺える。方形周溝墓にも通路が存在したはずであり、埋葬が終了した段階で掘り残しておいた個所を掘削したのであろう。それをせずに掘り残した状態がB1型であるので、前方部に儀式の場としての役割はなかったろう。だが、前方部の発達はこの頃に出現する突起をもった墳丘墓の影響も考慮する必要がある。

前方部が発達した形態のものは、方形周溝墓よりも幅広周溝で占有面積が大きいことから、方形周溝墓より上位に位置していたことが想定できる。しかし、低墳丘墓は方形周溝墓群から脱却できなかった。形態は違っても基本は同じ方形であり、共同体の構成員の墓である方形周溝墓とともに存在することから、被葬者は共同体から隔絶した存在ではなかったことを物語っている。

ここで、方形周溝墓を含む低墳丘墓群から脱却し、独立した前方後方墳へと移行した埼玉県三ノ耕地遺跡を見てみよう。三ノ耕地遺跡は自然堤防上に立地し、18基の方形周溝墓と3基の低墳丘墓が検出されている。低墳丘墓はまず25m級低墳丘墓の1号墓が出現し、次に30m級の2号墓、最後に50m級の3号墓が築かれ（石坂俊郎二〇〇五）、その後これらを見下ろす近くの丘陵上に55mの山の根古墳が造営される。この現象は、三代にわたり共同体成員と共に低地開発にあたったリーダーが、共同体の支配者としての首長へと変化していった様子が読み取れる。方形周溝墓群中にあった低墳丘墓と前方後方墳との差異をここに見ることができる。

また、那須の前方後方墳群のひとつである吉田温泉神社古墳（47m）周辺の確認調査が行われ、方形周溝墓20基（墳丘を有するもの3基）、竪穴状遺構4軒が確認された（眞保昌弘一九九九）。これらは吉田温泉神社古墳と前後する時期のもので、短期間に築かれている[7]。また、吉田温泉神社古墳と駒形大塚古墳との前後関係は微妙であるが、前者は方形周溝墓群の中にあることから、駒形大塚古墳より先行し、吉田温泉神社古墳、駒形大塚古墳、那須八幡塚古墳の順で築かれた可能性が高い。そうであるなら、ここにおいても三ノ耕地遺跡と同様の現象を見ることができる。なお、近くにある那須八幡塚古墳周辺には方形周溝墓群は存在しない[8]。

段　築　段築は大型古墳の造営には不可欠な工法である。その初現は箸墓古墳と見てよいだろう。低墳丘墓は周溝から推測できる土量や規模から段築は不要であり、前方後方墳でも小規模のものは段築をしなくとも造営できたはずである。また、箸墓古墳以前に段築技法は存在しなかったとするなら、その工法を取ることはできない。低墳丘墓・前方後方墳は方形周溝墓から発達したので小規模のものが多く、その平均規模は約40mであるので、多くは段築を必要としない。

箸墓古墳以降、前方後方墳も段築が採用されはじめるが、概して段築で造営されたものは少ない。さすがに１００mを超える前橋八幡山古墳・藤本観音山古墳、１００m級の元島名将軍山古墳は段築によって造営されている。東北では天神森古墳と宝領塚古墳が段築であるが、那須八幡塚古墳では段築は確認されておらず、那須の前方後方墳群は現状を見る限り１１４mの上侍塚古墳を含め段築で造営されていないようである。

周溝・周堀　低墳丘墓の周溝は、前方部が確立するB3型になっても、最初に後方部に周溝をめぐらし、またはB2型に掘り、その後前方部を細い溝で閉切るという工程を踏んでいる。纒向型前方後円墳である千葉県神門５～３号墳の周堀も同様のあり方を示している。B3型の周堀は幅広であるので、神門古墳群の墳丘から推測すると方形周溝墓よりも墳丘は高かったことは確かだろう。

ところで、B5型の幅広周堀は、土が不足すれば深く掘ることはせず横に拡げて掘っているので、平面上の凹凸が見られ、不格好なものとなっている。周堀は墓域の景観を形成する重要な要素であるが、景観を気遣う様子はまったく見られない。この現象は前方後方墳においても見られ、藤本観音山古墳の周堀は竪穴住居を避けているため、長方形すら確保されていない（大澤伸啓二〇〇五）。また、周堀は浅く、土量を確保するために幅広に掘っているため幅が50mに達する個所もある。周堀は不整形なので、完成時にあっても威厳のない周堀だったに相違いない。前方後円墳なら他の古墳との周堀の重複を避けることはあっても、住居等を避けることはしないはずだ。ここに前方後円墳のように周堀によって墓域と外界と毅然と区切るという企画性や思想は到底感じられない。吉田温泉神社古墳もこの古墳の祭祀に関わる竪穴状遺構(9)を避けて周堀が掘られている。上侍塚古墳も現況を観察する限り、不整形周堀の可能性がある。周堀は前方後方墳と前方後円墳の根本的な相違を象徴している。

五　結語

前方後方形低墳丘墓は濃尾平野・近江で出現した可能性が高いこと、2期には東国に波及し、その後の墓制の中核となったこと、3期には前方後方墳へと成長していったことが確認できた。低墳丘墓からはとくに東海地方西部の土器が出土する例が多いことから、これらは地域の人々が移住して造営に関わったことは明らかだが、近江系の手焙形土器が出土することも忘れてはならない。ただ、東海系の土器が在地様式として定着するので、後出のものは土器の系の示す人々の墓と一概にはいえないだろう。

移住の理由として、畿内と東海西部の緊張関係や戦いによる難民、気候変動による移動などの説もある。三世紀初頭には纒向遺跡が出現し、初期大和王権が誕生したと考えられ、これと関わる人の動きも想定できる。私はかつて前方後方墳の被葬者を、大和王権により東海地方から派遣された「将軍」と位置づけた（高橋一九八五）。将軍という用語で誤解を与えた向きもあるが、前方後方墳の被葬者は単に開発だけではなく、大和王権の東国経営と深く関わっていたと考えている。いずれにせよ、東海地方とくに西部の人たちが東国の開発や経営に大きく関与したことに間違いはないだろう。

基本的に前方後方墳は、東国に前方後円墳が出現する以前の墓制である。低墳丘墓は方形周溝墓群とともに存在すること、段築で築かれた前方後方墳が少ないこと、１００ｍ級であっても周堀は不整形で、周堀だけ見ると低墳丘墓の延長上にあるという特徴をもつ。ここに前方後円墳との差異が明確に現われている。前方後円墳体制が出現する三世紀後半以降に造営された前方後方墳は、鏡の副葬品等から大和王権との関係が想定できるが、前方後方墳はこの体制に組み込まれておらず、律令体制の位階でいえば「外」的な存在だったろう。東国では前方後方墳が消滅し、前方後円墳が出現した段階で前方後円墳体制に組み込まれていった。それ故、東国では四世紀後半以降の前方後方墳は存在しないのである。

註

(1) 前方後方形低墳丘墓の型式分類はこれまで田中新史（一九八四）と赤塚次郎（一九九二）が行っている。

(2) 廻間SZ01号墓からは廻間Ⅲ式の土器も出土しており、その間は100年以上の開きがある。出土土器の大半はⅠ式であるので、ここでは赤塚次郎の見解に従いたい。

(3) 赤塚次郎は墳長を46mと推定している（赤塚二〇〇五）。

(4) 神郷亀塚古墳に隣接する斗西遺跡の溝から、破砕された「長宜子孫」銘の内行花文鏡が出土している。共伴土器は庄内式古段階という（植田文雄氏の御教授による）。斗西遺跡は、神郷亀塚古墳の造営主体の集落と想定されており、一九九三年の第二次調査の段階で東海系、北陸系、山陰系、畿内系、その他の地域の土器が322点出土している（植田一九九三）。また、その規模・内容から弥生終末以降、湖東地域の中枢的集落で、破砕鏡は神郷亀塚古墳の被葬者が入手した可能性がある。

(5) 手焙形土器の年代は高橋一九九八による。

(6) 植田氏が低墳丘墓・前方後方墳の全国的な時期区分を行っているので参照願いたい（植田二〇〇七）。

(7) 墳丘、葺石を有するものが存在することから報告者は「方墳」という名称を使用しているが、本稿では他との整合性、用語統一の必要性からあえて「方形周溝墓」という名称を使用する。本遺跡は方形周溝墓の本来の姿を示す良好な資料を提供している。

(8) 眞保昌弘氏の御教授による。那須八幡塚古墳には一辺30mの吉田富士山古墳が隣接して存在し、山の根古墳にも一辺25mの方墳の山の根2号墳存在する。前方後方墳と近い年代を想定している。

(9) 周堀が避けている1号竪穴状遺構は、一辺8mの大型で、四本の柱穴と炉があるが、炉の焼け方は弱い。東壁に高さ25cm、奥行80cm、長さ2mの盛土で作られた壇があり、壇上から壺・甕、器台・椀・高坏・小型精製鉢十点が整然と並んだ状態で出土した。さらに、その他の土器は故意に割られたものが多いことなどから、報告者は吉田温泉古墳の祭祀に関わる遺構と判断し、一般の住居跡と区別するため竪穴状遺構という名称を使用している。

引用文献（個々の遺跡についての文献は省略した）

赤塚次郎　一九九二「東海系のトレース」『古代文化』四四巻六号　古代學協會
赤塚次郎　二〇〇五「廻間Ⅱ式の時代」『東日本における古墳の出現』六一書房
石坂俊郎　二〇〇五「埼玉県の出現期古墳」『東日本における古墳の出現』六一書房
植田文雄　一九九三『斗西遺跡（第二次調査）』能登川町教育委員会
植田文雄　二〇〇四『神郷亀塚古墳』能登川町教育委員会
大澤伸啓　二〇〇五『藤本観音山古墳発掘調査報告書』Ⅰ　足利市教育委員会
岐阜市　一九七九「瑞龍寺山山頂遺跡」『岐阜市史』史料編　考古・文化財
眞保昌弘　一九九二『那須吉田新宿古墳群』栃木県小川町教育委員会
高橋一夫　一九八五「前方後方墳の性格」『土曜考古』一〇号　土曜考古学会研究会
高橋一夫　一九九八『手焙形土器の研究』六一書房
田中新史　一九八四「出現期古墳の理解と展望」『古代』七七号
長滝歳康　二〇〇五『南志度川遺跡　志度川古墳　志度川遺跡』埼玉県美里町教育委員会
楢崎彰一ほか　一九六七「岐阜市瑞竜寺山山頂出土の古鏡について」『考古学雑誌』五三巻一号　日本考古学会
柳田康雄　二〇〇二「三・四世紀の土器と鏡」『九州弥生文化の研究』学生社

献辞　大学二年の夏、当時、大場先生の助手であった椙山先生から、田能遺跡に発掘調査の手伝いに行くからついて来るようにとの電話。学生数名がお供をした。関西での発掘調査ははじめてだったので、土で苦労をしたことをいまでも思い出す。しかし、関西の研究者や学生と知り合うことができ、後々大きな財産となった。こうした機会を与えて下さったことに感謝するとともに、ますますの御健勝と御活躍を祈念申し上げます。

奈良県三輪馬場山ノ神遺跡の祭祀考古学的検討

古谷　毅

はじめに

奈良県桜井市の三輪山は日本古代史上著名な信仰の山であるが、西麓から多数の祭祀遺物の出土が知られる。出土地は三輪山祭祀遺跡群を形成し、四～七世紀におよぶ時期毎の遺物組成や立地等の変遷も明らかにされている。また、その外縁地域には最古の前方後円墳と考えられる箸墓古墳をはじめ、大王陵古墳を含む三世紀後半～四世紀に形成された大和《おおやまと》古墳群や弥生時代末以降に発達する大規模集落遺跡の纒向遺跡群等が拡がる。

一方、三輪山は八世紀に成立した『記紀』等に幾多の伝承が残り、大和および畿内におけるもっとも重要な国家的祭祀の対象として存在した。これらの伝承は三輪山型神話として研究が深められているが、三輪山の神（以下、三輪神）の農耕神・国土神・征討神的な性格やその変遷についてもさまざまな議論がある。とくに、三輪神を祀る大田田根子の伝承は、五世紀前半に成立したと考えられる初期須恵器を生産した大阪府和泉陶邑古窯跡群と密接な関係が想定されている。また、西南麓に拡がる磯城・磐余地区には、七世紀の飛鳥諸宮に先立つ推古朝以前の都宮伝承地が数多く分布する。これらの資料から、三輪山祭祀の主体は大和盆地に起源する王権またはそれと密接に関わる勢力であったと想定され、三輪山祭祀遺跡群は古墳時代の王権に関わる祭祀の在り方を示す重要な遺跡である。

しかし、両者は資料性の相違から二、三を除いて具体的な検討はまだ緒についたばかりといえる。本稿では三輪山祭祀遺跡群のうち、比較的内容が明らかな山ノ神遺跡を中心に、七世紀以前の祭祀の変遷について、遺跡・遺物の性格変化の視点から検討を試みたい。

一　三輪山祭祀遺跡群と山ノ神遺跡

三輪山（標高六四七・一m）は円錐形のいわゆる神奈備型の秀麗な山容をもつ。奈良盆地東南部に位置し、西麓には大和川の支流をなす巻向川・初瀬川が形成した扇状地が拡がる。扇状地西側は南北に延びる春日断層の崖線によって画され、盆地内の多くの地点から仰ぎ見ることができる。西麓に鎮座する大神《おおみわ》神社はこの三輪山を御神体としているために神殿がなく、原初的な形態を留める古社として知られる。中腹から山頂には巨石群が露出し、禁足地付近の辺津磐座や山頂部の日迎神社付近の奥津磐座など、多くの磐座が分布している（図1）。

三輪山祭祀遺跡群は磐座群を含めて巻向川と初瀬川に挟まれた水垣郷（内）と呼ばれる地区の二十数か所の祭祀遺跡で構成される。地形的には、標高七五mから一四〇m付近の扇状地の沖積地を中心に分布する。出土遺物は、素文鏡・鉄製品・土師器・須恵器の他、滑石製・土製模造品が知られ、遺物相から四世紀後半～七世紀に形成されたとみられる。また、須恵器の多くは大阪府泉北丘陵の和泉陶邑古窯産と推定され、製作年代は五世紀後半と六世紀後半～七世紀初頭とした時期に中心がある（佐々木一九七九a・一九八〇・一九八六）。なお、水垣郷外ではあるが、南西約一・五kmの上之庄遺跡は四世紀後半に溯る玉造遺跡で、滑石製の車輪石・勾玉・管玉・臼玉や未製品・原石・砥石などが出土しており注目される（橋本二〇〇二）。

さて、山ノ神遺跡は沖積地との比高差約七〇mの奈良県桜井市三輪馬場字山ノ神茶臼山に所在し、三輪山祭祀遺跡群

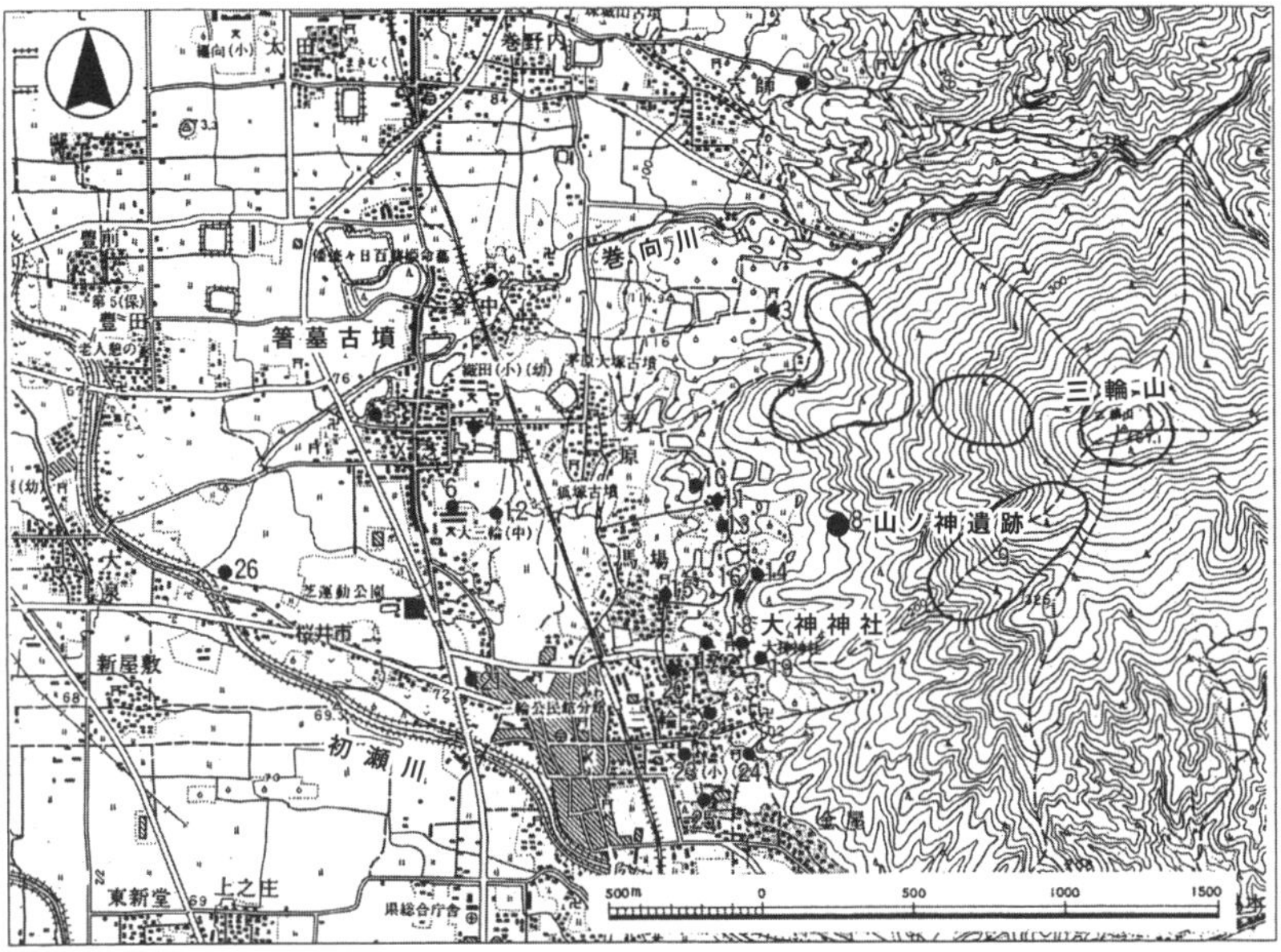

図1　三輪山祭祀遺跡群・祭祀遺物出土地（寺沢 1988・中村編 2000、一部改変）

の最高所に位置する。南北を谷に挟まれた山稜鞍部の西南西に延びる細長い半島状の傾斜地で、大正七（一九一八）年の開墾中に多量の遺物が発見され、発掘調査が行われた。数個の巨石と河原石の敷石があり、周囲から小型素文鏡、碧玉勾玉・管玉、水晶製勾玉や鉄片などをはじめ、各種の石製・土製模造品、多量の須恵器・土師器破片が出土した（高橋他一九二〇、樋口一九二七・一九二八ほか）。度重なる採集による膨大な出土量は数万単位に達するとの見方（樋口一九二八）もあり、繰り返し祭祀行為が行われたことを窺わせる。滑石製模造品には勾玉・子持勾玉・管玉・臼玉・双孔円板・剣形品（図2）があり、土製模造品には案《つくえ》（俎板）形・箕形・竪臼形・竪杵形・柄杓形・坩形・高坏形などのほか、匏《ひさご》形や有溝円盤もある（図3）。須恵器は甕を中心とした破片で、土師器は甕や盤状器種を中心とした破片であるが、籠目土器とみられる破片が含まれる。

　以上のように、三輪山祭祀遺跡群の遺物相は多種・多様な素材・内容にわたり、とくに山ノ神遺跡出土品の出土量と土製模造品にみるバラエティには注目すべきものがあ

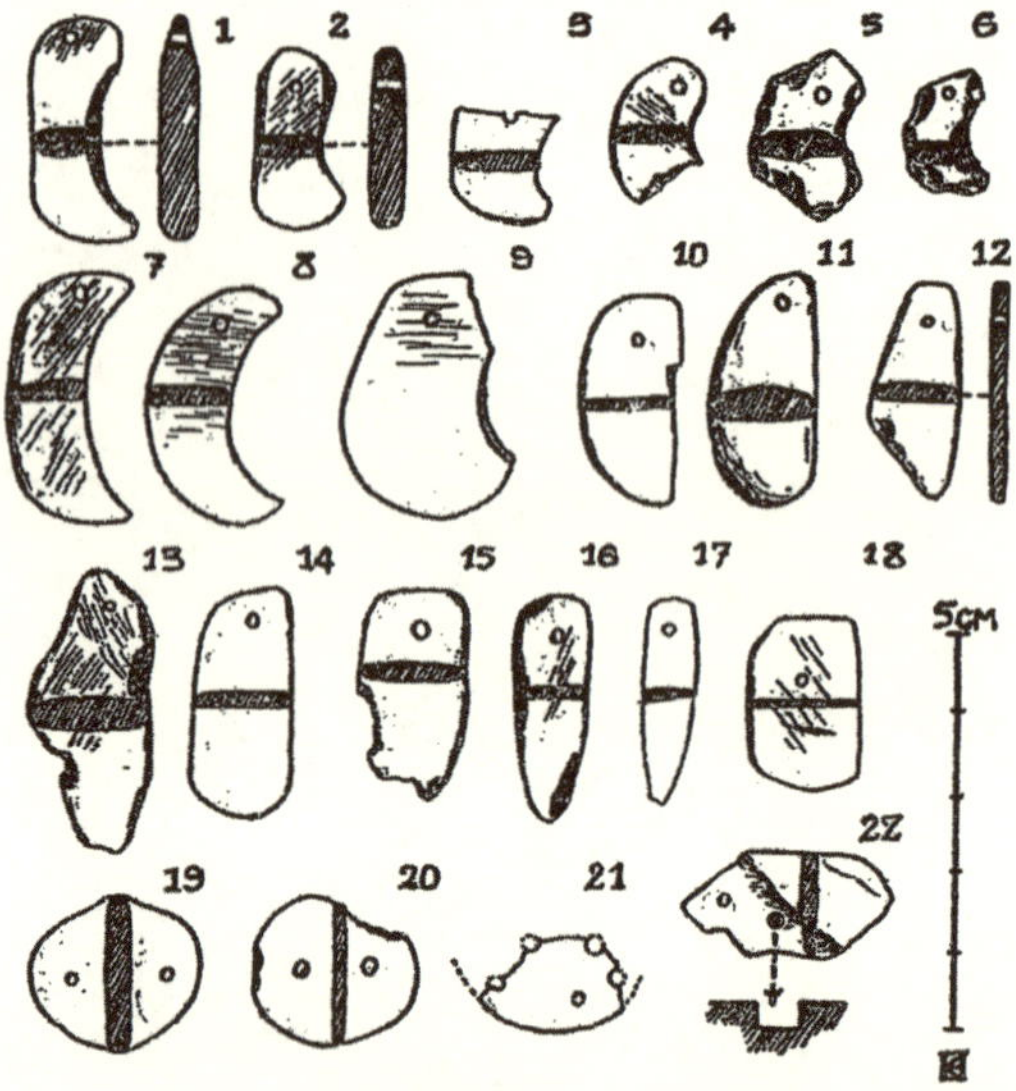

図２　山ノ神遺跡出土・石製模造品
（樋口 1928）

る。遺物相の時期区分としては、まずA群：小型素文鏡・碧玉または水晶勾玉等を中心とした四世紀後半～五世紀前半と、B群：滑石製・土製模造品、子持勾玉、須恵器から構成される五世紀後半～六世紀前半の二時期に分類することができる（寺沢一九八八）。これに加え、C群：須恵器の第二のピークが示す六世紀後半を中心とした一時期を加えることが可能であろう（佐々木一九七九a・一九八六）。この他、禁足地に限定された七世紀代の祭祀が想定されている（佐々木一九八〇、寺沢一九八八）。

　多くが発掘調査を経た資料ではないが、これらA～C群の遺物相の変遷は三輪山に対する祭祀の存続期間と祭具の変遷をおおむね反映しているとみることが可能であろう。

二　出土遺物の性格

　まず、須恵器は五世紀前半頃に朝鮮半島から伝わった轆轤成形や窖窯焼成などに関するまったく新しい技術の移転を基盤に成立した焼き物であり、大阪府和泉陶邑古窯跡群で最古の窯跡が調査されている。三輪山祭祀遺跡群の須恵器は江戸時代から知られていたが、一九六〇年代から始まった大阪府和泉陶邑古窯跡群の調査開始以降は、次に挙げる大田田根子伝承との関係がとくに注目された（中村一九七三・一九七七、佐々木一九七五・一九七八）。

①『日本書紀』崇神天皇七年　八月癸卯朔己酉条

「倭迹速《やまととはや》神浅茅原目妙《まくはし》姫・穂積臣の遠祖大水口宿禰・伊勢麻績君、三人《みたり》、共に夢《いめ》を同じくして奏して言さく、「昨夜夢みらく、一の貴《むち》人有りて、誨《をし》えて曰へらく、『大田田根子命を以て大物主大神を祭ふ主《いはかむぬし》とし、（中略）即ち茅渟《ちぬ》縣の陶邑《すゑのむら》に大田田根子を得て貢《たてまつ》る。（中略）母《いろは》をば活玉依媛と曰す。陶津耳の女《むすめ》なり」とまうす。（後略）」

よく知られたこの記事は、大物主神である三輪神[1]と活玉依比売の婚姻譚[2]が語られ、三輪山型神話または苧環《おだまき》型説話とも呼ばれる異類婚姻（神婚）譚として有名である。『古事記』崇神記では疫病をもたらす祟り神として現われ、河内美努村の意富多多泥古が三輪神を祀ることで終息したとある。『日本書紀』に登場する陶邑は和泉陶邑古窯跡群に比定され、三輪山祭祀に使用された須恵器の性格と生産地の関係を示す記事とされる。祭祀の主体に関しては多くの議論がある（松前一九七五、阿部一九七五、和田一九七五・一九八五、佐々木一九七九b・一九八〇、寺沢一九八八）。

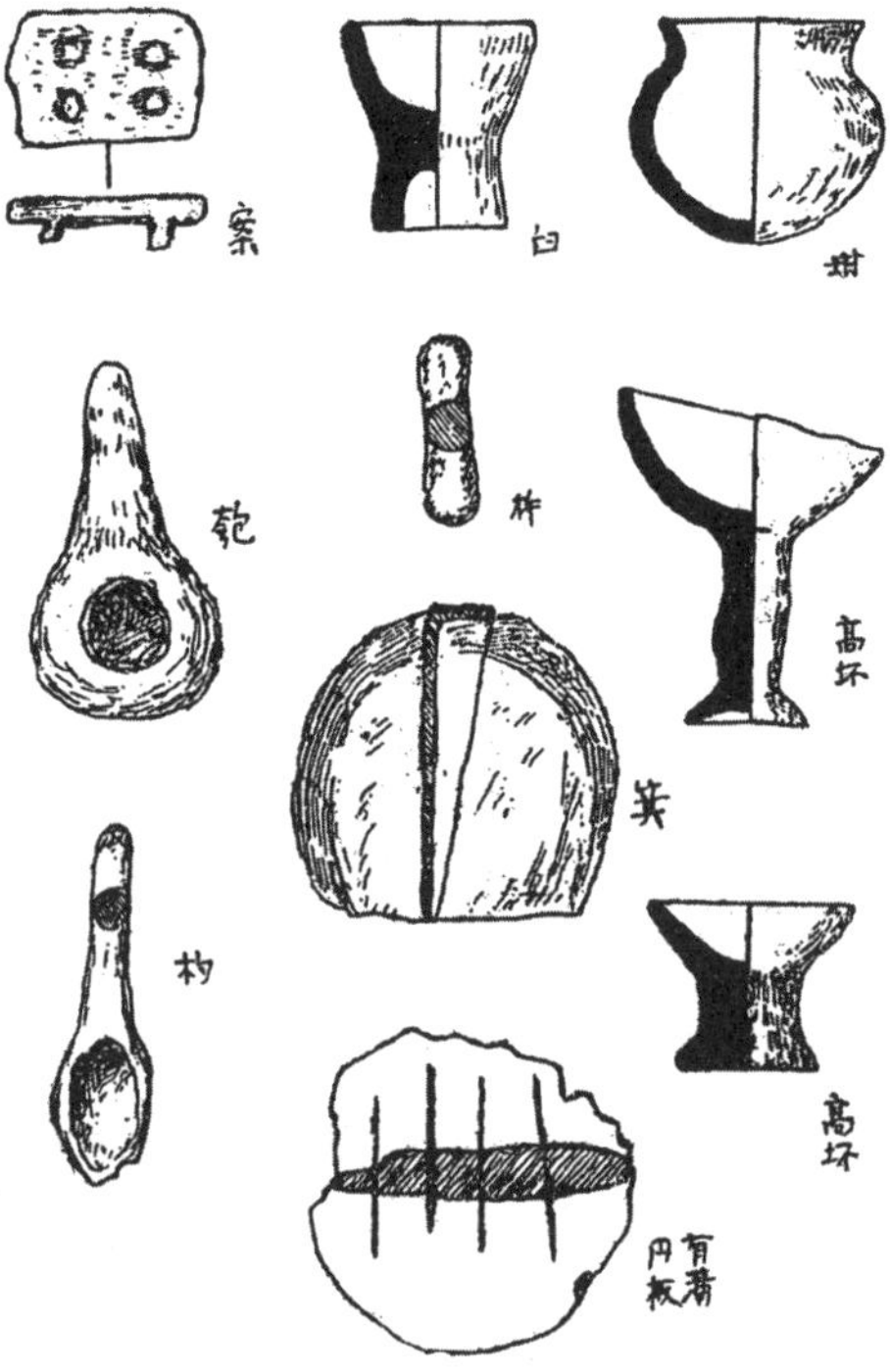

図３　山ノ神遺跡出土・土製模造品
（大場 1951）

次に、土製模造品については、定義は難しいがミニチュアの手捏土器を除けば、四世紀から鏡・玉類・動物形などが現れ、五世紀には酒造具・武具・竈・鐸・釧形や人形・馬形などがある。さらに、六世紀には鈴鏡・水鳥形、七世紀には農具・鈴釧形などが加わる。石製模造品と比べて格段に種類が多く、次第に多様化が進み遺跡毎に組成が異なることから、祭祀の執行者によって神の性格づけが行われるようになったことを示すと考えられている（亀井一九八五）。

山ノ神遺跡出土品は、稀少な器種を豊富に含むことが特徴である。とくに容器類（壺・高坏）や匏・柄杓形、竪臼・竪杵形に加え、箕・案形は他に類をみないものであるが、次に挙げる『延喜式』神祇式の各種酒造料用具（祭料）などとの類似から、農耕儀礼や酒造儀礼に関わる祭祀遺物とする考えがある（大場一九五一）。

②『延喜式』（巻四〇）酒造司　酒造雑器

「中取案八脚、木臼一腰、杵二枚、箕廿枚、槽六隻。甕木蓋二百枚、（甑《こしき》）三口、水樽十口、水麻笥廿口、小麻笥廿口、筌《うへ》百口、匏十口〈已上供奉酒料〉、篩《ふるい》料絹五尺、（後略）

右造酒料支度、及年料節料雑器、並申省請受。」

これらの祭料は酒造に関する実用容器および関連品（甕・槽・水樽・匏・案など）と原料加工具（臼・杵・箕・篩など）である。次に挙げる奈良時代『風土記』の伝承にもみえるように、造酒に要する過程の複数段階に使用される実物用具が一式となっていることが窺われる。

③『播磨国風土記』揖保郡　意此《おし》川条

「品太の天皇のみ世、出雲の御蔭の大神、枚方の里の神尾山に坐して、毎《つね》に行《みちゆ》く人を遮《さ》へ、半ば死に、半ば生きけり。その時、伯耆の人小保弖・因幡の布久漏・出雲の都伎也の三人相憂へて朝廷《みかど》に申《まを》しき。ここに、額田部連久都都を遣りて、禱《の》ましめたまひき。時に、屋形を屋形田に作り、酒屋を佐々山に作りて祭りき。（後略）」

ほかにも、しばしば天皇が巡幸先で土地の神を祭る際に行宮に酒殿を建てる記事が散見し、ここに本来の神マツリに際しては造酒などを実修することが本義であったことが窺える。[3] 少なくとも奈良・平安時代には、造酒過程に必要な祭料を準備することが祭祀の要件であり、これらの祭具を用いた行為または所作が実修されていたとみられる。

しかし、土製模造品が古墳時代のいわゆる仮器であることには注意しなければならない。古墳時代の土製模造品と平安時代の祭具における構成の一致は、古墳時代においても酒造を実修した段階から所作を実施した段階への形骸化、またはそれを象徴化した状況があったことを示唆すると考えることができる。このように解釈すれば、八世紀に成立した『記紀』『万葉集』にみえる次のような伝承も、三輪神である大物主神の酒神としての性格の一端が前代から伝承され、その神格の古態が古墳時代の土製模造品に反映している可能性が考えられる。

④『日本書紀』崇神天皇八年　十二月丙申朔乙卯条

「天皇《すめらみこと》、大田田根子を以て、大神《おほみわのかみ》を祭《いはひまつ》らしむ。（中略）

此の神酒《みき》は　我が神酒ならず　倭成す　大物主の　醸《か》みし神酒　幾久《いくひさ》　幾久」[4]

問題はこのような古墳時代に存在したと想定される三輪神の性格が、律令的祭祀以前の祭祀において、どのような位置を占めるかという点であろう。

三　荒神伝承の変遷

大田田根子伝承の内容は、三輪神である大物主神の禍難を大和以外に住む特殊能力をもつ人物が鎮めるという構図であった。これは為政者（首長）が地元以外の巫覡の力を借りて祟り神を祀るという話型として捉えることが可能である。このような人々に災厄を与える神の存在を語る伝承は、『記紀』『風土記』に主に荒ぶる神（以下、荒神）の伝承として数多くみえる。

⑤『肥前国風土記』佐嘉郡条

「（前略）此の川上に荒ぶる神ありて、往來《ゆきき》の人、半ば生かし、半ば殺しき。ここに縣主等の祖大荒田占問ひき。時に、土蜘蛛、大山田女・狭山田女といふものあり、二の女子の云ひしく『下田の土を取りて、人形・馬形を作りて、此の神を祭祀らば、必ず應和《やわら》ぎなむ』といひき。大荒田、即ち其の辞《ことば》の随《まにまに》に、此の神を祭るに、神、此の祭を歆《う》けて、遂に應和ぎき。（後略）」

ここでは交通の障害となる荒神の祭祀に土製祭具を用いており、土製模造品等を考える際に示唆的である。しかし重要な点は、①・③・⑤の伝承のいずれもが当該地の為政者が特殊な能力をもつ第三者の力を借りて荒神を鎮めるという話型をもつことである。

一方、これとは異なる話型をもつ伝承としては、次の有名な記事がある。

⑥『常陸国風土記』行方郡　提賀《てが》里条

「石村《いはれ》玉穂の宮に大八洲馭《しろ》しめしし天皇のみ世、人あり。箭括の氏の麻多智、郡より西の谷の葦原を截《きりはら》ひ、墾闢《ひら》きて新に田を治《は》りき。此の時、夜刀の神、相群れ引率て、悉盡《ことごと》に到来《き》たり。左右《かにかく》に防障《さ》へて耕佃《たつく》らしむることなし。（中略）是に、麻多智、（中略）夜刀の神に告げていひしく、『此より上は神の地と為すことを聴《ゆる》さむ、此れより下は人の田と作《な》すべし。今より後、吾、神の祝と爲りて、永代に敬ひ祭らむ。冀《ねがわ》くはな祟りそ、な恨みそ』といひて、社を設けて、初めて祭りき、といへり。（中略）其の後、難波の長柄の豊崎の大宮に臨軒《あめのしたしろ》しめしし天皇のみ世に至り、壬生連麿、初めて其の谷を占めて、池の堤を築かしめき。時に、夜刀の神、池ノ邊の椎株に昇り集まり、時を經れども去らず。是に、麿、（中略）役《えだち》の民に令《おほ》せていひけらく、『目に見る雑の物、魚虫の類は、憚《はばか》り懼《おそ》るるところなく、随盡《ことごと》に打殺せ』言ひ了はる應時《そのとき》、神《あや》しき蛇避け隠りき。」

これは開発者と自然神との関係の変化を如実に示している伝承として知られる。このように神―人のさまざまな葛藤を示す伝承も、『記紀』『風土記』には多数伝えられている。

そこで、これらの伝承の話型を類型化すると、おおよそ次の四つに分類することができる。

まず、（Ⅰ）類型的な表現で多くの伝承がみえる交通の障害となる荒神を避けるだけの一方的な関係と、（Ⅱ）①・③・⑤のような特殊能力をもつ人物に荒神を鎮めさせる場合である。これに対し、（Ⅲ）⑥の前半のように自ら巫覡として鎮める場合と、（Ⅳ）⑥の後半のように荒神を駆逐する場合がある。これらを話型から分析すれば、伝承Ⅰ→伝承Ⅱ→伝承Ⅲ→伝承Ⅳと変化してきたことが窺われる。

たとえば、⑥では伝承Ⅲ・Ⅳの階段はそれぞれ継体朝・孝徳朝とあることから、伝承の年代観も時間的に変遷しているとみられる。したがって、伝承Ⅲ・Ⅳの伝承上の年代観は六～七世紀で、伝承Ａ・Ｂはそれ以前の年代を想定していたと考えることが可能であろう。このような観点から、大田田根子伝承の話型は伝承Ⅱと一致することから、五世紀を中心とした時期に成立した伝承であった可能性が高いと考えられる。

原始・古代社会において、各地域的集団が自ら奉祭する在地神をもつという関係はごく普遍的な存在で、基本的な形態として地域毎に「神―巫覡―集団」という関係が成立していたとみることが可能であろう（小松一九七七）。このとき、人々は別の集団領域ないし未開発地に到達した場合は異郷の在地神に対して自ら奉祭する手段をもたず、このような状況が伝承Ⅰに反映している蓋然性は高いと思われる。これに対し、伝承Ⅱでは荒神に対して特殊能力の保持者を探索して祭祀を執行することが特徴であった。しかし、伝承Ⅲ・Ⅳでは外来の来訪者または為政者自ら祭祀を執行していることに注目すれば、伝承Ⅱはやはり自ら奉祭手段をもたない段階と捉えることができ、伝承Ⅲ・Ⅳとの間には大きな画期を認めることができる。このように考えれば、神—人関係を伝承Ⅲ・Ⅳの段階まで推し上げたものは、何であったかが問題であろう。

ところで、『風土記』には、伝承Ⅲの話型をもつ例に、次のような記事がある。

⑦『播磨国風土記』揖保郡　牧方里条

「佐比岡　佐比《さひ》と名づくる所以《ゆゑ》は、出雲の大神、神尾山に在《いま》しき。此の神、出雲の國人の此處を経過《すぐ》る者は、十人の中、五人を留め、五人の中、三人を留めき。故、出雲の國人等、佐比を作りて、此の岡を祭るに、遂に和《あまな》ひ受けまさざりき。（中略）然る後に、河内國茨田《まむた》の郡の枚方里の漢人《あや》、来至《き》たりて、此の山の邊に居りて、敬《ゐやま》ひ祭りて、僅《はつか》に和《やは》し鎮むることを得たりき。（中略）又、佐比を作りて祭りし處を即ち佐比岡と號《なづ》く。」

これは渡来人である河内国枚方里の漢人が荒神を鎮めた記事であるが、最初に在地の出雲国人等が使用した祭具は佐比であった。サヒは刀剣またはスキ（鍬・鋤）の意であるが、前述の酒造と同じく祭祀に先立って実際に製作することがみえている。

荒神伝承における話型変遷の画期であった伝承Ⅱ階段において、祭具の準備および祭祀を執行する者は、①河内国茅渟縣陶邑の大田田根子、③額田部連久都都、⑤縣主等祖大荒田と大山田女等、伝承Ⅲ段階の⑦では河内国茨田郡枚方里の漢人であった。①・⑦について祭具の記述はないが、執行者の出自から①は当然、新来の製作・焼成技術で製作した焼き物である須恵器、⑦は神格からやはりサヒ（佐比）であった可能性が高いと思われる。原始・古代においては本来、前述のようにそれぞれが神の性格に相応しい祭具を自ら製作・準備したと考えられるが、⑦における出雲国人と漢人の違いは祭具製作者の違いであり、そこには製作技術の差が存在していたと考えられる。この場合、神を鎮めた祭具は渡来系である漢人が大陸からもたらした新来の鍛冶技術で製作した鋼製利器（刀剣・農工具）であったと考えておきたい[5]。

このように伝承Ⅲ段階以降では、人々は大陸伝来の新技術に裏づけられて自ら祭祀を実修するようになり、異郷においても伝承Ⅱ段階のような第三者の助けを借りることなく、敢然と自然に立ち向かうようになったと語られている。伝承Ⅰ〜Ⅳの変遷は、このような背景が祭祀の変化を促し、革新させたことを反映していると捉えることが可能であろう。

四　三輪山祭祀と律令制以前の祭祀の特質

最後に、三輪山祭祀遺跡群の変遷を踏まえ、律令制以前の祭祀の特質について若干の検討をしておきたい。

まず、祭祀遺物B群に含まれる須恵器は、一部に陶質土器を含むが大半が和泉陶邑古窯群産で、この段階の祭祀の性格は伝承Ⅱ階段の祭祀に近似し、大田田根子伝承に関係する可能性があると考えることができる。C群の須恵器は、おそらく伝承Ⅲ段階における祭具に近い性格をもつものであろう。一方、B群の土製模造品の酒造具は祭祀対象の神格を反映した段階に使用された祭祀遺物であるとみられるのに対し、A群の小型鏡・玉類は古墳副葬品・祭祀遺物として一般的で、祭祀対象の個別的性格を反映したものではないことは福岡県沖の島祭祀遺跡における遺物相の変遷からも窺うことができる。A群は伝承Ⅰ段階における祭具に近似する性格と考えておく必要がある。ただし、B群の土製模造品の酒造具は神の性格づけが行われた段階と考えることができるので、伝承Ⅲ段階における祭具に近似した性格とみることもできる。

したがって、三輪山遺跡群祭祀遺物の性格は、荒神的神格段階の祭祀に使用された玉類・模造鏡（A）と石製模造品と須恵器（B）、酒神等としての神格の段階に使用された土製模造品と須恵器（B'）、新来技術等を保持した段階で実施したとみられる祭祀に使用された須恵器（C）に分けることができ、祭具の変遷は、A↓B↓B'↓Cと変化したと考えることができる。このような祭祀遺物の組成と性格の変遷は、四世紀後半から七世紀にかけて継起したものである。律令制祭祀段階の③でみたように、祭祀の本義は祭具の製作から実修することにある。古墳時代の祭祀も本来同様であったと考えられるが、祭具が次第に形骸化するところに特徴がある。

山ノ神遺跡における玉類・鏡類から石製模造品や土製模造品への変化はそれを裏付けるものであるが、この中でA群に含まれるとみられる出土遺物の内、鉄片が出土していることには注意する必要がある。それはしばしば祭祀遺跡において、長野県神坂峠遺跡や入山峠遺跡などにおける石製模造品未製品や愛媛県出作遺跡の鉄鋌などのように、鉄素材や祭具の材料そのものが出土する例があり、いずれも祭祀の場における未製品であることが重要である。とくに後者は、日常の鉄器生産と捉えることは難しく、すでに検討したようにこれらは祭具の製作やその所作を実修した痕跡である可能性が高いと考えられる。古墳時代には祭具の形骸化にもかかわらず、その製作に関しては一部でも実修することが、少なくとも五世紀頃までは行なわれていたとみられ、その性格は伝承Ⅱにみられるような荒神に対する祭祀の段階であった可能性があると思われる。

三輪山は西麓に大型古墳が連なる古墳時代前期の中心地域でヤマト政権とは密接な関係が想定され、畿内から東国へ抜ける交通の要衝でもあった。三輪神が国つ神[6]であることは明らかであり、在地神の中心として広く奈良盆地の人々の信仰を集め、次第に国家的な祭祀が執行されるようになったとみられる。しかし、伝承Ⅰ～Ⅳにみられたように、各地で当初在地神として当初畏怖の対象であった自然神は次第に人格的性格を現し、慰撫される対象へと変化していった。三輪神の性格も神―人関係の変化に基づいて時代と共に変化し、祭祀行為の内容・性格にも大きな転換があったと考えることができる。

山ノ神遺跡をはじめとする三輪山祭祀遺跡群の遺物相の変遷は、このような律令制祭祀以前における神―人関係の変化に伴う祭祀行為の変遷を如実に映し出したものであろう。

註

（1）『記』の表記は「美和之大物主神」とある。

（2）『記』の表記。神武記では、「（摂津国の）三島湟咋《みぞくひ》の女、名は勢夜陀多良比売」「子は富登多多良伊須須岐比売命」とある。

（3）『延喜式』新嘗会条に、儀礼の準備として「酒殿一宇、臼殿一宇、麹室一宇」とある。

（4）八世紀以降における大宝令および延喜式の祖型に規定・実施された国家的祭祀（井上一九八四）を指す。

（5）神代紀第八段一書第三に登場する八岐大蛇（遠呂智）を倒したのもサヒ（蛇の韓鋤《からさひ》の剣）であった。

（6）神代紀第八段一書第六に、地主神である大乙貴神の幸魂奇魂は「此大三輪神也」とある。

引用文献

阿部武彦　一九七五「大神氏と三輪神」『大神神社史』大神神社史料編集委員会編、大神神社（『日本古代の氏族と祭祀』吉川弘文館、一九八四年所収）

井上光貞　一九八四「古代沖ノ島の祭祀」『日本古代の王権と祭祀』（歴史学選書）、東京大学出版会

大場磐雄　一九五一「三輪山麓發見古代祭器の一考察―延喜式所載祭器との關聯―」『古代』第三號、早稲田大學考古學会

亀井正道　一九八五「浜松市坂上遺跡の土製模造品」『国立歴史民俗博物館研究報告』第七集、国立歴史民俗博物館

小松和彦　一九七七「日本神話における占有儀礼」『講座日本神話』七（日本神話と祭祀）、有精堂

佐々木幹夫　一九七五「三輪と陶邑」『大神神社史』大神神社史料編集委員会編、大神神社

佐々木幹夫　一九七八「続・三輪と陶邑」『民衆史研究』第一四号、民衆史研究会

佐々木幹夫　一九七九ａ「三輪山出土の須恵器」『古代』第六六号、早稲田大学考古学会

佐々木幹夫　一九七九b「三輪君氏と三輪山祭祀」『日本歴史』第四二九号、日本歴史学会編、吉川弘文館
佐々木幹夫　一九八〇「三輪山祭祀の歴史的背景─出土須恵器を中心として─」『古代深叢』（滝口宏先生古稀記念考古学論集）、早稲田大学出版部
佐々木幹夫　一九八六「新出土の三輪山須恵器」『古代』第八一号、早稲田大学考古学会
高橋健自・西崎辰之助　一九二〇「三輪町大字馬場字山ノ神古墳」『奈良県史蹟勝地調査会報告』第七回、奈良県
寺沢　薫　一九八八「三輪山の祭祀遺跡とそのマツリ」『大神と石上』和田萃編、筑摩書房
中村利光編　二〇〇〇『三輪山周辺の考古学』（桜井市立埋蔵文化センター展示図録第二〇冊）、桜井市立埋蔵文化財センター
中村　浩　一九七三「和泉陶邑窯の成立」『日本書紀研究』第七冊、塙書房（『和泉陶邑窯の研究』柏書房、一九八一年所収）
中村　浩　一九七七「茅淳山屯倉に関する一考察」『日本書紀研究』第十冊、塙書房（『和泉陶邑窯の研究』柏書房、一九八一年所収）
橋本輝彦　二〇〇二「三輪山山麓の玉造遺跡」『東アジアの古代文化』第一一三号、東アジアの古代文化を考える会
樋口清之　一九二七「三輪山上に於ける巨石群」『考古學研究』第一輯、考古學研究會
樋口清之　一九二八「奈良県三輪町山ノ神遺蹟研究」『考古學雑誌』第一八巻第十・十二號、日本考古學會
松前　健　一九七五「三輪山伝説と大神氏」『山邊道』第一九号、天理大学国語国文学会（『大和国家と神話伝承』雄山閣、一九八六年所収）
和田　萃　一九七五「ヤマトと桜井」『桜井市史』桜井市
和田　萃　一九八五「三輪山祭祀の再検討」『国立歴史民俗博物館研究報告』第七集、国立歴史民俗博物館

紙幅の都合で、遺跡・出土遺物の報告書等の出典は省略させて頂いた。

なお、史料の引用に関しては、記紀・風土記は岩波日本古典文学大系本、延喜式は吉川弘文館国史大系本に拠った。

愛媛県出作遺跡出現の背景についての予察

光江　章

一　はじめに

出作遺跡は、愛媛県伊予郡松前町大字出作に所在する。調査は、約３０００㎡を対象に、昭和五十二（一九七七）年十二月一日から、昭和五十三（一九七八）年一月十七日の約四十日間で行われた。その後断続的な整理作業を経て、平成五（一九九三）年三月に松前町教育委員会から報告書が刊行された。発掘調査は、ほ場整備事業の工期が迫っていたため、調査期間の延長も望めないなか、極めて短期間かつ不備な体制のもとで実施されたものである。

このような短期間の調査で、愛媛県にとってだけでなく日本列島の古代史を考える上で、重要かつ貴重な遺跡が全容を解明されることなく、一部分の記録保存のみで永遠に失われたことは、調査に加わった一人として、調査後三十年以上を経た現在も残念な思いを拭い去ることができない。

調査当時は、道後平野における古墳や古墳時代集落の調査例も少なく、出作遺跡出現の背景を探るには、資料的に乏しい状況であった。その後経済の活況による開発の頻発で、発掘調査数も飛躍的に増大し、数多くの遺跡が失われるのと引き換えに、膨大な調査記録が蓄積された。これにより、道後平野の様相が少しずつ明らかにされ、出作遺跡の位置づけを考える素材が提供されている。このような状況は、当時を知る者の一人として、隔世の感がある。

二　出作遺跡の概要

出作遺跡は、愛媛県のほぼ中央部に位置する道後（松山）平野の南端にあたる。遺跡の北側には、道後平野の主要な河川である重信川が西流し、瀬戸内海へと注いでいる。(1) 遺跡は、この重信川をはじめとする河川により形成された沖積平野の扇状地の扇端部に立地し、河川の伏流水が湧水となって現れる地形である。

調査では、大規模な祭祀遺構3箇所と、その周辺に点在する小規模な祭祀遺構数箇所、竪穴住居址1軒、焚火址数箇所、木棺墓1基（中世？）、自然流路2条の遺構を検出した。このほかにも、本遺跡から西へ約500mの地点で、ほ場整備事業の水路工事に伴って掘削された溝の断面から土器群が検出されており、遺跡の範囲は調査区外にも広がりを見せるものと思われる。遺物は、土師器・須恵器・鉄製品・土製品のほか、石製模造品（剣形品・有孔円板・臼玉）等が出土した。

遺構のうちSX03は、一括もしくは極めて短期間のうちに形成されたと考える。これに対し、SX01はその規模からも数回に分けて、祭祀行為が一定の時間幅のなかで執り行われ、その行為の結果がこのような大規模な遺構を形成したものと思われる。SX01の形成過程については、出土状態の詳細な分析が行われていないために明らかにすることはできないが、調査時の所見では、遺構の中央部にやや高まりが認められた。

祭祀遺構については、集落内の集積を中心に、その出土状態を「散布型」、「配布型」、「集積型」に分類し、各々その性格が示されている。(2) これらの分類は、出土状態自体を分類することに主眼が置かれているが、これ以外にその示す状態が祭祀の過程において、「廃棄（投棄）」か「埋納」か「据え置き」といった祭祀行為の復元や、祭祀の対象の検討、そしてそれらの遺構（遺跡）が地域の中でどのように形成されたかという、広域的な視点が必要ではないかと考える。

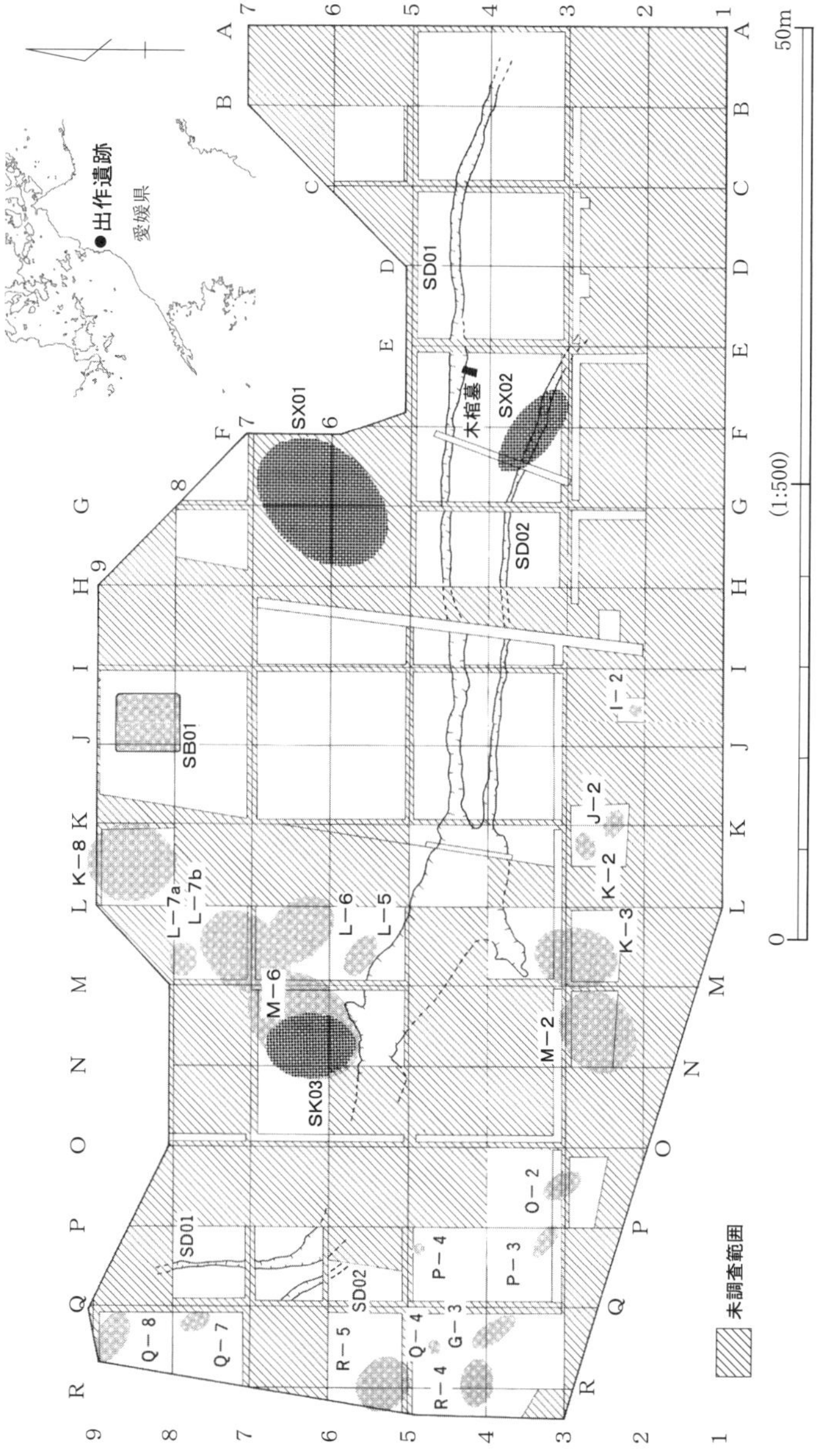

第1図　出作遺跡調査区全体図

遺物は、調査と同様、困難な状況の中で整理作業が行われ、様々な制約のため十分な検討ができなかった。しかし、その出土量や内容もさることながら、各遺物ごとに行った考察と得られた成果は、愛媛県の考古学研究史上において、一つの画期となったものといえよう。出土遺物の考察から導き出された問題点と今後の検討課題は、次の通りである。

土師器は、SX01・SX03出土遺物を中心に、4期5段階に分類を行い、畿内地域の編年との対比のなかで、道後平野の土師器の編年観を提示した。出作遺跡調査以前には、工楽善通が古照遺跡第1次調査の出土土師器を布留式土器に位置づけたのが、編年的検討の端緒である（工楽一九七四）。その後の出土資料を含め、出作遺跡報告の段階では、道後平野の土師器の編年観を明らかにすることができたものと考える。しかしながら、資料整理の大半を、SX01とSX03の比較検討に費やしたために、特徴的な土器の抽出にとどまっている点は否めない。特に、SX01は、出土点数のうちのごく一部を図示できたにすぎず、全容を把握しえてはいない。また、調査時点では、古墳時代集落の調査例が少なく、公表されていた資料も僅かであったことから、資料の蓄積をまって、祭祀遺跡である出作遺跡出土の資料と集落出土の資料との比較検討の必要性を指摘した。その後、道後平野では、古墳時代の大規模な集落である福音小学校遺跡（武正ほか二〇〇三）や辻町遺跡（相原ほか一九九五）、北井門遺跡のほか、多くの遺跡で古墳時代住居址の検出や、土師器の出土が認められていることから、祭祀と日常生活で使用された土器との対比が可能な状況が整いつつあるといえよう。なかでも古照遺跡第8・9次調査（栗田一九九六）や齋院・古照遺跡（作田一九九八）では、道後平野の土師器編年が提示されており、平野全域の古墳時代集落の消長と併せて、今後の検討が可能となった。

また、土師器に見られる問題には、土師器䞈（第2図上段）と黒色土器（同図下段）の存在がある。

土師器䞈は、SX01とSX03で出土している。須恵器は、SX01では共伴しているが、SX03ではしていない。しかしながら、土師器䞈（一一二五）は、須恵器の形態を模倣したものであり、SX03の時期は、須恵器出現後であることが想定できる。このような須恵器模倣の土師器䞈は、全国で約400点の出土が知られている。一部長頸化

図版１　SX01 遺物出土状況（北西より）

図版２　SX03 遺物出土状況（北より）

した須恵器𤭯を模倣したものも認められるが、大半は古式須恵器の𤭯の形態を模倣したものであり、各地域で須恵器が出現する前段階に現れる傾向が窺え、祭祀遺跡（遺構）からの出土が大半を占める。愛媛県においては、出作遺跡の4例のほか、上浦町赤岸鼻遺跡の土器溜り、松山市斎院・古照遺跡、同市桑原遺跡第4次調査SR1、同市船ヶ谷遺跡第4次調査のSR1の②層、同市福音小学校構内遺跡SB053からの出土している。(3)

黒色土器は、報告書作成の段階では、千葉県船橋市外原遺跡の出土遺物が唯一の例であった（船橋市教委一九七二）。その後の調査を含め、管見の限りではその出土例は見受けられない。これらの黒色土器は、須恵器壺を思わせる形態（第2図一〇九一）や台付坏のような特異な形態（同図一〇九五）から、朝鮮半島出土土器との関連も視野に入れて検討していく必要があると考える。(4)

さらに、出作遺跡では、古墳時代前期の祭祀遺跡である宮前川遺跡で見られるような他地域（主として山陰地方）からの土器の搬入は認められない。(5)これは、時期的な相違とも思われるが、前期における地域間の結びつき（関係）と、平野全体の動向も合わせて、その後の展開を検討していかなくてはならない問題である。

須恵器は、SX01・SX02を中心に、約150点が出土している。時期は、陶邑・田辺編年のTK208～TK23型式に比定され、5世紀後半と考えられる。報告書の中で、器形・調整・色調等の観察から、大阪府陶邑窯産の須恵器とは異なる一群から、道後平野内において未確認の須恵器窯が存在する可能性が指摘されていた。(6)

その後、出作遺跡の南西約6.5㎞を測る地点の伊予市市場南組窯址出土の資料が公表され（長井一九九三）、出作遺跡出土須恵器のうち、在地産と考えられていた一群が、市場南組窯址出土として認識されることとなった。市場南組窯址出土の資料は、これまでに、兵庫・岡山・広島・大分・宮崎・鹿児島県内での出土が確認されており、瀬戸内海から豊後水道沿岸にかけて広く供給されていたことが窺える。

石製模造品は、出土資料の分析から、未成品が多数存在することから、遺跡内で製作が想定されている。調査では、

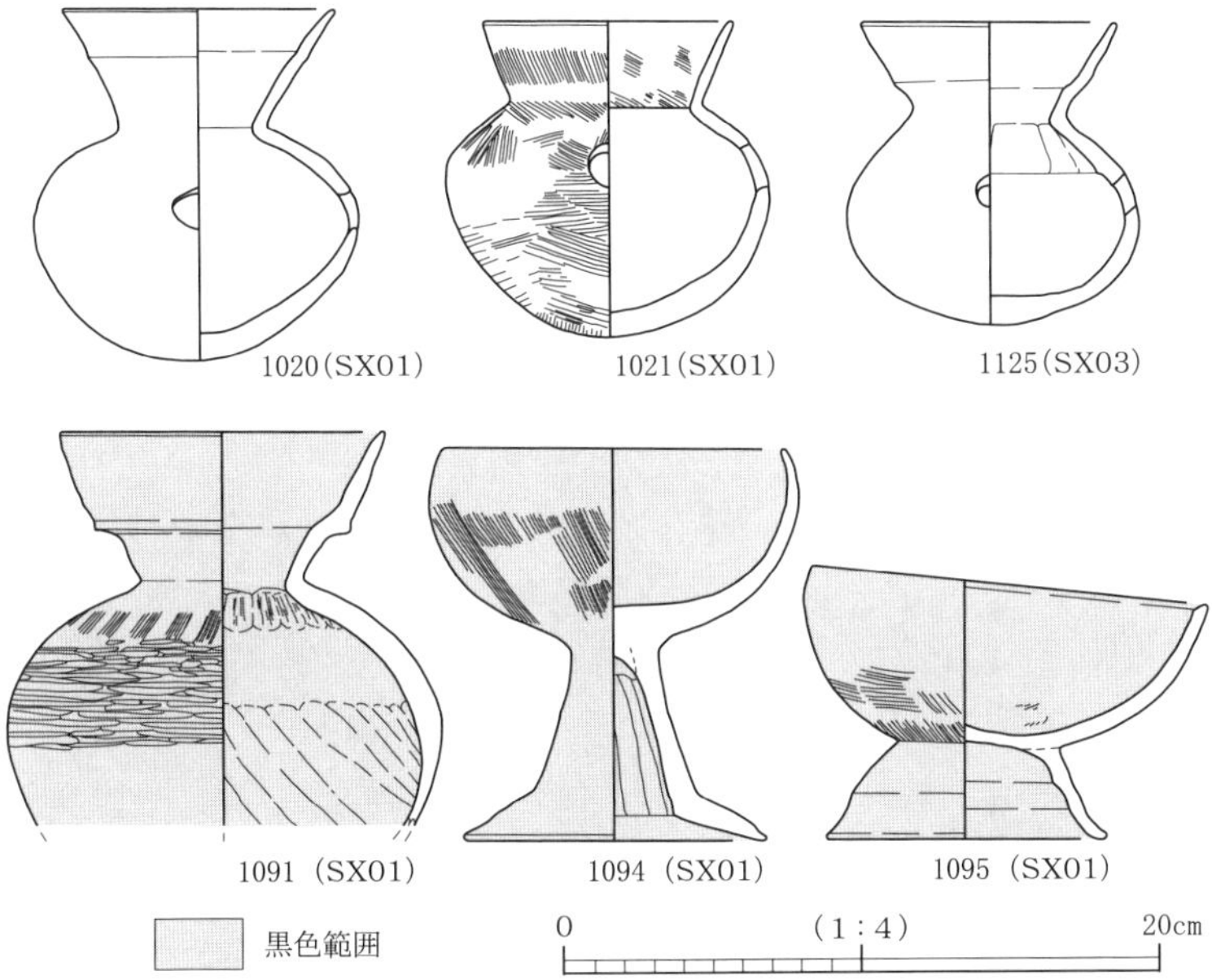

第２図　出作遺跡出土土師器（上段：𤭯　下段：黒色土器）

製作址は検出されていないため、遺跡内での製作を考えることは、あくまでも出土遺物からの推論の域を出ないが、素材となる緑色片岩を産出する中央構造線が、遺跡に程近いことから、原石の入手は比較的容易で、製作も行われていた可能性は高い。石製模造品が、出作遺跡で製作されたとすれば、今後はその製品が遺跡内で消費されたものか、より広範囲に流通していたかなどを、石材の分析による産地の同定など、解明しなくてはならない点が多い。

道後平野では、石製模造品を出土する遺跡は、数多く知られており、製作址の検討は、その供給体制を考える上でも重視されるものである（相田一九九一・十亀二〇〇二）。

鉄製品は、鍬・斧・鎌・刀子ほか、鉄鋌が出土している。このほかにも鉄鋌を切断したと思われる鉄片や未製品が多数出土しており、遺跡内で鍛冶が行われていたものと想定されている。鉄製品のうち、鉄延をはじめ鋳造鉄斧、ミニチュア製品は、朝鮮半島との関連を示すものとして注目されている。(7) 特に、鋳造鉄斧は、全国の出土例82点のうち、4点が道後平野で出土している（日高二〇〇五）。

三　出作遺跡出現の背景

道後平野では、前項において述べた伊予市市場南組窯のほか、松山市船ケ谷遺跡第4次調査においても、新たな須恵器窯の存在が想定されている。また、愛媛県では、陶質土器の出土例が多く、なかでも5世紀中葉から後半代にかけては、瀬戸内海を中心とした地域で限定的に出土している。このような初期須恵器や陶質土器の出土例に加え、須恵器窯の存在に見る生産の技術、鋳造鉄斧などの出土は、人的な交流も含めて、道後平野と朝鮮半島との関連が、濃密であったことを窺わせるものである。

また、5世紀後半段階に久米地域に出現する観音山古墳は、それまでの古墳を凌駕する径64m・高さ約9mの規模で、道後平野内における古墳の消長をみたときにその存在は突出しており、この古墳の被葬者が、平野を治めた首長とすることができよう。それに呼応するように、出作遺跡が平野全域を対象とした祭祀遺跡として形成されたと考える。この観音山古墳は、円墳もしくは、方形の造出を持つ帆立貝式前方後円墳と想定されている。その墳形は、ヤマト王権の何らかの規制があったことを示すものであろう。これは、ヤマト王権と道後平野の首長層との関係が、同盟的な関係よりもむしろ、ヤマト政権に対し従属的な関係にあったことの証左といえよう。

さらに、出土鉄鋌の中で確認された、短甲の部材未成品とも考えられる資料の存在は、この地域が武具の製作などで軍事的役割の一部を担っていたことを想定させるものであろう。

このような点から、北部九州が対外的な窓口の位置を占めるのに対し、道後平野は畿内と朝鮮半島や九州南部及び四国南部とを結ぶ瀬戸内海航路上の要衝、もしくは、須恵器をはじめとする各種製品の供給や集積地、対外政策とりわけ軍事面での兵站地的な役割があったと考える。これは、『伊予風土記逸文』に記された道後温泉とのかかわりや、『万葉集』に詠まれた熟田津の記述などからも、その一端を窺い知ることができる。

以上、出作遺跡出現の背景について、ヤマト政権の対外的な政策と道後平野の首長層とのかかわりのなかで、形成されたという想定を、出作遺跡出土の遺物から述べた。今後は、さらに資料の詳細な検証や道後平野における首長墓の消長から、その背景を探ることとしたい。

四　おわりに

椙山林継先生と出作遺跡とのかかわりは、筆者が一九八〇（昭和五十五）年に出作遺跡についてのご意見を、先生に窺ったことに始まると記憶する。一九八二（昭和五十七）年七月、先生が御家族で松山にいらっしゃった際には、調査担当者であった相田則美氏と共に現地と展示資料を案内させていただいた。その後、先生を介して、相田氏により出作遺跡の資料紹介が行われた（相田一九八三）。また、一九九四（平成六）年四月には、『出作遺跡Ⅰ』の刊行を受け、『祭祀考古　創刊号』で先生により、その紹介が行われた（椙山一九九四）。ついで、一九九四年十一月二十日から十二月四日の間開催された『出作遺跡とそのマツリ』に際し、椙山先生による講演会が行われた（松前町教委一九九四）。また、その後しばしば先生の著作・論文・講演の中で出作遺跡がとりあげられ、遺跡の広く周知されることとなった。しかしながら、報告書刊行後、二十年近い年月を経たにもかかわらず、いまだ十分な遺跡の分析をなしえていないことは、調査に参加した一員として、甚だ不本意であり、また、遺跡の重要性についての評価をしてくださった椙山先生に対しても誠に申し訳なく思う次第である。これを契機として、出作遺跡出現の背景について検討を深めることが、椙山先生の学恩に報いることと肝に銘じて、今後の研究の指針とすることとしたい。

なお、今回の執筆にあたっては、挿図作成では酒巻忠史氏、文献収集では千葉県教育振興財団図書室の職員諸氏のお手を煩わせた。記して、感謝する次第である。また、参考文献については、紙数の関係上、その多くを割愛した、ご容赦願いたい。

註

（1）かつては伊予川と呼ばれ、近世初期に伊予松山藩の重臣であった足立重信によって流路が改変され、その功で伊予川が重信川と改められたものである。流路は、その改変前には出作遺跡の南側であったことが知られている。
（2）集落内の土器集積については、平岩俊哉氏の一連の論考（平岩一九九六ほか）や、田中大輔氏の論考（田中二〇〇九）に詳しい。
（3）土師器𤭯については、その集成を含め、別稿で述べることとしたい。
（4）黒色土器（第2図一〇九一）の体部上半には、細かいヘラミガキの上に櫛状工具による縦方向の施文が認められる。
（5）出土土師器のうち、一一九三・一二〇二は、色調・胎土などからも山陰地方の土器を思わせるものである。
（6）出作遺跡出土の須恵器については、陶質土器との関係も指摘されている（愛媛大考古研二〇〇二）。
（7）「韓半島では三国時代の大伽耶を中心とする伽耶地域の一部と百済の錦江流域、そして栄山江流域に集中的に現れる特徴的な遺物」とされている（高二〇〇九）。

参考文献

相原浩二・河野史知　一九九五『辻町遺跡2次調査地』松山市文化財調査報告書第51集　財団法人松山市生涯学習振興財団埋蔵文化財センター
愛媛大学考古学研究室　二〇〇二『第2回愛媛大学考古学研究室公開シンポジウム　陶質土器の需要と初期須恵器の生産―古墳時代・愛媛の一側面―』

工楽善通　一九七四「出土遺物　土師器」『古照遺跡』松山市文化財調査報告書　第4集　松山市教育委員会
栗田正芳　一九九六『古照遺跡　第8・9次調査』松山市文化財調査報告書第53集　松山市教育委員会
高　慶秀　二〇〇九「韓国と日本の鉄鐸に関する一考察」『國學院大學伝統文化リサーチセンター研究紀要』第1号
作田一耕　一九九八『斎院・古照』埋蔵文化財発掘調査報告書第67集　財団法人愛媛県埋蔵文化調査センター
椙山林継　一九九四「出作遺跡の紹介」『祭祀考古』創刊号　祭祀考古学会
相田則美　一九八三「古墳中期の祭祀遺跡—愛媛県出作遺跡—」『季刊考古学』第2号　雄山閣
相田則美　一九九一「道後平野における古墳時代の集落内祭祀」『松山大学構内遺跡—第2次調査—』松山市文化財調査報告書第91集
十亀幸雄　二〇〇二「愛媛県祭祀遺跡遺物一覧表」『遺跡』第39号　遺跡発行会
武正良治・大西朋子　二〇〇三『福音小学校構内遺跡2』松山市文化財調査報告書第91集　財団法人松山市生涯学習振興財団埋蔵文化財センター
田中大輔　二〇〇九「土器集積に関する覚書」『國學院大學伝統文化リサーチセンター研究紀要』第1号
長井数秋　一九九三「伊予市市場南組1号窯址出土の須恵器」『ソーシャル・リサーチ』第20号　ソーシャル・リサーチ研究会
日高　慎　二〇〇五「松戸市行人台遺跡の鋳造鉄斧と多孔式甑—東京湾沿岸地域と渡来系遺物—」『海と考古学』海交史研究会考古学論集刊行会
平岩俊哉　一九九六「古墳時代集落祭祀の一考察」『研究紀要』12　財団法人埼玉県埋蔵文化財調査事業団
船橋市教育委員会　一九七二『外原』
松前町教育委員会編　一九九四『出作遺跡とそのマツリ—古墳時代松山平野の祭祀と政治—』愛媛県松前町教育委員会1

古墳時代前期の豪族居館とその構造に関する一私見

米川　仁一

一　はじめに

今年一月、奈良県御所市の秋津遺跡から四世紀前半～五世紀の豪族居館施設の一部と考えられる範囲に囲形埴輪の構造とほぼ一致する遺構（方形区画施設）が発見された。[1] 全国的に見れば古墳時代前期の豪族居館は、静岡県大平遺跡[2]や大分県小迫辻原遺跡[3]など、その報告例は多数に及ぶ。しかし、奈良県においては、古墳時代前期に限るとこれまで三世紀代の纏向遺跡[4]以降、四世紀代の居館構造の解る遺跡はごく僅かである。この状況で発見された秋津遺跡には、囲形埴輪と酷似する構造の方形区画施設の他にも、施設の長辺に平行して掘られた区画溝や竪穴住居、区画施設内部の掘立柱建物、柵列などの多様な遺構が確認された。これは奈良盆地内のみならず全国的に見ても不明な点の多い四世紀代の豪族居館形態や、その中で行われた祭祀、政治を司った役所的な性格の施設の実態を明らかにする上で大きな可能性を秘めた発見といえよう。また、囲形埴輪の構造と一致した施設の存在を証明できた点でも、古墳時代の祭祀形態を復原する上でその価値は高い。

今回は、古墳時代前期の豪族居館の構造について既に報告されている事例も含め再整理し、居館構造の実態について私見を述べてみたい。

二　古墳時代前期の豪族居館の実例とその構造

古墳時代の豪族居館と言えば、群馬県三ツ寺Ｉ遺跡(5)に代表される中期の形態がその典型として知られている。その一方、前期の豪族居館については、一九九八年東日本埋蔵文化財研究会群馬県実行委員会・群馬県考古学研究所の行ったシンポジウム資料(6)に多数の事例が集成されているものの、その形態は判然としていない。この資料を見る限り、東日本を中心とした四世紀代の居館遺跡は、数十例取り上げられている。しかし、その中には大型竪穴住居や豪族の威信財と考えられる鏡や石製品、装身具を出土した遺構なども含めた広義の居館までを対象としているため、厳密に居館の定義を設定した場合除外できるものも含まれている。したがって、ここでは豪族居館の定義を、より狭めてそれに合致するものだけを取り上げていきたい。

(1) 豪族居館の定義について

本来、豪族居館とは、共同体の首長の居宅を意味するものであり、共同体の居住区域ないしその周辺に個別に構築された建物群である。弥生時代までの集落では、共同体の一般構成員である農民と同一区域に存在した首長居宅が、古墳時代になると一般構成員の居住区域からは分離され、首長居宅のみ個別に構成されるようになる。その構造は、①環濠などの濠や柵列・塀で画された空間に、②掘立柱建物や竪穴状建物（竪穴住居）、井戸、柵列・塀などの施設が計画的に配置されたものと考えられる。また、③出土遺物の点では、一般の集落から出土する土器や石製品・鉄製品などとはやや性格の異なる古墳の副葬品や、祭祀遺跡から出土するような特殊な種類の遺物が多く出土する傾向が見られる。したがって、これらの要素を全て満たした遺跡こそが豪族居館として認識すべき遺跡であり、この三点を豪族居館の定義とする。

（2）代表的な前期豪族居館の実例

ここでは、前項で示した定義に合致し、かつ全体像の推定が可能な遺跡について代表的なものを見ていきたい。

国生本屋敷遺跡（茨城県結城郡石下町）[7]　茨城県南西部に位置する猿島台地の東端部にあたる石下町国生本屋敷から発見された古墳時代前期〜平安時代にかけての大型集落遺跡である。台地上に形成された遺跡には、69×64ｍの方形区画溝とその内側に建てられた65×61ｍの方形柵列、さらにその内部に竪穴住居などの建物群が存在する。もともと平安時代の集落と報告されていたが、後の国立歴史民俗博物館の調査により方形の区画溝が古墳時代前期に遡ることが明らかにされた。出土している遺物も4世紀代の小型丸底壺や高杯など、祭祀に関わる可能性の高い器形が主体的に出土している。この遺跡の大きな特徴は、濠と考えられる方形に区画された溝とその内部に巡る柵列で、中期以降の居館のような張り出し部が見られない点で、前期の定義に合致している。ただし、奈良・平安時代以降も方形の区画を保ったかたちで居館として存続しているため、古墳時代前期の構造が確定しきれていないのが残念である。

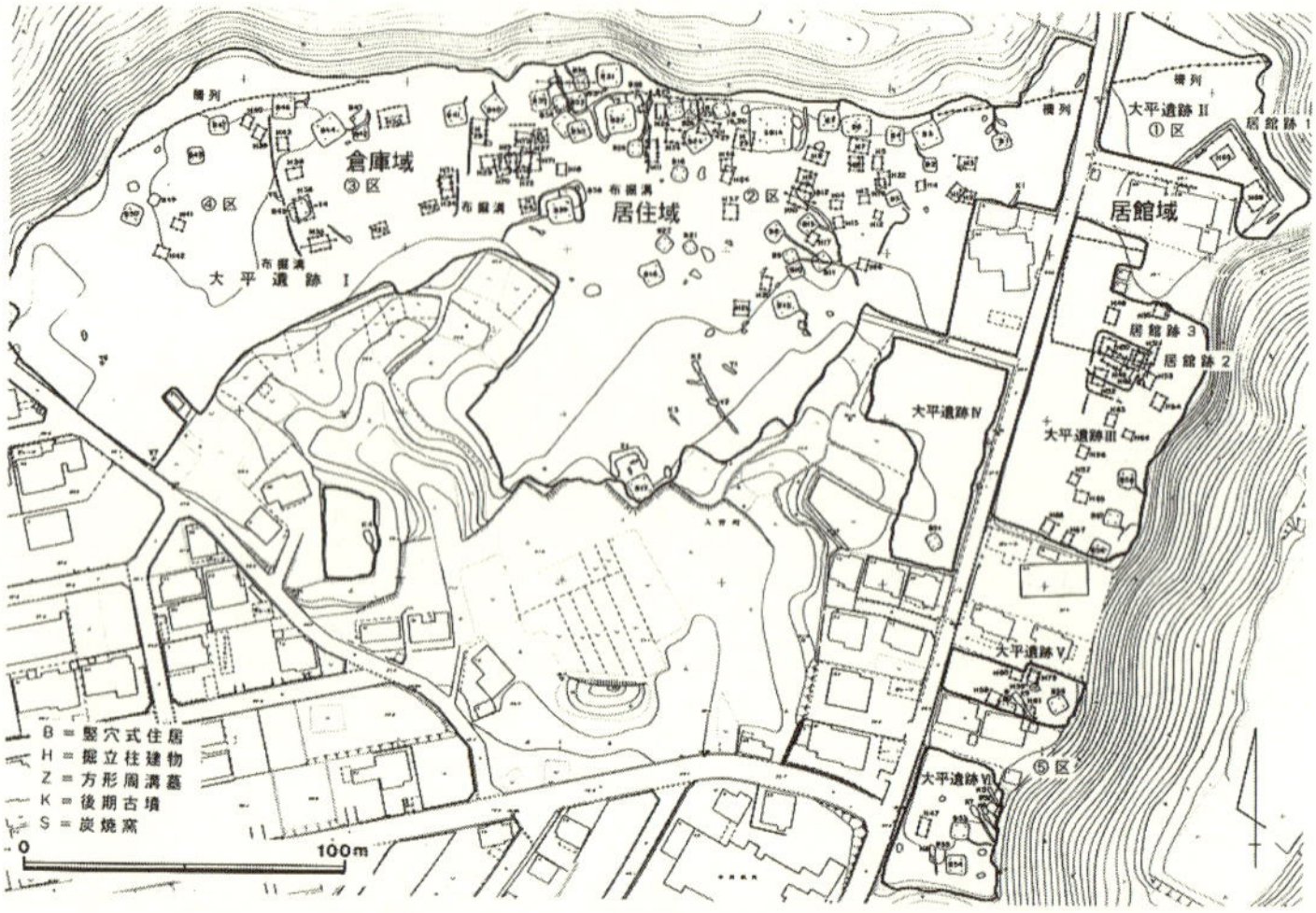

図１　大平遺跡の居館施設・一般集落の遺構配置図（註３一部改変）

大平遺跡（静岡県浜松市）　浜松市北部入野町に存在する佐鳴湖西側の三方原台地上に形成された三世紀後半からの大型集落遺跡で、遺跡の範囲は東西360m、南北が200m以上に及ぶ。その北東部から柵列によって方形に区画された施設と、内部から祭祀に関わると考えられる掘立柱建物や首長の居住した大型竪穴住居が検出された。また、遺跡の北西部には柵列と溝によって区画された範囲に構築された倉庫群、北部には中規模古墳に埋葬された支配者層の住居と考えられる掘立柱建物・竪穴住居が多数存在している。ただし、濠による周辺範囲との区画は行われた形跡は認められなかった。この遺跡は、首長とその下の支配者層の居住域が近接する範囲に形成された構造の確認出来た数少ない居館の一つである。なお、共同体の一般構成員の居住域は、遺跡西側の谷を挟んで存在する別台地上にある中平遺跡と考えられている。

森山遺跡（京都府城陽市(8)）京都盆地の南部に位置する城陽市富野森山から発見された集落遺跡で、39×32mの方形に区画された濠とその内部から柱穴・竈状遺構が検出されている。また、方形の区画の外側には、複数の同時期竪穴住居が検出されており、首長層の屋敷地であった可能性が指摘されている。ただし、この方形区画施設内部には柵列がなく、掘立柱建物も検出されていないことなど内部施設の構造は不明瞭であるが、濠や竈状遺構内部から出土した遺物には、勾玉や鉄製品など祭祀や生産に関わる遺物が多く、その特殊性が際だっている。また、方形区画溝とその周辺に存在する竪穴住居との位置関係は、一般の構成員の居住区域内に首長居館がつくられたと見るよりも、小さな同一尾根上に集中する立地状況などを考えてみても周辺建物を含めた首長居館一連の建物群と考えられる配置と言えよう。

纏向遺跡（奈良県桜井市）　奈良盆地東南部に位置する桜井市北東部の集落遺跡で、先頃三世紀前半まで遡る建物群が確認され、宮殿跡かと話題になった。もともとこの纏向遺跡は、ヤマト政権発祥の地として、古墳時代前期前半に形成された都市遺跡であるとの議論が活発に行われてきているが、実際に発掘によって中心的な建物群が確認されていなかった点で問題が多く山積している一面も持ち合わせている。しかし、二〇〇八年度から行われている学術調査によっ

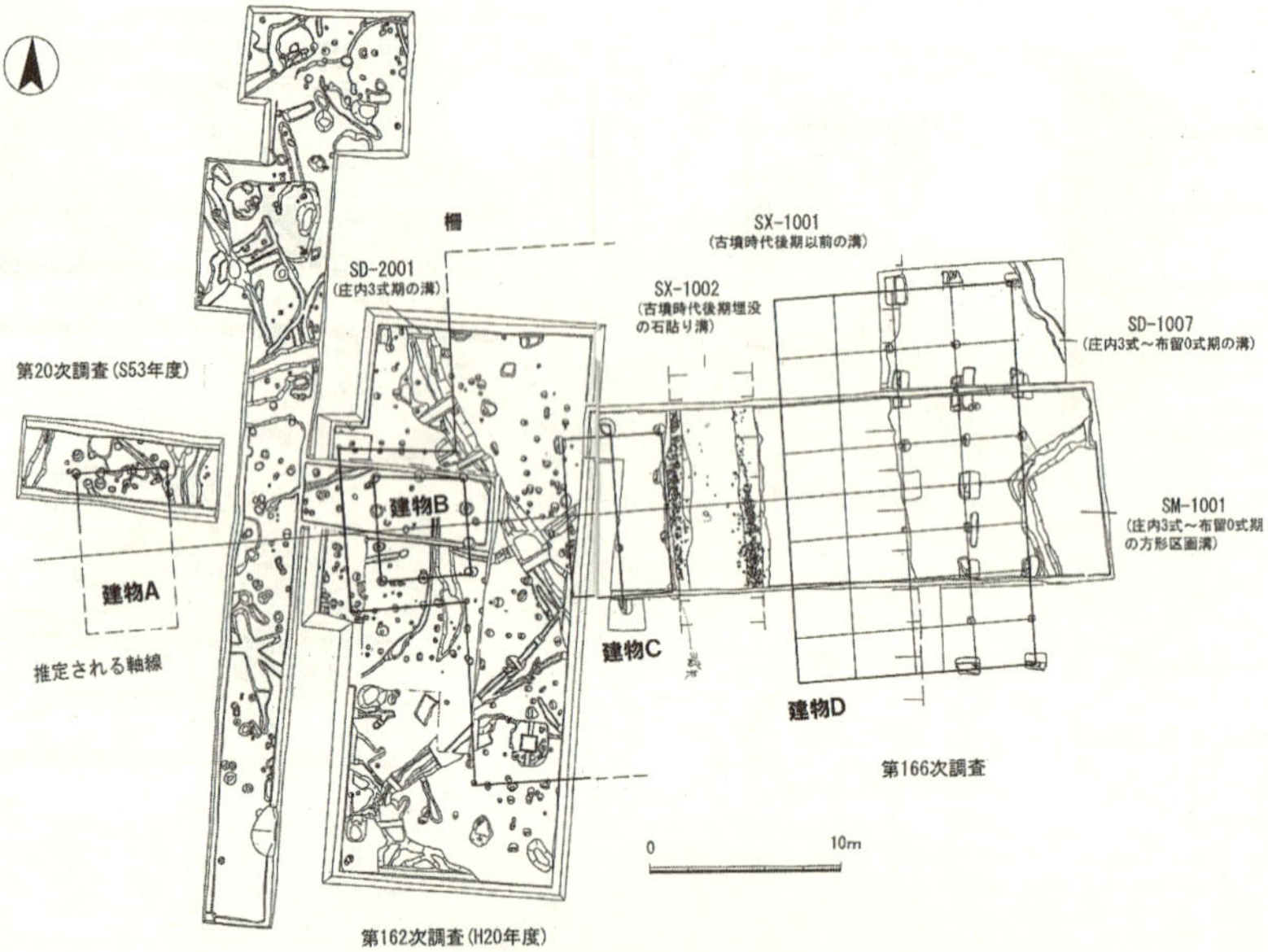

図２　纏向遺跡の居館建物（註４一部改変）

て、辻地区付近の尾根線上から大型建物群が検出され、一躍遺跡の中心的な施設群である可能性が指摘されるに至った。特に二〇〇九年度の調査では、一九七八年に橿原考古学研究所が行った調査により確認された建物Ａ・Ｂや柱列Ｇ、建物Ｂを囲む柵列と一致する主軸状に、新たに掘立柱建物Ｃ・Ｄが発見され、さらに東側へと広がることも解ってきた。この纏向遺跡辻地区の調査では、主軸を同じくする建物群とそれらを方形に取り囲むように区画された可能性のある柵列、さらに建物が構築された尾根に施された整地事業、遺跡中から出土する祭祀色を色濃く残した銅鏃や玉類、高杯・小型丸底壺・器台といった出土遺物群など、先に設定した定義を十分満たした内容になっている。しかも、この地区の周辺部には、工房や一般構成員の居住地と考えられる遺構群が、旧流路や異なる尾根によって画されるように確認されている点も注目すべきである。つまり、首長居館と一般構成員との棲み分けが厳密に行われていたことになる。

菅原東遺跡（奈良県奈良市）[9]　奈良市西部に位置する西大寺町から菅原町にかけて広がる集落遺跡で、ここでは一辺

40mの方形に区画された濠と、その内部に存在する大型竪穴住居、さらに方形区画溝を含む集落全体を囲むように存在すると考えられる環濠が確認されている。今のところ方形区画溝内部の柵列や掘立柱建物が確認されていないため、内部構造について検証は出来ないが、京都府森山遺跡などと類似した施設の配置が想定できる。また、この遺跡からは、腕輪形石製品の一つである車輪石や緑色凝灰岩の未製品、玉類をはじめとする祭祀的な性格の強い遺物も出土しているなど、前期豪族居館の定義を満たしている。

秋津遺跡（奈良県御所市）　奈良盆地南西部に位置する御所市池之内・條から二〇〇九年新たに発見された集落遺跡である。囲形埴輪と酷似する方形区画施設（塀）とその内部の掘立柱建物、さらにその施設群を区画する区画溝、遺跡全体を囲うと思われる濠、さらに旧流路を挟んだ北側隣接地に形成された同時期の一般構成員の居住区と考えられる竪穴住居群が確認された。現時点では、遺跡の全容を確認出来ていないが、さらに東西両側と南側へ遺構が続いていることは間違いない。特に

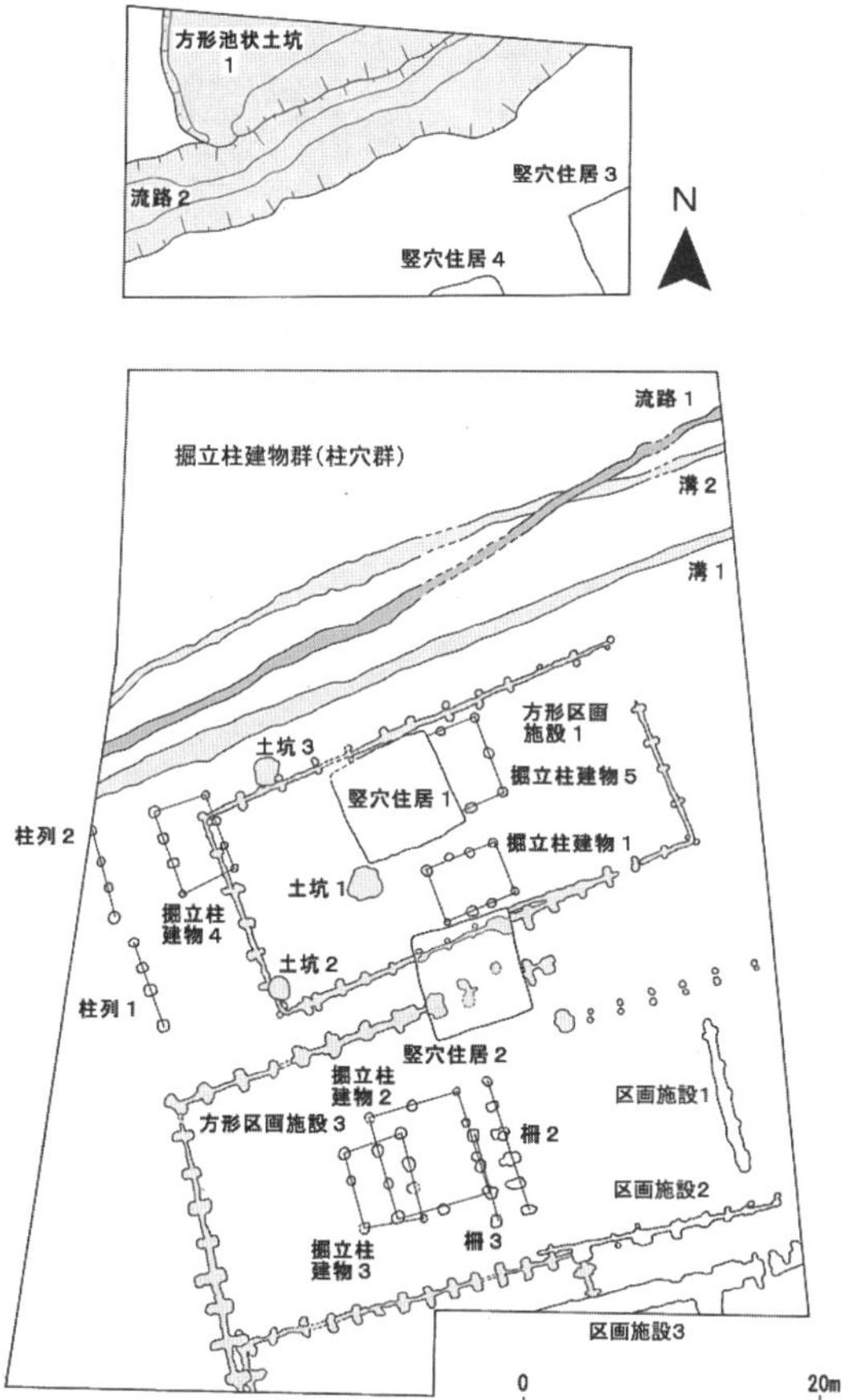

図３　奈良県御所市秋津遺跡の遺構配置図（註１一部改変）

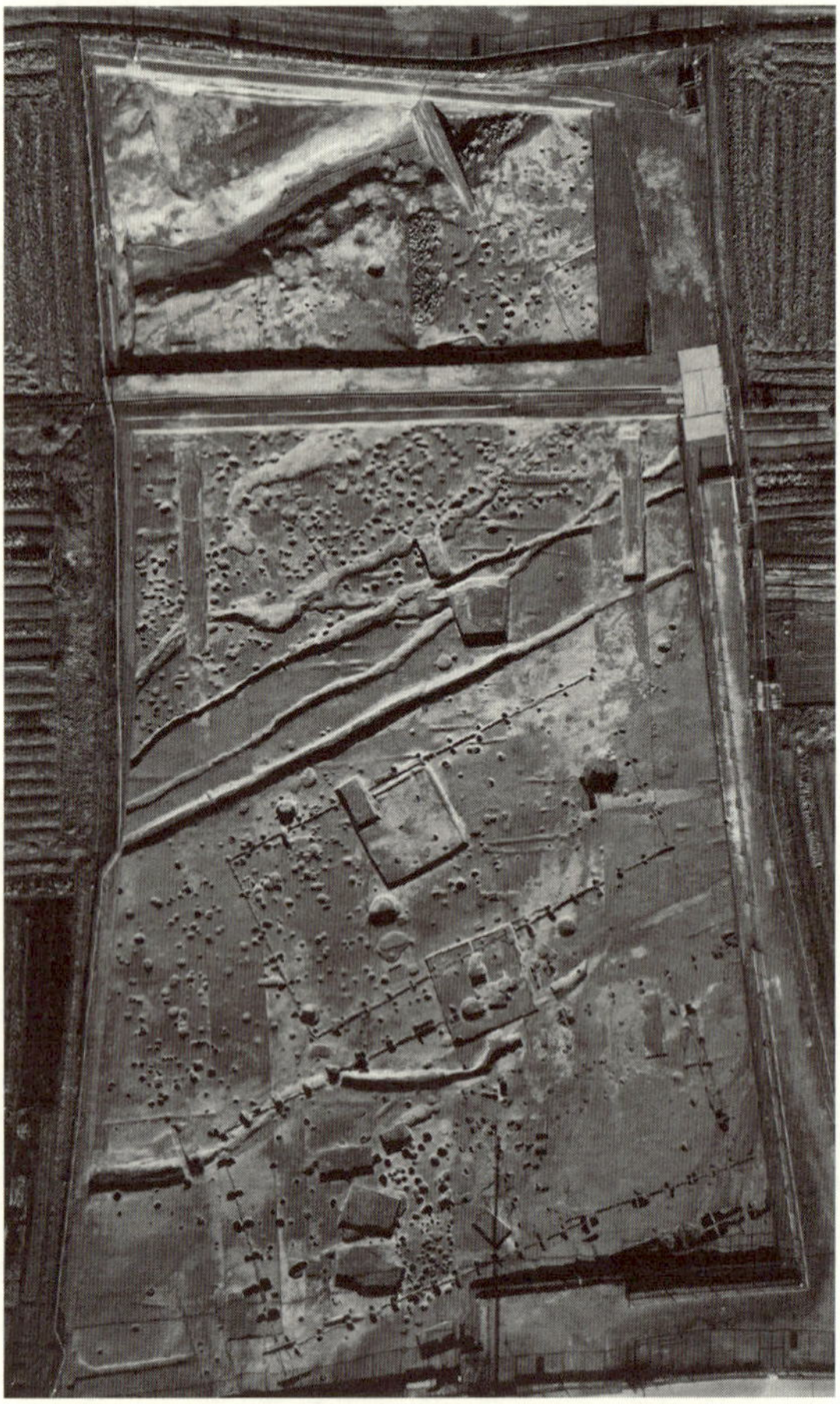

写真１　秋津遺跡南区の全景（註１一部改変）

二条の区画溝や北端の濠とした大溝は、ほぼ直線的に東西に延びており、方形区画施設の主軸に直行するような設計で掘られている点では、環濠のように丸く取り囲むと言うよりも、方形に区画されている可能性が十分に想定できる。また、これらの遺構はいずれも布留1～2式の範疇に収まるものであるが、それ以降も大型竪穴住居や掘立柱建物などがつくられており、長期にわたる遺跡の存続が確認されている。しかも、前期の遺構群は平坦に整地された空間に建設された後、短期間の内に廃絶され、柱や板塀などの材は全て抜き取られ、再度整地が行われている点など、この範囲が長期間神聖な空間であったことを物語るような使用痕跡まで確認されている。このように秋津遺跡は、囲形埴輪の実物遺構（30×14mの長方形方形区画施設①、40m以上×19m以上の長方形鉤の手構造の方形区画施設③）の発見だけではなく、方形区画施設の存在する範囲の北側に旧流路を挟んで一般の竪穴住居を主とする同時期集落が存在することも注目すべき点である。つまり、一般集落と巨大な祭祀施設や生産・貯蔵を行った施設が溝や流路によって棲み分けされた計画的な配置になっており、まさに豪族居館の祭祀・生産区域が良好に検出できた事例と言えるのではないだろうか。また、出土遺物の点でも、集落との間にある旧流路内から出土した車輪石や玉類、濠とその周辺から出土した銅鏃や高杯・器台・小型丸底壺が全体の六割を占める古式土師器、水銀朱を入れた小型丸底壺や石杵、鞴の羽口、鉄滓など、やはり一般集落とは一線を画する遺物構成になっている。

小迫辻原遺跡（大分県日田市）　大分県北西部に位置する日田市小迫から発見された集落遺跡で、日田盆地の北側にある小迫台地上に展開した弥生時代後期後葉から古墳時代前期の環濠や方形区画溝と柵列に囲われた建物群を有する居館が確認された。古墳時代前期は、東西380m・南北300mの範囲を東西に二分する1号条溝があり、その東側に東西47m×南北48m・東西39m×南北38mの方形区画溝で画された範囲に柵列や掘立柱建物のある居館が確認されている。一方、西側には、弥生時代の楕円形に近い形状の環濠とは異なる長辺95m×短辺80mの隅丸方形環濠が存在する。両者は、溝の規模や形状の点で異なるだけでなく、内部の施設や使用痕跡の違いにも大きな隔たりが見られる。つまり方形区画溝内部の施設に柵列や掘立柱建物を配置し、内部での遺物廃棄が極めて少ない東側に対し、西側は柵列や掘立柱建物が少なく竪穴住居が多い施設配置と、内部での大量土器廃棄が認められる点である。この違いは、根本的に使用目的の違いであり、先に示した秋津遺跡での北部一般集落と南部の方形区画施設内部の状況によく似た事例と言える。この現象は、一般の居住空間と豪族居館における祭祀空間の違いに他ならないものであり、出土する遺物についても、東西の差がそのまま土器の器形やその他祭祀的な性格の遺物出土量に反映している。

以上、代表的な前期の豪族居館について見てきたが、先に設定した定義の他にも共通する点がいくつか見られた。例えば、古墳時代前期に突如出現する遺跡よりも弥生時代から存続する遺跡や、古墳時代前期以降に形態を変えながらも中期以降も居館ないし集落として存続している遺跡が多かった点である。これは地方の在地勢力が、古墳時代広域共同体の首長として成長していったことを表すものなのかも知れない。しかし、単純にそれだけの理由があてはまるものではなく、奈良盆地の場合、大王とそれ以外の地域有力豪族とではその居宅構造にも大きな違いが存在するはずであり、纏向遺跡や秋津遺跡に当てはめることは難しいと思われる。

三　秋津遺跡の構造と導水施設形埴輪の類似性

（1）秋津遺跡の遺構分布とその構造

奈良県御所市秋津遺跡は、現時点での発表では豪族居館という性格は言及されていないが、検出された遺構の配置や出土遺物などから十分に豪族居館的な要素を備えた遺跡と言えよう。しかも、今後調査範囲が広がっていく南側の範囲で今回確認されなかった居住区域の建物群や区域を囲む濠の存在がどのように広がっているのかが確認されることにより、豪族居館に含めても問題ない構成になる可能性は高い。ここでは、その構造について、現時点までに発表されている内容と先述の事例を基に若干の検討を加えてみたい。

まず、遺跡を囲う濠であるが、現地説明会資料の南区北端から確認されている流路２（大溝）の検出状況とその南側で検出された溝１・２（区画溝）、そして3基確認された囲形埴輪に酷似した構造の方形区画施設１～３の配置から見て、それらが全て南北方向の軸を西に18～22度傾けた角度に揃えている。いずれも直線的でそれぞれが平行している方向性から、遺跡の範囲を方形に区画する可能性は高い。

次に、流路２と溝１・２の間に存在する空間には夥しい数の柱穴群や二棟の竪穴住居があり、周辺には鞴の羽口や鉄滓、勾玉、他地域産の土器が大量に混入する土器が大量廃棄されている点などから、倉庫群ないし工房的な空間であったことが推定できる。

そして溝１から南側の範囲では、３基の方形区画施設と内部に構築された掘立柱建物・柵列・区画施設、土坑、竪穴住居などの遺構群や、この範囲のほぼ全体で確認出来る整地の痕跡、遺構廃絶後の部材抜き取りと丁寧な埋め戻しの痕跡、再整地、ほとんど遺物廃棄が行われていない現象など、居館の祭祀的な空間と考えられる特徴が認められた。しかし、残念ながら豪族居館の中心部となる居住空間、つまり大型建物群については今回確認できなかったようであるが、調査区南端で検出された布掘りに二列の柱穴を有する区画施設など、南側へと広がる遺構群の存在を想定するに十分な遺構分布状況と言える。

居館内部の構造については、辰巳和弘が「古墳時代首長祭儀の空間について」の中で述べているように「祭祀の空間の存在だけでなく、多用な建築様式をもつ建物群（住居やクラをはじめ、用途を異にする）からなる日常空間、さらには集落の下層構成員である従者の住居が明瞭に指摘される」[10]と大平遺跡の事例を挙げているが、秋津遺跡の場合もこの考え方と一致する。

このように秋津遺跡の構造は、古墳時代前期の豪族居館として典型的な施設構成を備えたものであり、さらにその内部施設の一つである祭祀施設が忠実に導水施設形埴輪に模倣されたことになるのであろうか。

（2）方形区画施設と囲形埴輪の構造について

秋津遺跡から検出された方形区画施設は、地下遺構の構造から大阪府八尾市心合寺山古墳[11]や和歌山県和歌山市車駕之古址古墳[12]出土の導水施設形埴輪の囲形埴輪に表現された構造と全く同じものであると発表された。確かに方形に区画された溝とその溝を挟むように二本一対になった柱穴列は、長方形タイプと一辺が鉤の手状に屈折する入り口部を有する方形タイプの囲形埴輪そのものと言える。兵庫県加古川市の行者塚古墳[13]から出土した二点の囲形埴輪は、この二つのタイプが前方後円墳くびれ部の両側からそれぞれ出土しており、これがまさに秋津遺跡の方形区画施設1・3をモデルとしたような出土状況になっている。

また、同じ行者塚古墳の西側造り出し部では、鉤の手状の方形に並べられた円筒埴輪の内部に家形埴輪群が配置されており、導水施設形埴輪とは異なる施設配置の存在を示している。この方形区画施設と建物配置は、導水施設を伴わない構造の祭祀施設の表現であり、秋津遺跡の方形区画施設3の構造はこれに該当すると考えられる。つまり囲形埴輪は、導水施設を伴う祭祀施設に限定した表現だけでなく、他の種類の祭祀施設にも用いられたことになる。従って、三重県宝塚一号墳[14]から出土した囲形埴輪の内部施設に見られるような複数のバリエーションが存在することも納得がいく。ただし、囲繞施設の上部構造は確認が不可能であり、心合寺山・車駕之古址両古墳出土の囲形埴輪の表現を参考に、プランや柱穴の配置、縦板を並べた構造、出入り口部の鉤の手状構造を復原しているが、その他の囲形埴輪の構造[15]も今後検討していく必要性があると思われる。

(3) 豪族居館内部で行われた祭祀について

豪族居館の遺物出土状況を概観すると、祭祀施設の範囲内(施設の一部と考えられる水路や井戸を除いた以外の範囲)からの遺物の出土例は極めて少ない。それに対して居館を囲う濠や溝、柵列で囲われた範囲の外部からは大量の遺物廃棄が確認される場合が多い。これは祭祀を行った居館内部での廃棄行為が行われず、その外側に片づけられること意味する。辰巳和弘の主張する「ハレの空間」と「ケの空間」の違い[16]が、この遺物の出土傾向の違いとして認識できる。また、廃棄された遺物の種類を見ると、碧玉や緑色凝灰岩製の腕輪形石製品や滑石製の模造品・銅鏃が、一般の集落遺跡というよりも豪族居館ないしその近接地から出土している例が多い[17]。これらの製品は首長の地位や権力の象徴として通常古墳の副葬品となる類の製品であり、それを居館内の祭祀儀礼で用いることは、まさに権威継承などの首長に関係する政治的な儀礼を行った証と言える。さらに他地域からの搬入土器の廃棄も、首長の他地域との交流関係を示すものであり、政治的な背景を表すものと捉えることができる。つまり、居館内部での祭祀行為は、祭政一致の社会における首長の重要な政治活動であり、その特色を示す遺物が周辺から出土するのも当然と言えよう。

四　まとめにかえて

今回、奈良県秋津遺跡の発見を契機として、代表的な古墳時代前期の豪族居館構造について概観してみたが、これまで判然としなかった構造に一定の共通性を見出すことができた。特に濠や柵列による居館範囲の囲繞、居館内部における目的別の施設配置、さらに祭祀施設の構造の多様性など、古墳時代中期の居館とは明らかに異なる特徴を有している点は、古墳時代の社会構造変遷を考える上で非常に重要な手掛かりと言えよう。また、奈良盆地内の前期豪族居館については、ヤマト政権の成立とその後の動向に関わるものであり、空白の四世紀と言われる時期の歴史を埋めていく上でも注目すべき資料である。残念ながら今回は紙面の都合で予察的な検討だけになってしまったが、今後ここで指摘できた新たな事実や問題点、さらに全く検討できなかった居館を形成させていった古代豪族についての問題など再度詳細な検討を続けていきたい。

註

（1）奈良県立橿原考古学研究所『京奈和自動車道御所道路池之内・條地区　御所市秋津遺跡　現地説明会資料　―古墳時代前期の方形区画施設の調査―』二〇一〇年一月二三日

（2）静岡県埋蔵文化財調査研究所編『大平遺跡』（静岡県埋蔵文化財調査研究所調査報告第98集）

（3）大分県教育委員会・日本道路公団「小迫辻原遺跡」『九州横断自動車道（日田地区）発掘調査概報Ⅴ』一九八八年

（4）桜井市教育委員会『纏向遺跡第一六六次調査　現地説明会資料』二〇〇九年十一月十四日

（5）財団法人 群馬県埋蔵文化財調査事業団 『三ツ寺Ⅰ遺跡』（上越新幹線関係埋蔵文化財発掘調査報告第8集） 一九八八年三月

（6）東日本埋蔵文化財研究会群馬県実行委員会・群馬県考古学研究所 『第8回 東日本埋蔵文化財研究会 古墳時代の豪族居館をめぐる諸問題』 一九九八年十二月五日

（7）川井正一ほか 「茨城県」（前掲注6）

（8）坂靖 「近畿地方の豪族居館 都市論の前提として」（前掲注6）

（9）坂靖 「近畿地方の豪族居館 都市論の前提として」（前掲注6）

（10）辰巳和弘 「古墳時代首長祭儀の空間について」『古代学研究』第一四一号 一九九八年

（11）八尾市教育委員会編 『史跡心合寺山古墳整備報告書』（―八尾市文化財調査報告書52―） 二〇〇五年

（12）前田敬彦編 『車駕之古址古墳発掘調査概報』 和歌山市教育委員会 一九九三年

（13）加古川市教育委員会 『行者塚古墳発掘調査概報』 一九九七年

（14）松坂市教育委員会編 『船形埴輪 松坂宝塚1号墳調査概報』 学生社 二〇〇一年

（15）青柳泰介 「囲形埴輪小考」『考古学に学ぶ 遺構と遺物』（同志社大学考古学シリーズⅦ） 一九九九年三月

（16）辰巳和弘 「古墳時代首長祭儀の空間について」（前掲注10）

（17）高橋幸治 「下永東城遺跡出土の石釧について」『橿原考古学研究所紀要 考古学論攷』第二三冊 二〇〇〇年

日・韓の古代における農耕祭祀にみられる共通性

―『三国志』魏書韓伝の蘇塗と鳥杆―

高　慶秀

一　はじめに

人間が集団で居住しているところでは必ず文化というものが発生し、存在する。その文化を高次元に発展させていくためには、内的および外的推進力と人為的刺激が必要となる。このような刺激は、他文化との接触によって得られる。そしてその接触を通じて文化の伝播や「変容（Acculturation）」[1]という現象があらわれる。世の中のあらゆる文化、とくに先進文化は、このような過程を通じて形成され、発展してきたといえる。したがって一つの民族のみの純粋な文化は、存在しないといえよう。一つの文化の源流を究明していくためには、その文化を構成している諸要素を時間・空間を含めて総合的に考察していかねばならない。

文化は他文化との接触を通じて形成され発展していく他律性・複合性をもつ一方で、その文化を担う人々によって規制される自律性・独自性をあわせもっている。この文化の自律性・独自性が他文化との区別を生じさせ、それが特定文化の主体性と独創性となってあらわれる。このような文化の両極性（二重性）は各民族の文化間に共通性と相異性を生じさせるので、一つの文化の形成・発展の過程を考察するには他文化を相互に関連させて考察すべきという当為性がうまれるのである。東アジアにおいても、文化交流・受容の様相を歴史に透視した場合、その受容姿勢のうえに主体独自の性格が反映されており、それぞれの風土・環境や民族意識を基盤とした異なる文化及び思想形態もあるとともに、一方では、共通性をもつものもあることが考えられる。

かつて斎藤忠氏は「古代朝鮮文化と日本文化とにみられる共通性と異質性」(2)の中で、『三国志』の中の『魏志』にあらわれた思想と風俗慣習、特に信仰の面において、高句麗・濊・馬韓・辰韓・弁韓として『魏志』に記されている半島関係の国や民族に類似のものがうかがわれると述べ、祭天または鬼神を祭るということに、かなり強く共通の要素があらわれていることがみとめられると指摘したことがある。そしてこのような同一要素のもののある場合、一方から他方への影響と結論づけることが多いが、東アジアの中の民族として持つ古来の同一要素があり、これらがさらに発展の過程においてお互いに接触し融合し、それぞれ変貌していったケースのあることを知らねばならないと述べている。

このような信仰・祭祀形態に関する共通的な要素に関しては、日・韓両国の考古学者の間でも同様の認識があったようで、弓場紀知氏は『古代祭祀とシルクロードの終着地・沖の島』の本文の中で、「かつて金元龍先生が韓・日で同じような祭祀があったのではないかといわれたのが印象的である。」と回顧している。(3)そして弓場氏は同書の中で韓国の扶安竹幕洞祭祀遺跡での共同祭祀の可能性について指摘しているが、祭祀の主体に関する見解は諸説異なるものの、竹幕洞祭祀遺跡は韓・日の古代、特に三国時代と古墳時代における海洋祭祀の形態に関する重要な証拠となり得るであろう。

東アジアの中でも長い伝統を持つ日本の民族宗教―神道は、土着宗教をその基盤としているが、弥生時代以来、水稲耕作による農耕を生産の基盤にして生活が定着し、社会を形成したことから、共同体における祭祀が発達した。即ち農耕社会としての性格が基本をなしており、灌漑、播種、植付、収穫のすべてにわたり協同することが必要であって、このような一連の作業から生じた共同体としての認識、そして自然への畏敬から様々な農耕祭祀が生まれたのである。神道と祭祀は不可分の関係であって「神祭り―祭祀」が神道の根本であり、神道は祭祀をもって成立つ宗教であることを考えると、[4] この時期に神道の基礎が形成されたといっても過言ではない。大場磐雄氏[5]は「原始神道期」(弥生・古墳時代)について「前代と違って、農耕の発達にともなう経済生活の変革や、小国家群の発生から大和朝廷の統合による社会組織の進展などで、信仰形態にもいちじるしい変化が生じてきた。信仰祭祀の基礎が農耕生活と結ばれ、さらに国家統一によって儀礼化し、民族宗教―神道として固定してきた時期である。」と述べ、「原始神道期」が神道考古学の研究の中心となり、神道の実質が成立した時期であるとした。

韓半島における青銅器・初期鉄器(三韓)時代もまた農耕を基盤に、国によって祭祀・儀礼の基礎が築かれた時期であった。このような農耕を基盤とする社会の共同体における宗教及び祭祀は、日本のみならず、農耕社会の共通するものであるといえよう。日・韓の古代の社会において祭祀がどのように認識されて行われていたかに関する歴史的な検証および復元のためには、このような農耕社会における土着宗教の共通する基本性格をまず認識することが重要である。このような共通要素を念頭におきながら、歴史的な検証および復元を通じて、日・韓両国の歴史・文化的な相違と特色さらに交流の史実などを認識することによって、それぞれの土着宗教へのアプローチと理解が可能になるであろう。

二　蘇塗に関する諸説の検討

『三国志』魏書東夷伝の三韓の記事中、馬韓条の「蘇塗」の解釈をめぐっては、早くから注意されてきた。東夷伝には、馬韓諸国において「鬼神」が信ぜられ、国邑ごとに「天君」とよばれる者が天紳を祭ることを記したあとに、「又、諸国に各別邑有り、之を名づけて蘇塗と爲す。大木を立て鈴鼓を縣け、鬼神に事ふ。諸そ亡逃して其の中に至らば、皆之を還さず。好みて賊を作す。其れ蘇塗を立つるの義は浮屠に似たる有りて、行ふ所の善悪に異る有り」とある。[6]

この三世紀の記録にみえる「蘇塗」の解釈には舊来二説あり、東夷伝本文にある「別邑」の義とし、アジールに類する特殊地域を想定する別邑説[7]と、「浮屠」すなわちストゥーパ（塔）に似た杆木の意をとり、現代韓国語のソッテなどに相当するものとする杆木説[8]とである。そして訳文における問題点と見方は、①文脈にしたがう見解—蘇塗を別邑という特定領域として解釈[9]②「名為蘇塗」と「立大木」が入れ替わっているとする見解—蘇塗を大木または神竿として解釈[10]③国邑の中に別邑＝蘇塗があったとする見解[11]—国邑の蘇塗（この場合、天君が蘇塗での祭祀の主管者となる）説の三つに分けられる。

特に韓国における研究成果は、蘇塗で行なわれる祭祀儀式が巫儀を連想させるため、その研究は民俗学の分野からはじまったが、蘇塗は邑落の原始境界標であり、大木が建てられた所は神聖領域としてみなす説が有力であった。現在まで村の入口の標識として残るソッテ（図1）と関連づけて、民俗信仰的な観点からアプローチした研究もある。一方文献史学の分野では、政治・社会の体系の中で蘇塗を理解しようとする試みがあったが、このような見解は国家形成過程において仏教受容以前の土着宗教及び祭祀・儀礼を重視する、近年の祭祀関連研究の傾向に付合するものがある。

金貞培氏[12]は君長社会（chiefdom）における蘇塗を「祭司長としての天君が農耕儀式、宗教儀式を行なっていた場所」とみて、野山・丘陵に立地した神殿のような権威をもつ場所として社会の中心地であったと推定している。また天君から王へ発展していく中で、蘇塗は宗教的な中心地から政治的な中心地へと変化したと結論付けている。しかし政治史的な立場のみで蘇塗を解釈しており、ここでは国邑と別邑の区別が問題となる。崔光植氏[13]は国邑では天君が天神を、別邑＝蘇塗では巫が鬼神を祭ったと解釈している。国邑での天神の祭祀は、初期国家段階の祭祀権の掌握による支配イデオロギーを反映しており、別邑でも鬼神の祭祀が行われていたことから、思想的に統合されていない段階であるとしたが、鬼神・天神の位階化の論拠がなく、説得力に欠ける。徐永大氏[14]は「蘇塗」という神聖地域が仏教受容によってどのように変化したかいう観点から、『三国遺事』説話などを用いてアプローチしている。金杜珍氏[15]は三韓時代の社会単位としての別邑の成立と関連づけて考察したが、部落の共同体中心に行なわれていた部落祭から分化・発展したもので、小連盟国の信仰・儀礼または観念の形態として蘇塗が現われたと論じている。その他にも、蘇塗はその信仰の形態を三韓の地域社会的な特性に求めるのではなく、歴史の発展段階の中で、城邑国家が近隣小国を吸収しながら小聯盟国へと成長していく社会体系の中で、その内部に吸収された小国の別邑社会の成立と関連付けて把握すべきであるといった見方もある。以上のように、文献史学では蘇塗を社会の発展段階の中での把握、または君長社会の産物と解釈していることが主な研究傾向といえる。

本論では、蘇塗とは元々杆木の名穏であったものが後にそれを並べ立てた聖域の名穏ともなったのであろうという、別邑説・杆木説の折衷説の立場に立っているが、蘇塗は邑落の原始境界標であり、大木が建てられた神聖領域では祭祀が行われていた。祭場としての蘇塗を考察する際に、民俗学の分野の研究成果を取り入れて、杆木から鳥杆を類推し、現存する民俗資料のソッテと結び付けて考えることは、今日の民俗から直ちに古代のそれを論断する多くの場合のように、危険を伴うものであろう。しかし土着宗教は表現手段を多様に変化させながら、

図１　韓国全羅北道のソッテの事例

文化に入り込み、その重層性を形づくる。文化の基底に根付いている土着宗教的な要素は、我々の想像をはるかに超える年月を経て、引き継がれているのかもしれない。従って文献史料及び考古資料の解釈に、民族学ないし民俗学の研究を参照することは有効な学際的な方法と考えられる。

次に鳥形木製品などの考古資料の検討を通じて、祭場としての鳥杆と鳥霊信仰の系統問題について考察を行うことにする。

三　日・韓出土の鳥形木製品と鳥杆

鳥杆は立木信仰と鳥類崇拝とが結びついた形態で、杆木の頂に鳥形をつくりつけて霊性をもたせる習俗として北アジアから韓半島、そして日本列島にかけて存在する。東西古今、自由に宙を飛ぶ鳥は霊の運び手、または天神の媒介者として崇拝され、鳥がとまる樹木、森林は精霊のやどる聖域であると考えられてきた。天上世界に神の国があると信じる人々にとって、鳥はこの世とあの世をつなぐ役目を果していると考えられてきたのである。また農耕の始まりと共に、豊作を願う人々は、穀霊としての鳥が種穀をもたらしてくれると信じるようになった。

近年の発掘成果から、鳥杆の風習が初期鉄器（三韓）時代の「蘇塗」以前にまでさかのぼる証拠ではないかとみられる遺物が日本と韓国で出現して脚光をあびた。一九六九年に発掘をはじめた日本の大阪府和泉市・泉大津市の池上・曽根遺跡では[16]、弥生時代中期の遺構から鳥形木製品が計六固体出土した（図2－1）。同時に極めて写実性に富む男根形木製品も見つかったが、発掘担当者は「用途は断定できないが、おそらく宗教的なものに関連したものであることは想像できる」と解釈している[17]。また大阪府八尾市・山賀遺跡からも鳥形の木製品が発見されたが、この発掘例は弥生時代初めまでさかのぼることから、弥生時代の鳥に対する信仰は稲作とともに始まると考えられよう[18]。初期の水稲耕作の存在を示す、九州佐賀県神埼市・託田西分遺跡の場合、貝塚から卜骨、銅鐸形土製品などが共伴出土しており、韓半島との関連性が考えられている（図2―2）。弥生時代の鳥形木製品の出土例は、その後四十例余りに増加したが、写実的に表現されたものから平面化して作られた単純なものまで多様である。底部に穴をもうけたものは、井戸、広場などの村中央から主に検出されており、その使用方法と意味が異なることがわかる。近畿を中心に西日本に分布するが、紀元後一世紀後半になると、静岡県沼津市・雌鹿塚をはじめとする東日本でも確認できる。

韓国では全羅南道光州市・新昌洞低湿地遺跡から腹部に穴のある鳥形木製品が二点[19]、忠清南道論山市・麻田里遺跡の井戸から一点[20]発見された（図2―3、4）。新昌洞遺跡は一九九二年以降国立光州博物館によって数回発掘が行われたが、低湿地という環境的な要因から多量の農機具関連木製遺物と有機物質が検出され、複合農耕遺跡として注目されている。この遺跡の中心時期は、断面三角形粘土帯土器、日本の須玖式土器、楽浪式土器、三菱鏃などの出土から、紀元前一世紀頃と考えられている。そして麻田里遺跡の鳥形木製品は、青銅器時代の松菊里式土器と共伴出土していることから最古の事例であるが、出土した井戸は、板材と部分的に加工した原木を口字形に組み合わせたもので、遺跡全体の配置からみて、集落の入り口に設置され、水田と関係があるようである。

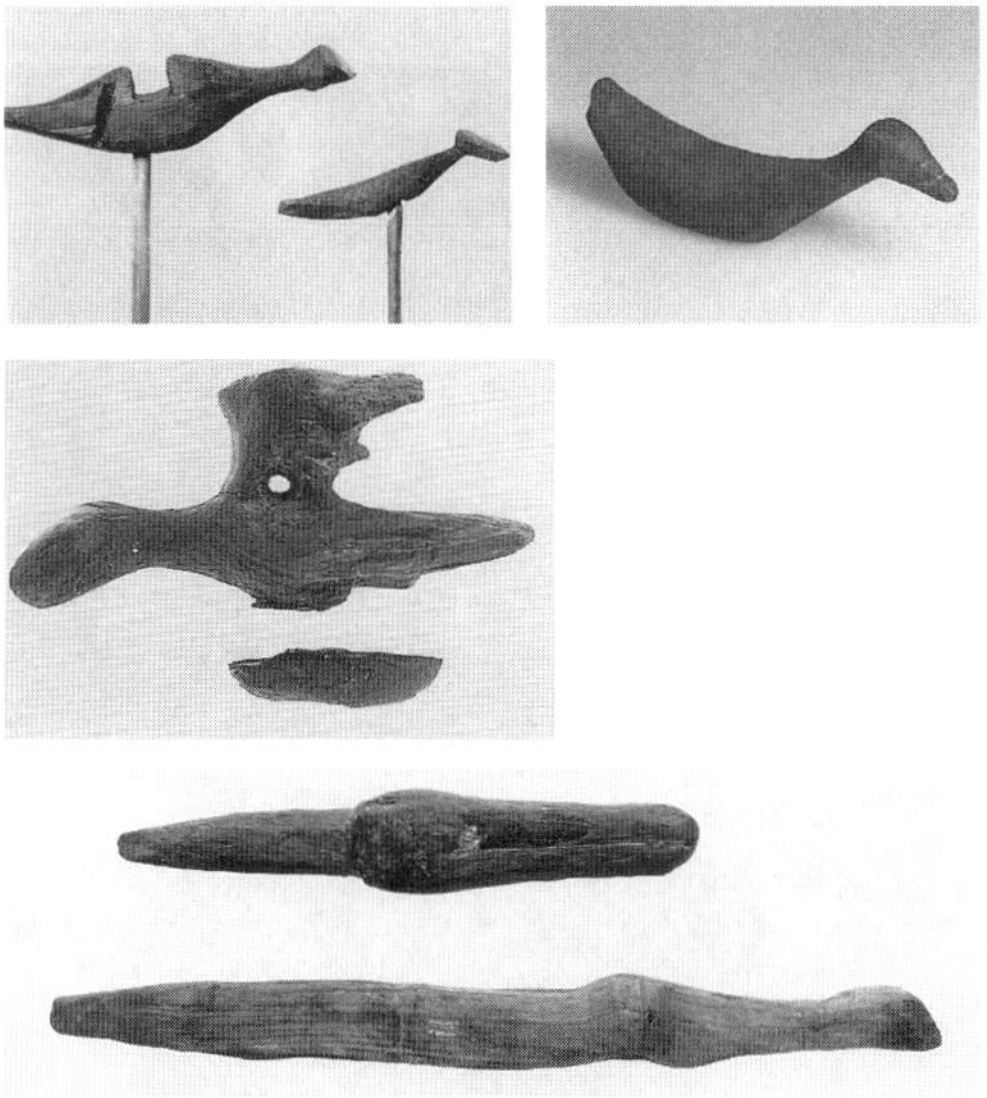

図2　日・韓出土鳥形木製品（左上から）
①大阪府・池上曽根遺跡　②佐賀県・託田西分遺跡
③忠清南道・麻田里遺跡　④全羅南道・新昌洞遺跡

ところで鳥杆と同時期の祭祀を考察するための重要な遺物として、このような木製品の他に、農耕文青銅器が

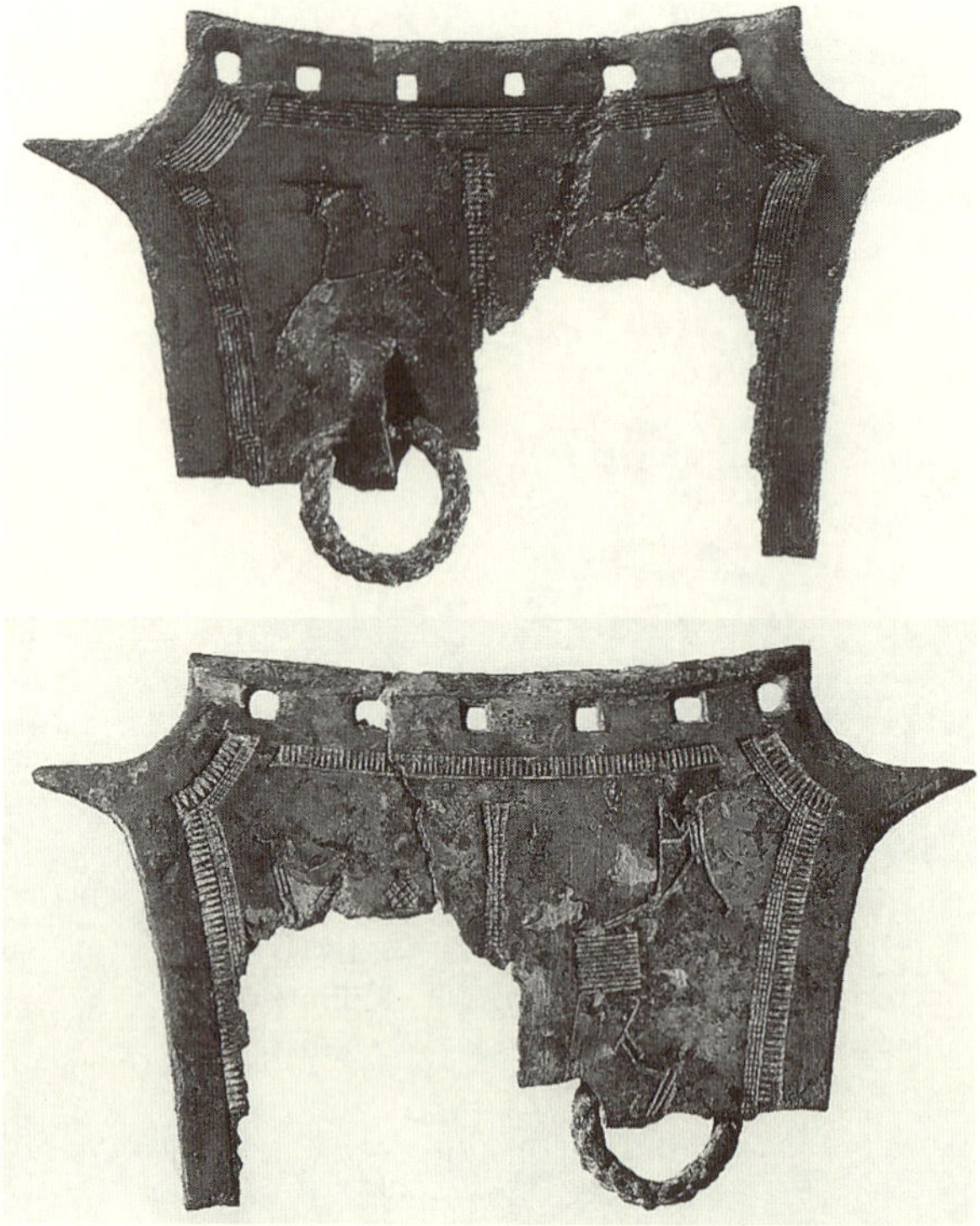

図３　韓国・伝忠清南道出土農耕文青銅器

ある。馬韓の故地に属する忠清南道大田附近の出土と伝えられるものであり、一九七一年発見された（図３）。この農耕文青銅器は発掘の成果ではないが、大田市槐亭洞出土の盾形青銅器と比較検討した結果、紀元前三世紀頃の遺物と推定されている[21]。

上部にいくつかの方形の穴をあけて、ぶら下げられるようにした儀器の一種であると考えられているが、幅十二・八センチで下部は欠損している。大田市槐亭洞石棺墓から出土した盾形銅器と同一の形態で、六個の穴のうち、両端に行くにつれて丸くすり減っていることから、実際にぶら下げて使用していたことが考えられる。全体的な輪郭に沿って密集線の陰刻文帯を配置しており、中央には縦に格子文帯で左右に分割されている。前面にはY字のような木の枝にとまっている二羽の鳥を、裏面には右側に頭に長い羽のような装飾（鳥装）をつけて裸で踏鋤を持って田を耕す男性と鍬を持ち上げた人物が、左側には壺に何かを入れている女性が表現されている。

文様の中、踏鋤で田を耕す裸体の人物の姿は何を意味するか。鳥装で男根を強調し、田を耕す人物は農耕に関連した農耕神、またはシャマンと推定されている。この農耕文青銅器が生産の豊穣を祈る呪術的な意味をもつ儀器として、何らかの農耕儀礼にかかわる祭具であったとみる推論に異見はないであろう。韓炳三氏は文様を多方面から検討し、青銅器の類型はシベリア系であり、霊鳥の信仰はシャマニズムから由来すると論じている。しかし農耕の起源・伝播経路を念頭において考えると、鳥霊信仰の発生地や系統論は簡単に速断できない問題である。

日本の鳥形木製品に関する注目すべき論考としては、一九八二年に発表された金関恕氏の「神を招く鳥」があげられるが[22]、弥生時代の宗教と祭祀に関する体系的な論文として、その後の研究を決定的に方向づける画期的なものとなった。

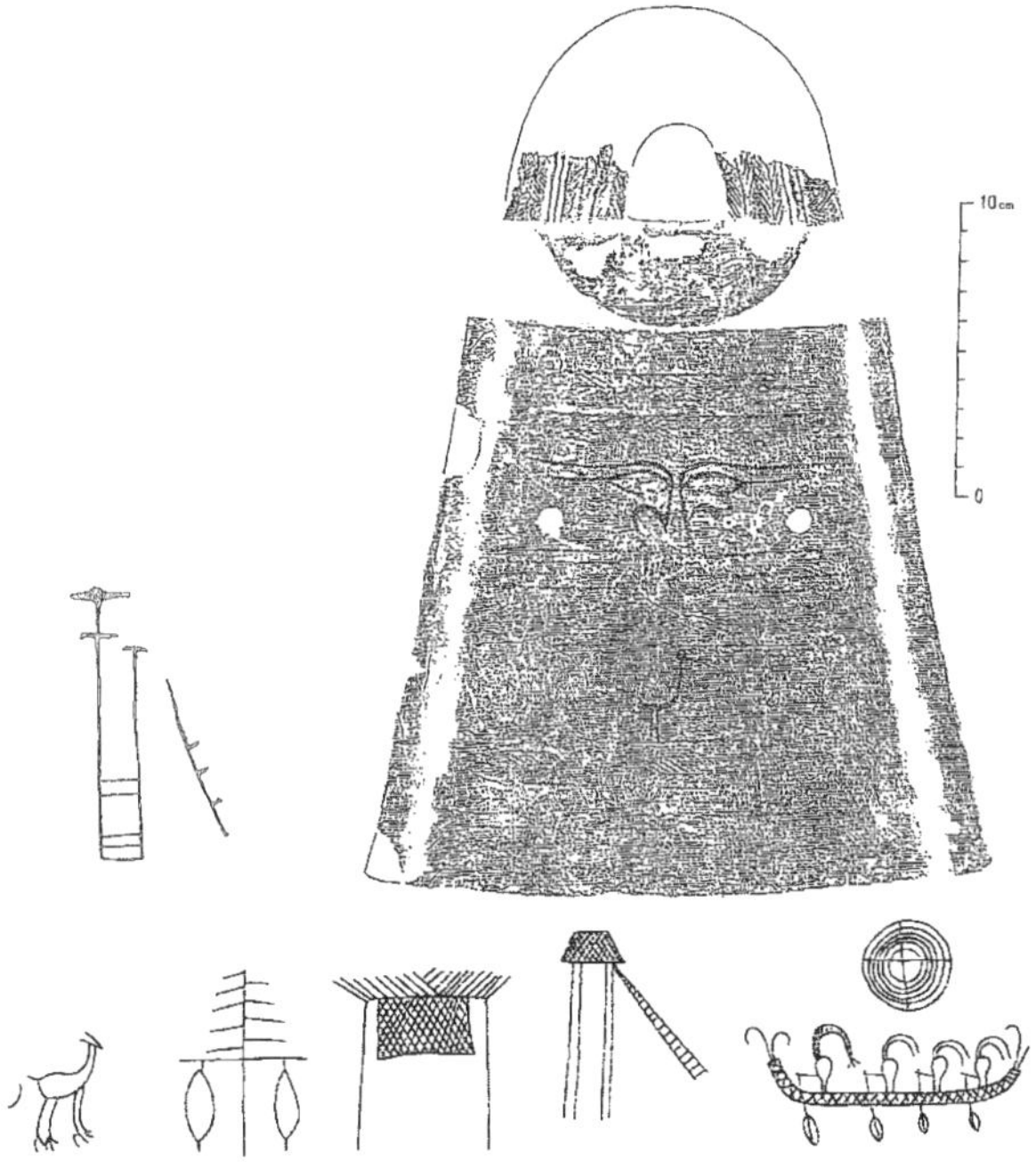

図４　日本出土銅鐸と弥生土器に描かれた絵（左上から）
①福井県・井ノ向遺跡出土銅鐸　②伝島根県出土銅鐸
③鳥取県・稲吉遺跡出土壷

金関氏は池上・曽根遺跡[23]から出土した弥生時代中期の鳥形木製品を集落内の祭場に立て並べた神杆の鳥であるとみて、『三国志』魏書韓伝馬韓条の記事の「蘇塗」、そして民俗例の鳥杆ーソッテとの関連性を主張し、稲作に伴う鳥霊信仰の直接の起源地を韓半島に求めている。遺物の観察の結果、その形態から杆木の先端につけた木鳥と想定したが、これらを杆頭に復原すると、飛翔している姿になるとし、「天に昇りシャマンの霊を先導する様」を表わしていると解釈している。即ち「神に使いする鳥」であり、この時の司祭者は、霊魂が身体から遊離して神や精霊の元に赴いて交流する脱魂型（エクスタシー・タイプ）のシャマンである。このような脱魂型は北方系シャマニズムの特色を示しており、一方、[24]神や精霊がシャマンに憑依する憑霊型（ポゼッション・タイプ）は、南方系シャマニズムに多くみられ、奄美・沖縄など南西諸島にかけての事例はこのタイプの性格が強いようである。

ところで日本の出土事例の中には、銅鐸や弥生土器にも様々な祭祀の風景が描かれている。福井県春江町・井ノ向遺跡出土の銅鐸の場合、鳥形木製品が三つ付いた鳥杆と右側に梯子のようなものがみられる[25]（図4－1）。また登場する鳥は、その種類がツルのものが多く、島根県出土とされる銅鐸には、神が乗り移ったかのようにみえる眼とツルの絵が、極めてシンボリックに表現されている[26]（図4－2）。弥生土器の壺の絵には、羽状のものを背中につけた人物を描いた、奈良県橿原市・坪井遺跡出土の例があり、鳥の姿を真似た司祭者であると考えられている。さらに鳥取県淀江町・稲吉遺跡出土の壺には、鳥装の人物を乗せて丈の高い祠のような建物にむかう船、高床倉庫、樹木に吊り下げた銅鐸と思われる二個の物体、シカなどが描かれている（図4－3）。恐らく鳥装の司祭者と祭儀の風景を表しているのであろう[27]。

四　むすび

稲作が始まった頃、稲を人間界にもたらしたのは鳥であるという、穀霊としての鳥霊信仰が芽生え、その信仰形態は様々な農耕祭祀の場面で反映されるようになった。また鳥霊信仰の解釈には、稲作と関連する穀霊以外にも、様々な可能性が有り得るが、弥生時代の銅鐸や土器に描かれた鳥のように、その種類の違いから象徴する意味も異なることが考えられる。鳥霊信仰の系統を総じて北方系シャマニズムと判じてよいものか、疑問の余地はあるものの、鳥杆に関しては、北方系に由来し、韓半島を経由して入ったとみた方が妥当であろう。

韓半島における青銅器時代以来の生活基盤は、農耕、漁労、畜産など様々であったが、すでに青銅器時代に農耕を主に営む地域が拡大していったことは、扶餘松菊里遺跡のような、広範囲な農耕民の住居跡を通じて伺い知ることができる。農作物は稲、麦、豆、粟、黍などの多種類であったが、稲は驪州欣巖里、扶餘松菊里などの南韓地域以外に平壌湖南里南京遺跡からも発見されており、全土で米が生産されていたことがわかる。このような内陸地方の農耕の発展と共に、海岸地帯では漁労も活発に行われていた。蔚山大谷里盤龜臺岩刻画[28]には、この時期、鯨などを取るために大掛かりな集団漁労を行っていたことを示す場面が描かれている。またこの岩刻画には盛んに狩りも行われていたことを伺わせる場面もある。生活条件の向上と豊かな食料生産の増加に伴って人口も増え、農耕の発達を背景に社会階層構造が著しく変化したが、その中には精巧な青銅器を用いて居住民を率いていた祭司的な存在があった。上述した鳥霊信仰の痕跡は、後の時代にまで受け継がれ、三国時代（四～七世紀頃）の鳥の姿に象った冠帽・冠飾にも見出すことができる。まさに王と首長の祭司的な性格を反映しているといえよう。

註

（1）（人類学）文化変容

（2）斎藤忠『古代朝鮮文化と日本　斎藤忠著作選集第二巻』雄山閣、一九九七年、四八頁

（3）弓場紀知「沖の島と韓国の西海岸、竹幕洞遺跡」『古代祭祀とシルクロードの終着地・沖の島』シリーズ「遺跡に学ぶ」013、新泉社、二〇〇五年、八四頁

（4）真弓常忠『神道祭祀』朱鷺書房、一九九二年、二十頁

（5）神道考古学の時代区分（一）神道前期（二）原始神道期（三）文化神道期
大場磐雄『まつり』学生社、一九六七年

同『祭祀遺跡』角川書店、一九七〇年
同「神道考古学の体系」『国体論纂』下巻、國學院大學紀要特集号、一九六四年
のちに大場磐雄編『神道考古学講座』第一巻、雄山閣、一九八一年に再録

（6）『魏志』東夷伝馬韓条
常以五月下種訖、祭鬼神、群聚歌舞飲酒、昼夜無休、其舞数十人、倶起相随、踏地低昂、手足相応、節奏有似鐸舞、十月農功畢亦復、如之。信鬼神、国邑各一人主祭天神、名之天君、又諸国各有別邑、各之為蘇塗、立大木、懸鈴鼓、事鬼神、諸亡逃至其中、皆不還之、好作賊、其立蘇塗之義有似浮屠、而所行善悪有異。

↓〈現代文訳〉毎年五月の播種がおわると鬼神を祭る。この時村人が総出で歌や舞をまい酒を飲む。昼夜休みなく数十人が交互に舞い、調子をあわせて、あるいは高くあるいは低く活発に踊り、その音楽の節は（中国の民間舞踊である）鐸舞（釈舞）に似ている。十月、収穫がおわった時にもまたこのような祭りがある。鬼人を信じており、国邑にはそれぞれ天神を祭る人が一人いて、天君といわれている。また諸国にはそれぞれ別邑があって蘇塗といい、大木に鈴や鼓などをかけて鬼神を祭っている。（罪を犯して）逃げてきた者も、この中に入ると還さない。そこで人々はよく罪をおかす。この蘇塗を作る意味は仏教のお寺に似ているが、その行ない善悪は異なっている。

（7）村上正雄「魏志韓伝に見える蘇塗の一解釈」『朝鮮学報』九、一九五六年
（8）孫晋泰「蘇塗考」『民俗学』第四巻四号、一九三二年（『朝鮮民族文化の研究』、一九四八年）
同上「蘇塗考続補」『民俗学』第五巻四号、一九三三年
（9）村上正雄　上記の文献
（10）孫晋泰　上記の文献
（11）金泰坤「蘇塗の宗教民族学的照明」『馬韓・百済文化』十二、一九九〇年
（12）金貞培「蘇塗の政治的意味」『歴史学報』七九、一九七八年
（13）崔光植『古代韓国の国家と祭祀』ハンキルサ、一九九四年
（14）徐永大「韓国古代の神観念の社会的意味」ソウル大学校文学博士学位論文、一九九一年
（15）金杜珍「三韓別邑の蘇塗信仰」『韓国古代の国家と社会』、一九八五年

(16)同上『韓国古代の建国神話と祭儀』三信文化社、一九九九年
(17)『縄文の祈り・弥生の心』大阪府立弥生文化博物館、一九九八年
(18)『池上・四ッ池』第二阪和国道内遺蹟調査会、一九七〇年、五三頁
(19)鳥越憲三郎・若林弘子『弥生文化の源流考』大修館書店、一九九八年
(20)国立光州博物館『光州　新昌洞』、一九九七年。『光州　新昌洞低湿地遺跡V』、二〇〇三年
(21)高麗大学校埋蔵文化財研究所『麻田里遺跡—C地区』、二〇〇四年
(22)岡内三真「韓国大田地方発見の農耕図のある青銅器」『考古学ジャーナル』六九、ニュー・サイエンス社、一九七二年
韓炳三「先史時代農耕文青銅器について」『考古美術』第112輯、韓国美術史学会、一九七一年
(23)金関　恕「神を招く鳥」『考古学論考—小林行雄博士古稀記念論文集』平凡社、一九八二年
同上「鳥霊信仰のひろがり」『縄文の祈り・弥生の心』大阪府立弥生文化博物館、一九九八年
(24)一九六九〜一九七一年　第二阪和国道内遺跡調査会
(25)枡本哲「鳥形をめぐる儀礼の研究ノート—シベリア諸民族に見られる鳥形使用の儀礼の分析から—」『大阪府弥生文化博物館研究報告』第二集、一九九三年
(26)黒沢浩「弥生時代の祭祀」『祭りの考古学』学生社、二〇〇八年
(27)春成秀爾「銅鐸のまつり」『国立歴史民俗博物館研究報告』十二集、一九八七年
同上「鳥・鹿・人」『弥生の神々—祭りの源流を探る—』大阪府立弥生文化博物館、一九九二年
(28)橋本裕行「弥生絵画に内在する象徴性について」『日本美術全集—原始の造形』講談社、一九九四年
東國大学校『盤龜臺』、一九八四年

祭祀遺跡の立地について
―祭祀空間の構造解明のための予察―

加藤　里美

問題の所在と本稿の目的

祭祀空間はどのように認識されていたのか。また、どのように形成されたものなのか。

人が活動していた全てにその意思が働いており、それは生活の空間や祭りの空間など人間の活動において意味のあるものとして構成されていたと捉えれば、祭祀遺跡の立地は人がその場所をまつりの場もしくは使用した道具の廃棄場所として選定したと考えることができる。日本列島においてはまつりの場である社の立地には周囲を取り巻く自然環境との関連が強く指摘されている。また、近代以降の神社の立地に至っても、その地に生活する人の自然に対する認識に大きく関連しており、生活空間と密接な関係をもちその中心をなしてきたとされ、日本列島で生活する人々にとっては長きに亘って周囲を取り巻く環境や自然が大きな意味を持っていたといえよう。

これまで、祭祀遺跡の立地についての情報は台地上、丘陵上などの主として地形を示す用語に基づいて表わされてきた。これは、まつりを行った場や用いた道具類を廃棄した場の位置を点として捉えるにすぎない。遺跡によっては、巨岩に隣接する、前方に神奈備山が見える、山の裾野に位置するといったある一定のメルクマールとなるような山や岩との位置関係をしていることがある。前者よりも具体的にまつりの様相を表しているかに写るが、これはまつりの場とある地点の二者の関係を表すに止まっている。山に神が坐していると考えるか山そのものが神であるのか、何らかの目印であったのか、どのようなまつりを誰が催行したのかなどを明らかにするためには、考古学的な事象からこれらの痕跡を残した人の意思をさらに反映させる必要がある（図1）。

本稿では、祭祀空間の構造の一部である祭祀遺跡、つまりまつりの場の立地について周辺の地形を立体的空間として捉えて試験的に分析を行ない、一定の方向性が導き出すことができた。最終目的までには未だ多くの検討事項を残しているが、まつりの持つ意味やそれを支える社会の解明のための予察としたい。

研究略史

神道考古学の提唱者である大場磐雄は、自然物を対象とする祭祀遺跡と題して、次のように述べている。

「上代人は自己の環境に存在する自然物に、霊の存在を認識していた。『日本書記』神代巻に「葦原中国者、磐根木株立、草葉猶能言語」とあり、『常陸国風土記』信太郡の条にも「古老日天地権輿草木言語之時」と見るごとく、宗教学上のいわゆるアニミズムの域にあった。なかんずく山や石や木、あるいは池沼などのあるものには神霊の憑宿を信じ、これを畏敬しかつ依頼した。したがって吾人はまず社殿発達以前の信仰形態をそれら自然物のなかに発見するのであり、当時の祭祀がこれを対象として行われたことは贅言を要しないところと信ずる。」

として、巌石、樹木、河、海、池沼、湧泉、温泉を始め、坂神、坂之三尾神、峠神、河瀬神、済神、窟神など、各種の自然界を代表する神々が認められており、農業に深く関連したと考えた。さらに、考古学ではこれらを招祭した実証資料がほとんど残存せず祭祀遺跡の一部から想定するものとことわりながらも、遺物の発見された場所ならびに何を対象にまつりを行なっていたのかについて考察し、それを大きく次のように分類した。

一　自然物を対象とするもの—山岳、巌石、島嶼、湖、沼池泉
二　古社の境内ならびに関係地
三　住居跡付属地
四　古墳付属地
五　単独遺物発見地

これらの分類により多様な祭祀遺跡や祭祀遺物を分類することが可能となり、日本列島における祭祀が考古学の分野において網羅的に把握することが可能となった。しかし、五の単独遺物発見地については遺物そのものを祭祀遺物として認定できない場合はその前提から崩れてしまうなど、その定義自体が危ういものであることが指摘できるし、それぞれのまつりの性格については、四の古墳付属地では死者を葬った施設で行なったまつりと考えることができるものの、その他のものについては対象のそのものが霊力をもつと考えられていたものであるのか、そのものを媒体としてカミをどこにみていたのか、先に見えていたものが何であるのかについては考古学的な議論が十分になされていないのも事実である。

遺跡の立地を考えるうえで景観研究は重要な視点として位置づける必要がある。ただしここでいう景観研究は、単なる自然の風景ではなく、人間の生活や社会活動が創り出した文化の景観であり、そこに時間の観念が加わることで歴史

学に大きく貢献することになる。我が国では縄文時代の景観研究がランド・スケープ研究として提示されており、一定の研究蓄積がある。山口徹はさらにポスト・プロセス考古学の概念を祭祀遺跡研究に生かし、祭祀とそれを支える人間と社会の復元に成功した。こうした点から、まず出雲地域旧意宇郡における祭祀空間の構造、すなわちまつりとそれを支える人のモデルを作成することを目標とし、他地域との比較検討に備えたい。

意宇郡の景観

意宇郡は島根県松江市宍道湖の南西岸一帯に位置しており、中央に茶臼山、その周辺を平地が広がり、さらにそこを取り囲むように低い丘陵が連なった地形を呈している。古代、この地には国府が置かれ、国分寺、国分尼寺をはじめとする寺院も多く建てられた。当然のごとく、古代に全国的に整備されるに至った古代道は意宇郡にも敷かれた。この地一帯には古墳時代を中心に縄文時代から古代に至るまで遺跡が検出されており、祭祀遺跡は弥生時代から古代までおよそ二十五箇所確認されている。

錦田剛志は『出雲国風土記』にある社について検討し、社は自然界と密接な関わりを有する場所に立地していたことを端的に示しており、社には必ずしも建あり造物をもつものではなく自然の中に認められ、その立地や環境は多岐に及んでいると分析した。その上で、祭祀空間は多様性に富んだものであることを指摘し、記紀や他の古風土記、万葉集にあるように自然を対象とする信仰、自然の中における祭場、祭祀形体の存在が濃厚にうかがわれるとした。しかし、その一方で、山や海浜に所在しつつも周辺の自然そのものには完全に埋没もしくは同化しない形態で存立していたことは、メルクマールとしての記念物や自然環境していたことも描写のうちに読み取れるとして、社というものが祭祀性、象徴性の高い場所として認識されるべく、その存在は決して形而上にとどまることなく、形而下においても他者と峻別されるような状態にあることが常に求められたと推測する。社の成立はすなわち開発地と自然界の境界領域上に成立したとする見解もあり、自然と相対したまつりの形態が存在し、その立地環境は一律な状況にはなかった。

まつりには催行する目的と道具があり、催行する人がおり、催行する場所についてもまつりを催行する際にはその場所を選定する理由があったはずである。従って我々はまず遺跡の立地とその遺跡の持つ性格、有する遺物という大きく三つの要素から検証する必要があり、次にこれがどのような意味を持っていたのかについて様々な視点から考える必要がある。そのうえでまつりの性格やそれを支える人々について一歩近づけることになろう。

立地による分類

前述の通り『出雲国風土記』に現れる社の立地も多種多様であることから、まつりの場の多様性について、古代の遺跡を立地という側面から同条件で比較するために、遺跡から人間の可視距離一キロメートル圏内として、そこに包括される環境に基づいてデータをとった。データを整理すると、周囲には多くの条件が潜んでいることが解読でき、大きく開放型と閉鎖型の二つに分けられた。また、今回の分析対象となった範囲には限りがあるものの、時間軸と分類形態との間には次のような一定の傾向がみられた。

開放型とは、祭祀遺跡が水田を造るために適した低地や平地などの平坦な場所のみではなく、山すその立ち上がり付近の緩やかな傾斜面や急峻な山頂付近に位置し、周囲一キロメートルをほぼ見渡せるなどの立地にある（図2）。閉塞型とは、祭祀遺跡が山地の中にあって谷戸などの入り組んだ地形の奥に位置し、山と郷とのほぼ境界のような箇所に遺跡が立地するパターンで、場合によっては、茶臼山のようなより高い頂を持つ山が比較的近い位置にある（図3）。開放型のうち、平坦面から傾斜のかかる部分とのいわゆる境目に位置する遺跡が全体の十パーセント程度であるのに比べ

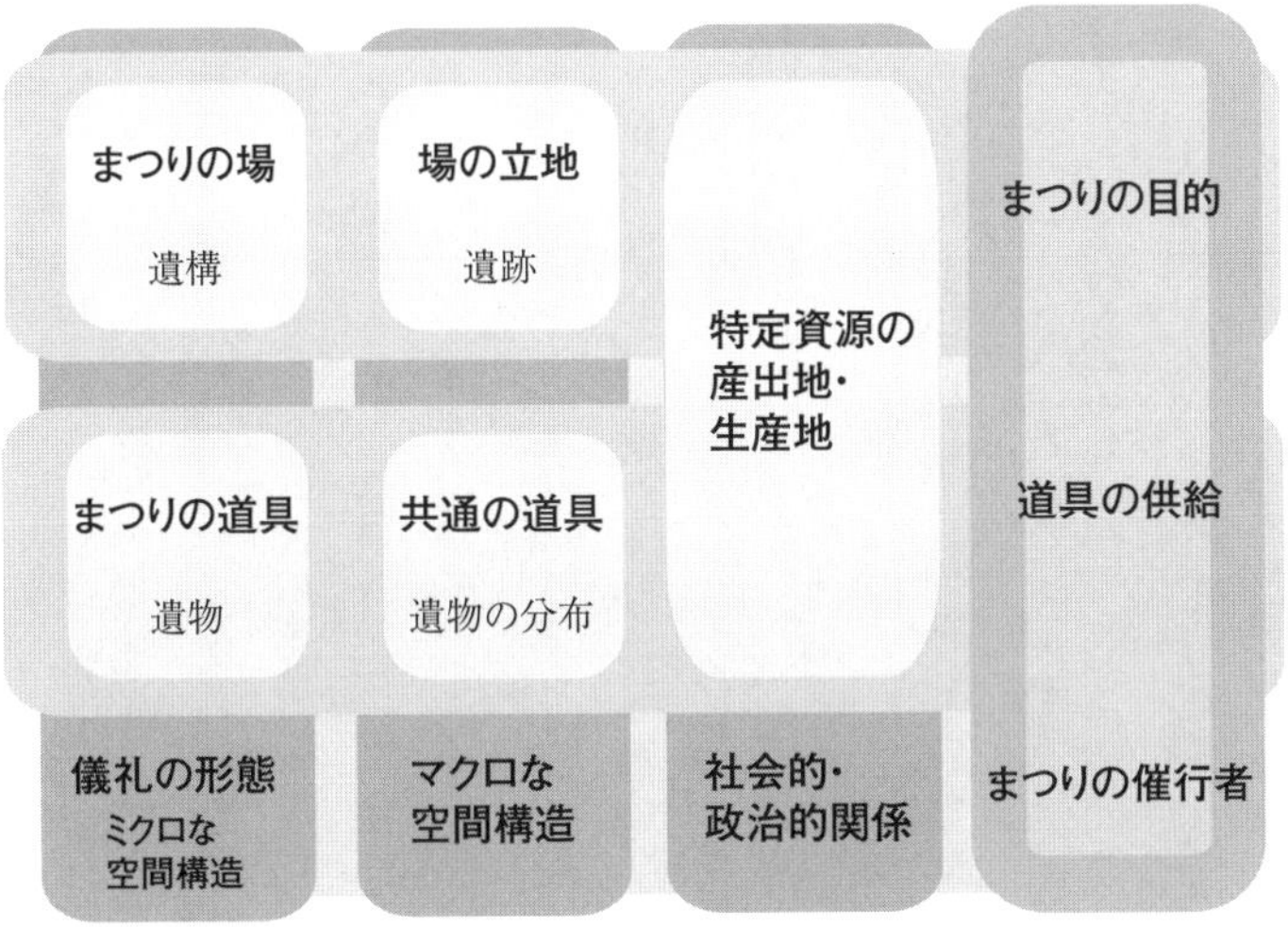

図1　祭祀空間の構造解明模式図

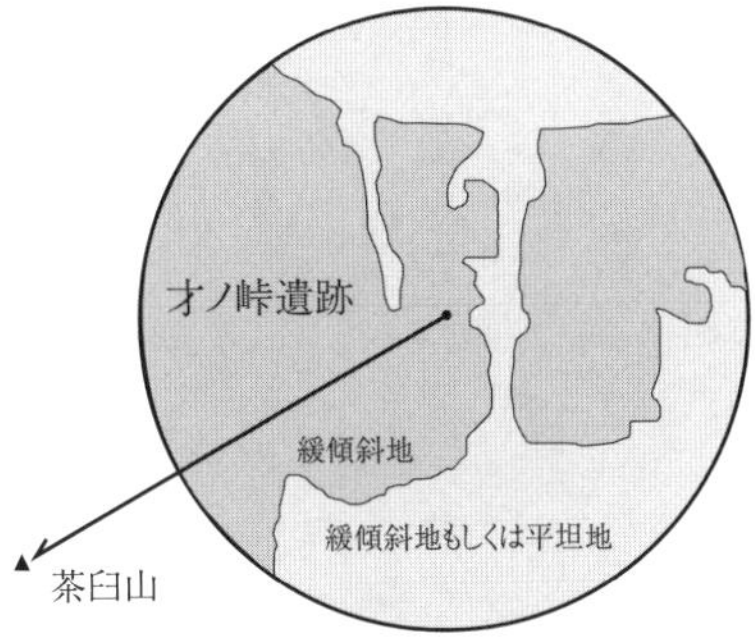

図3　閉鎖型

図2　開放型

て、閉鎖型は古墳時代から古代にかけて増加し、周囲から閉鎖された所謂見えない空間におけるまつりが増加したことを示唆している。また、開放型においては、古墳時代に平坦地における祭祀遺跡も多く見られる。しかし、古代に至ると平坦地もしくは緩傾斜地から急傾斜地への境目や、古代に多く見られるようになる閉鎖型の立地における平坦地もしくは緩傾斜地から急傾斜地への境目の祭祀遺跡が多く選択されるようになり、古代においてはより奥まった場所でもまつりが行なわれることが見られるようになる。平地の中央部におけるまつりを引き継ぎつつも、見えないまつりを行なう、籠もるまつりのあり方が古墳時代の末期から古代にかけて出現してきたことを示唆していよう。それぞれの遺跡について詳細は紙面上割愛するが、各遺跡の条件には様々なパターンが見られ、まとまりのない状況であっても時間軸に沿ってみてみると緩やかに変化を遂げていることが確認できた。つまり、ミクロ的に見た場合には、祭りの内容や目的は様々でありながらも、マクロ的に見た場合には緩やかな変化の兆候が確認できたといえ、このことはこれまでの研究成果と一致している。

課題と展望

出雲全域でみれば、斐伊川流域や山間部などに祭祀遺跡が分布しており、各地で異なるまつりの空間が展開していたことが伺える。

今後は意宇郡だけでなく他の地域へと分析の範囲を広げると同時に、生産遺跡や特殊資源、古墳等との地理的関係についても考慮し、河川流路、人工物の構築など周辺地形に関してより慎重に分析し、まつりの場のあり方を検証しなければならない。一定の方法で、分類や分析を行なうことによって他地域との比較検討が可能となり、出雲地域における祭祀空間の特質、全国規模で共通する要素を提示したい。また、祭祀空間の復元に向けて、遺跡の立地分析以外の祭祀遺物の種類や出土状況、組み合わせや規則性を相互に検証することで、祭祀道具の供給やまつりの具体的な内容、祭祀の社会的意味といった最終目標にいたる検討方法の一つになると考えている。

引用・参考文献

宇杉隆夫　二〇〇三『日本の空間認識と景観構成　ランドスケープとスペースオロジー』古今書院

大場磐雄　一九三九「考古学上よりみた出雲」『出雲』創刊号

　一九五三「出雲国とその考古学的特質」『神道史学』四

　一九七〇『祭祀遺跡』角川書店

　一九七六「出雲大社とその考古学的研究」『大場磐雄著作集』第五巻　古典と考古学所収

加瀬直弥　二〇〇七「山に坐す古代の神の社の立地について」『日本山岳文化学会論集』第五号

小林達雄　Jomon reflections : forager life and culture in the prehistoric Japanese archipelago/Tatsuo Kobayashi ; edited by Simon Kaner with Oki Nakamura Oxford : Oxbow Books , c2004

　二〇〇五縄文ランドスケープ　アム・プロモーション

新原佑典　二〇〇九「出雲の祭祀とその道具（予察）」『國學院大學伝統文化リサーチセンター研究紀要』第一号

錦田剛志　二〇〇四「覚書『出雲国風土記』にみる神祇祭祀の空間―神の社を中心として―」『古代文化研究』一二　雄山閣

山口　徹　一九九七「祭祀遺跡の解釈学―I.Hodder の視点と東ポリネシアのマラエ研究―」『民族考古』別冊特集号　ポストプロセス考古学の射程―ホダー理論に対する実践的リプライの試み―

M・エリアーデ　一九七一『イメージとシンボル』せりか書房　前田耕作訳

※本稿は文部科学省私立大学学術高度化事業オープン・リサーチ・センター整備事業「モノと心に学ぶ伝統の知恵と実践」における研究成果の一部である。

「羨道」とは何か
—境界としての象徴性と儀礼—

谷口　康浩

一　山ノ上古墳の羨道

群馬県埋蔵文化財調査事業団の関根慎二・山田精一両氏の案内で、群馬県高崎市山名町にある山ノ上古墳を訪れた。古墳の傍らに立つ『山ノ上碑』（辛巳歳、六八一年）の碑文に、古墳時代の人々の出自観念や婚出女性の帰葬に関連する内容があることを白石太一郎氏の論文（白石二〇〇三）で知って以来、一度現地を訪れてみたいと思っていた。被葬者の「黒賣刀自」たちの本貫であった「佐野」の地がこの墓所からどのように見えるのかも実際に確かめてみたいと思った。

開口した石室に進入するには、腰を相当屈めて狭い「羨道」を通らねばならない。その羨道の狭さ、細長さに、あらためて深く考えさせられた。その日は群馬県埋蔵文化財調査事業団の職員研修会で「文化景観の考古学」という内容の講演を依頼されており、その中で話すことになっていた縄文時代の柄鏡形敷石住居の細長い出入口とこの羨道とが、まったく懸け離れた時代の無関係の遺構でありながら、奇妙な類似をもっているように感じられたからである。

山ノ上古墳の石室の入口部分には後世の修造があった事実を後から知ったが、一九七二年に高崎市教育委員会が行った発掘調査で判明した築造当初の石室構造でも、羨道は高さ・幅が約九〇cm、長さは約三．三mで、玄室の長さ（約

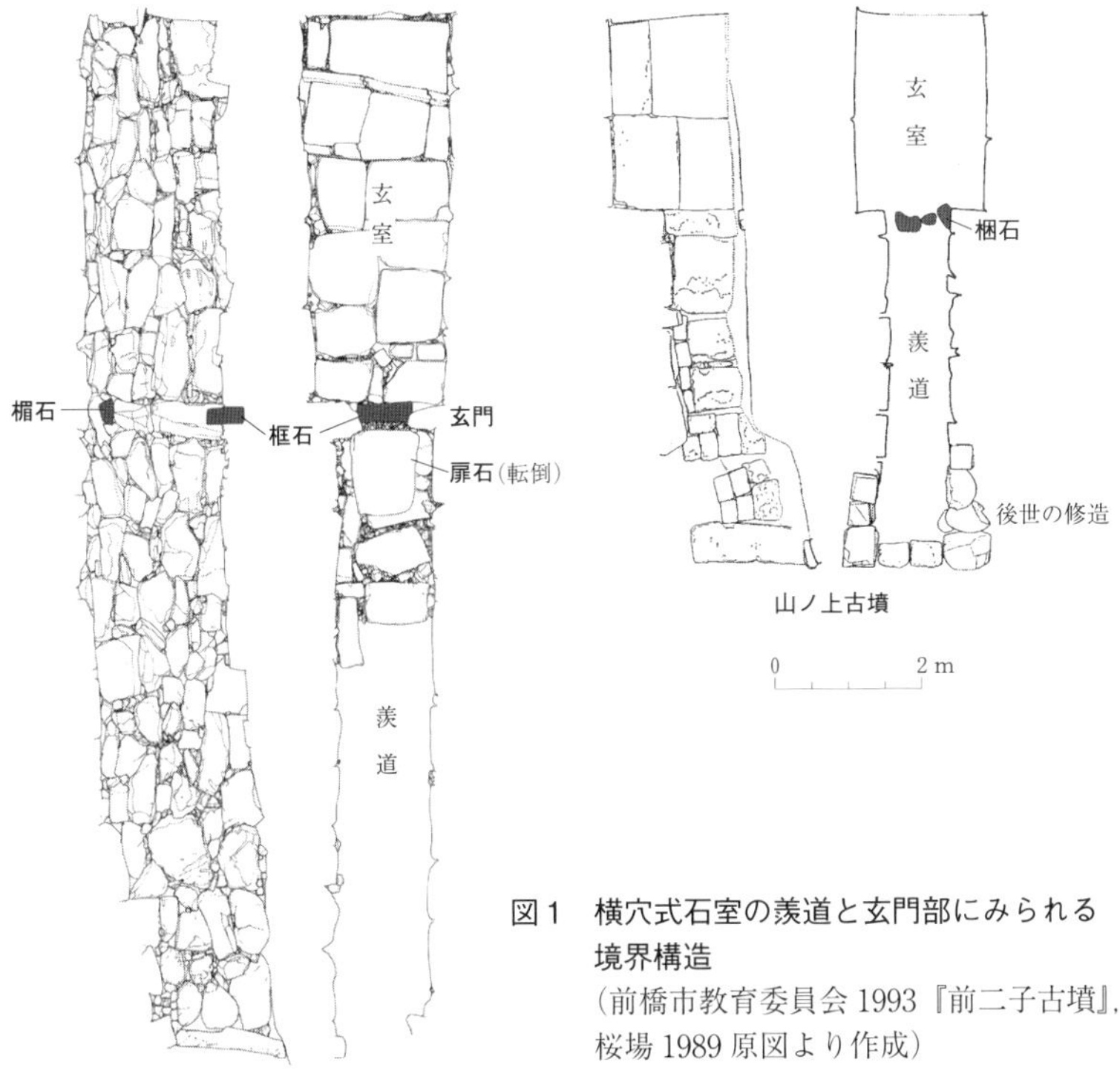

図１　横穴式石室の羨道と玄門部にみられる境界構造
（前橋市教育委員会 1993『前二子古墳』，桜場 1989 原図より作成）

二．七ｍ）を上回る細長い通路であったことが分かる（高崎市教育委員会一九七五、桜場一九八一、図１）。羨道がなぜこれほど低く狭く細長いのか、さまざまな理由が考えられるだろう。羨道の長さは墳丘の規模と玄室の墳丘内の位置によって決まるという説明が流布しているが、「山寄せ式」と呼ばれる半ば墳丘の形骸化したこの古墳には、それは当てはめられそうもない。それどころかこの解釈では、墳丘のない横穴墓にも羨道部が作られている普遍的事実をまったく説明できないのである。入口と玄室との中間にこれほど細長い通路をわざわざ作りだすことの意味は、単に遺体や棺を入れられるだけの最小限の規模ということではなく、狭窄した通路そのものに重要な象徴的意味が込められているように思われた。

「羨道」は一般に横穴式石室の主室である玄室に至る通路と説明されている。「横穴式石室の玄室にいたる通路。通常は玄室より幅が狭く、天井も低い。墳丘頂部に構築することの多い初期の横穴式石室ではごく短いのが一般的だが、石室を墳丘基底部近くに構築するようになると、墳丘外部への通路である羨道はしだいに長くなる。前方後円墳の奈良県見瀬丸山古墳の後円部（径一五〇m）にある日本最大の横穴式石室では、玄室の奥行が八．三mであるのに対して羨道の長さは二〇．一mにもなる。本来は通路であって、埋葬の場ではなかったが、後期になって同一石室内の合葬人数が多くなるとともに羨道部への埋葬例が増加する。こうしたこともあって、羨道の長さとともに幅もしだいに拡大し、玄室と羨道の区別のない無袖型の横穴式石室が出現する。（後略）」（白石二〇〇二、五〇三頁）。羨道が通路としての機能をもち、追葬を可能にする構造であったことは間違いないが、羨道の性格については、観念上の意味、象徴性という側面から何のための空間であったのかを再考してみることが必要と思われる。小論は山ノ上古墳での経験から発した断想にすぎないが、玄室の形態・構造に基づく横穴式石室の研究の充実ぶりに比べて「羨道」に対する研究はまだ少ないようなので、一つの問題提起を試みたい。

二　縄文時代の柄鏡形敷石住居にみる結界と儀礼

いかにも突飛な比較となるが、縄文時代の柄鏡形敷石住居に見られる空間結界について簡単に説明する。(1)

縄文時代中期末から後期前葉の中部・関東地方では、出入口部分が細長く延びた形の柄鏡形敷石住居が発達した。この家屋の柄部（出入口）から炉に至る直線部分は、敷石が特に高い頻度で施されている部分であり、入念な造作例がよく見られる。そこは屋内と屋外とを往き来する通路であると同時に、内外の境界域として強く意識された空間でもあり、境界部分の結界ならびに儀礼行為の痕跡が多くの遺構に共通して残されている。

内外空間の結界に関係した最も主要な構造が「埋甕」と呼ばれる埋設土器である。キャリパー形の深鉢形土器を、口

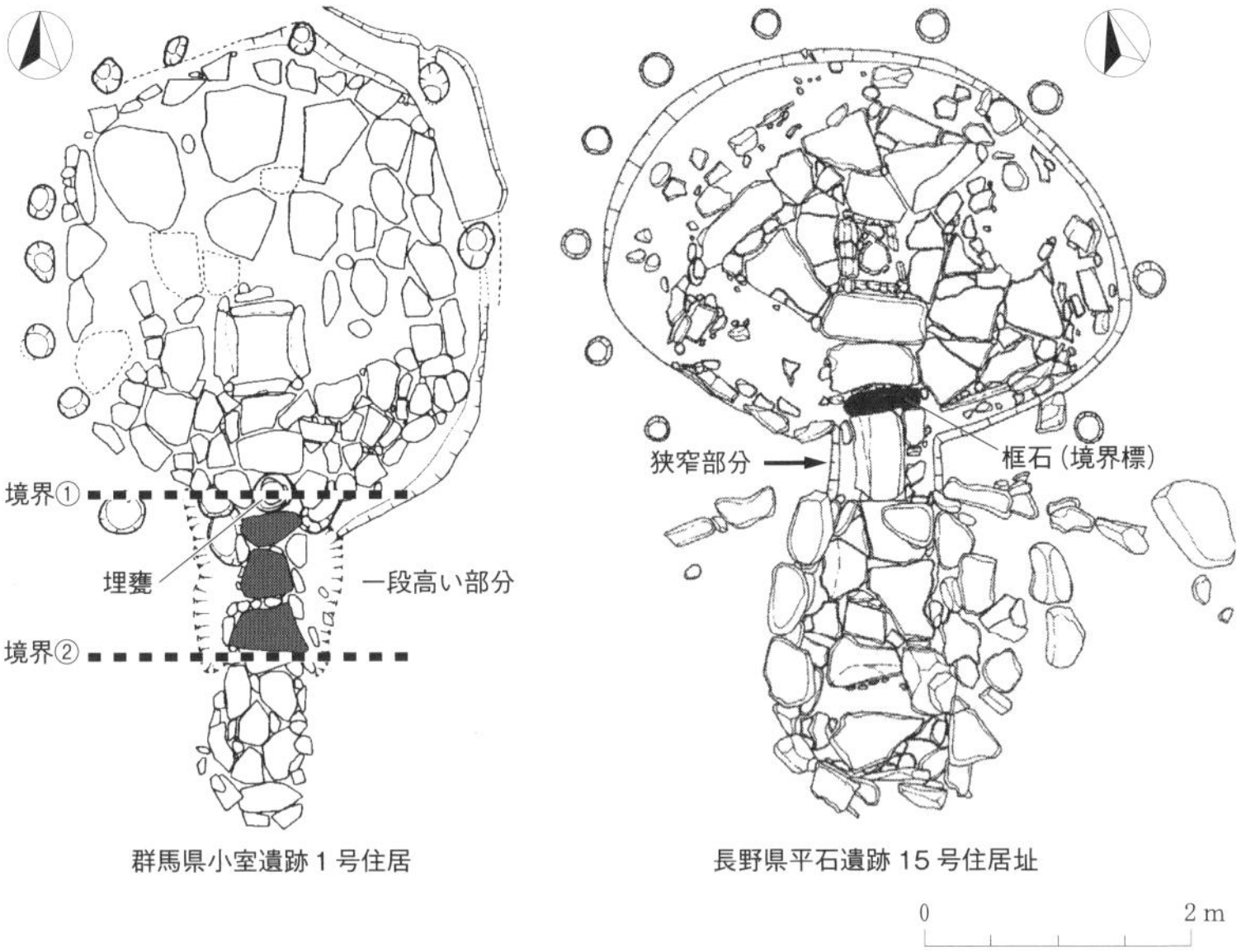

図２　縄文時代の柄鏡形敷石住居の出入口部にみられる象徴的な境界
（相沢 1988，望月町教育委員会 1989 原図より作成）

縁を上にして床に埋設するのが普通である。柄鏡形敷石住居における埋甕の埋設位置には強い規則性があり、家屋主体部と柄部との接続部、柄部先端、およびその両方の事例が圧倒的に多い事実がすでに明確となっている（川名一九八五、山本二〇〇二）。そこは屋内空間と屋外空間が接する空間的な変換点にあたる（図２）。深鉢形土器の埋設姿勢にも一つの有意な傾向があり、主体部の中心方向（炉の方向）に向けて傾斜させた斜位埋設に重要な意味があると考えられている（川名前掲）。中期後葉に発達する埋甕の性格については、死産児・嬰児埋葬説、胎盤収納説などの諸説があって未解明だが、埋設位置・埋設姿勢の強い規則性から判断すると、埋葬や収納の機能を推定するよりも、やはり境界標もしくは結界としての象徴的意味を考える方が妥当である。埋甕の口縁部がしばしば床面から明らかに突出しているのも、それを意識的に跨ぐべきものであったからであろう。

　主体部と柄部の接続部に、埋甕以外の構造物で境界を作り出した例もある。長野県平石遺跡一五号住居址

（後期前葉、望月町教育委員会一九八九、図2右）では、主体部と柄部の境界に平な河原石を横向きに立てて埋め込んでいる。報告書はこれを横穴式石室の用語にもある「框石（かまちいし）」と表現したが、言い得て妙である。群馬県小室遺跡例（後期初頭、相沢一九八八、図2左）では、主体部との境から約九七㎝の部分で柄部の敷石が一段高くなっており、その高台を上り下りしなければ通過できない構造になっている。長野県佐久盆地の中期末の集落遺跡では、主体部と柄部の接続部もしくは柄部先端に大形の軽石製石鉢を設置した例が散見される（長野県埋蔵文化財センター二〇〇〇）。いずれも埋甕と同質の境界標と考えられるものである。

また、柄鏡形敷石住居の主体部と柄部の接続部には「対ピット」と呼ばれる特殊な柱穴がよく見られる。川名広文氏は、対ピットが主体部の中心に向かってハの字状に狭まり掘り形が深くなる特徴を指摘し、故意に狭間を作り出しているものと解した（川名前掲）。村田文夫氏も対ピットの幅が四〇～五〇㎝で大人が辛うじて通過できる狭さである点を指摘している（村田二〇〇六）。つまり主体部（屋室）の入口にわざわざ通りづらい門柱を設けたことになり、これもまた結界を強く意識したものと見てよいであろう。

柄鏡形敷石住居の細長い柄部には、住居内空間と外界との間の過渡的、両義的空間としての象徴的意味があり、だからこそ境界を意識させる構造とそこでの儀礼行為が必要であった、と見るのが妥当な解釈であろう。

三　「黄泉戸喫」と「ことどわたし」

古墳時代の横穴式石室にも、境界の観念を窺わせる結界構造や儀礼の痕跡を見出すことができる。横穴式石室内で行われた儀礼については、小林行雄氏の「黄泉戸喫（よもつへぐひ）」（小林一九四九）と、白石太一郎氏の「ことどわたし考」（白石一九七五）の二論文が、重要な見解を提起している。いずれも記紀神話に記述されたイザナキノミコトの黄泉国訪問の説話の内容と横穴式石室内に残る儀礼痕跡との関連性を論じており、横穴式石室で行われた埋葬と儀礼が黄泉国のイデオロギーと密接に関連していたことを想定している。

小林氏の論文は、横穴式石室内に残された土師器の模造竈や土製支脚が、『古事記』の伝える「黄泉戸喫」、『日本書紀』の「飡泉之竈」に該当する墓前炊爨儀礼の証拠になることを論じたもので、この儀礼の意味を「浄穢の火の区別を死者の前で、同時に後に残って生きる人々の前で現実に演出し別離の宣言とした」（小林一九四九、八頁）ものと解した。しかし、それが行われる石室内の場所、空間には注意が払われておらず、羨道の意味についても特に論じられていない。

それに対して白石氏の考察は、横穴式石室の羨道で行われる石室の閉塞儀礼に注目しており、ここで問題にしている羨道の象徴的意味と深く関わる重要な指摘を含んでいる。『古事記』上巻によれば、死別した妻、イザナミノミコトを黄泉国に訪ねたイザナキノミコトは、ウジが沸き腐乱したその姿を見て逃げ帰るが、穢れた姿を見られたイザナミは恥をかかされたことに激怒して黄泉国の醜女や八種の雷神に追いかけさせる。桃の実三個を投げつけてそれらの軍勢を何とか追い返すが、なおも追い縋るイザナミに対して、イザナキが最後に黄泉比良坂の千引石を間にはさんで夫婦絶縁のことばを言い渡した。これが「コトドワタシ」であり、神代紀は「絶妻之誓」をコトドと訓んでいる。白石氏は横穴式石室墳から出土する土器類と埋葬儀礼の一連の行程との対応関係を整理する中で、羨道を閉塞した土の中や上から須恵器などが出土する例に着目し、これこそがコトドワタシすなわち死者に離別を宣言する意味の儀礼に当たるものと解釈した。そして、横穴式石室の出現、普及とともに現れたこうした儀礼上の大きな変化を、中国大陸・朝鮮半島から新たな他界観（黄泉国）と埋葬法、儀礼体系が受容されたものと考察している。

四　横穴式石室の羨道にみる結界と儀礼

横穴式石室の羨道には、境界の観念を表現するさまざまな象徴的構造がある（図1）。特に強く意識されたのが羨道と玄室の境界、すなわち玄門である。玄門部に作り付けられた象徴的な結界構造には次のようなものが知られている。[2]まず、玄室口の両側に立柱状の石を立て羨道部より幅を一段狭めたものがあり、これが「玄門」の原義である。玄門の上側に天井から遊離して横にわたされたものを「楣石（まぐさいし）」と呼ぶ。天井に接した横石も楣石と同じに呼ぶことが多い。玄門の床面に埋設された結界石を「梱石（しきみいし）」と呼ぶ。羨道よりも一段低い玄室の玄門に横長の板石を立てたものがあり、これを「框石（かまちいし）」と称している。

前述の山ノ上古墳の場合は、羨道と玄室の境界に梱石として大形の円礫三個が列状に埋設されていた（桜場一九八一）。わざわざ川原石の円礫を用いるところが、石室本体を構成する切り石とはいかにも異質である。山ノ上古墳の西方約二五〇ｍに位置する山ノ上西古墳でも、玄室の入口の床面に五個の円礫を並べた梱石があり、その手前に天井ぴったりの二枚の板石を嵌め込んで玄門を完全に閉鎖し、その手前側にさらにもう一つの凝灰岩製の梱石が埋設されており、玄室口から約一ｍのこの部分が最も入念複雑な構造となっている。さらに羨道入口から凝灰岩製梱石までの間を、川原石と粘土を混ぜて閉塞した状態であった（松本一九八一）。

玄門や羨道は板石や礫・粘土等で閉塞されるのが普通であるが、この閉塞行為の中にも儀礼の痕跡が残されていることがある。羨道の象徴性を明示する二つの顕著な事例を挙げる。愛媛県松山市葉佐池古墳の二号石室では、玄門を閉塞する礫積の直下から鉄製の心葉形杏葉と青銅製馬鈴が出土しており、閉塞時の儀礼行為を示すものと考えられている（松山市教育委員会二〇〇三、図3）。調査者の栗田茂敏氏はコトドワタシの儀礼と解している。大阪府河南町シショツ

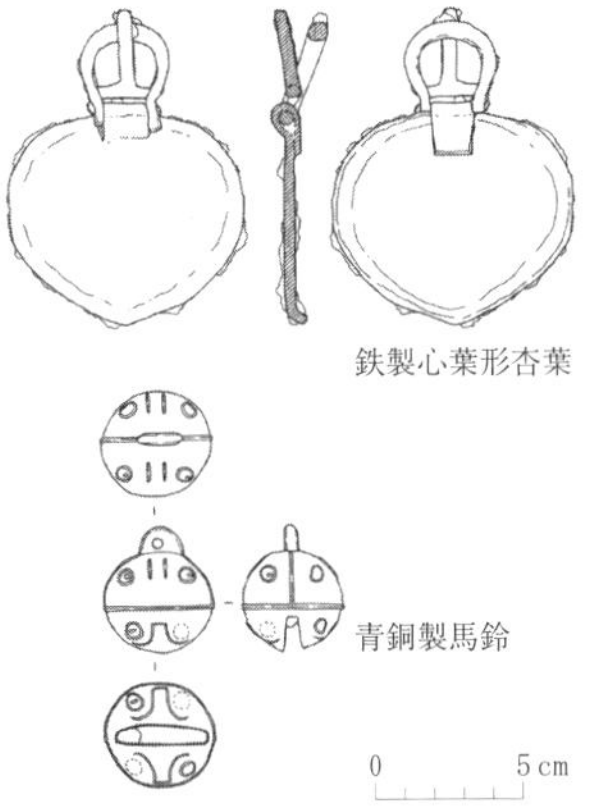

図３　愛媛県葉佐池古墳の２号石室玄門部閉塞石直下から出土した馬具
（松山市教育委員会 2003 による）

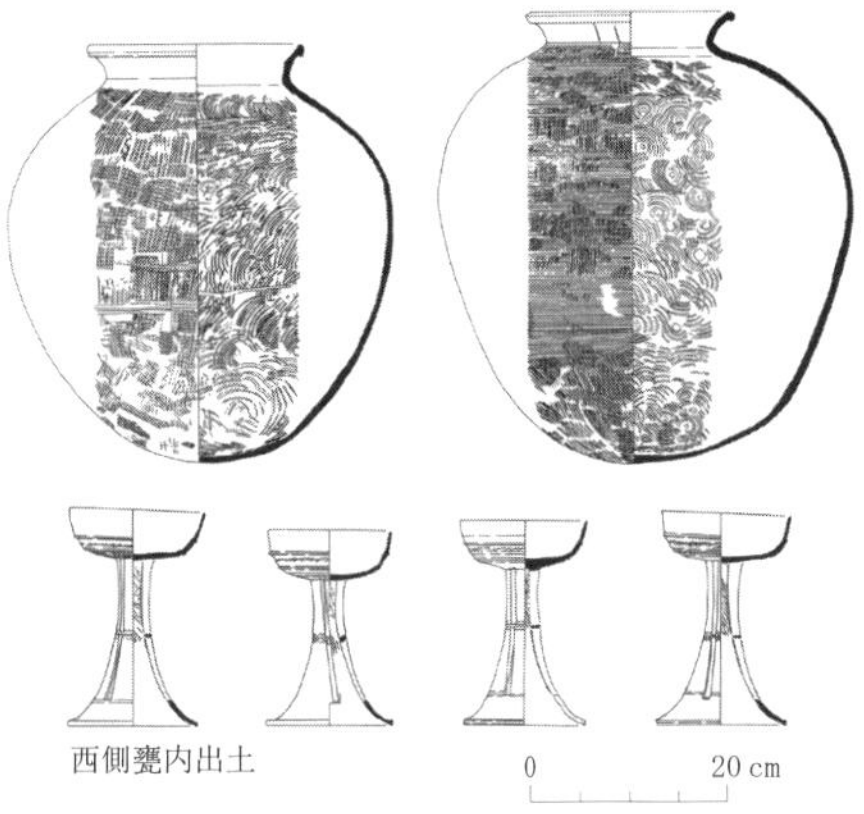

図４　大阪府シシヨツカ古墳の羨道部閉塞粘土に埋設された須恵器甕と容れられた高杯
（大阪府教育委員会 2009 による）

カ古墳では、羨道の入口部を閉塞する粘質土の上に、須恵器の甕二個体が埋められており、その一つには須恵器の高杯四個体が容れられていた（大阪府教育委員会二〇〇九、図４）。閉塞土の上から穴を掘って埋設したものではなく、羨道を埋めていく過程で立て置かれた状態が観察されている。甕の埋設は古代の境界儀礼の一つの形式と見られるものである。『播磨国風土記』には、「昔、丹波と播磨と国を境し時に、大甕をこの上に掘り埋めて国の境としきといへり。故、甕坂といふ。」（託賀郡の条）という記述が見える。境界に甕を埋設する儀礼行為があったことの傍証になると思われるが、シシヨツカ古墳の羨道の閉塞土に甕が埋設されていた事実もまさしくこれに符合する行為であり、そこが境界として観念されていたことの証左と見たい(3)。

羨道は単なる通路とは違い、異なる空間が接する「境界」として意識された象徴的な空間であったと解釈した方がよい。羨道がしだいに細く狭く長く作られることになったのは、そこが他界と現世との間の境界領域として意識され、二つの異界を往来するには儀礼の力が必要と考えられていたことに由来するのではなかろうか。

五　境界としての羨道と儀礼の性質

縄文時代の柄鏡形敷石住居と古墳時代の横穴式石室は、約三〇〇〇年も年代の懸け離れた無関係の遺構でありながら、細長い通路とそこに仕切られた境界のあり方に類似性が認められる。屋内と屋外の境界を強く意識した前者と、生者の空間と死者の空間との間に明確な仕切りを設けようとする後者の、それぞれの意図は異なるが、「境界」への異様なこだわり方が類似している。二つの時代の人々が「境界」にはっきりとした仕切りを設け、そこで頻りに儀礼を行ったのは、邪悪なものの侵入を防ぐ、あるいは穢れを遮断するといった単純な目的ではなく、より根源的な思想的背景があったと考えねばならない。

「ある状態から別の状態へ、ないしはある世界（宇宙的あるいは社会的な）から他の世界への移動に際して行われる儀式上の連続」を「通過儀礼」と呼ぶ（ファン・ヘネップ一九七七、八頁）。この概念を創唱したファン・ヘネップは、妊娠・出産、加入礼、婚約・結婚、葬式など多くの儀式の意味がこのカテゴリーの中で明快に説明できる点を示すとともに、さまざまな通過儀礼が、①境界前（分離）、②境界上（過渡）、③境界後（統合）の三段階に整理される一般的なプロセスをとることを明らかにした。その最も劇的な形式として、旧い世界における死と新しい世界における再生の儀礼が多くの事例の中に繰り返し表現されることも指摘している。通過儀礼が、門や敷居、峠など、「境界」と認識された場所で空間的な通過を伴って行われる事例も多いが、その場合にも不安定な過渡的状態が強く意識されているとする。ターナーは儀礼におけるこうした境界の象徴性をさらに考察し、社会的位置づけの不確定な過渡の状態（リミナリティー）に被験者を置くことにこそ、その人の身分や位置づけを変更させる通過儀礼の本質的な意味があるとしている（ターナー一九七六）。

この文脈で解釈すれば、横穴式石室の玄門と羨道で行われた儀礼もまさしく境界上の過渡儀礼であり、生の状態と死の状態、あるいは現世と他界との間の不安定な「境界」が強く意識されていたことを示す。

「境界」への強い意識は、原始・古代の人々の「時間」概念にも関係があるだろう。未開社会（無文字社会）における時間の概念は、近代社会の直線進行的で不可逆的な「過ぎ行く時間」の概念とは異なり、昼・夜あるいは生・死などの対立的な現象が反復的・振動的に立ち現れると観念されている点に際立った特徴があると言われる（リーチ一九七四・八一、真木一九八一）。再生的・循環的な時間の概念である。真木悠介氏は、未開社会の概念では時間が対極状態の矛盾・対立として認識されるために、特に昼と夜の間、生と死の間のような過渡期が「危機」として捉えられると考察している。

生死の境界と過渡が強く意識された最も複雑な葬制が「再葬制」である。近代以前に多くの社会が再葬制を実施していた事実[4]は、死が瞬間的な生物死とは捉えられていなかったことを示すものである。仮葬から本葬の間、生でも死でもない不確定な過渡の状態を長く過ごしてはじめて死が完了するという観念がそこにはある。管見では、横穴式石室で再葬が行われた明確な証拠は見出せない。しかしながら、死の認定までの複雑な儀礼的プロセスを例証する研究があり、注目される。五世紀後半における墓室内飲食物供献儀礼と人骨の出土状況を検討した田中良之・村上久和両氏は、飲食物の供献が埋葬後数年を経て再度墓室を開口して行われたこと、その際人骨の脚部の一部を二次的に移動する行為があったことを明らかにし、これを「死を認定する儀礼」と解釈した（田中・村上一九九四）。埋葬から死の最終的な認定までが長期化した理由を、五世紀後半に始まる父系的・直系的な継承システムと関連づけ、父系の血統や祖霊観念の強まりによるものと考察している。田中・村上両氏が分析資料に用いたのは主として横穴墓であるが、横穴式石室を舞台とした葬制もまた、遺体埋葬→墓室閉塞という単純なものではなく、生と死の間に区切りを付けるまでに、予想以上に長期間の、複雑なプロセスを踏んでいた可能性がある。

先述の黄泉国訪問説話は、コトドワタシの後、イザナキノミコトが「禊」をして穢れを祓うところで終わる。横穴式石室墳の時代に他界や死体を穢れたものと見る観念が実際にあり、それゆえ玄門・羨道を閉塞して厳重に封鎖したという解釈も確かに成り立つ。しかし、「羨道」には現世と他界の間の境界としての象徴的意味があり、重要な儀礼空間になっていたという見方にも、十分な蓋然性があると考えたい。

六　横穴式石室の地域差と他界観

「羨道」の象徴的意味をこのように考えた場合、横穴式石室の地域性があらためて問題となる。

横穴式石室の構造・形態には多様な地域差があることがすでに知られている（柳沢一九九三、土生田一九九四など）。特に九州と畿内との間には、横穴式石室導入の年代、石室の起源・系譜、横穴式石室の構造・形態に、大きな差異があることが明らかとなっている。九州に分布する主な横穴式石室には竪穴系横口式石室、北部九州型石室、肥後型石室などが知られるが、いずれも羨道は短い。竪穴式石室の伝統を受け継ぐと考えられる竪穴系横口式石室を除外しても、総じて九州の横穴式石室は羨道が短いのである。これに対して六世紀初頭の近畿地方に成立したとされる畿内型石室では、やや細長い石槨状の玄室に長い羨道が付く形態が特徴的に見られる。羨道の天井は玄室より低いのが普通で、玄室に前壁があるのもこの地域タイプの特徴である。横穴式石室の地域性は、玄室や石棺の差異も然ることながら、「羨道」の特徴に大きな違いが現れている点に注目したい。

九州と畿内とでは横穴式石室の性格や意識が異なっていたという指摘がこれまでにもあった。椙山林継氏は、玄門の構造を中心に九州と大和の横穴式石室を比較し、左右の門柱石・天井下の楣石・床面の梱石を据えた典型的な玄門を特徴とする「九州型」と、門柱石や楣石を欠き玄門構造の不明瞭な「大和型」を分別するとともに、両者の間に墓室に対する大きな意識の差を認めた（椙山一九八三）。「九州型」は家族墓的性格の強い死者の屋室であり、それゆえに典型的な家形石棺や家屋形・ドーム形の玄室をとるのに対して、「大和型」には屋室の意識はなく、むしろ遺体を棺に納め再び開くことのない「槨」に封じ込める性格が窺えるとしている。玄門を板石で閉塞することの多い前者と、礫を積み上げて閉塞することの多い後者の違いも、そうした意識の違いに起因する、という見解は興味深い。和田晴吾氏も、畿内と九州の横穴式石室の質的な違いについて、前代同様に石槨的性格が強く遺体を棺内に密封する畿内と、「開かれた棺」を備え玄室が死者の棲む空間あるいは家として観念された九州との相異として説明している（和田二〇〇九）。

横穴式石室のこうした地域差を、あらためて「羨道」の観点から考え直してみると、二つの地域文化の他界観や境界観念がかなり相違していた疑いが生じてくるのである。九州の横穴式石室において概して「羨道」が短いのは、椙山氏が論じた「死者の家屋」としての意識に関連していたものと考えられる。肥後型石室に伴う石障や屍床仕切石、ドーム形の天井などの諸要素は、確かに死者の棲家をイメージした構造というに相応しい。それに対して畿内型横穴式石室を特徴づけている細長い「羨道」は、他界と現世の遠さ、異質さを強く観念していたが故の「境界」の表現ではなかろうか。『古事記』の描く黄泉国の情景を体現しているのは九州のタイプであるとの見解もあるが（和田前掲）、穢れたおどろおどろしい異界として描かれた黄泉国は、むしろ長く狭い「羨道」に象徴される畿内の側の他界観であったように思われる。

横穴式石室の導入時期が九州と畿内とで一〇〇年近くも違うのも（柳沢一九九三）、起源・由来の違いをもった二つの地域文化の他界観の相異に起因していた可能性がある。そうだとすれば、「横穴式石室」という一元的な捉え方でひと括りにできない文化的差異を問題としなければなるまい。

おわりに

縄文時代中期末の柄鏡形敷石住居と古墳時代後期の横穴式石室を比較するという視点は、編年と系統関係を重んじてきた考古学の正道から逸脱していると思われるかも知れない。しかし、三〇〇〇年余を隔ててもなお原始古代の人々の心理には共通する「境界」の捉え方があるように思える。根源的な世界観や思想・観念において縄文人と古墳時代人が接点を保っていたことはあり得ないことではない。二つの時代にまたがる文化的脈絡は勾玉や翡翠の継承などにも示唆されており、あながち理由のない比較とは言えまい。一方、羨道の特徴の相異に注目すると、同様の横穴式石室を採用した人々の中にも地域によって他界観に違いのあることが垣間見え、同じ政治組織に連なる地域社会の中にも異質な文化伝統があったように映る。このような深層的な問題について考える手がかりが、羨道には潜んでいるように思えるのである。

時代や分野を越えた比較研究はこれからますます重要性を増すと考える。ただ何分にも専門外の身であるため、先学の諸研究に対する見落としや初歩的な事実誤認を懸念している。ご指摘、ご教示を乞う。

めでたく古稀を迎えられた椙山林継先生のご健勝をお慶び申し上げます。椙山先生から折々に伺う鏡や古墳についてのお話は、専門外の身ではあるものの筆者の密かな愉しみであり、貴重な耳学問でありました。

吉田恵二先生には小論の査読をお願いし、多くのご指摘をいただいた。深澤太郎氏には関連する論考、調査事例についてご教示いただいた。山ノ上古墳での貴重な経験は関根慎二・山田精一両氏のご好意によるものである。図版作成では加藤大二郎君の手を煩わせた。ともども厚く御礼を申し上げる。

註

（1）第二項の内容は、前稿（谷口二〇一〇）の所説を抜粋して再論。
（2）横穴式石室の各部の名称については異称や不統一もあるが、ここでは土生田純之氏の整理した術語（土生田一九九二）を用いる。
（3）羨道部に大甕が置かれていた類似の事例が岡山県岩田山一四号墳に知られるほか、石室前面の墓道に大甕を設置した事例もある（亀田一九七七）。甕の埋設・設置が境界儀礼に伴う象徴となっていたものと推定する。
（4）縄文時代では後期前葉の東北北部に土器棺再葬墓、晩期の東海地方に盤状集積葬が発達したほか、焼骨を伴った埋葬人骨の二次的処理が中期から晩期に広く見られる。東日本の縄文終末から弥生初期には壷棺再葬墓が著しく発達した。弥生終末から古墳初頭の南九州にも独特な壷棺再葬墓の存在が知られている。南西諸島では琉球王朝期以前から近代まで、洗骨葬が伝統的に行われていた。再葬制は東南アジア・東アジア地域に広く分布し、インドネシアの再葬制を考察したR．エルツの研究が著名である。

引用文献

相沢貞順　一九八八「小室遺跡」『群馬県史　資料編1』三四九～三五四頁、群馬県
大阪府教育委員会編　二〇〇九『加納古墳群・平石古墳群』大阪府教育委員会
亀田　博　一九七七「後期古墳に埋納された土器」考古学研究二三（四）、七一～八二頁
川名広文　一九八五「柄鏡形住居址の埋甕にみる象徴性」土曜考古一〇、七三～九五頁
小林行雄　一九四九「黄泉戸喫（よもつへぐひ）」『考古学集刊第二冊』一～九頁、あしかび書房
桜場一寿　一九八一「山ノ上古墳」『群馬県史　資料編3』二七三～二八〇頁、群馬県
白石太一郎　一九七五「ことどわたし考―横穴式石室墳の埋葬儀礼をめぐって―」『橿原考古学研究所論集　創立三十五周年記念』三四七～三七一頁、吉川弘文館
白石太一郎　二〇〇二「羨道」『日本考古学事典』五〇三頁、三省堂
白石太一郎　二〇〇三「山ノ上古墳と山ノ上碑―古墳の合葬原理をめぐって―」『古墳時代の日本列島』八五～一一三頁、青木書店

椙山林継　一九八三「古墳時代後期における地域性について―横穴式石室の玄門部構造―」『坂本太郎博士頌寿記念　日本史学論集　上巻』五九～一二六頁、吉川弘文館
高崎市教育委員会編　一九七五『特別史跡山ノ上古墳修復工事報告書』高崎市文化財調査報告書第二集、高崎市教育委員会
ターナー、V．W．（冨倉光雄訳）　一九七六『儀礼の過程』思索社
田中良之・村上久和　一九九四「墓室内飲食物供献と死の認定」九州文化史研究三九、九一～一〇九頁
谷口康浩　二〇一〇「縄文時代の竪穴家屋にみる空間分節とシンボリズム」國學院大學伝統文化リサーチセンター研究紀要2、三七～四七頁
長野県埋蔵文化財センター編　二〇〇〇『上信越自動車道埋蔵文化財発掘調査報告書19　小諸市内3』長野県埋蔵文化財センター
土生田純之　一九九二「横穴系の埋葬施設」『古墳時代の研究7　古墳Ⅰ　墳丘と内部構造』一一一～一二八頁、雄山閣
ファン・ヘネップ、A．（綾部恒雄・裕子訳）　一九七七『通過儀礼』弘文堂
真木悠介　一九八一『時間の比較社会学』岩波書店
松本浩一　一九八一「山ノ上西古墳」『群馬県史　資料編3』一八〇～一八三頁、群馬県
松山市教育委員会編　二〇〇三『葉佐池古墳』松山市文化財調査報告九二集、松山市教育委員会
村田文夫　二〇〇六『縄文のムラと住まい』慶友社
望月町教育委員会編　一九八九『平石遺跡』望月町教育委員会
柳沢一男　一九九三「横穴式石室の導入と系譜」季刊考古学四五、二八～三二頁
山本暉久　二〇〇二『敷石住居址の研究』六一書房
リーチ、E．R．（青木　保・井上兼行訳）　一九七四「時間の象徴的表象に関する二つのエッセイ」『人類学再考』二〇七～二三一頁、思索社
リーチ、E．R．（青木　保・宮坂敬造訳）　一九八一『文化とコミュニケーション―構造人類学入門―』紀伊國屋書店
和田晴吾　二〇〇九「古墳の他界観」国立歴史民俗博物館研究報告一五二、二四七～二七二頁

第Ⅲ章　日本文化の形成と変容

熊掌考

青木　豊

はじめに

確かな年月は失念してしまったが、四・五年前に株式会社こぎれかい（京都市中京区衣棚通夷川上る花立町二六五）が主催する『古裂會　Auction catalogue 』に、本稿で紹介するところの熊掌二本、即ち熊の前足二本が写真で掲載されていた。同写真のキャプションに〝熊の手〟と明示されているものの写真は小さく果して熊であるのかどうか筆者には識別出来なかった。応札価格は、三万円からであった。カタログ写真では動物が特定出来なかったところから絶滅もしくは希少動物かも知れぬと思い、実のところ熊ではないのではないかとの期待感で最低価格の三万円で応札した結果、落札となった。以上が当該資料入手の経緯である。送られて来たのは、キャプションに明示されていた通り、間違いなく熊の前足であった。同時に又、まだ筆者にとっては未見の資料であった。本稿では、当該資料の製作時期とその用途について、資料紹介を兼ねて考察するものである。

熊掌大小（表）

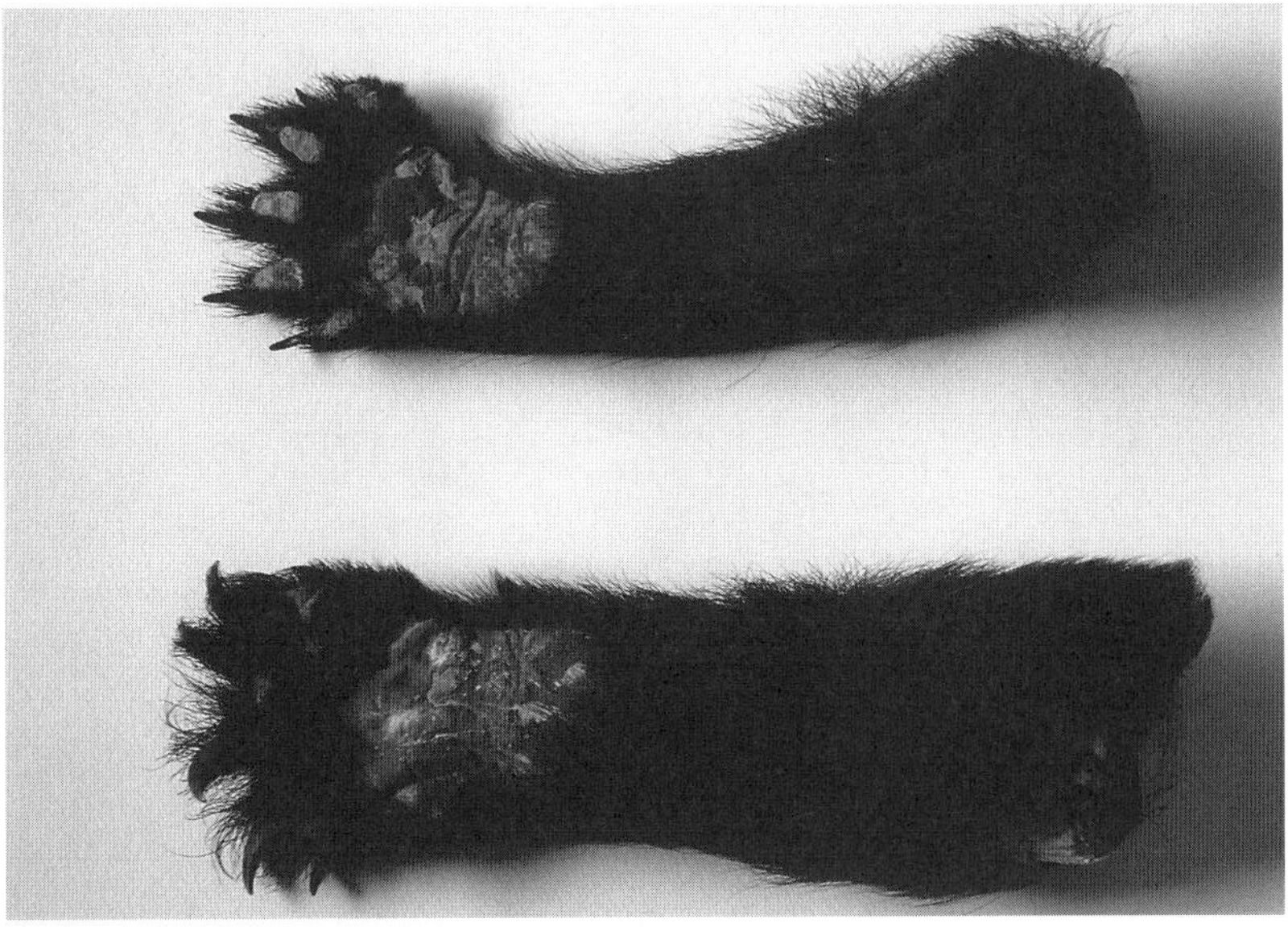

熊掌大小（裏）

形状・法量

熊の種類については、国立歴史民俗博物館の西本豊弘教授に確認をお願いした結果、月の輪熊であると同定されている。形状は、両資料とも上腕付け根部以下で、所謂腕部のみの本剥製である。

熊の前足（以下「熊手」と記す）は、右手二本で、当然の事ながら別個体のもので、大きさも異なる。小さい方は、明らかに幼獣である。以下両資料（以下大・小と略記する。）の法量を記すと次の如くである。

右手（小）　全長二八・五cm、親指爪と小指爪の幅八・六cm、手首の周囲約一一・五cm、上腕上端部の周囲一五・四cm

右手（大）　全長二八・〇cm、親指爪と小指爪の幅一〇・一cm、手首の周囲約一六・五cm、上腕上端部の周囲二三・五cm

をそれぞれ計測する。脱毛等は認められないが内掌の肉球部分に、一部劣化による損壊とカツオブシムシ類による穿孔食害痕が観察される。全体的には両資料とも遺存状態は良好である。

桐箱

両資料は一個の箱に納入されている。箱には外題、識等は全く記されておらず、当該資料の為に当初より誂えられた箱なのか、後に宛がわれたものなのかの判断根拠は全くなく不明であるが、ただ双腕の納入に箱の内容量は合致している。箱は、桐材による被せ蓋形式で、濃い目の透き漆が施された矩形の塗箱である。外寸で蓋は三二・九×一一・二×

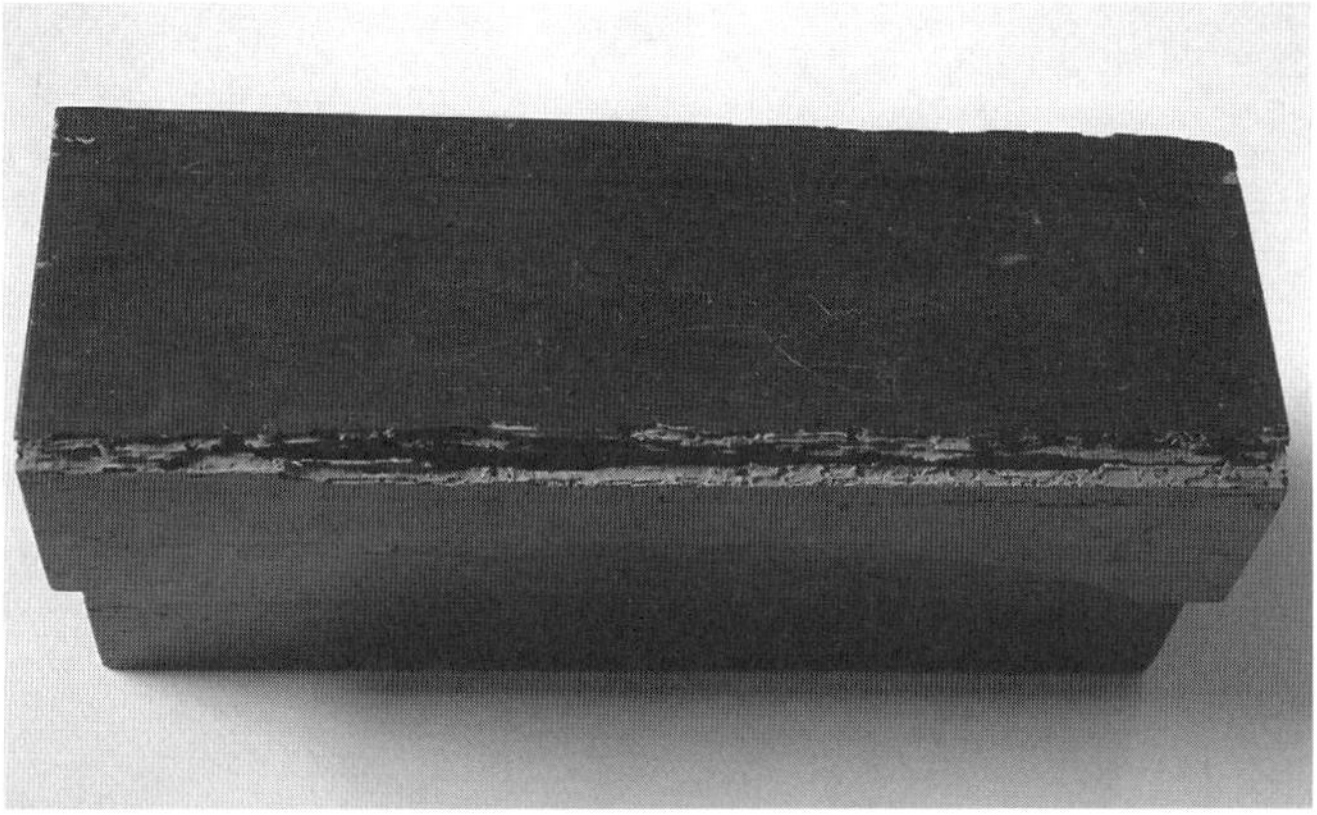
納入桐箱

六・八㎝、身は三一・六×九・八×一一・九㎝を測る。蓋の一部は、虫害により大きく損壊しており、この点からそれなりの経年を想定させる。桐材の年輪の最大幅が三㎝余と全体に疎いところから、温暖地産の桐材かとも思われるが確ではない。

製作方法

現状は前述したように、両資料とも所謂本剥製状態であり、製作方法は指部の切断を除いては同一技法であると看取される。先ず、皮に何らの縫製痕が遺存しないところから、切開することにより肉及び骨を取り出したのではなく、所謂捲る状態で骨肉部と皮を離脱させたものと推定される。小は、指の第三関節で、大は第一関節で切断している。したがって、毛を内側に向けた筒状態で熊手の内容物である骨肉部の切断がなされ、その状態で防虫処理と乾燥がなされたと推定せざるを得ない。処理後反転させて掌及び腕部である空洞部に充填物を施し、本剥製にした事が窺える。

X線写真で明確であるように、脚部の充填物は二種であり、これは両資料に共通する。掌及び上肢下半部に相当する先端空洞部には籾がらを、そこから切断部までの上部には、藁を束ねて充填している。充填に使用されている藁束は、撚のかかった二本の麻紐で入念に束ね、その上を反古紙で捲き込み空洞部に挿入している。藁は、葉鞘を入念に選り真藁を使用している。大小とも同一手法によることは間違いなかろう。

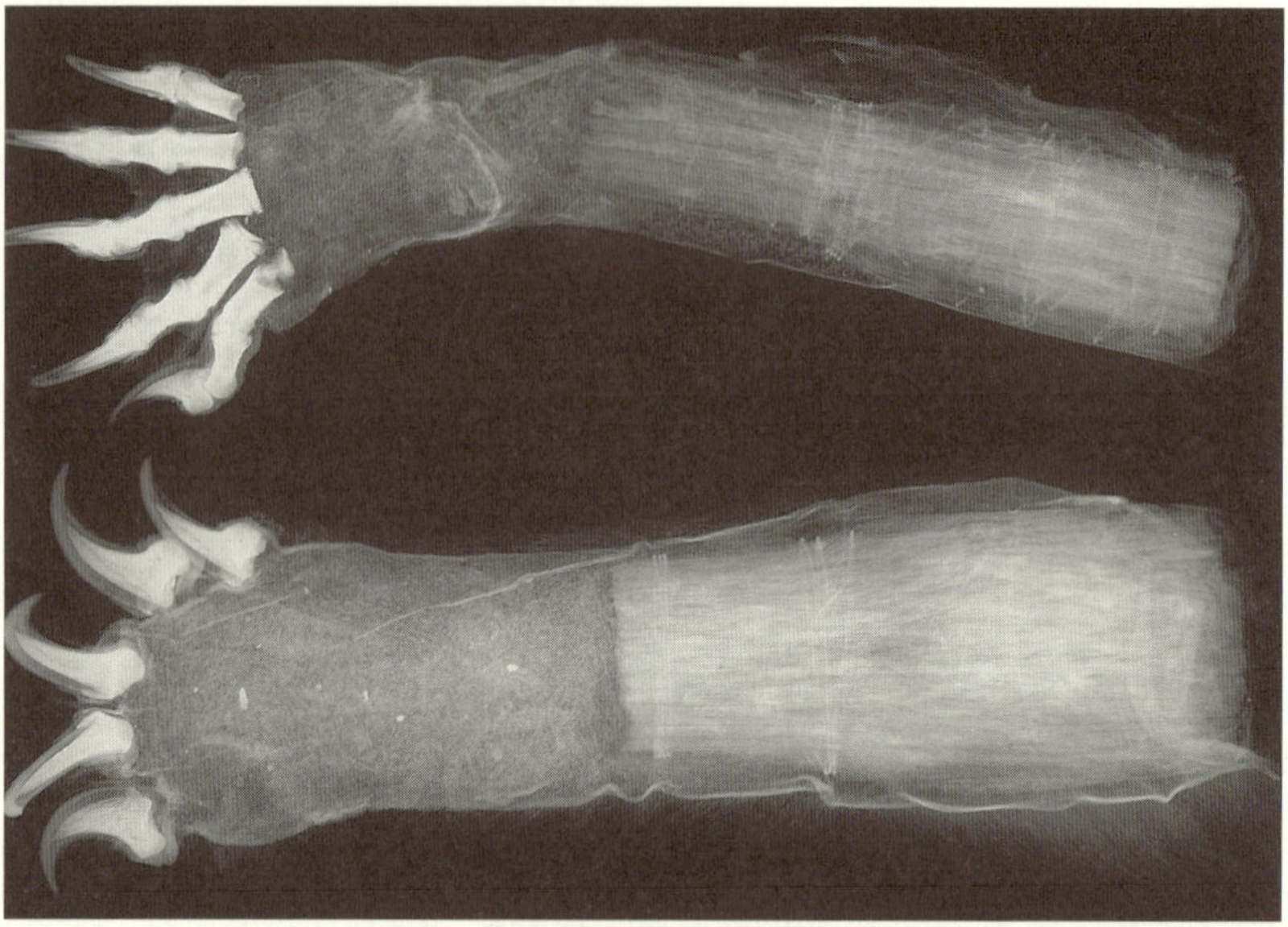

熊掌X線写真（表）

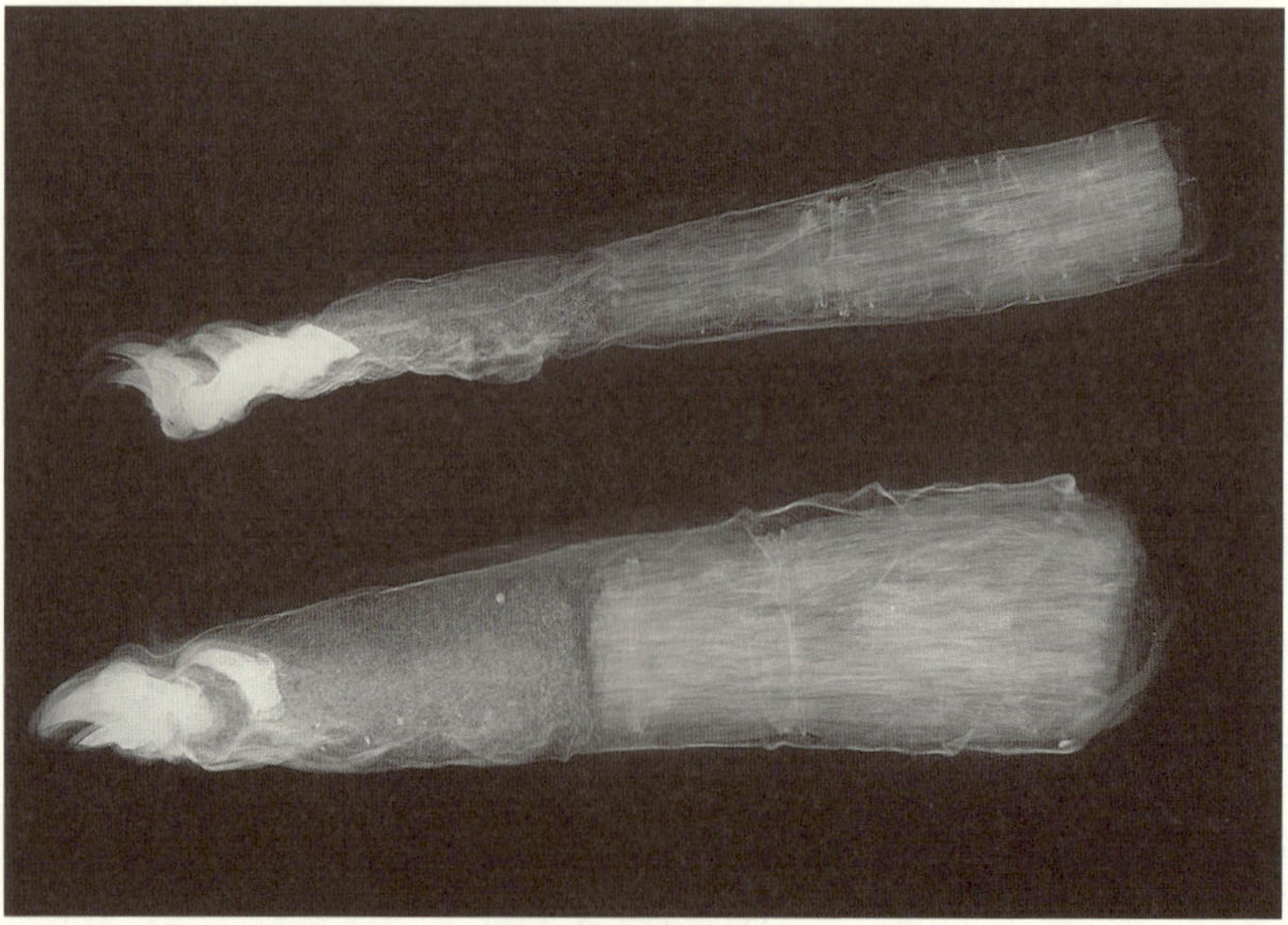

熊掌X線写真（側面）

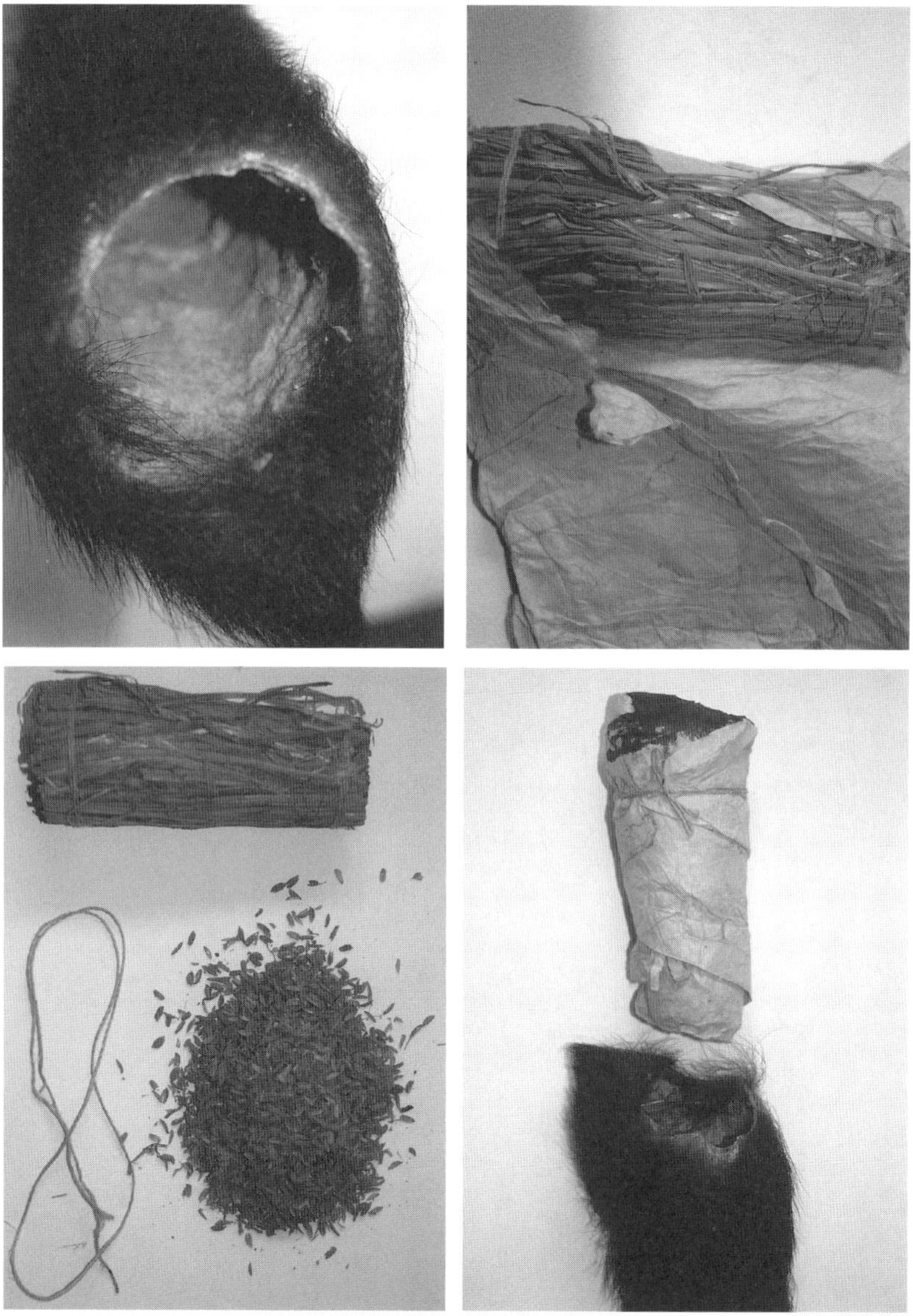

熊掌の内容物

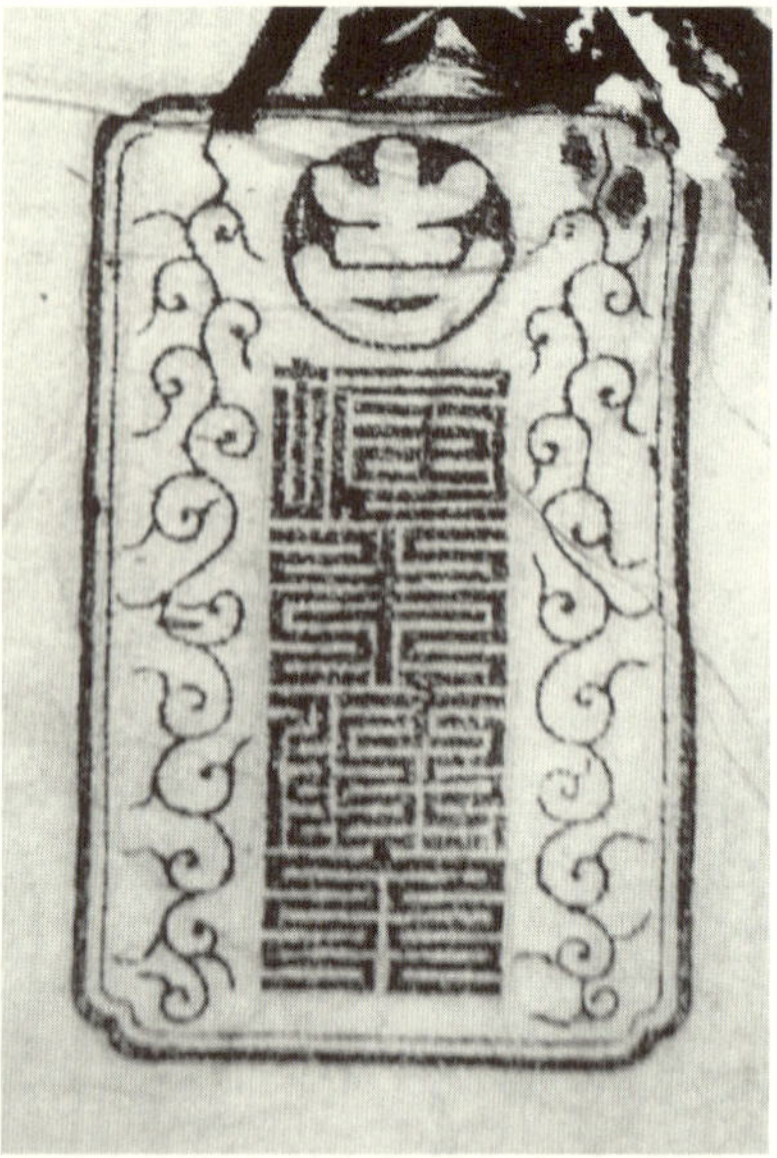

内容物包装紙

和紙

藁稭による芯の包装に用いられていた和紙は、大判（三八㎝×二八㎝）特漉きの杉原紙と観察される。中央部には木版刷による商標が認められるが、丸に吉の商号以外は所謂吉祥文学で判読できない。この上部に「越後縮一端」と墨書されているところから縮の包装紙であったことは窺い知れるが、越後縮の販路は広範囲であるところから製作・使用場所の特定には至らない。書体は、江戸川区郷土博物館の樋口政則氏のご教示によると江戸時代後期から末期に比定され、墨色の経年変化からも同時期と想定される。

文献に見る用途

先ず、『和漢三才図会』(1)巻第三十八の獣類に熊に関する記事があり、本論に関与すると思われる部分のみを引用すると次の如くである。

甚だ容易に子を産み、自分の手で子を体内から抓き出す。それで人は産婦が子を産む場に熊掌を置いておく。安産のお守りという意味からである。

次いで、医家緒方惟勝が、天保七年（一八三六）に著した随筆である『杏林内省録』[2]に、次の如く記されている。

和漢三才図会云、熊其生子也、甚容易、以自手抓出、故人用熊掌、置臨産傍、亦取安産之義矣。中国ノ俗、熊掌ニテ妊婦ノ腹ヲ撫デ、或ハ熊腸ヲ干シテ鎮帯トスレバ必安産スト称シテ、有妊婦家熊手熊腸ノ難得ヲ憂ル者多シ。嘗テ予ニ其由来ヲ問ハレテ困苦セシガ、近年前書ヲ閲テ其源ヲ発明セリ。山里ノ医ハ兎脚熊手モ易得故、二ツナガヲ宜用試。

次いで、金子総平による「熊狩雑記[3]」の第七章　熊の話には安産の信仰が記されている。

一　安産の信仰

1、熊の睫毛、熊が未だ呼吸のある内に人に知られぬ様に抜取った睫毛を妊婦に飲ませるとよいと。

2、熊の腹帯、牝熊に限りある。腹帯とは子宮の事だと。それを乾燥して妊婦の岩田帯に入れ安産符とする。湯之谷村大湯温泉、東栄館の妻女は難産で困ったが銀山平の熊の腹帯をお守りにしてからはすっかり安産になったと喜んで居たし、渋沢先生に其の腹帯の一部を分けて呉れた。

以上の文献から当該資料の用途は、安産を目的とする信仰用具の可能性が指摘できる。

そうした場合、当該信仰の基本は、熊の生態より発生したものと見做される。つまり、熊の出産は冬眠中に行われる

冬眠時の出産を示す生態展示（小樽市立博物館）

ところから、安産の代名詞となっている犬よりも軽いものと把握されて来たのであろう。

尚、用いる動物は異なるが同様な民俗事例が報告されている。藤井尚教による熊本県球磨郡相良村での聞き取り調査[4]によると、「サルの手で妊婦のおなかをさすると安産になる。」「サルの左手はお産に利」などの聞き取りが記載されており藤井は「お産の直前にそのサルの手で妊婦の下腹部を数回撫でると安産になると言い伝えられてきたということであった。安産を目的として同じようなサルの手が相良村にはまだ幾つもあるのではないかとのことであったが、今回の調査直前までは見つけることができなかった。」とサルの手を用いた安産信仰の実態を記している。しかし、何故サルが安産祈願に用いられているのか、その理由等については触れられて居らず全く不明である。

この件に関しては、筆者の推量であるが、熊が生息しない九州域にあっては、禁忌・祟り・信仰等々の代表動物である猿に、本論での思想・信仰が付加されたと思われる。

まとめ

以上のように、本資料の資料形態は脚部のみの本剥製でるところから、剥製技術史の観点での博物館資料であり、お産儀礼に伴なう信仰用具であろうと推定される歴史資料であることは明白となった。所属時期に関しては明確に時代を決定する要件は見い出せない。ただあくまで傍証としてではあるが、桐箱・中込めに使用されている反古紙から江戸時代末期頃かと想定されるが、前述した如く桐箱は共箱の確証はなく、反古紙は概ね江戸時代後期の所産と看取されるところから、当該期以降を証明するのみである。次いで内容については、下記の疑問点があげられる。

① 熊掌部及び下肢下部分の充填材に籾がらが使用されている点
② 左右でなく、両資料とも右手である点
③ 二点であり、大きさ（大・小）が異なる点

①に関しては、通常の剥製技術である切開がなされていない為、しかも手首のくびれ部分を経て拡がりのある掌部へ固形化した詰めものの充填が不可能であるところからの処置であると観案される。一方では、掌首の可変性の創出目的、もしくは籾がら、即ち籾である点に更なる精神的観念の介在も充分予測させる。

②に関しては、個体が異なる点から単なる偶然では無く熊は右利きで、冬眠中は右手をなめて過ごすと言うところから、右手になんらの特別な意味が有ったのであろうことは想定せねばならない。

③については偶然の所産なのか、儀礼の上での使用上の使い分けを企図した結果なのか全く不明である。前述から予

想される信仰上の性格から、母子熊である可能性も想定される。

おわりに

拙稿を纏めるにあたり、国立歴史民俗博物館教授西本豊弘先生、江戸川区郷土資料博物館係長樋口政則先生、熊本県市房山神宮尾方立、尾方聖多の両氏より数々の御教導と御協力を戴きました事を銘記し、末筆ながら御礼申し上げます。

註

（1）寺島良安（島田勇雄・竹島淳夫・樋口元巳訳注）一九八七『和漢三才図会』六　東洋文庫四六六　平凡社
（2）森銑三・北川博邦編　一九八〇『続日本随筆大成』十　吉川弘文館
（3）一九八九『サンカとマタギ』　日本民俗文化資料集成　第一巻
（4）藤井尚教　一九九三「熊本県におけるサルの民俗論序説―球磨郡相良村で―」『尚絅大学研究紀要』第十六号

「安房神社成立の基層」覚書

天野　努

はじめに

房総半島の先端、館山市大神宮の地に鎮座する安房神社は、『延喜式』（巻九・神名上）にみえる名神大社の安房坐神社であり、『続日本後記』などの史料には「安房大神」とも記されている。

この安房神社に関わる文献資料では『古語拾遺』と「高橋氏文」の二つの氏族伝承が良く知られているが、近年、平城京二条大路大溝跡から鰒貢進に関わる安房国の木簡が比較的多く出土し、それを契機として、古代安房国についての研究が進展してきている。その中で、川尻秋生氏は、古代安房国に関わる「高橋氏文」の記述が単なる伝承ではなく、そこに史実が反映されていること。特に、「安房大神が宮中の大膳職の御食都神として祀られた」とする事柄が史実であることを明らかにされた(1)。

一方、安房大神の社地である安房神社の境内には著名な安房神社洞窟遺跡が所在し、下の宮の地からは祭祀遺物が出土していることなどから、この地が古くから墓域や祭祀の場所であったことをうかがわせている。

このため、本小論は文献史学の研究成果を踏まえ、考古資料（遺跡・遺物）からみると御食都神とされた安房大神はどのように理解出来るのか、その成り立ちの一端を考えてみようとするものである。

一　「高橋氏文」にみる安房大神と御食都神

「高橋氏文」は、天皇の食膳を担当する氏族で当初は膳氏（膳臣）といった高橋氏が、その由来や氏族伝承などを記して、朝廷に提出した記文である、成立年代は、延暦八年（七八九）と考えられている。

「高橋氏文」に記された「安房大神」について、六国史などの史料からみると、『続日本後記』承和三年（八三六）七月十七日条に「是日、安房国无位安房大神奉レ授従五位下」とみえる。また、同九年（八四二）十月二日条では「奉レ授二安房国従五位下安房大神正五位下一、第一后神天比理刀咩命神」とあり、安房大神とともにその第一后神天比理刀咩命神の名もみえる。そして、この安房大神は仁寿二年（八五二）八月二十二日に后神とともに従三位（『日本文徳天皇実録』）、貞観元年（八五九）一月二十七日には、同じく后神ともども正三位（『日本三代実録』）の神階を授与されており、平安期にもその呼称が続いていたことがわかる。

この「安房大神」については、『延喜式』（巻九・神名上）安房国六座（大二座・小四座）のうち、安房郡（大二座）に安房坐神社（名神大、月次、新嘗）、后神天比理乃咩命（大、元名二洲神一）とあることから、この安房坐神社に該当し、『同式』（巻三・臨時祭）にみえる「安房神社」であることは明らかである。

「高橋氏文」では、このような史料にみえる「安房大神（安房神社）」が何故、御食都神として大膳職に祀られるようになったのか直接的な言及はない。しかし、そこにはそれ相応の理由があったからこそではないかと思われる。このような観点から、高橋氏の祖・磐鹿六獦命の説話をみると、安房大神が御食都神として祀られた背景を考える上で、留意される点として次の事柄があげられる。すなわち、料理の食材が海産物、とりわけ「堅魚」と「白蛤」という魚貝類であり、しかも両者がセットで天皇の食膳に提供されている点である。

これに関して、律令制下の安房国の海産物の様子をみると、『延喜式』では魚類は「堅魚」が中男作物の、貝類では「鰒」が調と中男作物の税目として各々あげられている。なかでも、「鰒」は東鰒（安房鰒）としてその量・質ともに群を抜いている。[2]また、平城京二条大路大溝跡出土の木簡がその一端を良く示している。[3]

一方、「高橋氏文」に記された六獦命の説話には「鰒」ではなく「白蛤」とみえる。この「白蛤」を「鰒」とは一概に言えないが、「八尺の白蛤一貝」という記述からみると、「白蛤」＝「鰒」と考えた方が良さそうである。『和名類聚抄』では、「鰒は魚の名前で貝に似ている」と説明している。「蛤」に「白蛤」という文字をあてる事例や「八尺」という形容詞を付す事例については、浅学のため十分把握出来ていないが、『常陸国風土記』[4]では、多珂郡条飽田村の項で「海に鰒魚あり、大きさは八尺ばかり」と記されている。実際、鰒には殻長で20㎝、重量で2㎏を各々超す特大のものがある。また、「八尺の白蛤一貝」という「白蛤」に付された「一貝」の数詞からみると、安房地方ではアワビの場合、その数をかぞえるのに一盃《パイ》（一貝カ）二盃《ハイ》（二貝カ）という呼び方がみられる。[5]そして、何よりも食材としてみると、鰒は古代から長生きや精力・気力を付ける薬（薬膳）として用いられており、[6]さらには、『肥前国風土記』松浦郡条値賀郷の項では服属儀礼として、天皇への重要な献上品であったことを物語る説話が記されている。

このようにみてくると、「白蛤」は「鰒」のことと理解することが許されるのではないかと思われる。いずれにせよ、御食都神に関わる説話の中で「堅魚」と「白蛤」（鰒）がセットで登場することは重要である。

それでは、何故「堅魚」と「白蛤」（鰒）が安房地方と関連づけて記述されているのだろうか。この点について、安房地域の遺跡の調査成果からみてみよう。

二　遺跡・遺物からみた安房の海産物と御食都神

遺跡から出土した漁撈用具や海産物から、古代の安房地域では小型の刺網などの網漁や釣漁、さらには潜水漁などによる漁撈活動が行われていたことが知られている。漁獲・採取された魚類や貝類をみると、太平洋に面した岩礁帯という地理的条件から、外洋性・岩礁性の大小様々な種類のものがあるが、その中で特筆すべきは魚類ではカツオ、貝類ではアワビである(7)。

このうち、カツオについては、漁村型集落(8)である南房総市白浜町沢辺遺跡(9)の発掘調査によって、六世紀末から七世紀前半頃にカツオ漁が行われていたことが明らかとなった。加えて、骨製擬餌針の出土から、この擬餌針とカツオ漁との関連が指摘された。

笹生衛氏はこの骨製擬餌針について、他の出土例や先行研究、民俗事例などを踏まえて検討し、安房地域では、骨製擬餌針を使ったカツオなどの曳き釣り漁が古墳時代後期の六世紀後半頃にはすでに行われていたことを明らかにした。そして、このことから、六獦命の「弓の角製の弭で堅魚を獲った」という説話と、それに割書された「今、角を以って鉤柄を作り堅魚を釣るのは、これ由である」という説明が、「高橋氏文」が成立した延暦八年（七八九）以前に、内膳司を統括する高橋氏に伝えられていたことを示すとともに、安房地方の漁撈活動が「高橋氏文」説話の原形となっていたと推定した。そして、その説話は、この地域の漁撈民と高橋（膳部）氏の伝統的な繋がりを説明するために作られたと考えている(10)。

なお、同遺跡からは五世紀代の大形の土師器甕が出土している。カツオの加工に使用したと考えられている、八世紀頃の伊豆地方の堝形土器に似たものである。類似品は、鋸南町下ノ坊遺跡(11)や館山市加賀名遺跡(12)からもほぼ同時期のものが出土していることから、安房地域では五世紀代にすでにカツオ漁が広く行われていたことを推測させている。これらの事例からすると、この頃からカツオは魚類の中で格別な魚であったものと思われる。

アワビについては、勝浦市こうもり穴洞穴遺跡(13)から弥生時代末から古墳時代初め頃の卜庭遺構が検出され、そこには多量の卜骨とともに、アワビが殻の内側を上にして意識的に敷き詰められていた。同遺跡からは、鉄製刀子や鹿角製ヤス・アワビオコシ、弓弭形製品、貝刃などのほか三世紀頃の東海地方のS字口縁甕が出土している。卜庭遺構はその状況からすると、漁撈民が卜占によりアワビ漁について海の神の意志（神意）を占ったものとも考えられるものである。類似した遺跡に神奈川県三浦市大浦山洞穴遺跡(14)がある。ともに三世紀頃の東海地方のS字口縁甕を出土していることから、アワビ漁の起源と東海地方との関連を推測させるが、すでにこの頃からアワビは不老長寿の特別な食材として採取されていたことをうかがわせている。

さらに、アワビは安房大神（安房神社）の社地にある安房神社洞窟遺跡(15)からも出土している。このアワビは砂が盛られた状態で検出されており、必ずしも時期が明確でないが、後述するように出土した五世紀初頭頃の土師器小形坩とともに神前に供されたと考えられるものである。また、前記の沢辺遺跡ではアワビオコシは出土しているものの、貝層から出土した貝類の中ではアワビはほとんど含まれず、サザエが主体である。恐らくアワビは特別な食材として別の場所に集められて加工され、管理されていたのではないかと考えられる。

このように、古代の安房地域では、考古資料からみてもカツオとアワビが特別な存在であったことをうかがわせている。アワビは三世紀頃から、カツオは五世紀頃から意識的に獲られ始めていることからすると、各々その頃に安房地方の漁撈民にアワビとカツオが海産物の中でも特に価値のある物として伝えられたのではないかと思われる。その点において、房総半島の先端という地理的特性をもつ安房地域は、遺跡・遺物が物語るように、海産物の中でもアワビ・カツオが豊富に獲れる地域として、まさに御食都国とも言うべき存在である。安房大神を御食都神とした理由の一端もその辺りにあるものと思われる。

以上、安房大神を御食都神とした在地の背景について、遺跡・遺物からみてきた。では、一体安房大神とはどのような神であったのだろうか。まず、その社地と周辺の遺跡から検討してみたい。

三　遺跡からみた安房神社（安房大神）の社地とその周辺

1　安房神社洞窟遺跡と祭祀遺跡

安房神社は社殿の背後に聳える吾谷山の山裾に所在し、そこは字名が宮の谷と呼ばれるように、北東から入り込む谷の奥部にあたる場所である。その社地は現在三段となっており、そのうちの下段には海蝕洞穴の安房神社洞窟遺跡が所在する。そして、拝殿に向かう中段の参道の左側には磐座と考えられる長大な岩盤が露出しており、かつてその周辺から縄文土器と土師器小片の散布が認められている。さらに、社殿のある上段の「下の宮」の地からは、社殿再建の時、縄文土器の大片と土師器高坏が出土している。[16]

このうち、安房神社洞窟遺跡は、縄文時代前期末頃から生活の場として使用され始める。そして、中期・後期と断続的に続いた後、晩期後半には埋葬の地として利用され、その後古墳時代の五世紀初頭頃にも使用が認められている。[17] 注目されるのは、そこから砂を盛ったアワビ（写真1）が、五世紀初頭頃の土師器小形坩（写真2・図1）とともに、縄文時代晩期後半頃と考えられる人骨の頭蓋骨の傍から発見されていることである。残念なことに、報文《ほう》[18]ではこのアワビの時期は明確ではない。安房地域では縄文時代以来、海蝕洞穴遺跡が二十四か所程知られているが、そのうちの約半数に古墳時代での使用が認められている。[19] 古墳時代の海蝕洞穴遺跡はそのほとんどが洞穴墓であり、館山市大寺山洞穴遺跡に代表されるように、海人集団の首長層によって埋葬の場として使用されたと考えられている。[20] この点からすると、安房神社洞窟遺跡の場合もこの地域の海人集団の首長層によって、大寺山洞穴遺跡よりもいち早く五世紀初頭頃に洞穴墓が営まれ、小形坩とアワビ等が副葬された可能性も考えられる。

一方、静岡県伊東市の波打ち際近くに所在する海蝕洞穴の姥子窟遺跡[21]では、五世紀代の神祀りの跡が発見されている。そこでは、土師器高坏などの土器とともにアワビやカツオ、海亀などが神饌として供えられた痕跡が認められ、海の恵みをもたらす海神が祭られたと想定されている。そして、安房では現在も海砂を盛ったアワビを「貝砂」と称して、神前に供える風習があること。[22]さらに、こうもり穴洞穴遺跡のト庭遺構ではアワビの殻の内側を上に向けて敷きつめていることなどを考え合わせると、安房神社洞窟遺跡でも海を生業の場とする海人集団とその首長層によって五世紀初頭頃に姥子窟遺跡と同様に海神に対しての神祀りが行われ、土器やアワビなどが神前に供せられた可能性が高いのではないかと推測される。

いずれにせよ、この洞穴遺跡の土師器小形坩と砂を盛ったアワビが、この地域の海人集団の手によってそこに置かれたものであることは間違いない。現在知られている限りでは、古墳時代の安房の洞穴遺跡では最も古い利用例である。なお、その点で縄文時代晩期後半にここを埋葬の地（洞穴墓）とした人々との関連も、それが断絶的であれ留意する必要があるだろう。アワビが晩期後半の人骨に伴う場合はなおさらである。

また、「下の宮」の地から出土したと伝えられる高坏は、現在も神社に神宝として保管されており、口径22cmを超える大形の優品である[23]（図2）。坏部下端が有段の特徴的なもので、類似品は館山市大寺山洞穴遺跡[24]や市原市草刈遺跡[25]などにみられるが、類例の少ないものである。年代は草刈遺跡出土例から五世紀前半頃のものと理解される。この高坏は昭和七年に安房神社洞穴遺跡を調査された大場磐雄博士が撮影をされている。[26]それによると、神社付近の土器として、この高坏とともに土師器埦と坩が写されている（写真3）。この埦と坩は、現在は所在不明であるが、写真から判断すると高坏とほぼ同じ頃か近い時期のものと思われる。

そして、注目されるのは、これら三点の土器をみると、大寺洞穴遺跡出土の副葬品の土器類に同様のものが認められる点である（図2）。すなわち、このことは、大寺洞穴遺跡の副葬品の土器類と同じものが、安房神社境内から出土していることを意味するものである。この点を踏まえて、「下の宮」の地をみると、洞穴遺跡から80m程奥の、境内上段の岩石の露出した山裾にあたる場所である。社殿建設以前の状況は不明だが、そこが祭祀の場となり、この高坏・垸・坩の土器類は、そこで神祀りに用いられたものと理解するのが妥当と思われる。

このようにみてくると、安房神社（安房大神）の社地では五世紀初頭頃から洞穴が使用され、それに続く同前半頃に磐座などで祭祀が行われ始めたことがうかがわれる。なお、この社地で興味深いのは、安房神社洞窟遺跡はもとより「下の宮」の地（安房神社境内遺跡）や境内中段の磐座付近からも土師器だけでなく縄文土器が検出されていることである。これらの地は谷奥や山裾にあたる場所で、北向きで居住地としては不適である。にもかかわらず縄文土器が出土するのは、この地は山裾から清水が湧き出ており、大切な水場であったからではないかと考えられる。現在、境内には明らかな湧水地は見当たらないが、中央部に満々と水を湛えた池があり、中段の磐座付近の山側にも小さな池があったという。[27]さらに、本殿裏側の山裾の岩壁を掘り抜いた小洞穴から湧き出す清水は、お水取りの神事等に使用されている。これらのことからすると、あながち無理な想定ではないだろう。あるいは、古代にそこで水源祭祀なども行われていた可能性もなくはない。

安房地域における古代の祭祀遺跡についてみると、現在十六遺跡程度が知られている（図3）。その中で、最も古い祭祀遺跡は、南房総市白浜町小滝涼源寺遺跡[28]である。四世紀中葉から五世紀初頭ころの膨大な量の祭祀遺物が検出されており、その特徴から畿内政権との直接的な関連が強く指摘されている。その点では、ヤマトタケル伝承と結びつくような海上交通とのかかわりの強い祭祀遺跡といえるが、祭祀遺物の中にはつり針や石錘などもあり、航海の安全祈願のみならず、漁撈関連の祭祀なども行われたと考えられている。安房神社境内の祭祀遺跡は、この小滝涼源寺遺跡で祭祀

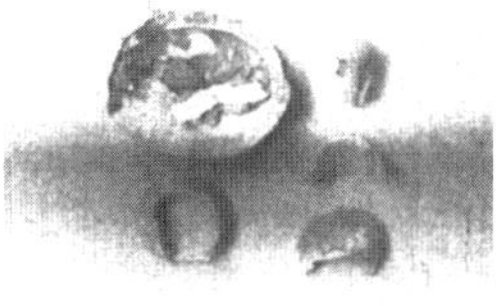

写真１　安房神社洞窟遺跡
出土アワビ（註 26 より転載）

写真２　同左出土土師器（同左）

図１　同左（註 15 より転載）

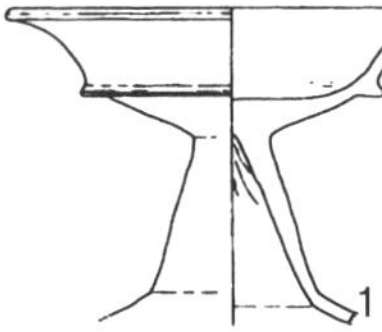

安房神社下の宮出土土師器高杯（1）

写真３　安房神社境内出土の土器（註 26 より転載）

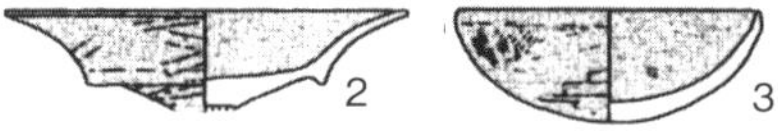

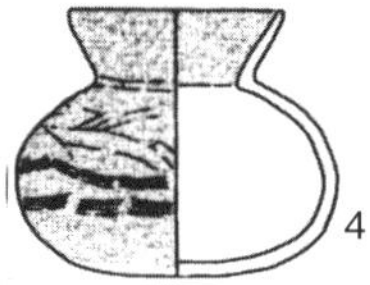

大寺山洞穴遺跡出土土師器（２～４）
（註 24 より転載）

図２

0　10cm

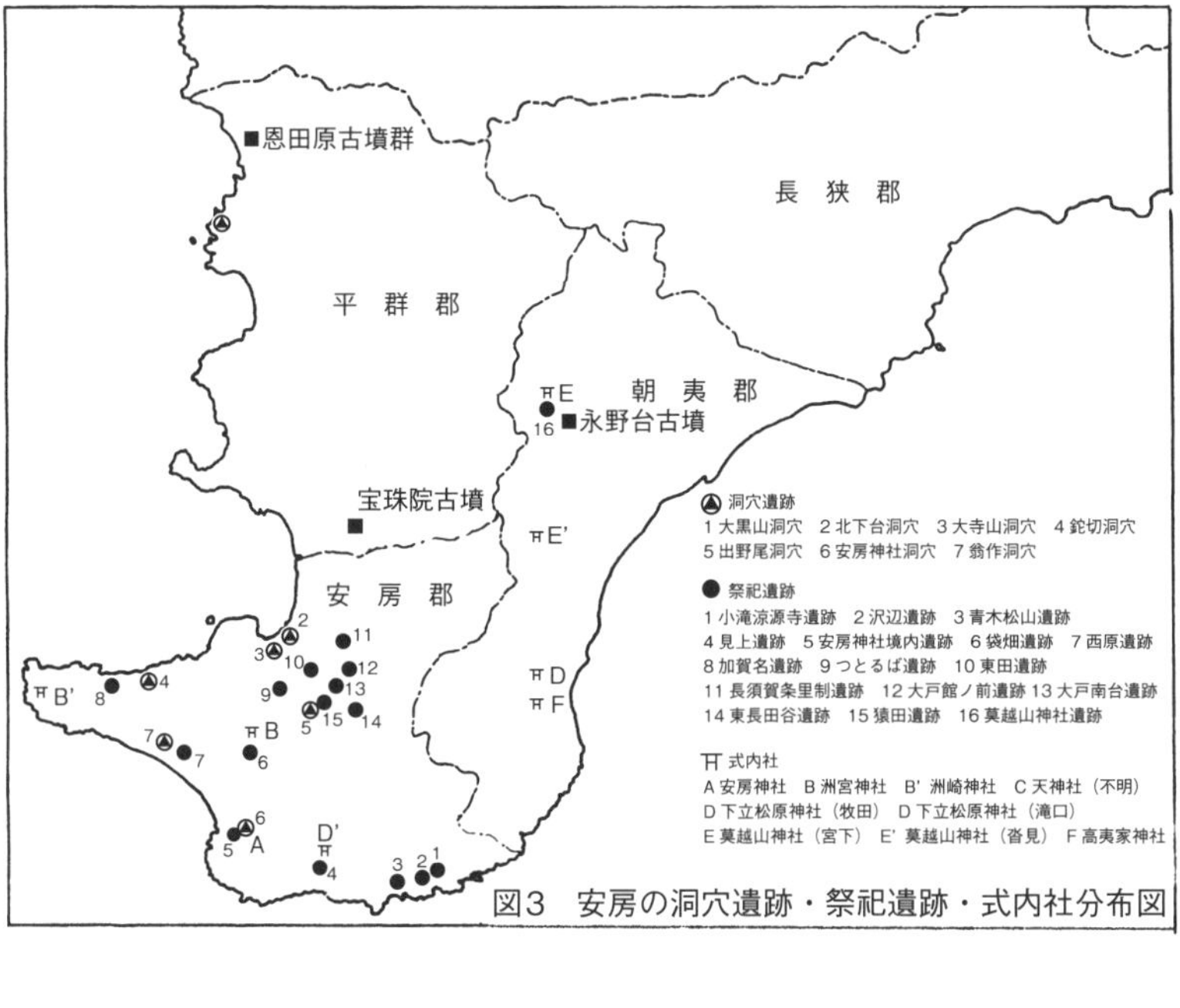

図３　安房の洞穴遺跡・祭祀遺跡・式内社分布図

がおこなわれなくなる頃に始まる。

笹生衛氏は、安房の祭祀遺跡をⅠ期（四世紀中葉～五世紀前葉）の小滝涼源寺遺跡のあと、Ⅱ期（五世紀中葉～六世紀前葉）の遺跡に安房神社境内遺跡と沢辺・見上[29]・加賀名・長須賀条里制遺跡[30]の五遺跡を、Ⅲ期（六世紀中葉～七世紀・八世紀代）に沢辺・洲宮神社遺物・東田・大戸館ノ前・大戸南台・猿田・東長田・つとるば遺跡の八遺跡を各々あげている。そしてⅡ期について、祭祀の内容は少量の石製模造品と土製模造品（鏡形と土玉）を併用し、供献具には多数の高坏と手捏土器を使用しているとしている。また、このⅡ期を房総半島南端の海岸部から館山平野まで、多数の祭祀が一斉に展開し、安房郡内の細かな地域単位（集落単位？）で祭祀の場が成立してくる段階に位置づけている。さらに、その祭祀の性格については、いずれも祭祀の場が海岸部に立地することから、小滝涼源寺遺跡の後半にみられた在地漁撈関連の祭祀と共通する性格ではないかとされている[31]。この点は、海辺に所在する漁村型集落である沢辺遺跡や館山市加賀名遺跡などの祭祀遺跡がそれを物語っている。しかし、遺跡立地や遺物の面からみると安房神社境内遺跡は他の四遺跡と比べ異質である。

ところで、安房郡各地で祭祀の場が展開するこのⅡ期の頃は、その一方で、大寺山洞穴遺跡にみられる海人集団の洞穴墓が、各地域に展開する時期である。その点では、両者は軸を一にするものであり、畿内政権の本格的な安房進出に伴って起きた現象であると考えられる。

図3は安房南部に所在する、古墳時代の洞穴墓と祭祀遺跡の分布図である。安房地域では洞穴墓が十二遺跡程、祭祀遺跡が十六遺跡程知られている。その中で洞穴墓では約半数にあたる大寺山洞穴（中～後期）・鉈切洞穴[32]（中～後期）・北下台洞穴[33]（後期）・出野尾洞穴[34]（後期）そして安房神社洞窟の五遺跡が、祭祀遺跡ではほとんどの十五遺跡が、律令制下の安房郡の郡域内に所在している。そして、いずれも海浜や海岸線に存在し、しかも祭祀遺跡が洞穴墓の近辺に集在することは、両者が密接な関係にあることを示している。この点からすると、Ⅱ期の祭祀はその内容からみても、洞

穴墓を形成した海人集団が、畿内政権の安房進出に伴って成立した小滝涼源寺遺跡の祭祀を自らのもとにとり入れ、在地化させていったことを反映させているものと思われる。

このような視点に立って安房神社境内の祭祀遺跡をみると、他のⅡ期の遺跡に先がけて、いち早く五世紀初頭ころに安房神社洞窟遺跡が使用されている。それに続いて谷奥の山裾の「下の宮」の地での高坏などの土器を供献具として用いた祭祀が行われており、その時期は、大寺山洞穴墓が営まれた最初の時期の五世紀前半頃である。そして、その供献具が大寺山洞穴墓の最初の時期の副葬品の土器と同類で、かつ供献具の最たるものである高坏が、それを上回る大形のものであることからすると、その祭祀は、大寺山洞穴墓を形成した海人集団の首長層によってなされたとみることが出来るのではないだろうか。そしてその祭祀は、海の神に対して航海の安全と海の幸の豊漁を祈るものであったことは想像に難くないだろう。

2　安房神社周辺の遺跡と環境

安房神社のすぐ北側を流れる巴川の下流域には、周囲２km程の範囲に三十か所を超す遺跡の分布が確認されている。(35) 発掘調査された遺跡は僅かで、分布調査による所見では古代（古墳・奈良～平安時代）の遺跡が多く、続いで弥生、縄文の順である。その中で特徴的なのは、横穴墓が数基みられるものの古墳が確認されていない点である。また、各時代にわたって継続的に生活の場となったと考えられる遺跡もみられる。

その一つ、安房神社洞窟遺跡から直線で750m程である大塚貝塚(36)では、部分的な発掘調査であるが縄文後期（加曾利B期）～晩期（安行ⅢA期）の土器が出土し、貝製品や自然遺物などは安房神社洞窟遺跡から出土するものと類似するものが多い。弥生土器・土師器・須恵器も確認されている。そして、安房神社洞窟遺跡からは、東海地方晩期後半の五貫森式に類する土器と抜歯人骨などが出土していることから、人々が遠く海上を往来し、他地域と交流し合いながら、継続的にこの地で生活している様子が浮かぶ。また、大塚貝塚から北東へ500m程離れた巴川対岸の松岡遺跡(37)は、縄文土器(後期)と弥生土器のほか、土師器(古墳時代前期~中期)を出土しており、安房神社洞窟遺跡などとの関連が考えられる遺跡の一つである。なお、弥生土器を出土する地点から鹿角製銛(非実用的といわれる)が出土しており、人々が漁撈に従事していたことを物語っている。森谷ひろみ氏は、三五年以上も前に安房神社周辺の詳細な遺跡分布調査を行い、その結果から、「表面採集だけでも、縄文式時代あるいは弥生式時代から近世に至るまでの各時代の遺跡が認められ、式内社名神大の安房神社を擁して来た集落の「集落の永続性」を、十分うかがい知ることが出来る。」と述べている(38)。

なお、房総半島先端のこの地域は、太古から大地震に伴う隆起をくり返しており、江戸時代の元禄大地震や大正期の関東大震災で、合わせて6m程の隆起が知られている(39)。それをもとに古代の景観を復元すると、巴川河口付近の海岸線は現在よりも400m程内陸部に位置する。そして、安房神社の参道を北へ直進し、バス通りの現国道とぶつかる辺りの巴川流域は、そこだけ100×200m程の広さの袋状になった低地があり、当時の河口から直線で400m程のその場所は満潮時には十分海水が入り込んでいたと考えられる。そこは海の荒れた時でも安全に船を留めておける、良好な港津となっていたと想定される。

以上、安房神社周辺地域の歴史地理学的環境を概観してきた。特徴的なのは、古墳時代の海蝕洞穴遺跡は所在するものの、周辺地域には古墳は確認されていないこと。遺跡の調査事例は少ないが、巴川下流域という狭い範囲であるにもかかわらず、そこでは縄文時代以来、弥生・古墳・奈良・平安時代そして中世・近世へと人々が継続的に集落を形成していること。その中で、古墳時代に入り、小滝涼源寺遺跡はもとより、安房神社洞窟遺跡や祭祀遺跡と関連する同時期の集落遺跡や、海を生業の場とする有力な海人集団の存在を十分に推測させていることなどである。

そして、遺跡の分布状況や景観復元からみた限りでは、このような歴史的・地理的環境をもつ地域は、安房地域のなかでは、式内社下立松原神社の存在する瀬戸川下流域[40]が類似する以外は他にない。

四　安房大神の実相

これまで、安房神社の境内に所在する洞穴遺跡と祭祀遺跡が、漁撈民を支配下に置き、彼らを束ねて航海術をもとに海上交通を支配していた海人集団の首長層によって営まれたことを明らかにしてきた。このことは、とりもなおさず、この安房神社の地、すなわち安房大神の社地が、海人集団とその首長層による崇拝の対象となっていたことを意味するものである。

そのような海人集団の首長層によって形成された洞穴墓と祭祀遺跡の分布をみると、安房地域のなかで、律令制下の安房郡の郡域内に偏在し、集中していることは、先にみてきた通りである（図3）。まさに、房総半島先端部の安房郡の郡域に海人集団が盤踞していたことを示している。

そして、この海人集団については、その首長墓を代表する大寺山洞穴墓がある。発掘調査された岡本東三氏は、日本列島の海岸部に広く認められる海蝕洞穴墓の存在を踏まえ、次のように述べている。「大寺山洞穴墓は生業基盤を海に求め、その航海術を生かした海人集団の長の墓であったと考えられる。その副葬品からみても畿内政権との関連を強く感じさせるが、古墳を造営することなく独自の墓制を伝統的にまもり続けた集団であり、舟葬するという独自の葬法は海を生活の舞台とした安房の人々とその環境が生み出したものと考えられる。[41]」

事実、大寺山洞穴墓が形成された五世紀代の古墳をみると、埴輪をもつ鋸南町恩田原古墳[42]と南房総市丸山町永野台一号墳[43]や円墳の館山市宝珠院古墳[44]などであり、これらの所在地は律令制下の郡域でみると平群郡や朝夷郡で、洞穴墓の集中する安房郡域には古墳はない。大寺山洞穴墓は、五世紀前半から七世紀前半まで約二百年間継続するが、この間においても安房郡域には古墳はほとんど造営されておらず[45]、洞穴墓が営まれている。さらに、六世紀後半には安房神社の所在する太平洋側の平砂浦の山裾に、翁作洞穴墓[46]（翁作古墳と呼ばれている）が出現する。この洞穴墓からは、畿内政権が製作し配布したといわれる金銅装単凰環頭太刀や圭頭太刀が出土している。まさに、この地域には畿内政権との関連を強く示す副葬品を保有しながらも、独自の墓制を伝統的に守り続けている海人集団が勢力を張っている姿が浮かんでくる。

これまで、安房地域には大規模な古墳は存在しないことから、大きな勢力を有した首長が存在せず、機内政権の拠点となったといわれているが[47]、その古墳に替わるのが、大寺洞穴墓や翁作洞穴墓などの洞穴墓であると考えられる。これら海人集団には、たとえ副葬品は同じであっても、前方後円墳などの古墳を造営する必要（思想）が無かったからこそ、古墳が存在しないと考えるべきであろう。

このような安房の海人集団の存在を踏まえて、安房神社と同じ安房国の式内社（論社も含めて）について、古墳時代の洞穴遺跡（洞穴墓）や祭祀遺跡との関係をみると、その分布状況は第3図の通りである。

これをみると神社・洞穴遺跡・祭祀遺跡が同一地域に存在するのは、安房郡の安房神社（安房大神）と后神天比理乃咩命神に比定される洲宮神社[48]だけである。このことは、安房国の式内社の中で、この二社の地が、安房の海人集団と密接な関わりを有していたこと、そして崇拝の対象となっていたことを物語っている。

しかし、この二社の地の洞穴遺跡と祭祀遺跡をみると、洲宮神社の場合、翁作洞穴墓が六世紀後半、袋畑・西原の両祭祀遺跡[49]が六世紀中葉以降であり、安房神社の遺跡と比べ百年以上も後である。一方、安房神社の洞穴遺跡と祭祀遺跡は、安房地域（小滝涼源遺跡を除く）の中では最も古く、かつ、それを擁する地域は、前述したように、有力な海人集団によって継続的に形成されてきたことを十分にうかがわせている、安房地域のなかでは唯一ともいえるような地域である。

古墳時代の祭祀遺跡から律令制下の神社へどのように発展していくのか、筆者の力量の及ぶところではないが、このようにみてくると、安房神社（安房大神）の社地こそ、安房の海人集団の根源的・中核的な崇拝の地、神のおわす地であったのではないかと考えられる。それ故、「安房大神」と呼ばれる由縁もそこにあるのではないだろうか。海人集団の首長の墓といわれる大寺山洞穴遺跡の周辺地域に、式内社の所在しないことは、そのことを如実に示していると思われる。

それでは何故、大寺山洞穴墓は、安房神社の地ではなく、そこから遠く離れた館山湾を見下ろす地に五世紀前半になって突如出現してくるのだろうか。

その点については、『古事記』（中巻・景行天皇）や『日本書紀』景行天皇五十三年十月条にみえる「淡（安房）の水門」が関わっていると考えられる。

恐らく五世紀に入る頃、安房地域は畿内政権の本格的な東国経営に際して、海上交通を支配する上で最重要拠点となったものと想定される、そして、外洋に面し波の荒く不安定なそれまでの小滝涼源寺遺跡周辺から、穏やかな館山湾の地へ、安定的な港津として「淡の水門」を定めたものと思われる。それを示すのが、初期の畿内政権の太平洋海上ルートの中継地点と考えられる小滝涼源寺遺跡が、五世紀初頭にその役割を終えていること。そして、丁度その後にそれまでほとんど集落遺跡のみられない地域に、突然のように大寺山洞穴墓が出現することである。

そのために重要視されたのが、安房を中心に広く海上交通を行っていた安房の海人集団をその支配下に置くことであった。

しかし、安房の海人集団は、そう簡単に服う民ではなかったに違いない。(50) この点について岡本東三氏は、いみじくも「卓越した副葬品を有する大寺山洞穴墓の特異性から、洞穴墓とその集団を支配下におこうとする畿内政権の意図が読みとれる(51)」と述べている。まさに大寺山洞穴墓の副葬品は、服わぬ安房の海人集団を支配下におくために五世紀前半から七世紀前半までの二百年余、卓越した副葬品の数々を賜与し続けた畿内政権の姿をそこに写し出しているとみることが出来る。

このような、畿内政権の本格的な安房進出に伴って、安房神社周辺の有力海人集団を中心とした安房の海人達が、その支配下に入り、「淡の水門」の任務に従事することとなったものと思われる。その結果が、「淡の水門」を見下ろす地の大寺山洞穴墓であり、また、小滝涼源寺遺跡の祭祀を受け継ぐように、在地化した各地の祭祀遺跡であったと理解することが出来るだろう。

「高橋氏文」に記された、「安房大神」を御食都神として大膳職に祀った理由も、その時期は明らかにして得ないが、畿内政権が服わぬ安房の海人集団を懐柔し、支配下に置いておくために、その共同体の祭祀（崇拝する安房大神）をも自らのもとに取り込んだものと言えるだろう。また御食都神とした理由も、服属儀礼の御贄として貢納されたアワビやカツオなどの安房特産の海産物（特に薬膳としてのアワビ）が、「安房大神」のもたらす海の恵みであったからに他ならないだろう。

そして、このような畿内政権と安房の海人集団との支配・被支配の関係の中で、大きな役割を果たしていたのが「高橋氏文」の膳氏（祖の磐鹿六獦命）であったのではないだろうか。

なお、後の律令制下において安房郡は神郡とされるが、その理由も、海上交通を始めとする大化前代からの安房地域の重要性が、引き続き大きな要素となっていたからではないかと思われる。

おわりに

以上、文献資料にみえる安房大神（安房神社）について、考古資料をもとにその起源や性格等について検討してきた。これまでは、地域を考える場合、畿内政権の側からみる視点が多かったように思われるが、ここでは地域の側からの視点で論じている。紙幅の関係もあり、取り上げた遺跡の詳細は省略した。このため、論が雑駁となった感も否めない。また、推定に推定を重ねている点も多い。覚書とした所以である。先学諸賢の御批判を賜れば幸いである。

安房神社については、ここに述べた事柄以外にも、古代の安房国造、神郡、他の式内社（特に后神天比理乃咩命神）との関係等々を含め、古代安房地域の歴史・文化を考える上で重要な位置を占めていることはいうまでもない。機会をみて論じてみたい。なお、本文のデジタル化にあたっては大岩桂子氏に多大な労をいただいた。記して感謝したい。

最後になりましたが、椙山林繼先生には、筆者が千葉県教育委員会に勤務して間もない頃、千葉ニュータウン調査のおり、上司と部下という関係で一緒に仕事をさせていただきました。先生は明るく、兄貴のような存在で我々に分け隔てなくお付き合い下さいました。以来、折りにつけご指導をいただいてきました。今般、めでたくご退任を迎えられた先生の、益々のご健康とご活躍を心からお祈り申し上げます。

註

（1）川尻秋生「古代安房国の特質―安房大神と膳神―」『延喜式研究』第一〇〇号　一九九五
（2）宮原武夫「東鰒と隠岐鰒」『千葉県史研究』第八〇号　二〇〇〇
（3）（財）千葉県資料財団編『千葉県の歴史　資料編古代』一九九六　及び註（2）書
（4）以後の『風土記』の引用は、日本古典文学大系『風土記』岩波書店による
（5）筆者の故郷の館山市富崎地区や南房総市白浜町などである。
（6）註（1）・（2）書
（7）笹生衛ほか『平成十六年度企画展展示図録　房総漁村の原風景―古代房総の漁撈民とその生活』千葉県立安房博物館　二〇〇四

（8）「漁撈活動など海を主な生業の場として暮らしを立てていた人々の集落遺跡」を呼称する。天野努「古代房総の漁撈民とその生産活動」『千葉県立安房博物館研究紀要ＶＯＬ８』二〇〇一参照。
（9）（財）総南文化財センター他『千葉県安房郡白浜町青木松山遺跡・沢辺遺跡発掘調査報告書』二〇〇三
（10）笹生衛「房総半島における疑餌針の系譜―考古資料からのアプローチ」『千葉県立安房博物館研究紀要ＶＯＬ11』二〇〇四
（11）（財）千葉県文化財センター他『千葉県安房郡鋸南町下ノ坊遺跡Ｂ地点発掘調査報告書』一九九一
（12）（財）総南文化財センター他『千葉県館山市加賀名遺跡』一九九九
（13）千葉大学文学部考古学研究室『千葉県勝浦市こうもり穴洞穴第一次発掘調査概報』二〇〇二『同第二次発掘調査概報』二〇〇三
（14）三浦市教育委員会『大浦山洞穴』一九九七
（15）大場磐雄「安房神社洞窟発掘調査概報」『史前学雑誌』第五巻第一号　一九三三
（16）森谷ひろみ「安房国式内社に関する歴史地理学的研究―第六報安房郡安房坐神社について―」『式内社の歴史地理学研究』一九七七。初出は一九七五
（17）①註（15）及び②千葉大学文学部考古学研究室『千葉県指定史跡安房神社洞窟遺跡第一次発掘調査概報』二〇〇九『同第二次発掘調査概報』二〇一〇
（18）註（15）書
（19）千葉大学文学部考古学研究室『大寺山洞穴第一次発掘調査概報』一九九四の付表による。
（20）①白井久美子「海人の首長」『房総考古学ライブラリー６　古墳時代（２）』（財）千葉県文化財センター　一九九二、②岡本東三「まとめ」『大寺山洞穴第五次発掘調査概報』千葉大学文学部考古学研究室　一九九七
（21）坂詰秀一・金子浩之・上野恵司「伊東市川奈姥子窟の考古学的調査」『伊東市の今・昔―伊東市史研究・第２号』二〇〇二
（22）岡本東三「舟葬説再論」『原始・古代安房国の特質と海上交通』二〇〇二
（23）天野努「安房神社の高坏」『安房博物館だより』第八〇号　千葉県立安房博物館　二〇〇四
（24）千葉大学文学部考古学研究室『大寺山洞穴第三・四次発掘調査概報』一九九六
（25）（財）千葉県文化財センター『千原台ニュータウンⅪ―市原市草刈遺跡（Ｃ区・保存区）―』二〇〇四
（26）國學院大學日本文化研究所『國學院大學学術フロンティア構想　大場磐雄博士写真資料目録Ⅰ』（頁九〇・写真番号〇六六五）

二〇〇五
(27) 註(16)書
(28) ①朝夷地区教育委員会・白浜町『小滝涼源寺遺跡』一九八九。研究書として②大渕淳志「祭祀遺跡小滝涼源寺を中心とする祭祀遺跡の一考察」『日本考古学研究所集報Ⅺ』一九八九 ③大渕淳志「祭祀遺跡小滝涼源寺を中心とする祭祀遺跡の再考(1)」『日本考古学研究所集XVI』一九九二 ④大渕淳志「祭祀遺跡小滝涼源寺―房総半島南端古墳時代の祭祀遺跡の研究―」一九九四 がある。

なお、この遺跡については、所在地に係わる問題など本論と無関係ではないため、二、三ふれておきたい。それは何故その所在地が館山湾などの内湾ではなく、潮流が早く波の荒い太平洋岸の地なのかという点である。この点については、①初期畿内政権による伊豆半島から大島を経て、房総半島先端の安房へ渡り、そこを中継地点として、外房から常陸・東北への海上ルートを考えると、丁度この辺りに着岸地点が想定されること。②そして、遺跡背後の白い肌を部分的に露出する切り立った岩山と、遺跡名に付された「小滝」という土地の呼称にも示されるように「滝」が遺跡周辺に存在すること。この滝は、遺跡の西側に一か所、かつて「小滝」と呼ばれた滝があり、東側には二か所現在も「天神滝」と「不動の滝」とよばれている滝がある(房総石造文化財研究会副会長早川正司氏の御教示による)。これらが、あたかも那智の滝や現在の白浜灯台のように海上交通のランドマークとなって、この地を神聖な場所とさせていたと想定されること。③房総半島先端部は太古から大地震の度に隆起しており、この当時の景観を復元すると、少なくとも海面が今より6m余は高かったと考えられることから、遺跡の近くまで海が入り込み、付近に港津が形成されていたと想定されること。④遺跡の周辺山裾に、白浜城跡の下に所在する、「芋井戸」に代表されるように枯れることのない湧水が存在していること。⑤(現状では)遺跡周辺に弥生時代から古墳時代前期の集落遺跡が少ないこと。などがあげられる。

(29) 高花宏行「見上遺跡」『千葉県の歴史 資料編 考古2(弥生・古墳時代)』二〇〇三
(30) (財)千葉県文化財センター『館山市長須賀条里制遺跡・北条条里制遺跡―国道四一〇号(北条)埋蔵文化財調査報告書1』二〇〇四
(31) 笹生衛「式内社・安房坐神社と安房郡内の古代祭祀遺跡」平成十六年十月十六日千葉学講座資料
(32) 千葉県教育委員会『館山鉈切洞穴』一九九八
(33) 杉江敬「氏族伝承と考古学から探る古代の「安房」」『國學院大學考古学資料館紀要』十一 一九九五
(34) 君塚文雄「古墳文化時代の館山」『館山市史』一九七一

(35)註（16）書

(36)①大場磐雄「千葉懸安房郡神戸村大塚貝塚に就いて」『人類學雑誌』第四十七巻第十一号　一九三二　②君塚文雄「先史時代の館山」『館山市史・別冊』一九七三

(37)君塚文雄・鈴木若雄『松岡遺跡発掘調査報告書』松岡遺跡調査会　一九八一

(38)註（16）書

(39)千葉県立安房博物館『平成十五年企画展展示図録　地震と津波』二〇〇三

(40)註（8）書

(41)註（20）書

(42)大川清ほか『安房勝山田子台遺跡』一九五四

(43)①朝夷地区教育委員会『永野台古墳発掘調査報告書』一九八〇　②同『永野台古墳』一九八二

(44)千葉県教育委員会『古代寺院跡（宝珠院）確認調査報告』一九八八

(45)館山市山本の丘陵上に、峯古墳と称される遺跡がある。明治時代の中頃、直径5m前後の円形の塚の中から出土したと伝えられる滑石勾玉、瑪瑙丸玉、碧玉管玉、ガラス小玉、トンボ玉などが個人宅に伝世されていることから、峯古墳と呼ばれている。出土遺物の特徴から古墳時代中期頃に比定されているが、その実体は不明である。

(46)①對馬郁夫「館山市坂井翁作古墳調査報告」『館山市文化財保護協会報』創刊号　一九六八　このほかに　②森谷ひろみ「安房国式内社に関する歴史地理学的研究―第五報后神天比理乃咩命神社について―」『式内社の歴史地理学的研究』一九七七。初出は一九七二　③對馬郁夫・安藤鴻基「千葉県館山市翁作古墳の出土遺物」『古代房総史研究』第二号　一九八三　④萩原恭一「安房の首長墓」『房総考古学ライブラリー6古墳時代（2）』一九九二　⑤杉江敬「翁作古墳」『千葉県の歴史　資料編考古2（弥生・古墳時代）』二〇〇三がある。

グランドホテル建設中に発見されたこの遺跡については、②書で森谷ひろみ氏は、穴掘り作業中遺跡を発見した岡名定次氏からの聞き取りと、この古墳については塚になっていなかったという同氏や地元の人々の話から、海蝕洞穴利用の横穴墓ではないかとされている。「かたい岩磐を穴掘り作業中、急に柔らかい所にぶつかった。それは岩盤を一間四方ぐらい掘りくぼめたもので、その中から人骨や遺物が出た」との岡名氏の証言からすると、海蝕洞穴墓とみた方が良いと思われる。この遺跡が発見された一九六七年当時は、大寺山洞穴遺跡も学術調査されておらず、洞穴墓についての認識もほとんどなかったことから、その出土遺物からみて①③④書で古墳と認識したのも止むを得ない。しかし、現在も明治十六年の迅速図に円墳状の高まりが認められることなどから、（高塚）古墳とされている（⑤書）。迅速図を良くみると、この付近には、岩山（岩盤）が表現されており、グランドホテル裏側の山の現地観察や平砂浦の砂丘の歴史からみれば、洞穴が埋没していたとみる方が、蓋然性が高い。⑤書では、金銅製品や飾り太刀をもつ六世紀後半代の洞穴墓や横穴墓は現在のところ確認されていないとしているが、大寺山洞穴墓が歴然と示すように、この安房の地だからこそ、それが洞穴墓に副葬されていたと見るべきである。

(47) ①前之園亮一「淡水門と景行記食膳奉仕伝承と国造」（黛弘道編古代王権と祭儀』吉川弘文館　一九九〇）や鬼頭清明「安房国の荷札について」（『九州史学』　一九九二）など

(48) 註（46）②書

(49) 註（33）及び（46）②書

(50) 「高橋氏文」における安房を舞台とした磐鹿六命の説話の中に、「皇后の八坂媛の命令によりカクカクと鳴く鳥を捕獲しようとしたが、捕らえられず、そのため、命は陸にあがらず海中をすみかにするように言われた」との記述がある。この記事は、まさに海を住みかとし、簡単には服わぬ安房の海人集団の姿を反映させている。

(51) 註（20）書

奈良時代初期の『文選』に關する一考察

―古事記上表文の典據としての『文選』についての疑―

嵐　義人

未だ假名を有たない飛鳥奈良時代にあつて、『古事記』上表文（一般に序文と稱される）は、五百字に滿たないとはいへわが國漢文資料中屈指の名文である。

何を以て名文と見るかの條件の中でともすれば忘れられがちなことは、基本的古典籍の章句・趣旨を如何に巧みに取り入れてあるのかといふ點である。養老學令が大學における教科書として次の諸典籍を指定してゐる（經周易尚書條）のも、單に唐令の模倣といふに止まらずに、そのやうな文章作法の前提としての意義が存してゐたことを見失つてはならない。

凡そ經は、周易、尚書、周禮、儀禮、々記、毛詩、春秋左氏傳、各一經と爲す。孝經、論語は、學ぶ者兼ねて之を習へ。

これを、次のやうにして諸經を讀ませた上で、試問を受けるのである（先讀經文條）。

凡そ學生は、先ず經文を讀め。通熟し、然る後に義を講ぜよ。旬ごとに一日の休假を放《ゆる》せ。假前の一日は、博士考試せよ。其れ讀む者を試するには、千言の内ごとに一帖に三言を試せよ。講ずる者は、二千言の内に大義一條を問へ。惣じて三條を試して、二に通ずるを第と爲す。一に通ず、及び全く通ぜぬは、斟量して決罰せよ。（以下略）

律令官人は、後に比重の重くなる蔭位・蔭孫の者も含め、すべて右の試問を經て任官されるのである。中國の科擧は導入しなかつたものの、同様の狙ひを有つ唐の學制に依據した結果、かくして律令官人は基本典籍をほぼ諳記することとなる。

ところで、昺に引いた學令經周易尚書條の集解には、次の「古記」が見える。『文選』の扱ひに注目したい。

古記に云ふ。問ふ。注して文選・爾雅、亦讀めとは、未だ知らず、必ずしも讀ましむるや不《いな》や。答ふ。意《こころ》に任すのみ。必ずしも讀ましめず。下條に「孝經・論語は皆兼ね通ずべし」と。卽ち、文選・爾雅は試筞すべからざる也。

説明は不要とは思ふが、二、三語釋を試みるなら、「古記」は天平九・十年（七三七〜七三八）ころまでに行はれた注釋を平安前期に纏めたもので、「大寶令」の注釋である。「注して」とは、大學寮での講義の際、必ず注記して置くやうにいはれたであらう内容と考へられる。「下條」は禮記左傳各爲大經條を指す。「試策」とは謂はば試問のこと。「爾雅」は漢代のころまでに成立したと考へられる古い辭書で、試問の對象ではない。

さて『文選』は、昺に列記した諸典籍に比べ成立が新しい上、内容が必ずしも儒教における「經」（思想を中心とする古典の基本文獻）と看倣し得るものではない。南北朝時代の梁の昭明太子・蕭統（五〇一〜五三一）の輯にかかる珠玉の詩文集成である。他の典籍が、曾子の作と傳へる「孝經」を傳承上最も新しい書とするほか、ほぼ孔子までの成立と傳へられ、事實漢代までには成立してゐたと見られる書であるのに對し、それらと『文選』は少なくとも四百年、すなはち江戸開幕から今日くらゐの差があると共に、唐代から見る『文選』の成立期は明治前期くらゐの隔たりしかない。

しかし、『古事記』上表文には、孔穎達（五七四〜六四八）が唐の太宗（李世民、五九八〜六四九）の命を承けて貞觀十四年（六四〇）に撰進した『五経正義』（周易・尚書・毛詩・周禮・禮記の公的注釋）を奉る際の「進五経正義表」と共に、『文選』からの引用が特に多い。

夙に、齋藤拙堂（一七九二〜一八六五）は「徵古、典雅、文辭爛然、排偶の文を以て之を貶めるを得ず」（「拙堂文話」一、日本藝林叢書四巻）とし、岡田正之博士は「何ぞ知らん、安萬侶は、當時の一大手筆にして、古事記序の如き名文あるを」（『近江奈良朝の漢文學』昭和二十一年、養徳社）と断じてゐる。その背景には上に擧げたやうな事情が存するのである。

『古事記』上表文が典據としてゐる『文選』についてここで論じたいことは、次の一字を繞る原據テキストの問題である。『古事記』上表文中の當該の一句を擧げると、次の如き文であり、その中の「空」が問題となる。

連柯并穗之瑞、史不絶書、列烽重譯之貢、府無空月。

勿論、この「空」について諸本間の異同はない（小野田光雄、複製『論本集成 古事記（上巻）』昭和五十六年、勉誠社）。右の部分の典據と目されるものは次の各典籍であり、それぞれの引用部に同様の文言が見られる。

○左傳。襄公二十九年。

魯之於晉也、職貢不乏、玩好時至。公卿大夫、相繼於朝。史不絶書、府無虚月。

○文選。顔延年、三月三日曲水詩序。

頳華素毳、并柯共穗之瑞、史不絶書、棧山航海、踰沙軼漠之貢、府無虚月。

○五経正義表。

三秀六穗之祥、府無虚月。集囿巣閣之瑞、史不絶書。

中でも『文選』の文が最も『古事記』上表文に近い。本居宣長が『古事記傳』二之巻で、「こゝは文選なる顔延年ガ曲水ノ詩ノ序に、……府無虚月……といへる文を、すこしかへて書るなれば、此文にて心得べきなり、凡て文選ノ中の文を取れる處ぞいと多かる」と指摘するところに從ふべきであらう。

しかし、『文選』も、そして他の典據文も、すべて「虚月」とあるのを「空月」としたのは如何なる理由に因るものであらうか。倉野憲司博士は次のやうに述べてゐる（『古事記全注釋』一巻、序文篇、昭和四十八年、三省堂）。

安萬侶は「空月」と記してゐるが、以上例示したものはすべて「虚月」となってゐる（宣長が曲水詩序の文を空月として引いたのは誤りである）。何故虚月を空月と改めたかは明らかでない。

また、句意から見も、「空月」より「虚月」の方が適切であり、優れてゐることは誰の目にも明らかであらう。府庫に貢物の記録がない「虚月」すら「無」いといふのは分かるが、空いてゐる「月」（month）が「無」い（あるべき貢物が存在しない月が無い）とは如何なる風情を謂ふものであらうか。空海の『文鏡秘府論』にも「史不絶書、府無虚月。」が見えることを倉野博士も指摘されてをり、

となると、『古事記』上表文の典據とした『文選』のテキストには、避諱による文字の變更があったのではなからうか。斯波六郎博士の『文選諸本の研究』（昭和三十二年三月、斯波博士退官記念事業會）の下篇「舊鈔本」に、次の指摘がある。

羅振玉、古籍叢殘、巻六収むる所の敦煌出土文選殘巻四種の内に、李善單注本が二種有る。……乙巻は、東方曼倩、荅客難の「不可勝數」より、楊子雲、解嘲の「或釋褐而傳」までの約一一〇行を存す。文中「虎」「世」「治」の諱字皆缺筆し、「旦」の字は則ち缺筆せず。蔣黼は以て高宗の時の内府本かと疑ってをる（跋文）。

ペリオ文書二五二七の東方曼倩「荅客難」（『文選』巻四十五、設論）の末尾近くに見える次の「虎」字に缺畫が認められるのである（饒宗頤編『敦煌吐魯番本文選』二〇〇〇年、中華書局、參照）。

猶是觀之。譬由鼱鼩之襲狗。孤豚之咋虎。至則靡耳。何功之有。

唐帝の避諱については、陳垣『史諱擧例』に次の如く見える。

世次	帝號	出所	名諱	擧例
唐一	高祖	李氏	淵	淵改爲泉、或爲深。

	祖虎		虎		虎改爲獸、爲武、爲豹、或爲彪。
	父昞		昞		昞、炳、丙、秉、皆改爲景。
	太子建成		建成		建成縣改高安、晉城縣改晉安。
二	太宗	高祖子	世民		世改爲代、或爲系、從世之字改從云、或改從曳。民改爲人、或爲甿、從民之字改從氏。
三	高宗	太宗子	治		治改為持、為理、或為化。稚改為幼。
	太子忠		忠		中郎將改旅賁郎將。
	太子弘		弘		弘農縣改恆農、弘靜縣改安靜。
	武后		曌		詔改為制、李重照改名重潤。
四	中宗	高宗子	顯	中間曾、改名哲。	顯政殿改昭慶、顯德殿改章德。
四	睿宗	高宗子	旦	初名旭輪、又名輪。	旦改為明、張仁亶改名仁愿。

つまり高祖の祖父李虎の諱「虎」に缺畫を施してゐるのである。『古事記』上表文には「虎」字は次の一例を見出すことができる。

天時未臻、蝉蛻於南山。人事共洽、虎歩於東國。

『後漢書』何進傳の「今將軍龍驤虎步」、『南史』宋武帝紀の「劉裕龍行虎歩、視瞻不凡」などもあるが、典據としては『三國志』魏書・夏侯淵傳の「虎歩關右、所向無前」が該當しよう。『文選』ではないことは重視すべきであつて、『古事記』上表文の原據としての『文選』は、唐の高祖の祖諱を避けたテキストであつたと推測できるのである。

しかし、虎と虚では音が通じない。例へば空海の『篆隷萬象名義』巻二十三の「虍部」及び「虎部」には、次の如き記載が見られる。

虍部　……

虞。渠呂反。鹿頭龍身神獸。

虛。同上。

虎部　虎。呼杜反。山獸也。

右の反切では共に上聲である（『廣韻』呂は語韻、杜は麌韻）。しかし、『廣韻』（一〇〇八年成立だが古音研究の手がかりとなる）では「虛」は「朽居切」の上平魚韻で、「虎」は「呼古切」の上聲姥韻である（但し「麌、姥同用」とする）。恐らく『篆隷萬象名義』の「虛」は「虛」の脚部に「八」を附す「虞」の異體字と混同したものであらう。唐帝高祖の父における「昞」と炳・丙・秉、その太子建成の「成」と城、高宗の「治」と稚、武后の「曌（照）」と詔、高宗の太子忠の「忠」と中はみな同韻であり、避諱の對象となる諱以外の文字は原則として同韻の文字中のいくつかを避けてゐるのである。しかし一方で、睿宗の「旦」と亶は、「旦」が去聲翰韻であるのに對し「亶」は上聲旱韻である。このやうな例を見る限り、「虛」が「虎」の避諱に該當するかも知れないといふ推測は、僅かとはいへ成り立つ餘地はある。

それ以上に避諱として可能性が高いのは、當該帝諱の字形との關係である。太宗の例として有名なものに、「棄」字の中央に「世」字（丗に作る）があるため「弃」字が行はれ、結語の「婚」が舊く「婚」であったのを「民」を改め「婚」字となつた例がある。孔子における缺畫の「丘」や、「邱」を以て通用させたことも同じ類といへる。そして太宗の「世」に替へて「代」、「民」に替へて「人」を用ゐるなどは、文字そのものを改めた例である。「虛」の頭部は虎頭である。とはいへ「弃」や「婚」の如く「虎」を落す文字は想定できず、文字自體を替へることにしたのであらう。字形による避諱といふ方が蓋然性は高いかも知れない。なほ、「虛」の草體が「空」に似てゐる點にも觸れるべきかも知れないが、今は省く。

「不無空月」といふ表現に疑問を懐き、安萬侶の見たテキストが唐の高祖の祖父の諱を避けたのではないかとの推測を加へたが、それはいつごろのテキストと考えてよいか、この點についても併せ考察しておきたい。

『古事記』上表文中、『文選』を典據としてゐると覺しき章句には、次の諸句が指摘されてゐる。

臣安萬侶言。 ―『文選』三十七巻諸葛孔明出師表

參神作造化之首。 ―四十七巻夏侯孝若東方朔畫贊

太素杳冥。 ―二巻張平子西京賦

（賴先聖而察生神立人之世。） ―十四巻班孟堅幽通賦

（莫不稽古以繩風猷於既頽、……欲絶。） ―三十八巻任彦昇爲范始興作求立太宰碑表

潛龍體元、洊雷應期 ―三巻張平子東京賦、四十六巻王元長三月三日曲水詩序、三十八巻任彦昇爲范尚書讓吏部封侯第一表

（開夢歌而相纂業、投夜水而知承基。） ―三十七巻孔文擧薦禰衡表

（蟬蛻於南山。） ―十四巻班孟堅幽通賦

皇輿忽駕、淩度山川。 ―三十二巻屈平離騷經

（絳旗耀兵、凶徒瓦解。） ―五十六巻班孟堅封燕然山銘

愷悌歸於華夏。 ―二巻張平子西京賦、五巻左太沖呉都賦、六巻左太沖魏都賦、九巻楊子雲長楊賦

儛詠停於都邑。 ―四十六巻顔延年三月三日曲水詩序

握乾符而摠六合、得天統而包八荒。 ―三巻張平子東京賦、六巻左太沖魏都賦

設神理以將俗、敷英風以弘國。 ―四十六巻王元長三月三日曲水詩序

智海浩汗、潭探上古。 ―四十三巻孫子荊爲石仲容與孫皓書、五十九巻王簡栖頭陁寺碑文

心鏡煒煌、明睹先代。　—五巻左太沖呉都賦

削偽定實、欲流後葉。　—五十四巻陸士衡五等諸侯論

年是廿八、爲人聰明。度目誦口、拂耳勒心。　—三十七巻孔文擧薦禰衡表、四十七巻夏侯孝若東方朔畫賛

(伏惟、皇帝陛下。)　—三十七巻曹子建求自試表、劉越石勸進表、三十八巻任彦昇爲蕭楊州薦士表

得一光宅、通三亭育。　—四十六巻王元長三月三日曲水詩序、六巻左太沖魏都賦、三十八巻任彦昇爲齊明帝讓宣城郡公第一表

連柯并穂之瑞、史不絶書。列烽重譯之貢、府無空月。　—三巻張平子東京賦、四十六巻顔延年三月三日曲水詩序

臣安萬侶、誠惶誠恐、頓首頓首。　—三十七巻劉越石勸進表、三十八巻任彦昇爲齊明帝讓宣城郡公第一表、任彦昇爲褚諮議蓁讓代兄襲封表

これらの『文選』を原據とする語句の文字の中で注目すべきは、「欲流後葉」の「葉」である。「葉」には唐の太宗李世民の「世」が存するため、一般に「世」を「云」に替へた「𦯉」を用ゐる。唐太宗の帝諱（世と民）は周知の如く唐代を通じて避諱された。原『古事記』の文字がどうであつたかは不明であるが、小野田光博博士の『諸本集成　古事記』にも、神道大系の『古事記』にも異同が見えないことを重視するなら、「葉」であつたと考へてよいのではなからうか。一方『萬葉集』には「𦯉」が見られる（正宗敦夫編『萬葉集総索引』）。また、小野田博士は「風土記の『參』と『叅』について」（風土記研究十六、平成元年。のち『古事記・釋日本紀・風土記の文獻學的研究』平成八年、續群書類従完成會）において、『古事記』諸本も亦正しく大字の三とマヰルの「參」を使ひ分けてゐることを考證されてをり、原『古事記』が「葉」字を用ゐていた可能性は高いと思はれる。太宗の帝諱は避諱してゐないことになる。

叙上の推測が認められるならば、安萬侶が『古事記』上表文を作成する際に原據とした『文選』について、現行の李

善註や六臣註のテキストとは異なる庸字を見せるものと推定することができる。

まづ、そのテキストは、唐の高祖（李淵）の祖父の諱字「虎」に闕して避諱を施してゐたと考へられる。

また、唐の太宗（李世民）の治世より以前のテキストかも知れないことが太宗の帝諱を避けてゐないらしいことから窺はれる。

これにより、太安萬侶の『古事記』上表文執筆の際の被見圖書である『文選』の、テキストとしての筆寫年代を考へてみると、上限は唐の高祖の立つた武德元年（六一八）五月で、下限は太宗卽位の武德九年（六二六）八月といふことになら う。勿論、上の考察に誤まりや脆弱なところがあれば、この上限・下限は設定し得なくなり、偶然や傳寫の間の誤まりがあればこのやうな上限・下限を導き出すことは無理であらう。飽くまでも一つの「疑」として提示するものである。

そこで、右の上限（六一八）と下限（六二六）に注目すると、敍上の如き『文選』のテキストを將來したであらう人物が浮かび上がつてくる。南淵請安、高向玄理らである。

『日本書紀』推古天皇十六年（六〇八）九月辛巳（十一日）條に、
唐客裴世清罷歸。則復以小野妹子臣爲大使。吉士雄成爲小使。福利爲通事。副于唐客而遣之。……是時。遣於唐國學生倭漢直福因。奈羅譯語惠明。高向漢人玄理。新漢人大國。學問僧新漢人日文。南淵漢人請安。志賀漢人惠隱。新漢人廣齊等幷八人也。

と見え、同じく『日本書紀』舒明天皇十二年（六四〇）十月乙亥（十一日）條に、
大唐學問僧淸安。學生高向漢人玄理。傳新羅而至之。仍百濟・新羅朝貢之使共從來之。

と見える。

すなはち、高向玄理か南淵請安、あるいはその仲間が唐より歸國の際に齎した『文選』のテキストを想定するなら、敍上の條件に合ふテキストを將來する可能性は極めて高い。その上で今一つ注意しなければならないのは、太宗の治世との

關係である。わが朝の推古天皇三十四年に當たる年が太宗の卽位年（六二六）であり、それ以前の入手でなければならない。請安・玄理歸朝の年は、太宗の卽位より十四年後のことであるが、『文選』の入手が歸國直前である必要はない。請安・玄理より早く歸朝した僧旻らにしても、『書紀』舒明天皇四年（六三二）八月條に、

大唐遣高表仁送三田耜。共泊于對馬。是時。學問僧靈雲。僧旻。及勝鳥養。新羅送使等從之。

と見えて、舒明天皇二年の犬上御田鍬を大使とする第一回の遣唐使の歸りに同行してゐる。勿論、僧旻が將來してもよい。しかし、佛教を學ぶ者と儒學を學ぶ者との違ひは大きいのではなからうか。次の遣唐使の発遣は白雉四年（六五三）であるから、請安・玄理が唐を離れた時期は、恐らく第一回遣唐使と第二回遣唐使の中間であつたと考へられる。

時期的には太宗卽位後十年餘を經て唐土を後にしたのであるから、將来した『文選』に太宗の帝諱が避諱されてゐてもよいことになるが、有名且つ必要不可缺な『文選』を、彼らが出立直前になつて初めて入手したとは考へ難い。太宗卽以前に入手したと考へてよいであらう。推古天皇十六年の隋への訪問は、隋の最盛期であると共に混亂の始まりの時期に當たつてゐた。十年ほど經た煬帝の最晩年に李淵は兵を擧げる（六一七）。このやうな時代の流れを追ふと、『文選』入手の時期を唐高祖の卽位後と見ることに少なからぬ蓋然性が窺はれる。あるいは、隋の末期に一度入手したが、戰火や混亂の中で損傷・焼失し、唐初に再度入手したのかも知れない。

とにかく、叙上の如き諸點に鑑み、高向玄理や南淵請安らが將來した唐初のテキストである「虎」を避諱し、「世」「民」を避諱してゐない『文選』が、太安萬侶が『古事記』上表文を執筆する際に傍らに備へられてゐたと想定するのである。

なほ、飛鳥浄御原京から平城京にかけて出土してゐる木簡に屢々見られる『文選』の習字などにも、あるいは同じテキストが用ゐられてゐたかも知れないが、今のところこれらに避諱等の特殊な文字遣ひは確認されてゐない。

鹿島神郡における神戸の集落

石橋　美和子

はじめに

大化改新後、伊勢大神宮以下全国七社に八郡（後に九郡）の神郡が置かれた。その一つである鹿島神郡は『常陸国風土記』にもみえる神郡である。近年、その神戸の集落と考えられる遺跡群の調査が開発に伴って大規模に行われた。本稿では遺跡群の竪穴住居跡が、八世紀から九世紀においてどのように分布していたかの検討を行い、「佳麗しきことの豊かなる地」に思いを馳せたい。

一　鹿島神郡の成立

鹿島神郡は『常陸国風土記』に「難波長柄豊前大朝馭宇天皇之世。己酉年。大乙上中臣□子。大乙下中臣部兎子等。請總領高向大夫。割下總国海上国造部内。軽野以南一里。那賀国造部内。寒田以北五里。別置神郡。」と記され、孝徳天皇の大化五年に下総国海上郡の軽野より以南の一里、那賀国寒田より北にある五つの里を割って六里の神郡を設置したことが初見である。この建郡の記述に関しては、物部氏や多氏との関係の論考も多く、宮中野古墳群大塚古墳主体部が破壊されていた問題を含め、議論が多く交わされている。

ところで、神郡は主に軍事上重要な地域の大社に設置されたことが知られている。定義から考えると、鹿島神郡とは鹿島神宮の神域であり、鹿島神宮の修理や祭祀の諸費用に郡内の租庸調を供した郡である。神郡にはその神社を支える神戸という専門的な集団がおり、かつては『古事類苑』にもみえるように、神郡全てが神戸という解釈であったが、現在ではその定義も整理されつつある。(1)

二　鹿島郡家

鹿島神郡の郡家は『常陸国風土記』に「其社南郡家北。沼尾池。(中略)前郡所置(後略)」と新旧二つの郡家のあったことが記載されている。新郡家は昭和六十一年に「鹿島神宮境内附郡家跡」として国指定史跡となる。鹿嶋市大字宮中字神野向に位置し、鹿島神宮からは南に約１・５㎞離れる。

郡家は大きく郡庁・厨家・正倉院からなり、館や曹司は発見されていない。郡庁や正倉院はそれぞれ三時期の建物変遷(建て替え)が確認され、厨家も複数期から成る建物配置が報告されている。旧郡家から新郡家の移転時期は八世紀初頭と考えられる。この建物から検討した郡家の時期区分は八世紀初頭から始まる第一期、八世紀代の途中から始まると考えられる第二期、その後九世紀終末の郡家廃絶時まで続く第三期であり、具体的な各時期の開始と最終時期は明確になっていない。これらの郡家跡の施設からは五百十二点の墨書土器が出土している。特に郡庁や厨家から出土した墨書土器には「神宮」や「祝家」といった神宮に関連したものもあり、神郡の郡家跡であることが強調できる。

郡家廃絶後の十世紀はじめ、郡家跡では竪穴住居が建てられ、集落が形成される。一方、後述の厨台遺跡群では四面庇の掘立柱建物や総柱建物が建てられる。このように郡家跡の機能の移転を想定できる遺構や遺物が検出されていることから、森下松壽氏は郷庁や大神宮司庁の存在が考えられるとしており[2]、厨台地区がこの時期重要な役割をもっていることは確かである。

ところで、旧郡家は三年前よりその推定地の確認調査が進められている。案の一つである大宮神社周辺は現在のところ確定できる調査結果は報告されていない。他に竜会城や沼尾神社周辺など豊郷地区には何ヶ所かの候補地があり、順次進められていく確認調査の結果を待ちたい。

三　神戸の戸数とその集落推定

鹿島神宮の神戸は鹿島神宮領の民戸であり、その租税は鹿島神宮の経済を支えていた。神戸は『常陸国風土記』に「神戸六十五烟。本八戸。難波天皇之世。加奉五十戸。飛鳥浄見原大朝、加奉九戸。合六十七戸。庚寅年、編戸減二戸。令定六十五戸。（略）」と記載され、最初は八戸であったが孝徳天皇の時代に五十戸を加え、更に天武天皇の時代に九戸を加え六十七戸になったが、持統天皇四年に編戸によって六十五戸と定められたのである。しかし、『新抄格勅符抄』によると平安時代の初めには一〇五戸に増えている。

近年、漆紙文書等の発見により、常陸国における古代の人口から鹿島神宮神戸の人口を推定できるようになり、神戸一戸あたり推定三十二人、一〇五戸では合計三千三百六十人との見方がある[3]。

神戸の中には神奴や神賤といった賤民がおり、『続日本紀』の天平宝字二年九月の条に「常陸国鹿嶋神奴二百十八人、便為神戸。」と神奴が神戸となったことが記載されている。『続日本紀』にはこの他にも、東北進出に兵として徴発されていることや婚姻に関することなど、鹿島神賤の記載が多くあるため、神戸における神賤の存在は大きなものであったと想定される。

神戸がどこに居住していたか。『常陸国風土記』に「神社周匝。卜氏居所。地体高敞。東西臨海。峰谷犬牙。邑里交錯。（略）」と記載され、鹿島神宮の周辺の台地上には神職や神戸が住んでいたことが想像できる。現在でも市内には神戸と関係する地名が多く残る。特に神宮の周辺である大字宮中には「神敷」「宮下」「神野」「厨台」「厨下」「神袋」といった鹿島神宮に関係したと考えられる小字が残っていることもその地区と神宮の繋がりを示している。

さて、神宮周辺の奈良・平安時代の遺跡を概観すると、根畑遺跡と厨台遺跡群が神戸の代表的な集落として推定できる。根畑遺跡は鹿島神宮の南西１３００ｍ、現在の鹿野中学校の周辺に位置する。昭和五十四年に中学校建設に伴う発掘調査が実施され、八世紀から十二世紀の竪穴住居跡や鍛冶遺構が検出され、これらの竪穴住居跡からは墨書土器が出土した。検出された竪穴住居跡は、他の同時代の遺跡から検出される竪穴住居跡と比べて平面プランが特異であり、平面形が長方形や隅丸方形のものは作業を行う工房的な性格の遺構という見方もあり、鍛冶遺構は神宮の修繕や祭祀に使用した鉄器の製作工房とも推定できる。

次に厨台遺跡群は鹿島神宮の北側１km、谷津を挟んだ台地上に位置し、昭和六十一年から区画整理事業と国道五十一号バイパス建設に伴って約八年間にわたる大規模な発掘調査が進められ、近年まで小規模な調査が行われている。これまでの調査によって縄文時代から近世までの遺構や遺物が検出され、本稿で扱う奈良時代・平安時代の集落跡や広義の官衙遺跡が含まれている。厨台遺跡群は90haの大規模な遺跡群であり、厨台遺跡・片野遺跡・円龍台遺跡・鍛冶台遺跡の四遺跡からなり（図２）、遺跡はそれぞれ盛行する時期が異なる。文字資料の主な出土遺物としては、片野遺跡に該当するＬＲ９調査区から「鹿嶋郷長」、厨台遺跡に該当するＢＲ２調査区からは「中臣宅處（成）」、「神厨」、「申田・右・左」と線刻された紡錘車など多くの墨書・線刻土器が出土している。

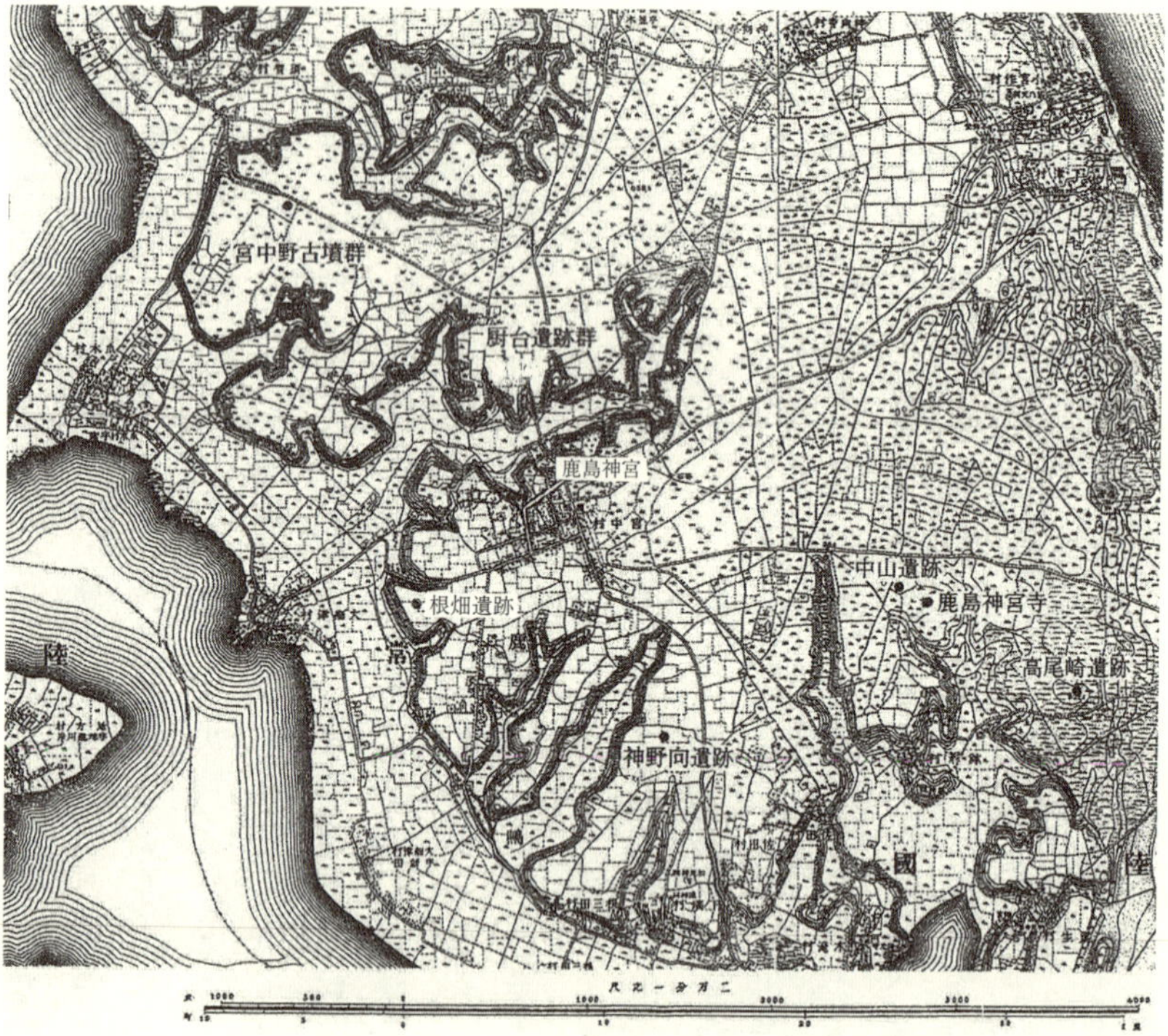

図1　遺跡位置図（明治 13 ～ 17 年陸軍参謀本部）

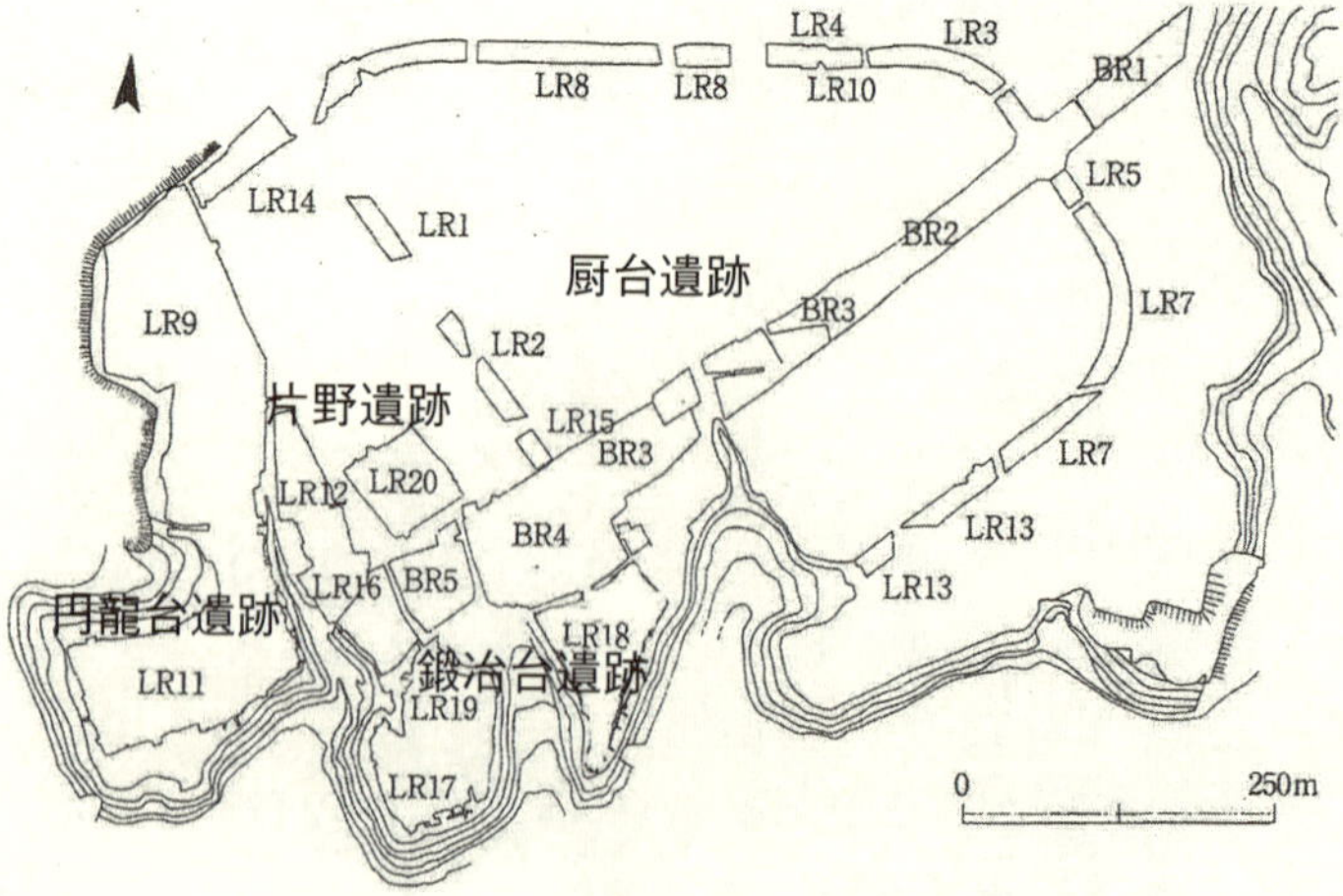

図2　厨台遺跡群内の主な調査区位置図

四　推定集落の住居跡分布の変化

神戸の集落と考えられる厨台遺跡群について、八世紀から九世紀の集落の分布を概観しようと思う。図3と4に示した分布図であるが、図2にあげた厨台遺跡群の大規模開発に伴う発掘の調査区内で当該期の竪穴住居跡が検出された位置を示したものである。調査段階で感じていた通り、八世紀後葉で円龍台遺跡（LR11調査区）から住居跡が検出されなくなる。一方で片野遺跡（LR9調査区）では、九世紀後半まで密度は低くなるが続いていく。

台地南側の谷に面する部分の鍛冶台遺跡では、古墳時代後期から八世紀前葉まで竪穴住居が続いて建てられていたが、八世紀中葉以降激減する。厨台遺跡では八世紀前葉から九世紀後葉まで散在的ではあるが、継続して竪穴住居が建てられていた。

以上の様に鍛冶台遺跡・片野遺跡・円龍台遺跡は竪穴住居跡の密度が時代によって異なり、分布域つまり集落範囲も変化する。飢餓や疫病に伴って人口が減少したり、他の地域への移動したなどと様々な要因が竪穴住居跡の軒数の変化に関係していることとは思うが、墨書土器「鹿嶋郷長」の出土例からみても厨台遺跡群は「常陸国鹿島郡鹿島郷」の中心的な集落であり続けていたことは変わりないであろう。

五　おわりに

厨台遺跡群における集落の分布域は時間とともに変動している。七世紀末から八世紀に住居跡は大きく増加し、その後九世紀になるにしたがい軒数は減少する。『常陸国風土記』に「（前略）春経其村者。百艸□花。秋過其路者。千樹錦

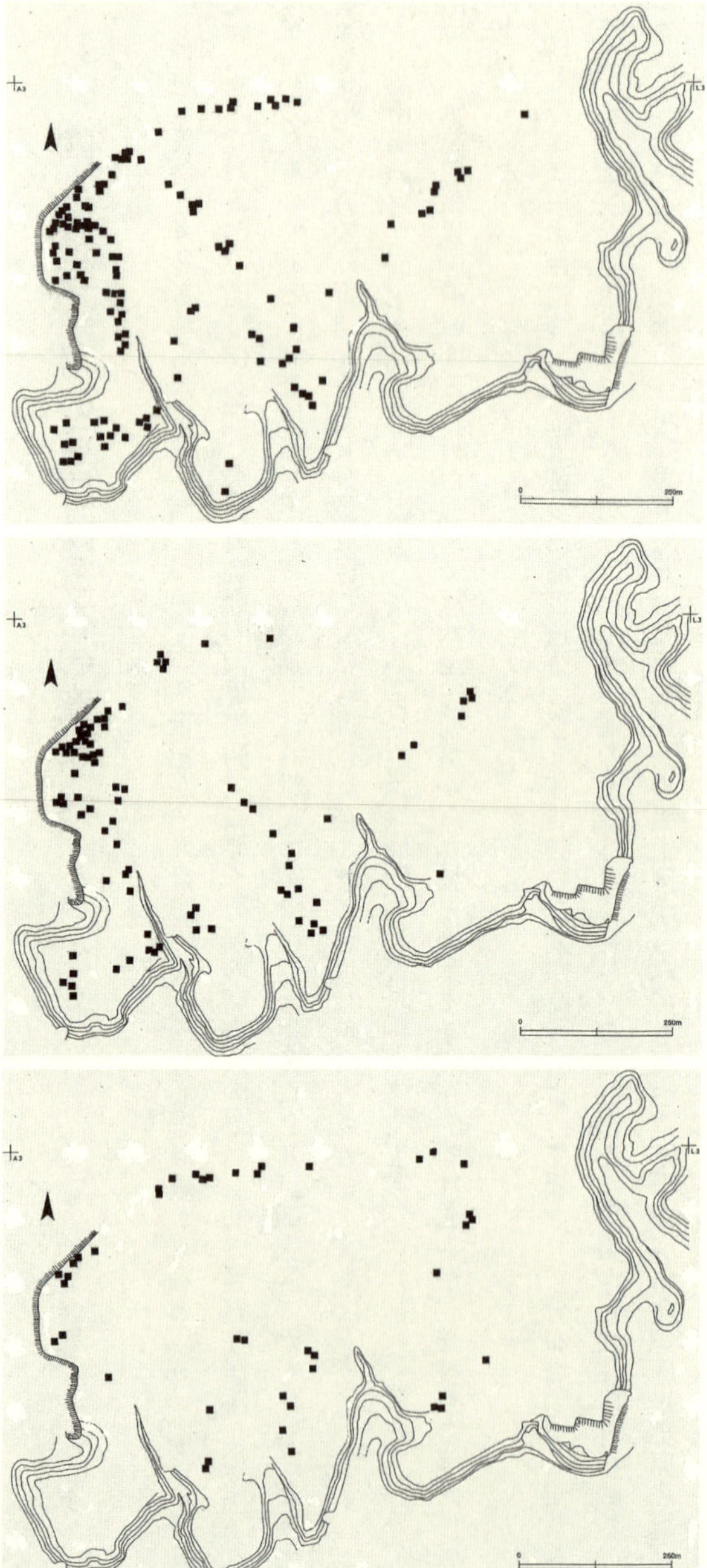

7世紀末から8世紀前葉

8世紀中葉

8世紀後葉

図3　厨台遺跡群における八世紀代の竪穴住居跡分布図

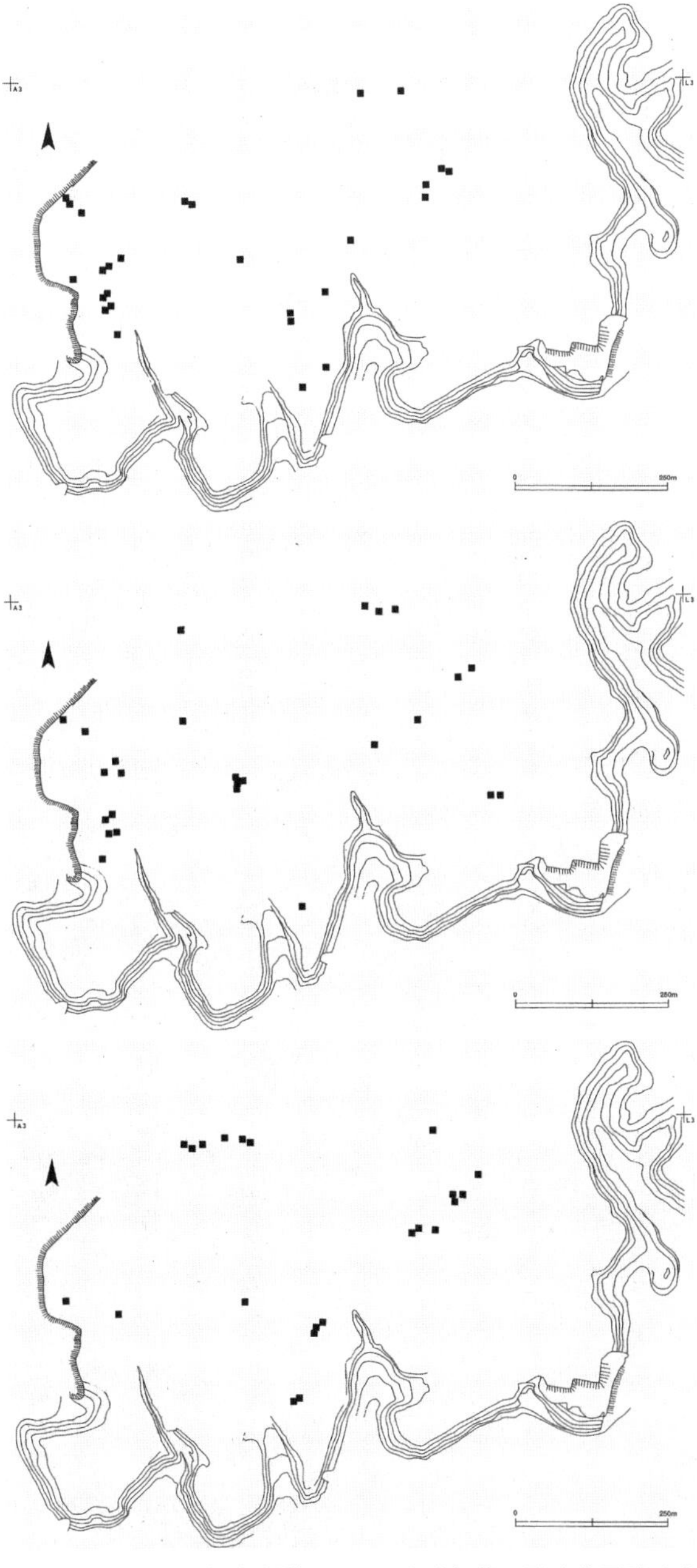

9世紀前葉

9世紀中葉

9世紀後葉

図4　厨台遺跡群における九世紀代の竪穴住居跡分布図

葉。可謂神仙幽居之境。（後略）」と描かれた神仙思想を思わせる風景は、その編纂年代から想定して七世紀末から八世紀初めの住居軒数の増えた厨台遺跡群を描いたものであろう。この時期は、厨台遺跡群に湖西産須恵器が大量に搬入され、畿内産土師器も少量ではあるが搬入されている。(4) 遺構数や遺物の内容から見ても律令時代の画期と言える。

今後は十・十一世紀の竪穴住居跡の分布を調べ、郡家が廃絶した後の厨台遺跡群の様相を調べていきたい。また、竪穴住居跡の年代を決定するための土器であるが、調査途中で検討した年代で今回は分布図作成を試みたが、今後その編年も再検討していきたい。

文末ではございますが、椙山林継先生の古希をお祝いし、先生の今後のご健康とご活躍を祈念いたします。

註

（1）森下松壽　二〇〇五「古代鹿島社の神戸に関する一考察」『茨城県考古学協会誌第一七号』茨城県考古学協会

（2）森下松壽　一九九八「鹿島神郡の研究」『常総台地一四』

（3）森下松壽　二〇〇六「古代神宮と神戸」『図説鹿嶋の歴史原始古代編』（財）鹿嶋市文化スポーツ振興事業団

（4）小松崎博一・石橋美和子　二〇〇七「ＬＲ18からのメッセージ」『菟玖波』

『播磨国風土記』の祭祀空間

―「褶墓」記事を中心に―

宇野　淳子

はじめに

本稿は『播磨国風土記』の「褶墓」記事の分析を中心とし、祭祀空間が記録化される理由とその背景を解明することを目的とする。具体的には「褶墓」記事を「モニュメント空間」(1)を記録した伝承記事として捉え、『播磨国風土記』と同時期に編まれた『日本書紀』や『続日本紀』等と比較検討することで古代の播磨国における地域認識や伝承が記録される意義を抽出する。このような分析は従来、伝承に出てくる天皇の記事が多く採録されていることから『日本書紀』(以下、『書紀』と略)の記事と対応させることが多く行なわれてきた。しかし『播磨国風土記』の成立は霊亀元年以前とされている(2)ことから、当該期のことを記している『続日本紀』(以下、『続紀』と略)記事と比較を行なうことから検討をはじめたい。伝承の基となる地域認識やその実態を考察するだけではなく、播磨国固有の論理なのかをも分析することで、「語り継がれた伝承」を論じてゆきたい。

なお、「褶墓」は一八八三年に日岡陵(兵庫県加古川市)に考定されており、考古学の成果も多く出されている。墳形を例とすれば、後円部の築造後前方部をつけたしたとの伝承を取り上げた春成秀爾氏の研究(3)や、春成氏の論文を引用し、陵墓図や墳形の認識状況などを検討することで「本来、前方後円墳であったと想定して差し支えないであろう」とする櫃本誠一氏の研究(4)等がある。考古学の成果は本稿でも大いに参考にすべきだが、筆者が考古学的な分析方法を習得していないこともあり、『播磨国風土記』の記述の分析から褶墓を検討したい。

一 「褶墓」記事の伝承性

(一) 「褶墓」記事の特色

「褶墓」記事は『播磨国風土記』賀古郡日岡条の中に包摂されている。この記事を、墓の成り立ちとこの記事が『播磨国風土記』に採録された理由を意識しながらみてゆきたい。

【史料一】『播磨国風土記』賀古郡日岡条(山川出版社本)(傍線等は筆者による。以下、同じ)

此の岡に比礼墓有り。〔坐す神は、大御津歯命の子、伊波都比古命なり。〕褶墓と号くる所以は、昔、大帯日子命、印南別嬢を誂ひたまひき。(略)時に、賀毛郡の山直等が始祖、息長命〔一名は伊志治なり。〕を媒としたまふ。而して、誂ひ下り行でます時に、摂津国高瀬の済に到りて、此の河を度らむと請欲ひたまふ。度子、紀伊国の人小玉、申して曰はく、「我、天皇の贄人とありや否や」といふ。(略)爾時に、印南別嬢聞きて驚き畏まりき。即ち南毘都麻島に遁げ度る。(略)勅して云ひたまひしく、「此の島に隠びたる愛し妻」といひたまひき。仍りて南毘都麻と号く。(略)年有りて、別嬢此の宮に薨りたまひき。即ち、墓を日岡に作りて葬りたまふ。其の尸を挙げて印南川を度る時に、大き飄川下より来たりて、其の尸を川中に纏き入る。南に求げども得ず。但し、匣と褶とを得。即ち、此の二の物を以て、其の墓に葬りき。故、褶墓と号く。

比礼墓（褶墓）は、景行天皇の后印南別嬢を葬る墓で日岡に造営された。遺骸を捧げ持って印南川を渡る時、「大き飄」が吹いて遺骸を川の中に巻き込んでしまい捜しても見付からなくなってしまった。匣と褶だけが見付かったのでその二つを葬って「褶墓」と名付けたという。この印南別嬢は『書紀』景行天皇二年三月戊辰条に播磨稲日大郎姫（日本古典文学大系本『書紀』の頭注は「イナは、稲。ヒは、霊。イナビで、稲霊の意。」とする）の立后記事が、また同五二年五月丁未条に薨じた記事があるが、その墓についての記載はない。

この記事にみえる「南毘都麻」の地名説話は、印南郡南毘都麻条にもあり、両者の関係については「賀古・印南両郡界にある島で所属郡があいまいの故だろう[5]」等の解釈がなされてきた。しかし、松下正和氏による『播磨国風土記』が編纂された当時実際に「有」と認識あるいは解釈されていた墳墓記載の分析によると、（一）いずれも地名標目になっていない、（二）いずれも氏族伝承の中で語られている（「南毘都麻」に関しては、賀古郡の記事は山直の祖先伝承、印南郡の記事は丸部臣の祖先伝承）ことが共通点として指摘できるという[6]。

ところで、この「褶墓」記事は飯泉健司氏により、一一箇所の地名起源を含むこと、それらが一連の叙事的伝承としてまとまって載せられていることが指摘されている。また「褶墓と号くる所以は」という書き出しであることから、「編纂者はこの一条を単なる地名起源ではなく、墓の起源として捉えていたことがわかる。」とする[7]。

松下氏の分析と併せて考えると、賀古郡の「褶墓」記事は山直の祖先伝承の中で語られたものが基であり、墓の起源として『播磨国風土記』に採録される際に儀礼的な手続きを表現するために一連で記載されたと言えよう。

これらの成果を踏まえ、本稿では「つむじ風が起こって灰と骨が吹き飛ばされてしまった」という部分に着目したい。この記述同様の「つむじ風」の記事が『続紀』に採録されている。

（二）『続日本紀』道照伝の類似性

【史料二】『続紀』文武天皇四年三月己未条（国史大系本）

三月己未。道照和尚物化。天皇甚悼惜之。遣使弔賻之。和尚河内國丹比郡人也。俗姓船連。父惠釋少錦下。（略）比至海中。船漂蕩不進者七日七夜。諸人怪曰。風勢快好。計日應到本國。船不肯行。計必有意。卜人曰。龍王欲得鐺子。和上聞之曰。鐺子此是三藏之所施者也。龍王何敢索之。諸人皆曰。今惜鐺子不与。恐合船為魚食。因取鐺子抛入海中。登時船進還歸本朝。（略）世傳云。火葬畢。親族与弟子相争。欲取和上骨斂之。飄風忽起。吹颺灰骨。終不知其處。（後略）

船が漂って進まない折に、龍王がほしがっている鐺子を海中に投げ入れたことで船が進んだという、龍神信仰記事として検討されることが多い記事であるが、道照和尚の火葬後の記述に注目したい。親族と弟子が遺骨をめぐって争っていると「飄風」が起こって灰や骨を吹き飛ばしてしまい、ついにその所在が分からなくなってしまったというのである。「世、伝へて云う」なので、あくまでも伝承として書かれている。

『続紀』の薨卒伝などの「伝記」[8]については記事の類型化を行なった林陸朗氏や藏中しのぶ氏の研究がある。林氏は、道照伝の記載がこの周辺の時代の記事とつりあいがとれない様相を呈していることなどから、『続紀』が編纂された延暦年間に記されたものではないかとし、それを踏まえながらも藏中氏は、八世紀半ばには中国撰述の僧伝の影響を受けた僧伝が成立していることが推定されることから、延暦期に記述の編入を強いて想定することはないであろうとする。さらに「世、伝へて云う」の部分を「道照物化伝が、夙く説話化への傾斜を示している点にも注意しておくべきだろう」とする。[9]また、水野柳太郎氏は『日本霊異記』（以下、『霊異記』と略）等に書かれた道照伝の比較を行ない、原

「道照伝」は文字遣い等から鑑真の説話に影響を受けたかたちで『続紀』に採録されたとしており、[10] 記事の成立については更なる検討が必要であるが、伝承の枠組み自体は『続紀』編纂時にはあったといえよう。その意味において、信憑性は別に論じる必要はあるにせよ、褶墓記事と共に当時「ある」とされた伝承を記事にしたということで、両者を類似した記事とみることは不可能ではないだろう。その伝承はいずれも「つむじ風」により遺骸が見付からなくなったというものである。遺骸が姿を消すというのは尸解仙としてこの記事が書かれたからであろう。これらについて、節を改めて検討したい。

(三)「尸解仙」や「つむじ風」が記される意義

前節では、褶墓記事と『続紀』道照伝の類似性を述べた。ここでは「尸解仙」「つむじ風」を軸に、道照伝の伝承性を検討することで褶墓記事の伝承の意義を考えていきたい。先述のとおり、道照伝は『霊異記』にも採録されているが死後の記述はない。両者の記事の性格については前掲の水野氏論文を参照されたいが、道照伝の一つである『霊異記』上巻第二二縁は道照を「是聖にして凡に非ず」[11] としており、『続紀』の記事と同様の意識をみることはできる。

聖人と尸解仙については、『書紀』推古天皇二一年一二月庚午朔条・辛未条と『霊異記』上巻第四縁の、皇太子(『霊異記』では聖徳皇太子)が片岡遊行時に飢人の姿をした聖と出会ったという記事がよく知られている。紙幅の関係と筆者の能力の限界により太子信仰までは論じきれないし、片岡の記事は尸解仙を示すことよりも聖徳太子が聖人であることを示す目的で採録されたのであろうが、『書紀』編纂当時にこのような伝承が広く知られており、それが記事に反映されたと言うことは不可能ではないだろう。

次に、つむじ風について確認したい。六国史のつむじ風(飄風、飆風)に関する記事を見ると、荒天を記した記事もあるが、「従楯波池。飄風忽來。吹折南苑樹二株。即化成雉。」といった『続紀』神亀四年五月辛卯条のように祥瑞というよりも奇譚的な記事が多い。その意味で、褶墓記事や『続紀』の道照記事でつむじ風が吹いたとされるのは偶然の一致ではなく、伝承が記事に反映されたと言うことができよう。また、つむじ風ではないが、『書紀』神代下第九段には「疾風」が天稚彦の尸を天まで挙げたという記述があり、遺骸と風を連関させて説話を形成する意識も記事をとおしてみえる。また、これらの風は自然条件下で偶発的に吹いたものではなく、何らかの意思がそこには反映されていると考えられる。

両者を併せて考えると、印南別嬢が聖人なのかという問題は措いておくにせよ、「褶墓」記事と片岡記事を、尸解仙の話を軸とした奇譚的な伝承が基となって成立しているという意味で、類似関係にみることは不可能ではないだろう。しかし両者には明確な違いがある。それは皇太子である聖徳太子の片岡記事は『書紀』に採録されているが、「褶墓」記事は景行天皇の后である印南別嬢が薨じたことこそ記されるものの墓に関わる記述は採録されていないことである。その違いは、前者は「王権の語り」とされ、後者は「在地の語り」とされていたことから生じているのではないだろうか。ここで再度『播磨国風土記』に立ち戻って、褶墓が営まれた風土を確認したい。

二 『播磨国風土記』の祭祀空間

(一)「褶墓」記事にみえる海上交通

「褶墓」記事を、日岡周辺の海上交通に眼差しを置いて再度みてみよう。記事の前半で大帯日子命(景行天皇)は摂津国高瀬の済で紀伊国の小玉に度子(わたりもり:水手)をするよう依頼している(史料一波線部)。小玉が紀伊国の人であるというのは、紀伊国の水手が舵取りをした範囲が摂津に及んでいた、あるいは紀伊国出身の水手が摂津を拠点としていたという実態が反映されている可能性がある。あるいは、揖保郡大田里条には、

【史料三】『播磨国風土記』揖保郡大田里条

大田里〔土は中の上なり。〕大田と称ふ所以は、昔、呉勝、韓国より度り来て、始め紀伊国名草郡の大田村に到りき。其の後に、分れ来て、摂津国三島賀美郡の大田村に移り到りき。其れ又、揖保郡の大田村に遷り来たりき。是に、本の紀伊国の大田を以て名とす。

と、紀伊国の大田を起源とする地名伝承が採録されているので、どちらの実態もあり、さらにそれを含む氏族伝承があった可能性もあろう。『播磨国風土記』はその内容が遅くても六世紀に作られ、在地に伝承されたものであるとの研究などから、「大化前代の瀬戸内海交通の実態をある程度明らかにすることは可能であると考えられる。[12]」とされており、小玉についての記述に当時の海上交通の実態やそれらを含む氏族伝承が反映されて、「褶墓」記事の要素となっている可能性はあろう。加古川の河口部は古くから港として利用されていたこと、次に示す賀古郡鴨波里条で「印南大津江」と記されている大津江は『続紀』の「水児船瀬」等と同じものであるとの指摘がなされていることからも、[13]当時の海上交通の実態が反映されていることが考えられる。

【史料四】『播磨国風土記』賀古郡鴨波里条

此の里に舟引原有り。昔、神前村に荒ぶる神有りて、毎に行く人の舟を半ば留めき。是に、往来の舟、悉に印南の大津江に留まりて、川頭に上る。賀意理多谷より引き出だして、赤石郡林潮に通はし出だしき。故、舟引原と曰ふ。又、事は上の解と同じ。

荒ぶる神が通行の船の半分を通さなかったとの記述は半死半生説話の型を採っているからである。「荒ぶる神」の統御をめぐる説話が共同体の起源説話となり、地名に凝縮されていくことが記事分析から明らかになるが、この舟引原の記事は「荒ぶる神」を統御せずその猛威を回避していること、回避するために通る別の地名の命名起源になっていることが注目されるとの指摘もあるが、[14]これは印南野が印南郡から明石郡までの平野と台地を指す広域の地域呼称であったが、加古川で分割され東岸が賀古郡に右岸が印南郡に編成されたゆえのことだろう。[15]

また「旅人の半数を殺すという、各地の風土記に見える交通妨害伝承は、開発時にともなう自然の猛威を神話的に表現したものとみてよいだろう。」という指摘もある。[16]ゆえに、自然環境や実態に立脚した地域認識が『播磨国風土記』編纂以前から存在し、『播磨国風土記』に伝承に基づく地名標目として採録されたと考えられよう。「褶墓」記事に記された海上交通もしかりであり、よって「褶墓」記事は日岡（厳密には日岡を含む印南野）の自然空間や地域認識が伝承として反映された記事構成になっていると考えられる。

(二)「褶墓」記事にみえる祭祀空間

(一)を基に、「褶墓」の墓の成り立ちについて再度みてみたい。「褶墓」は日岡にある墓として（印南別嬢は伝説上の人物であり、当時墓がその地に営まれていてもその被葬者と一致しないにせよ）、認識されていた。つまり「褶墓」はモニュメントとして氏族伝承と結び付けて語られており、[17]それが「古老相傳舊聞異事。載于史籍亦宜言上。」という風土記撰述を命ずる制（『続紀』和銅六年五月甲子条）によって記されたといえる。氏族伝承が保たれる場は、祖先信仰を伴うことからも祭祀空間といえよう。そのような空間の存在が記されることは単に墳墓などの可視的なモニュメントやそれに係る氏族伝承が『風土記』に記されたことを示しているのではないだろう。このような伝承が記録化されることの延長線上には、墳墓などの可視的なモニュメントがなくとも、信仰が行なわれる場自体が記録されることによって、モニュメント空間が可視化されることがあるのであろう。

遺骸は埋葬されないが「褶墓」の被葬者は印南別嬢、つまり景行天皇の后である。皇后の墳墓についての記述なのにその「語り」が『書紀』に採録されなかったのは、それが自然空間や地域認識に基づく伝承として、つまり「在地の語り」として認識されたからであろう。片岡の尸解仙の記事と類似性はあるが「王権の語り」とはされなかったのは以前論じたように[18]、つむじ風により遺骸が見付からないことが供犠として海中へ導かれたという地域伝承になっていたからではないかと考える。史料四では往来する船は印南大津江に留まっている（「荒ぶる神」が通行の妨げをしたという記述がない）。それは『書紀』景行天皇四十年是年条の弟橘媛の供犠同様、「褶墓」記事に海上交通の実態とその認識が包摂されていたからであろう。弟橘媛の供犠が『書紀』に採録されたのは相模から上総までの海上交通について記すことが目的ではなく、日本武尊の東征記事の一要素として記すことが目的だったのであろう。このことは「在地の語り」と「王権の語り」が交錯する場の展開にも関わり、両者の検討を通して伝承やその基となる地域のありようの輪郭がみえてくると思うが、それは他日を期したい。

おわりに

本稿では、「褶墓」に係る伝承記事を当該期の実態に照らし合わせることにより、『播磨国風土記』を「語り」をとおして「祭祀空間」（モニュメント空間）が可視化される場の一つとみなし検討してきた。伝承が記録化される背景にはその伝承の基となった事由なり認識なり実態があるはずである。史資料からそれぞれのコンテクストを読み解くことは決して容易ではないが、一つひとつを解明していくことで「まつり」を行なう祭祀空間、ひいては日本の基層文化が明らかになっていくだろう。本稿がその一つになっているのであれば、幸いである。

註

(1) 本稿は、「伝承を用いた古代播磨国の海上交通に関する一考察―『播磨国風土記』の「褶墓」記事を中心に―」(『科学研究費補助金若手研究(B)研究成果報告書① 日本古代のモニュメント空間分析による地域社会と歴史認識の形成過程に関する研究(研究代表者:松下正和 課題番号:一九七二〇一六八)』 神戸大学大学院人文学研究科 二〇〇九年)で論じた内容をその一部とし、日本の基層文化に照らして再検討したものである。

よって本稿は同科研の研究目的を軸足としているが、執筆時に「祭祀空間」という眼差しは椙山林繼先生の、実態に即した論証という眼差しは鈴木靖民先生のこれまでのご指導を思い返していたことを付記する。

(2) 秋元吉郎『風土記の研究』大阪経済大学 一九六三年

(3) 春成秀爾「捏造された前方後円墳」『考古学研究』第一七巻第二号 考古学研究会 一九七〇年

(4) 櫃本誠一「褶墓と日岡山古墳」櫃本誠一編『風土記の考古学②『播磨国風土記』の巻』同成社 一九九四年

(5) 秋元吉郎校注『風土記』岩波書店(日本古典文学大系二)一九五八年 二六〇頁 頭注一二

(6) 松下正和「播磨国風土記にみるモニュメント空間―墳墓伝承を中心に―」『兵庫のしおり』第九号 兵庫県県政資料館 二〇〇七年

(7) 飯泉健司「〈褶墓〉〈十四丘〉伝承における地名起源の機能―播磨国風土記編纂者の文芸意識―」『日本文學論究』第四六冊 國學院大學國語國文學會 一九八五年

(8) 林陸朗氏は薨卒伝全般を検討し、道照の「物化」のように必ずしも「薨卒」の語が書かれているわけではないので、「伝記」とする。林陸朗「『続日本紀』掲載の伝記について」岩橋小彌太博士頌寿記念会編『日本史籍論集』上巻 吉川弘文館 一九六九年

(9) 藏中しのぶ「上代漢文伝の成立と『続日本紀』―官人薨卒伝と僧伝の性格のちがいから―」『上代文学』第六四号 上代文学会(駒澤大学文学部国文学研究室内)一九九〇年

(10) 水野柳太郎「道照伝考」『奈良史学』第一号 奈良大学史学会 一九八三年

(11) 遠藤嘉基・春日和男校注『日本霊異記』岩波書店(日本古典文学大系七〇)一九六七年

(12) 松原弘宣「播磨灘における交通」水野祐監修、松原弘宣編『瀬戸内海地域における交流の展開 古代王権と交流六』名著出版 一九九五年

(13)今津勝紀「鹿子水門の歴史的性格をめぐって」平成一四年度～平成一七年度科学研究費補助金（基盤研究(B)）研究成果報告書『国家的港湾都市域としての西摂地域形成過程の研究』（研究代表者：鈴木正幸　課題番号：一四三一〇一五八）二〇〇六年

(14)松木俊曉「『風土記』地名起源説話と支配秩序―国土言説の形成」『言説空間としての大和政権―日本古代の伝承と権力』山川出版社二〇〇六年

(15)註13今津氏論文

(16)松下正和「古代播磨の災害～水害と地震～」坂江渉編『風土記からみる古代の播磨』神戸新聞総合出版センター　二〇〇七年　なお、引用文の直前に、厳しい自然への対応例として挙げられている『書紀』仁徳天皇十一年十月条には、「飄風忽ちに起りて、匏を引きて水に没む」ことが河神の意志として記されており、つむじ風が人為以外の力で起きていたと考えられていたことがここからも窺える。

(17)註6松下氏論文

(18)註1拙稿

日吉神宮寺遺跡の発掘と成果

嵯峨井　建

一　はじめに―日吉神宮寺の創立と最澄

日吉神宮寺は、天台宗の宗祖・伝教大師最澄（七六六～八二二）生誕にかかわる寺院として知られ、文献上の初見は弘仁十四年（八二三）成立の『叡山大師伝』である。同伝は最澄没後の翌年に弟子仁忠が編纂したもので史料性が高い。同伝によれば最澄の出自を後漢孝献帝の末裔と伝え、父三津首百枝は私宅を寺とするなど熱心な仏教徒であった。しかし子なきを愁い、祈願のため山中に入り験地を得て草庵を造り至心に懺悔したところ四日目の夜に良き夢をみて下山、やがて授かったのが幼名広野のちの最澄であった。この草庵が「神宮禅院」すなわち日吉神宮寺である。日吉神宮寺の所在地は八王子山背後の山中にあり、回峯行者は宗祖最澄に関わる霊跡として絶えず礼拝してきた。その伝授書である回峯手文をつうじ、また現地で実地に行なわれる師資相伝によって、この場所が神宮寺跡として伝承されてきたことに全く異論はない。なお、これまで元亀二年（一五七一）の織田信長による比叡山焼打ちによって焼失したとおもわれてきたところである。しかしいずれにしろ、これらは伝承地にとどまるものであった。

日本仏教史において、天台宗の宗祖の宗教的行動を明らかにし、また神仏習合史においても、日吉神宮寺の場所とその姿を明らかにすることはきわめて重要である。ところがこのたび日吉神宮寺の伝承地が現状変更の必要が生じ、日吉大社飛地境内の史跡地内であったため平成十七年十一月から二ヵ年をかけて大津市教育委員会によって確認の発掘調査がなされた。現状変更にともなう事前調査であったため、全面発掘には至らなかったが、いくつかの諸点があきらかとなった(1)ので報告したい。

二　発掘の成果―確認された「神宮禅院」跡

同地は大津市坂本五丁目字牛尾山四二一四で日吉大社の奥宮である八王子宮と三宮が鎮座する八王子山（標高３８１ｍ）の後背地にあたり、山麓からは八王子山を拝む時ほぼ背後にあたり、深い山中の急峻な谷合の棚地である。現在は末社の奥総社が鎮座し、その一角には大正十年に建てられた「神宮寺舊趾」の石碑が立つ。以下『大津市埋蔵文化財調査年報』平成十八年度を引用する。

敷地は、南北約20ｍ東西16ｍで、南を除く山側の三方を石積みによって囲っている。石積みは北側のもので１・５ｍの高さがある。大方、30㎝から50㎝の人頭大の石を使用しているが、西側の一部には１ｍ大の石も使用している。南は大宮川まで急な斜面となっているが、今回の調査では階段などの施設は見つからなかった。この石積みに囲まれた敷地内に、さらに南北16ｍ、東西13ｍの方形に石組みの溝を回し、この中に南面する礎石建ちの建物を建てている。石組み溝は幅約30㎝、深さ20㎝で両側に人頭大の石を立てる。底石は無く土のままである。特に南辺中央の石材は１ｍ大のものを使用しており、建物の正面を意識しているようである。西側のものは、幅１ｍの内に人頭大の石を寄せ集めたような状態であった。

建物の規模は南北12ｍ（四間）、東西９ｍ（三間）と推定され、南半の礎石には１ｍを越える大型のものが使われている。また東返西返の北から二間分には礎石間に狭間石が残っていた。この建物の東辺中央に取り付くように東

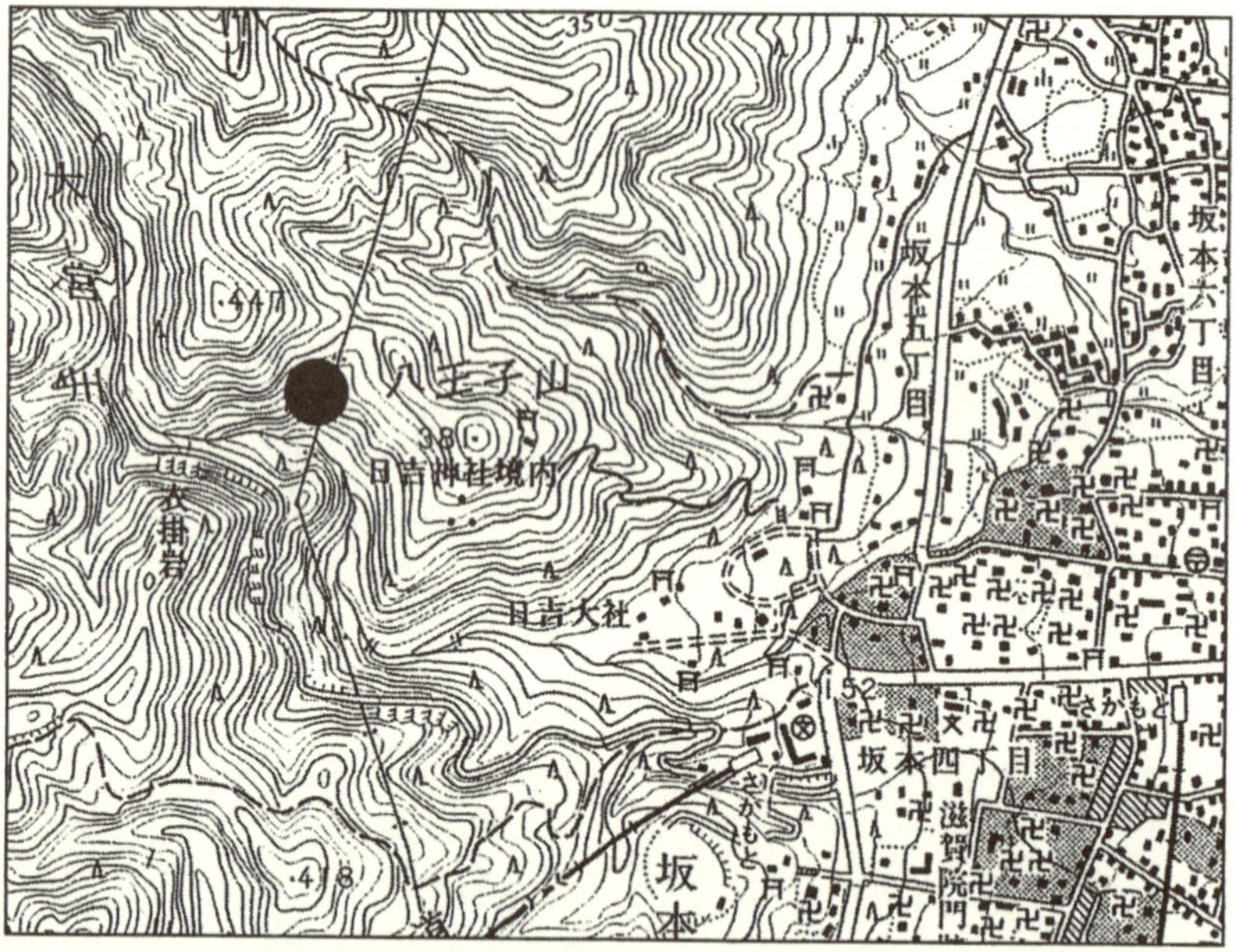

図1　日吉神宮寺遺跡位置図（大津市教育委員会）

写真1　日吉神宮寺遺構（左は急峻な崖で大宮川へ落込み、右は山腹が迫っている）

西方向の石積みが組まれており、この部分の溝は暗渠となっている。この石積みにより建物東側の空間が南北に区画されている。南の空間、すなわち礎石建物の南東部は石積みが東にやや広がっており、地面は叩き締められている。礎石などの痕跡は見つからなかったが、この空間は、調査区外（延暦寺所有地）に広がるようである。礎石や石組み溝には火を受けた痕跡が所々に見られることから最後は火災により焼失したと考えられる。時期は遺物などから室町時代と考えられる。下層は、わずかな部分しか調査していないが、およそ20㎝下で遺構面が敷地全面に広がっているようで、非常に硬く叩き締められた面や石列、石敷きなどを確認している。出土する土器などから平安時代（十世紀から十一世紀頃）のものと思われる。また、部分的な断ち割り調査では、この硬い遺構面の下に、1m以上の土の堆積が確認できた。造成土と考えられ、九世紀前半と考えられる土師器椀が出土している。

さて今回の調査でほぼ三期に分けられ、表土下から約10㎝までの層は室町時代で第三期、その下層20㎝は平安時代で十世紀から十一世紀までとし第二期、さらに柔らかい層が約1mあり土師器椀から九世紀前半で第一期とされる。以下、限られた資料ではあるが、三期に分けて建物の所在と遺物によって日吉神宮寺の変遷の再構成をこころみたい。

現状から述べると、敷地の中央に石組の台座に奥総社[2]が鎮座し、覆屋に守られている。発掘に支障があるので東側高台に仮屋を設けて仮遷座した。まずはじめに出土した大量の近世瓦は神宮寺のものではなく、この総社の覆屋の屋根瓦であった。

(1) 第三期　室町時代

表土から10㎝下までを除去すると、敷地全面にわたって礎石建ちの建物跡があらわれた。図3の通り、南北12mで四間、東西9mで三間と推定され、1m大の礎石が用いられている。ほぼ南面し、この礎石の石列より約1・5m外側の四方に石組の溝をめぐらしている。屋根からの雨落ちと排水のためである。雨落ちの位置関係は、信長の比叡山焼打ちをまぬがれた西塔の瑠璃堂（室町時代末期）も、全く同様の石組の溝を四方にめぐらす。ほぼ同時代の遺構であり、深い山中の棚地という環境条件もよく似ている。溝のさらに北・東・西の三方に石積みを構築し、とくに北・西側の急峻な斜面の土留めの役割をはたしている。これは狭隘な敷地にこれだけの建物を構築するには、平面を可能な限り拡げると、いわばスリ鉢状の棚地において斜面には石積みを構築せざるをえないからである。現状は神宮寺の廃絶後、三方の斜面からの土砂が崩れるにまかせ石垣は全て埋め尽くされていたが、今回の発掘によってはじめて石積みの存在が明らかとなった。

また南側側溝の石列で、中央付近の向拝下あたりで石のひび割れと木炭片、周辺の焼土が確認された。発掘直後には溝石に付着した黒い焼けの痕跡、周辺に散乱する木炭片と黒い土を視認することができた。とくに南側の１ｍ前後の溝石にはひびが入り、焼失直後に急な降雨があったことをうかがわせた。燃え盛る建築材が側溝に落ち焼け石となり、その直後に降雨があって急速に冷やされ割れたものであろう。

それでは日吉神宮寺はいつ焼失したのであろうか。遺物に江戸、安土桃山時代のものは無く、たとえば出土した銭貨に永楽通宝など十数種類があるものの寛永通宝などは一個も発見されないなど、遺構は室町時代と断定された。これによって従来、日吉神宮寺は元亀二年の信長の比叡山焼打ちによって失われたとみられてきたが、焼打ち以前、すでに何らかの火災により焼失していたことがあきらかとなった。発掘調査に当たった大津市教育委員会文化財保護課田中久雄氏は、様々な遺物から焼失は十五世紀後半と推定され、焼打ちの百年前とされた。したがって伝教大師ゆかりの日吉神宮寺は再建のいとまなく、その試みがあったかは不明だが、江戸時代を通じついに再建されなかったのである。

中世末期の日吉神宮寺の絵図史料は豊富にある。(3) まず十四世紀前半成立の『渓嵐拾葉集』は天台僧光宗の編纂になるもので山門の伝承等を採録しているが、この中に日吉神宮寺の伝承と共に「神宮寺御堂図」収められている。これは光宗たち記家が拠点とする住房が日吉神宮寺を下った大宮川流域の横川道の神蔵寺が近い距離にあり、宗祖に関わる堂舎として特に収録したのであろう。時期としては発掘された遺構の約一世紀前にあたり、『渓嵐拾葉集』所収の「神宮寺御堂図」から三間×三間の方形の建物で中央に一間四方の須弥壇を設けたプランが推定される。さらに堂内には東北の隅に「山王者、無御體、名影向山王」とあって、御神体の無い座のみしつらえた祭祀形態で、これは最澄が練行の時に影向したとの伝承をしるす。また鎌倉初期成立の『三塔諸寺縁起』は中央本尊に三尺の十一面観音、ほか大黒天神像の奉斎をしるす。(4)

その一世紀後にあたる、今回の発掘遺構は三間×三間をさらに南側に中央一間を付加したものか、あるいは図3が示すように、全体に一間分を拡張し、三間×四間となったのであろう。「神宮寺御堂図」が正しいとすれば、日吉神宮寺は十五世紀頃に南側に拡張されたのであろう。

安土桃山時代の日吉大社蔵『秘密山王曼荼羅』は八王子山の左山腹にたなびく霞と木立ちの間に神宮寺を描く。桧皮葺、入母屋造りの平入りで中央前方にだけ御拝屋根を伸ばし柱二本が支える。正面の柱間は不正確だが三間とおもわれ、側面は同図からは判別しがたいが四間とみておこう。また東側から屋根が伸び、東西三間に南北五間の細長の入母屋造りと連結するが、神宮寺付属の住房であろう。(5)

この神宮寺と僧房をつなぐ建物は発掘からも確認された。図3の通り、神宮寺の北より二間目のやや下付近から東に向かって幅約1m、長さ約3m石積みが構築され、南北の側溝と直交する部分は暗渠となっている。この石積みの上に神宮寺から住房への渡廊が設けられていたことはあきらかである。残念ながらこの東南側一帯は延暦寺側の境内地であったため今回は発掘域を拡げることはできず、礎石は確認されていない。ただ現状をみるに三間×五間程度の建物のスペースは可能であり、むしろそれをうかがわせる。すなわち『秘密山王曼荼羅』の描く神宮寺と渡廊および住房が東南域という位置関係、現場状況は無理がなく一致する。そしてこの建物を住房とみなす根拠は、食器とみなされる信楽焼の擂鉢、瓦質土器の黒く煤けた羽釜・鍋、同じく奈良火鉢、灰釉陶器、瀬戸美濃産の天目茶碗、青磁碗、数種類の土師

写真２『秘密山王曼荼羅』（部分、日吉大社蔵・安土桃山時代）に描かれた日吉神宮寺

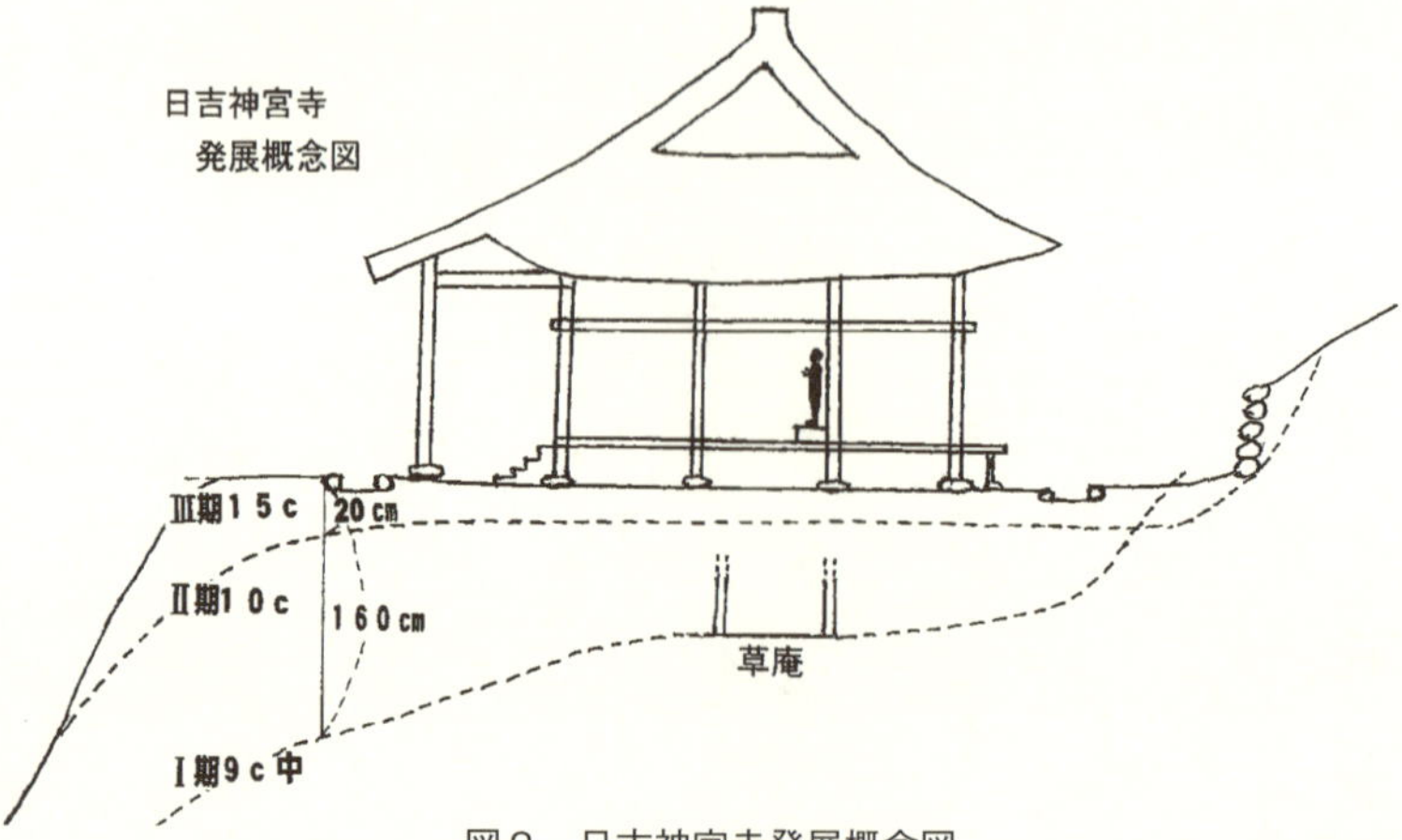

図２　日吉神宮寺発展概念図

器の皿などが周辺から出土している。完形品は少ないが室町時代のものである。また神宮寺域の東北あたりの地表よりサヌカイト三個が出土したが火打ち石に用いたとみられる。灯明や暖をとるための発火器であった。このように、たんなる雑舎とみなす以上の少人数の僧侶とその参籠生活をうかがわせ住房とみなしたい。黒い灯明皿や火舎は仏具として用いられたことはいうまでもない。また一般民の参詣をしのばせる永楽通宝など渡来銭が十四点(6)出土している。宗祖の生誕にかかわるゆかりの日吉神宮寺であるから、当然僧が一、二名常置されてしかるべき堂舎、聖地であった。既述の大宮川ぞいの横川道付近の神蔵寺まで二十分、日吉社の本殿域からも二十分という距離にあるものの、堂守役が常住していたとみたい。なお神蔵寺は記家たちの拠点で比叡山の五別所の一つで、これら僧房群は信長攻めのあと再興されていない。

(2) 第二期　平安時代中期　十～十一世紀

十五世紀代の遺構面からBトレンチを入れたところ20㎝下層から十世紀代の石敷きが検出された。さらに東側の東西にAトレンチ、南北にB'トレンチを入れたところ、非常に硬く叩き締められた面や石列、石敷きなどが確認された。この下層面はおよそ20㎝下でほぼ敷地全面に広がっていた。出土する土器などから十世紀から十一世紀ころ、平安時代中期と断定され、第三期の室町時代とほぼ同じ敷地に建物が存在していたとみられる。鎌倉時代後期の平面プランである「神宮寺御堂図」程度の堂舎が存在したとみられるが、その規模・プラン等は不明である。

遺物は住房跡付近のかく乱層から須恵器の硯片が出土したが、平安時代にみられる円面硯の脚の一部である。小片ながら僧侶に必備の文具である。そのほか土師器の皿と瓶、黒色土器の碗、緑釉陶器、灰釉陶器を出土、仏前の供献用あるいは僧の食器として用いたものであろう。また敷地南東付近の断ち割りで約1m下の整地土から土師器皿が出土、いわゆる手の字状口縁で十世紀初頭に位置づけられるという。わずかな史料ではあるが、このことは十世紀代の造成をう

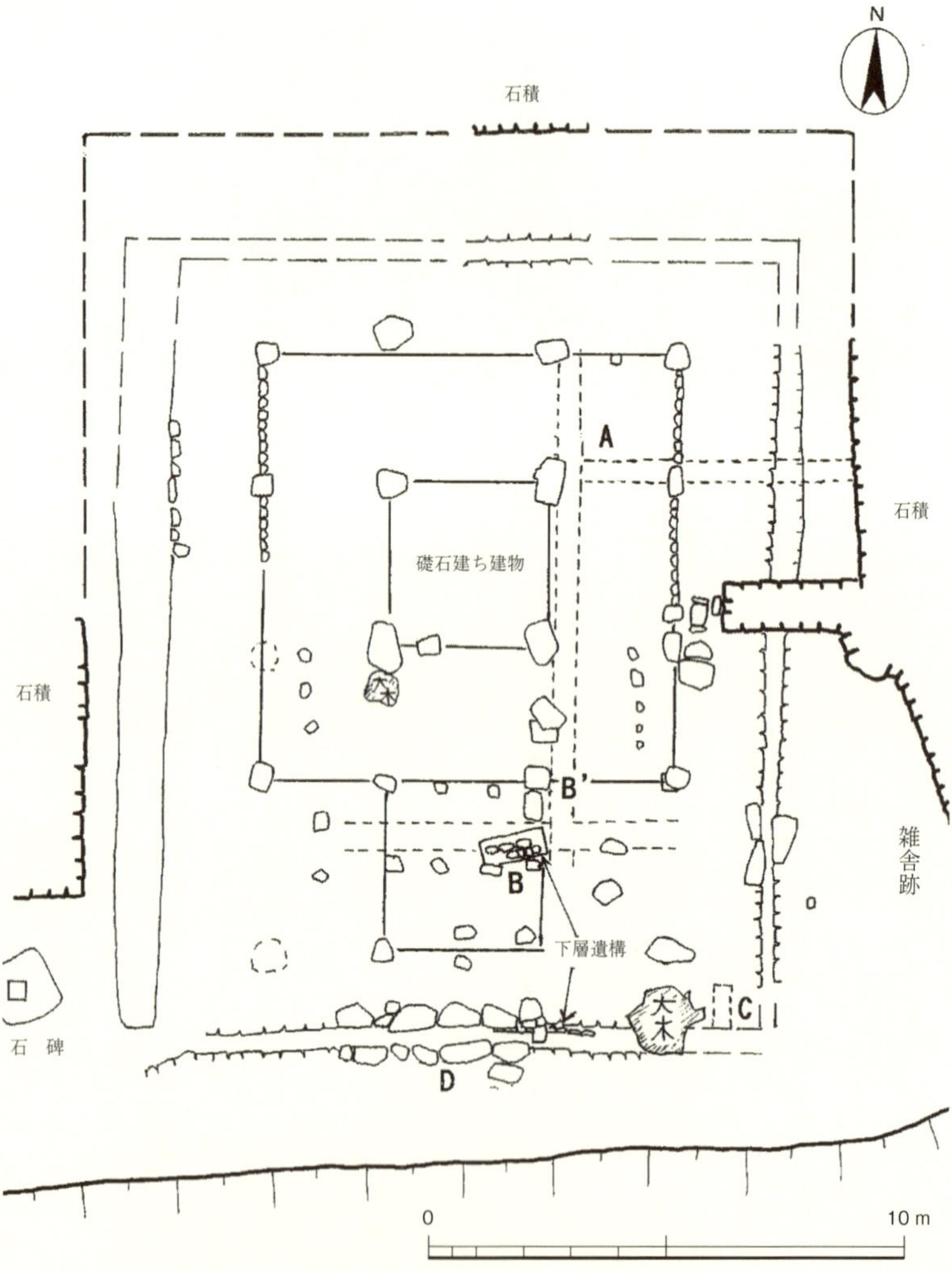

図３　日吉神宮寺遺跡遺構略測図　大津市文化財保護課　田中久雄氏作図
（原図の一部に手を加えた）

かがわせる。

なお注意されるのはわずかながら瓦片の出土で、十世紀代の軒丸瓦一、平瓦三点で、当時日吉神宮寺が瓦葺きであったことを示すのか、あるいは桧皮葺や柿葺の押さえ程度に用いられたのか不明であり後考にまちたい。

この十世紀代で山門の動向で著しいのは叡山中興の祖良源の出現である。良源はすぐれた学僧として知られるが、座主に就任した直後の康保三年（九六六）十月に東塔の大講堂、常行堂など三十一宇の焼失、さらに再度の総持院の焼失[7]という悲運にあった。しかしこれらの堂塔を果敢に復興し、さらに横川の独立（三塔分立）、天延三年（九七五）の横川中堂の大改造、天元三年（九八〇）の根本中堂再建を成し遂げた[8]。後述するがこれに先立つ第一期の日吉神宮寺は簡素な草庵であったが、この十世紀代に入って日吉神宮寺にも画期的な拡大、整備がはかられた時期と重なる。もちろん直接に良源の拡大をしめすものは無いが、うかがわせる史料がある。『慈恵大僧正拾遺伝』（長元五・一〇三二）に「延長七年（九二九）……山王院門徒、於上神宮寺、修結縁八講以恒例」とある。上神宮寺とは山麓に発達した習合施設に対する山上の神宮寺で、法華八講を行なうほどの空間、すなわち十世紀前半に三間×四間程度あったとみなければならない。しかもこの記述は良源の伝記であり、山王院は円珍の住房で、彼の門徒たちが法会を行ない恒例としたことをしるす。この場所はすり鉢状の狭隘な棚地にあり、発掘により南側溝石あたりの断ち割りでは地表下1・6mに九世紀中頃の層（第一期）を確認している。この間の層は柔らかい埋め土で、南側の東西各所をピンホールで刺すと同じであった。こうした結果の推定が図2である。すなわち、狭隘な敷地を拡げるため北、西側の斜面の土を削り落としてすり鉢状の棚地を埋め、特に側面部を削り込み石積みを構築して補強したことが推定される。かくて東西15m×南北20mの敷地が確保されたのである。

（3）第一期　平安時代前期

最澄の伝記『叡山大師伝』は「創造艸庵、今呼神宮禅院是也」とし、その位置は「比至叡岳左脚、神宮右脅」とするが伝承地であった。今回の発掘は現状変更のための事前調査のため室町時代の（第三期）層を全域発掘するにとどめ、さらに下層はトレンチ設定や一部断ち割りにとどまった。しかし少量ではあるが、Aトレンチ下層40㎝から九世紀代土師器椀が数個、木炭片と共に出土した。既述のとおり、敷地南側の地表下1・6mから九世紀中ごろの層を確認し、その面積は未確認ながら三方とりわけ北、西の急峻な斜面の状況から多くの土砂を棚地に造成する前は、おおよそ東西10m、南北15mほどの狭い敷地であったろう。その中央付近に神宮寺の当初形態である艸庵が推定されるが、トレンチは入れられず未確認である。しかし最澄入山の九世紀中頃の時期に該当し、かかる奥深い山中という立地からも伝承でなく、最澄関連の日吉神宮寺跡とみて全く支障はない（図2）。今回の三期にわたる遺構の連続性、山門の回峯行という儀礼を通じた伝承の継続性、豊富な絵図・文献史料からみても疑いの余地はない。九世紀中ごろの最澄在世当時にせまる遺物が発見され日吉神宮寺の場所が確認された意義は大きい。

三　まとめ―山岳信仰の日吉神宮寺

今回の発掘によって九世紀代の土器片が発見され、しかも狭隘な立地上ながら上層からから平安中期、さらにその上層から室町時代後期の遺構を検出した。これらは継続しており、『渓嵐拾葉集』『秘密山王曼荼羅』をはじめとする文献・絵図史料と併せ日吉神宮寺遺跡と確認されたその意義は大きい。大宮川を上り神宮禅院を経て比叡山に分け入った最澄は、山の仏教をひらいた。山林修行を宗教的な場として「阿耨多羅三藐三菩提の仏たちわが立つ杣に冥加あらせたまえ」（新古今和歌集）と表明している。

遺構こそ確認されなかったが、最澄生誕にかかわる草庵「神宮禅院」跡が下層に想定され、中世を通じ日吉神宮寺は継続し、深い山中の高地性の神宮寺であることがわかった。こうした高地性神宮寺の例は余り聞かず、また神宮寺の事例として、全面発掘された伽藍型の宇佐神宮寺、部分発掘された鹿島神宮寺、下鴨神社、住吉神宮寺など少ない。ここに高地性の山岳信仰にもとづく、九世紀初めにはじまる日吉神宮寺をくわえることができよう。(9)

註

(1) 日吉神宮寺発掘の成果報告として『大津市埋蔵文化財調査年報』平成十七・同十八年度版が大津市教育委員会から発刊された。執筆は両年度の発掘を担当された大津市教育委員会文化財保護課田中久雄氏である。同氏は急峻な山上という悪条件のなか発掘を指揮されたが、現地において数度にわたり考古学上の所見を御教示いただいた。本稿はその成果に負うところが多い。

(2) 日吉大社権禰宜須原紀彦氏によれば今回の仮遷座の折に安政二年(一八五五)の棟札が発見されている。

(3) まず景観情報の豊富な室町時代とされる奈良国立博物館本『山王宮曼荼羅図』には神宮寺はえがかれていない。しかし同本は左右が切断されており当初は描かれていた可能性がある。日吉大社蔵『日吉山王秘密社参次第記』天正七年(一五七九)祝部行丸著『日吉社神道秘密記』天正五年(一五七七)群書類従所収

(4) 拙著『日吉大社と山王権現』(平成四年・人文書院)第五章、神宮寺と習合建築　参照

(5) 調査報告書は「雑舎」とするが、羽釜、火打ち用のサヌカイトなどの遺物から居住性があり僧房か住房とみたい。本稿では住房と表記した。

(6) 渡来銭の内容は景徳元宝、景祐元宝、治平元宝、熙寧元宝、元豊通宝、元祐通宝、元符通宝、聖宋元宝、大観通宝、政和通宝、嘉定通宝、洪武通宝、永楽通宝で、一〇〇六年から一四一一年の間に発行されたものである。

(7) 天禄元年(九七〇)四月二〇日、再建したばかりの総持院を焼失(『慈恵大僧正拾遺伝』)

(8) 堀大慈「良源と横川復興」人文論叢第一〇号、京都女子大学、昭和三十九年十一月

(9) 静岡県湖西市大知波字南山、浜名湖を望む海抜３４０ｍの山中に位置する。神宮寺とはいいがたいが、２㎞はなれた石巻山山頂の巨

石をイワクラとする式内社石巻神社が鎮座し、カミの領域内にある。八世紀後半にはじまる山林修行の場が設けられ断続的に伽藍を形成してきたが十五世紀後半に廃絶した。『大知波峠廃寺峠』同成社二〇〇七年

円珍の入唐動機に関する学説史的検討

佐藤　長門

はじめに

日本天台宗第五代座主となる円珍は、俗姓を因支首広雄といい、父は宅成、母は佐伯直氏の娘で空海の姪であったという。出身は讃岐国那珂郡金倉郷（現、香川県善通寺市金蔵寺町付近）で、受戒年である天長十年（八三三）の十九歳から数えると弘仁六年（八一五）の生まれとなり、入滅年である寛平三年（八九一）の七十八歳から逆算すると弘仁五年（八一四）生まれとなる。十五歳のときに、叔父僧の仁徳（俗名宅麻呂）にしたがって比叡山延暦寺に入り、十九歳のときに年分試を受け、初代天台座主義真に師事して受戒した。その後、十二年間の籠山修行を経て、承和十三年（八四六）に真言学頭に推挙され、比叡山の衆望を一身ににになう学僧になっていく。

さて承和の遣唐使とともに入唐し、五臺山や長安の諸寺院を訪ねて求法巡礼をおこなっていた円仁が帰国したのは承和十四年（八四七）のことであったが、円珍が入唐求法を志すようになったのは、どうやらそれ以前からだったようである。すなわち「円珍請伝法公験奏状（初稿本）」[1]によると、同学らとともに再三求法のことを議論していた円珍は、承和七年（八四〇）十一月七日にみずから願文を作成し、比叡明神廟に参詣して入唐学法の願いを祈祷したとある。[2]よって、この時期の円珍が入唐求法を志していたことは確かであろうが、その前年の八月には承和の遣唐使一行が帰国しており、天台宗から派遣された円仁や円載らの動静が円珍の耳にも入り、その求法の志を刺激したのかもしれない。ただし、実際に円珍が入唐したのは仁寿三年（八五三）七月のことで、その間には在唐十年におよんだ円仁が帰国・入京しており、宗祖最澄以来の宿願であった天台宗の密教化はほぼ達成されつつあった。このような状況にあって、それでもなお円珍が入唐を志した理由はどこにあるのだろうか。

この点に関して、三善清行「天台宗延暦寺座主円珍伝」(3)には、嘉祥三年（八五〇）の春に山王明神が夢に出てきて「早く入唐求法の志を遂げるべきです」と告げたところ、円珍は「円仁和尚が密教を学んで帰国したばかりなので、どうしてあわただしく海を航ることにこだわらなければならないのでしょうか」と答えたのに対し、明神は「あなたの言葉どおりであれば、世の多くの人が髪を剃って僧侶になっているのに、なぜ以前のあなたは剃髪するのにこだわったのでしょうか」と述べて、重ねて入唐をうながしたとあり、また翌年の春にも「求法のために身命を惜しんではなりません。あなたの航海計画には、万全なる神助があるのですから、決して疑わないように」と励まされ、入唐の意を上表して許可されたとある。

しかし、このような霊夢譚に信をおくことはできず、残された現実の史料から考察すべきことは言を俟たないであろう。よって本稿では、以上の点に関する研究史を概観したうえで、円珍が入唐行歴を志した動機について検討していくことにする。

一　教団内の対立

まず円珍が入唐した動機について、現在までにどのような見解が提示されてきたのか、その研究史を簡単にまとめておきたい。

十世紀後半以降、日本天台宗が円仁の弟子たちによる山門派（比叡山）と、円珍の弟子たちによる寺門派（園城寺）に分裂したことは著名であるが、実は教団創設の初期にも同様の内紛が存在した。

【史料一】『元亨釈書』巻第三十、志四、黜争志

天長十年七月、叡山義真寂。以二座主位一私授二円修一、大衆不レ肯、山上鼓噪。真之徒党レ修之者五十余輩、大衆擯レ之。勅二尚書右丞和真綱一、上レ山、罷二円修座主職一。修移二和州室生山一。承和中入唐、帰住二山雲寺一。

すなわち史料一にみえるように、初代天台座主の義真が示寂する際、みずからの弟子である円修に座主位を私的に譲ったことがあり、その決定に納得しないほかの僧侶たちとの間で対立が生じていたのである。

【史料二】「伝述一心戒文」巻下(4)

最澄法師、有二二弟子一。彼弟子義真・円澄。義真法師上臈、円澄法師下臈。……其時光定言、付法之書、授二於二師一。誰師為レ首。最澄法師云、上臈之師、可レ為二衆首一。亦言、義・円二師、定二高階師一、可レ向二泉路一。最澄法師云、建二立　桓武天皇御願之宗一、被レ弘二二師一。……如二最澄法師命一、義真法師被レ弘、天長十年七月四日永逝。彼七月下旬、光定承二於先師伝法之由一、告二円修師・三綱一。雖レ然、告事之旨、不レ承レ之矣。百三十余日、寺家之政、不レ令レ聞。……然円澄・光定、不レ聞二義真法師臨終之事一、百三十余日、未レ定二伝法之首一。

史料二は天長十年（八三三）十月二十八日付で伝燈法師光定が提出した上表文の一部であるが、それによると円修の天台座主就任に反対する円澄・光定らの主張は、最澄から「付法の書」を伝授された高僧に義真・円澄の二師があり、

義真が上臈であったため先に「衆首」になったが、「先師伝法の由」からいって次には円澄が就位すべきであるというものであった。またかかる対立の背景には、遮那業[5]の研究に劣る義真（そしてその弟子の円修）に対する円澄らの不満と反発が存在していたとする見方[6]もある。ともかく事件は、光定の上表文が勅許を得て、勅使和気真綱によって円修の座主職が停止され、円澄が第二代の天台座主となることで決着した。その結果、円修らは比叡山を下りて室生寺に移住する（史料一）のであるが、問題は本稿で考察の対象にしている円珍が、前述のように義真の弟子であったということである。

【系図】日本天台宗の血脈

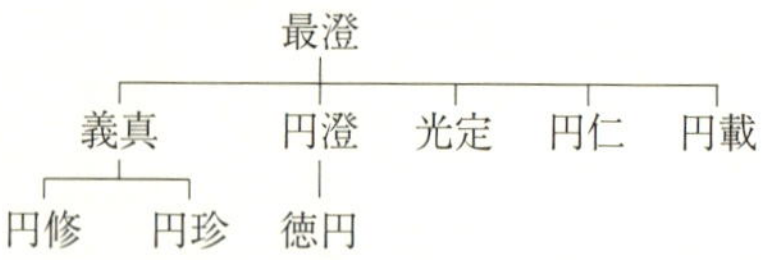

この点について薗田香融は、「天台宗延暦寺座主円珍伝」で円珍が円仁の求法直後を理由にみずからの入唐を断っているのは、かえって円仁への対抗心をカムフラージュしているようにみえるとし[7]、また仲尾俊博も、たとえ円珍が一山の与望をになって真言学頭になったとしても、円仁が義真の弟子円珍に授学することはないだろう[8]とか、円仁と円珍は叡山天台の統一を考えて協力し合ったが、一部の僧侶のなかには円珍を義真派とみなすものも存在しており、円珍は尊敬する円仁の教学をさらに発展させるため入唐を決意した[9]などと、円珍が義真・円澄両派の対立に巻き込まれていたことを強調する見解を提示している。しかし、円仁と円珍とのあいだに受法の事実があったことについてはすでに指摘があるし[10]、次の史料三にみえるように、円珍の入唐行歴に際しては、反義真派の代表的人物であるはずの光定が側面から援助していたことを窺わせる史料が残存している[11]。

【史料三】「台州公験請状[12]」

牒、円珎幼従二釈門一、随レ師習学、専至二天台智者大師教文一。

本国今上潜竜之時、頻曽顧二問釈門玄理一。円珎久瞻二天台霊跡、　大国風儀一、至二嘉祥二年一、
聖上登極、遂進レ状、求欲二入
唐学レ法。　当朝藤侍郎相公、　専与二執奏一、大尉相公同レ力主持。
勅二詔内供奉大徳光定一、因対重奏。至二仁寿元年四月十五日一、遂蒙二　恩許一。

よって以上のことから、のちの山門派・寺門派の対立をこの時代まで遡及させて考え、円澄派の円仁が求法してきた密教を義真派の円珍は学ぶことができなかったため、みずから入唐を決意したなどと単純に図式化してはならないことになる。

二　円仁・円載からの影響

次に、円仁や円載からの刺激・影響を重視する見解がある。たとえば前出の仲尾は、止観業[13]出身の円仁でさえ台密（天台宗の密教）の大成に寄与できたのであるから、空海の縁者でかつ遮那業出身の円珍がそれ以上の活躍をできないわけはないと考えたのではないかとし[14]、小山田和夫は嘉祥三年（八五〇）二月の仁明天皇不予の際、止観業出身の円仁が御体護持のために中国伝来の文殊八字法をはじめて修したのを遮那業出身の円珍が目の当たりにし、またそれ以前に円仁から胎蔵界大日如来を本尊とする随行儀軌を受学したことなどから、以前よりいだいていた入唐の志をより堅固なものとしたと推測している[15]。

確かに唐から帰国した円仁が、最新の密教を日本天台宗に根づかせている光景は、円珍の留学の志を大いに刺激したに違いない。しかし次の史料四に「四種三昧」とみえることから、円珍も実は止観業出身だったことがすでに指摘されている[16]。

【史料四】「受戒公験[17]」

受二菩薩戒一僧円珎。天長十年四月十五日、於二比叡嶺延暦寺一乗戒壇院一、受二菩薩大戒一既訖。即須下一十二年不レ聴レ出レ山、四種三昧令上レ得二修練一。仍批二件度縁一、後永為二公験印信一。

すなわち「四種三昧」とは、常座・常行・半行半座・非行非座の四つの三昧のことで、最澄の『勧奨天台宗年分学生式』（『八条式』）に「止観業には具に四種三昧を修習せしめ、遮那業には具に三部の念誦を修習せしめむ」とあることから、円珍も止観業の年分度者として出発したことは明らかである。よって、円仁からの刺激や影響は当然考えなければならない点ではあるものの、それを止観業と遮那業との相違・対立から説明することはできないことになる。

一方、円載は最澄の最晩年の弟子で、円珍の『入唐求法行歴』大中七年（八五三）十二月十四日条に「旧時、寺を同じうして座を比ぶ」とあるように、比叡山で円珍と席を並べて学び、請益僧[18]の円仁とともに唐・開成三年（承和五年、八三八）七月に入唐した承和の遣唐使の留学僧[19]である。前述のように佐伯有清は、「円珍請伝法公験奏状」に記された願文の年次が承和七年であることに注目し、その前年八月に帰国した承和の遣唐使一行から円仁・円載の動静を知ることができた円珍は、特に延暦寺で席を並べていた円載が入唐留学したことに刺激をうけ、いずれ自分も唐へ渡って求法を成し遂げたいという高い志を心に秘めるようになったと推測している[20]。確かにその可能性も考えられなくはないであろうが、承和七年（八四〇）と円珍が実際に入唐した仁寿三年（八五三）とでは時期的に大きなへだたりがあり、直接の入唐動機とみなすには弱いように思われる。

三　教学上の疑問解消

第三の説として、天台教学の観点から円珍の入唐動機をとらえようとする見解がある。たとえば木内堯央は、入唐直前の円珍が著した『大毘盧遮那経指帰』序文に「唐朝の老宿は醍醐を生蘇に貶し、本国の幼童は甘露を毒乳に濫し、遂に平等の淳味をして差別の雑血に混へ、久成の師子をして未化の羝羊に同ぜしむ」とあることから、円珍は円仁・円載を介して中国にもたらされた日本天台宗の疑問に対する返答、いわゆる「唐決」に不満を有し、また後文の「建立自義」に「華厳の緇徒は偏に余経を貶し、小乗を習ふの輩は専ら己典を讃じ、唯識の家は只に深密を貴び、空論の宗は好みて般若を褒め、真言を讃ずる者は直ちに顕教を譏り、法華を講ずる徒は独り一経を是とし、皆、本師に乖けり」とあることから、そこには空海の十住心教判への批判もみえており、入唐直前にこれが著されたとすれば、円珍は「唐決」にあきたらなかったとともに、長安に就学した空海の思想の淵源をさぐるためにも、入唐がくわだてられたのではないかとしている(21)。この点については、円珍が「本国の幼童(22)」として批判したのはひとり空海（真言を讃ずる者）のみではなく、華厳宗（華厳の緇徒）・律宗（小乗を習ふの輩）・法相宗（唯識の家）・三論宗（空論の宗）らの旧仏教や、自身が属する天台宗（法華を講ずる徒）まで含まれていたことが指摘されており(23)、これらのことから円珍が当時の天台教学の矛盾を指摘し、それを調和して創造的に展開しようとしていたとする見解も提示されている(24)。

【史料五】「円澄疑問　広修決答(25)」

第二問。毘盧遮那経五時四教共所(26)レ不レ説。為二法華前説一為二後説一。此義如何。

答。一切経題得名不レ同。以二大師説一不レ離二人法喩三、或複或単、或具足者一皆可三随レ名定レ実以解二一切経義一。已上大師意也。今経題称二毘盧遮那一者、此経従二教主一以題レ名。豈非二人摂一。名下定レ体即有二其理一。毘盧遮那者西天本号、唐翻為二遍一切処一。此是三身之一号、即法身如来也。既是如来所レ説経義理亦遍二一切処一。既一切処総被二去声呼此経一。所摂教必逗レ機、必有二四種根性一。於レ此得レ悟、既有二四教機根一。豈不レ為二第三時摂方等教収一。以レ理検レ之、即知、是法華前説幷八教之中竝摂。

【史料六】「円載疑問　維蠲決答」(27)

問。大毘盧遮那経一部七巻、薄伽梵住二如来加持広大金剛法界宮一、為二一切持金剛者一演二説之一也。大唐中天竺国三蔵輸波迦羅、唐、言二善無畏一。訳。今疑、如来所説、始従二華厳一終至二涅槃一、無下為二五時四教一所レ不中該摂上。今、以二此毘盧遮那経一、何部何時何教之レ摂。又為二法華前説一、為二当法華後説一。此義如何。

答。謹尋二経文一、属二方等部一。被二声聞・縁覚一故、与二不空羂索・大宝積・大集大方等・金光明・維摩・楞伽・思益等経一同味。具二四教四仏四土一。今、顕下毘盧遮那於二法界宮一説上。乃是法身寂光土、従レ勝受レ名也。前後可レ詳。

史料五・六はそれぞれ、天台山行きを許されなかった円仁が、許可された円載に託した日本天台宗からの疑問に対する中国天台山禅林寺僧広修および国清寺僧維蠲による回答の一部で、密教の根本経典である大毘盧遮那経（大日経）は釈迦の教えを時期別・内容別に分けた五時四教（あるいは五時八教）のどこに位置するのかという質問に対し、第三時の方等部に属すると答えたものである。かかる「唐決」に対しては、天台宗の密教化を進め、かつ空海の顕劣密勝思想に対抗して円密一致の経義を体系化しなければならなかった当時の日本天台宗にとって、とても満足できる内容ではなく、日本側が出した質問のポイントが理解されていないという評価も提示されている。(28)

確かに上記の「唐決」が、日本天台宗にとって期待はずれの回答であったことは否めず、円珍も『大毘盧遮那経指帰』に史料五・六を引用し、「名匠の決判、応に間然すべきこと難く、海外の末学、須く仰いでこれを信ずべし」として、広修・維蠲の回答をきびしく批判したうえで、自身の解釈を展開している。よってこれらの観点からは、「唐決」が示されたにもかかわらず、日本天台宗の疑問がすべて解消されたわけではなかったため、残された課題を解決する目的で円珍の入唐が企画されたという説明がもっとも説得的であるように思われる。しかしこの見解には、当然あわせて分析すべき重要な史料を見落としているという欠点があり、そのままでは従うことはできない(29)。

四　「徳円疑問　宗穎決答」

では、先学が見落とした重要な史料とは、一体何を指すのであろうか。この時期の日本にもたらされた「唐決」は、前掲した「円澄疑問　広修決答」三十条（史料五）・「円載疑問　維蠲決答」三十条（史料六）のみではなく、実はそのほかに「答修禅院問」十三条と「徳円疑問　宗穎決答」十条、「光定疑問　宗穎決答」六条の三種類が存在している。これらのうち、本稿が注目したいのは「徳円疑問　宗穎決答」である。まず、徳円と宗穎について、簡単にふれておく。

【史料七】「徳円度縁(30)」

沙弥徳円年廿六　下総国猨嶋郡余戸倉橛郷戸主刑部福主戸口同姓稲麿黒子鼻□一

右弘仁三年正月十四日、宮中金光明会年分十四人例、得度。省寮僧綱共授二度縁一如件。

師主大安寺修行満位僧円澄

弘仁三年八月十六日

【史料八】「天台法華宗年分得度学生名帳(31)」
僧徳真　不ㇾ住ㇾ山　遮那経業　師主比叡山最澄　興福寺
僧徳円　住ㇾ山　止観業　師主大安寺伝燈満位僧円澄(32)　興福寺
已上二人、弘仁三年、年分得度者。

徳円とは、上記史料七・八にあるように、弘仁三年（八一二）に二十六歳で止観業の年分度者となった人物で、そこから逆算すると延暦六年（七八七）に下総国猨嶋郡倉樔郷で生まれ、俗姓を刑部稲麿といったことが分かる。「最澄授徳円戒牒(33)」によると、徳円は弘仁八年（八一七）三月六日に最澄から下野国大慈寺において金剛宝戒を受けており、『慈覚大師伝』にはこのとき円仁も一緒に受戒したとある。また『類聚国史』天長九年（八三二）十二月甲戌（十六日）条には、延暦寺僧叡勝・円修・円仁・乗天・道叡とともに伝燈満位を受けたことがみえ、さらに「最澄授安証受灌頂書(34)」の紙背に追記された円珍自筆によれば、承和六年（八三九）三月二十九日には伝燈法師位、同十年（八四三）七月五日には伝燈大法師位に叙されたことが分かる。この間、「徳円付属円珍印信(35)」によれば、承和九年（八四二）五月十五日に円珍に灌頂を伝授し、受法の印信を授けたとあるように、円珍にとっても師僧のひとりで、縁浅からぬ人物であった。

一方の宗頴については、「徳円疑問　宗頴決答」の文末に「上都右街醴泉寺の沙門　宗頴上る」、「光定疑問　宗頴決答」の文末にも「唐会昌五年三月二十八日、上都右街醴泉寺の義学沙門　宗頴上る」とあるように、長安城右街の西市の北にある醴泉坊に所在した醴泉寺(36)の僧侶で、嘉祥元年（八四八）六月十五日付「太政官符(37)」に「また天台大師第八弟子右街醴泉寺僧宗頴の所において、止観の微旨を研習す」、あるいは『慈覚大師伝』にも「また天台大師第八弟子右街(38)醴泉寺僧宗頴に従ひて、止観の微旨を研習す」とあるように、円仁も直接受学した僧侶であった。宗頴の略歴についてはこれ以上明らかにできないが、徳円や光定の疑問は、承和の遣唐使を送り届けた新羅船が帰還した際などにもたらされ、円仁を介して宗穎に質問されたものであろう。[39]

【史料九】「徳円疑問　宗穎決答[40]」

第七、毘盧遮那経与二法華経一前後教部所摂疑。

今、天台一処所レ立、初自二華厳一終至二涅槃一一代之教、以二四教五時一摂尽。而今、未レ知、中天三蔵善無畏、所レ訳毘盧遮那経、五時之中、何時摂。四教八教之中、何教摂也。是法華之前説、為下復在二法華後一説上。此義如何。通曰、将二毘盧遮那経一、於二五時中一収摂、又与二法華経一弁二其前後一者、本宗教中、未レ見二明文一。輙難二的折一。若以レ義推、毘盧遮那経可下属二第五時一摂上。所二以然一者、前四味中有二兼但対帯之義一。今、大日経純談二円教一、無二兼等之殊一故也。如三別有二憑説一者、逾妙耳。但四教中、合二是円教一。何以得、彼経云、挙足下足、尽是印契、一切語言、無レ非二真言一。又云、従レ仏至二于蠕虫等一、無レ非二毘盧遮那法界身等一。便与二円一色一香無非中道一、義理冥符。固宜二是円教摂一。所以一行禅師、全用二円義一消二釈経文一。

徳円・光定の疑問は、おそらく帰国した遣唐使によって史料五・六が比叡山にもたらされたのちも、日本天台宗がその内容に満足することはなかったため、遮那業に明るい両僧が一山を代表して再度の質問を送ったものと思われる。ともかく史料九は徳円の疑問のうち、史料五・六と同じ内容を聞いた箇所であるが、それに対する宗穎の回答は以前の広修・維蠲のそれとは異なり、日本側の期待に十分応える内容だったようである。すなわち史料九の、毘盧遮那経を五時のどこに所摂させ、法華経の前説とみるか後説とみるかとの問いに対して、宗穎は「いまだ明文をみないので確言することはむずかしいが、意義からすれば毘盧遮那経は第五時に属し、四教中の円教とすべきだろう」としたのである。

この「徳円疑問　宗穎決答」に対しては、日本天台と中国天台の意識の違いはあるものの、数ある「唐決」のなかでもっとも実り豊かな問答であるとの評価がなされている。(41)確かに宗穎の回答は、日本側の意図に沿った内容であり、史料九に限っていえば、毘盧遮那経を第五時（法華涅槃時）の円教（円満で究極的な教え）と位置づけたことで、日本天台宗が欲した答えそのものであったといっても過言ではないだろう。しかし、だからといって、中国天台山で出された広修・維蠲の回答を「保守的(42)」とか「陳腐(43)」と評するのは、多分にいいすぎといわざるを得ない。なぜなら法華経と密教を統合し、それを体系化する必要にせまられていたのは日本天台宗の特異な事情にすぎず、そのような環境にない中国天台宗からの回答が日本側の意図に即していなかったとしても、それを理由に中国側を責めるいわれはないからである。

とはいえ、宗穎の「唐決」を受け取った日本天台宗は、これでようやく密教を包摂した独自の天台教学を展開し、真言宗や南都仏教に対抗する糸口を得ることができたといえるのであるが、問題は入唐直前の円珍がなぜ「徳円疑問　宗穎決答」には沈黙を守っているのかということである。宗穎の「唐決」は、円仁自身がたずさえて日本にもたらしたと考えられ、時期的に円珍がその存在を知らなかったと解釈することはできないだろう。ではなぜ円珍は、広修・維蠲の「唐決」のみを問題にしたのだろうか。その疑問に答えることはむずかしいが、『大毘盧遮那経指帰』は円珍が嘉祥四年（八五一）五月から仁寿二年（八五二）七月まで、城山四王院（現、福岡県糟屋郡宇美町大字四王寺）に寄住していた(44)ときに執筆されたものであることからすれば、それは入唐求法を間近にひかえた円珍が、入唐の必要性・正当性をみずから確認するため、教学上の問題点を整理する目的で書かれたととらえることが可能で、そのような性格を有する著作に、宗穎の「唐決」によって日本天台宗の疑問はあらかた解決したなどとは書けなかったとみるのが、案外正しいのではないだろうか。

むすびにかえて

円珍の入唐動機を、中国天台宗の伝統的見解（広修・維蠲の「唐決」）に失望して、みずから日本天台宗の疑問を解消するために渡海したととらえる場合、入唐後の円珍の行動が理解できなくなるように思われる。というのも、唐・大中七年（仁寿三年、八五三）八月十五日に福州連江県に到着した円珍が、福州都督府に申請してまず向かった先は天台山であり、十二月十三日に国清寺に到着すると翌年の九月七日まで滞在し、長安での求法を終えるとふたたび天台山を訪れ、大中十年（斉衡三年、八五六）六月四日から同十二年（天安二年、八五八）六月まで国清寺を拠点に活動しているからである。円珍の激しすぎる気性から考えると、入唐直前に広修・維蠲をきびしく批判した円珍が、長安での求法期間以外をほとんど天台山ですごしているというのは、何とも説明がつきにくい。

円珍の教学的思想を正確に把握することは困難であるが、前述のように円珍がもともと止観業出身であったことを勘案すると、その入唐はひとり遮那業を求法することのみならず、天台宗本来の止観業の受容という側面もあったのではなかろうか。入唐前の円珍は、「唐決」の分析などを通して当時の中国仏教界の状況を掌握しており、止観業の求法と先師の遺蹟巡礼は天台山、遮那業の求法は長安の諸寺院と、はじめから計画していた可能性は高いと思われる。諸外国の文化を貪欲に受け入れてきた日本であるが、このような円珍の例を考えると、そこには冷徹な「取捨選択」が働いていたということが可能となろう。

註

（1）『園城寺文書』第一巻所収、四一―二号文書（講談社、一九九八年）。

（2）「円珍請伝法公験奏状」の初稿は円珍の門弟が記したもので、そのうち「祈祷入唐学法之願。従彼已後、候覓便宜、未会其主」の部分は、のち円珍によって削除されている。その理由について、小山田和夫「円珍の幼年・修業時代」（『智証大師円珍の研究』所収、吉川弘文館、一九九〇年、初出一九八二年）は承和五年に入唐した円仁のことを考慮したものとし、佐伯有清『人物叢書　円珍』（吉川弘文館、一九九〇年）は「未だその主に会はず」の「主」、すなわち藤原良房・良相のような後援者への遠慮の気持ちが働いたからとする。この奏状が書かれた貞観五年（八六三）三月段階において、円珍が円仁の入唐求法を考慮する必要はなかったという佐伯の小山田に対する批判は的を射ているが、だからといって良房らをはばかったという佐伯の見解も納得できるものではない。なぜなら、その直後には「仁寿至聖国を享け、伏して特に恩許を賜はり、界を出づるを蒙る」とあって、「主」が天皇を指していることは明白だからである。以上のことから、円珍が誰かに遠慮して文言を削除したとするなら、それは藤原氏ではなく文徳天皇（あるいはその父である仁明天皇）ではなかったかと思われる。

（3）『続群書類従』第八輯下所収。

（4）『伝教大師全集』巻一所収（世界聖典刊行協会、一九八九年復刻）。

（5）日本天台宗で、学生が修すべき大日経を主とする密教のこと。

（6）仲尾俊博「円修と円珍―金沢文庫本『室生山年分度者奏状』によせて―」（『日本密教の交流と展開』所収、永田文昌堂、一九九三年、初出一九七六年）。

（7）薗田香融「円珍入唐の動機」（『史窓』二、一九五三年）。

（8）仲尾俊博「円修と円珍―金沢文庫本『室生山年分度者奏状』によせて―」（前掲註6論文）。

（9）仲尾俊博「室生天台と智証大師円珍」（前掲註6書所収、初出一九八九年）。

（10）木内堯央「円仁と円珍」（『天台密教の形成―日本天台思想史研究―』所収、渓水社、一九八四年、初出一九七三年）、小山田和夫「円仁と円珍の交渉」（前掲註2書所収、初出一九七八年）など。

（11）小山田和夫「光定と円珍」（前掲註2書所収、初出一九八九年）。

(12)『園城寺文書』第一巻所収、一七―三号文書（前掲註1書）。
(13)日本天台宗で、学生が修すべき法華経を主とする天台教学のこと。
(14)仲尾俊博「円修と円珍―金沢文庫本『室生山年分度者奏状』によせて―」（前掲註6論文）。
(15)小山田和夫「円仁と円珍の交渉」（前掲註10論文）。
(16)佐伯有清『人物叢書　円珍』（前掲註2書）。
(17)『園城寺文書』第一巻所収、三―二号文書（前掲註1書）。
(18)遣隋使や遣唐使にしたがって渡航し、教義上の疑問点を高僧に問い、その返答をもたらすため、使節とともに短期で帰国した学僧。
(19)遣隋使や遣唐使にしたがって渡航し、二十〜三十年におよぶ長期滞在をして教義を学んだ学僧。
(20)佐伯有清『人物叢書　円珍』（前掲註2書）。
(21)木内堯央「円仁と円珍」（前掲註10論文）。
(22)「本国の幼童」を空海とみる見解は、清水谷恭順『天台密教の成立に関する研究』（文一出版、一九七二年）や酒井敬淳「智証大師の密教」（『獅子王教授喜寿記念　叡山仏教研究』所収、永田文昌堂、一九七四年）、清田寂雲「大日経指帰について（再論）」（『叡山学院研究紀要』一三、一九九〇年）など枚挙に暇がない。
(23)佐伯有清『人物叢書　円珍』（前掲註2書）。
(24)北西弘「円仁と円珍」（『日本仏教思想の展開―人とその思想―』所収、平楽寺書店、一九五六年）。
(25)『日本大蔵経』天台宗顕教章疏二所収（蔵経書院、一九二〇年）。
(26)「共」字について、『日本大蔵経』天台宗顕教章疏二（前掲註25書）および『新纂大日本続蔵経』五六巻（国書刊行会、一九八五年）はともに「八」字につくるが、前者の傍書にしたがって「共」と解釈する。
(27)『日本大蔵経』天台宗顕教章疏二所収（前掲註25書）。
(28)仲尾俊博「円載」（前掲註6書所収、初出一九七七年）。
(29)このほか円珍の入唐動機については、草創期における日本天台宗の敢闘精神の発揚とみる小野勝年『入唐求法行歴の研究―智証大師円珍篇―』上巻（法蔵館、一九八二年）や、空海の金胎両部一双の血脈と円仁など台密諸家の金胎各別の相承について、どちらの血脈が正しいのかを直接自身が中国に渡って確かめてみたいと思ったとする仲尾俊博「円修と円珍―金沢文庫本『室生山年分度者奏状』

によせて―」（前掲註6論文）、経典諸本の校勘を通して、正本を請来する目的があったとする石田尚豊「円珍請来目録と録外について」（『空海の起結―現象学的史学―』所収、中央公論美術出版、二〇〇四年）などの説がある。
(30) 『園城寺文書』第一巻所収、三六―七文書（前掲註1書）。
(31) 『伝教大師全集』巻一所収（前掲註4書）。
(32) 『伝教大師全集』では、徳円の師主を「円修」につくるが、史料七に「大安寺修行満位僧円澄」とあるように「円澄」の誤りであろう。なお佐伯有清「慈覚大師の師広智菩薩」（『慈覚大師伝の研究』所収、吉川弘文館、一九八六年）を参照のこと。
(33) 『園城寺文書』第一巻所収、三六―二文書（前掲註1書）。
(34) 『園城寺文書』第一巻所収、三六―四文書（前掲註1書）。
(35) 『園城寺文書』第一巻所収、三七文書（前掲註1書）。
(36) 『日本大蔵経』天台宗顕教章疏二（前掲註25書）、および『新纂大日本続蔵経』五六巻（前掲註26書）では「右衛」につくるが、意によって「右街」に改めた。「光定疑問　宗穎決答」も同じ。
(37) 『類聚三代格』巻二、修法灌頂事所収。
(38) 『慈覚大師伝』には「左街」につくるが、意によって「右街」に改めた。
(39) 小野勝年『入唐求法巡礼行記の研究』巻一（法蔵館、一九六九年）、佐伯有清『人物叢書　円珍』（前掲註2書）。
(40) 『日本大蔵経』天台宗顕教章疏二所収（前掲註25書）。
(41) 仲尾俊博「遮那業と唐決」（『日本初期天台の研究』所収、永田文昌堂、一九七三年、初出一九七二年）。
(42) 仲尾俊博「遮那業と唐決」（前掲註41論文）。
(43) 仲尾俊博「円載」（前掲註28論文）。
(44) 三善清行「天台宗延暦寺座主円珍伝」（前掲註3書）。

兵庫県祢布ヶ森遺跡出土木簡と天長四・五年の渤海使

鈴木　靖民

はじめに

兵庫県豊岡市日高町祢布《にょう》にある祢布ヶ森遺跡の二〇〇八年の第四一次調査により出土した二一六点の木簡について、二〇〇八年十二月七日、奈良市で開かれた木簡学会研究集会において、調査を担当した但馬国府・国分寺館の前岡孝彰氏の報告があった（報告資料）。その後、二〇〇六年の第三六次調査の成果と併せて木簡の出土遺構、共伴遺物、木簡の釈文・内容が公にされ（前岡孝彰ほか二〇〇九）、次いで、二〇〇八年度第四〇・四一次発掘調査概要報告が発表された（前岡孝彰二〇一〇）。

同遺跡は豊岡盆地の南西の外れに位置する官衙遺跡であり、延暦二十三年（八〇四）正月に但馬国気多郡高田郷に遷ってきたと伝える第二次但馬国府（『日本後紀』延暦二十三年正月壬寅条）の跡に比定されることが、一九七三年以来の発掘調査で出土した規則的に配置された大型掘立柱建物群、門、塀など、青磁、白磁、三彩などの輸入陶磁器、帳簿類の題籤軸木簡などの遺物により明らかにされている。

第四一次調査の出土木簡は濠（溝）状遺構（A区SX二五〇）に時間幅をもって廃棄されたもので、大部分が焼損されたもの、二次加工されたもの、削屑である。第四一次調査の出土木簡には「弘仁四年」（八一三）の紀年のある題籤軸木簡（三四号木簡）があり、これまで最古とされた木簡の「天長三年」（八二六）を十三年溯る。

第四一次調査の出土木簡で特徴的なのは、詩文などの漢籍の一部を墨書した木簡が何点かあることであり、木簡学会集会では多田伊織氏の「祢布ヶ森『詩経』木簡と日本における漢籍受容」と題する報告があり（報告資料）、後に詩経木簡（四三号木簡）を中心として習書木簡に触れた論考が発表された（多田伊織二〇〇九）。

多田氏によると、報告では出土木簡に含まれる漢詩文を習書したものは、『毛詩』（四三号木簡）、仏教または道教の経典類（一六一号木簡）を出典とする章句である。さらに「雪猶寒」と習書される一点の削屑（八〇号木簡）にも注目した。多田氏はこの語句の出典を探求して、『全唐文補編』巻一所収の「貞観年中慰撫百済王詔一首」に「首春猶寒、想比無恙、国境之内当並平安」、「貞観年中慰撫新羅王詔一首」の「春序稍暖、想比無恙…当並平安」とあるのをはじめ、駱賓王の「易水送別」の「今日水猶寒」等々を類例や参考として提示した。百済王・新羅王に与えた詔一首は『文館詞林』巻三六四に載せられるが、「貞観年中」とは百済・新羅の遣使、朝貢した貞観三年（六二九）九月以降同一七年（六四三）一一月までのことであり（『冊府元亀』朝貢三、『旧唐書』本紀太宗下、同百済伝）、その際に太宗が出した詔書の末文である。また日本の『懐風藻』の天平勝宝三年（七五一）左僕射（左大臣）長屋王の宅での宴に参席した大学頭塩屋古麻呂の詩文一首のなかに「梅花雪猶寒」とあることを指摘した。その後、「雪猶寒」の文言の例は中国では時代が下るので、書き手が『懐風藻』のなかの詩を写したと考えるのが穏当だろうと述べた（多田伊織二〇〇九）。多田氏は、結局、漢籍などに典拠のある詩文を習書した木簡について、同じ遺構で「弘仁四年」銘の木簡が伴出したことに基づいて、弘仁年間、但馬国司（守）であった良岑安世か、その周辺の文人が書いた可能性があると見るのである。

これらの日本初の出土という『毛詩』（詩経）のような詩文の習書木簡について、前岡氏はこの弘仁年間の時代の地方における漢籍受容の過程を知る上で貴重であるとし（前岡孝彰ほか二〇〇九、前岡孝彰二〇一〇）、多田氏は但馬国における漢籍の場合、日本海ルートによる舶載に対しても考慮すべきであると注意を促している（多田伊織二〇〇九）。

一　祢布ヶ森遺跡「雪猶寒」木簡と渤海使

前岡、多田両氏の見解に接して、私は平安時代前期の但馬国、なかんずく但馬国府における漢籍に象徴される漢詩文が書かれるような史的条件や背景を考えるなら、当時ほとんど唯一の外交使節として日本に来た渤海使の動きとかかわりがあるのではないかと推測する。

渤海使が但馬国に来着して滞在したのは平安時代前期、天長四年（八二七）から五年にかけての一度だけである。『類聚三代格』巻一八の太政官符によると、天長四年の十二月二十九日、渤海使政堂省左允王文矩ら百人が但馬国に到着した。国司は国博士林遠雄を遣わして来朝の事由を調べ、前の使の時（弘仁十四年）に約束した一紀一貢（十二年に一度の朝貢）という年期に違反することの過ちを問い質した。王文矩らは唐の淄青節度使康志睦に関する情報を伝えようと違期を承知の上で来朝した旨を答え、また帰国する船が破損し、食糧もないことを訴えた。そこで使を郡家に安置し、食糧を供給したい旨を報じてきた。この郡家は上陸地が日本海に面した二方、美含、城崎の各郡のいずれかであり、その地の郡家の可能性もあるが、多分、国府の所在する気多郡家ではないか。国府跡のある気多郡は日本海から円山川を通って約二〇キロメートルの距離にある（前岡孝彰氏のご教示による）。

同五年一月二十二日、太政官符を但馬国に下し、渤海使に対する四ヵ条の命令を出した。（1）大使王文矩をはじめ、副使、判官、録事、史生、訳語、医師、天文生、首領以下は年期に違反したので規定の半分の白米を支給すること、（2）破損した船を修理すること、（3）使と一般の人々や王臣家が私に交易するのを禁じ、違反すれば国司を重罰に処すこと、（4）使が来朝した時、着いた地の国司が先ず王啓（国書）、中台省牒の函を開封して内容を調べ、書写して進上すること、もし故実に違えばそのまま帰国させ、報告する必要がない、というものであった（天長五年正月二日太政官符）。

一月十七日、但馬国は馳駅して渤海使の来着を平安京に言上してきた（『類聚国史』巻一九四・天長五年正月甲戌条、『日本紀略』同日条）。二月二日、但馬国は渤海国王王彝震の啓と中台省牒の案を写して進上したという（『類聚国史』巻一九四・天長五年二月己丑条）。

この間の事情に関して、渤海使の来着はすでに一月十七日に報じられているので、官符の正月二日の日付に誤りがあり、正月二十日または二月二日が正しいとする解釈がある。だが、その場合でも、渤海使の来着を但馬国が進上し、その処置についての指示を仰ぎ、その結果、函を開封し、王の啓と中台省牒を写し取って進めるという順序で対応がなされたに違いないから、二月二日の日付が正しいか否かはともかくも、正月二日の官符に従ったものと見なすことはできる。また一月十七日の日付には誤りがあるかもしれないが、断定しかねる。

太政官符には渤海使王文矩らは約束の来朝の年期に違反したとあるが、事実、渤海使はこれ以前、天長二年（八二五）、高承祖らが来着したばかりで、彼らも年期違反として、右大臣藤原緒嗣に「実は是れ商旅にして、隣客とするに足らず」と非難され、入京に反対されたことがよく知られる。またこの度の王文矩らは唐の東北部での節度使の反乱とそれに対する淄青平盧節度使康志睦の動きを伝達することを目的としたとあるが、この次の承和八年（八四一）長門国に来着し、同九年二月入京した渤海使賀福延らのもたらした啓および別状により、王文矩らはその前の使の高承祖らに仁明天皇が託した五台山に住した在唐日本留学僧霊仙への黄金の送付ができなかった件を報告することも併せて目的としていたことが分かる（『続日本後紀』承和九年三月辛丑条）。

四月二十九日になって、大使以下梢工以上に絹、綿を給い、次いで年期未満のため入京を許さず、年期が満ちて後に来朝すべしとする淳和天皇の勅旨を告げて、帰国させることになった（『類聚国史』巻一九四・天長五年四月癸未条、『続日本後紀』承和九年三月辛丑条）。

以上の検討によって、渤海使の王文矩らは天長四年（八二七）十二月末から同五年四月末までの冬から春にかけて、およそ四ヵ月間、平安京に入ることを認められず、終始来着した但馬国の郡家（気多郡家であろう）に安置、供給されていたことが明らかになる。

この時期は祢布ヶ森遺跡出土の紀年銘木簡が示す弘仁四年（八一三）から寛平九年（八九七）までの間に収まり、従来最古の紀年とされた天長三年（八二六）の年代にきわめて近い。後述する「雪猶寒」の木簡が表す時候にも叶っている。第四一次調査で出土した木簡の弘仁四年（八一三）の紀年は一つの基準として重視されるべきであるが、削屑などの多数の木簡群は一時に濠（溝）に一括投棄されたのでなく、行政関係の木簡（題籤軸）や漆紙文書、祭祀具を含む木製品、須恵器、土師器、緑釉陶器、灰釉陶器、硯、墨書土器、灯明皿、坩堝、ふいごの羽口など雑多なものが長い時間を経て堆積したものの埋土の第二の上層から検出されている点（前岡孝彰ほか二〇〇九、前岡孝彰二〇一〇）を考慮すべきであろう。

この時の日本側の接遇については、但馬国司の下に置かれ続けた王文矩らに対して、恒例の存問使、領客使はもとより、勅使なども京より遣わされた証拠がない。入朝の年期違反を理由に公式の待遇は行われなかったのであろう。また使は但馬国に逗留したまま帰国させられたが、その放却の申し渡しは文書でなく、口頭でなされたことが、「文矩等…国に到るの日、勘問して入覲逗留するを得ず。文矩口に天皇の宣を伝え、年一紀に満ちて、後ち入覲を許さる…謹みて口伝に依り、仍て前約を守る」（『続日本後紀』承和九年三月辛丑条）とあることによって明白である（堀井佳代子二〇一〇）。

こうして、天長四・五年の渤海使約百人は但馬国の国司の管轄下にあったが、それと「雪猶寒」と書かれた木簡を結び付けて考えるなら、渤海使をもてなす国府のどこかでの宴会の場における詩文の交歓にかかわる習書ではないかと想像される。というのは、多田氏の指摘した通り、この種の語句は上述した長屋王の宅の宴席での塩屋古麻呂の詩に類例があるし、唐での七世紀半ば以前、貞観年中の太宗が百済・新羅の使を介して国王に賜った詔をはじめ、多くが外客に対する送別その他の宴でよく発せられる文章に見られる語句なのである。

二　渤海使と詩文の交歓

この宴会での詩文に関しては、渤海使が来着すると、日本で迎接に当たる迎接使が任じられ、その使のうち、領客使が来航地に客を迎えて京までの路程に同行し、途中の国郡の官人に指示しながら、国信物などとともに逓送するのを監督することと、帰路も同様の任務を負ったことが明らかであるが（浜田久美子二〇〇八）、その京外での往還で、あるいは在京時の禁中や鴻臚館などの宴でも賓客と領客使の両者が詩文を贈答するなどして交流したことが、勅撰漢詩集の『文華秀麗集』に載せられる十三首と『経国集』に載せられる一首によって知られる（浜田久美子二〇〇六・二〇〇八）。

『文華秀麗集』所収の詩文は、弘仁五年（八一四）に来日した渤海使王孝廉らが同六・七年、鴻臚館か、または帰国のため滞在する出航地の出雲国の「辺亭」での宴席において領客使との間で遣り取りをした漢詩がほとんどである。その交流の組み合わせは、王大使（王孝廉）―両箇領客使（滋野貞主ともう一人）・滋三（滋野貞雄〈貞主でない〉）、大使（王孝廉）―坂今継（坂上今継）、副使（高景秀）―桑腹赤（桑原腹赤）、王大使（王孝廉）―坂上今継、王孝廉―坂領客（坂上今継）、高判官（高英善）・釈録事（釈仁貞）―坂今雄（今継の誤りか）などである。交歓する詩文だけでなく、一字姓と職位をもって唐風に名乗るところにも双方が共通語として漢語、漢文を使い、唐志向の強かったことが窺われる。王孝廉が「辺庁」の主人の宴で作詩した一首もある。主人は出雲国の国司でなく、領客使の滋野貞主であろうか。また『経国集』にも滋貞主（滋野貞主）が春日、使として渤海館に入り、渤海の旅客を憐れむ詩を詠んだ一首が収められている。ほかにも、『文華秀麗集』に先の王孝廉と釈仁貞は禁中や内宴に陪る詩を作ったものが見えており、接待する同席者がいたことは疑いない。なお『経国集』には溯って天平宝字二年（七五八）正月、平城宮朝堂の宴会での渤海副使の楊泰師の詩が二首見え、うち一首は紀朝臣公の雪を詠む詩に和すものである（『続日本紀』天平宝字三年正月甲午条）。『凌雲集』には文章生、相模権博士、大内記を歴任した大伴氏上の渤海入朝の詩一首がある。

渤海使の領客使として活躍した坂上今継は、『日本後紀』の編纂者で大外記兼紀伝博士となるが、弘仁六年頃は左大史か少外記であった（笠井純一一九九二）。滋野貞主も『文華秀麗集』の編纂に携わった。桑原赤腹はのち都で改姓し、文章生、少内記、大内記、文章博士となり、『文華秀麗集』の編纂者である。彼らが中国の文史に通暁した一流の学者たちであったのはいうまでもない。また『日本三代実録』にも、貞観十三年（八七一）十二月に来着し、翌年五月入京、帰国した渤海使楊成規らが在京中、そして鴻臚館で掌渤海客使、少内記の都良香、参議、左大弁、勘解由長官の大江音人、大学頭、文章博士の巨勢文雄、民部少輔、東宮学士の橘広相など、第一線の文人、学者たちと連日、饗宴を開いた様子を記す（貞観一四年五月七日、十九日、二十三日、二十四日各条）。

このように、来日した渤海使は平安京での宴会はもとより、到着地から京まで、京から出航地までの往復の際に、宴席を設けられて天皇より遣わされた文人、学者の使などと親しく交わり、詩文を詠み合い、歓を尽くしたことが推察される。

三　書儀と「雪猶寒」「□状不具」木簡

「雪猶寒」の表現に関しては、日本に来た渤海使がもたらした国王の啓とそれに対して帰国時に天皇が渤海国王に賜う慰労詔書（爾書）には、奈良時代、国交を開いた当初より文章に「漸熱、想平安好」（『続日本紀』神亀五年四月壬午条）などとある通り、通常相手に時候の挨拶をし、機嫌を伺う語句として使われるものであった。これ以前、天皇は新羅国王に対しても「春首猶寒、比無恙也、国境之内、当並平安」（『続日本紀』慶雲三年正月丁亥条）などと用いている。平安時代前期においても、弘仁六年（八一五）正月、王孝廉らに対して渤海国王に賜う書に「春首余寒、王及首領・百姓並平安好」とある（『日本後紀』弘仁六年正月甲午条）。同十一年正月、渤海使李承英らの帰国時に渤海国王に賜う書には「春首余寒、比無恙也、境局之内、当並平安」とあり（弘仁十一年正月甲午条）、同十三年正月、王文矩らの帰国時の渤海国王に賜う書には「春初尚寒、比平安好」とある（弘仁十三年正月癸丑条）。この後、承和九年（八四二）四月の賀福延らの帰国に際して、仁明天皇は渤海国王に書を賜い、「夏景初蒸、比平安好」と文章を結んでいる（『続日本後紀』承和九年四月丙子条）。

見られるように、天皇から渤海・新羅の国王に対して送った国書の相手への呼びかけには一定の共通の語句がある。実は国書を含む書状には時候の挨拶に用いる定型句があり、それは中国の書儀に基づいているのである（廣瀬憲雄二〇〇七）。上述した唐の太宗の百済・新羅の国王に賜った詔書もその具体例である。書儀は漢文書状における一種の書札礼であり、差出と宛所の関係によって使われる語句などが規定されるものである。特に渤海の日本に対する外交文書の形式が同時代の唐の『大唐新定吉凶書儀』の規定に類似することは、早くより指摘され（山田英雄一九八七、石井正敏二〇〇一）、最近、古代東アジアの外交文書を視野に収めた検討が深められつつある（廣瀬憲雄二〇〇六・二〇〇七）。日本には隋唐の様々な書儀が輸入されていたと考えられる。平安時代には多くの書儀文献が存在したことが貞観十八年（八七六）から寛平三年（八九一）までに成った『日本国見在書目録』の記載により認められる。外交における書儀の用語の影響は七世紀前半の隋との国交を開いた遣隋使の時にすでに窺われ、奈良時代、八世紀には書儀に則った国書の交換が行われていた。

こうした書儀に準拠した書式は、外交文書に使用されただけでない。例えば、祢布ヶ森遺跡木簡の年代と同時期ともいえる弘仁元年（八一〇）から三年にかけての最澄の伝教大師消息の文の冒頭にも見られる（『伝教大師全集』巻五）。

それらの語句には、風寒（十一月）、甚寒（十二月）、孟春猶寒（正月）、尚寒（正月）などと時候に応じて、月ごとに厳密な使い分けがなされている。

また弘仁六年正月十九日の渤海王大使（王孝廉）宛の空海書状にも「孟春余寒」と使われている（『高野雑筆集』）。僧侶に対しては、唐に僧家書儀の類があったので、在唐生活の経験のある最澄や空海はそれらを参照しマスターしており、日本でも忠実に守ったものと見なされる。したがって、当時、詩文を作成し、ことに別離を惜しみ相手の身を思い遣るような場合に、そうした書儀の表現を意識し、時候の挨拶を詠み込むのはごく自然なことであった。

天長四・五年の渤海使は年期違反という理由で、公式の使として認められなかったが、直ぐ帰還を促されたわけではなかった。帰国する船の修理に時日を要するし、風向が春風に変わる頃を待つこともあったであろう。これに類する特殊な事例は、天長二年（八二五）隠岐国に来着した渤海使高承祖らの場合、上述のように前回の渤海使に告げた一紀（十二年）一貢の約束に背くため、大内記布瑠高庭が領客使に定められたが、出雲国介の職位を借りて領客使とは称さなかったことがある（『類聚国史』巻一九四・天長二年十二月乙巳条、『日本紀略』同日条）。弘仁八年（八一七）の渤海使慕感徳らは帰国の時が不詳であるが、帰還の日、勅書を賜らなかったという（『類聚国史』巻一九四・弘仁十年十一月甲午条）。

結局、王文矩らも違期を責められて、入京を許されずに郡家に安置され、食糧の支給も半分であるというように、いわば公式の使としての扱いを受けなかった。啓と爾書などの国書の交換もなかった（なお、王文矩はこの後、嘉祥元年（八四八）十二月にも、渤海使として上京竜泉府の所在する永寧県の県丞の肩書を帯びて再度来日している（『続日本後紀』嘉祥元年十二月乙卯条、同二年三月戊辰条））。しかし王文矩らの一行は但馬国に滞留中、国府の国司館あたりでの宴で、時の国司や国博士林遠雄などとの間で交流が行われ、漢詩文を交し合ったであろう。なお、林遠雄に関しては、弘仁元年十二月に渤海使高南容らを送る送渤海客大使に任じられ、翌年四月辞見し、十月帰国した林東人（東仁）がいるが（『日本後紀』弘仁元年十二月庚午条）、遠雄は朝臣姓、東人は宿禰姓なので、係累関係にはないであろう。あるいはこの時、王臣家の交易は禁止されていたが、平安京から来た文人、学者の人々との間の交流がありえなかったとは断定できない。

木簡に記された「雪猶寒」の語句について、渤海使が四月末に帰途に就いているので、帰国直前に詠まれたものなら、書儀の例に沿って「初夏何熱」「首夏何微」「早夏稍熱」などの語を使うはずであるから、それ以前の作文ということになる。当時、ほとんどの書状がそうであるように、書儀に従って時候の挨拶を書いたであろうから、この語句はほかに同一の文例が認められないものの、「猶寒」という語が共通する正月の「孟春猶寒」「首春猶寒」「初春猶寒」などのバリエーションと解されるのでなかろうか。また、これは北地の故国を思う渤海使への情を込め、渤海の気候を想像して慰労した一節であるかもしれない。それに加えて、同じく祢布ヶ森遺跡木簡の第四一次調査では「猶猶猶」と習書された木簡も出土している（五五号木簡）。これも同じ時、同様の語句を記すための習書であったのでなかろうか。

さらに、時代を溯って藤原宮出土木簡のなかに「雪多降而甚寒」とある文章を類例として挙げることができる（『飛鳥藤原宮発掘調査出土木簡概報』四二）。この文章に関して、東野治之氏は、藤原宮における正月元日の宴会で参会の官人たちを労うために出される詔勅の草案に類する性格を持つと指摘する（東野治之一九九六）。この考えに倣えば、「雪猶寒」「猶猶猶」も正月、それも元日の国司が主催する朝賀後の宴会でのことにかかわるとも想像される。それを渤海使と関連させると、国司は毎年国府（国庁）において同僚や郡司を集めて元日朝賀を開き、宴を設けるので（「儀制令」元日朝賀条）、その場に渤海使が招かれて参席したとも考えられるのである。それは渤海使に対して太政官符による四ヵ条の命令が下される前のことである。

こうして、これらの木簡は但馬国府で滞在中の渤海使を交えて誰かが作った詩文の一部を記したものと考えられるが、さらに、第四一次調査の木簡では「□（奉ヵ）状不具」（七三号木簡）と書かれる一片も留意される。この「不具」の語も書儀に「附白記不具」（杜有晋編『吉凶書儀』四海吉書）とあり、古くは隋との外交に、それによった「謹白不具」（『日本書紀』推古十六年九月辛巳条）が見られるのをはじめ、平安時代前期にも「日晩忽々不具状」（最澄書状、弘仁二年二月十四日）、「不具謹状」（同、弘仁三年九月五日）などと用いられている。なお、『三国遺事』義湘伝教にも、西京崇福寺僧法蔵が新羅の華厳法師（義湘）の侍者に送った書の文末に「不具」の語が見られる。よって、この「□（奉ヵ）状不具」の木簡は作文する時、文末の姓名の前あたりに書かれるものであったといえよう。これは「雪猶寒」「猶猶猶」とある木簡に類する一連の文章であり、同時に作られたか、または同様の宴会などの場に関係して書かれたものと思われる。また「□恐々」とある木簡（一四号木簡）も「恐恐謹言」のような書儀に見られる文末の語句の習書である可能性がある。これらは恐らく但馬国府での渤海使を相手とする儀礼や宴会の機会に、同席した国司、国博士などの官人たち、または文人、学者の誰かが記したものでなかろうか。

第四一次調査により出土した木簡には、上述のように『毛詩』の一節を抜粋した習書（四三号木簡）や、「謹謹要要要請」（一号木簡）、「□徳徳徳□」（一七号木簡）、「義義義義」（一八号木簡、四七号木簡）などの字を連ねた習書がある。九九の練習をしたものもある（三七号木簡、一三八号木簡）。ほかに、多田氏が指摘する通り、仏教もしくは道教の経典、医学書に出典を持つ文言を複数の人が記した木簡がある（一六一号木簡）。したがって、但馬国府に出仕し、集う人たちによって、広範な分野の漢籍が受容され、実際様々な場で利用されたことが木簡群に如実に示される。

そのうちの「雪猶寒」以下の何点かの木簡は、天長四・五年、但馬国に逗留した渤海使の接遇にかかわりを有するのではないか。「□状不具」の木簡などを考え併せると、国司など官人同士の宴席での遣り取りを推察するよりも、渤海使との交流を反映すると見るほうが相応しいと思われる。国府に勤める官人たちの職務に結び付く漢文作成のための練習、あるいは国学の学生たちの漢文、算術の習得の痕跡を示す木簡ももちろん含まれると考えられる。

木簡群の出土した濠（溝）は建物を囲繞する濠につながる確率も高く、前岡氏は濠の東側、北側でこれまでに白磁、青磁、三彩、緑釉陶器、施釉陶器などが多く出土していることから、国司館などの存在したことも想定できるとする。多数の木簡群のなかには、国司館やその周辺の施設で国司たちが使い、その後廃棄されたものがあったことになる。木簡群と同じ濠で出土した平安時代の須恵器、土師器、各種の陶磁器のなかには、宴会用のものが含まれると想像できるのではないか。

おわりに

以上は兵庫県豊岡市の袴布ヶ森遺跡出土木簡をめぐる粗略な考察である。要するに、これら漢文の片言隻語を伝える何点かの木簡は、『類聚三代格』『類聚国史』などの渤海使の記載を裏付け、具体的には但馬国に滞在した渤海使と接待に当った人たちの交流を物語る証拠ではないか。国府の官人たちの年中行事の宴会などとのかかわりも考えられなくないが、天長五年（八二八）正月、たぶん元日の但馬国府における朝賀の儀式の際に、国司や国博士が主催し、渤海使も同席した宴会の場に伴って書かれたものではないかと推測する。渤海は当時、日本外交の主要な相手国であり、渤海使は海外の情報、文化をもたらす窓口の役割を果たしていた。但馬国のような日本の地方社会においては、平安京から流入する人と文化の位相と異なり、専門の技能、技術者を擁する渤海使の一行もまた漢籍の伝播というだけに止まらない、東アジアの最先端の文化の体現者であり伝達者であった。渤海使の接待は但馬国の国司以下の人々にとり、日頃身に纏った漢詩文の素養をもって異国人と交歓し異文化を摂取できる絶好の機会にほかならなかった。

平安時代前期の但馬国府跡である袴布ヶ森遺跡の出土木簡から、日本と渤海の交流、あるいは外交文化の具体的な情景を読み取ることができると思われるのである。

引用文献

石井正敏　二〇〇一「古代東アジアの外交と文書」『日本渤海関係史の研究』吉川弘文館
笠井純一　一九九二「『日本後紀』の第一次撰者と大外記坂上今継」『続日本紀研究』二九七
多田伊織　二〇〇九「祢布ヶ森遺跡出土『詩経木簡』をめぐって」『木簡研究』三一
東野治之　一九九六「木簡からみた古代史」『長屋王家木簡の研究』塙書房
浜田久美子　二〇〇六「漢詩文にみる弘仁六年の渤海使」『法政史学』六六
浜田久美子　二〇〇八「渤海との文化交流」『東アジアの古代文化』一三六
廣瀬憲雄　二〇〇六「書儀と外交文書」『続日本紀研究』三六〇
廣瀬憲雄　二〇〇七「日本の対新羅・渤海名分関係の検討」『史学雑誌』一一六—三
堀井佳代子　二〇一〇「対渤海外交における太政官牒の成立」『日本歴史』七四四
前岡孝彰ほか　二〇〇九「兵庫　祢布ヶ森遺跡」『木簡研究』三一
前岡孝彰　二〇一〇「調査研究報告　祢布ヶ森遺跡（第二次但馬国府跡）・但馬国分寺跡発掘調査報告」『但馬国府・国分寺館年報』四

藤原京の宅地建物遺構

竹田　政敬

はじめに

藤原京の宅地の様相について『日本書紀』持統五年（六九一）十二月の「右大臣に賜う宅地四町。直廣弐より以上には二町。大参より以下には一町。勤より以下、無位に至るまでは、其の戸口に随はむ。其の上戸には一町。中戸には半町。下戸には四分之一。王等も此に准へよ。」とする宅地班給記事に対して、藤原京の宅地班給がどのようなされていたかをこれまでの発掘調査が明らかにした宅地を囲む塀跡、また坪内を分割する溝跡や塀跡、道路跡等の存在、建物跡及びその柱掘方の規模、そして井戸跡の配置と使用部材等の分析を通し、以下の見解を述べた。それは、班給規定に基づく各宅地規模がどの条坊区域をもって明瞭に選別配置されたかは確定するには至らなかったものの、一町占地以上の宅地域を二条四坊から十条四坊域、それ以下の宅地域をその外周から京極までを想定するとともにさらに宅地内建物の規格と配置に加え、建築部材はもとより井戸に使用された部材等居宅のあり方までを規定した。すなわち宮を中心に位階の高低に即応し序列を持った街区として同心円状に形成され、視覚的にその序列が明示される構成であった可能性を指摘した。[1] 他方、建物自体については深く検討できなかった。

このような中、近年、森下恵介氏により平城京内における宮と寺院を除いてこれまで検出された全ての建物遺構を整理検討した「平城京内宅地の建物遺構」が発表された(2)。平城京は「宅地内建物、特に主屋には礎石建物と掘立柱建物といった構造、掘立柱建物の桁行間数、柱間寸法及び庇の有無によって決まる建物規模、庇によって決まる屋根形式などが宅地班給基準とともに等級づけされ、序列化がなされていたと考えたい。平城宮を頂点として、条坊プランに沿って同心囲帯状に等級づけられた宅地が配置され、宅地内には規模が定まった建物が東西、南北の二方向に方向性をも規制されて建てられている。こうした平城京のあり方こそが都の本質を表徴しており、平城京は天皇の居所である平城宮を頂点とした律令的秩序、階層性を体現化し、京内の住民に視覚的、劇的に認識させる装置だったともいえる。」見解を提示された。この見解は、藤原京・平城京と扱う都城に違いがあるが、律令国家の確立を目指した藤原京とその確立を象徴する平城京と位置づけられることからすれば、その見解が大同小異であることは偶然ではないと言える。したがって今回は、藤原京における現下で判明している建物遺構を整理し、その見解の妥当性について検討する。なお、宮内及び寺院関連の建物は今回対象としない。

藤原京の宅地建物

現在藤原京では柱筋のみの検出を含め掘立柱建物跡と想定できる建物遺構は三八九棟で、平城京の二五四〇棟に較べると僅か15％に過ぎない。このため平城京と同精度の分析はできない。しかしながら現在の棟数でも一定の傾向を析出することは可能と考える。掘立柱建物跡三八九棟のうち、東西棟一五四、南北棟一九〇で、さらに規模が判明しているものとなると東西棟が七八、南北棟が一一五とさらに少なくなる。なお、建物の棟方向の比率は、検出総数で東西棟建物約45％、南北棟建物約55％、建物規模が判明しているもので前者が約40％、後者が約60％で、南北棟建物の比重が高い。これら東西棟・南北棟には右京一条二坊東北坪で検出されたＳＢ７１９０の桁行一間・梁行一間の東西棟から左京十一条三坊西北坪、西南坪の二町占地と考えられているＳＢ２６７０の東西に庇を持つ桁行一七間、梁行二間の大規模な脇殿まで含まれている。その一方で明らかに宅地の中心建物（正殿）が判明しているものは四町占地とみられる左京六条三坊の南に庇を持つ東西建物ＳＢ５０００、二町占地である左京十一条三坊西北西南坪の四面庇を持つ東西建物ＳＢ２６６１、一町以上とみられる右京七条一坊西南坪の四面庇の東西棟建物ＳＢ４９００、右京北五条十坊東南坪の東西に庇を持つ南北建物と数える程度に過ぎず、その大半は附属建物といって過言ではない。このためまずは、宅地規模と中心建物を初め建物配置が明らかな、または推測可能な宅地域での建物規格を提示し、これら基準に藤原京で検出された建物を比較検討する。

左京六条三坊の宅地建物

左京職が置かれていたとみられ、九棟の掘立柱建物を検出し、一棟を除く八棟の建物規模と方位が判明している。[3]正殿と考えられるＳＢ５０００は、桁行七間・梁行三間の身舎に南に土庇が付く東西棟掘立柱建物である。前面には棟方向を同じくする桁行六間・梁行三間の建物ＳＢ４３４０があり、その前面に空間地を設ける。そして正殿・前殿を中心にその東には正殿の北側と柱筋を揃える東西棟掘立柱建物ＳＢ４３３３とその前面に南北棟掘立柱建物ＳＢ４３３２、さらに東前方にも南北棟掘立柱建物二棟ＳＢ４３３１・４３３０を配置するコの字型を採用する。また、後方においても正殿の延長には、空間を確保するように西妻をずらして東西棟の掘立柱建物二棟ＳＢ４７３７・４８００と南北棟の掘立柱建物一棟ＳＢ５０３５を配置する。

建物の規模は、先に記した正殿・前殿のほか正殿の東、柱筋を揃えるＳＢ４３３３をはじめ南北棟建物ＳＢ４３３０・４３３１・４３３２は桁行七間・梁行二間と梁行が一間狭くなる。その一方で後方にあるＳＢ４７３７は当初桁行八間・梁行一間（本来は二間を想定）と桁行が一間長い建物であるが、建替えにより桁行五間・梁行二間に規模が縮小する。またその後方には、倉、或いは馬房と推定されるＳＢ４８００は桁行五間・梁行二間となっている。このように左京六条三坊では正殿に対し前殿をはじめとするその他脇殿等の建物は桁行又は梁行の間数を減じる構成となる。その一方で柱間寸法ではＳＢ５０００が桁行２・857ｍ、梁行２・63ｍ、ＳＢ４３４０の桁行２・６ｍ、梁行２・３ｍ、またＳＢ４７３７の桁行（平均）２・675ｍ、梁行６ｍ（二間想定では３ｍ）、同じ場所に建替えられたＳＢ４７３８の桁行２・48ｍ、梁行２・85ｍと、建物の性格に応じて桁行寸法が短くなるが、反面梁行ではそのことが反映されない。

左京十一条三坊西北坪・西南坪の宅地建物

一本柱塀で囲郭された郭内には、四面庇の東西棟掘立柱建物ＳＢ２６６１を中心に、両側に東西に庇が付く長大な南北棟掘立柱建物ＳＢ２６７０・２６７２が柱筋を揃えて２列配される。「長舎囲郭型」配置の邸宅である。(4) ＳＢ２６６１は身舎が桁行３間、梁行２間と小さいながら柱間寸法は桁行２・６ｍ、梁行３・１ｍと建物規模に比べ柱間寸法が長大となる。一方ＳＢ２６７０等は桁行一七間・梁行二間と建物中最大の建物であるが、柱間寸法は桁行・梁行とも２・４ｍと正殿に比べ狭い。また総柱掘立柱建物は桁行・梁行とも二間であるが、柱間寸法は桁行１・65ｍ、梁行２・１ｍと寸法に長短を持つ。

右京七条一坊東南坪の宅地建物

七条大路に面して坪のほぼ東西の中軸上に桁行三間・梁行二間の門ＳＢ４９５０を構え、宅地の四周を一本柱塀が巡る。さらにこの門から北約28ｍにも桁行五間・梁行二間の門ＳＢ４９４０が設置され、この門を基点に一本柱塀が四周を囲み内郭を形成する。内郭には建物がコ字型に配置される。正殿ＳＢ４９００と後殿ＳＢ４９３０、更に後殿の背後にも囲郭された塀に取り付く状態で建物ＳＢ２０００が南北一列に並ぶ。これら建物はすべて東西棟掘立柱建物で、四面庇を持つ正殿と南に庇を持つ後殿は身舎の柱間間数は桁行七間・梁行三間と共通するが、内郭塀に取り付く東西棟建物は桁行が六間・梁行二間とそれぞれ一間分少なくなる。そして正殿の左右には、やや南寄りに桁行五間・梁行二間の南北棟の脇殿ＳＢ４９１０・４９２０が配されている。この他、後殿の東後方には桁行三間・梁行二間の掘立柱建物、内郭の外側西北地点に桁行五間・梁行二間の東西棟掘立柱建物がある(5)。

これら建物の柱間間数のみをみれば正殿、後殿が身舎部分で同間数、また南北棟脇殿どうしも同間数の間取りであるが、個々の柱間寸法は、正殿・後殿では桁行が同じ２・63ｍであるのに対して梁行は２・１ｍ、２・２ｍと後殿はやや広く、南北棟の脇殿に至っては東脇殿が桁行２・56ｍ、西脇殿が桁行２・88ｍと1尺以上の違いがみられる。さらに内郭に取り付く門は、南北棟脇殿と同じ間数ながら梁行はさらに広く３ｍを測る。このように柱間寸法を通してみた場合、正殿、後殿、脇殿とそれぞれの性格に応じた建物には柱間数において一定の規則が存在するものの柱間寸法では桁行・梁行の柱間寸法まではその規則性がない。

右京北五条十坊西南坪の宅地建物

西南坪は、坪の各辺のほぼ二等分線上に溝を掘り、四等分に宅地割りが設定されている。そして東北地区の敷地四分の一町占地の宅地には、中央やや南寄りに桁行四間・梁行二間の身舎に東西に庇が付く南北棟建物を中心として、背面に三間四方のやや東西が長い総柱建物を据え、東に桁行三間・梁行二間の南北棟建物二棟を、西に柱筋を揃えた西に庇を持つ桁行四間・梁行二間の南北棟建物が連なる「コ字型」配置の建物が建つ(6)。これら建物は中心建物を基準としてその他の建物の柱間数が同じとなる建物及びそれ以下の建物となる。また柱間寸法をみると東西に庇が付く建物は桁行2・35m、梁行2・1m、総柱建物は、南北軸が1・2m、東西軸が中央1・2m、両側一間が1・5m、東側及び西側で北に位置する南北棟建物3棟は桁行・梁行とも1・8m、西側で南に位置する南北棟建物は桁行2m、梁行が東側1・6m、西側2・4mとなり、中心建物の柱間寸法はやや長く、南北棟建物では同寸法を採用した建物と寸法を異にする建物が存在する。

左京七条三坊西南坪の宅地建物

一本柱塀により二重に区画されたその内側の区画内に、南側柱筋のみが確認された東西棟掘立柱建物SB220がある(7)。この建物は、坪の東西軸のほぼ中央、南北軸ではほぼ南三分の一にあたる場所に位置する。検出が南側柱のみであるため庇を伴うかは不明である。ただし確認位置からは、正殿の可能性は低い。桁行き八間で柱間寸法は2・4mである。なお、同時期と確定できる建物は確認されていない。このため宅地内の建物規格は不明といえるが、その位置する場所から正殿は同規模かそれ以上と推察される。

上記事例から窺えることは以下のとおりである。正殿を含め建物配置の判明する宅地例から確認できることは、左京十一条三坊を除いて正殿を基準として建物の序列を図る一方で、柱間寸法にまでは規則化されていない。正殿の規模は、左京六条三坊と右京七条一坊しか判明していないが、両者とも桁行七間・梁行三間と柱間数は共通することに留意する必要がある。また、附属建物については正殿を越える柱間数は皆無である一方、右京七条一坊西南坪の桁行三間・梁行二間の建物一棟が存在するものの、多くは桁行五間以上の建物で占められる点で共通する。この点を踏まえると一町以上の宅地建物は少なくとも桁行き五間以上の建物を採用していたことが理解される。対して右京北五条十坊西南坪の四分の一町宅地建物は桁行五間以上の建物は確認されておらず、正殿の四間を基準に附属建物はそれ以下の柱間数で構成され、また正殿は東西に庇が伴うなど序列化が図られている。その一方で建物配置はコ字型となるなど宅地規模にかかわらず共通する。したがって一町以上とそれ以下の宅地では建物規模において明らかに識別されていた可能性がある。この点は既に検討した柱掘方規模のあり方と共通するものである(8)。

各条坊区域の宅地建物

以上の点を基に上記事例を除いて各条坊区域で判明している掘立柱建物についてみると、棟方向が東西・南北両者を含めて判明している掘立柱建物三五五棟は以下に類別される。柱間数としては桁行で最小一間から最長一一間、梁行で一間から三間の掘立柱建物に収まり、特に梁行きは二間がその多くを占める。桁行一一間・梁行二間一棟、桁行六間若しくはそれ以上二棟、桁行六間・梁行三間一棟、同梁行二間二棟、桁行のみ判明で六間となるもの一棟、桁行五間若しくはそれ以上・梁行二間一棟、桁行五間・梁行三間三棟、同梁行二間七棟、桁行四間若しくはそれ以上・梁行二間一〇棟、桁行四間・梁行三間四棟、同梁行二間（その可能性が高い建物を含めると）五〇棟、桁行三間・梁行二間（その可能性が高い建物を含めると）八六棟、同梁行一間三棟、桁行二間・梁行二間一三棟、同梁行一間四棟、桁行一間・梁行一間一棟、また総柱建物で桁行三間・梁行三間七棟、同二間・二間一棟である。このうち三間・二間の掘立柱建物が44％弱、四間・二間の掘立柱建物25％強、その他の建物は１％未満となり、両建物で全体の70％近くを占める。

この中には桁行一一間・同五～六間の建物があるが、前者は右京十一坊一坊で和田廃寺の雑舎に、後者は同右京一条一坊・二坊、同四条六坊西北坪、同五条六坊東南坪で工房等公的施設の宅地から確認されているものである点、他の宅地建物と様相を異する。しかしながら今見た建物はほぼ全てといっていいほど附属建物であり、先に建物規模・棟数および配置が判明している事例を前提にとすれば宅地建物は複数棟で構成され、かつ中心建物は附属建物と乖離した間数とはならず、したがって藤原京の宅地建物の大半はこれらの建物といえる。勿論一町以上宅地で大規模建物も存在し、併せて四間・二間、三間・二間の建物がみられるが、その数は少ない。反対に建物構成としては、大規模宅地とそうでない宅地でも附属建物は同規模程度の纏まりを持った建物で構成されているのが実体である。さらに一町以上の宅地域は『日本書紀』に記されている人名二百二十四を数えるが、一町以下は同記載の官人名に百姓一五〇五世帯を含めると１６２０、率にして約87％と圧倒的な数値となる。以上のあり方から、藤原京において三間・二間、四間・二間の掘立柱建物が通有であり、また、それぞれの建物の占める割合も、将来検出される建物数が増加したとしても大幅な変更はないと推断される。

次に、これら建物の柱間寸法をみると桁行五間以上の掘立柱建物では右京四条五坊西北坪の建物ＳＢ２４１４０の１・15～１・５ｍから同四条六坊西北坪建物ＳＢ０３の２・７ｍ、また梁行では右京四条五坊西北坪の建物ＳＢ２４１４０の１・１～１・３ｍから同一条二坊東北坪建物ＳＢ７１７０の２・２ｍが確認されている。桁行き四間の掘立柱建物では、右京四条六坊東北坪の建物ＳＢ２０２０８の１・５ｍから同四条五坊西南坪の建物ＳＢ２２０１の２・

3ｍ、また梁行では右京四条六坊東南坪の建物一の1・2ｍから同四条五坊西南坪の建物SB2201の3・5ｍとなる。また、桁行三間の掘立柱建物でも、右京四条六坊東北坪の建物SB20135の1〜1・6ｍから同四条七坊東北坪の建物SB03の2・4ｍ、梁行では右京九条四坊東北坪の建物SB2465の1・2ｍから右京八条五坊東南坪SB02の2・1ｍがみられる。桁行二間以下では1・7〜1・9ｍ、梁行では1・4〜1・8ｍとなるが、中には桁行3ｍや3・9ｍ、梁行3ｍと3・4ｍと三間・二間規模に匹敵する建物もみられる。このように建物間数が同じでも採用される柱間寸法は、多種多様であるが、その長短は、桁・梁と同期する。したがって一方が長く、他方が極端に短い建物は存在しない。またこのよう柱間寸法に差異が見られるが、これら建物の多くは桁行五間以上では2ｍ以上、同四間では1・8〜2・3ｍ、同三間では1・8〜2・1ｍ前後が占める。

今、これら柱間寸法をあえてメートル表記していたが、藤原京の建物は小尺が使用されていることは衆目の一致するところである。そして藤原京の建物では、1小尺が0・293〜0・296ｍ前後の使用であったことが建物遺構から推定されている(9)。この類推される小尺を用いて再度柱間寸法をみると、報告書記載の数値には1・2ｍ、1・35ｍ、1・5ｍ、1・8ｍ、1・65ｍ、1・95ｍ、2・1ｍ、2・25ｍ、2・4ｍ、2・55ｍ、2・7ｍ、3ｍ、3・6ｍ、とあり、建物規模を問わず桁行・梁行ともに明らかな建物は二一八棟中九一棟と40％強、桁行・梁行のいずれか一方に使用がみられる建物九九棟で45％強、使用想定が困難な建物二八棟の13％弱となる。この割合を見る限り多くの建物は小尺使用であったことを首肯するものといえるが、その一方で同一建物での異なった尺使用が前者以上存在し、また未使用建物が一定数存在することである。これについては、これら三種の建物を先に記した小尺への変遷と見るか、混在とみるかであるが、出土件数からは前二者を含めると85％強となることから、前者を考えたい。ただし、同規模の建物であっても柱間寸法は多岐に及ぶ点、建物規格はその柱間数における規則性に重点がおかれ、柱間寸法まで徹底されるものではなかったと理解される。

おわりに

以上、藤原京の宅地建物を概括した。ここで確認される事項は以下にまとめることができる。

1. 現下で判明している建物はその大半が附属建物である。しかしながら、建物構成が判明している宅地例を基にみると正殿等中心建物を基準に建物の柱間数が減じる等序列がある。そして附属建物は同じ規格の建物で構成される。
2. 一町占地以上の宅地建物は、一部に通有の桁行三間・梁行二間の建物があるが、その多くは桁行五間以上の建物である。一町占地以下の宅地建物は不確定ながら桁行四間以下の建物構成となるとみられる。この点は建物柱掘方規模にも反映されている。
3. 建物の規模は、藤原京に集住する人員の約87%が一町占地以下の班給宅地に居住するものであり、その大多数が四間・二間、三間・二間で占められる。
4. 建物には、柱間数に規則性が存在するとともに柱間寸法には小尺使用の採用が多いが、中には使用されない建物も多く含まれている。

このように藤原京の建物を整理することができるが、このようなあり方からは、繰り返しになるが、冒頭記したように宅地建物は宅地班給規定とともに建物構成と規模（柱間数）を含めて序列化されていたといえる。すなわち、すでに言われているように都城自体がその象徴を体現する装置として宮を中心に位階の高低に即応し序列を持った街区が同心円状に形成され、さらに宅地内の建物規模や規格そして建物構成までをも規制する秩序を視覚的に明示した。ここに都城の本質が、発露している。

註

(1) 竹田政敬　二〇〇三「藤原京の宅地―班給規定と宅地の実相―」『橿原考古学研究論集』第十四　奈良県立橿原考古学研究所
(2) 竹田政敬　二〇〇八「藤原京の景観―出土遺構（柱掘方の規模）を中心に―」『王権と武器と信仰』菅谷文則編　同成社
(3) 森下惠介　二〇〇八「平城京内宅地の建物遺構」『橿原考古学研究所論集』第十五　奈良県立橿原考古学研究所
(4) 奈良国立文化財研究所　一九八六・一九八七「右京六条三坊の調査（第45〜47・50次）」『飛鳥・藤原宮跡発掘調査概報一六・一七』
(5) 奈良国立文化財研究所　一九九四「左京十一条三坊（雷丘北方遺跡）の調査（第69―13次）」『飛鳥・藤原宮跡発掘調査概報二四』
(6) 奈良国立文化財研究所編　一九八七『藤原京右京七条一坊西南坪発掘調査報告』
(7) 橿原市千塚資料館　一九九七「土橋遺跡」『かしはらの歴史をさぐる五』
(8) 奈良国立文化財研究所　一九九四「左京七条二・三坊の調査（第74次）」『飛鳥・藤原宮跡発掘調査概報二四』
(9) （1）下段と同じ
(10) 井上和人　二〇〇四「古代都城制地割再考」『古代都城制条里制の実証的研究』学生社

門に立つ杖

辰巳　和弘

一　首長の祭政空間――極楽寺ヒビキ遺跡

二〇〇五年の早春、ヤマト王権を構成した臣姓豪族の雄、葛城氏の祭政空間とみられる五世紀前半の遺構が姿を現した。極楽寺ヒビキ遺跡（奈良県御所市）である（奈良県立橿原考古学研究所二〇〇七）。

北々東に奈良盆地を見晴るかす金剛山地の東麓にのびる一丘陵支脈の先端、海抜二四〇m付近に営まれた当該の遺構は、東西約六〇m・南北約四〇m程度に復元される長方形の区画である。区画の東縁部と北縁部は侵食によって失われているものの、西辺には幅約一〇m、南辺にはそれを超える幅の濠が掘削され、南辺の中程には当該区画への参入路とみられる渡り堤が築かれ、その平面形は巣山古墳（奈良県広陵町）や宝塚一号墳（三重県松阪市）など、中期古墳で明らかになっている造出し遺構を彷彿させる。

区画の内側はその縁辺に沿って柵を囲繞させ、とくに正面にあたる南辺では柵を二重に巡らせ、その外側列には径約四〇cmの太い柱を立て並べ、濠の斜面に葺かれた貼石とともに区画を荘厳する効果をねらったものと理解される。全長五〇mを超えるこの正面南側の柵は、渡り堤につながる部分の約六・五mが途切れ、そこが区画へ参入する入口、すなわち門であったことを語っている。さらに南側の柵は入口西寄りの三本、東寄りの二本がひときわ柱穴が小さく、そこ

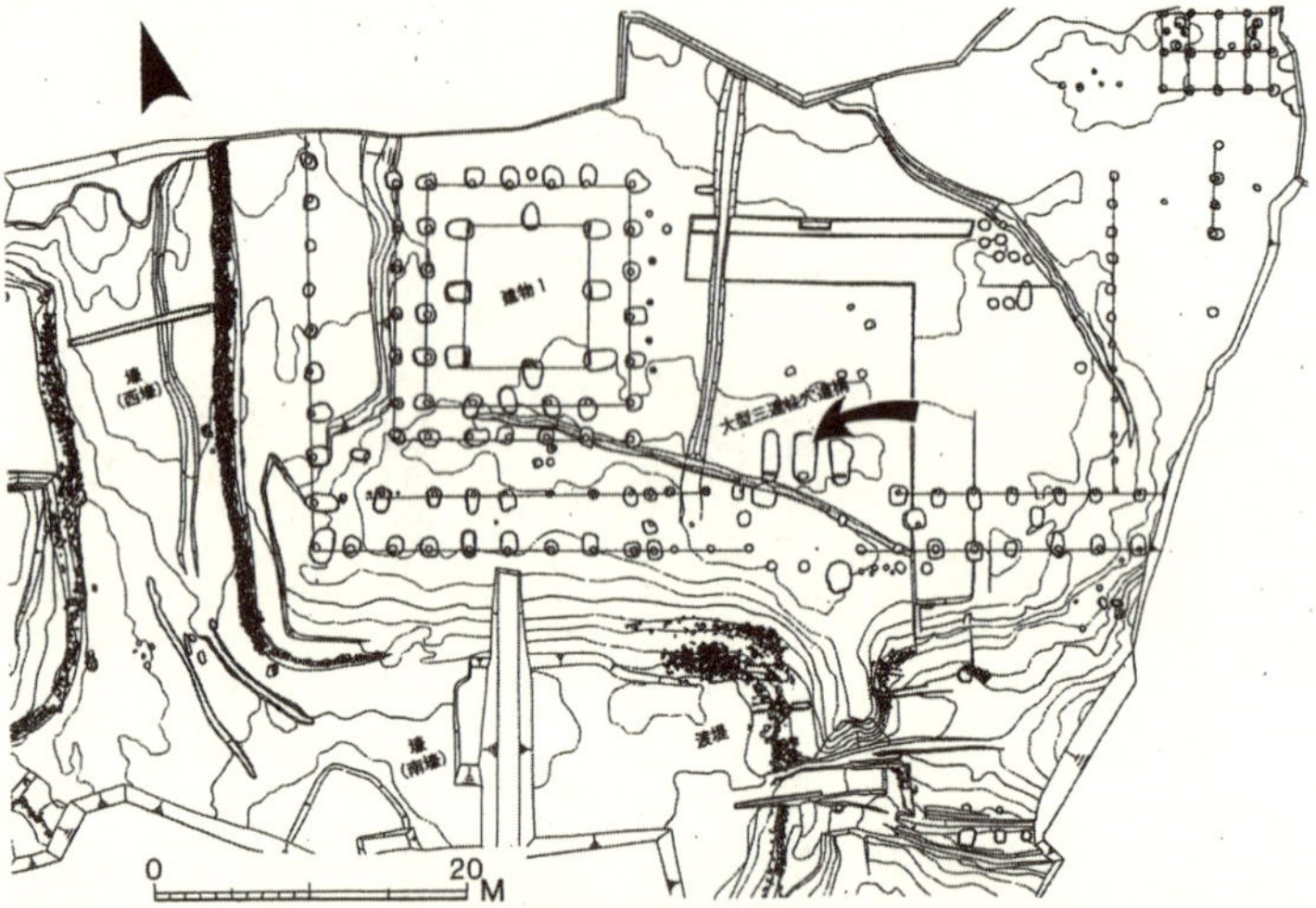

極楽寺ヒビキ遺跡

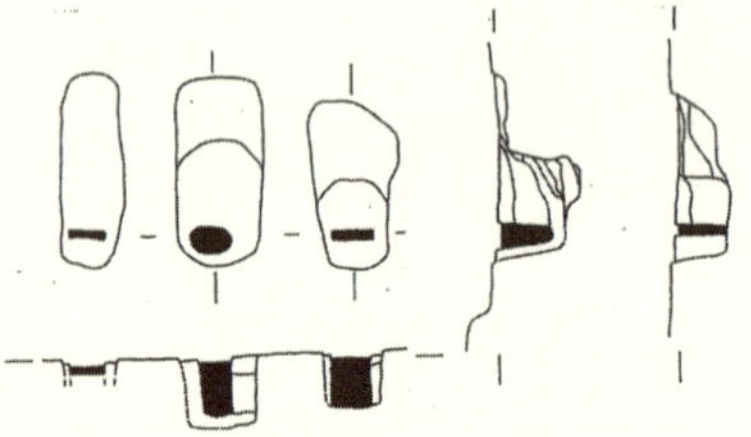

極楽寺ヒビキ遺跡の大柱遺構

三ツ寺I遺跡の大柱遺構

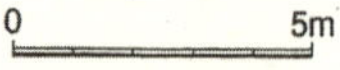

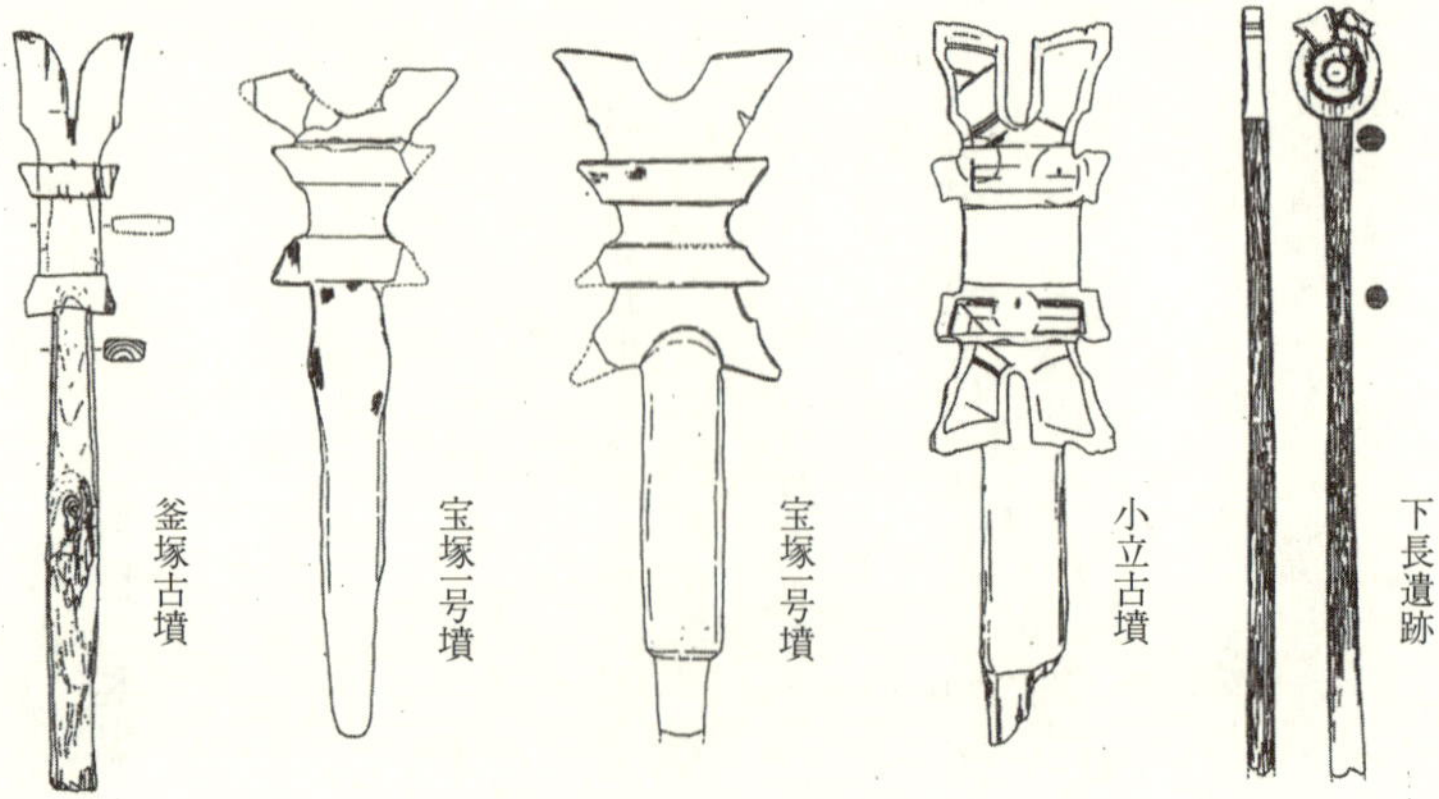

聖標の「かたち」

に細くて低い柵が設けられていたようだ。また参入路にあたる柵の途切れた部分には、柵のラインから約七〇㎝ばかり南側（外側）に平行して三本の細い柱穴列が検出され、筆者がかつて三ツ寺Ⅰ遺跡（群馬県高崎市）などの発掘成果をもとに主張した、外界からの聖処の直視を辟けるための目隠し塀の存在をうかがわせる（辰巳一九九〇）。

さて柵を囲繞させた当該区画には、内部の西寄りに、桁行二間・梁間二間、四周に縁を巡らせ、縁を含む総床面積約一七〇㎡に復元される高床の大型高床掘立柱建物が東面して建つ（黒田二〇〇六）。建物の主柱には長辺六〇～八〇㎝・短辺一〇数㎝の分厚い板柱が用いられる。板柱は大きな柱穴を隅丸長方形に掘り、掘方の一方の短辺に近接して立てられる。柱穴の底は板柱をその位置に落とし込むための斜路となるよう、板柱が立つ位置に向かって急傾斜をもって深くなる。板柱がかなりの高さをもつことをうかがわせ、つまるところ当該建物の棟の高さを物語ることとなる。また正面の軒先には小穴列がほぼ等間隔に並び、家屋文鏡（奈良県河合町、佐味田宝塚古墳出土）の絵画や、美園古墳（大阪府八尾市）出土の家形埴輪の分析（辰巳一九九〇）から、祭儀のための高床建物（高殿）の軒先に掲げた衣笠や幡などの棹を立てた痕跡かと推察される。

大型高床建物の正面（東側）、区画内部の中央から東には二八ｍ四方を超える広場が展開する。そこは渡り堤を経て目隠し塀を鉤の手に回り込み、区画内部へ参入したところに豁然とひらけた空間である。広場は衣笠や幡を飾りたてた大型高床建物と向かい合い、両者一体となって当該遺跡が機能したことは明らかである。祭儀空間と理解される。広場の東寄りからは小規模な掘立柱建物跡二棟と、東を画する南北方向の柵が検出されたが、それらはさきの大型高床建物と広場で実修される祭儀に関連する付属施設とみなされる。

筆者はかねて古墳時代の上位首長が経営する居館を分析し、国見・新嘗・神託授受等の高殿と呼ばれる建物を中心とした、首長が自ら祭儀を実修する祭政空間と、首長の居住及びクラや金属工房等の日常的・経済的空間に二分されることを論じ、前者を「ハレの空間」、後者を「ケの空間」と呼ぶことを提起してきた（辰巳一九九〇・二〇〇四）。その観点から極楽寺ヒビキ遺跡をみれば、そこには後者に属する遺構や遺物の片鱗だに指摘することはできず、すべての状況が祭政空間（ハレの空間）であることを指し示している。そこで本稿では祭儀空間の中心をなす大型高床建物を「高殿」と呼んで論を進めることにする。

二　大柱遺構――「大型三連柱穴遺構」

極楽寺ヒビキ遺跡にはいまひとつ注目すべき遺構がある。渡り堤から目隠し塀を鉤の手に回り込み祭儀空間へと参入した地点に検出されたそれは、南北三m前後、東西一～一・五mの隅丸長方形平面をなし、約一mの間隔をおいて東西に並ぶ三基の大土坑列である。各土坑内には掘方の南に近接して立てられた柱の痕跡が明瞭に遺存していた。三本の柱は東西に一列に並ぶ。大土坑は柱穴である。報告者はこの遺構を「大型三連柱穴遺構」と名付ける。

中央の柱穴に立つ大柱は長径七〇cm・短径四五cmの楕円形断面で、深さ約一m分の痕跡が残っていた（遺構が多少削平をうけているため、当初の柱穴掘削面が不明で、柱の埋め込みの深さはそれ以上となる）。また両側の柱穴には長辺六〇～七〇cm、厚さ一六cm前後の分厚い板柱が立てられた。掘削調査が行われた東側の柱穴では確認された埋め込みの深さが九〇cmであった。この板柱の数値は高殿の主柱に用いられたそれとほぼ等しく、柱穴の掘方の短辺の一方に近接して板柱を立てるために柱穴の底に斜路を設けるなど、高殿と共通した工法が用いられており、当該の大柱遺構が高殿と並ぶ高さを有する建造物であったことがうかがわれる。以下、巨大な丸柱とその両側に立つ板柱からなる当該「大型三連柱穴遺構」から構想される建造物について、古墳時代首長の祭儀空間である極楽寺ヒビキ遺跡の性格を念頭に考察をすすめたい。

三　門に立つ杖

板柱の痕跡が語る数値から、当該建造物が高殿に匹敵する高さをもつと推察されることは上述した。くわえて渡り堤とのあいだにある目隠し塀とみられる三本の列柱の存在は、その南側に並ぶ目隠し塀の柱穴と南北でほぼ同じ位置に立つことから、前者をさらなる結界施設とみる可能性を否定する。祭儀空間の正面側（南辺）は二重の柵列により結界・荘厳されるが、三本の大柱が内側の柵のラインより広場側にさらに〇・九m迫り出した地点に並び立つ点に留意すると、それが祭儀空間と密接な関連をもつ建造物であると認識される。

祭儀空間に立つ柱について、三品彰英の示唆にとむ考察がある。三品は『日本書紀』神功摂政前紀が語る、新羅征伐物語の後段に「皇后の所杖《つ》ける矛を以て、新羅の王の門に樹《た》て、後葉《のちのよ》の印としたまふ。故、其の矛、今猶新羅の王の門に樹てり」とみえるくだりについて、「まことに空想的な話であり、また古来わが国の降服の習俗にもそうした類のことはないようであるから、全くの机上の潤色であろう。或は想う、若し新羅の王宮の門庭に蘇塗系の神竿・水竿の類が立てられていたとすれば（尤もあり得ることである）、それからヒントを得たもので、そうとすれば今猶樹つという語が実証性を持って来る。ただしそれは降伏の印ではなく、宮廷の聖標であった」（三品一九六二）と、王宮の門庭に、その聖標として竿（柱）が立てられていた可能性を指摘する。なお神功記では、神功紀と同様のことを「ここにその御杖を、新羅の国主の門に衝き立て、云々」と語る。

矛（鉾・桙）が神や貴人の聖標としての杖でもあったことは、『常陸国風土記』香島郡条にも語られる。それは香島の天の大神創祀の伝承中、顕現した大神を「白細《しろたへ》の大御服《おほみぞき》服まして、白桙の御杖取りまし、識《さと》し賜ふ命《みこと》」とするくだりにみえる。また『出雲国風土記』意宇郡条が語る、いわゆる国引き神話の末尾に、国引きまし八束水臣津野命が

「意宇《おう》の社《もり》に御杖衝き立てて、『おゑ』と詔りたまひき」と、杖を「神の鎮座地の標示」（秋本一九五八）とするくだりにも同じ心意の発動がある。なお、上述した新羅王宮の門庭や意宇社にまつわる矛立・杖立の伝承が、神や貴人による該地の占有を意味していることは言うまでもない。

さきにみた新羅王宮の門に聖標としての矛が立てられていたとする神功摂政前紀のくだりは、応神記や垂仁紀三年条に来朝伝説を載せる天之日矛（記）・天日槍（紀）という新羅王子の名を想起させる。三品彰英は、但馬の出石地域に本貫をもつ渡来氏族たちが天之日矛の後裔伝説を共有し、矛（日矛）を祖霊の憑代（神体）として奉祭したと看破した（三品一九六二・一九七二）。そこには矛などの武器を、神や貴人が聖標として持つ呪杖とみなす古代的心意が指摘できる。

極楽寺ヒビキ遺跡で検出されたくだんの遺構に三本の大柱が立っていたことは間違いない。しかもそれは祭政空間を構成する広場に取り付く位置を占めている。大柱が空間の聖標であったとみてよかろう。筆者は、神や貴人の在処を象徴する杖や矛を観念させる「かたち」がそこにあったと推察する。

四　聳立する大聖標

三本の大柱は、いずれも七〇cmの幅を測るが、中央は厚さ四五cmの楕円形断面をもつ丸柱であるのに対して、それを挟むように立つ両側の柱は厚さ一六cm前後の板柱である。断面形を異にする二種の大聖標が立っていたのである。前段の考察をふまえ、それぞれの大柱の地上部分の形象を、極楽寺ヒビキ遺跡が営まれた古墳時代中期前半とそれに近い時代の考古資料群のなかに渉猟することとしよう。しかしながら、くだんの大柱の地上部分を類推させるうえで参考になるような大型木製品を既出土資料のなかに見いだすことはできない。おそらく、祭政空間の聖標として、首長を象徴する「かたち」をいっそう大きく造形させたものではなかったか。

かような観点にたてば、大柱の地上部分の「かたち」を連想させる考古資料のいくつかを見いだすことができる。まず両側に立つ板柱から推考される「かたち」には、釜塚古墳（福岡県前原市、中期初頭、前原市教育委員会二〇〇三）や小立古墳（奈良県桜井市、中期後半、桜井市文化財協会二〇〇二）出土のいわゆる石見型と呼称される形状の木製立物や、宝塚一号墳（三重県松阪市、中期初頭、松阪市教育委員会二〇〇五）出土の船形埴輪の船底に立てられた同形の土製品二点などを例示できる。また、木立古墳出土の大刀形木製立物や宝塚一号墳の船形埴輪の甲板に立てられた大刀形土製品（埴輪）なども候補にあげておくべきだろう。

これらはいずれもその基部が板状に近い矩形を呈するとともに、なにより貴人を象徴する器財とみなされる「かたち」である。それは宝塚一号墳のくびれ部と造出しに挟まれた空間に置かれた、被葬者の霊魂を他界へ送ると観念される船形埴輪（辰巳二〇〇二）の船上に、船体と較べて不釣り合いな大きさで造形された衣笠・大刀などの貴人の聖標を形象した土製品と並んで二本の石見型が立てられていた事実によく表れている。

石見型とは、古墳に樹立される立物のひとつで、土・木・石などを素材に作られ、上記の宝塚一号墳例や釜塚古墳例のような、工字形をなす体部の上辺からV字形に大きく伸び上がる角状の突起をもつ形象を、長い板柱様の竿の先に作り付けた姿形を初現とし、やがて工字形の下辺にも逆V字形の角状突起を作り付ける小立古墳例へと変化をみせる。そもそも石見型は出現の当初から、竿の先にある形象部分の縁端線を屈曲させ、随所をいわゆる鰭形に表出しようとする装飾化の指向が著しい点に、その「たかち」のモデルとなった器財の高度な象徴性がみてとれ、それが首長の聖標のひとつであった可能性をいっそう高くする。極楽寺ヒビキ遺跡はその初現期にあたる。しかし中期中葉以降の石見型はデフォルメが急速に進行、工字部分の二画目にあたる縦位の軸と竿状の板柱が極端に短くなる一方で、本体の上辺と下辺および角状突起のそれぞれが一枚の装飾板へと肥大して本来の形状はすっかり失われ、それを聖標とする認識は低下していったと理解される。

初現期の石見型のモデルを考えるうえで参考となる資料が、極楽寺ヒビキ遺跡と同じ奈良県御所市の鴨都波一号墳（前期中葉）粘土槨の棺外西側に副葬されていた二本の鉄槍にともなう漆塗り装具である。該資料は木質部の大半が腐朽し去り、表面に塗布した黒漆膜の形状に、直弧文の装飾を施した石見型の装具であったことが明らかになった（御所市教育委員会二〇〇一、吉田二〇〇五）。槍鞘が良好な状態で検出された権現山五一号墳（兵庫県たつの市、前期前葉、近藤・大谷ほか一九九一）出土例のように、断面が杏仁形をなす木製で、鞘尻以外を樹皮巻とし、鞘口付近に赤漆と黒漆を重ね塗った筒形の実用的な形態が通有の外装であったとみられる。しかるに鴨都波一号墳例にみる、鞘を包み込むように大きく装飾的な石見型装具のありさまは、それが喪葬儀礼をはじめ、王権祭儀にあたって儀仗の意味をもつ装具であったことをうかがわせるとともに、その形状を矛などの長柄《ながえ》武器の外装に敷延させることができる。

なお古墳時代前期の副葬品のなかに、儀杖の先端飾りとみられる、さきの石見型に極似する碧玉製などの小型石製品があるが、それもまた儀仗の装具を付けた長柄武器を聖標としたことに由来する形象と理解できよう。

さて次に極楽寺ヒビキ遺跡の祭政空間を象徴する三連大柱の中央に立つ、楕円形の丸柱について考察を進めたい。それが左右の板柱より厚みをもった大柱である点と、中央に立てられる点において、より象徴性の高い聖標であったとみてよかろう。筆者は、長柄の上端を円環状やV字形などの形象に作り出した「儀礼や祭祀の場において首長が直接手にすることによって、自らの権威を一般成員（民衆）に知らしめるための杖」（樋上二〇〇六）に比定される儀杖形の木製品や石製品（玉杖）の「かたち」がこそがもっともふさわしく、それを大柱に造形したとみる。

儀杖形木製品のなかには大型品がある。下長遺跡（滋賀県守山市）の古墳時代前期の溝から出土したそれは、長柄の基部が折損しているが、残存長は一一七cmを測り、本来は二m程度の全長があったと推察されている（守山市教育委員会二〇〇一）。柄の先には、中央に約三cmの丸い孔があく直径一四・五cmの二重円環が作り出され、その上には先端が撥形をした、V字に立ち上がるふたつの突起をもつ、組帯文を作り出す。柄の断面は丸く、直径四㎝前後を測る。基部が折損する状況から、何処かにたてられた聖標であったと思われ、極楽寺ヒビキ遺跡におけるくだんの丸柱の形状を推察するうえで最右翼の資料である。

おわりに

極楽寺ヒビキ遺跡で発掘された祭政空間に面して立つ三本の大柱遺構に触発され、さらに記紀や風土記の記載に導かれ、貴人の祭政空間を象徴する聖標として杖や矛を観念した大柱が立てられた可能性を指摘するとともに、その候補となる「かたち」を考古資料のなかに検討した。

当該の大柱遺構とそこに立てられたであろう聖標の存在は、中期後半の首長居館である三ツ寺I遺跡の景観復元にも新たな問題を提起する。三ツ寺I遺跡の屋敷内は柵列により「ハレの空間」（祭政空間）と「ケの空間」に二分されることはかねてから論じてきた（辰巳一九九〇）。前者の空間は中心となる大型掘立柱建物と祭儀にかかわる聖水を汲む井戸、屋敷外から水道橋により導かれた流水を利用した修祓にかかわる石敷遺構からなり、極楽寺ヒビキ遺跡と同様、建物正面に一五m×二三mの広場が展開する。この祭政空間には広場を挟んで大型建物と向き合う特異な三本の柱穴遺構（報告書では「中央柱列」と「一号柱列」というふたつの名称が付与されるが、遺構に関する具体的説明はない。群馬県教育委員会ほか一九八八）がある。その中央柱は大型建物の中心線上にあり、筆者は祭政空間の中心である大型建物と広場を直視することを避ける目隠し塀の遺構とみてきた。しかし報告書の遺構図を子細に検討すると、三本の柱のうち、両側の柱穴は長辺八〇～九〇㎝で短辺が約五〇㎝と約二〇㎝からなる矩形をなし、なかに柱穴の長辺いっぱいの板柱が立てられていた痕跡が明瞭に認められる。一方、大型建物の中心線上にある中央の柱穴は長辺六五㎝、短編約四〇cmの隅丸の矩形で、板柱に較べて厚みのある長辺四〇数cmの隅丸柱が立てられていたことが観察される。広場に面して立つ大柱遺構の状況は極楽寺ヒビキ遺跡のそれに極似している。ここにも聖標がそびえていた可能性が推考される。

参考文献

秋本吉郎　一九五八『風土記』日本古典文学大系二　岩波書店

黒田龍二　二〇〇六「極楽寺ヒビキ遺跡大型掘立柱建物（建物一）の復元とその諸問題」『考古学論攷』第二九冊　奈良県立橿原考古学研究所

群馬県教育委員会ほか　一九八八『三ツ寺Ⅰ遺跡』

御所市教育委員会　二〇〇一『鴨都波一号墳調査概報』学生社

近藤義郎・大谷晃二ほか　一九九一『権現山五一号墳』同刊行会

桜井市文化財協会　二〇〇二『磐余遺跡群発掘調査概報』Ⅰ

辰巳和弘　一九九〇『高殿の古代学―豪族の居館と王権祭儀―』白水社

辰巳和弘　二〇〇二『古墳の思想―象徴のアルケオロジー―』白水社

辰巳和弘　二〇〇四「中央氏族の本拠とその構造―「居館」論を見直す―」『畿内の巨大古墳とその時代』（季刊考古学別冊一四）雄山閣

奈良県立橿原考古学研究所　二〇〇七『極楽寺ヒビキ遺跡』（奈良県文化財調査報告書第一二二集）

桶上昇　二〇〇六「儀杖の系譜」『考古学研究』第五二号第四号

前原市教育委員会　二〇〇三『国史跡　釜塚古墳第三次発掘調査概要』

松阪市教育委員会　二〇〇五『史跡宝塚古墳』

三品彰英　一九六二『日本書紀朝鮮関係記事考証』上巻　吉川弘文館

三品彰英　一九七二『増補　日鮮神話伝説の研究』三品彰英論文集第五巻　平凡社

守山市教育委員会　二〇〇一『下長遺跡発掘調査報告書』Ⅷ
吉田野乃　二〇〇五「石見型の樹立物の原形について」『龍谷大学考古学論集』Ⅰ　龍谷大学考古学論集刊行会

仮殿遷宮について

中西　正幸

一　仮　殿

千三百年にわたる遷宮史にあって、まさに中世は激動の時代であった。歴史伝統あふれる正殿の尊厳性は、単に式年遷宮を繰り返した結果にかぎらず、それ以上に式年外の仮殿・臨時の遷宮が支えてきたことを、誰しも推察できよう。式年遷宮は二十年毎に執行されるが、式年外の遷宮として突発的な臨時遷宮と、正殿以下の修理を行なう仮殿遷宮が行なわれてきた。とりわけ仮殿遷宮に限ってみると中世では、内宮が遷宮全体の五十九回に対して三十三回、外宮が七十回に対して五十一回が実施された回数である。式年遷宮すら順調に執行できかねた時代、修繕が相次いで重ねられたと慨嘆するばかりである（1）。

『造伊勢二所太神宮宝基本記』に「仮殿遷宮ノ事、奉ルレ渡二正体ヲ於仮殿一黒木板葺」とあり、『古老口実伝』にも神宮祠官が黒木の仮殿を遠慮すべきことは、仮殿遷宮を憚っての事と伝えている。仮殿遷宮は風水害、正殿の腐朽、御装束の湿損、心御柱の傾危などの事故により、神体を仮設の御殿にうつして正殿を修繕する。その仮殿について薗田守良は、

仮殿とは本殿修理奉レ仕の時は仮に御殿を造り奉り、其殿に出御なし奉り置て、本殿の修理終て又還御なし奉る例にして、暫時其処にませばいと仮初の御殿なるよしの名なり（2）。

と論じている。仮殿とは「仮初の御殿」のことで修繕のため、黒木の仮設の御殿を設けるのが本義であるが、時には既設殿舎を用いた場合もある。この遷宮においては造宮使が封戸・神税をもって正殿を修復し、宮司は仮殿を造営する慣例であり、『建久九年内宮仮殿遷宮記』の二月二十一日付宮司書状に、「抑　於二仮殿造営一者、任二先例一宮司所課也、至二正殿已下御修理一者、任二先例一修理造宮使之勤也」とみえる。(3) 仮殿を造作するか、既設の殿舎を用いるかを考えさせるのが嘉元二年（一三〇四）九月、神嘗祭例幣に際して検分した処、正殿の御船代に雨露が及んで帛御装束の湿損により、正殿修理が不可避であると禰宜中が注進。古殿・仮殿・便宜殿の何れの形式にするかで慎重に審議され、長暦二年の正殿顛倒につき御饌殿、仁安三年の内宮炎上につき忌火屋殿に奉遷されたが、今回は東宝殿を仮殿とすることに決定した。このように室町末期から戦国時代にかけての時期、遷宮毎にいろいろな問題が生じている。

古代より祭主に造営費を担当すべき別功を仰せ付けられたが、やがて有名無実となり大宮司が兼ねることもしばしば起こった。嘉元二年（一三〇四）五月、禰宜たちは大宮司・大中臣長光の修造怠慢から解任をもとめ、前任者の大中臣長藤を還補する運びとなったのも一例である。やがて豊臣氏が上部太夫、徳川氏が山田奉行に重責を負わせることになり、いわば祭主・大宮司に代って、部下が造営を担当すべき所となったのである。

また神宮の私力をもって造営する「儲殿」は、雨露を凌ぐための卒爾の造作で、神宮の奏請により朝廷から大宮司に仰せ出される仮殿とは異なっている。内宮は明応五年・永正十八年・天文九年・同十八年を儲殿と称するが、外宮ではこの名称を忌避して延徳二年・永正十八年・天文九年・永禄八年を、あくまでも仮殿と称してやまない。

この延徳二年（一四九〇）九月十四日の仮殿遷宮は失火であろうか、神嘗祭直前に正殿から出火し、参籠中の禰宜たちも急遽かけつけた。御船代の蓋が開いていて不審を極めたが、取りあえず神体を調御倉に奉遷し、御樋代・御船代を酒殿御倉に移した。頭工たちが翌日かぎりで仮殿を造作し、由貴大御饌がおわった十六日に還御を行なった。一日で繕った御殿とは、享徳二年（一四五三）の式年造営につき造作中で、三十七年間も未作のまま放置されていたものである。文明十八年・延徳元年・同二年と火災が三度続いたが、度重なる危難のほどが察せられる。

二　仮殿造営

仮殿を建てるには杣入・山口祭・木本祭・木作始・立柱祭・上棟祭などの諸行事が行なわれる。まず日時について朝廷において陣儀があり、「入レ杣二材木一」「始二仮殿木作一」「立レ柱上レ棟」「奉レ渡二御体於仮殿一」「修二理正殿一」「奉レ移二御体於正殿一」に関する日時が宣下される。そして仮殿を営作するため、御杣から御用材を伐り出して木作をはじめ、宮地を鎮地し、心御柱を立てる。仮殿の御柱をたてて棟を上げ、神体を本殿から仮殿に遷しまつり、本殿の修理が取り進められるのである。

まず杣入について『建久九年内宮仮殿遷宮記』によれば、正殿・東西宝殿・瑞垣御門・玉串御門・外幣殿・舞姫候殿・荒祭宮の葺萱三分ノ一を修理する予定であった。翌年二月に禰宜中は、文治五年（一一八九）例をもって杣作十二ヶ日、黒木杣二ヶ日を要すると報告。三月には三頭工三十三人の十二日分、本宮鍛冶二人の十日分におよぶ杣食を要求した。杣作は修理材、黒木杣とは仮殿材の伐採を指している。

次いで山口・木本両祭をとり行ない、仮殿材の伐採に先んじ、心御柱を伐り出して真菰で巻き、榊葉を飾って運びだし、深夜に料木を奉建する。仮殿遷宮の執行理由がしばしば心御柱の傾危・朽損によるのも、いかに御柱が尊崇されていたか推測できよう。御柱は口径五寸・地上三尺・地下二尺ほどであるが、『元亨元年内宮仮殿遷宮記』では同三年（一三二一）三月、御柱を確かめた実検使が正中より一寸七分半、東方に寄っていることが判明した。本来の柱穴に埋めることになったが、御柱を神聖視してのことである。

凡そ大嘗祭の宮殿は「正殿一宇、甍置二五尺一、堅魚木八枝、着二博風一、構レ以二黒木一、葺レ以二青草一」の建て方であり、稲実殿も「神坐殿者以㆓黒木㆒云々、以㆓四枝黒木㆒為㆑柱、用㆑萱片葺、薦為㆓壁代㆒」という。神宮においても『建久九年内宮仮殿遷宮記』の七月九日条に「棟覆泥板、御敷板皆檜板也、材木皆黒木也」とみえる。『古老口実伝』に、神慮慎むべき心得として、「黒木の仮屋」を造ることは遠慮すべきと諭している。たとえ祭主が仮屋を造作するにも黒木を用いず、仮殿を憚って皮剥用材を使用すべきとの一項を設けている。

一、祠官等黒木ノ仮屋可㆑有㆓思慮㆒云々、但皮剥者無㆑恐也、祭主隆世卿御一宿仮殿之時、祭主仮屋黒木ノ柱被㆑剥㆑皮畢、敬神之至、神妙、(4)

また『永仁五年内宮仮殿遷宮記』によれば五年（一二九七）四月、物資欠乏する時代を背景として、禰宜中が大宮司に対して鎮地祭の祭物違例を言上した。その書中に「鶏卵等無㆓現進㆒、以㆓絵様㆒可㆑用事」という注目すべき言葉が散見している。「絵様」とは絵をもって現物に代える方法で、世上の混乱がつのれば随所で見受けられた便法である。

この仮殿の丈尺は『建久九年内宮仮殿遷宮記』によれば、左の通りである。

三間板葺御殿一宇
高一丈二尺五寸、長二丈六尺、中間一丈、左右各八尺、在㆓四面欄㆒、南面御橋板一〇枚、棟持柱一丈六尺五寸、
御敷板皆檜板、材木皆黒木也、
瑞垣御門
東西脇各三丈六尺、南北長九丈八尺、
蕃垣
東西脇各四丈四尺、南北長瑞垣旧跡定也、(5)

数ある遷宮記のなかで、仮殿以下の丈尺を明確にしめした数少い資料であり、近世の益谷末寿が「建久九年七月十八日　仮殿遷宮之図」（『定統覚書』三）を作成している。延暦儀式帳をみると縦一丈六尺・横三丈、高一丈とあるが、高さは床下を省略して床上にかぎることに注意しなければならない。

なお御巫清直の『五度仮殿類記』では享徳元年（一四五二）末の外宮仮殿について縦一丈四尺・横二丈二尺の丈尺を図示している。そして第一鳥居を御門代りに内院の木柴垣が縦一一丈二尺・横一一丈四尺、第二鳥居を御門代りに外院の木柴垣が縦一三丈六尺・横一二丈八尺であったという。既設殿舎を仮殿に充てる場合には、東宝殿・古殿・御饌殿などを活用した事例が古記録にみえるが、およそ東宝殿の事例が多い。殿内に壁代を引き廻らし、天井を構えて料絹や蚊帳を張り、浜床・床敷を置いて御船代を奉安する。殿外の正面に御橋を設けて、周囲に高欄を廻らすのが全体の構図である。

また『仁治三年内宮遷宮記』に十月のこととして、御樋代の蓋が破損したので急遽これを調製した。未乾燥の御用材の状況を窺わせる事態が再三おきているのも、伐採から造作まで短期間であった当時として無理はない。「仮殿御装束并用途物」として、殿内を粧いまつる壁代・蚊屋・袷帳・単帳、奉遷御料の絹垣・行障・道敷布・薦莚などを宮司が用意し、神体を覆いまつる御料が官下される。

刺車錦御被		二条
御船代内敷	小綾帛御被	二条
同　上覆	帛御被	一条
御樋代内覆	紫御被	一条
以上	辛櫃	一合(6)

三　仮殿遷座

仮殿への奉遷は次のように運ばれる。奉遷使が二鳥居より進んで、宮司と出会って玉串行事所にいたる。奉遷御料・諸員を祓いきよめ、参進して本殿の御垣内にいたる。玉串奉奠・八度拝のあと、一禰宜が御鑰を捧げて昇階・開扉する。奉遷使・宮司が御橋際にて、使が御沓を脱がずに詔刀を申し、一禰宜・大物忌が昇階して御戸を開く。召立の権官が陣列にしたがって読上げ、御巫内人が鶏鳴三声をつとめ、前陣のあと奉遷使・神儀・後陣が続く。仮殿に神儀を遷して御扉をしめ、奉遷使が詔刀を奏上、八度拝して退出となる。

祝詞は遷御・還御に際して、前後四度の詞文を杉原紙一枚に認める。奏上は祭主の所役であるが、弘安二年（還御）・明応六年・慶長三年は宮司が読上している。また奉遷使が沓を脱がずに祝詞を奏上したように、奉遷の途上では沓を脱がず、事が終わってから沓を脱ぐことになっている。

召立文について『建久九年内宮仮殿遷宮記』をみると、次のような陣容である。

前陣

宮掌八人　乗燭一〇人　道敷一六人　行障二人　御楯八枚　御鉾六竿　御靫六腰

御弓六張　菅御羽二枚　紫御翳二枚　菅御笠二枚　金銅作御太刀六腰　玉纏御太刀六腰　御飾剣六腰　御鏡筥

六合　御櫛筥六合　御蓋一基　同綱四人　御絹垣二〇人

計一二二人

後陣

御鏡筥六合　玉佩筥六合　須我利御太刀六腰　金銅作御太刀六合　御蓋一基　同綱四人　菅御笠二枚　御弓六

腰　御靫六腰　御鉾六基　御楯六枚　　計七二人

昇殿供奉　正体奉戴　二人（副四人）

　　　　　左右相殿奉戴　二人（副二人）[7]

昇殿供奉一〇人を含めて総員二〇三人に及んでおり、式年遷宮に劣らない陣容である。参考までに内宮側の概数を示しておこう。

	前陣	後陣	奉戴	総計
建久　九年	六九	六七	九	一四五
仁治　三年	一一一	七四	一〇	一九五
建長　六年	六九	七四	一〇	一五三
弘安　二年	一二一	七二	一〇	二〇三
永仁　五年	一二三	七七	一〇	二一〇
嘉元　二年	七三	三七	一〇	一二〇
元亨　元年	一二三	七五	一〇	二〇八
応永　七年	九七	七七	一二	一八六
明応　六年	七二	二七	（一〇）	一〇九
永正一八年	八九	四一	（一〇）	一四〇
慶長　三年	一二〇	六九	一〇	一九九

四　正殿修理

『建久九年内宮仮殿遷宮記』によれば正殿・東西宝殿・瑞垣御門・玉串御門・外幣殿・舞姫候殿・荒祭宮の葺萱が三分ノ一も朽損し、その修理のため御一宿の原則を守って葺萱の準備に入った。

仮殿の神儀を憚って雲形幕という紺布をはり廻らすが、『元徳二年内宮仮殿遷宮記』に「先奉レ懸二御幌一、地下参詣諸人拝見之間、露見之故也」とみえるように、苛烈な時代にあっても参詣の人波は絶えなかったことが分る。正殿は五四人（頭工四人・本工四〇人・雇工一〇人）、東西宝殿は四三人（本工三三人・雇工一〇人）、瑞垣御門には二二人（滝原宮工）が出揃い修理を進めた。

また造宮使が準備した「朽損修理造料用途物」の正殿分は次の通りである。

御戸本指料木	一支	葺萱	八〇〇為	差檜	五〇隻	蕨	一五〇隻
針	六隻	鉄鎚	三具	江津利縫鉾切手料樽	八〇寸		
縫縄	一五〇方	簀縄	二〇〇〇方	針返料板	四枚	歩板	五〇枚
橋一曲料木	四三寸	椙	一五〇〇支				

『嘉元二年内宮仮殿遷宮記』には、禰宜中が正殿はじめ別宮に至るまで、修理すべき広汎な範囲を注進していて驚かされる。葺萱や壁板・柱根に至るまで、修理箇所は随所に見受けられた。

所レ加二御修理一者、本宮正殿、東西宝殿、瑞垣御門、庸御倉、庁舎、一殿、御輿殿、并荒祭宮之御倉、伊雑宮之一殿、忌火屋殿及瑞垣板百五十枚、玉垣柱三十本、荒垣五十七間是也(8)、

さらに『文安二年内宮仮殿遷宮記』の永享十一年（一四三九）七月、玉垣御門・齋王候殿・玉垣鳥居・南鳥居など、荒垣内の未作殿舎について、禰宜中より注進した。正殿・宝殿・幣殿は辛うじて造営できたが、別宮や附属建物が殆んど未作であった。九月の禰宜解状に「建久以来新造九箇度、東宝殿六箇度」とみえるが、遷宮制度の中絶を間近かにして、仮殿の要望すらとても叶い難いことが推測できよう。荒垣以下の未作殿舎は次の通りである。

玉垣御門　齋王候殿　舞姫候殿　玉垣二重　南鳥居　一殿　忌火屋殿　主神司殿　庁舎　由貴殿　酒殿　齋王御饌殿　御厩　外御厩　御輿宿　車宿　河原殿　子良館

さらに諸別宮の未作殿舎は、次のような無数に及んでいる。

荒祭宮忌火屋殿　同御倉　月読・伊佐奈岐両宮　同忌火屋殿　瀧原並宮　同一殿
伊雑宮　同一殿　同忌火屋殿　風日祈宮

別宮の附属殿舎や遠隔別宮が中絶し、摂末社も殆んど廃絶するに至ったのである。

五　正殿還御

仮殿より本宮への還御は次のような次第である。正殿以下の修理が済むと、神儀が奉遷される。玉串行事所における修祓後、奉遷使以下が内院に参入、奉遷使が御橋際にて詔刀を申す。御扉が開かれると、御神宝を捧げて前後の陣列を整えて、正殿に粛然と渡御する。禰宜が御扉を閉じると、奉遷使が橋際にて詔刀を申し、仮殿を閉ざす。一殿において奉遷使以下が勤行文に連署し、神慮快然のうちに儀式を終える。

御神宝について外宮は問題が多く、御巫清直は『五度仮殿類記』に、外宮の「文亀仮殿遷宮ニ神宝ヲ調備セシハ禰宜等ノ私ナリ」と考証している。延徳元年（一四八九）の正殿炎上により神宝類が焼失したので、同二年（一四九〇）の仮殿遷宮では召立もなかった。ために文亀元年（一五〇一）九月、神嘗祭当日に行なわれた仮殿遷宮では、一禰宜が私的な解釈によって、官下にかかる太刀・弓・楯・鉾の神宝に加えて、数々の品々を新調した。そして永正十八年（一五二一）の仮殿遷宮には、山田三方の資金的な協力もあり、奉搬された神宝がはるかに豪勢な有様であったことは言うを俟たない。

先陣供奉
御楯六枚　御鉾六管　御弓六張　御胡籙二腰　御鞆二枚　御靫二腰　菅御笠ニ柄　紫御翳二柄　紫御蓋一具
御太刀二腰　鮒形御太刀二腰　飾御太刀二腰　御玉佩筥二合　御櫛筥二合　御鏡筥二合　御行障二条
後陣供奉
御鏡筥二合　御櫛筥二合　飾御太刀二腰　鮒形御太刀二腰　御太刀二腰　御蓋一具　紫御翳二柄　菅御笠二柄

御胡籙二腰　菅御笠二柄　御鞆二枚　御靫二腰　御弓二張　御鋒四管　御楯六枚(9)

さらに永禄六年（一五六三）・元禄二年（一六八九）を比較すると、ともに神宝加進を反映して、内宮に優るとも劣らない列次が編成された。永禄度の御鎧・御火桶・鮒形御太刀・飾御太刀・御玉佩筥・御沓筥・御硯箱、次いで元禄度の白馬形・御鞍・御床几・御脇息・御香炉・御香箸・蟷螂形御太刀・鵄尾御琴など加進されたが、その多くが明治期に廃止されたのは妥当なことであった。

また『天正外宮仮殿記』では九年（一五八一）十月の還御次第を伝え、絹垣・行障に囲まれた御仮櫃を御榊衆が覆ったという。さらに『永正天文外宮仮殿遷宮記』をみると天文十八年（一五四九）、高宮の仮殿（古殿）から本殿へと還御する状況が窺える。神宝は楯・鉾・弓矢ばかりなので、権任たちが榊枝を運んで執物に代えたとある。前者の御榊衆は還御の古態を残すと注目でき、後者は神宝の代用として、哀れを誘うものである。

以上のように、中世末葉の百二十四年という遷宮中絶期は、まさに「歴史の裂目」というべき苛酷な状況下であったが、仮殿遷宮を繰り返して尊厳性を辛うじて守ってきた。痛感することは伝統みなぎる祭儀の持続性と、変転して止まない現実への柔軟な対応性とが、何よりも大切な永遠の課題としなければならない所であろう。

註

（1）拙稿「中絶期の式年遷宮」（祭祀儀式研究会編『祭祀文化』創刊号、平成二十一年七月刊）、鎌田純一著『中世伊勢神道の研究』（平成十年・続群書類従刊行会）参照。
（2）薗田守良著『神宮典略』前篇（神宮司庁編『大神宮叢書』、昭和四十六年、神宮司庁刊）、式年外遷宮、四四五頁。
（3）『建久九年内宮仮殿遷宮記』（神宮司庁編『神宮遷宮記』巻一、平成四年、国書刊行会刊）四五頁。

(4) 西河原行忠撰『古老口実伝』(神宮司庁編『度会神道』前篇、昭和四十五年、臨川書店刊)二三一頁。
(5) 前記『建久九年内宮仮殿遷宮記』一〇二頁。
(6) 『御一宿仮殿遷宮記』(神宮司庁編『神宮遷宮記』巻二)七〇~七一頁。
(7) 前記『建久九年内宮仮殿遷宮記』一二二~一三〇頁。
(8) 『嘉元二年内宮仮殿遷宮記』(神宮司庁編『神宮遷宮記』巻二)二三七頁。
(9) 『永正十八年内宮仮殿遷宮記』(神宮司庁編『神宮遷宮記』巻四)二一一~二一六頁。

伊勢神宮祈年祭と御田種蒔下始行事

藤森　馨

はじめに

古代神宮では、毎年二月九日（延暦二十三年時には十二日）に祈年祭が斎行されていた。神嘗祭や臨時奉幣は奈良時代でも、九月十一日に奉幣使発遣儀が大極殿小安殿で行われ、同月十五日に伊勢神宮に到着していたから、十二日に伊勢神宮で祈年祭が斎行されていたということは、行程的には再考しなければならないことではある[1]。しかしながら、十二日に祈年祭が行われていたことは、『皇太神宮儀式帳』に明記されているので動かせない。奈良時代や平安時代初頭には、祭日が二月十二日であったろうことは動かせない。

さて、その祈年祭と連動して、後世、神田下種祭と呼称され、神田で春耕行事が執行されていた。後世では四月下旬を斎行日としていたようである[2]。『皇太神宮年中行事』によれば二月一日に鍬山神事が、同月十二日に伊賀利神事が奉仕されていた。延暦年間には、内宮では御田種蒔下始、外宮では御田種下始行事と呼ばれていた。ところでその斎行日時に関して、いくつかの論がある。十二日の祈年祭の前に斎行されていたとする説と、祈年祭の終了後に斎行されていたとする説である。そこで小稿では、その時期について、いささか検討を加えてみたい。

一　御田種蒔下始の具体的式次第

伊勢神宮の神田は如何ほどあったのであろうか。「延喜伊勢大神宮式」神田条によれば、神田は、

神田卅六町一段。

大和国宇陀郡二町。

伊賀国伊賀郡二町。

伊勢国卅二町一段。桑名鈴鹿両郡各一町。安濃壱志両郡各三町。飯高郡二町。飯野郡十一町六段。度会郡十町五段。右。神田如件。割度会郡五町四段。二町四段大神宮。三町度会宮。令当郡司営種。収穫苗子。供用大神宮三時并度会宮朝夕之饌。自余依当土估賃租。充供祭料。


と、大和・伊賀・伊勢の諸国に所在し、全て三十六町一段あった。中でも度会郡の五町四段は、二町四段が内宮、三町が外宮の神田とされていた。由貴大御饌神事や日別朝夕大御饌神事の稲は、ここで栽培されたのである。

さて、内宮の御田種蒔下始は、「儀式帳」「年中行事并月記事」に、

先始来子日。大神宮朝御饌夕御饌供奉御田種蒔下始。祢宜内人等。率二山向物忌子一。湯鍬山尓参登時波。忌鍛冶内人乃造奉留金人形。并鏡。鉾。種々物持弖。山口神祭。然到二櫟木本一。即木本祭。（祀物員如二山口祭一。）然其木本乎山向物忌仁令下以二忌斧一弖切始上弖。然即祢宜内人等加戸人夫等尓令レ切弖。湯鍬仁造持弖。諸祢宜内人等波。真佐岐蘰為弖

下来。大神乃御饌所乃御田仁到立。酒作乃物忌乃父仁忌鍬令採弖。大神乃御刀代田耕始。即田耕歌弖。田舞畢。然即諸神田耕始。并諸乃田耕始。又秋収時尓。小内人祝部等乎率弖。大神乃御田乃稲乎抜穂仁抜弖。長楉乃末仁就弖。御田乃頭仁立弖。即臨二九月祭日一弖。酒作物忌父尓令捧弖。大神宮乃御倉尓奏上。三節祭朝御饌夕御饌供奉。

とあるように、右のような式次第で執行されていた。すなわち、二月はじめの子の日に、御田に種を蒔き下ろしぞめが行われた。禰宜が湯鍬山に登り、山口神祭を執行。その後忌鍬を作るための木本祭を行った。忌鍬が調製され、神田で菅裁物忌という童女が忌鍬で田耕始めの儀を行い、田舞を舞って、耕作が開始された。秋には、禰宜が小内人・祝部等を率いて、大神御田の稲を抜穂に抜き、長楉の末に就け、御田の辺に立てた。そして、九月神嘗祭に酒作物忌が大神宮御倉に奏上。三節祭朝御饌夕御饌、すなわち九月神嘗祭と六月・十二月の月次祭の朝夕の大御饌に供進されたのである。[3] 神嘗祭には、この時収穫された最初の稲が用いられ、御飯が供進されたのである。

一方、外宮の御田種下始行事は、

以二先子日一。二所太神乃朝御饌夕御饌供奉。御田種下始行事。

祢宜内人等。率二菅裁物忌一。湯鍬山尓参登。尓時忌鍛冶内人加造奉留金人形。鏡。鉾。并種種物持弖。山口神祭。然致二櫟木本一祭奉。（祀物如二山口祭一。）然其木本乎菅裁物忌以二忌斧一弖切始弖。然即祢宜内人等我戸人夫等尓令切弖。湯鍬尓造持弖。諸祢宜。内人等波真佐支乃蘰為弖。自レ山下来弖。二所太神乃御饌所乃御田尓致立。先菅裁物忌。湯鍬以弖耕始弖。湯種下始。然即其御田乎令レ為二耕作殖状一了。即諸内人等田儛仕奉弖。直会被給留。然後。祢宜。内人等。各私種下始。次諸百姓等種下始。

太神宮司奉二進春菜漬料塩弐斛一。

とあり、内宮と同様の式次第で執行されていたことがわかる。ただ、稲の収穫後の扱いが、内宮と異なる。『止由気宮儀式帳』二所太神朝御饌夕御饌供奉行事条に、

一二所太神朝御饌夕御饌供奉行事。

供膳物。

天照坐皇太神御前。御水四毛比。御飯二八具。御塩四坏。御贄等。

等由気太神御前。御水四毛比。御飯二八具。御塩四坏。御贄等。

相殿神参前。御水六毛比。御飯三八具。御塩六坏。御贄等。

右大物忌父我佃奉抜穂乃御田稲乎。先穂乎波抜穂尓抜弖。九月神嘗祭八荷供奉。（一荷懸二八把一。）然所遺稲乎以弖。将来至二于九月十四日一。御炊物忌尓令二舂炊一弖。御塩焼物忌乃焼奉御塩。并志摩国神戸人夫等奉御贄等乎持氏。御炊物忌尓令二頂持一。大物忌御机副氏。祢宜。大内人等御前追氏。御饌殿乃前尓持登入氏。大物忌。御炊物忌乎奉入氏。日別二度奉。畢時三八遍拝奉罷退。（此御膳器造奉土師物忌。并度会郡徭丁。）


とあるように、稲は、毎日御饌殿で執行される日別朝夕大御饌に奉られることになっていたが、『止由気宮儀式帳』九月例神嘗祭条に、

以二十六日朝一。国国処処神戸人夫等所仕奉神酒。并御贄等乎自二御厨一奉入。次二箇神郡国国処処神戸所進懸税稲乎。千税余八百税尓懸奉。其奉時。祢宜太玉串捧持弖。懸税先立参入。次大内人。大物忌父等抜穂稲八荷持立。次小内人等。并戸人夫等。懸税稲乎百八十荷持参入弖。抜穂稲乎波内院持参入弖。正殿乃下奉置。懸税稲乎波玉垣尓懸奉。

とあるように、神嘗祭に国々処々の神戸所進の神酒・懸税とともに、神田で収穫された稲八荷のみは外宮正殿下に納められていた。そして、その残りが日別朝夕大御饌に用いられたのである。前稿で述べたように、外宮では三節祭の大御饌に御飯は奉上していなかった(3)。すなわち、収穫された稲のほとんどが、日別朝夕大御饌に供進されていたのである。

ところで、この行事を神宮の本来の祈年祭と見る向きもある。それは「職掌雑任肆拾参人」条「忌鍛冶内人」に、

忌鍛冶内人。無位忌鍛師部正月麻呂。
右人卜食定補任之日。後家之雑罪事祓清斎慎供奉。職掌。作進雑金物四百三十六柄。御食料之御贄小刀十五柄。祭別大宮三柄。荒祭滝祭別各一柄。御波志十五柄。祭別大宮三柄。荒祭滝祭別各一柄。毎年二月之祈年祭忌鍬一口。忌斧一口。神祭大刀八柄。鉾前三十六枚。鏡三十六枚。人形三十六口。已上件祭物百十八口供奉。
毎年四月九月合二時服織神部之御服供奉所仁作奉。御小刀四十八柄。御錐四十八柄。御杖前四十八口。御針四十八隻。并件御服之加物百九十二柄。又同前仁神部等用使物。大斧二柄。立義斧二柄。前斧八柄。大乃未八柄。鉋二柄。大錐十柄。中錐八柄。三俣錐八柄。小刀廿四柄。已上用物七十二柄。忌慎供奉。具顕二月記条一。

と「毎年二月之祈年祭忌鍬一口」と見えることを根拠としている。朝廷の使者を迎える祈年祭では鍬は使用されなかったから、御田種蒔下始に使用されたと考えられる。そうすると御田種蒔下始は、神宮の祈年祭ということになろうとされている(4)。

しかし、内外両宮ともに行事としている以上、祭祀とは考えられないのではなかろうか。このことは「延喜伊勢太神宮式」に見え、「凡採営神田鉏鍬柄者」と見えることからも考えられる。「延喜大神宮式」鉏鍬柄条には、

凡採営神田鉏鍬柄者。毎年二月先祭山口及木本。然後採之。所須鉄人像。鏡。鉾各八十枚。

と「営神田」とあり、祭祀とは見えない。やはり、御田種蒔下始を祭祀と考えるのは難しいのではなかろうか。

二　神宮祈年祭と御田種蒔下始行事

延暦二十三年（八〇四）に撰進された「儀式帳」によれば、毎年二月十二日に奉幣使が参向し、祈年祭が執行されたと見える。後世は二月九日を式日とするが、当時はそれより遅かったようである。その式次第は、「内宮儀式帳」によれば、

以二十二日一。年祈幣帛使参入坐弖。幣帛進奉時行事。幣帛使与二大神宮司一共。神宮外院参入侍弖。即祢宜内宇人等候侍弖。山向物忌父我造奉留太玉串。宇治大内人二枝捧弖。大神宮司仁給。即宮司手拍給弖。祢宜生絹乃明衣并冠着。左右肩仁木綿多須岐懸弖。太玉串四枝手拍弖給弖捧持弖左方立。宇治大内人太玉串八枝捧持右方立。共発。祢宜先前左方立。宇治大内人右立。次大神宮司。次幣帛捧持内人等立。次御馬飼内人御馬曳立。次駅使。次内人等立。如此立列参入。第三重告刀之版位就。公進之東端。御馬進二丈許立。次駅使。次大神宮司。次祢宜。次宇治内人。次二人大内人。以上六人。正殿向跪列就二版位一侍。内物忌子等。御門腋東西頭侍。内物忌父四人。諸内人。物忌父等。以西玉垣門二丈許内方進。向レ東跪列侍。即大神宮司従二版位一進。告刀申。畢時仁波返二就本坐一。即宮司之手捧持太玉串二枝波。宇治大内人自二版位一発受取弖。同就二本座一而捧持。即祢宜召二大物忌父一令レ進。第三御門之左置進。次召二宮守物忌父一。其祢宜捧持太玉串四枝進。同御門右方尓進置。次召二地祭物忌父一。此宇治大内人加捧持太玉串

分四枝令進。同御門左方尓進置。即玉串進畢。四段拝奉弖。短手二段拍。一段拝奉。又更四段拝奉。短手二段拍弖。一段拝奉畢。即罷出弖。荒祭宮版位就坐。四段拝奉。短手二段拍畢。即使并大神宮司。外直会殿就坐。即祢宜内人。荒祭宮参入供奉行事。宇治大内人。太玉串四枝捧持弖。先其宮物忌父。御鎰持前立。次其宮内人立。次宇治大内人立。次祢宜立。次二人大内人并諸内人等立。即正殿幣帛奉入畢。即罷出弖。使并宮司直会給。手二段拍。物給畢弖。後手一段拍弖。罷二出御厨仁一。

とあり、二月四日の中央の班幣行事に遅れること八日であった。当日神祇官から差遣される駅使（奉幣使）を迎え、大神宮司と禰宜・内人が外院に参入。宇治大内人が太玉串を大神宮司と禰宜に分配する。次に禰宜・宇治大内人が左右にならび先頭となり、大神宮司・幣帛捧持内人・御馬・御馬飼内人の順で内院に参入し三重告刀版位につく。内物忌子等は玉串御門に東西に分かれて伺候。次に駅使・大神宮司・禰宜・宇治大内人・二人大内人が正殿に向かい跪列し、版位に着く。内物忌子等は玉串御門の東西に分かれて伺候。内物忌父四人・諸内人・物忌父等は玉串御門の西中重の内側に東西に跪列する。次に大神宮司のみが祝詞を奏上し、玉串行事が行われ、その後奉拝。内宮儀が終了すると、荒祭宮へ参向、儀式が執行された。この時、正殿及び両宝殿は開扉されず、幣帛は中重で大神に披露されるのみであったことは、旧稿で触れたとおりである[5]。このことは、中川経雅も、『大神宮儀式解』巻二十三で、

さて今日の幣帛は、正殿宝殿等に納メ置奉る事ととは見えず。此ノ儀式のみならず、年中行事、二月九月、玉串奉進行事畢の後、直に退出と見ゆ。此ノ年中行事記にてその行事作法甚委く注したれば、御内参入幣物奉納あらば、いかで其ノ事注し漏らさんや。（中略）されば二月の御幣も、宝殿に納るとは見えず。

と、祈年祭の幣帛は、中重で披露されるだけであったと言及している。祈年祭はあくまで朝廷主体の祭祀であり、神宮の祭祀と考えるべきではないと思われる。

三　祈年祭と御田種蒔下始の前後関係

始子の日は、十二日に一回であるから、祈年祭の前に執行されたと考えるべきであろう。しかし反論がないわけではない。

中川経雅は、『大神宮儀式解』の中で、

二月初メノ子ノ日の行事なり。序にまかせてしるす事右にいふがごとし。

と、神田行事は、十二年に一回十二日に子日が当たる、故に十二年に一回は、祈年祭は十二日に執行されるが、他は十二日以前の行事としている。一方西山徳氏は、

従って十二日に『年祈幣帛使』が幣帛をたてまつり、十三日に「太神宮廻神百廿四前」を祭った後の子の日に、実際に農耕を始めたのであって、子日神事の記事に見える如く「太神乃御刀代田耕始」「諸神田耕始」「諸乃百姓乃田耕始」とあいつぐのである。

といわれている(6)。

十二日の祈年祭終了後、始めの子日に神田行事が執行されたとされている。しかしこれは、祈年祭を予祝や春耕の祭祀であり、朝廷からの幣帛を受けて伊勢神宮の春耕が執行されていたということを前提にした見解である。しかし、前に述べたように、必ずしも神宮では祈年祭を重視してはいなかった。祈年祭に際し、朝使が参向しなければ中止されていたほどである（『皇太神宮年中行事』[7]）。そうすると、経雅のいうように、祈年祭前の初子日に神田行事は執行されていたと考えるのが妥当なのではなかろうか。すなわち、神宮の春耕は、祈年祭以前に開始されていたのである。朝廷が天武朝に開始した祈年祭は、あくまでも朝廷の祭祀であった。伊勢神宮では、朝使の参向こそ重視したが、三節祭のような扱いはしなかったものと思われる。このことは諸社にも当てはまり、祈年祭は朝廷の設定した祭祀であり、南北に長いわが国では、二月に祈年祭を全国一斉に執行することは難儀なことであったにちがいない。伊勢神宮ですら祈年祭の前に春耕を始めていたのであるから、諸社で祈年祭がどれほど重視されたかは疑問である。

註

（1）祈年祭の駅使（奉幣使）が中臣氏で、後世には祭主の職にある中臣氏であったことは、拙稿『平安時代の宮廷祭祀と神祇官人』（原書房　平成二十年）参照。「儀式帳」天平宝字元年（七五七）以前は、中臣氏を条件とはするものの、五位以上者でなかった可能性がある。

（2）阪本廣太朗『神宮祭祀概説』（神宮司庁教導部　昭和四十三年）、矢野憲一『伊勢神宮の衣食住』東京書籍　平成四年）

（3）拙稿「伊勢神宮内外両宮の祭祀構造―由貴大御饌神事に関する私論―」（『古代文化』第四十三巻四号　平成三年）

（4）西山徳「祈年祭の研究」（『増補上代神道史の研究』第二編第五章　国書刊行会　昭和四十年）櫻井勝之進『伊勢神宮の祖型と展開』第五「神宮祭祀の諸問題」（国書刊行会　平成三年）

(5) 拙稿「神宮祈年祭概観」(『大倉山論集』第二十一輯　昭和六十二年)
(6) 西山徳「第五章　祈年祭の研究」『上代神道史の研究』(第二編第五章　国書刊行会　昭和四十年)
(7) 註(3)旧稿参照

メタ「神道考古学」序論

—『日本書紀』と神不滅論から紐解く道慈の「神道」観—

深澤　太郎

私たちの世界は、私たちの言葉が分節したモノの相互関係によって「仮設」される。従って、異なる時代や、異なる地域の言葉を用いる人々の思考へ接近しようとするならば、彼らの名付け行為そのものに分け入っていかなければならないのだ。

一　神道考古学・祭祀考古学の学問的枠組み

伊豆賀茂洗田遺跡の調査を直接的な契機に大場磐雄氏が提唱した神道考古学は、日本固有の宗教である神道に関連した事象を研究する分野であり、具体的には「祭祀遺跡」・「祭祀遺物」と呼ばれる資料群を主な分析対象とする（大場一九三五・一九六四ほか）。椙山林繼氏によれば、このような大場氏の研究は神道考古学の第一段階に当り（椙山一九八三）、亀井正道氏の「祭祀遺物」編年や、椙山氏による古墳時代・古代の祭祀研究などがこれに続いた。また、筑前宗像沖ノ島遺跡の実態が明らかになるにつれて、四世紀後半から十世紀にかけて営まれた国家的祭祀遺跡である沖ノ島を一つのモデルに新たな研究が試みられていく。このような検討が進む最中の平成四（一九九二）年には、韓国全羅北道の辺山半島に所在する竹幕洞遺跡が発見された。竹幕洞遺跡は、三世紀後半から六世紀を中心とする「祭祀遺跡」であり、宗像沖ノ島遺跡と同様に今日も信仰の場として機能する聖地だが、日本列島の出土事例と共通する石製模造品など、五世紀代以降の「祭祀遺物」が出土したことで注目を集めている。このように、神道考古学の研究対象であった「祭祀遺物」が韓半島から発見された事実を受けた椙山氏は、神道考古学的研究を東アジア的観点によって捉え直す必要から、新たに祭祀考古学を提唱するに至った(椙山一九九四・一九九七、椙山ほか一九九八)。

勿論、この祭祀考古学は、宮地直一氏の神道史学や、折口信夫氏の民俗学から大きな影響を受けて成立した「大場学」としての神道考古学を継承するものである。特に、大場氏と折口氏は、互いに若年の時分から公私に亘る深い交流を持ち(深澤二〇〇四)、同時代の人類学研究を直接的・間接的に摂取した折口「古代学」が(安藤二〇〇四)、早い段階から大場氏の学問形成に寄与したことは疑いない(中村二〇〇八)。つまり、神道考古学・祭祀考古学による考古学的事象の解釈論には、始めから民族考古学的な側面が具わっていたのである。

二 「祭祀遺跡」・「祭祀遺物」概念の再検討

但し、本来教義も経典も持たない神道を考古学する場合には、何を以て神道と看做すのか、何を以て祭場・神具と看做すのか、といった根本的問題が待ち構えている(佐野一九九二、坂詰二〇〇一)。仏教のように拠るべき経典や儀軌を具える宗教の考古学は、塔・寺院・仏具・仏像など、明確な研究対象が定まっており、一種の歴史考古学と言っても過言ではない。一方、大場氏が構想した神道考古学は、こういった仏教考古学の体系に倣って「祭祀遺跡」・「祭祀遺物」という具体的な研究対象を設定したものの、その枠組みを担保する論理に検討の余地を残した。神道の淵源を古墳時代に求めた大場氏の戦略は、事物の有様を祖型からの変容と捉える考古学者としては全く正しい態度であったが、現代人がカテゴライズする「祭祀遺跡」や「祭祀遺物」を、直ちにプロト神道の歴史的実態に結び付けようとするア・プリオリな期待は控え目にしなければならないのである。

もっとも、五世紀から六世紀に盛行した石製模造品・土製模造品などを想定する「祭祀遺物」の概念については、最近新たな研究の展開を見ている。中でも、『正倉院文書』や『延喜式』の記載から古代の食膳形態を検討した吉田恵二氏は、奈良時代の官人が食した給食と、平安時代の神饌に、共通する一汁二菜のセットが存在する事実を指摘した。その上で、祭祀行為にあたっては、基本的に実用器を用いるのが本来であり、むしろ所謂「祭祀遺物」の方が特殊な器なのではないかと問題提起している（吉田恵二〇〇七ほか）。また、遺存状態が良好な五世紀代の祭祀遺構出土遺物を検討した笹生衛氏は、韓半島由来の最新鍛冶・紡織・窯業技術を用いて整えられた供献品セットに、令制神祇祭祀における幣帛の淵源を見出した（笹生二〇〇九ａほか）。

このような発言は、所謂「祭祀遺物」の概念を問い直し、埴輪をも含むミニチュア品だけでなく、それらが模倣したモティーフ自体、或いはそのセット関係について再考していく必要性を促している（深澤二〇〇九）。そして、謎に包まれた古墳時代の宗教を出発点に据えるのではなく、七世紀半ばから八世紀にかけて法的な整備が進んだ令制神祇祭祀の体系をモデルとして、神祇祭祀の成立過程と、その後の展開・変容過程について検討を及ぼしていこうとするものだ。同様に、従来の「祭祀遺物」観と表裏一体の関係にあった「祭祀遺跡」についても、神祇祭祀成立期における祭祀空間の分類体系をベースとした術語の整理や（錦田二〇〇四）、同時代的自然・人文環境の中で「祭祀遺跡」の動向を見据えていくことが望まれる（笹生二〇〇九ｂ）。些か迂遠なようではあるが、このような基礎作業を経ることで、「神道」＝「神祇祭祀」に纏わる場と道具の時間的・空間的全体像を捉えることが可能となるに違いない。従って、今後の祭祀考古学は、より広汎な民族宗教考古学的方向性を主軸に据えながら、「神道」＝「神祇祭祀」について突き詰めていく神道考古学的な方向性も堅持しつつ展開することになるだろう。

三　『日本書紀』に見る「神道」観

しかし、そもそも私たちが研究の対象にしている「神道」とは、一体どのような信仰なのだろうか。「祭祀遺跡」や「祭祀遺物」について、令制神祇祭祀成立期の認識をベースに前後関係を把握しようとするなら、当然同時代的な「神道」観を整理しておかねば、関連考古資料の位置付けも一般論に止まってしまう。勿論、既に「神道」に関しては、広く和漢の典籍を対象とした議論がなされており（牟禮二〇〇〇ほか）、その語の意味する所が一定でないことも指摘されてきた（津田一九四九・一九五〇、黒田一九八三ほか）。とは言え、幸か不幸か「神道」という言葉は、養老四（七二〇）年五月撰進の『日本書紀』に現れて以来、我が国では六十年ほど用いられた形跡がない。つまり、神祇祭祀成立期の「神道」観は、『日本書紀』のテクストが成立した事情から読み解くしかないのだ。

では、「神道」の二文字を『日本書紀』に記した人物と、その意図や如何。かかる疑問については、既に別稿で私見を整理したところであるが（深澤二〇〇六）、行論の都合上、用例と若干の先行研究を交えて要点を述べておこう。

【史料一】『日本書紀』巻廿一　用明天皇即位前紀

橘豊日天皇。天國排開廣庭天皇第四子也。母曰堅塩媛。天皇信佛法尊神道。

【史料二】『日本書紀』巻廿五　孝徳天皇即位前紀

天萬豊日天皇。天豊財重日足姫天皇同母弟也。尊佛法輕神道。〈斮生國魂社樹之類是也。〉爲人柔仁好儒。

【史料三】『日本書紀』巻廿五　孝徳天皇大化三年四月丁巳朔壬午

詔曰。「惟神〈惟神者。謂随神道亦自有神道也。〉我子應治故寄。是以。與天地之初。君臨之國也。（中略）

是故。今者隨在天神。屬可治平之運。使悟斯等而治國治民。是先是後。今日明日。次而續詔。（後略）」

結論から言うと、これらのテクストを述作した人物としては、大宝二（七〇二）年から養老二（七一八）年にかけて入唐し、天平元（七二九）年に律師となった道慈を充てるのが最も有力な見解だ。長安の西明寺に留学した彼は、六朝末から唐代初頭の僧である嘉祥大師吉蔵が大成した三論、即ち龍樹の『中論』・『十二門論』と、提婆の『百論』を所依として「空」の思想を説く学派を中心に学んだという。

道慈が『日本書紀』の編纂に携わった可能性を強く出張した井上薫氏は（井上一九六一ほか）、その根拠として、『日本書紀』の仏教伝来記事・崇仏廃仏論争記事に、『高僧伝』や『金光明最勝王経』の文言を借用した箇所が多々認められる事実を挙げている。梁の慧皎が編んだ『高僧伝』は、西明寺上座に招かれることになる道宣が著した『続高僧伝』に先立つ伝記集であり、『金光明最勝王経』は、武則天の命を受けた義浄が長安三（七〇三）年に西明寺で漢訳した。従って、西明寺で学んだ道慈が、帰京後の養老二（七一八）年十二月から養老四（七二〇）年五月までの間に、これらの経典・典籍類を参照しつつ『日本書紀』の編纂に携わった可能性は極めて高い。

また、井上氏は、「国神」と「蕃神」・「他神」を対置する『日本書紀』の表現手法などから、仏法に関する豊富な智識を持つだけでなく、思想上の対立を文字の上で強調する人物の関与が疑われるとする。これを受けた吉田一彦氏は、『懐風藻』に収められた道慈の詩「在唐奉本國皇太子」と、彼が検校僧として名を連ねた長屋王発願の『大般若波羅密多経』（神亀経）奥書に、「三宝」・「百霊」の対句表現を見出した（吉田一九九五）。そして、その典拠と考えられる道宣の『集古今佛道論衡』・『続高僧伝』・『集神州三寶感通録』などを点検したところ、『集古今佛道論衡』の「太子中舎辛諝。學該文史。誕傲自矜。心在道術。軽弄佛法。」、『集神州三寶感通録』の「敬玄素。不信佛法。」、『続高僧伝』の「雖外涉玄儒。而内弘佛教。」・「崇信道法。無敦釋教。」・「既爾約束。以佛爲師。尚不敬天。況復神道。於是佛法方徳開弘。於黄安縣。造寺七所。」という記述を発見したのである。

そこで、これら道宣の筆致と共通する表現を『日本書紀』に求めると、前掲の史料一・二に加え、敏達天皇即位前紀の「天皇不信佛法而愛文史。」という文句を認めることができる。かかる表現は、『日本書紀』の編者たる道慈が、唐における道教・仏教・儒教の三教鼎立関係とパラレルな構図として、日本における「神道」・「佛法」・「文史」＝「儒教」の三教鼎立関係を構想したものだ。恐らく、当時の李氏唐朝が、李耳＝老子を皇祖とする道教的皇統観を主張していたため、日本としては唐の道教に対応する日本の「神道」を必要としたのであろう。『唐大和上東征伝』が、道士の帯同を鑑真渡日の条件とする玄宗に対して、これを「日本君王先不崇道士法」と拒絶した遣唐使の姿を伝えているのは尤もなことで、日本の立場からは、唐室の祖を崇拝する体系的な道教を受容することはできなかったのである。

関連して史料三に目を転ずると、「惟神者。謂随神道亦自有神道也。」という註の解釈に議論があるものの、その本文に当たる部分で「惟神我子應治故寄。」・「今者隨在天神。屬可治平之運。」と語られる点が見逃せない。これらは、『日本書紀』の天孫降臨記事や、その一書第一に見える所謂『天壌無窮の神勅』を指す文句に他ならないからだ。「葦原千五百秋之瑞穂國。是吾子孫可王之地也。宜爾皇孫就而治焉。行矣。寳祚之隆當與天壌無窮者矣。」と宣言する神勅は、皇祖神（一書第一では天照大神）＝「天神」から瓊瓊杵尊へ授けられた王権の源であり、大陸王朝は回避することができない易姓革命の運命を根本から封印する。もっとも、この神勅本文にも仏教的願文の影響が取り沙汰されており（家永一九四八）、或いは道慈の関与を疑うことになるかもしれない。

武則天の長安三（七〇三）年に長安へ至り、唐が復興された神龍元（七〇五）年を経て、玄宗の開元六（七一八）年まで在唐した道慈は、唐朝二九〇年の歴史の中で、唯一「仏先道後」政策が採られた武則天の世と、彼女の退位によって道教勢力が復権していく現実を目の当たりにした。このような体験を経た仏家である道慈と、新生「日本」朝は、唐の三教関係を換骨奪胎して道教の位置に「神道」を充て、「天神」を皇祖とする「神道」的皇統観を明示することで、道教的皇統観も、儒教的天命観も共々に避けることに成功したのではなかろうか。

四　日本「神道」の直接的な典拠

さて、『日本書紀』編纂に当たって「神道」の文字を記した人物は道慈である可能性が高く、そこには如上の政治的意味が込められていたことが判ったが、「神道」の二文字に込められた宗教的意味は何処にあるのだろうか。この点を詳らかにしていくためには、彼が『日本書紀』に記した「神道」の、直接的な典拠を追求していくほかない。そこで、事前に注目しておきたいのは、『日本書紀』欽明紀の仏教伝来記事である。

【史料A】『日本書紀』巻十九　欽明天皇十三年十月

冬十月。百濟聖明王（更名聖王。）遣西部姫氏達率怒唎斯致契等。獻釋迦佛金銅像一軀。幡蓋若干・經論若干卷。別表讃流通禮拜功徳云。「是法於諸法中最爲殊勝。難解難入。周公。孔子尚不能知。此法能生無量無邊福徳果報。乃至成辨無上菩提。（後略）」

右に傍線を施した表現は、既に井上氏らが指摘している通り、『金光明最勝王経』如来壽量品に見える「應當至心聴是金光明最勝王経。於諸経中最爲殊勝。難解難入。声聴獨覚。所不能知。此経能生無量無邊福徳果報。乃至成辨無上菩提。」を引用した部分である。そこでは、周公や孔子の名を挙げ、彼らでさえ仏教の深奥は理解できないと言うのだ。敢えてこのような改作を施した背景には、道慈が学んだ三論の影響と、その教科書的存在である吉蔵の『三論玄義』を想定することができよう。三論宗は、他派を論破する破邪顕正を特徴の一つとし、『三論玄義』も冒頭で外道を批判する。そこで吉蔵は、唯一の因が全ての結果を齎すと言う「邪因邪果」説、因無くして結果のみ存すると説く「無因有果」説、ただ現在のみを認める「有因無果」説、そして因果律を全く認めない「無因無果」説を批判した。特に、「有因無果」説を難じた箇所では、史料Aと同じく儒教を標的にしている。

【史料B】『三論玄義』

問。云何名爲有因無果。答。断見之流。唯有現在。更无後世。類如草木盡在一期。難曰。夫神道幽玄。惑人多昧。義經丘而未曉。理渉旦而猶昏。唯有佛宗。乃盡其致。經曰。「如雀在瓶中。羅縠覆其口。縠穿雀飛去。形壊而神走。」匡山慧遠。釋曰。「火之傳於薪。猶神之傳於形。火之傳異薪。猶神之傳異形。前薪非後薪。則知指窮之術妙。前形非後形。則悟情數之感深。」不得見形朽於一生。便謂識神俱喪。火窮於一木。乃曰終期都盡矣。後學稱黄帝之言曰。「形雖糜。而神不化。乗化至變無窮。」雖未彰言三世。意已明未來不断。

このように吉蔵は、「神道」の道理は仏教のみが明らかにし得る所であり、「丘」＝孔子や「旦」＝周公も充分な理解に至っていないとして、儒教を代表とする「有因無果」説を批判した。では、ここで言う「神」とは何か。『三論玄義』は、壊れた瓶から飛び立つ鳥や、別の薪に燃え移る火に例えられ、「形」が壊れても滅さない霊魂を「神」と呼んでいるのだ。かかる「神」観念は、六朝時代に盛んな議論があった神滅神不滅論、つまり、死と共に肉体も霊魂も滅びると主張した反仏教派と、輪廻説を前提として三世に亘る霊魂の不滅を説く仏教の論争に関連した解釈に拠る。この論争を終息させた梁武帝の『神明成佛義』には、沈績が次のような序を寄せた。

【史料C】『大梁皇帝立神明成佛義記』（并呉興沈績作序注）

夫神道冥默。宣尼固已絶言。心數理妙。柱史又所未説。聖非智不周近情難用語遠故也。是以先代玄儒談遺宿業。後世通辯亦論滯來身。非夫天下之極慮。何得而詳焉。故惑者聞識神不斷。而全謂之常。聞心念不常而全謂之斷。

なんと、ここにも傍線部の通り、史料Ａ・Ｂと共通する文句が見えるのだ。そして、「宣尼」＝孔子も「柱史」＝老子も、「神道」については語り得ないと説く。このような定型句は、六世紀初頭の成立と見られる『神明成佛義』序に端を発し（伊藤一九八六）、吉蔵の『三論玄義』を経て、道宣の『続高僧伝』にも「夫神妙寂寥。可知而不可説。義經丘而未曉。理渉旦而猶昏。」と記載される。恐らく、これらのフレーズは、西明寺の蔵書を介して道慈の目に触れる所となり、その結果として『日本書紀』に「神道」の二文字が記されたのであろう。

但し、これを単純に神不滅論的立場からの解釈を開陳したものと考えるのは早計である。むしろ、神不滅論的霊魂観と、日本列島在来の霊魂観に親和性があったからこそ、『日本書紀』の場で日本「神道」が誕生したものと考えたい。もっとも、ここで示し得たのは、道慈という一人の碩学による「神道」観であり、「神道」と表裏一体の関係にある「神祇祭祀」の位置付けや、具体的な考古資料との関わりについては、稿を改めて論じることにしよう。

椙山林繼先生。謹んで古稀のお祝いを申し上げます。考古学を基礎としながらも、「古典を読み、神道学、民俗学を学」び（椙山一九八三）、「すばらしい仮説を立てながら精神文化に立ち入って行」きなさい（椙山一九九七）、という先生の言葉は、僕の学問的灯台です。なお小論には、國學院大學伝統文化リサーチセンターによる研究成果を含んでいます。椙山林繼センター長をはじめ、吉田恵二先生、笹生衛先生、内川隆志先生には多大なご指導を頂きました。また、仏典の検索には、大藏經テキストデータベース委員会の「大正新脩大藏經テキストデータベース」を活用しています。併せて御礼申し上げる次第です。

主要参考文献（経典・論書や発掘調査報告書等は省略）

安藤礼二　二〇〇四『神々の闘争 折口信夫論』講談社
家永三郎　一九四八「神代紀の文章に及ぼしたる佛教の影響に関する考証」『東洋学研究』二　東洋学同巧会
伊藤隆寿　一九八六「梁武帝『神明成仏義』の考察」『紀要』四四　駒沢大学仏教学部（一九九二『中国仏教の批判的研究』）
井上　薫　一九六一「日本書紀仏教伝来記載考」『日本古代の政治と宗教』吉川弘文館

大場磐雄　一九三五「神道考古学の提唱と其の組織」『神社協会雑誌』三四―一　神社協会出版部
大場磐雄　一九六四「神道考古学の体系」『國體論纂』下巻　國學院大學
黒田俊雄　一九八三「日本宗教史上の「神道」」『王法と仏法―中世史の構造―』法蔵館
坂詰秀一　二〇〇一『歴史と宗教の考古学』吉川弘文館
笹生　衛　二〇〇九a「古代神祭りの供え」『まつりのそなえ』國學院大學伝統文化リサーチセンター
笹生　衛　二〇〇九b「祭祀遺跡の分布と変遷から見た東国神郡の歴史的背景」『國學院雑誌』一一一―三　國學院大學
佐野大和　一九九二『呪術世界と考古学』続群書類従刊行会
椙山林繼　一九八三「神道考古学の今後の展望」『神道考古学講座』第一巻月報　雄山閣
椙山林繼　一九九四「発行にあたって」『情報祭祀考古』創刊号　祭祀考古学会
椙山林繼　一九九七「創刊にあたって」『祭祀考古学』増刊号　祭祀考古学会
椙山林繼ほか　一九九八「座談会 山を考古学する」『季刊考古学』六三特集・山の考古学　雄山閣
津田左右吉　一九四九「神道の語の諸々の意義」『日本の神道』岩波書店
津田左右吉　一九五〇「武烈紀から敏達紀までの書紀の記載」『日本古典の研究』下　岩波書店
中村耕作　二〇〇八「大場磐雄の縄文時代精神文化研究」『祭祀考古学』七　祭祀考古学会
錦田剛志　二〇〇四「覚書『出雲風土記』にみる神祇祭祀の空間」『古代文化研究』一二　島根県古代文化センター
深澤太郎　二〇〇四「折口信夫博士五十年祭記念 折口信夫と大場磐雄」『若木考古』九六　國學院大學考古學會
深澤太郎　二〇〇六「「神道」の誕生―『日本書紀』編纂と道慈が見た唐の道教―」『亜洲學誌』三　國學院大學中国考古学会
深澤太郎　二〇〇九「酒食と財の供献」『まつりのそなえ』國學院大學伝統文化リサーチセンター
牟禮　仁　二〇〇〇「「神道」日本書紀用例考」『紀要』一六　皇學館大学神道研究所（二〇〇〇『中世神道説形成論考』）
吉田恵二　二〇〇七「神の器、人の器」『紀要』二三　國學院大學考古学資料館
吉田一彦　一九九五「日本古代の三宝」『日本古代社会と仏教』吉川弘文館

古代朝廷における奉幣祭祀の複合的構造

―雨乞儀礼を視座として―

村瀬　友洋

Ⅰ

『続日本紀』[1]に記載の大宝律令施行期間（七〇一～七五七）における古代朝廷の雨乞儀礼には、降雨のみが祈られる「名山大川」への雨乞いという特徴的な雨乞儀礼がある。ひとまず、事例を列挙し確認しておく。なお、事例には番号を振り、それぞれに記号を付している。〔名〕は「名山大川」への雨乞いの事例を、〔名（幣）〕は「名山大川」への雨乞いが奉幣によってなされた事例を、〔臨＋名〕は「名山大川」への雨乞いと臨時奉幣による雨乞いとが併記された事例を意味する。

（1）大宝元年（七〇一）四月戊午〔臨＋名〕
戊午。奉二幣帛于諸社一。祈二雨于名山大川一。…

（2）大宝三年（七〇三）六月丙午〔名〕
丙午。近江國山火自焚。遣レ使祈二雨于名山大川一。

（3）慶雲三年（七〇六）六月丙子〔名〕

丙子。令下二京畿一祈中雨于名山大川上。

（4）和銅三年（七一〇）四月壬寅〔臨＋名〕

壬寅。奉二幣帛于諸社一。祈二雨于名山大川一。

（5）和銅七年（七一四）六月戊寅〔臨＋名〕

戊寅。詔曰。頃者陰陽殊謬。氣序乖違。南畝方興。膏澤未レ降。百姓田園。往々損傷。宜下以二幣帛一。奉二諸社一。祈中雨于名山大川上。庶致二嘉澍一。勿レ虧二農桑一。

（6）霊亀元年（七一五）六月癸亥〔臨＋名〕

癸亥。設二齋於弘福法隆二寺一。詔。遣レ使奉二幣帛于諸社一。祈二雨于名山大川一。於レ是未レ經二數日一。澍雨滂沱。時人以爲。聖德感通所レ致焉。因賜二百官人祿一各有レ差。

（7）養老六年（七二二）七月丙子〔名（幣）〕

丙子。詔曰。陰陽錯謬。災旱頻臻。由レ是奉二幣名山一。奠二祭神祇一。甘雨未レ降。黎元失レ業。朕之薄德。致二于此一歟。百姓何罪。燋萎甚矣。宜レ大二赦天下一。令下國郡司審二録冤獄一。掩レ骼埋レ胔。禁レ酒斷レ屠。高年之徒。勤加中存撫上。自二養老六年七月七日昧爽一已前。流罪以下。繋囚見徒。咸從二原免一。其八虐。劫賊。官人枉レ法受レ財。監臨主守自盗。盗レ所二監臨一。強盗。竊盗。故殺人。私鑄錢。常赦所レ不レ免者。不レ在二此例一。如以レ贓入レ死。並降二一等一。竊盗一度計レ贓。三端以下者入二赦限一。

（8）天平四年（七三二）七月丙午〔名（幣）〕

秋七月丙午。令下兩京四畿内及二監依二内典法一以請上レ雨焉。詔曰。從レ春亢旱。至レ夏不レ雨。百川減レ水。五穀稍彫。實以二朕之不德一所レ致也。百姓何罪燋萎之甚矣。宜レ令三京及諸國。天神地祇名山大川。自致二幣帛一。又審二録冤獄一。掩レ骼埋レ胔。禁レ酒斷レ屠。高年之徒及鰥寡惸獨不レ能二自存一者。仍加二賑給一。其可レ赦二天下㆒。自㆓天平四年七月五日昧爽㆒已前流罪已下。繋囚見徒。咸従㆓原免㆒。其八虐劫賊。官人枉㆑法受㆑財。監臨主守自盗。盗㆑所㆓監臨㆒。強盗竊盗。故殺人。私鋳銭。常赦所㆑不㆑免者。不㆑在㆓此例㆒。如以㆑贓入㆑死。降㆓一等㆒。竊盗一度計㆑贓。三端以下者入㆓赦限㆒。

（9）天平十九年（七四七）七月辛巳〔臨＋名（幣）〕

秋七月辛巳。詔曰。自㆓去六月㆒。京師亢旱。由㆑是。奉㆓幣帛名山㆒祈㆓雨諸社㆒。至誠無㆑験。苗稼燋凋。此蓋朕之政教不㆑徳㆓於民㆒乎。宜㆑免㆓左右京今年田租㆒。

これらの事例のうち（1）大宝元年四月、（4）和銅三年四月、（5）和銅七年六月、（6）霊亀元年六月の記事からは、諸社には幣帛が奉られているのに対して「名山大川」には奉幣されておらず、諸社と「名山大川」とが明確に区別されていることが知れる。[2] この明確な区別をふまえると、「名山大川」に対しても奉幣されたと読める（7）養老六年七月、（8）天平四年七月、（9）天平十九年七月の事例は、その記述から天皇の徳が問われるほどの厳しい旱害に際して、ほんらい奉幣されない「名山大川」に対しても幣帛が奉られた特別な事例と解される。

　これらの「名山大川」に対しても幣帛が奉られた事例は、奉幣が「名山大川」への雨乞いよりも効力のあるものとして優位性を有することを意味するとともに、「名山大川」への雨乞いを奉幣祭祀で代替しうることをも意味する。また、奉幣祭祀と「名山大川」への雨乞いとが同時に斎行された事例[3]が見られることから、一方が他方を排除するような排他的な関係にはないことも指摘される。そのため、これらは同一の地平にあって、これらを区別させているものはその地平に措定された奉幣祭祀の優位性にあるとみなしうるが、では、この優位性は何によるものであろうか。

　本論考は、この優位性として見いだされる「名山大川」への雨乞いと奉幣祭祀との差異について、「名山大川」への雨乞いと対比される雨乞いの臨時奉幣をもとに論じていくこととする。

Ⅱ

周知のように、天平宝字元年（七五七）より施行された養老律令は『令義解』『令集解』に収載され大部分が伝世している。これらから復元された養老神祇令には、定時の祭祀十三種、[4]即位、潔斎、践祚、臨時奉幣、大祓といった祭祀が定められており、その規定に従うなら、定時の祭祀はまず祭祀の斎行を神祇官から太政官にあらかじめ報告（十五条）、散斎当日（潔斎期間は十二条に拠る）の早朝関係役所に報告（十五条）、神祇官の長官によって幣帛や神饌などが規格通りであることが確認されたのち（十六条）、一三種の祭祀（一条から九条）それぞれが斎行されるものであったと推定される。[5]この定時の祭祀における奉幣使は、臨時奉幣について定めた十七条に「凡常祀之外。須下向二諸社一。供中幣帛上者。皆取二五位以上卜食者一充。唯伊勢神宮。常祀亦同。」とあることから、神宮に対しては常に五位以上の卜食を経た者があてられるが、そのほかの諸社に対しては六位以下の者であっても許されたことが知れる。

養老律令の前令である大宝律令における定時の祭祀の規定は、瀧川政次郎を嚆矢とした大宝律令復元の追究の成果[6]によると、大宝神祇令と養老神祇令にはわずかな差異が認められるがそれらは改称が主であることから、大宝律令施行期間においても定時の祭祀が斎行されるまでの経緯に違いはないと推定される。[7]ただし、臨時奉幣を規定するさきの十七条は、天平二年（七三〇）の記事「閏六月甲午。制。奉二幣伊勢大神宮一者。卜食五位已上充レ使。不レ須二六位已下一。」をうけ養老神祇令で「唯伊勢神宮、常祀亦同。」の字句が追記されたものとされるから、[8]天平二年以前では定時の祭祀における奉幣使は神宮に対しても六位以下の者があてられることもあったことが知れる。

こうした定時の祭祀に対して臨時奉幣では奉幣使を規定する十七条のほかに臨時奉幣に関する条文が見いだせないことから、定時の祭祀と臨時奉幣との差異は奉幣使の位階にあると指摘される。つまり、臨時奉幣の斎行は定時の祭祀の斎行と同様に、臨時奉幣の斎行が決定されるとただちに散斎（潔斎期間は十二条に拠る）に入り、それと同時に関係役所に斎行の決定が報告（十五条）され、神祇官の長官によって幣帛や神饌などが規格通りであることが確認（十六条）されたのち、臨時奉幣使（十七条に拠り五位以上の卜食を経た者）が出立し斎行されるものであったと推定されるのである。

　ことばを換えるなら、奉幣祭祀は奉幣使の位階によって定時の祭祀と臨時奉幣とに大別される。とするなら、臨時奉幣の奉幣使は大宝神祇令および養老神祇令ともに十七条によって奉幣対象社を問わず五位以上の卜食を経た者をあてるように規定されていることから、臨時奉幣は定時の祭祀と対比する形でより厳粛であり、とくに天平二年以前においては神宮に対する定時の祭祀よりも厳粛であったことになる。そのため、奉幣使は奉幣祭祀の厳粛さを体現するといえるが、神祇令九条に「其祈年月次祭者。百官集㆓神祇官㆒。中臣宣㆓祝詞㆒。忌部班㆓幣帛㆒。」とあるように祈年祭および月次祭という神祇官から祝部を通して全国の神社に幣物を間接的に奉る奉幣使不在の祭祀もあったことが確認される(9)ことから、奉幣使は奉幣祭祀の厳粛さを体現するとしても、有意義性を体現しているのではないと指摘される。そこで、時代は異なるものの『延喜式』(10)における祭祀の規定を参照すると、その記述の大半を幣物の規定に費やしていることから、祭祀の有意義性は奉幣使ではなく幣物に求められることが示唆される。

　こうしたことから、幣物それ自体を祭祀の核として仮定すると奉幣祭祀を構成する祈願内容、奉幣対象、斎行される月日といった各要素は核である〈幣物〉を条件付ける限定的な属性(11)として、また個々の具体的な幣物は理念的な〈幣物〉の内的構成要素とみなしうる。この限定的な属性によってそれぞれの奉幣祭祀は個別のものとなるが、このことをもって奉幣祭祀の有意義性が属性に求められるとするなら、臨時奉幣は定時の祭祀が第一に有する祈願内容、奉幣対象、斎行される月日といった属性をもたず、これらの属性が非限定的であることから、有意義性を有しないことになってしまう。もちろん属性が非限定的であることによって、謂わば非限定的な属性として見いだされている、このことによって臨時奉幣は個々の奉幣祭祀たりえているということはできる。詳しくは後述するように実際にはそうであるのだが、しかし、そうみなすためには有意義性を体現する核が属性に無いことが前提されなければならず、このことが先決問題となる。

そこで、まず『続日本紀』から大宝律令施行期間において「幣」と記された記事全四二件のうち、臨時に奉幣された事例[12]が記された記事を奉幣対象で分類すると、伊勢神宮に対する臨時奉幣が異質であることが見いだされる。

伊勢神宮を対象とする事例

（1）慶雲元年（七〇四）十一月庚寅
庚寅。遣二従五位上忌部宿祢子首一。供二幣帛。鳳凰鏡。窠子錦于伊勢大神宮一。

（2）養老五年（七二一）九月乙卯
九月乙卯。天皇御二内安殿一。遣三レ使供二幣帛於伊勢太神宮一。以二皇太子女井上王一為二斎内親王一。

（3）天平九年（七三七）四月乙巳朔
夏四月乙巳朔。遣二使於伊勢神宮。大神社。筑紫住吉。八幡二社及香椎宮一。奉レ幣以告二新羅无禮之状一。

（4）天平十二年（七四〇）九月乙未
乙未。遣二治部卿従四位上三原王等一奉二幣帛于伊勢大神宮一。

（5）天平十二年（七四〇）十一月丙戌
丙戌。遣二少納言従五位下大井王。并中臣忌部等一。奉二幣帛於大神宮一。車駕停二御關宮一十箇日。

（6）天平十三年（七四一）正月癸巳
癸巳。遣二使於伊勢大神宮及七道諸社一。奉レ幣以告下遷二新京一之状上也。

（7）天平十七年（七四五）六月庚寅
六月庚寅。遣㆓左衛士督従四位下佐伯宿祢浄麻呂㆒。奉㆓幣帛于伊勢太神宮㆒。

（8）天平勝宝元年（七四九）四月戊戌
戊戌。詔授㆓従五位下中臣朝臣益人従五位上。正六位上忌部宿祢鳥麻呂従五位下。伊勢大神宮祢宜従七位下神主首名外従五位下㆒。因遣㆓民部卿正四位上紀朝臣麻路。神祇大副従五位上中臣朝臣益人。少副従五位下忌部宿祢鳥麻呂等㆒。奉㆓幣帛於伊勢大神宮㆒。

（9）天平勝宝三年（七五一）四月丙辰
夏四月丙辰。遣㆓參議左中弁従四位上石川朝臣年足等㆒。奉㆓幣帛於伊勢太神宮㆒。又遣㆑使奉㆓幣帛於畿内七道諸社㆒。爲㆑令㆓遣唐使等平安㆒也。

（10）天平勝宝七年（七五五）十一月丁巳
十一月丁巳。遣㆓少納言従五位下厚見王㆒。奉㆓幣帛于伊勢大神宮㆒。

（11）天平勝宝八年（七五六）四月乙巳
乙巳。遣㆑使奉㆓幣帛于伊勢大神宮㆒。

（12）天平勝宝八年（七五六）五月乙卯
五月乙卯。遣㆓左大弁正四位下大伴宿祢古麻呂。并中臣忌部等㆒。奉㆓幣帛於伊勢大神宮㆒。」…。…。

これらのうち事由の明記された記事によると、奉幣対象に神宮を含む場合には臨時奉幣の事由の多くが出来事の報告に留まり、祈願が成されたのは遣唐使の無事を祈願した（9）天平勝宝三年四月の臨時奉幣のみである。このことから神宮に対する臨時奉幣の事例には、古代朝廷の神宮に対する別格の信仰に由来する特異な奉幣[13]が混在しているものと推定されるため、またそれらを明確に分類する指標がこれらの事例からは見いだされないため、神宮を奉幣対象に含む事例をいったん保留する。

つぎに、神宮への臨時奉幣を除いた残りの記事を事由によって分類すると、雨乞い一二件、疫癘三件、鎮火二件、病気平癒二件、報告二件、地鎮一件、戦勝一件、事由が明記されず不明七件となる。なお、事由不明に分類される記事の中には前後の記事から事由が推測されるものもあるが、ここでは不明としておく。

雨乞いを事由とする記事

(13) 大宝元年（七〇一）四月戊午
戊午。奉二幣帛于諸社一。祈二雨于名山大川一。罷二田領一委二國司巡検一。

(14) 慶雲元年（七〇四）六月丙子
丙子。奉レ幣祈二雨于諸社一。

(15) 慶雲二年（七〇五）六月乙亥
六月乙亥。奉二幣帛于諸社一。以祈レ雨焉。

(16) 和銅三年（七一〇）四月壬寅
壬寅。奉二幣帛于諸社一。祈二雨于名山大川一。

(17) 和銅七年（七一四）六月戊寅
戊寅。詔曰。頃者陰陽殊謬。氣序乖違。南畝方興。膏澤未レ降。百姓田圃。往々損傷。宜下以二幣帛一。奉二諸社一。祈中雨于名山大川上。庶致二嘉澍一。勿レ虧二農桑一。

(18) 霊亀元年（七一五）六月壬戌

壬戌。太政官奏。懸像失レ度。亢旱弥レ旬。恐東皐不レ耕。南畝損レ稼。昔者周王遇レ旱。有二雲漢之詩一。漢帝祈レ雨。興二改元之詔一。人君之願。載感二上天一。請奉二幣帛一。祈二於諸社一。使二民有一レ年。誰知二堯力一。

(19) 霊亀元年（七一五）六月癸亥

癸亥。設二齋於弘福法隆二寺一。詔。遣レ使奉二幣帛于諸社一。祈二雨于名山大川一。於レ是未レ經二數日一。澍雨滂沱。時人以爲。聖徳感通所レ致焉。因賜二百官人祿一各有レ差。

(20) 養老六年（七二二）七月丙子

丙子。詔曰。陰陽錯謬。災旱頻臻。由レ是奉二幣名山一。奠二祭神祇一。甘雨未レ降。黎元失レ業。朕之薄徳。致二于此一歟。百姓何罪。燋萎甚矣。宜レ大二赦天下一。令下國郡司審録二冤獄一。掩レ骼埋レ胔。禁レ酒斷レ屠。高年之徒。勤加中存撫上。自二養老六年七月七日昧爽一已前。流罪以下。繫囚見徒。咸從二原免一。其八虐。刧賊。官人枉レ法受レ財。監臨主守自盗。盗レ所二監臨一。強盗。竊盗。故殺人。私鑄錢。常赦所レ不レ免者。不レ在二此例一。如以レ贓入レ死。並降二一等一。竊盗一度計レ贓。三端以下者入二赦限一。

(21) 天平四年（七三二）七月丙午

秋七月丙午。令下兩京四畿内及二監依二内典法一以請上レ雨焉。詔曰。從レ春亢旱。至レ夏不レ雨。百川減レ水。五穀稍彫。實以二朕之不徳一所レ致也。百姓何罪燋萎之甚矣。宜レ令三京及諸國。天神地祇名山大川。自致二幣帛一。又審録二冤獄一。掩レ骼埋レ胔。禁レ酒斷レ屠。高年之徒及鰥寡惸獨。不レ能二自存一者。仍加二賑給一。其可レ赦二天下一。自二天平四年七月五日昧爽一已前。流罪已下。繫囚見徒。咸從二原免一。其八虐劫賊。官人枉レ法受レ財。監臨主守自盗。盗レ所二監臨一。強盗竊盗。故殺人。私鑄錢。常赦所レ不レ免者。不レ在二此例一。如以レ贓入レ死。降二一等一。竊盗一度計レ贓。三端以下者入二赦限一。

(22) 天平十五年（七四三）五月辛丑

五月辛丑。自二三月一至二今月一不レ雨。奉二幣帛于畿内諸神社一祈レ雨焉。

(23) 天平十七年（七四五）五月乙丑
乙丑。…。」…。」自二四月一不レ雨。不レ得二種藝一。因以奉二幣諸國神社祈レ雨焉。

(24) 天平十九年（七四七）七月辛巳
秋七月辛巳。詔曰。自二去六月一。京師亢旱。由レ是。奉二幣帛名山一祈二雨諸社一。至誠無レ驗。苗稼燋凋。此蓋朕之政教不レ徳二於民一乎。宜レ免二左右京今年田租一。

疫癘を事由とする記事

(25) 慶雲四年（七〇七）四月丙申
丙申。天下疫飢。詔加二振恤一。但丹波。出雲。石見三國尤甚。奉二幣帛於諸社一。又令下二京畿及諸國寺一讀經上焉。」…。

(26) 天平七年（七三五）八月乙未
乙未。勅曰。如聞。比日大宰府疫死者多。思下欲救二療疫氣一以濟中民命上。是以。奉二幣彼部神祇一。爲レ民禱祈焉。又府大寺及別國諸寺。讀二金剛般若經一。仍遣下レ使賑二給疫民一。并加中湯藥上。又其長門以還諸國守若介。專齋戒道饗祭祀。

(27) 天平九年（七三七）四月癸亥
癸亥。大宰管内諸國。疫瘡時行。百姓多死。詔奉二幣於部内諸社一以祈禱焉。又賑二恤貧疫之家一。并給二湯藥一療レ之。

鎮火を事由とする記事

(28) 慶雲三年（七〇六）七月乙丑
乙丑。丹波。但馬。二國山火。遣三レ使奉二幣帛于神祇一。即雷聲忽應。不レ撲自滅。」…。

(29) 慶雲三年（七〇六）八月甲戌
八月甲戌。越前國言。山災不レ止。遣レ使奉二幣部内神一救レ之。

病気平癒を事由とする記事

(30) 神亀五年（七二八）八月丙戌
丙戌。天皇御二東宮一。縁二皇太子病一。遣レ使奉二幣帛於諸陵一。

(31) 天平十七年（七四五）九月癸酉
癸酉。…。」天皇不豫。勅二平城恭仁留守一固二守宮中一。悉追二孫王等一詣二難波宮一。遣レ使取二平城宮鈴印一。又令三京師畿内諸寺及諸名山淨處行二薬師悔過之法一。奉レ幣祈二禱賀茂松尾等神社一。令二諸國所レ有鷹鵜並以放去一。度二三千八百人一出家。

報告を事由とする記事

(32) 天平二年（七三〇）閏六月庚子
庚子。縁二去月霹靂一。勅二新田部親王一。率二神祇官一卜レ之。乃遣レ下使奉二幣於畿内七道諸社一。以礼謝上焉。

(33) 天平勝宝元年（七四九）二月丁巳
天平廿一年二月丁巳。陸奥國始貢二黄金一。於レ是。奉レ幣以告二畿内七道諸社一。

地鎮を事由とする記事

(34) 大宝二年(七〇二)三月己夘

己夘。鎮二大安殿一大祓。天皇御二新宮正殿一齋戒。惣頒二幣帛於畿内及七道諸社一。

戦勝祈願を事由とする記事

(35) 大宝二年(七〇二)十月丁酉

丁酉。先レ是。征二薩摩隼人一時。祷祈大宰所部神九處。實頼二神威一遂平二荒賊一。爰奉二幣帛一以賽二其祷一焉。」

…。」…。

事由が不明な記事

(36) 慶雲元年(七〇四)七月甲辰

甲辰。奉二幣帛于住吉社一。

(37) 慶雲元年(七〇四)十二月辛酉

十二月辛酉。供二幣帛于諸社一。

(38) 神亀三年(七二六)七月乙未

乙未。遣レ使奉二幣帛於石成。葛木。住吉。賀茂等神社一。

(39) 天平十七年(七四五)五月戊辰

戊辰。奉二幣帛於諸陵一。」…。…。

(40) 天平十七年(七四五)九月甲戌

甲戌。令三播磨守正五位上阿倍朝臣虫麻呂奉二幣帛於八幡神社一。令下京師及諸國寫二大般若經合一百部一。又造二藥師佛像七軀高六尺三寸一。并寫中經七卷上。

(41) 天平勝宝七年（七五五）十月丙午

十月丙午。…。」…。」遣二使於山科。大内東西。安古。眞弓。奈保山東西等山陵。及太政大臣墓一。奉幣以祈請焉。

(42) 天平勝宝八年（七五六）四月壬子

壬子。…。」遣二従五位下日下部宿祢古麻呂一。奉二幣帛于八幡大神宮一。

これらの記事から、臨時奉幣は雨乞いを主な祈願内容とするとしても、雨乞いに限定されていないことが確認される。また、これらの記事において奉幣対象が主に「諸社」と記され奉幣対象の特定されないこと、ひるがえって奉幣対象が限定されていないことが指摘される。加えて、疫癘における古代朝廷の対応を見ると、(25)慶雲四年四月の事例では被害の著しい丹波、出雲、石見に対して奉幣され、(26)天平七年八月と(27)天平九年四月の事例では大宰府での疫癘に対して奉幣されていることから、臨時奉幣は畿内を主な対象地域とするとしても、特定地域に限定されていないことが確認される。これらのことに加え、臨時奉幣では斎行される月日が定められていないことが前提されるから、祈願内容、奉幣対象社、祈願対象地域、斎行される月日という属性が非限定的であることが確認される。このことは、さきに保留した神宮への臨時奉幣を未分類のまま考慮に加味したとしても否定されない。

以上のことから、臨時奉幣では定時の奉幣が第一に有する祈願内容、奉幣対象、斎行される月日という属性が非限定的であるにもかかわらず、さきに記したように定時の奉幣よりも厳粛な奉幣祭祀とされていることから、奉幣祭祀の有意義性は限定的な属性に求められるのではなく奉幣祭祀の核である〈幣物〉に求められるものとすることに妥当性が得られる。

Ⅲ

奉幣祭祀に対して、大宝律令施行期間に見られる「名山大川」への雨乞いは、さきに記したように幣物の介在しない祈願である。とすると、〈幣物〉に有意義性を求める奉幣祭祀の視座からでは、「名山大川」への雨乞いは〈幣物〉が奉られないがゆえに有意義性が認められないはずである。しかし、さきに事例を挙げたように「名山大川」への雨乞いは『続日本紀』に記載されており、実際に斎行されていたことが知れるから、古代朝廷に有意義性が認められた雨乞儀礼であったことに疑いはない。よって、「名山大川」への雨乞いにおける有意義性は奉幣祭祀とは異なるものに求められていると指摘される。

そこで、さきの事例を見ると、「名山大川」への雨乞いとは畿内に限定された地域の旱害において「名山大川」という降雨のみが祈願される対象に対して個別に祈願される儀礼であることから、[14]「名山大川」への雨乞いの有意義性は奉幣祭祀において属性とみなされるものに求められると示唆される。しかし、「名山大川」への雨乞いに〈幣物〉は介在しないことから、有意義性は、属性としてではなく、そのまま儀礼が「名山大川」への雨乞いという雨乞儀礼であることによって示されていると仮定される。つまり、「名山大川」への雨乞いにおける有意義性は儀式次第の個別性[15]に見いだされていると仮定されるのである。

この「名山大川」への雨乞いと奉幣祭祀との有意義性の在り様の差異において留意されるのは、行為の物象化を前提するなら[16]「名山大川」への雨乞いでは個別の儀式次第が物象化した物として謂わば捧げ物があるのに対して、奉幣祭祀では儀式次第の個別性は〈幣物〉に付随する限定的な属性に因るものにすぎないという点である。つまり、「名山大川」

への雨乞いでは〔儀式次第―物〕とされるのに対して、奉幣祭祀においては〔物―儀式次第〕と倒錯しているのである。この倒錯は、さきに記した臨時奉幣における属性が非限定的であることによって明示される、〈幣物〉の道具性によるものである。

というのも、おおよそ、道具であるとは一定かつ一連の機能的連関において活動主体たる人間も対象も可変的かつ不定的であるためにこれらの項目が消去されて当の機能的連関が道具的有意義性として物に帰属せしめられるという事態であるからだ。とくに臨時奉幣において奉幣対象が可変的かつ不定的であること、および活動主体である奉幣使が五位以上という枠の中で可変的かつ不定的であることが〈幣物〉が道具性を有することを明示する。すなわち、〈幣物〉における有意義性とは道具的有意義性のことであり、当の儀式次第が機能的連関として物に帰属しているがゆえに〔物―儀式次第〕として倒錯してみえるのである。[17]

以上のことから、〈幣物〉が道具性を有すること、ひいて〈幣物〉と「名山大川」への雨乞いとが異なる地平に措定されていることが論定される。ただし、奉幣使が五位以上という限定的な枠が規定されたなかで可変的かつ不定的であることは留意すべき先決問題である。

Ⅳ

〈幣物〉を道具とみなすのであれば、ほんらい可変的かつ不定的であるべき奉幣使と奉幣対象社とが限定された奉幣祭祀において〈幣物〉の道具的有意義性がどのように獲得されているのかが問われることになる。そこで、事例として丹生川上社への臨時奉幣馬を採り、丹生川上社のみに馬が奉られるという限定的な属性を有する雨乞いの臨時の奉幣祭祀における有意義性の在り様について論じることとする。

丹生川上社への臨時奉幣馬は、国史では天平宝字七（七六三）年を初出とし、丹生川上社に対する降雨および止雨が祈願される臨時の奉幣祭祀で、幣物に馬を加え他社への雨乞いの臨時奉幣とは区別されて斎行されるものである。(18) なお、丹生川上社への臨時奉幣馬は初出以降、国史を通して散見され、それ自体に変遷が見受けられるものであるが、変遷を論じることは本論の目的とするところではないため、また出典を統一するため、事例の参照範囲を『続日本紀』に限り引用することとする。なお、それぞれには番号を振り、また祈願に対応して〔降雨〕と〔止雨〕の記号を附してある。

（1）天平宝字七年（七六三）五月庚午〔降雨〕
庚午。奉㆓幣帛于四畿内群神㆒。其丹生河上神者加㆓黒毛馬㆒。旱也。

（2）宝亀二年（七七一）六月乙丑〔降雨〕
六月乙丑。奉㆓黒毛馬於丹生川上神㆒。旱也。」…。

（3）宝亀三年（七七二）二月乙亥〔降雨〕
乙亥。奉㆓黒毛馬於丹生川上神㆒。旱也。

（4）宝亀四年（七七三）三月戊子〔降雨〕
戊子。奉㆓黒毛馬於丹生川上神㆒。旱也。

（5）宝亀四年（七七三）四月丁夘〔降雨〕
丁夘。奉㆓黒毛馬於丹生川上神㆒。旱也。」…。

（6）宝亀五年（七七四）四月庚寅〔降雨〕
庚寅。奉㆓黒毛馬於丹生川上神㆒。旱也。

（7）宝亀五年（七七四）六月壬申〔降雨〕

壬申。…。」奉二黒毛馬於丹生川上神一。旱也。

(8) 宝亀六年（七七五）六月丁亥〔降雨〕

丁亥。奉二黒毛馬於丹生川上神一。旱也。其畿内諸國界。有下神社能興二雲雨一者上。亦遣レ使奉レ幣。

(9) 宝亀六年（七七五）九月辛亥〔止雨〕

辛亥。遣レ使奉二白馬及幣於丹生川上。畿内群神一。霖雨也。

(10) 宝亀七年（七七六）六月甲戌〔降雨〕

甲戌。大二祓京師及畿内諸國一。奉二黒毛馬丹生川上神一。旱也。

(11) 宝亀八年（七七七）五月癸亥〔止雨〕

癸亥。…。」奉二白馬於丹生川上神一。霖雨也。

(12) 宝亀八年（七七七）八月丙戌〔止雨〕

丙戌。奉二白馬於丹生川上神一。霖雨也。

(13) 延暦七年（七八八）四月丁亥〔降雨〕

丁亥。奉二黒馬於丹生川上神一。祈レ雨也。

(14) 延暦十年（七九一）六月乙卯〔降雨〕

乙卯。奉二黒馬於丹生川上神一。旱也。

まず、これらの事例のうち、止雨を目的とした奉幣祭祀が（9）宝亀六年九月を初出とすること、また止雨において奉られる馬の毛色が白であり降雨に際して奉られる黒馬と相対することから、止雨の祈願は降雨の祈願を踏まえて派生したものとみなされるため、以下の考察から〔止雨〕の事例を除外する。

つぎに、残りの事例から丹生川上社への臨時奉幣馬の限定的な属性について見てみると、奉幣対象社を丹生川上社に限定する点、および先行研究である並木論[19]から諸社を対象とした降雨の臨時奉幣とは区別された個別の祈願である点が挙げられる。また、謂わば非限定的な属性としては、日時を定めず臨時に斎行される点が挙げられる。丹生川上社へのみ加えられるという個別性を有する幣物の馬は〈幣物〉の内的構成要素のひとつである。なお、奉幣使は本論が参照する『続日本紀』の事例には奉幣使ついて記されていないため、本論では不明のまま保留する。[20]これらのことから、丹生川上社への臨時奉幣馬において〈幣物〉の道具性を証する可変的かつ不定的であるべき奉幣使および奉幣対象社のうち、奉幣対象社の不定性が否定されることが確認される。そのため、白でなければ黒というように論じるなら[21]、丹生川上社への臨時奉幣馬における有意義性は道具的有意義性にではなく、「名山大川」への雨乞いのように、儀式次第の個別性に見いだされるものと推定されることになる。

だがしかし、ここで留意されるのは、儀式次第が〈幣物〉として物象化した奉幣祭祀における儀式次第の個別性とは、「名山大川」への雨乞いの場合とは異なり、すでに〈幣物〉の道具的有意義性として帰属せしめられた儀式次第その限定されたものであるという点である。つまり、奉幣祭祀における儀式次第の個別性は〈幣物〉の限定的な属性によるものであるがゆえに〈幣物〉の使用制限として表出しているのである。また、その一方でこの使用制限を生みだす儀式次第の個別性は儀式次第でもあるのであって、喩えば階段に使用制限が加えられた非常階段なるものを想像すれば推察されるように、当の儀式次第を道具的有意義性として帰属せしめる〈幣物〉の道具性によって〈幣物〉に帰属せしめられ、〈幣物〉をそれ専用の〈幣物〉と成してしまう。つまり、儀式次第の個別性は〈幣物〉の使用制限としても、〈幣物〉の内的構成要素である個々の具体的な幣物による〈幣物〉の個別性としても表出するのである。

こうしたことから、さきに示した先決問題、臨時奉幣における奉幣使に見いだされる五位以上という枠は〈幣物〉の使用制限であるといえる。ひいて、臨時奉幣における〈幣物〉は、すでに儀式次第の個別性が〈幣物〉に帰属せしめられた臨時奉幣専用の〈幣物〉として、個別化されていることが判明する。つまり、奉幣祭祀は定時の祭祀一三種と臨時奉幣とに大別されるが、それぞれには個別に整えられた専用の幣物が用いられているという点で等しいとみなされるのである。

以上のことから、奉幣祭祀における有意義性は専用の道具という、道具的有意義性と儀式次第の個別性とを複合的に有する〈幣物〉の謂わば限定的道具的有意義性に求められると論定される。とすると、〈幣物〉は、儀式次第の個別性をその道具性によって道具の使用制限と成し、またその儀式次第の個別性を自身に帰属させ専用の道具と成すという回路によって、個々の具体的な儀礼を奉幣祭祀へと改変することを可能ならしめる。

V

幣物は道具性を有する。そのため幣物が、いま身の回りにある道具についてそれの存在しなかった過去の人間がそれを適切に扱う役割を演じえるか想像してみれば推察されるが、歴史的かつ社会的に相対的であることは自明である。(22) ここにいう歴史的かつ社会的とは局所的な古代朝廷という世界観のことであるから、『日本書紀』(23)の冒頭を参照し、〈幣物〉がここに示された世界観に相対するか確認しておく。なお、『日本書紀』の成立は養老四年（七二〇）であるから、冒頭に記された世界の起源に対する古代朝廷の理解は大宝律令施行期間において首肯されていたものとみなされる。

『日本書紀』巻一　第一段　本文

古天地未レ剖。陰陽不レ分。渾沌如二鶏子一。溟涬而含レ牙。及二其清陽者薄靡而爲レ天。重濁者淹滞而爲一レ地。精妙之合摶易。重濁之凝場難。故天先成而地後定。然後神聖生二其中一焉。故曰。開闢之初。洲壤浮漂。譬猶三游魚之浮二水上一也。于レ時天地之中生二一物一。状如二葦牙一。便化二爲神一。號二國常立尊一。至貴曰レ尊。自餘曰レ命。並訓二美擧等一也。下皆倣レ此。次國狭槌尊。次豊斟渟尊。凡三神矣。乾道獨化。所以成二此純男一。

周知のように、この『日本書紀』神代上の冒頭本文中の「故曰」は、だから次のような伝承があるの意に解釈され、これ以前を一般論、これ以後を個別の具体論に切り分けるものとされる(24)。たしかに、後半部では天地の中より生まれる神が葦牙の姿をした固有の名で称される三神として具体的に描写されるのに対して、前半部ではこうした神の姿形に関する具体的な記述はなされていないことが確認できる。しかし、具体論とされる後半部では天地それ自体の成立についてまったく記述されないのに対して、前半部では天地のどちらが先に成立したかその理由に基づき論証していることから、この一般論とされる前半部は古代朝廷の抽象的であるけれども合理的な世界の成り立ちについての記述であると指摘される。つまり、前半部で表現されているのは形而上の出来事であり、存在の理由なのである。

ここで留意されるのは、形而上の視座に立つとき形而下の出来事が形而上の出来事の影とみなされることによって、形而下に起こる個々の具体的な出来事は、謂わば光源によって姿をかえる影のように、個々の解釈によって映しだされた形而上の出来事の一側面に過ぎないものとみなされる点である。つまり、前半部は後半部に対して存在論として根源的なのである。この根源性は個々の具体的な事象の内側に潜むものであるために、個々の具体的な事象と重なり合って並存する。この根源性と、本論のはじめに指摘した「名山大川」への雨乞いに対する臨時奉幣の優位性が相似である。つまり、臨時奉幣が「名山大川」への雨乞いとは異なる地平に措定されていながらもこれらが排他的な関係にないのは、その異なりが個々の具体的な出来事に対する形而上の出来事という差異であり、存在とその理由という不可分な関係にあることによるものなのである。

こうしたことから、〈幣物〉が古代朝廷の世界観と相対する道具性を有すること、とくに形而上の出来事に関与しうる道具として措定された虚像であることが確認される。ここで留意されるのは、陰陽二気によって作られる世界のうちにおいて〈幣物〉が存在を理由の次元で操作あるいは創造することのできる道具として措定されているからには、奉幣祭祀には祈願の不成立、端的には失敗のないことが前提されると指摘される点である[25]。この点において奉幣祭祀は具体的な儀礼に対して優位性を有するのであり、またこの点によってさきに記した具体的な儀礼から奉幣祭祀への改変はより拓かれたものとなる。

こうしたことを踏まえると、他の雨乞儀礼とは区別された個別の祈願である点、対象を限定する点、および日時を定めない臨時の儀礼である点において「名山大川」への雨乞いと同様の特徴を有する丹生川上社への臨時奉幣馬が、具体的な「名山大川」への雨乞いが霊亀元年（七一五）を最後とし丹生川上社への臨時奉幣馬が天平宝字七年（七六三）を初出とするというように、ほんらい排他的な関係にないそれぞれが個別に並存するのではなく排他的に斎行されていることから、これらが同一視されていたことが確認され、ひいて丹生川上社への臨時奉幣馬は「名山大川」への雨乞いが奉幣祭祀化されたものと指摘される。このとき、道具の使用制限は対象を丹生川上社に限ることであり、これを自身に帰属した物が丹生川上社に幣物の馬が加えられることによって整えられる、つねに専用の幣物である。

Ⅵ

〈幣物〉の複合的構造を記して、本論のむすびとしたい。

古代朝廷における奉幣祭祀は〈幣物〉を奉ることを核として構成されている。この理念的な〈幣物〉は道具性を有する物であるがゆえに、古代朝廷の有する世界観と相対的である。その古代朝廷の世界観は存在の理由という形而上の出来事までをも含み、とくに〈幣物〉はこの形而上の世界観と相対的である。そのため、〈幣物〉は世界のうちの出来事をその理由の次元から操作あるいは創造することを、その道具的機能的連関とする。すなわち、奉幣祭祀とは存在を理由の次元から操作あるいは創造することのできる道具を用いて祈願を成す儀礼であると論定される。

こうしたことから、奉幣祭祀は〈幣物〉を介さない個々の具体的な儀礼に対して、存在の理由という根源性に基づいて優位性を有している。この根源性が存在の内側に潜むものであるために、奉幣祭祀は個々の具体的な儀礼と背反することなく代替することが可能なのである。この代替に際して、〈幣物〉はその道具性によって個々の具体的な儀礼としての個別性を〈幣物〉という道具の使用制限とし、かつその個別性を〈幣物〉の個別性として自らに帰属せしめることで、個々の具体的な儀礼を奉幣祭祀とする。

この個々の具体的な儀礼の奉幣祭祀化によって、奉幣祭祀は形而下の個別性と形而上の根源性とを同時に有することになるが、これらは奉幣祭祀の地平において複合的に有するのであって、階層的に有するのではない。これらは区別できない。というのも、奉幣祭祀への代替において個々の儀礼は、属していたもとの分類基準を離れ奉幣祭祀という新たな枠組みのうちに個別性を得るからである。〈幣物〉の個別性は奉幣祭祀における個別性であり、個々の具体的な儀礼における個別性とは異なる。一例をあげるなら、丹生川上社への臨時奉幣馬における幣物の馬は個別性を体現するが、「名山大川」への雨乞いにおいて馬が奉られていたことを直接には意味しない。このことは複合的に有するがゆえにあくまでも可能性として示されるだけである。

この、〈幣物〉のなかに奉幣祭祀以前の儀式次第が複合されている可能性を論定して、本論を閉じることとする。

附

養老律令

神祇令第六　凡弐拾条

(1) 凡天神地祇者。神祇官皆依㆓常典㆒祭之。

(2) 仲春　祈年祭

(3) 季春　鎮花祭

(4) 孟夏　神衣祭

大忌祭

風神祭

三枝祭

(5) 季夏　月次祭

鎮火祭

道饗祭

(6) 孟秋　大忌祭

風神祭

(7) 季秋　神衣祭

神嘗祭

(8) 仲冬　上卯相嘗祭

下卯大嘗祭

寅日鎮魂祭

(9) 季冬　月次祭

鎮火祭

道饗祭
前件諸祭。供レ神調度及礼儀。斎日皆依二別式一。其祈年月次祭者。百官集二神祇官一。中臣宣二祝詞一。忌部班二幣帛一。

（10）凡天皇即位。惣祭二天神地祇一。散斎一月。致斎三日。其大幣者。三月之内。令二修理訖一。

（11）凡散斎之内。諸司理レ事如レ旧。不レ得二弔レ喪。問レ病。食一レ宍。亦不レ判二刑殺一。不レ決二罰罪人一。不レ作二音楽一。不レ預二穢悪之事一。致斎。唯為二祀事一得レ行。自余悉断。其致斎前後。兼為二散斎一。

（12）凡一月斎為二大祀一。三日斎為二中祀一。一日斎為二小祀一。

（13）凡践祚之日。中臣奏二天神之寿詞一。忌部上二神璽之鏡剱一。

（14）凡大嘗者。毎レ世一年。国司行レ事。以外。毎レ年所司行レ事。

（15）凡祭祀。所司預申レ官。官散斎日平旦。頒二告諸司一。

（16）凡供二祭祀一幣帛。飲食。及菓実之属。所司長官。親自検校。必令二精細一。勿レ使二穢雑一。

（17）凡常祀之外。須下向二諸社一。供中幣帛上者。皆取二五位以上卜食者一充。唯伊勢神宮。常祀亦同。

（18）凡六月十二月晦日大祓者。中臣上二御祓麻一。東西文部上二祓刀一。読二祓詞一。訖百官男女。聚二集祓所一。中臣宣二祓詞一。卜部為二解除一。

（19）凡諸国須二大祓一者。毎レ郡出二刀一口。皮一張。鍬一口。及雑物等一。戸別麻一条。其国造出二馬一疋一。

（20）凡神戸調庸及田租者。並充下造二神宮一。及供レ神調度上。其税者。一准二義倉一。皆国司検校。申二送所司一。

（　）は条数。

『延喜式』

祈年祭神三千一百卅二座

大四百九十二座（三百四座案上官幣、一百八十八座国司所レ祭、）

小二千六百卌座（四百卅三座案下官幣、二千二百七座国司所レ祭、）

神祇官祭神七百卅七座

奠二幣案上一神三百四座（宮中卅座、京中三座、幾内、山城国五十三座、大和国一百廿八座、河内国廿三座、和泉国一座、摂津国廿六座、東海道、伊勢国十四座、伊豆国一座、武蔵国一座、安房国一座、下総国一座、常陸国一座、東山道、近江国五座、北陸道、若狭国一座、山陰道、丹後国一座、山陽道、播磨国三座、安芸国一座、南海道、紀伊国八座、阿波国二座、）

社一百九十八所

座別絁五尺、五色薄絁各一尺、倭文一尺、木綿二両、麻五両、庸布一丈四尺、倭文纏刀形、（倭文三寸、）絁纏刀形、（絁三寸、）布纏刀形（布三寸、）各一口、四座置、八座置各一束、楯一枚、槍鋒一竿、弓一張、靫一口、鹿角一隻、鍬一口、酒四升、鰒、堅魚各五両、腊二升、海藻、滑海藻、雑海菜各六両、塩一升、酒坩一口、裹葉薦五尺、

前一百六座

座別絁五尺、五色薄絁各一尺、倭文一尺、木綿二両、麻五両、倭文纏刀形、絁纏刀形、布纏刀形各一口、四座置、八座置各一束、楯一枚、槍鋒一竿、裹葉薦五尺、

不レ奠二幣案上一祈年神四百卅三座（並小、宮中六座、畿内、山城国六十九座、大和国一百五十八座、河内国九十座、和泉国六十一座、摂津国卌九座、）

社三百七十五所

座別絁三尺、木綿二両、麻五両、四座置、八座置各一束、楯一枚、槍鋒一口、庸布一丈四尺、裹葉薦三尺、就中六十五

座、各加二鍬一口一、廿八座各鍬一口、三座各靫一口、並見二神名帳一、

前五十八座

座別絁三尺、木綿二両、麻五両、四座置、八座置各一束、楯一枚、槍鋒一口、裹葉薦三尺、

右、神祇官所レ祭、幣帛一依二前件一、具レ数申レ官、三后、皇太子御巫祭神各八座、並奠二幣案上一、但臨時加減、仍不レ入二恒数一、大神宮、度会宮各加二馬一疋一、籠頭料庸布一段、御歳社加二白馬、白猪、白鶏各一一、高御魂神、大宮女神、及甘樫、飛鳥、石村、忍坂、長谷、吉野、巨勢、賀茂、当麻、大坂、膽駒、都祁、養布等山口、并吉野、宇陀、葛木、竹谿等水分十九社、各加二馬一疋一、其神祇官人以下鬘料安芸木綿一斤、中臣宣二祝詞一料庸布五段、短帖一枚、月次、大嘗鬘料、祝詞料、及短帖准レ此、前レ祭十五日、充二忌部八人、木工一人一、令レ造二供神調度一、但靭者靭編氏作、槍木者讃岐国送納、前レ祭五日、令二木工寮受一之、当曹忌部官一人監造、若曹内無二忌部官人一、及神部之中、忌部不レ足二九人一者、兼二取諸司一充之、其潔衣料布、人別二丈七尺、官人細布一端、一人日米二升、酒六合、五位一升、鮨三両、五位五両、又加二東鰒、烏賊、煮堅魚各二両一、塩二勺、五位五勺、海藻二両、但木工者不レ給二潔衣及食一、致斎之日平明、奠二幣物於斎院案上并案下一、所司預敷二案下幣薦一、掃部寮設二座於内外一、諸祭設レ座准レ此、神祇官人率二御巫等一、入レ自二中門一、就二西廳座一、東面北上、大臣以下入レ自二北門一、就二北廳座一、大臣南面、参議以上就二廳東座一、西面、王大夫就二廳西座一、東面、御巫就二廳下座一、群官入レ自二南門一、就二南廳座一、北面東上、神部引二祝部等一、入立二於西廳之南庭一、既而神祇官人降就二廳前座一、大臣以下及諸司、共降就二廳前座一、中臣進就レ座宣二祝詞一、毎二一段畢一祝部称唯、宣訖中臣退出、大臣以下諸司拍レ手両段、不二称唯一、然後皆還二本座一、伯命云、奉レ班二幣帛一、史称唯、忌部二人、進夾レ案立、史以レ次、唱二御巫及社祝一、祝称唯進、忌部頒二幣帛畢一、大神宮幣帛者、置二別案上一、差レ使進之、史還レ座申二頒レ幣訖一、諸司退出、月次祭儀准レ此、

国司祭祈年神二千三百九十五座

大一百八十八座 東海道卅二座、東山道卅八座、北陸道十三座、山陰道卅六座、山陽道十二座、南海道十九座、西海道卅八座、

座別絲三両、綿三両、

小二千二百七座 東海道六百七十九座、東山道三百卅座、北陸道三百卅八座、山陰道五百廿三座、山陽道百廿四座、南海道百卅四座、西海道六十九座、

座別絲二両、綿二両、

右、国司長官以下准レ例、散斎三日、致斎一日、共会祭之、祭日并班レ幣儀並准二神祇官一、其幣皆用二正税一、

月次祭奠二幣案上一神三百四座 並大

社一百九十八所

座別絁五尺、五色薄絁各一尺、倭文一尺、木綿二両、麻五両、倭文纏刀形、絁纏刀形、布纏刀形各一口、四座置一束、八座置一束、弓一張、靫一口、楯一枚、槍鋒一竿、鹿角一隻、鍬一口、庸布一丈四尺、酒四升、鰒、堅魚各五両、腊二升、海藻、滑海藻、雑海菜各六両、塩一升、酒坩一口、裹葉薦五尺、祝詞座料短畳一枚、

前一百六座

座別絁五尺、五色薄絁各一尺、倭文一尺、木綿二両、麻五両、四座置一束、八座置一束、楯一枚、槍鋒一竿、裹葉薦五尺、

右、所レ祭之神並同二祈年一、其大神宮、度会宮、高御魂神、大宮女神各加二馬一疋一、但大神宮、度会宮各加二籠頭料庸布一段一、前レ祭五日、充二忌部九人、木工一人一、令レ造二供神調度一、其監造并潔衣食料、各准二祈年一、祭畢即中臣官一人率二宮主及卜部等一、向二宮内省一、卜下定供二奉神今食一之小斎人上、

註

（1）黒板勝美、国史大系編修会編輯『新訂増補　国史大系「続日本紀　前編」』および『同「続日本紀　後編」』吉川弘文館、一九六六。以後、本論における引用はこれを用いる。なお、引用文中の「…」は中略を表す。

（2）明確な区別に関する論考は、拙論「名山大川の変遷について」（神道宗教二一三号、二〇〇九）を参照されたい。

（3）さきに挙げた（1）大宝元年四月、（4）和銅三年四月、（5）和銅七年六月、（6）霊亀元年六月のこと。

（4）祈年祭、鎮花祭、神衣祭、大忌祭、風神祭、三枝祭、月次祭、鎮火祭、道饗祭、神嘗祭、相嘗祭、大嘗祭、鎮魂祭のこと。これらの祭祀は厳密には『延喜式』に「凡祈年祭二月四日、大忌、風神祭並四月、七月四日、月次祭六月、十二月十一日、神嘗祭九月十一日、其子午卯酉等日祭、各載二本條一、自余祭不レ定レ日者、臨時擇レ日祭之」とあって斎行されるべき月日が定まっていない祭祀もあることから、通常、恒例の祭祀と総称される。しかし、本論ではこれらの祭祀は神祇令に斎行されるべき月が規定された祭祀であることから、雨乞いのように必要が無ければ斎行されなくともよい祭祀である臨時奉幣に対して、これらを定時の祭祀と称することとする。

（5）井上光貞、関晃、土田直鎮、青木和夫校注『日本思想大系三　律令』（岩波書店、一九七六）を参照。神祇令には全文を一二条とする解釈と二〇条とする解釈とがあるが、ここでは日本史思想大系にある条数に従うこととする。なお、養老神祇令の全文を論末に引用して附す。

（6）瀧川政次郎『律令の研究』刀江書院、一九六六。三浦周行『日本史の研究　新輯一』岩波書店、一九八二。なお、事の経緯を概説し、その問題点を指摘したものに嵐義人「大宝・養老律令の原型について」『律令制の諸問題　瀧川政次郎博士米寿記念論集』汲古書院、一九八四がある。これ以降のものに、佐藤誠実『佐藤誠実博士　律令格式論集』汲古書院、一九九一。など。

（7）砂川和義、中澤巷一、成瀬高明、林紀昭「大宝律令復原研究の現段階（一）」『法制史研究』30号、創文社、一九八一。大宝律令と養老律令との比較において、その差異が改称としてしか見いだされないのには研究上の問題があるためであるという指摘（榎本淳一「養老律令試論」『日本律令制論集　上巻』吉川弘文館、一九九三）があり、著者も両律令の差異を字句のみの違いとみなすことは問題の矮小化であると考える。ただし、前掲の拙論「名山大川の変遷について」において養老律令の施行前後で「名山大川」への雨乞儀礼の斎行に変化がみられることを指摘したように、両令の差異は実体、つまりその字句で名指される対象の差異にあるのであって規定にあるのではないと考えられる。そのため、ここでは経緯に大差はないと判断している。

(8) 梅田義彦「大宝令における神祇関係規定の復原」『神道の思想』第二巻、雄山閣、一九七二。
(9) 『延喜式』における祈年祭、月次祭の規定にはゆいいつ神宮にのみ奉幣使が差遣されることが規定されているが、この規定は天平宝字元年(七五七)以降に定められた規定であるとされる(小松馨『神宮奉幣使考』大倉山論集 第十九輯、一九八六を参照)ことから、ほんらい祈年祭、月次祭には奉幣使が居なかったことが指摘される。なお、本論の指摘するところは祝部による奉幣が認められている点にこそある。
(10) 黒板勝美、国史大系編修会編『新訂増補 国史大系「延喜式」』吉川弘文館、一九七九。虎尾俊哉編『訳注日本史料 延喜式 上』集英社、二〇〇〇。
(11) 限定的な属性は、井筒俊彦「本質直観」(『意識と本質』岩波書店、一九八三)における「属性的限定」に従う。内的構成要素も同じ。
(12) 奉幣祭祀は定時の奉幣と臨時奉幣とに大別されることから、ここでは定時の奉幣以外の奉幣祭祀を臨時奉幣の事例とみなしている。なお、朝廷から神社へ対して行われた奉幣を年代順に記した「臨時神社奉幣表(一)」(岡田荘司、並木和子編『國學院大學日本文化研究所紀要』第五十九輯、一九八七)、「同(二)」(岡田荘司、並木和子編『國學院大學日本文化研究所紀要』第六十二輯、一九八八)もあるが、出典が多岐にわたるため、本論では参照するに留めた。
(13) 古代朝廷における神宮への奉幣が特異であることは、大西源一『大神宮史要』平凡社、一九六〇。直木孝次郎『日本古代の氏族と天皇』塙書房、一九六四。岡田精司『古代祭祀の史的研究』塙書房、一九九二。などによって指摘されている。
(14) この点については前掲の拙論「名山大川の変遷について」で詳述しているので参照されたい。
(15) 儀式次第の個別性とは、より正しくは個別の儀式次第によって規定されることによって個別化された行為のこと。規定が外化された手順としての儀式次第とは異なる。
(16) 物象化については、廣松渉『マルクス主義の地平』勁草書房、一九六九。とくに第四部を参照。
(17) 廣松渉『世界の共同主観的存在構造』勁草書房、一九七二。とくに第三章第一節を参照。
(18) 並木和子、二十二社研究会「平安時代の祈雨奉幣」『平安時代の神社と祭祀』国書刊行会、一九八六。丹生川上社への雨乞いの臨時奉幣がほんらい他の雨乞いの臨時奉幣と区別されていたことは、この並木論が指摘するところである。
(19) 前掲、並木和子「平安時代の祈雨奉幣」。
(20) 前掲の並木論によると村上朝(九四六~九六七)以降、奉幣使には蔵人があてられるようになったとされるが、本論が問題としている年代とは異なる。

(21) そのほかの可能性を考慮しないのであれば、ということ。いうまでもなく、ここにおいて二分法は成立しない。

(22) 前掲、廣松渉『世界の共同主観的存在構造』では「石器や弓矢を道具として認めるのはわれわれが石器や弓矢の使用を観念的に扮技するかぎりにおいてである。」(九三頁、第三段落)と指摘される。

(23) 黒板勝美、国史大系編修会編輯『新訂増補　国史大系「日本書紀 上」』吉川弘文館、一九六六。

(24) 坂本太郎、家永三郎、井上光貞、大野晋校注『日本書紀　上』岩波書店、一九九五、一九頁、注九に従う。

(25) 〈幣物〉の道具的機能的連関とは、物理的な機能的連関のことではなく、形而上の概念的な機能的連関である。よって、全ての物事には始まりが在るとするアリストテレスの因果性(出隆訳「A巻」『アリストテレス全集12　形而上学』岩波書店、一九六八、同「第二巻第三章」『アリストテレス全集3巻　自然学』岩波書店、一九六八など。)、およびヒュームのひとはある出来事とその前あるいは後の出来事とを前後関係として認識してしまうという指摘をふまえると、奉幣祭祀が失敗の無い儀礼として措定されていたことは想像に難くない。しかし、〈私の死〉が因果性を否定する(一之瀬正樹『原因と結果の迷宮』勁草書房、二〇〇一。要するに、〈私の死〉の到来は如何なる前後関係とも切り離された出来事である、ということ。)というまでもなく、〈幣物〉が理念的な道具であるがゆえに奉幣祭祀は失敗をすでに内包していることから、奉幣祭祀の有意義性は経験的には否定されることになる。つまり、奉幣祭祀を斎行することの困難は、奉幣祭祀の有意義性を示すことのうちに無意義性が示されることにあるのである。時代を隔て世界観を異にする者にとって、この奉幣祭祀に内包された困難を回避するひとつの筋道は、失敗によって拓かれる〈幣物〉という道具の使用者であることの放棄として見いだされるが、これらの問題をめぐる論考は幣物の複合的構造を直接の主題とする本論の筋道から逸脱する。

藤原京時代の葬送問題

茂木　雅博

はじめに

この度は椙山林継さんが古稀を迎え国学院大学を退職されるとのこと、実に寂しいかぎりである。椙山家は神職でも由緒ある家柄であったらしく、国学院へ行くことが幼少の頃から決められていたのであろう。そのことは私の様な俗人には理解できないことであった。私とは二つ違いであり、丁度実兄と同年齢である。しかも大場磐雄先生の同門であり、頭のあがらない先輩であった上、もっとも甘えることのできる存在であった。その上、私の様な出来の悪い同門の後輩をどれだけ陰で支えていただいたか、感謝にたえない。私は師大場先生のお教えに従って野に下ったが、椙山さんは大場門下のエースとして、国学院に残り、国学院で古稀をお迎えになられたのである。そして厖大な業績を積まれ、師の神道考古学を超える祭祀考古学という分野を開拓されたことは多くの知るところである。今後は健康に留意され、氏自ら提唱された祭祀考古学の山を巨峰にまで積み上げて頂きたいと祈念するものである。

私が大場磐雄先生のご指導をうけながら、椙山さんと最初に調査を共にした遺跡は、たしか東京都武蔵野市井の頭公園内の縄文時代後期住居跡であったと記憶している。その後は特に千葉県山王山古墳の調査や島根県忌部玉造遺跡、和歌山県新宮市阿須賀神社境内調査、或は東京都宇津木遺跡での方形周溝墓の発見等々忘れ難い思い出は数え切れない。

この度桕山さんの古稀を記念して教え子や後輩が中心となって論文集を献呈するという、そして私にも執筆依頼が舞い込んできたので喜んで投稿をさせていただいた次第である。

一　問題の所在

わが国の古代都城は飛鳥の地を離れて、条坊制を持つ新益京を藤原の地に建設した。この造成工事には多くの古墳が整地され、宮城や条坊が計画された。このことはわが国の都市開発計画で所謂「スクラップ・アンド・ビルド」が採用された最初である。本稿ではその実態を紹介し、その後この都城ではどのような場所に墓域が設定されたかを整理して見たい。即ち古代日本における葬送問題の性格について整理しておきたい。これは先に整理した飛鳥の宮と陵墓の続編であり、それ以前の「ヤマト王権時代」の大王陵園と居館の関係を整理するための試論である。その為に本稿では、天皇陵の確実な位置をおさえ、それが都城のどの位置に当たるかを整理して置きたい。(1)

二　藤原京の造営と古墳の破壊（図1）

図1は竹田敬政氏による藤原京形成以前の景観を、奈良文化財研究所創立50周年記念『飛鳥・藤原京展』を原図として図化したものである。(2)氏はこの都城予定地内の五地区で古墳及び古墳群が削平整地されたと想定されている。それらを整理すると以下の通りである。

「第一地区は大極殿の北側から朝堂院の東側及び朱雀門から日高山周辺。この附近から4世紀後半代から6世紀前半にかけての埴輪が採集されている。

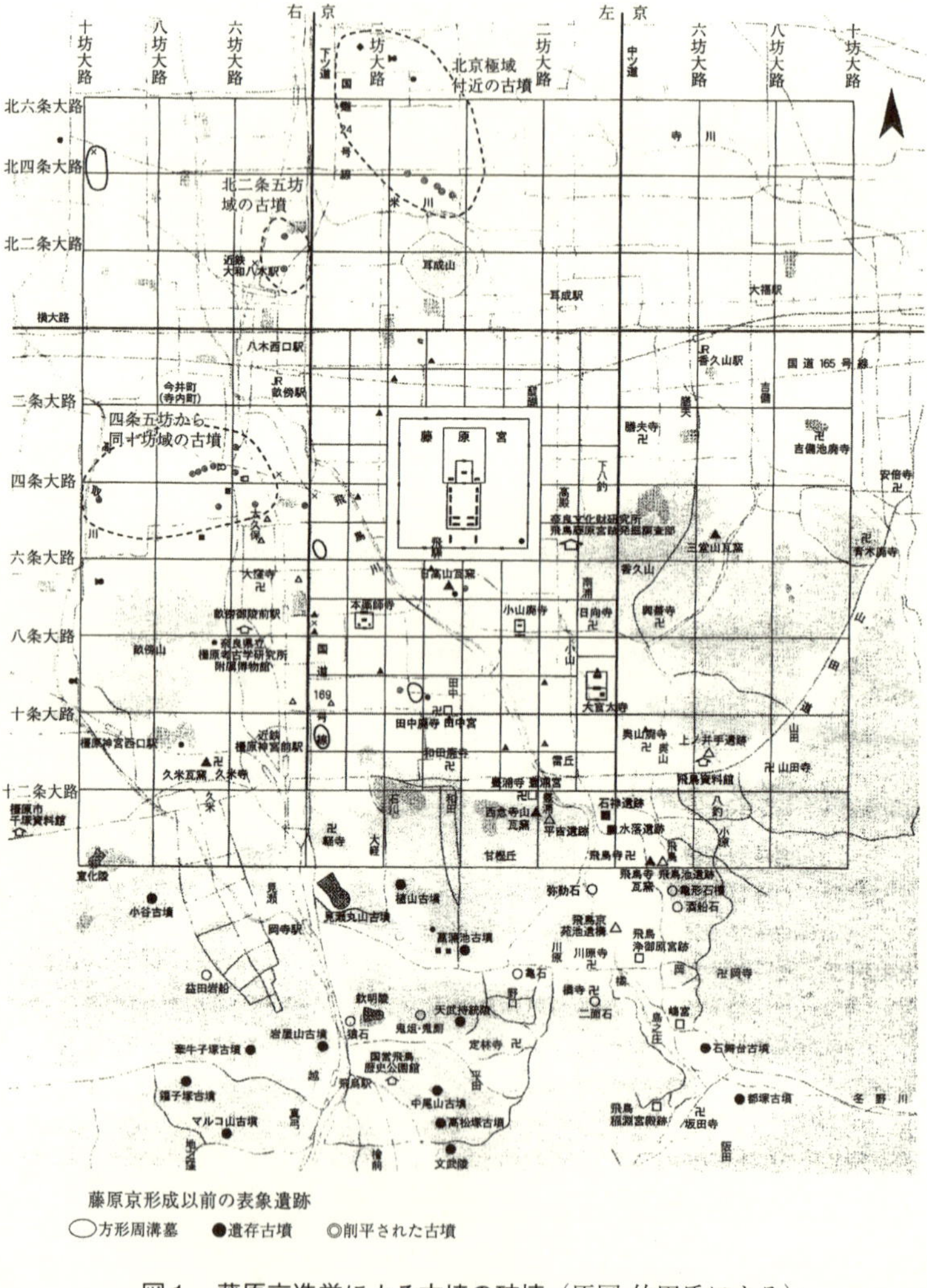

藤原京形成以前の表象遺跡

◯方形周溝墓　●遺存古墳　◎削平された古墳

図１　藤原京造営による古墳の破壊（原図 竹田氏による）

第二地区は右京域では北四条一・二坊から北二条五坊にかけて9基。6世紀代。

第三地区は寺川左岸の古墳群は形状を留めている棗山古墳、弁天山古墳、忍坂古墳と削平された北知見寺古墳等で、墳形は方墳、円墳、方墳等である。弁天塚古墳は径70mで3世紀中頃、忍坂古墳は4世紀中頃、北知見寺古墳は5世紀後半。北知見寺古墳の周濠は人為的に埋められ、埋土に埴輪片と混じって藤原京期の土器が出土し、京形成期に削平されたことが明らかにされている。

	墳　形	規　模	時　期
1	方　形	一辺29 m、造り出し 9 × 14 m　二重周濠	5世紀末
2	前方後円	全長43 m、濠巾8～10 m	5世紀後半
3	方　形	一辺18 m、濠巾5 m	6世紀中頃
4	円　形	径22.5 m、濠巾5 m	5世紀中頃
5			
6			6世紀中頃
7	前方後円？	径64 m、濠巾7.5 m	5世紀後半
8	円　形	径10 m、濠巾2～3 m	5世紀後半
9	円　形	径30 m、濠巾4 m	6世紀前半
10	方　形	一辺15 m、濠巾2 m	
11			6世紀中頃
12			6世紀中頃
13	方　形	一辺18 m	5世紀後半～6世紀前半
14	方　形	一辺12 m	〃？
15	方　形	東西幅40 m	〃？

表1　削平された四条古墳群の確認数とその実態

第四地区は米川右岸の5基からなる古墳群。4世紀中頃から6世紀頃。

第五地区は四条五坊から十坊に見られる古墳群で15基確認。その範囲は東西1.6km、南北500mの広範囲で、それらを整理すると表1の通りである。(3)」

私は表1―1の発掘調査の時期に文部省の内地研究員として、橿原考古学研究所に留学中であったので、この古墳跡の調査に参加することを許された。この古墳跡には、墳丘は全く認められず、しかも削平された墳丘下には埋葬施設の墓壙の痕跡も、横穴式石室の掘り方の痕跡も見られず、一辺28～29mの濠で囲まれた方形区画の西側に長さ9m、最大幅14mの造り出しが、恰も前方後方形の如く全掘された。周隍内からは湧水のため数多くの木製埴輪や土製埴輪及び須恵器類等が発見された。この古墳跡には二重の隍が確認され、内側は幅約6mで東西48m、南北40mを計測する。外側との間に5m程の堤があり、外隍幅2～3mで内隍よりは小規模である。築造時期を確定することが可能な須恵器はTK23・TK47・MT15型式等が確認され、特に前二型式が中心であり、その年代は5世紀第4四半期から6世紀第1四半期であると考古学的に推定された。また、この古墳跡の遺物出土状況については、調査を担当された西藤清秀氏が次の様に報告している。(4)

「内濠には、大きく三層の土壌堆積があった。上から藤原京関連整地土、有機質土、砂質土であった。整地土は、一気の作業による堆積で、円筒埴輪の底部が多く存在することから削平された古墳の盛土であると思われる。有機質土は、長い年月を経て形成された植物遺体の堆積で、常に湿潤であったと思われ、今回出土のほとんどの遺物がこの層に含まれていた。砂質土は、比較的短期間に堆積し、細い加工材、土器が少量含まれていた。このような内濠に堆積した土壌の様相から、元来、濠内には自然的な滞水はあっても原則的には空濠の状況であったことが窺える。また濠内に落ち込んだ石はほとんどなく、この古墳には葺石は存在しなかった可能性は強い。」とあり、極めて注目される観察結果である。

私はこの遺跡は埋葬を伴う墓ではないと発掘調査中から考えている。それは今も変わりない。それは古墳を想定した記念物であるというのが私の考古学的解釈である。何故ならこの基盤面には基礎工事の痕跡が全く確認出来ないのである。調査を担当した西藤氏の報告もそのことを的確に記録している。即ち藤原京の造成のための整地土が埴輪を伴う墳丘盛土であるという記録である。しかも出土した考古学的史料から5世紀末から6世紀初頭の築造年代が与えられるのである。この遺構は西藤氏の報告によると、六九一年十月以降六九四年十二月までの間に削平されている。(5)しかも考古学的には埋葬施設を持たず、土壇を築造し極めて賑やかに壇の周囲に土製・木製の埴輪を樹立している。この建造物は何を意味しているか、日本古代史上で重要な意義を有する政治的モニュメントであったことが理解されるだろ。

以上竹田氏の研究成果を元にして、自由奔放な解釈を加えてみたが、藤原京の造営に向けて多くの古墳が破壊・削平され、その上にわが国最初の条坊制の都城が登場したことになるのである。それでは藤原京時代の為政者は死をどのようにとらえていたのであろうか。最初に『日本書紀』『續日本紀』から、この時代の崩御・薨去・卒去記事を抽出し、更に陵墓の位置等を整理しておきたい(6)。

三 『日本書紀』『續日本紀』に見える死亡記事

この時期の死亡記事は『日本書紀』『續日本紀』によると、持統天皇以後藤原京時代の死記事は以下の通りである。

△**持統天皇　六八六（六九〇・一）～六九七・八（譲）**

元年（六八七）　十月壬子（二二）「冬十月辛卯朔壬子、皇太子率公卿百寮人等併諸國司國造及百姓男女、始築大内陵。」

二年（六八八）　十一月乙丑（一一）「布勢朝臣御主人・大伴宿弥御行、遞進而誄。直廣肆當摩真人智徳、奉誄皇祖等之騰極次第。禮也。古云日嗣也。畢葬于大内陵。」

三年（六八九）　四月乙未（一三）　皇太子草壁皇子尊薨る。（東明神古墳？）

四月甲辰（二二）　春日王薨る。

五年（六九一）　九月丁丑（九）　浄大参皇子川嶋薨る。

十月乙巳「詔曰、凡先皇陵戸者、置五戸以上。自餘王等、有功者置三戸。若陵戸不足、以百姓充。免其徭役。三年一替。」

十月甲子（二七）　新益京（藤原）を鎮祭す。

八年（六九四）　一二月乙卯（六）　藤原京遷都。

△文武天皇　六九七・八～七〇七・六（崩）。

二年（六九八）　正月庚辰（一九）　遣直廣参土師宿祢馬手献新羅貢物于大内陵。

六月丁巳（二九）　直廣参田中朝臣足麿卒す。（壬申功者）

三年（六九九）　正月甲申（二八）　浄廣参坂合部女王卒す。

六月甲午（一三）　浄廣参日向王卒す。

遣使弔賻。丁未。命直冠已下一百五十人。就日向王第會喪。

六月庚戌（二七）　浄大肆春日王卒す。

七月癸酉（二一）　浄廣弐弓削皇子薨る。（天武天皇第六皇子）

遣浄廣肆大石王。直廣参路真人大人等監護喪事。

九月丙子（二五）　新田部皇女薨る。（天智天皇皇女）　勅王臣百官人等會葬。

一〇月甲午（一三）　詔赦天下有罪者。但十悪強竊二盗不在赦限。為欲営造越智・山科二山陵也。

辛丑（二〇）　遣浄廣肆衣縫王。直大壱當麻真人國見。直廣参土師宿祢根麻呂。直大肆田中朝臣法麻呂。

　判官四人。主典二人。大工二人於越智山陵。浄廣肆大石王。直大弐粟田朝臣真人。直廣参土師宿祢馬手。直
　廣肆小治田朝臣當麻。判官四人。主典二人。大工二人於山科山陵。並分功修造焉。

一二月癸未（三）　浄廣弐大江皇女薨る。（天智天皇皇女）　令王臣百官人等會葬。

四年（七〇〇）　三月己未（一〇）　道尚和尚物化。…時歳七十有二。弟子等奉遺教。火葬於粟原。天下火
　葬従此而始也。

四月癸未（四）　浄廣肆明日香皇女薨る。（天智天皇皇女）　遣使弔賻之。

大宝元年（七〇一）正月戊子（一四）　新羅大使薩飡金所毛卒す。

己丑（一五）　大納言正廣参大伴宿祢御行薨る。

帝甚悼惜之。遣直廣肆榎井朝臣倭麻呂等。監護喪事。遣直廣壱藤原朝臣不比等等。就第宣詔。贈正廣弐右大臣。

　御行難波朝右大臣大紫長徳之子也。

六月癸卯（二）　正五位上忌部宿祢色布知卒す。

七月壬辰（二一）　左大臣正二位多治比真人嶋薨る。（宣化天皇の玄孫）

詔遣右少弁従五位下波多朝臣廣足。治部少輔従五位下大宅朝臣金弓等。監護喪事。又遣三品刑部親王。正三位石上朝臣麻呂。就第弔賻之。正五位下路真人大人爲公卿之誄。従七位下下毛野朝臣石代爲百官之誄。

一二月乙丑（二七）　大伯内親王薨る。（天武天皇皇女）

二年（七〇二）　一〇月乙未朔　従四位下路真人登美卒す。

一二月甲寅（二二）　太上天皇（持統天皇）崩。

遺詔。勿素服擧哀。内外文武官釐務如常。喪葬之事務従倹約。

三年（七〇三）　四月辛酉朔　右大臣従二位安倍朝臣御主人薨る。

遣正三位石上朝臣麻呂等弔賻之。

一〇月丁卯（九）　任太上天皇御葬司。以二品穂積親王為御装長官。従四位下廣瀬王。正五位下石川朝臣宮麻呂。従五位下猪名真人大村為副。政人四人。史二人。四品志紀親王為造御竈長官。従四位上息長王。正五位上高橋朝臣笠間。正五位下土師宿祢馬手為副。政人四人。史四人。

一二月癸酉（一七）　従四位上當麻真人智徳率諸王諸臣。奉誄太上天皇。大倭根子天之廣野日女尊。是日。火葬於飛鳥岡。壬午。合葬於大内山陵。

慶雲二年（七〇五）三月丙戌（七）正四位下豊国女王卒す。

五月丙戊戌（七）三品忍壁親王薨る。（天武天皇第九皇子）遣使監護喪事。

七月丙申（一九）大納言正三位紀朝臣麻呂薨る。

近江朝御史大夫正三位大人之子也。

一二月丙寅（二〇）正四位上葛野王卒す。

三年（七〇六）二月庚辰（六）左京大夫従四位上大神朝臣高市麻呂卒す。（壬申功者）

六月丙申（二四）従四位下与射女王卒す。

四年（七〇七）六月辛巳（一五）天皇崩。遺詔。擧哀三日。凶服一月。壬午。以三品志紀親王。正四位下犬上王。正四位上小野朝臣毛野。従五位上佐伯宿祢百足。従五位下黄文連本實等。供奉殯宮事。擧哀着服。一依遺詔行之。自初七至七々。於四大寺設斎焉。冬十月丁夘。以二品新田部親王。従四位上安倍朝臣宿奈麻呂。従四位下佐伯宿祢太麻呂。従五位下紀朝臣男人為造御竈司。従五位上毛野朝臣古麻呂。正五位上土師宿祢馬手。正五位下民忌寸比良夫。従五位上石上朝臣豊庭。従五位下藤原朝臣房前為造山陵司。正四位犬上王。従五位上采女朝臣枚夫。多治比真人三宅麻呂。従五位麻真人徳率誄人奉誄。謚曰倭根子豊祖父天皇。即日火葬於飛鳥岡。甲寅奉葬於檜隈安古山陵。

△元明天皇　七〇七・七〜七一五・九（譲）。

慶雲四年一〇月戊子（二四）従四位下文忌寸祢麻呂卒す。（壬申功者）

一一月甲寅（二〇）葬倭根子豊祖父（文武）天皇于安古山陵。（中尾山古墳？）

一一月戊午（二四）弾正尹従四位下衣縫王卒す。

和銅元年（七〇八）四月壬午（二〇）従四位下柿本朝臣佐留卒す。

五月辛酉（三〇）　従四位下美努王卒す。

六月丙戌（二五）　三品但馬内親王薨る。（天武天皇皇女）

閏八月丁酉（八）　摂津大夫従三位高向朝臣麻呂薨る。

二年（七〇九）　四月壬寅（一六）　従四位下上毛野朝臣男足卒す。

一〇月癸巳（一一）　勅造平城京司。若彼墳隴。見発掘者。随即埋斂。勿使露棄。普加祭酹。以慰幽魂。

一二月壬寅（二〇）　式部卿大将軍正四位下下毛野朝臣古麻呂卒す。

三年（七一〇）　正月壬戌（一一）　散位従四位下朝臣笠間卒す。

三月辛酉（一〇）　平城遷都。


以上、葬送・崩御に関するもの2件、薨去に関するもの18件、卒去に関するもの18件の計38件である。それは持統天皇が政権を掌握した六八六年から元明天皇が平城京に遷都する七一〇年までの間、僅か二四年間である。特に注目したいことは、天武紀以降卒去記事が登場することである。それを整理すると下表の通りである。

四　藤原京時代の葬送記事

△藤原京時代の崩御2名及び薨去15名はどこに埋葬されたのであろうか。この時代の崩御は持統天皇と文武天皇である。前者については大宝二年（七〇二）十二月甲寅崩御とあり、更に「喪葬の事、努めて倹約に従へ」と翌三年十二月癸酉

天皇紀	崩御記事	薨去記事	卒去記事
推古天皇紀	1（推古天皇）	4	なし
舒明天皇紀	1（舒明天皇）	1	なし
皇極天皇紀	なし	なし	なし
孝徳天皇紀	1（孝徳天皇）	なし	なし
斉明天皇紀	1（斉明天皇）	3	なし
天智天皇紀	1（天智天皇）	4	なし
天武天皇紀	1（天武天皇）	9	19
持統天皇紀	なし	3	なし
文武天皇紀	2（持統天皇・文武天皇）	10	10
元明天皇紀（～710）	なし	2（7）	6（18）

（註：元明天皇紀の（　）内は譲位の七一五年までの数を意味する）

（十七）に「飛鳥岡に火葬す」とあり、壬午（二十六）「大内山陵に合葬す」と記録されている。この陵は鎌倉時代の盗掘の記録である『阿不幾之山陵記』(7)によって、現在宮内庁が管理する檜隈大内陵であろう。

この墓は明日香村大字野口字王墓の丘陵東端頂に立地する。その規模は東西径約38ｍ、南北径約45ｍ、高さ約９ｍの一見円墳状を看守する。『阿不幾之山陵記』では墳形は八角形で五段築成の上、外表面には石の壇が回らされているという。更に埋葬施設は南面して石橋・石門があり、大理石（記では瑪瑙）の切石を材料とした石棺式石室が採用されている模様である。それは内陣と外陣の復室構造である。内陣と外陣には厚さ0.4尺、広さ0.45尺の腋柱で区別し、柱には0.3尺の楣石と0.3尺の鼠走及び厚さ0.4尺、広さ0.45尺の冠木を取り付け、左右に厚さ0.15尺、幅各3.57尺、高さ6.5尺の観音開きの金銅製扉を取り付けている。内陣は長さ１丈4.5尺、幅１丈の規模で、天武天皇のご遺体を収めたと想定される長さ7尺、幅2.5尺、深さ2.5尺の布張りの張り物（夾紵棺？）と、持統天皇の火葬されたご遺骨を納めた金銅製の桶が確認されたという。(8)筆者は『阿不幾之山陵記』の正確な記録によって天武・持統合葬陵は、現在宮内庁が祭祀を行なっている野口王墓説に賛成である。後者は慶雲四年（七〇七）年六月辛巳（十五）「天皇崩ず、遺詔すらく、挙哀三日、凶服一月せよ」とあり、薄葬を遺言されている。そして、「十一月丙午（十二）飛鳥岡に火葬す。甲寅檜隈安古山陵に葬り奉る。」と記録されている。檜隈安古山陵は高松塚古墳にされたことがあるが、その後現在の安古岡上陵に治定替えされているが、もしかすると中尾山古墳かも知れない。何故なら大内陵の墳形は八角形であり、この時期の天皇陵の墳丘は八角形である事が多いという。中尾山古墳はこの付近で確認された古墳の中で尾根上に八角形墳丘を構築されていることが、墳丘整備の為の調査で確認されている。現安古岡上陵は宮内庁が公開している測量図では、山寄せ状の円形墳で、墳形及び規模から捏造か治定の誤りが指摘される。そこで中尾山古墳の実情を整理しておこう。この古墳は明日香村平田字中尾山六七〇番地の２・３低い丘陵上に立地している。墳形は八角形で、三段築成である。その規模は報告によると、墳丘の対辺間の長さ約19.4ｍ、外回りの石敷を含めると約29.4ｍ、高さ４ｍ前後に復元されるという。墳丘基部には径約50㎝大の玉石を2段に積み、斜面と平坦面には拳大の玉石を厚く敷きつめている。埋葬施設は、底石1、側壁2、奥壁1、隅石4、扉石1、天井石1計10石からなる石室で火葬骨を納めたものと想定される。[9]

この古墳は享保二十一年刊行の『大和志』に「檜隈安古岡上陵　文武天皇平田村西ニ在リ、俗ニ中尾ノ石墓ト呼ブ」とある。[10]しかし『山陵志』では「陵上の孤松茂翳するを以て、今高松山と呼び、一に美賛佐伊と名づく。」とあり、文武天皇陵は高松塚古墳説となる。[11]ところが『陵墓一隅抄』では「大和国高市郡野口村字王之墓　兆域東西三町　南北三町　陵戸五烟」となる。当時は天武・持統合葬陵を五条野丸山古墳と治定していたので、野口王墓は未考定墳であったので、平塚は文武天皇陵に治定したのである。[12]中尾山古墳は明治期になると陵墓候補からも除外され、野淵の報告によると「第五三〇號　高市郡坂合村大字平田字中尾山　第六百七十番甲　一山林反別九畝廿九歩　民有地　高二間五分　根廻三十五間」と墨書された。本墳は状況的には、八角形の墳丘であり、火葬遺骸の埋葬施設の確認により文武天皇陵の可能性は高いのではないかと思われる。（図2）

△薨去に関しては15名である。それは具体的に草壁皇子（六八九・四）、春日王（六八九・四）、川嶋皇子（六九一・九）、弓削皇子（六九九・七）、新田部皇女（六九九・九）、大江皇女（六九九・一二）、明日香皇女（七〇〇・四）、大納言大伴宿祢御行（七〇一・一）、左大臣多治比真人嶋（七〇一・七）、大伯内親王（七〇一・一二）、右大臣安倍朝臣御主人（七〇三・四）、忍壁親王（七〇五・五）、大納言紀朝臣麻呂（七〇五・七）、但馬内親王（七〇八・六）、摂津大夫高向朝臣麻呂（七〇八・八）、（右大弁石川朝臣宮麻呂（七一三・一二）、中納言小野朝臣毛野（七一四・四）、大納言大伴宿祢安麻呂（七一四・五）、穂積親王（七一五・七））等15例である。最後の4例は遷都後である。

『日本書紀』記載では草壁皇子を薨去としているが、追尊された岡宮天皇とすれば崩御記事扱いであろう。しかし持統天皇との関係を如実に表す記事内容である。草壁皇子の御陵については、河上邦彦氏の報告に以下の様な記録が見られる。[13]「幕末修陵の際、岡宮天皇（天武天皇皇子六六二～六八九は七五八年追尊された）の御陵治定のため中央から役

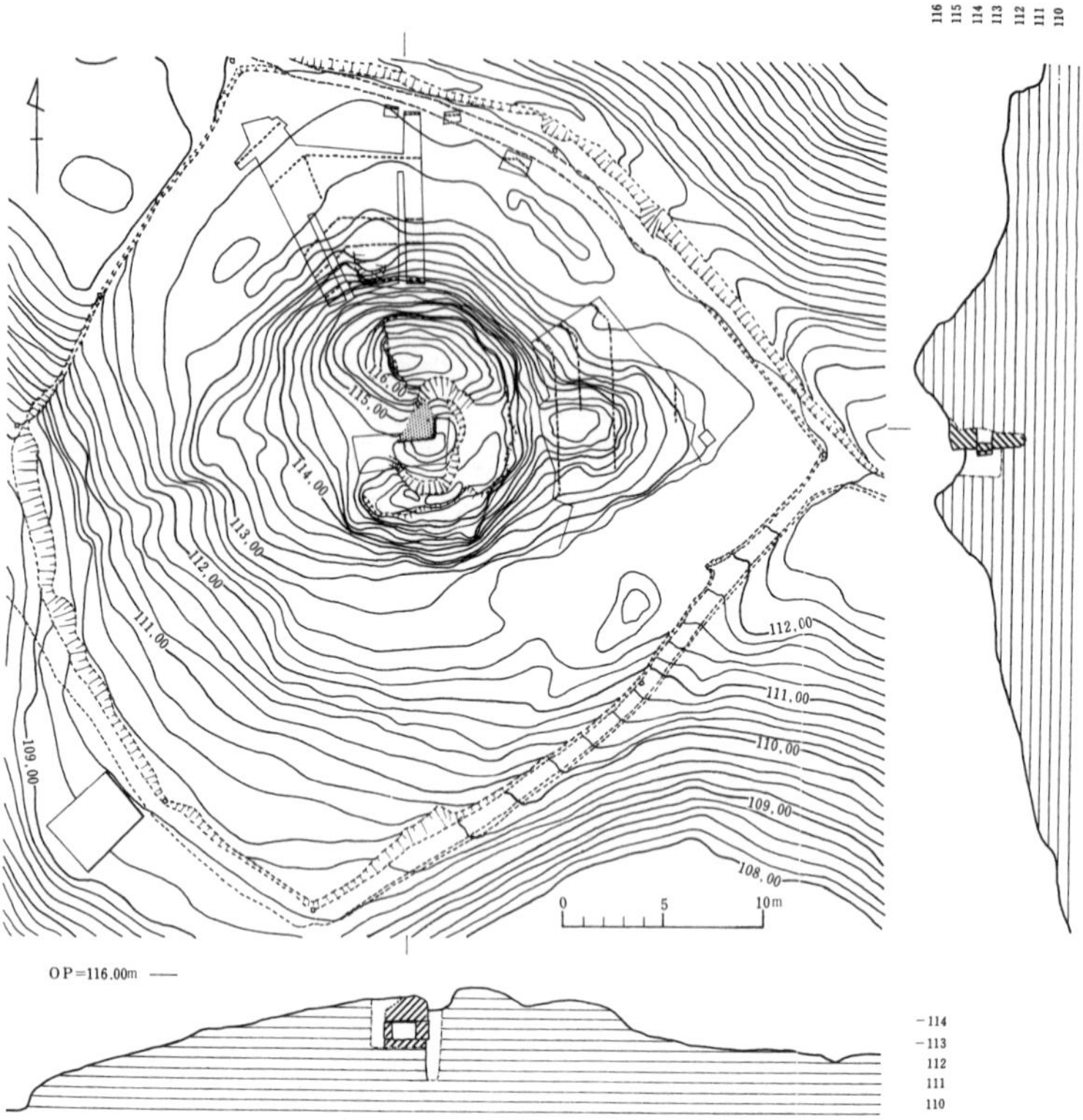

図2　中尾山古墳測量図（報告書より転載）

人が調査に見える事になった為に、佐田の村には草壁皇子の墓という伝承があり、古くから祭祀がおこなわれ、石作りの玉垣が巡っていた。しかしこの塚が正式に決定されると、この塚の下に位置する佐田村の強制移転が想定されるという流伝が広がり、不安になった村人たちが塚の周りの玉垣を取り外し、塚を発掘して石材を抜き取り破壊した。その結果この天皇陵はこの地点より南側３００ｍの素盞嗚命神社地に決定した。」と報告されている。これが事実であれば岡宮天皇陵は束明神古墳の可能性がつよい。この古墳については藩制期の記録には見られないが、明治期の野淵の記録[14]には「第五一七號　高市郡越智岡村大字佐田字大平第七百四十二番　一村社反別四畝歩　官有地　高一間五分　根廻二十五間」と墨書し、後半に以下の解説を付している。

それは「第五百十七號　高市郡越智岡村大字佐田ニ在リ字大平又ハ塚明神ト唱フ塚上蓋石ト認得ベキ巨石四箇点在セリ塚前石燈籠ヲ建ツ束明神ノ三字ヲ刻シ年號ヲ刻セサルヲ以テ其年歴ヲ知ル能ハサレトモ石色ヨリ考フレハ百年以下ノモノニアラス往古ハ石窟等モ有リシナルベシト雖ドモ今ハ僅ニ四ノ石ヲ留ムルノミ他ニ考証ノ資料ナキヲ以テ考定スルアタハス」と当時の状況を書き遺している。この資料は大変貴重なもので、その名称である「塚明神」と、塚上に主体部を破壊した痕跡の蓋石と思われる巨石4点の放置された状況は河上の報告を裏付けるものであろう。

昭和になって刊行された『越智岡村史』によると以下の記録が見られるという(15)。

「塚明神塚　越智岡村大字佐田大平七四二

佐田人家の上方春日神社境内拝殿の右方にあるのもで、東西四十一尺、南北三十六尺、高さ九尺の円墳で、中央から南にかけて発掘され、中には長さ一尺五寸、幅五寸五分の凝灰岩の一石が埋もれている。これはすでに発掘された石棺の一部分だと言われる。塚右方にある石燈籠には「嘉永四年亥二月吉日　束明神」と記されている。」これに依ると嘉永四年には「束明神」とあり、河上の報告の内容と一致している。そこで束明神古墳の実態を河上氏の報告から整理して見よう(13)。(図3)

「墳形は八角形である。その規模は調査前径10m、高さ3m、南面して北から東西の丘陵がカットされ、南北約40m、東西約50mの平坦面を有する。対角長約30m（復元36m）、120尺。特徴をあげると墳丘は版築によって埋葬施設と同時に構築される。それは所謂寿陵ではない。更に注目される事は墳丘を築くために後背地の地山を平面的に大きくU字形に削り取り、前面（南側）の地山面から推定して現墳頂面より16m、現状で地形から最も高く削り始めた所からは10m以上の深さに達する。地山を削り溝状にして礫を入れて排水がされている。地山を整形して墳丘中心部及び墳裾を整備し、その中央部に石槨を構築しつつ、墳丘を版築によって築いている。埋葬施設は大きく破壊されているが、凝灰岩の切り石を積み上げた横口式石槨であるが、ほとんど現在までに類例を見ない。規模は平面長さ312cm、

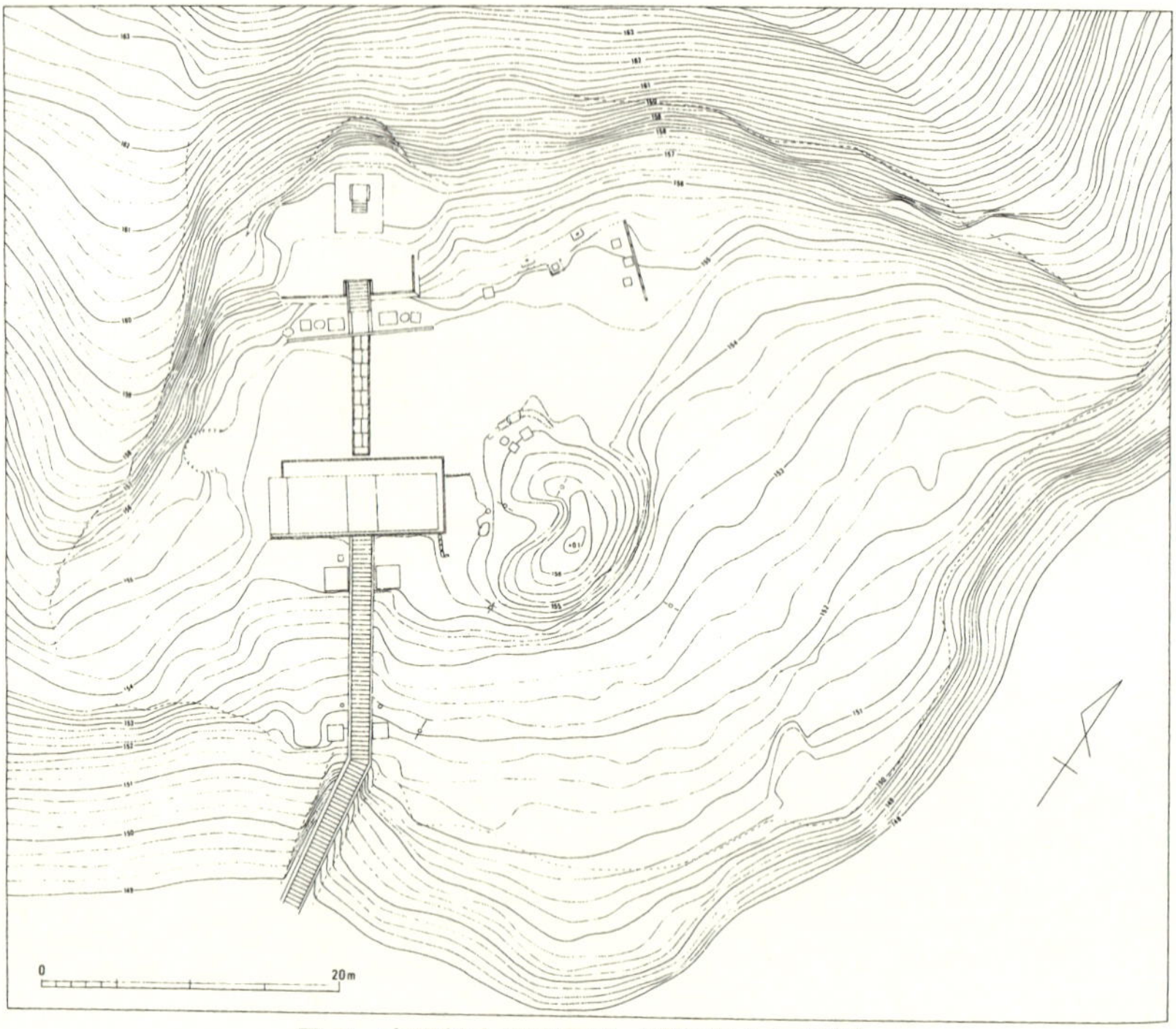

図３　東明神古墳測量図（報告書より転載）

幅２０６cm、の長方形で、立面は垂直部分の高さ１２９cm、傾斜部分は５段までとすると同じ高さである。傾斜角度は約60度である。石槨全体は上部を家形にし、下部は垂直で平面形は長方形である。各壁ともに横目地の通った切石積みで、垂直部分５段、傾斜部分残存部３段（本来は５段）まで確認される。副葬品は盗掘により持ち去られ皆無であり、石槨内からは僅かに葬具残片が採集された。鉄釘１４０点以上、漆膜多数、棺飾り具１、不明鉄器４．土器類（須恵器片約１００、土師器片２００、瓦器50、燈明皿60、泥塔1、泥人形1。）そして築造時期は7世紀後半（草壁親王崩御年六八九年）と想定する。」

　河上氏は報告の最後に被葬者問題に触れ「東明神古墳は少なくとも江戸時代には草壁皇子の墓と認識されていたという事実である。そしてこの伝承は中世ぐらいまでは溯ると思われる。」と結んでいる(13)。本稿では東明神古墳を岡宮天皇陵として河上説に従うことにする。この時期の4人の天皇陵はすべて八角形墳を採用していることは既に整理されている点である。

次に薨去記事14件について、どの様な立場の皇族かを整理しておきたい。

春日王は敏達紀四年正月条によると、敏達天皇と春日臣仲君の娘老女子夫人は三男一女（難波皇子・春日皇子・桑田皇女・大派皇子）を生んでおりその第二子である。特に蘇我馬子と物部守屋との交戦の際は泊瀬部皇子、竹田皇子、厩戸皇子、難波皇子等と物部討伐に加わっている。しかし敏達天皇は息長廣姫皇后との間に一男二女が居り、皇位継承権は低い位置にあると言える。なお寛政十二年刊の竹口英斉『陵墓志』には「檜隈墓　春日皇子　敏達天皇ノ第三皇子　小野ノ朝臣ノ祖　大和國高市郡五條野村ニ在リ、字岩屋」とあり、岩屋山古墳を当てている。[16] しかし現在は不詳である。

川嶋皇子は天智天皇と忍海造小龍娘色夫古娘との間の一男二女（大江皇女・川嶋皇子・泉皇女）の皇子である。35歳で薨。墓葬の伝承は記録されていない。

弓削皇子は天武天皇と大江皇女との間の皇子であるが、天皇は『書紀』の記載に依れば皇后との間に草壁皇子を儲け、更に皇后の姉太田皇女を妃として大来皇女と大津皇子を、大江皇女と二皇子（弓削と長皇子）を、次に新田皇女妃との間に舎人皇子を、藤原鎌足の娘氷上娘とは但馬皇女、氷上娘の弟五百重娘に新田皇子を、蘇我赤兄の女大蕤娘との間に穂積皇子、紀皇女、田形皇女を儲けている。書紀は更に続く、鏡王の女額田姫王を娶り十市皇女を、宗像君徳善の女尼子娘を納し高市皇子を、完人臣大麻呂の女櫢媛娘との間に忍壁皇子、磯城皇子、初瀬部皇女、託基皇女を生んでいる。すなわち皇子10人、皇女7人の計17人が記録されている。弓削皇子は持統天皇七年に長皇子と共に浄廣貳を授けられている。又万葉集には持統天皇が吉野宮行幸の折り、額田王と二人に送った歌が収録されている。

「いにしへに恋ふる鳥かもゆづる葉の御井の上より鳴きわたり行く」（巻２１１１）。

弓削皇子の葬送については「浄廣肆大石王と直廣参路真人大人等を遣して喪事を監護せしむ。」とある。しかし葬地の記録はない。

新田部皇女は天智天皇と安倍倉梯麻呂の女橘娘との間に生まれ、姉は明日香皇女である。天武天皇との間に舎人親王を儲け、文武三年九月に薨去し、『續紀』には「勅王臣百官人等会葬。」とある。持統天皇、元明天皇は異母妹である。

大江皇女は天智天皇と忍海造小龍女色夫古娘の皇女で、天武天皇の妃となり、長皇子と弓削皇子を儲けている。文武天皇三年十二月に薨去し、『續紀』には「王臣百官人等会葬」とある。

明日香（飛鳥）皇女は天智天皇と安倍倉梯麻呂女橘娘との間に生まれ、姉皇女に新田部皇女がいる。忍壁親王の妃で、文武天皇四年四月に薨去する。『續紀』に「遣使弔賻之」とある。

大伯内親王（大伯皇女・大来皇女）は、天武天皇と皇后の姉太田皇女との間に生まれ、弟に大津皇子が居る。天武天皇二年伊勢斉王となり泊瀬斉宮で潔斎し、持統天皇時代は伊勢に奉仕したが、大津皇子の謀反が発覚すると伊勢から京に帰っている。万葉集には大津皇子が薨りし後、伊勢から京に帰るときに詠んだ二首がある。

「神風の伊勢の國にもあらましをいかにか来けむ君もあらなくに」

「見まく欲りわがする君もあらなくにいかにか来けむ馬疲るるに」

更に皇子の屍が葛城の二上山に改葬される時に悲しんで詠んだ二首もある。

「うつそみの人なる吾や明日よりも二上山を兄弟とわが見む」

「磯の上に生ふるあしびを手折らめど見すべき君がありといはなくに」

忍壁（刑部）親王は天武天皇が完人大麻呂女擬媛娘との間に儲けた二男二女の長子である。天武天皇慶雲二年三品で薨去する。『續紀』には「遣使監護喪事。天武天皇之第九皇子。」とある。

但馬内親王は天武天皇と藤原鎌足女氷上娘との間に生まれている。元明天皇和銅元年六月に薨去している。それを悲しんで穂積皇子が詠んだ歌が万葉集に収録されている。

「ふる雪はあはにな降りそ吉隠の猪養の岡の塞なさまくに」

長親王（長皇子）は天武天皇と大江皇女との皇子で弓削皇子の兄君である。霊亀元年九月薨去しているが、詳細は記載がない。

穂積親王は天武天皇と蘇我赤兄女大蕤娘の皇子である。霊亀元年に薨去に時には一品で知太政官事の地位であった。

『續紀』には「遣従四位上石上朝臣豊庭。従五位上小野朝臣馬養。監護喪事。」とある。

以上の皇族以外に大納言大伴宿祢御行、左大臣多治比真人嶋、右大臣安倍朝臣御主人、大納言紀朝臣麻呂、摂津大夫高向朝臣麻呂、右大弁石川朝臣宮麻呂、中納言小野朝臣毛野、大納言大伴宿祢安麻呂等が薨去記事で記録されているが紙幅の関係で割愛する。

藤原京時代の官撰国史に見える「薨去」記事を見ると、大きく二つの記録に整理される。それは春日王、川嶋皇子、弓削皇子、但馬内親王、長親王等は薨去のみの記載である。それに対して新田部皇女、大江皇女、明日香皇女、大伯内親王、忍壁親王、穂積親王等には薨去後に会葬記事が記録されている。この点を考慮すると後者の葬地は少なくとも状況的に藤原京周辺に営まれていた可能性が想定される。またこの時期には壬申の乱の貢献者に対する論功の為の卒去記事が登場することも考慮する必要がある。

そこで最後にこうした点を考古学的資料で検討して見たい。

五　藤原京周辺の終末期古墳（図4）

この時代の古墳の墳形は一般的に八角形墳、円墳、方墳、上円下方墳等で代表される。その上墳丘は版築状に粘土と砂を互層に叩きしめられている場合が多い。埋葬施設は横穴式石室から石棺式石室へと移行し、やがて火葬による葬法へと変化する。遺骸を直接納める棺も中央では漆塗木棺、夾紵棺、籃胎棺、金銅製棺等が主流となる。

以上の条件を基礎に飛鳥地域の終末期古墳を抽出すると、野口王墓、中尾山古墳、束明神古墳、高松塚古墳、キトラ古墳、牽午子塚古墳、マルコ山古墳、松山古墳、岩屋山古墳、鬼の俎・雪隠古墳、菖蒲池古墳、文殊院西古墳、忍坂8号墳、忍坂9号墳、花山西古墳、平田岩屋古墳、真弓鑵子塚古墳、出口山古墳、乾城塚古墳、植山古墳等を代表的なものとして挙げる事が出来よう。[17] これ等の古墳中野口王墓は天武・持統天皇合葬陵、束明神古墳は岡宮天皇陵、中尾山古墳は文武天皇陵の可能性が高いと私は推定している。その根拠は第一に立地を挙げることが出来よう。第二は墳形である。第三は書紀記録と遺構の一致である。前の二古墳は考古学的記録が火葬遺骸の埋納を示している。しかし岡宮天皇に関しては、火葬の記録が見られない。束明神古墳は発掘調査の結果、その埋葬施設に必ずしも火葬を想定出来ない横口式石槨が採用されている。このことは明らかに藤原京時代の4天皇が京域の南側の地域に墓葬域を営んでいたという事実を意味している。しかしこの時期になると寿陵制は実施されないから、[18] 墓域の位置決定については記録されておらず、各天皇が薄葬を遺言している記録が見られる。その為に崩御後墓域の選定がなされたものと想定される。それは天智天皇の山科陵の造営経過が証明している。[19]

次に残る17基中、先の条件にマッチする飛鳥時代の範疇に含まれる古墳を整理すると、高松塚古墳、キトラ古墳、牽午子塚古墳、マルコ山古墳、松山古墳、鬼の俎・雪隠古墳、出口山古墳等7基が残される。墓誌を持たないこれ等の古墳が『書紀』や『續紀』記載の薨去記事皇族の誰に当たるか考古学的解明が期待されるのである。そこで最後に考古学的実験の済んだ古墳から被葬者の同定される可能性のあるものを整理して置こう。

高松塚古墳は、状況証拠として側壁と天井部分の壁画と漆塗棺がある。しかしこれから特定人物を導き出すことは不可能である。しかしここからは1体分の遺骸が検出されている。この遺骸について島五郎は次のように報告されて

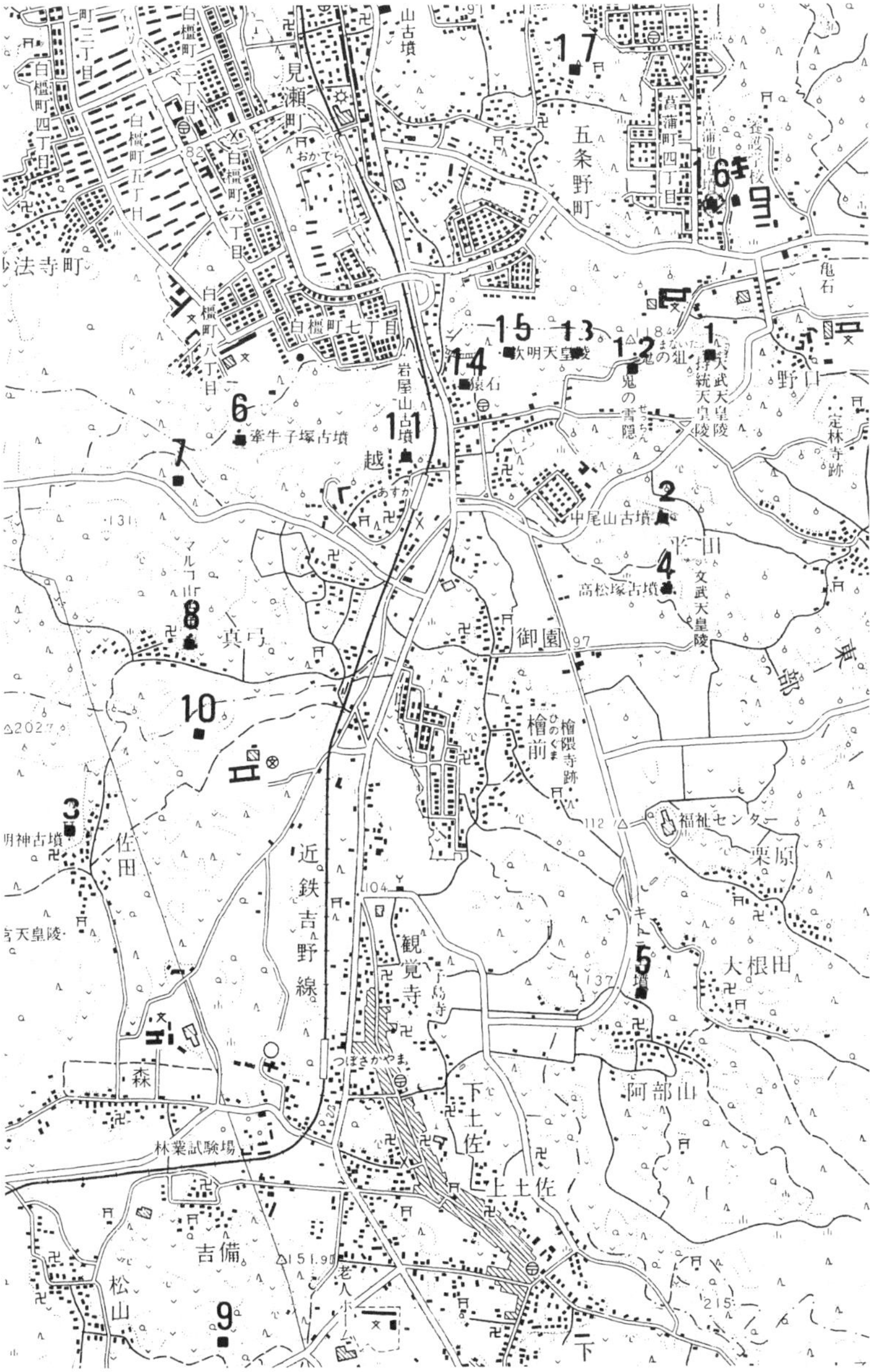

図４　藤原京周辺の終末期古墳

(1) 野口王墓 (2) 中尾山古墳 (3) 束明神古墳 (4) 高松塚古墳 (5) キトラ古墳 (6) 牽牛子塚古墳 (7) 真弓鑵子塚古墳 (8) マルコ山古墳 (9) 松山古墳 (10) 出口山古墳 (11) 岩屋山古墳 (12) 鬼の俎・雪隠古墳 (13) 平田岩屋古墳 (14) 吉備姫墓 (15) 梅山古墳 (16) 菖蒲池古墳 (17) 植山古墳

いる。

「筋骨発育の良好な男性である。且つ、その憶測推定身長は約163糎、推定年齢は熟年者である。[20]」とされ、報告文のなかでは壮年ではなく熟年者或はそれ以上である事を示すデータも測定されていることが理解される。すなわち40代後半以上であろうか。

キトラ古墳は高松塚古墳同様に側壁と天井部分の壁画と漆塗木棺がある。そしてここからも遺骸1体が検出されている。片山一道氏はこの遺骸について次の様に報告されている。

「キトラ古墳の石室内で出土した人骨の残存状態は、まさに最悪に近い状態であった。ただ歯が比較的保存が良い状態で残っていたのが救いであった。二人分以上の歯や骨が混じるとみなす理由はいっさい見当あたらず、ただ一人分の遺骨が存在すると考えるのが妥当である。また、それが男性骨で……死亡年齢は熟年後半から老年の初頭（50歳～60歳）あたりであったと推定する……[21]」。

牽牛子塚古墳には壁画は描かれていないが、夾紵棺が確認され、見事な七宝や金銅製座金具が発見されている。しかし石槨は東西2室から構成され、その前方から盗掘の際に取り出され放置された遺物内に下顎右第二小臼歯が1点採集された。この歯の調査を担当した宮川徏氏は次の様に報告されている。

「……遺存が1歯のみという制約のもとであるが、被葬者の年令は青年期から壮年期にかけて、おそらく30才台から40才までの年令が推定される。」しかし、性別については記載されていない。[22]

マルコ山古墳は、石槨内の側壁及び天井部分全体に2～7㎜の厚さに白色漆喰が塗られていたが、壁画は描かれなかった。棺は盗掘時に徹底的に破壊され、大小4000点に及ぶ漆塗木棺が採集された。遺骸については正式な報告はないが、調査を担当された網干善教によって次の様に報告されている。

「人骨は石槨内に散乱し、埋葬状態を復原する事は困難であった。現在の鑑定では男性1体、年令は30才代と推定さ

図５　牽午子塚古墳測量図（報告書より）

れる。[23]」。

松山古墳は明治時代に盗掘され、その詳細は不詳であるが、発見当時の聞き込み調査から、埋葬施設は小形切石使用の横穴式石槨の可能性が想定される。更に東京国立博物館には本墳出土と伝えられる海獣葡萄鏡や金銅製棺金具等が保管されている。[24]

鬼の俎・雪隠古墳は墳丘が全て除去され、石槨も底石と1個の石を刳り抜いた石室部分が30m程離れて転落している。この古墳の詳細は全く伝承されていないという。[25]

出口山古墳は束明神古墳の東方に位置し、詳細は不明であるが、明治30年頃作成の『奈良県名所旧跡取調書』に塚として「山中兜字形ニ小高其中間ヲ前年発掘シ石棺ヲ出シ今其中ヲ現場ニ存ス」と記録し、絵図が添えられている。河上邦彦氏は火葬骨壺の石櫃と想定される(26)。

以上7基中後半の3基は考古学的実験が無く不詳部分が多いが、近年の科学的・学際的調査を経た前4基では被葬者同定に必要な有力な条件が提示されている。それは高松塚古墳が身長163cmの熟年男性一人（40才代後半）。キトラ古墳が50歳から60歳の男性一人。牽午子塚古墳が性別不明の30才から40才が埋葬されていたという。但し牽午子塚古墳は埋葬施設から合葬墓である。しかしこれ等を先の文献と照合させることは簡単ではない。

まとめにかえて

私は日本の古墳時代を研究しているが、近年は古代の都市計画の中で為政者がその場所をどこに求め、設置したかに興味と関心がある。しかし無文字時代のわが国ではその記録が全く見られないのが当然である。そこで明確な都城制の導入された飛鳥及び藤原京時代の実情を明確にし、それを基本としてヤマト王権時代の葬送の実態を検討したいと考えている。その結果、本稿で紹介して来た通り、藤原京時代には都市の南側に天皇及び皇族の墓域が設定されていることが明確にされた。この事実は墓葬の起源を中国に求めるわが国の体制が中国の政治的思想とは全く異なった事実を証明する結果となった。要するに天人感応による天命を授与された天子たる皇帝と、シャーマニズム的為政者としての天皇の相違であると言えるのかも知れない。中国皇帝は死してまで風水思想によって墓域が決定され、その配置は封建制を軸とする昭穆制として、更に副葬される遺品は周礼によって規定されている。しかもこの思想は古代中国を凌駕して現代に至るまで継続されている。それに対して日本のシャーマニズム的天皇制ではスクラップ・アンド・ビルド思想によって、全く異なる日本流の思想を形成してきたのである。その文化現象は時には模倣し(27)、時には破壊するというわが国独自の在り方を示し(28)、今日「歴史から学ぶのではなく、歴史を利用する」という政治思想によって受け継がれているといえないだろうか。

謝辞　なを本稿を草するにあたり、茨城大学図書館、宮内庁書陵部、奈良県立橿原考古学研究所、奈良県立図書館、鹿嶋市立中央図書館及び福尾正彦、竹田政敬、鈴木裕明、十文字健、森下恵介、橋本裕行各氏には文献探索や事実確認等で大変ご迷惑をお掛けいたしました。更に大脇　潔、河上邦彦両氏の業績から多くの学恩を得させて頂いた事を銘記して感謝申し上げます。

註

（1）拙稿「飛鳥の宮と陵墓」『森浩一先生傘寿記念論文集』古代学研究第180号　古代学研究会　二〇〇八年十一月。

（2）拙稿「藤原京の造営と古墳の破壊」『第13回こおりやま歴史フォーラム　西田中瓦窯から藤原京を考える』大和郡山市教育委員会　二〇〇九年一月。

（3）竹田政敬「藤原京成立前史―京形成以前の景観素描―」『日中交流の考古学』同成社　二〇〇七年三月。

（4）西藤清秀・林部均「橿原市四条遺跡発掘調査概報」『奈良県遺跡調査概報―一九八七年度―』奈良県立橿原考古学研究所　一九八八年三月。

（5）『日本書紀』持統天皇五年十月甲子条「新益京を鎮祭す。」。同八年十二月乙卯条「藤原京遷都」。黒板勝美編『訓読日本書紀下巻』岩波文庫30―004―3　岩波書店　一九三二年十二月。坂本太郎他校注『日本書紀下』日本古典文學大系68　岩波書店　昭和四十年七月。

（6）黒板勝美編『訓読日本書紀下巻』岩波文庫30―004―3　岩波書店　一九三二年十二月、坂本太郎他校注『日本書紀下』日本古典文學大系68　岩波書店　昭和40年7月。黒板勝美國史大系編修會編『續日本紀前篇』吉川弘文館　昭和四十四年三月。

（7）田中敬忠「阿不幾之山陵記」『考古界』第五篇第六號　一九〇六年。

(8) 大脇　潔「主要古墳解説―天武・持統陵（檜隈大内陵）―」『飛鳥時代の古墳』奈良国立文化財研究所　飛鳥資料館　昭和五十四年九月。

(9) 大脇　潔（註8）。網干善教他『史跡中尾山古墳環境整備事業報告書』奈良県高市郡明日香村教育委員会　昭和五十年三月。

(10) 並河永『大和志』十四之十六　日本輿地通史　享保二十一年　茂木蔵書。

(11) 蒲生君平『山陵志』文化五年　茨城大学図書館蔵書。

(12) 平塚瓢斉『陵墓一隅抄』安政元年　茂木蔵書。

(13) 河上邦彦編『束明神古墳の研究』奈良県立橿原考古学研究所　一九九九年九月。

(14) 野淵龍潜『大和國古墳墓取調書』明治二十六年三月結了　秋山日出雄編『大和国古墳取調書』財団法人　由良大和古代文化研究会　昭和六十年十月。

(15) 河上（13）から『越智岡村史』を引用する。原本を探し得ず。

(16) 竹口英斉『陵墓志』寛政十二年　奈良県立図書館蔵。

(17) 大脇　潔『飛鳥時代の古墳―主要古墳解説―』『飛鳥時代の古墳』奈良国立文化財研究所飛鳥資料館　昭和五十四年九月。河上邦彦「終末期古墳の立地と風水思想」『束明神古墳の研究』橿原考古学研究所研究成果第2冊　奈良県立橿原考古学研究所　一九九九年九月。から筆者が取捨選択して20基を紹介した。

(18) 拙稿「畿内における寿陵の終焉」『喜谷美宣先生古稀記念論集』喜谷美宣先生古稀記念論文刊行会　二〇〇六年六月。

(19) 天智紀には「九年十二月、近江宮で崩御」とあるが、文武紀の十月甲午条に「…為欲営造越智（斉明天皇）・山科（天智天皇）二山陵也。」とあり、更に同月辛丑条にこの両天皇陵を「分功修造焉」と見える。

(20) 島　五郎「高松塚古墳出土人骨について（中間報告）」『壁画古墳　高松塚―調査中間報告―』奈良県教育委員会・奈良県明日香村　昭和四十七年十月。

(21) 片山一道「関連調査―人骨の鑑定―」『特別史跡　キトラ古墳発掘調査報告』文化庁・奈良文化財研究所・奈良県立橿原考古学研究所・明日香村教育委員会　二〇〇八年三月。

(22) 宮川　徏「牽午子塚古墳の歯牙について」『史跡牽午子塚古墳―環境整備事業に伴なう事前調査報告―』奈良県明日香村　昭和五十二年三月。

（23）網干善教「奈良県マルコ山古墳」『日本考古学年報』30　日本考古学協会　一九七九年四月。
（24）梅原末治「大和国高市郡松山の葡萄鏡出土の古墳」『歴史と地理』11－2　大正十二年。伊藤健二「松山古墳」『高取町の古墳』高取町文化財調査報告第1冊　高取町教育委員会　昭和五十一年四月。
（25）大脇　潔「主要古墳解説－鬼の俎・厠古墳」『飛鳥時代の古墳』奈良国立文化財研究所　飛鳥資料館　昭和五十四年九月。
（26）河上邦彦「新発見の終末期古墳－出口山古墳－」『束明神古墳の研究』橿原考古学研究所研究成果第2冊　奈良県立橿原考古学研究所　一九九九年九月。
（27）ここで言う模倣とは、単なる真似事ではない、わが国独自の模倣を意味している。例えば前方後円墳の場合の様な墳丘を持つ寿陵が地下深く埋葬するのではなく、墳丘を生前に築き、死後墓壙を穿って埋葬を行うという模倣である。それは一つに火山灰土壌と馬蘭黄土という自然条件に規制される為の模倣ではなかろうか。
（28）王建新「日本の古代都城造営の際なぜ大きな古墳を潰したのか」『古代学研究』第118号　一九八八年十一月。

金峯山出土鏡について
―國學院大學考古学資料館収蔵資料―

内川　隆志

はじめに

大峰山脈の北部に位置する吉野山から山上ヶ岳周辺の山々が金の御岳、金岳、金嶺とよばれた金峯であり、役小角が白鳳年間の七世紀後半に修業に入り金剛蔵王大権現を感得し、山上ケ岳（大峯山寺本堂）と山麓の吉野山（金峯山寺蔵王堂）に祭祀したものが金峯山寺の開創と伝えられている。山上で出土した須恵器等の考古学的物証からは、八世紀後半頃には人々の入山が確認されている。（菅谷二〇〇三）。金峯山寺の中興の祖とされるのは、当山派修験の祖である聖宝である。『聖宝僧正伝』によれば、聖宝は寛平六年（八九四）、荒廃していた金峯山を再興、参詣路を整備し、堂宇を建立して如意輪観音、多聞天、金剛蔵王菩薩を安置したという。「金剛蔵王菩薩」は両部曼荼羅のうちの胎蔵界曼荼羅に見える密教尊である。この頃から金峯山は山岳信仰に密教、末法思想、浄土信仰などが融合して信仰を集め、都の貴顕の参詣が相次いだ。中でも、昌泰三年（九〇〇）の宇多法皇の参拝によって世に知られ、その信仰が大いにさかんになったとされる。寛和二年（九八六）には藤原道兼、正暦元年（九九〇）頃には藤原信隆が参拝したことが知られている。金峯信仰を最も有名にしたのが藤原道長の大峯登拝である。『御堂関白記』によると寛弘四年（一〇〇七）藤原道長一行が大峯山で篭り、三社、三八社権現、蔵王権現を拝んでから山頂に道長が自ら写経した法華経、阿弥陀経、弥勒三部経、般若心経などを金銅製の経筒に収め埋納した記述がある。実際、元禄四年（一六九一）の大峯山寺本堂改修時に発見された経筒には、この内容を裏付ける願文が刻されている。金峯山は未来仏である弥勒仏の浄土と見なされ、その後も金峯山（山上ヶ岳）の頂上付近には多くの経塚が造営されたのである。そしてその関連遺物が偶発的あるいは学術調査等によって多数確認され、その信仰の実態を今日に伝えている。

本稿では、國學院大學考古学資料館に収蔵している金峯山出土鏡資料について紹介し、少考を加えるものである。

一　大峰山系出土銅鏡

大峰山系では、江戸時代以降、金峯山上を中心に経塚遺物など山岳信仰にかかわる多数の遺物の存在が知られており、金峯山経塚、金峯山頂、大峯山頂遺跡などと呼称され、経塚や祭祀遺構が複合した遺跡であると考えられている。

これまでに同所で発見された遺跡と遺物の詳細については、森下恵介氏によって金峯山山上、龍泉寺宿坊、大峯山寺本堂、大峰の宿関連遺跡の状況について過去の調査研究を踏まえつつ、詳細にまとめられており（森下二〇〇三）、散逸の経緯、時期、出土状況、遺物内容等について把握することができる。明治二十年代に行われた本堂南側斜面での事務所建設、大正十一・十二年（一九二二・二三）には本堂西側の井戸付近の工事でも多数の遺物が検出され、本堂西側に位置する龍泉寺宿坊裏からも天喜四年（一〇五六）銘のある蔵王権現毛彫像などが発見されている。昭和五十八年（一九八三）から昭和六十一年（一九八六）の本堂解体修理に伴う橿原考古学研究所による本格的な発掘調査では、九世紀から十世紀に使用された護摩壇跡や該期の本堂焼失に伴う整地層さらに時代を遡る八世紀代の遺物などが検出され、総合的な所見から経塚は本堂南側斜面で湧出岩北麓で造営されたことや本堂内陣岩裂への祭具の奉献状況が明らかになった。近年では、平成十六年（二〇〇四）の本堂周辺の調査によって、十世紀末から十一世紀末にかけての年代が与えられる多量の土師皿が検出されており、燃灯供養の物証と推定されている（平松二〇〇六）。

さて、これまで金峯山上を中心に多数の銅鏡、鏡像、御正体などの遺物が発見されてきた。その実数は詳らかではないが、確認されているものだけで四百面近くに及び（菅谷一九九一）、出土したもの以外に、山上本堂より明治七年（一八七四）に奈良縣社寺方の検分の際に持ち出されたとされる鳳馬八稜鏡（重要文化財　東京藝術大学蔵）、華紋八稜鏡（重要文化財　金峯山寺蔵）や明治三十七年・三十八年（一九〇四・〇五）に流出した線刻蔵王権現像（国宝　西新井大師総持寺蔵）なども知られている。

これまでに伯牙弾琴鏡など年代的に遡る資料も若干確認されているが、多くは十一世紀から十二世紀にかけてのものである。前述したようにこれは、宇多法皇の登拝以降、都の貴顕の金峯山詣がふえはじめ、寛弘四年（一〇〇七）の藤原道長、寛治二年と四年（一〇八八・一〇九〇）の藤原師通、寛治六年（一〇九二）の白川上皇など金峯山信仰隆盛の時期とかさなるのである。鏡式的には、橿原考古学研究所による大峯山寺本堂調査報告で分析されているように百十八面の銅鏡のうち、四十四面が八稜鏡（57・1%）で、円鏡二六面（33・8%）、五花鏡七面（9・1%）と他の鏡式を凌駕している。円鏡の多くは十二世紀後半に降るものであることから該期の銅鏡の多くは八稜鏡であることが理解できる。この傾向は杉山洋氏が指摘するように十世紀末から十一世紀初頭は「今様の八花形の鏡」の時代、つまり八稜鏡が鏡像と共に全国的に流行する大きな画期であったことと重なる（杉山一九九一）のである。

金峯山・大峰山系出土鏡一覧（森下 2003 に出展文献より製作）

出土年月日	鏡名称	鏡面	点数	備考
大正 11 年（1922）	小型海獣葡萄鏡		1	
	双鸞鏡片		1	破片
	瑞図紋鏡	阿閦如来像毛彫	1	
	瑞花双鳳紋八稜鏡		2	1 点は破片
	瑞花双鳥紋八稜鏡		1	
	瑞花双鳥紋八稜鏡	釈迦三尊像毛彫	1	白銅
	草花紋八稜鏡	薬師三尊像毛彫	1	
	八稜鏡		4	
	秋草紋鏡	男神像毛彫	1	
	花蝶紋鏡片		1	破片・白銅・無圏
	草花双鳥紋鏡		2	無圏
	薄鳥紋鏡片		1	破片・無圏・「□陀彌爾尊」「南無當來」墨書
	草花紋鏡		1	無圏
	湖州六花鏡		1	
	松枝双鶴紋鏡	早馳明神像毛彫	1	
	松枝双鳥紋鏡		1	「御船四及子」針書
	松枝双鳥紋長方鏡		1	
	菊花双雀紋鏡	蔵王権現像毛彫	1	白銅
	菊花双鳥紋鏡		1	
	菊蝶紋方鏡		1	白銅・「右奉□　紀姉子并所□後生善處頓□治承二年□」針書
	山吹双鳥紋鏡		1	
	山吹鳥紋鏡		1	火中痕跡
	山吹双蝶紋鏡		1	火中痕跡
	水波秋萩花鳥紋鏡	男神像毛彫	1	
	水辺菊花双鳥紋鏡		1	
	洲浜双鳥紋鏡		1	
	蘆花双鳥紋鏡		1	
	鳥網双鳥紋鏡		1	「金剛蔵王」針書
	蓬莱双鳥紋鏡		1	火中痕跡
	草花鳥紋鏡	男神像毛彫	1	破片
	草葉双鳥紋鏡		1	
	秋草鳥紋鏡		1	白銅・「南無金□」針書
	素文鏡	蔵王権現像毛彫	1	白銅
	素文長楕円鏡		1	白銅・「散位藤原為頼□」針書
大正 12 年（1923）	花喰鳳凰紋鏡	蔵王権現像毛彫	1	大正 13 年（1924）盗難
	唐草鳳凰八稜鏡		1	大正 13 年（1924）盗難
	唐草鳳凰五稜鏡		1	大正 13 年（1924）盗難
	唐草双雀鏡		1	大正 13 年（1924）盗難
	瑞花双鳳紋八稜鏡		1	火中痕跡
	瑞花双鳳紋五花鏡		1	

出土年月日	鏡名称	鏡面	点数	備考
大正 12 年（1923）	稜鏡片		5	破片
	花蝶紋鏡片		1	破片・無圏円鏡
	草鳥紋鏡片		1	破片・無圏円鏡
	松枝双鶴紋鏡片		1	火中痕跡・「金剛蔵王」針書
	松枝紋鏡片		1	破片
	流水紋鏡片		1	破片
	秋草紋鏡片		1	破片
	草花紋方鏡片		1	破片

金峯山山上出土鏡　森下惠介　2003　所載表より抽出

不　明	瑞花五花鏡		1	昭和 41 年（1966）奈良県指定文化財
	瑞花双鳳紋鏡片	榻脚の床に座す神像針書	1	昭和 41 年（1966）奈良県指定文化財・破片
	瑞花鏡片		1	昭和 41 年（1966）奈良県指定文化財・破片
	素紋鏡		1	昭和 41 年（1966）奈良県指定文化財
	素紋鏡片		1	昭和 41 年（1966）奈良県指定文化財・破片
	稜鏡（菱花鏡）片		2	昭和 41 年（1966）奈良県指定文化財・破片

龍泉寺宿坊裏出土鏡　蔵田蔵　1966　より作表

昭和 59 年（1984）	瑞花鴛鴦（双鸞）文八稜鏡		7	
	瑞花八稜鏡		2	
	双雀五花鏡		1	
	菊花双雀鏡	蔵王権現像毛彫	1	
	素文鏡	蔵王権現像毛彫	1	
	素文鏡	蔵王権現像鋳出	1	
	素文鏡		2	
	唐草双鸞五花鏡		2	
	唐草文五花鏡		1	
	花枝喰双鳳凰鏡	蔵王権現像毛彫	1	
	花枝喰双雀鏡		1	
	網文帯草花双雀鏡		1	
	草花蝶鳥文鏡	蔵王権現像毛彫	1	
	草花双雀鏡		2	
	秋草文鏡		1	
	八稜鏡	毛彫	1	
	八稜鏡		3	
	蓮華座鈕唐式鏡		1	
	鏡鈕片		2	
	鏡片		4	

大峯山寺本堂出土鏡 『重要文化財　大峰山寺本堂修理工事報告書』奈良県教育委員会　1986　より作表

二　國學院大學考古学資料館所蔵鏡について

本館が所蔵する金峯山出土資料として登録されている銅鏡は総数十八個体（十七面）あり、基本台帳によればそのうち十一点は昭和二十九年（一九五四）に館蔵資料となったものであり、恐らく樋口清之博士の購入によるものと思われるが、現段階においてその経緯については全く照会する手だては見当たらない。素文鏡を含む残り六点については金峯山出土資料として登録されてはいるが、入手経路不明となっている。従ってここに紹介する本館の収蔵品が全て金峯山の下山遺物である確証は充分とは言えないが、資料そのものの状況ならびに台帳の記載を信じ金峯山出土鏡として今回改めて資料化したものである。

内容的には、唐式鏡二個体（一面）、八稜鏡が九個体（八面）、和鏡三面、素文鏡四面であり、和鏡一面を除いて全て破片資料である。十世紀代あるいはそれ以前に遡るものと考えられる唐式鏡は、鈕周辺の破片（図1－7）と内区文様帯の一部（図1－6）で、同一個体である。著しく火を被っており、遺存状況は頗る悪く、また小片であるため鏡背文の詳細は不明である。八稜鏡は、八稜が明確でなく八角形に近いものが多く、外区文様帯の唐草文が簡略化した点表現の資料が多い。内区文様帯に鳥文が確認できる資料（図2－4）についても簡略化が進んだものとなっており、該期の八稜鏡でも後出の特徴を具備している。外区文様帯に鳥文表現の確認できる資料（図1－4・5）は、開いた羽、足の表現が簡略化されていない点から、前述の資料よりも古様を呈するが、概ね三角形をなす縁断面形状からしても然程時間差がないのかも知れない。本鏡は、推定面径30㎝を超える大型鏡である。これら八稜鏡の帰属時期の問題であるが、杉山洋氏による分類のＶ式を中心に若干前後する十一世紀前半から中頃までの資料が中心となっていることが理解できる。小型で文様の著しく簡略化が進んだ資料（図2－2）などは、十一世紀でも後半に帰属するものと判断される。和

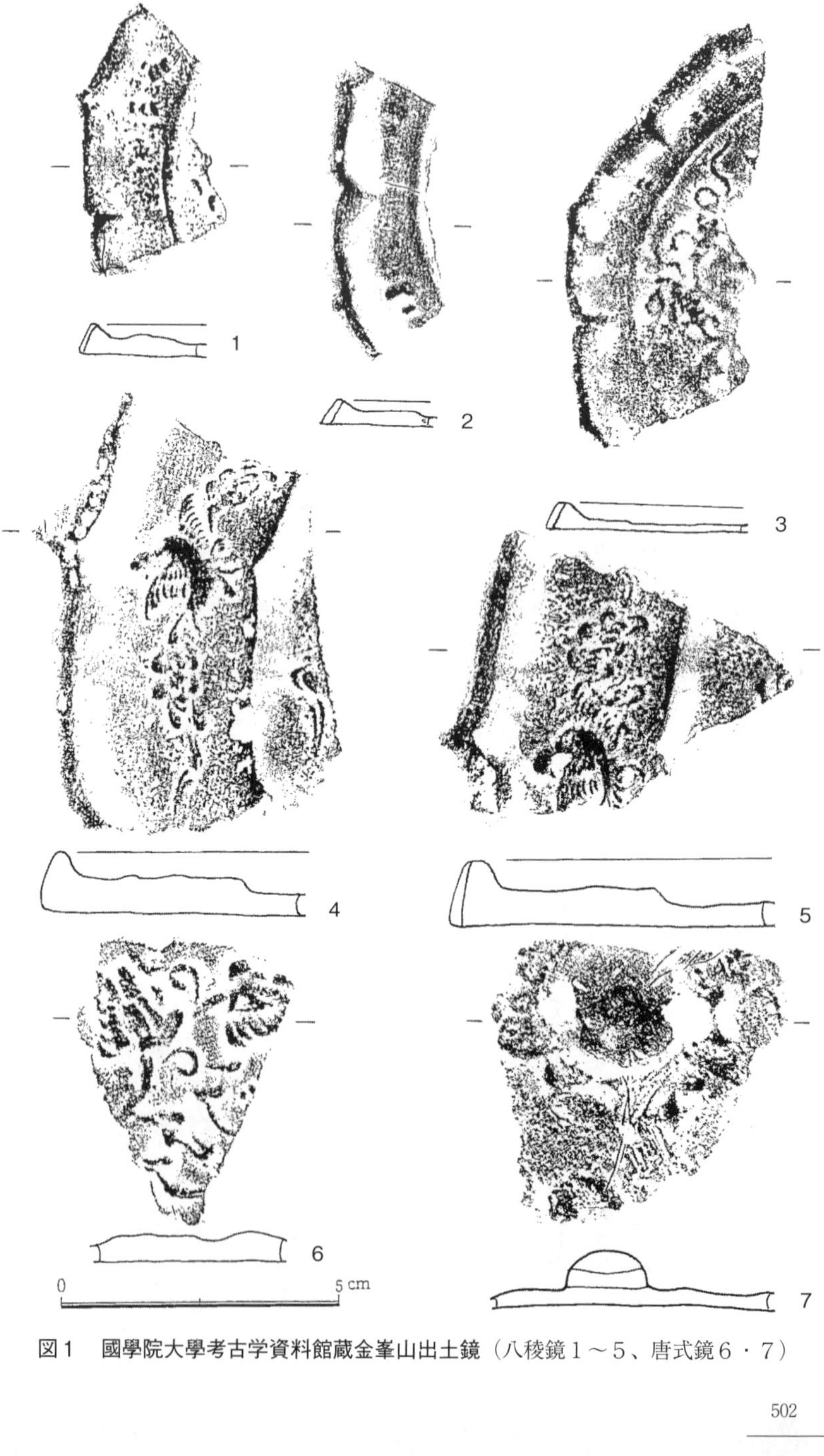

図１　國學院大學考古学資料館蔵金峯山出土鏡（八稜鏡１～５、唐式鏡６・７）

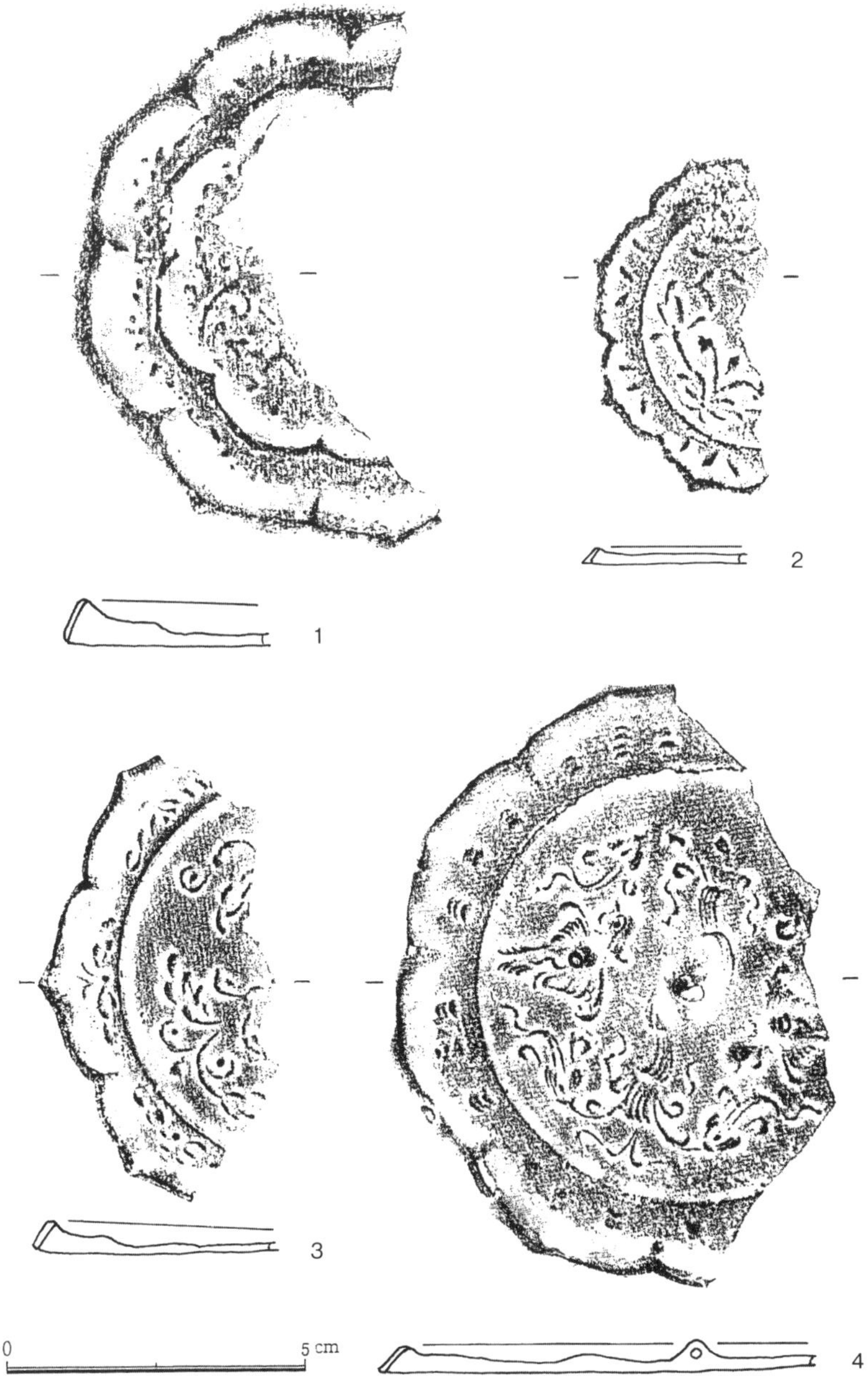

図２　國學院大學考古学資料館蔵金峯山出土鏡（八稜鏡）

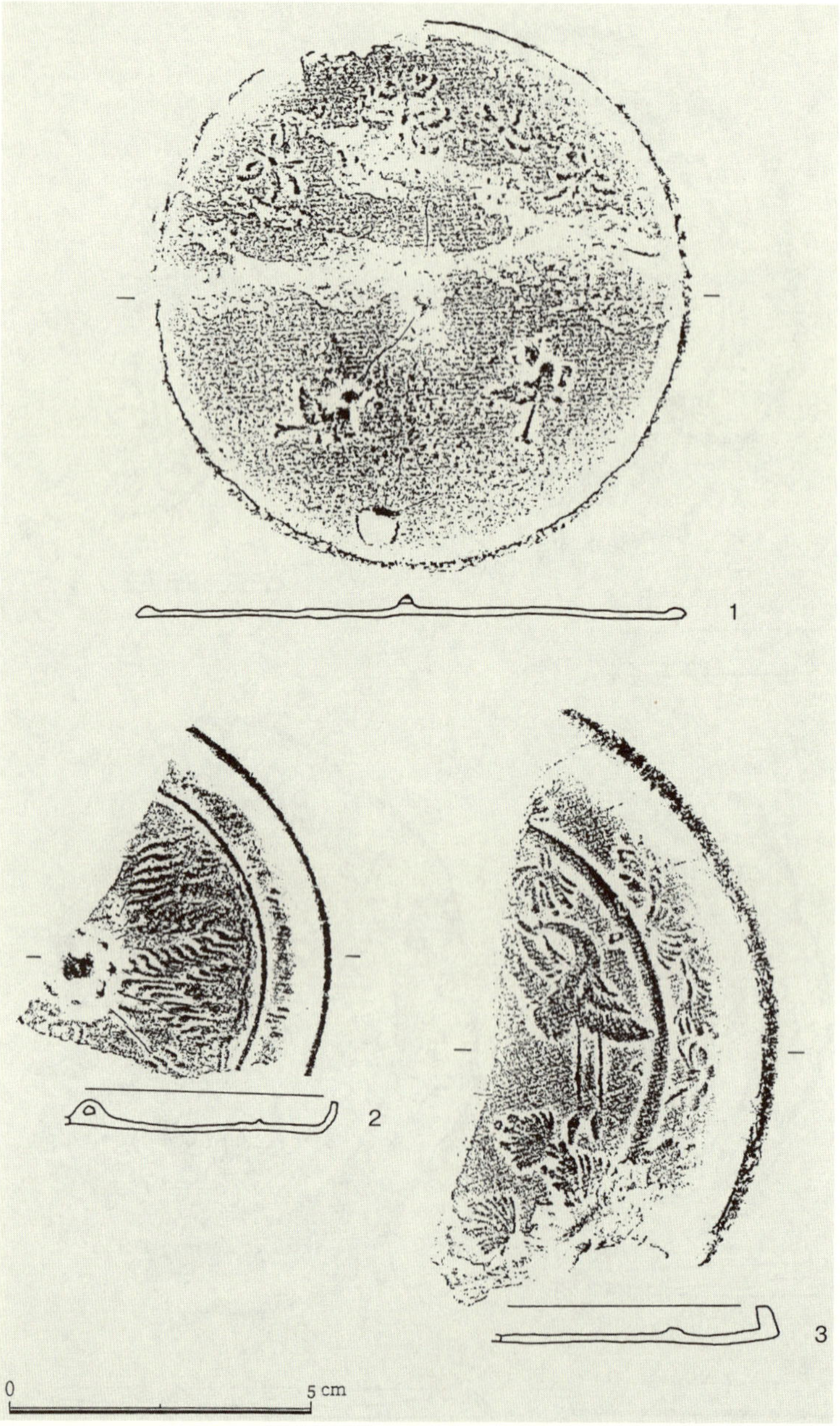

図３　國學院大學考古学資料館蔵金峯山出土鏡（和鏡）

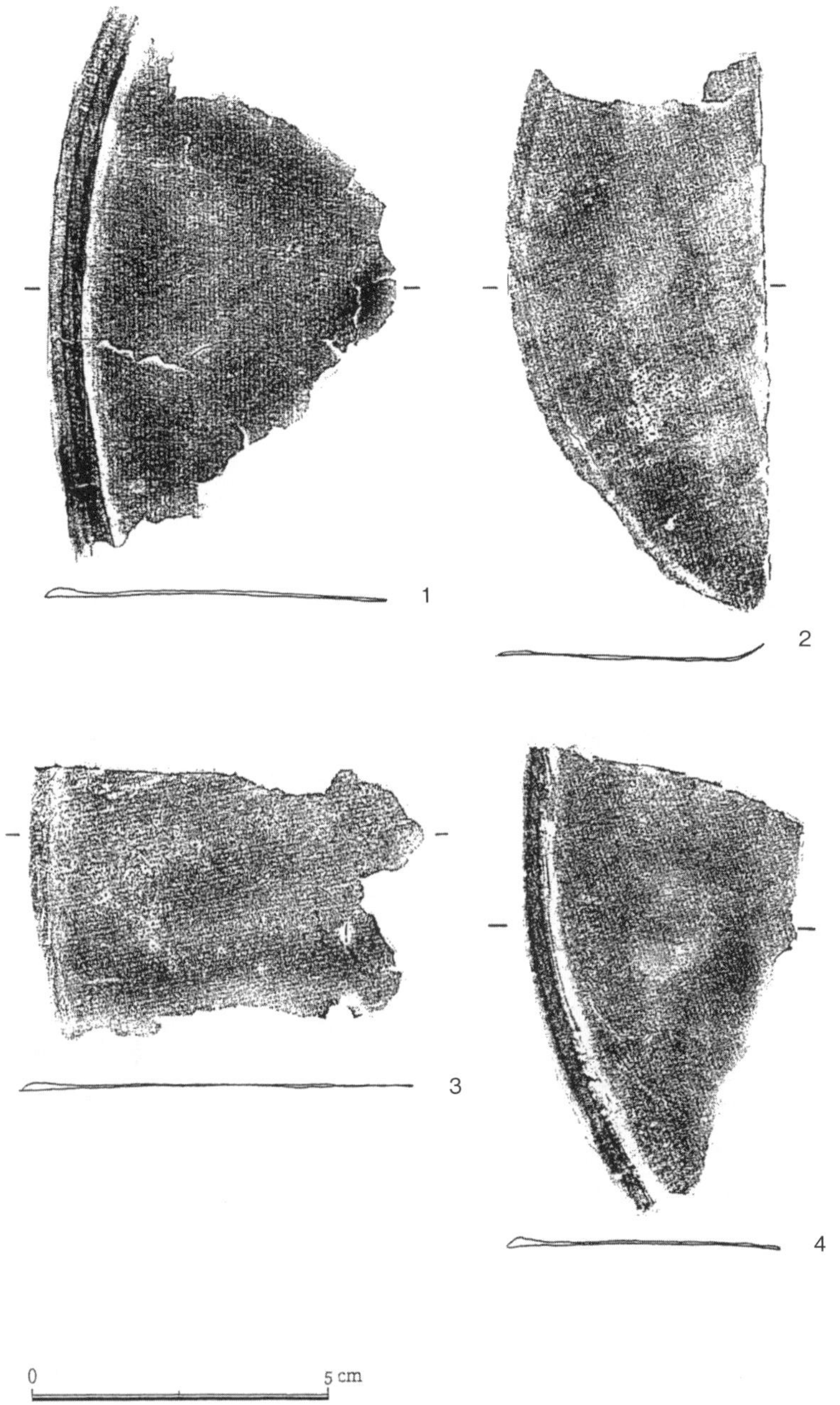

図４　國學院大學考古学資料館蔵金峯山出土鏡（素文鏡）

國學院大學考古学資料館蔵金峯山出土一覧表

図版番号	名称	外形	界圏	外区	内区	鈕式	縁式	縁高（cm）	鏡胎厚（cm）	面径（cm）	重量（g）	金質	備考
図1－1	八稜鏡	八角形に近い八稜形	円形	点文化した唐草文	－	－	三角形	0,5	外区 0.3 内区 0.2	－	31	青銅	全面緑青・鏡面 蔵王権現毛彫
図1－2	八稜鏡	八角形に近い八稜形	円形	点文化した唐草文	－	－	三角形	0,4	外区 0.3 内区 0.2	－	25	青銅	全面緑青・縁外則面にキサゲ加工痕
図1－3	八稜鏡	八角形に近い八稜形	円形	点文化した唐草文	唐草文	－	三角形	0,45	外区 0.2 内区 015	－	93	青銅	全面緑青・折損
図1－4	八稜鏡	八稜形	八稜形	鳥文	－	－	三角	1,0	外区 0.7 内区 0.35	－	166	青銅	全面緑青・表裏面に素穴・図1－5と同一個体面径30cmを超える大型鏡
図1－5	八稜鏡	八稜形	八稜形	鳥文	－	－	三角	1,0	外区 0.7 内区 0.35	－	110	青銅	全面緑青・表裏面に素穴・図1－4と同一個体面径30cmを超える大型鏡
図1－6	－	－	－	－	仏草華文	－	－	－	0,4	－	44	青銅	唐式鏡・火中・図1－7と同一個体
図1－7	－	－	－	－	－	花形鈕座・素鈕	－	－	0,4	－	65	青銅	唐式鏡・火中・図1－6と同一個体
図2－1	八稜鏡	八角形に近い八稜形	八稜形	点文化した唐草文	唐草文	－	三角	0,7	外区 0.4 内区 0.25	9	79	青銅	全面緑青
図2－2	瑞花八稜鏡	八角形に近い八稜形	円形	点文化した唐草文	唐草文	－	三角	0,2	外区 0.15 内区 0.1	5,5	19	青銅	全面緑青小型鏡
図2－3	瑞花八稜鏡	八角形に近い八稜形	円形	点文化した唐草文	唐草文	－	三角	0,5	外区 0.2 内区 0.15	9,7	37	青銅	全面緑青
図2－4	瑞花双鳥八稜鏡	八角形に近い八稜形	円形	点文化した唐草文	唐草双鳥文	素鈕	三角	0,4	外区 0.3 内区 0.2	10	98	青銅	全面緑青・全面擦れ
図3－1	群蝶双鳥鏡	円形	－	－	－	素鈕	低縁蒲鉾形	0,2	0,15	8,8	54	青銅	全面緑青・下端に径0.5cmの孔
図3－2	流水文鏡	円形	細線単圏	－	流水文	花形鈕座・素鈕	外傾式	0,5	0,1	8,5	17	青銅	全面緑青
図3－3	松喰鶴鏡	円形	太線単圏	松枝・蝶文	松喰鶴・松枝文	－	直角式	0,55	0,15	11,7	45	青銅	全面緑青・折損
図4－1	素文鏡	円形	－	－	－	－	低縁蒲鉾形	0,2	0,1	－	24	青銅	湖州鏡に類似・真鍮色・鏡面錫メッキ存存・故意に折損
図4－2	素文鏡	円形	－	－	－	－	低縁蒲鉾形	0,1	0,05	－	16	青銅	湖州鏡に類似・黒褐色・鏡面緑青・故意に折損
図4－3	素文鏡	円形	－	－	－	－	低縁蒲鉾形	0,15	0,05	－	13	青銅	湖州鏡に類似・黒褐色・鏡面緑青・故意に折損
図4－4	素文鏡	円形	－	－	－	－	低縁蒲鉾形	0,2	0,1	－	16	青銅	湖州鏡に類似・黒褐色・鏡面緑青・故意に折損

鏡は三面あり、群蝶双鳥鏡（図3―1）は、無圏、素鈕の所謂多度式鏡と呼ばれるものである。両端部には鏡面から打付けるため穿たれた方形の小孔が認められる。また、中心やや下部から真一文字に折損しており、故意に折曲げられた状況を呈している。鏡背文様は双鳥の遊飛する上部に五頭並んで飛ぶ蝶が表現される稀覯な図柄である。帰属時期は十二世紀前半から中頃にまで遡る資料と見做される。松喰鶴鏡（図3―3）は、十二世紀後半に降るもので、やはり中心部付近から折曲げられた状況が観察される。湖州鏡に類似する素文鏡は、四点（図4）あり、何れも大振りで鏡胎が極めて薄く、鏡面に毛彫の一部が観察される資料もあることから鏡像であった可能性も指摘できる。

各々の遺存状況であるが、多くの鏡は全体に錆化が進んでいることから永く土中に遺存していたことが理解できる。また、松喰鶴文鏡（図3―3）のように、おそらく経塚埋納によって全体に錆化が進んだ状況で故意に壊された資料もあることから、廃仏毀釈時の状況なども反映されていることを踏まえる必要があろう。ただ廃仏行為がこのような小鏡にまで及んだものかは熟考の余知を残すものである。

おわりに

以上、限られた紙面の中で金峯山出土鏡について資料紹介を試みた。特筆すべきは唐式鏡の断片が含まれていることで、橿原考古学研究所の調査でも三片の唐鏡として報告されている（奈良県教育委員会一九八六）ように、経塚関連遺物とみるよりもあきらかに古い段階に当地にもたらされたものであることは間違いない。同研究所の調査所見では、本堂の前身遺構もしくは本堂の建つ地点と直接関係する資料として評価されており、本資料は、これに追加するものとして重要な位置付けがなされるものであろう。八稜鏡は総じて十一世紀以降の資料を中心としており、金峯山信仰最盛期に流行した鏡式であることは前述したとおりである。湖州鏡に類似する素文鏡ついては、総じて面径が大きく、鏡胎が薄い特徴が認められることから、鏡像の断片である可能性が指摘できるものである。

本稿を草するにあたり橿原考古学研究所米川仁一氏、平松良雄氏に資料提供のご配慮を頂いた。深くお礼申し上げる次第である。

最後に梠山林繼先生の益々の弥栄を祈念申し上げます。

参考文献

石田茂作・矢島恭介　一九三七『金峯山経塚の研究』（帝室博物館学報第八冊）帝室博物館
蔵田　蔵　一九六六「近時発見の金峯山出土品」『大和文化研究』第十一巻八号　大和文化研究会
『重要文化財　大峰山寺本堂修理工事報告書』一九八六　奈良県教育委員会
菅谷文則・前園実知雄・西藤清秀　一九八六「大峯山寺発掘調査について」『佛教藝術』一六八　佛教藝術學會
菅谷文則　一九九一「大日岳山頂採集の湖州鏡」『山の考古学通信』No.３　山の考古学会
菅谷文則　一九九一『日本人と鏡』同朋社出版
菅谷文則　二〇〇三「大峰山の奈良時代開山」『山岳信仰と考古学』山の考古学研究会編　同成社
杉山　洋　一九九一『「今様の鏡」と「古躰の鏡」―出土八稜鏡より見た平安時代の鏡』『MUSEUM』No.581　東京国立博物館
森下惠介　二〇〇三「大峯山系の遺跡と遺物」『山岳信仰と考古学』山の考古学研究会　同成社
泉武・竹田政敬　二〇〇三「吉野山金峯山下遺跡群の遺構と遺物」『山岳信仰と考古学』山の考古学研究会　同成社
笙ノ窟発掘調査団　一九九五『奈良県上北山村笙ノ窟発掘調査概要報告書』上北山村教育委員会
平松良雄　二〇〇六「吉野郡天川村史跡大峰山寺境内二〇〇五」『奈良県遺跡調査概報』奈良県立橿原考古学研究所

「備後一宮　吉備津神社」における「絵図」にみる祭祀の考古学的研究と今後の展望

尾多賀　晴悟

はじめに

備後国一宮　吉備津神社（以下、備後吉備津神社）には、境内から多数の「土師質土器」が出土するとともに、多時期にわたる「絵図」が残されている。これら、現在確認できる考古・歴史「資料」を踏まえて、備後吉備津神社を「広義の祭祀遺跡」と位置づけ古代から中世・近世における信仰の形態を考察してみたい。

一　祭祀遺跡の定義

（一）「上代人の信仰ならびに祭祀が行われたことを立証し得べき遺物の発見地を狭義の祭祀遺跡という。（中略）信仰関係遺物と考定される遺品が、単独に発見される個所を祭祀関係遺跡と呼んでいる。」（大場磐雄『祭祀遺跡　神道考古学の基礎的研究』一九七〇年刊　角川書店）

（二）「祭祀遺跡とは、主として古墳時代に祭祀を行った址として確認しうる遺跡という。また広義には、かってその場所で神霊を祭り、またはそれに関連する信仰行為が行われたと推察しうる場所をいう。祭祀遺物とは、主として祭祀遺跡から出土し、本来祭祀に用いることを目的として製作された、と考えられる資料をいう。遺物には、土師器・須恵器をはじめ石製・土製・鉄器の摸造品、銅鏡、儀鏡、子持勾玉などがある。」（椙山林継『日本宗教辞典』一九八五年刊・弘文堂）

（三）「広い意味では考古学上からみた各時代の宗教儀礼の遺跡を網羅する。しかし通常は、日本の考古学上、時代を限定した狭義の用語とする。おもな時代は古墳時代で、縄文時代以前はその後の文化との継続性に問題が多いため除外し、仏教伝来後、外来文化の強い影響を受けた遺跡も多少区別して扱っている。また官衙、住居、生産、交通、墳墓などの遺跡とも分ける。墳墓は「死者に対するまつり」の遺跡であるが、埋葬そのものに関することは省き、墓前祭、墳丘構築のためのまつりなどは祭祀遺跡に加えることもある。住居関係でも祭祀器具などの生産、保有、同屋内での祭祀がみられるものなどを便宜上加えている。」（椙山林継『日本大百科全書』一九八九年刊・小学館）

つまり、「祭祀遺跡」とは、「祭祀を行ったと見られる痕跡があり、さらに祭器などの遺物を出土する場所である」として、備後吉備津神社境内および周辺関連地域を「絵図」をもとに、現地踏査および発掘調査の成果から祭祀遺跡としての可能性を考察する。

二　備後国の成立と吉備津神社

備後吉備津神社は、今から千二百年前の大同元（八〇六）年、備後国品治郡の宮内の地に、備中一宮の吉備津神社（以下、備中吉備津神社）から分祀され、創建された。もともと備後は、吉備の国の一部で、「大化の改新」以降、備前・備中・備後と分割され、備前と備中は「吉備の中山」を境に分国され、備後は「吉備の中山」より約40㎞西方に国境（現在の井原市と福山市神辺町の境界線）を設定された。こうして、巨大な吉備は三国に分割され、特に備後は安芸や出雲の接点として、備後国府（現在の府中市元町付近）を中心として、大和政権の支配をうけることになった。そして、大同元年、備中吉備津神社から備後国品治郡の宮内に備後吉備津神社は祀られた（『勘合略記』）。

備後吉備津神社本殿に祀られている祭神は、主祭神を大吉備津彦命（オオキビツヒコノミコト）とし、相殿神に大日本根彦太瓊命（オオヤマトネコヒコフトニノミコト）（孝霊天皇）、細比売命（クワシヒメノミコト）を右側に祀り、稚武吉備津彦命（ワカタケキビツヒコノミコト）を左側に祀っている。

『日本書紀』によると大吉備津彦命は、第七代孝霊天皇の第五皇子で、母は細比売命である。山陽道の平定を任され、四道将軍と称されていた。元の名を五十狭芹彦命（イサセリヒコミコト）という。大日本根彦太瓊命は、第七代孝霊天皇で、大吉備津彦命や稚武吉備津彦命の父である。細比売命は、絙某姉命や倭国香姫命ともいい、孝霊天皇の皇后で、大吉備津彦命の母である。稚武吉備津彦命は、孝霊天皇第六皇子で大吉備津彦命の異母兄弟、ともに吉備を平定した。また、吉備臣の始祖でもある。

三　絵図資料

備後吉備津神社には幸いなことに、江戸時代以前の当時の神社の様子を伝えてくれる、三つの時代の絵図が残っている。

（一）一遍聖絵（鎌倉時代）

一番古いものは、弘安十（一二八七）年の鎌倉時代の様子を描いた絵巻物で、『一遍聖絵』とよばれるもので、遊行寺（神奈川県藤沢市）が所有し、国宝に指定されている。

一遍聖絵（遊行寺蔵）部分（三浦正幸トレース）

絵伝　巻十・第二段には、時宗の開祖「一遍」が、全国遊行中に弘安十（一二八七）年、備後一宮を参拝した場面である。本殿の大床正面に一遍が座り、「秦皇破陣楽」という秦の始皇帝ゆかりの舞楽を聖人の供養のために奏せられた情景が描かれている。

絵伝には、本殿を挟んで相対する二棟の社殿が描かれている所に、現在でも礎石が存在することや、本殿裏山に描かれている多宝塔の位置から実際に平安時代末から鎌倉時代にかけての土器とともに建物の部材が大量に出土している（吉備津神社本殿裏山遺跡）ことなどから、この絵図の正確さが証明される。

そして、この絵図から当時の備後吉備津神社の広大な伽藍が想像され、現在の建物が鎌倉時代の建物を踏襲し配置されていることがわかる。

(二)　神社古図（室町時代）

また備後吉備津神社には、室町時代ごろの備後吉備津神社の様子を江戸時代の初めに描いたものといわれている絵図が、全部で三幅現存している。三幅とも、境内全体が描かれており、下方に御池、次に町場・社家、その上に虎睡山を背にした社殿や堂が描かれている。

備後国一宮大明神絵図（紙本墨書）

この絵図には、主要部は姿図、周辺部は四角形で描かれている。各建物には付箋が貼られ、建物の名称のほか、「今はなし」「今はかやぶき」などとかかれている。

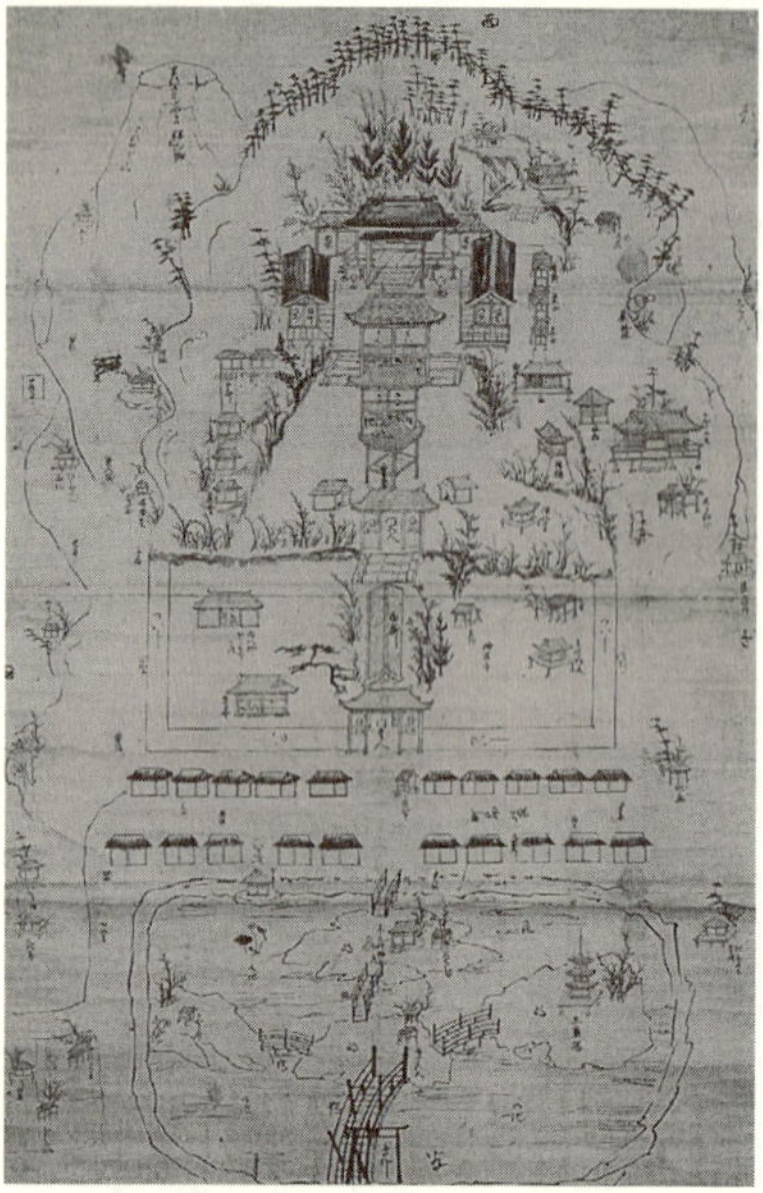

吉備津神社古図１（紙本墨書）

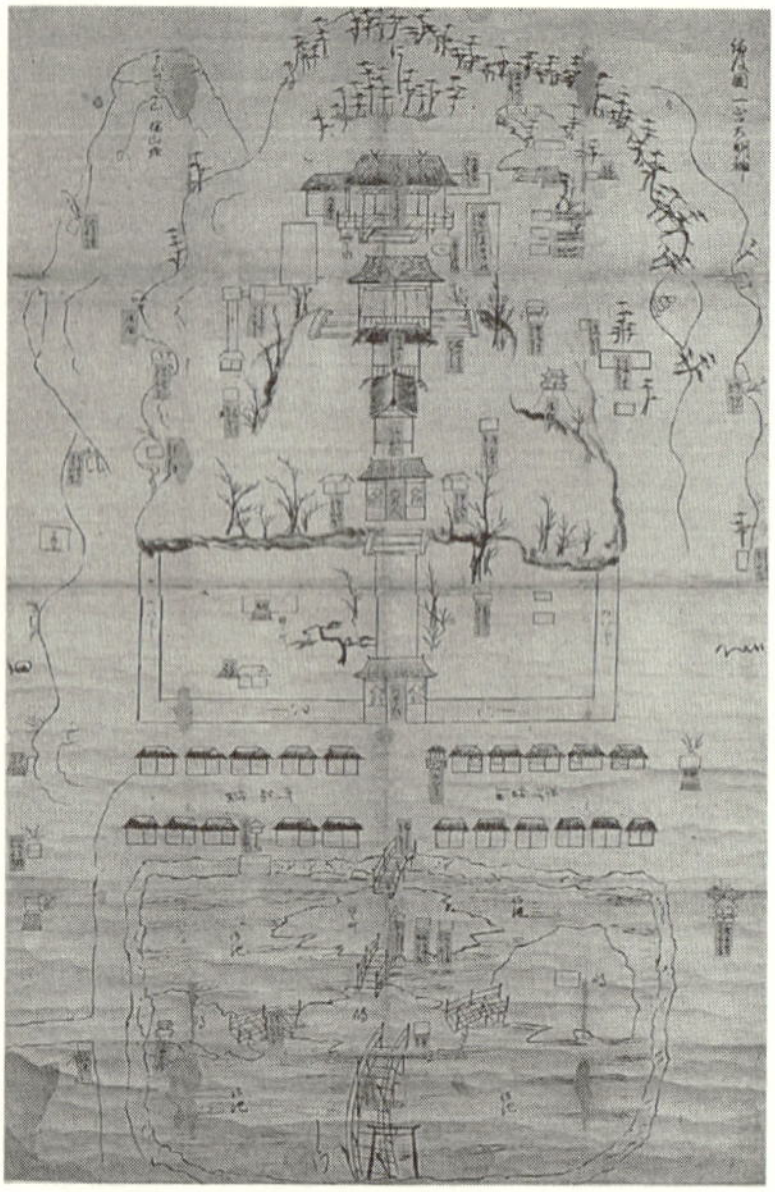

備後国一宮大明神絵図（紙本墨書）

吉備津神社古図１（紙本墨書）

建物はすべて姿図で描かれている。建物には名称が書き込まれ、屋根は本殿と東の備前殿、西の備中殿は桧皮葺、拝殿・舞台や末社はコケラ葺となっている。巫女座・回廊・上下随神門・堂・鐘楼・三重塔は瓦葺となっている。

吉備津神社古図２（紙本淡彩）

古図１とほとんど同じだが、樹木に淡彩がかかっている。また、拝殿の屋根が桧皮葺になっている。

これら三幅の絵図は江戸時代初期に備後吉備津神社が大規模に改築したときに制作された神社の往古の状況を復原的に描いた図である。輪蔵遺跡の経塚の調査もこの絵図の記載から行われており、制作時には廃絶されたと考えられる施設も正確な位置に描かれていることがわかる貴重な資料である。

（三）境内絵馬・版画（江戸時代）

備後一宮境内図絵馬（木製）備後吉備津神社蔵

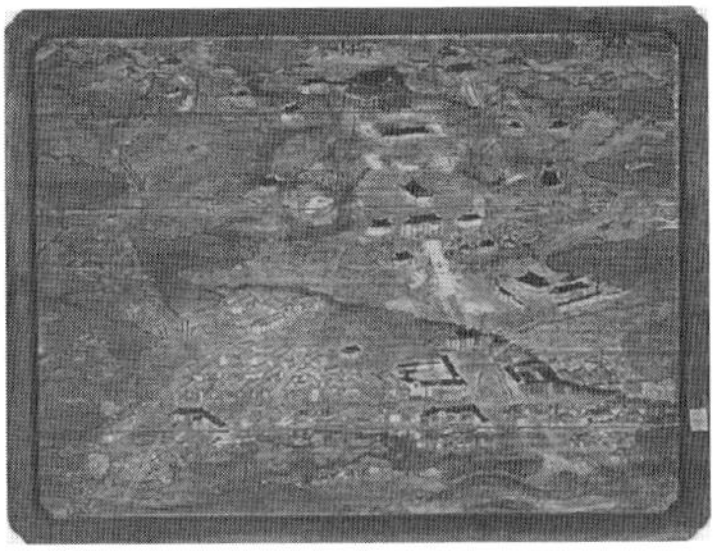

備後一宮境内図絵馬（木製）

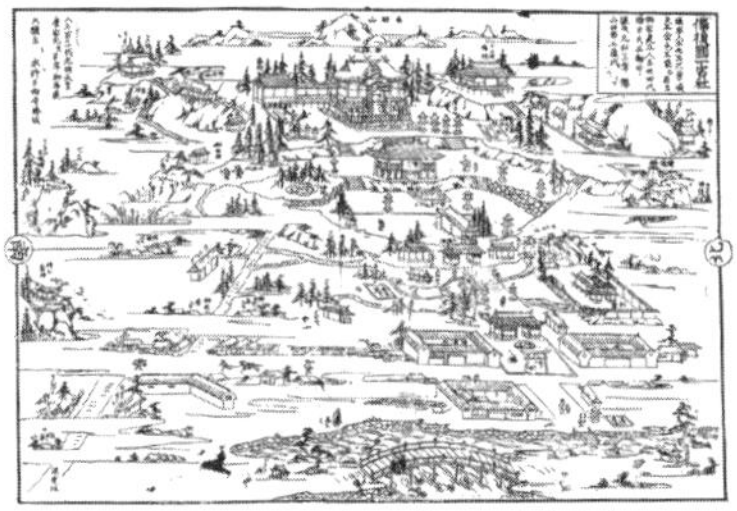

備後一宮境内図絵馬（木製）

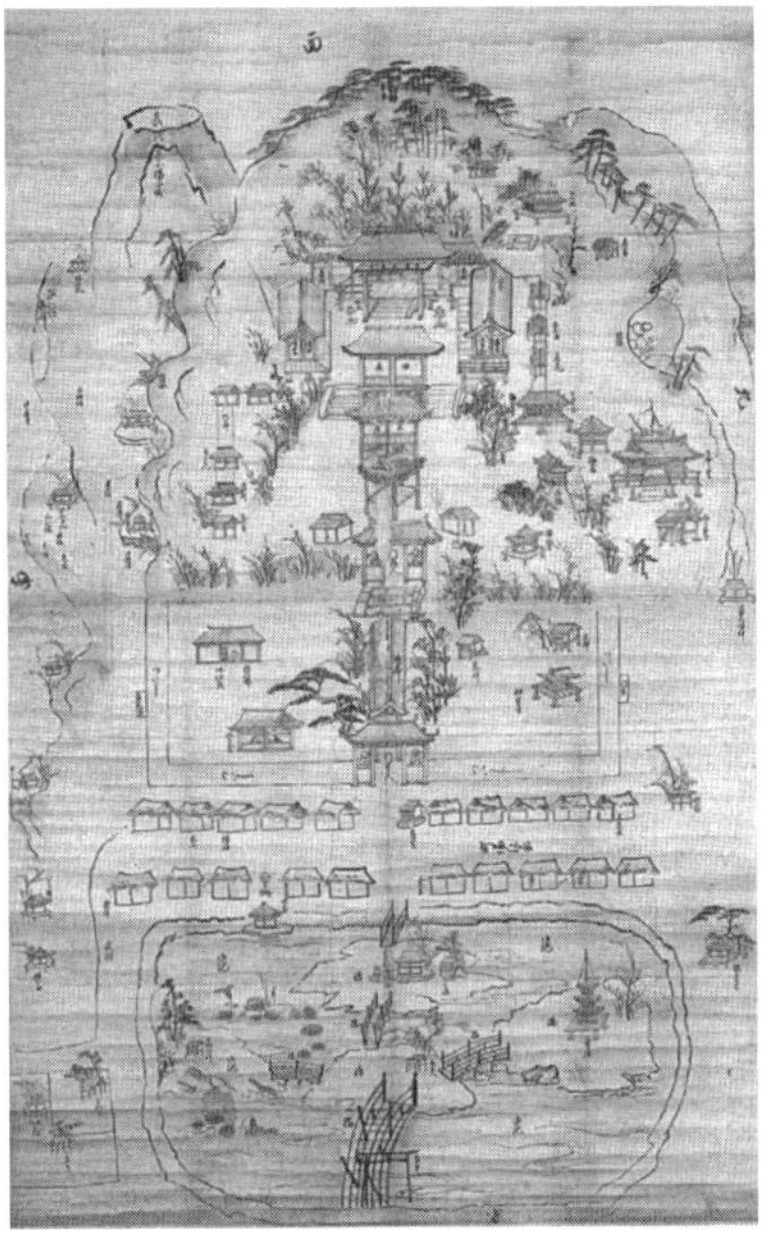

吉備津神社古図２（紙本淡彩）

この絵図は、江戸時代中期の安永二（一七七三）年に奉納された、絵馬に描かれた備後吉備津神社の当時の様子である。その範囲は、東西450ｍ・南北500ｍで、制作当時の境内の地形および社殿配置を正確に描いている。社殿は山麓の東斜面に一直線に配置され、参道の右手（現在の桜山神社）には神宮寺が見える。この絵図は、現在の様子と重ねることが出来る。

備後国一宮社の図（版画）『黄葉夕陽文庫』広島県立歴史博物館蔵

江戸時代後期に活躍した神辺在住の菅茶山の収集した『黄葉夕陽文庫』の中に昨年六月に発見されたものである。「備後一宮境内図絵馬（木製）」と内容がほぼ同じことから、同時代のものと考えられる。ただし、こちらの絵図には、随所に名称の説明があり、状況がより克明にしることができる。境内の様子は現在とほとんど変化はないが、門前町の状況が大きく変化したことがよくわかる。

四　発掘調査

備後吉備津神社の境内及び周辺は、桜山茲俊挙兵伝説地として史跡に指定されている。史跡の名称は「一宮」である。よって、神社において現状変更の計画があった場合、史跡の指定範囲はもちろんのこと周辺地域においては、地元教育委員会により確認調査が行われている。

（一）吉備津神社本殿裏山遺跡の発掘調査

一九八五年六月に大雨による土砂崩れが吉備津神社本殿裏側の谷で発生し、多量の土器が流失しているのが確認され、緊急に新市町教育委員会によって発掘調査が実施された。出土した遺物の大半は、土師質土器で皿や杯が多く、十二世紀のものであると推定された。その他の出土遺物として、中国の宋の時代と考えられる青磁や白磁、緑釉の陶枕などの陶磁器をはじめ、鉄釘や瓦なども出土した。さらに、これらの出土遺物はすべて二次的に火を受けていることと、炭や灰の層が広範囲にひろがっていてその中に瓦や壁土といった建物に関する遺物が多数出土することから、火災で焼けた建物の残骸を整地したものと推測された。遺跡は、鎌倉時代の「一遍聖絵」に多宝塔が描かれた場所に当たり、この多宝塔の前身の建物の跡が出土した遺跡であると考えられる。

（二）多理比理神社遺跡

吉備津神社本殿南側の東に張出した尾根の突端部付近に位置し、標高は52ｍである。遺跡は、多理比理神社の社地を造成するため、神社の背後の尾根を切断し断崖となっているところである。出土した弥生時代後期の壺形土器、古墳時

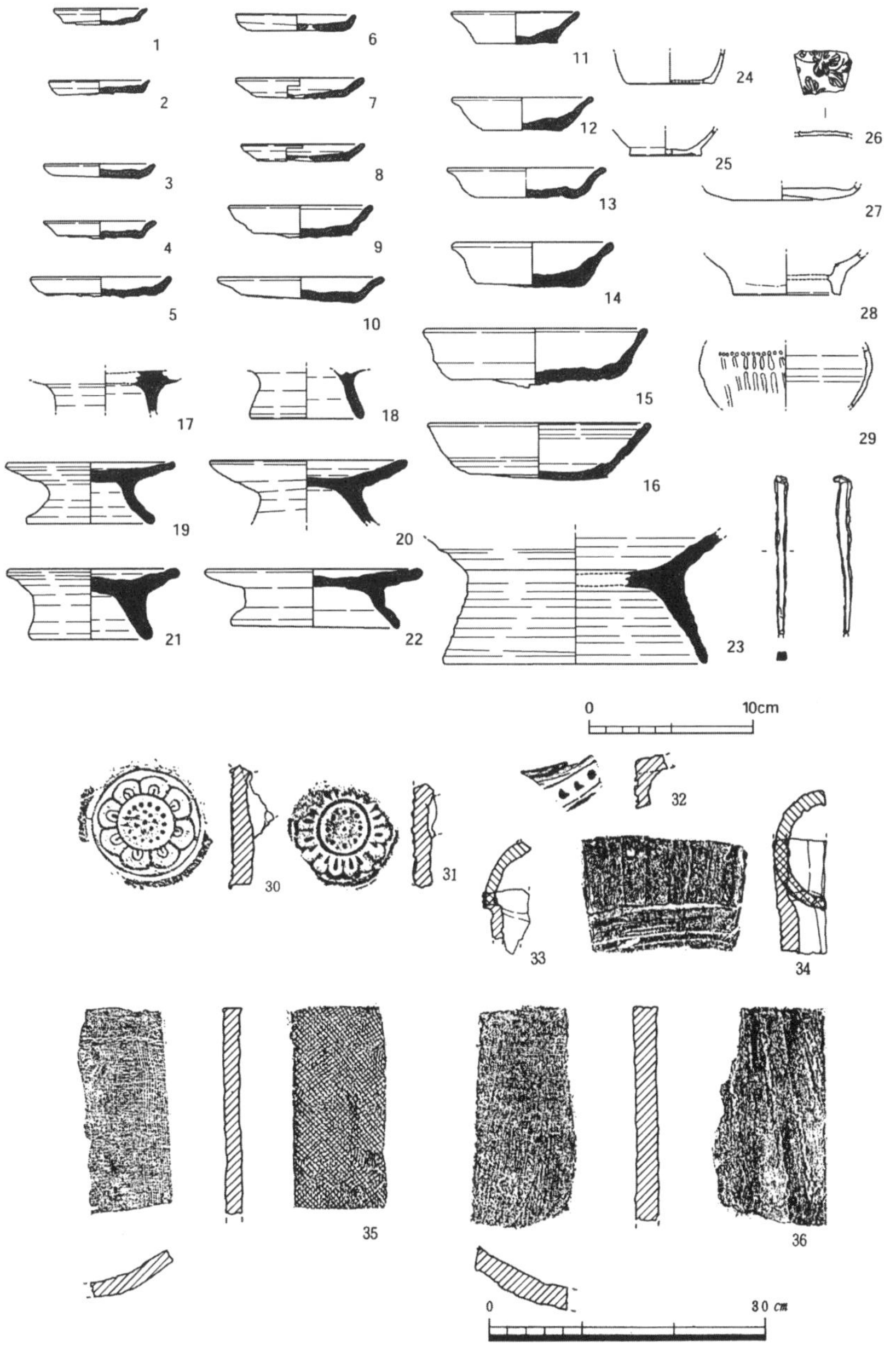

本殿裏山遺跡出土遺物（『新市町史　資料編Ⅰ』2002年）

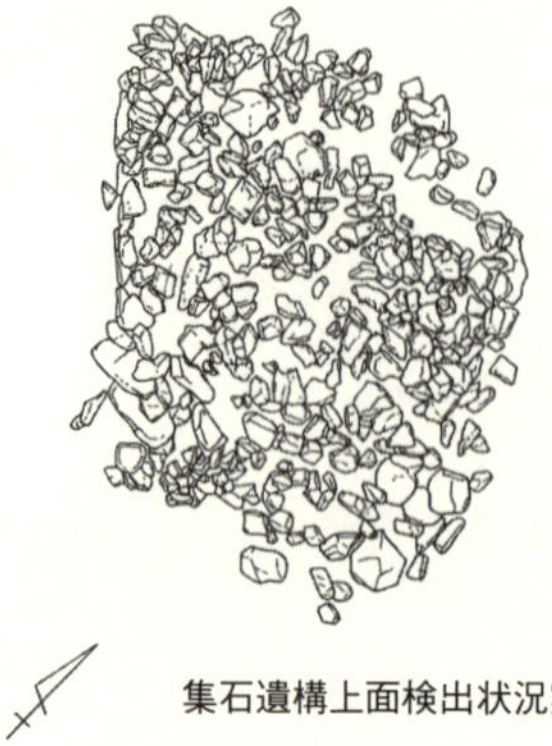

集石遺構上面検出状況実測図

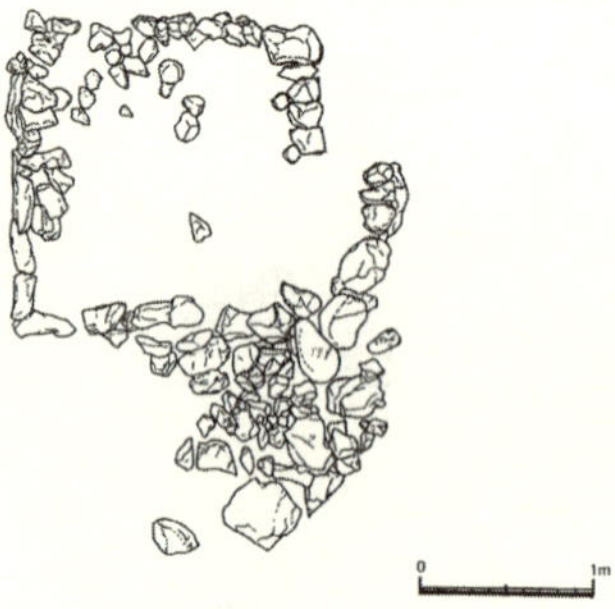

集石遺構基底部検出状況実測図

輪蔵遺跡集石遺構実測図
（國學院大學考古学資料館・しんいち歴史民俗博物館）

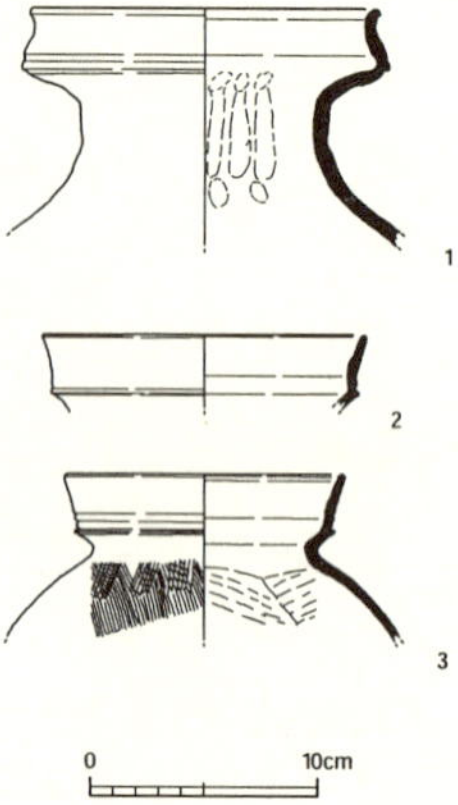

多理比理神社遺跡出土遺物
（『新市町史　資料編Ⅰ』2002年）

代の土師器壺形土器は、その尾根の上部の土が崩落した中に含まれていた。断面観察では、花崗岩質の地山の上部に数10㎝の黒色の堆積土があり、この層が遺物包含層と考えられる。

（三）輪蔵遺跡

備後吉備津神社境内の最北端の輪蔵の谷の中間に位置する。一九九〇年に砂防堰堤建設にともなう事前調査が新市町教育委員会によって行わ

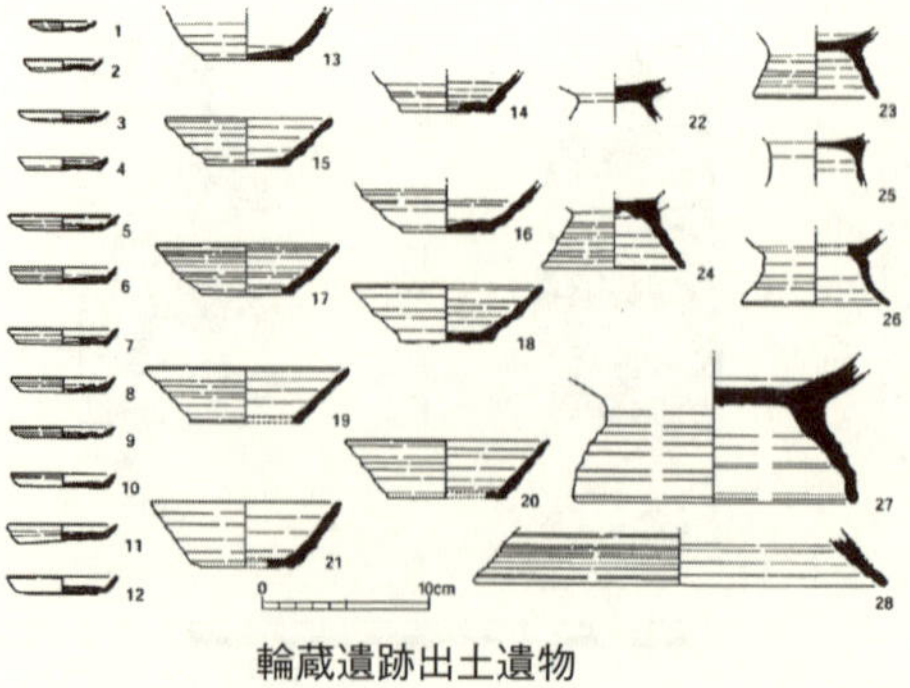

輪蔵遺跡出土遺物
（『新市町史』2002年　新市町）

れ、集石遺構が確認された。ちょうどその位置は史跡一宮の範囲からはずれていることと、神社に伝わる室町時代以前の様子を記した絵図「紙本著色吉備津神社古図」には、「経塚」と記されていた。そこで、二〇〇〇年と二〇〇一年にわたり、国學院大學考古学資料館の学術調査として、集石遺構の発掘調査が行われた。

集石遺構は一辺約2mに組まれた基壇状になっており、上部の石は崩れた状況を呈していた。基壇の中心線は本殿に向いており、吉備津神社の祭祀配置に何らかの係わり合いがある遺構と考えられる。主体部の半分は盗掘を受けており経筒や副葬品は確認されなかった。しかし、出土した土師質土器は、備後吉備津神社周辺から出土する祭祀に関連するものであり、平安時代末から鎌倉時代の祭祀に関する集石遺構である事が確認された。

五　踏査による中世山城調査から

(一)　鳶尾城跡

備後吉備津神社の西側丘陵頂部、標高156m、比高120mに位置する。遺構は、南西から東北方向に直線にのびる約400mの尾根の頂部を連郭式に堀切と曲輪を配置している。南西端は、二重の堀切で区切られている。また、主郭部より南東方向にのびる尾根には岩盤が露出しており、石切り場跡にもなっており、備後吉備津神社および桜山城方向からの防御を固めている。主郭群は二本の堀切により三箇所の曲輪が続き、北東端の曲輪からは、尾根づたいに神社本殿方向に登城路が確認できる。

(二)　桜山城跡

比高約40mの低丘陵頂部だけを空堀で区切って城郭としたもので、中央に長さ約50mの主郭を置き、その東・西・北三方の尾根上に一段下げて曲輪を配置している。各曲輪の規模は大きくはないが、それぞれかなりの比高をもたせ、盛土と削平により壁面を切り立たせた堅固なもので、実戦的色彩が強い。また、これらの曲輪群の西側は尾根を空堀により分断しており、東・西ともその外側に若干の平坦地を続けたのち、さらにもう一重空堀をめぐらせ守りを固くしている。なお、南麓には桜山からのびる支尾根にはさまれた微高地に菩提寺・中興寺があり、桜山茲俊の位牌・木像が安置されている。また、中興寺のある微高地の西北部斜面からは、かつて多数の土師質土器皿が採集されており、この周辺に居館があったことも考えられる。

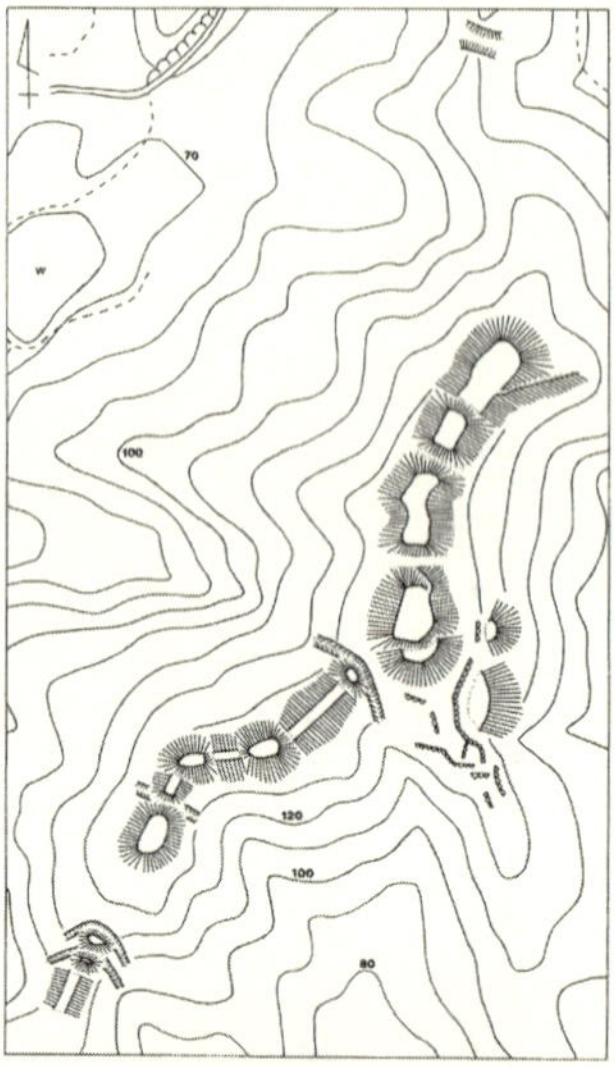

鳶尾城跡略測図
（『広島県中世城館遺跡総合調査報告書・第３集』1995 年）

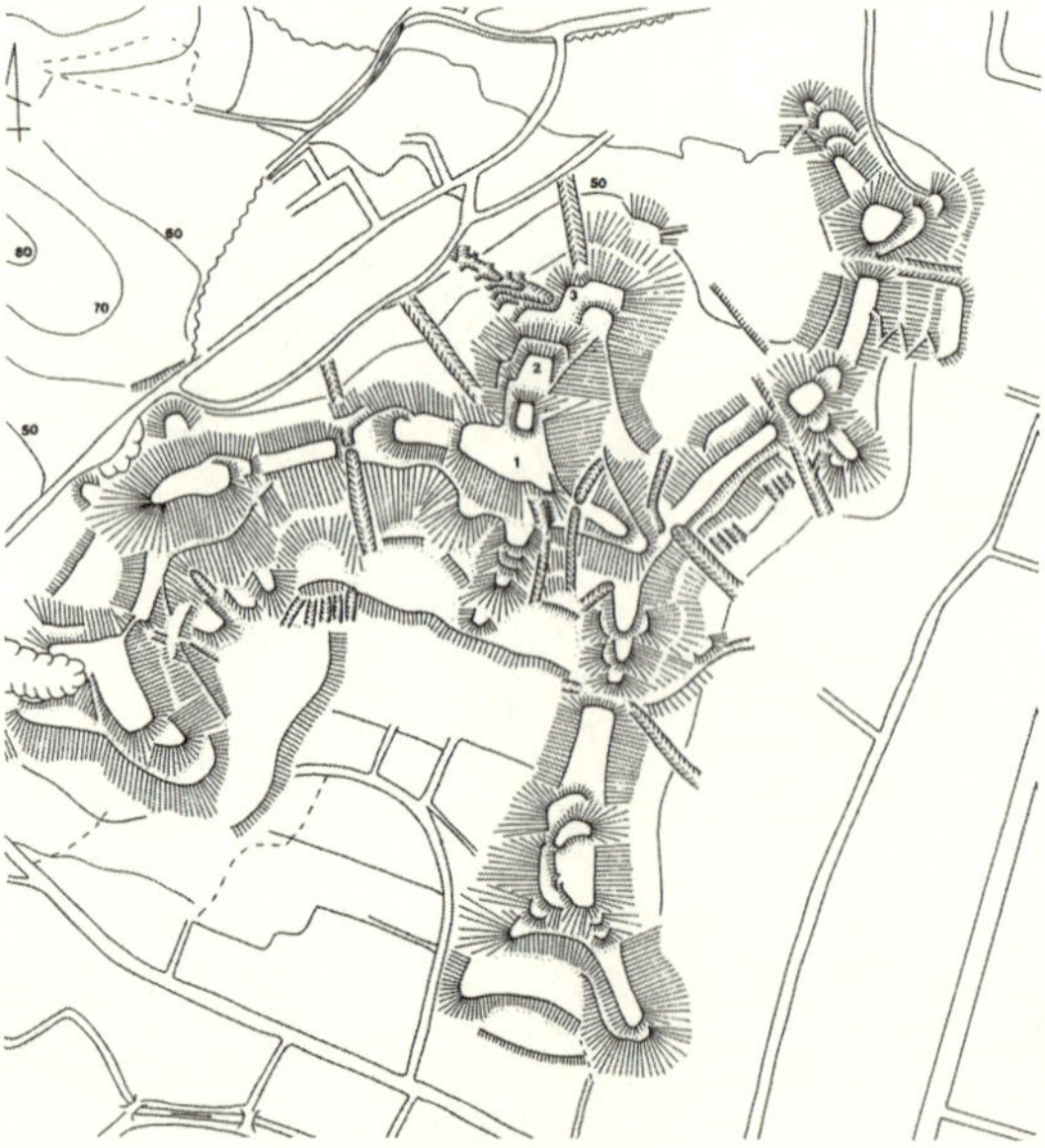

桜山城跡略測図
（『広島県中世城館遺跡総合調査報告書・第３集』1995 年）

六　神社と中世城館跡

備後南部において、比較的古い神社や小地域を代表する神社の所在する周辺の山に、中世城館跡の遺構が確認されていることが多数見受けられる。備後吉備津神社もその中の一つであり、備後吉備津神社の場合は、御手洗池から門前町および側面・背後の山塊おも取り込んだ、城郭都市を呈していることが、「絵図」をはじめ、中世城館遺跡の踏査により、推察される。今まで、中世城館跡と神社は全く性格の異なる遺跡として考えられていたようであるが、中世城館跡という戦いのための防御施設は、実は地域の信仰の対象としての意も兼ね備えており、選地から縄張り築造、そして使用・廃絶に至るまで主祭者によって何らかの祭祀が営まれ、遠くからは、地域の人々によって遥拝される形をもっていたと考えられはしないだろうか。

おわりに

発掘調査により、備後吉備津神社の本殿裏山遺跡では、「一遍聖絵」の多宝塔の描写地に、建物の消失廃棄の遺構・遺物が確認した。輪蔵遺跡では、「古図」の経塚の描写地に、経塚遺構と供献遺物が確認された。また、現地踏査によって境内の側面・背後の山塊には、いくつもの中世遺構の痕跡を確認することができた。祭祀遺跡である備後吉備津神社は、神社境内地であり史跡指定地であるために、簡単に発掘調査を実施することは困難である。よって踏査による遺構の確認や遺物の表採を積み重ねることにより、少しでも祭祀の形態が復元できるものと思われる。また、最近特に思うことは、自分を含め神社に奉仕する神職は、今自分が「祭祀遺跡」で日々の祭祀を斎行していることを認識することが大切なことではなかろうか。

さらに、備後には、備後吉備津神社と同様な、甘南備山（神体山）と神社そして中世山城を兼ね備えた祭祀遺跡が旧郡単位に存在する。何度も足を運んで、まだ確認されていない地域の祭祀遺跡の全容を解明したい。

備後一宮　吉備津神社　権禰宜　尾多賀晴悟

参考文献

大場磐雄『祭祀遺跡　神道考古学の基礎的研究』角川書店　一九七〇年

椙山林継『日本宗教辞典』弘文堂　一九八五年

椙山林継『日本大百科全書』小学館　一九八九年

備後吉備津神社『勘合略記』江戸時代

国立歴史民俗博物館　展示解説図録『なにがわかるか社寺境内図』二〇〇一年

尾多賀晴悟『新市町立歴史民俗資料館年報Ⅰ』新市町教育委員会　一九九〇年

尾多賀晴悟『新市町史』新市町　二〇〇二年

尾多賀晴悟『広島県中世城館遺跡総合調査報告書　第三集』広島県教育委員会　一九九五年

立山信仰の諸段階
—日光男体山・白山との比較のなかで—

時枝　務

はじめに

富山県立山連峰は、北アルプスの北端を飾る美しい山として名高いが、古来信仰の山として愛されてきた。立山や立山信仰に関する研究書・論文は枚挙に遑なく、歴史学・民俗学・考古学・美術史学・国文学・宗教学など幅広い分野にわたって、多くの業績が蓄積されている。研究拠点である富山県立［立山］博物館が山麓に営まれ、積極的な研究活動をおこなうとともに、展示を通して調査・研究成果の社会的還元に努めていることは周知のとおりである。立山は稀にみる研究の進んだ山である。

当然、考古学的な研究においても先進的で、すでに考古学の方法による「立山信仰の時期区分」が大野淳也によってなされ(1)、立山信仰が山岳宗教史の展開のなかに一応位置づけられている。彼の時期区分は、立山1期が八世紀後半から九世紀、立山2期が十世紀から十二世紀初め、立山3期が十二世紀中頃から十四世紀、立山4期が十五世紀から十六世紀、立山5期が十七世紀から十九世紀中頃に位置づけられるというものである。

しかし、そこで示された画期や変遷について、ほかの山岳宗教遺跡と比較して検証する作業がいまだなされていない。そこで、ここでは、立山を栃木県日光市男体山頂遺跡と石川・福井・岐阜三県にまたがる白山山頂遺跡と比較しつつ、おもに変化の画期について検討を加えたいと思う。

一 立山信仰の開始時期

大野の時期区分によれば、最初の画期は八世紀後半ということになるが、この認識は正確なものであろうか。大野は、剱岳と大日岳で発見された銅製錫杖の年代観に依拠して八世紀後半という見解を導いたが、残念ながらいずれも八世紀に遡らせることが難しい型式である。(2)そのため、八世紀後半という最初の画期は、下方修正せざるを得ない。最近、雄山山頂遺跡で九世紀の須恵器破片が採集されたことから、立山での山頂祭祀の開始が九世紀に遡ることはまちがいないようである。(3)剱岳の銅製錫杖もやはり九世紀の所産である可能性が高い。この時期の立山信仰について、大野は「大日岳の周辺にある行者窟や剱岳山頂の岩窟などを利用して籠山修業をおこなう」というあり方を予測し、(4)宇野隆夫らはこの時期には剱岳が「たち山」と呼ばれていたとし、次のように述べる。(5)

仏教以前から存在したであろう山を畏敬する神祇信仰と、山林修業を行なう仏教とは、古代においてはかなり性質を異にするものであった。七世紀以後、古墳を営んでいたような場所に、手工業生産地を編成するというような事例が増加してくるが、律令国家の基本的な課題の一つは、仏教を有力な梃として、在来宗教の聖地まで国家政策の場として組み込むことにあったであろう。すなわちこの頃の開山とは、その山並の最も険しい場所にまで僧侶が実際に足を踏み入れることであり、山の神々を仏の権威の下に位置づけるという性質のものであったであろう。

いわば、聖地開発説ともいうべき考え方であるが、七世紀の動向がそのまま立山信仰と関連付けられているように読めなくもなく、ひょっとすると宇野らは立山信仰が八世紀後半を突き抜けてより古く遡る可能性を予見していたのかもしれない。

しかし、管見によれば、立山関係の出土遺物は、基本的に九世紀以降のものである。むしろ、律令制が弛緩し、国家的な関与が希薄になる時期にこそ、山岳宗教の香りは高まるのである。また、山林に分け入った僧侶は、ほんとうに国家仏教の担い手であったのか。八世紀末に顕著になる山林修行が、山林に新たな産物を求めての入山とは、とても想像できない。密偵のような役割が僧侶に期待されていなかったとまでいわないが、僧侶にも真剣に取り組みたい宗教的な課題があり、その実現場所として静寂な環境の山林が格好の場であったことも確かであろう。宇野らの見解に対しては、より包括的な立場から、政策や法律ではなく、生活の実態を踏まえて、再検討することが求められよう。

それでは、日光男体山においては、山頂遺跡はいつ頃出現するのであろうか。出土した遺物の中には古墳時代や奈良時代に遡るものが含まれているが、大部分は伝世後奉納されたものとみられ、確実に祭祀が挙行されたのは、やはり「沙門勝道歴山水瑩玄珠碑并序」(『性霊集』所引)にみえる天応二年(七八二)に勝道が日光男体山の登拝に成功した時以降である可能性が高い(7)。同史料には、大同二年(八〇七)の旱魃に際して、勝道が国司から要請されて雨乞いをおこなったことがみえ、この時の修法に使用された仏具などが出土品のなかに含まれている可能性はきわめて高い。勝道は古密教(雑密)の僧侶で、国衙からの要請と支援のもとに、現世利益的な色彩が濃厚な山頂祭祀を執行したものとみてよい。なお、出土遺物には、三鈷鐃・憤怒形三鈷杵・錫杖・鐘鈴・塔鋺・柄香炉などの仏具、銅鏡、鉄鐸・銅鈴・鉄鈴など音の出るもの、火打鎌、鉄鉾・鉄二股鉾・鉄鏃などの武器、勾玉・管玉など玉類、銅印、鉄製馬形模造品、石帯、須恵器、土師器などがみられる。

ついで、白山をみると、山頂祭祀の開始時期を九世紀後半とする説と十世紀前半に始まり、十世紀中頃から十一世紀に本格化したとする説の二説がある。前者が一般的な理解で、白山山頂遺跡から九世紀後半の須恵器が採集されていることをもって、山頂祭祀の開始とみる(8)。後者は垣内光次郎によって主張されている説で、九世紀の遺物が容器類であるのに対し、碗皿類が出現するのが十世紀前半代に下るので、九世紀の遺物は伝世した後に山頂にもたらされた可能性があるというものである。[9]要は、採集資料の性格をどのように評価するのかという基本的な部分の見解の違いであり、今後の調査の進展のなかで解決する以外に方法がない。ただ、評価を除けば、九世紀後半の遺物が採集されている事実が存在することを、謙虚に受け止めておきたい。遺物の種類は陶器類に留まる。

このように、立山が九世紀、日光男体山が八世紀後半、白山が九世紀後半から十世紀前半というように、山頂祭祀の開始時期はばらつきがある。しかし、巨視的にみれば、わずかな時期差のなかで、山頂祭祀が開始されたということも可能であろう。三つの山岳のなかで、日光男体山が先行することは疑いないが、日光男体山では顕著な仏教色がみられる。ところが、この段階の白山には、まったく仏教色を見出すことができない。それに対して、立山では銅製錫杖などが確認されており、白山に比べると遥かに仏教の影響が強い。そのことは、もしかすると、立山の方が日光男体山と時期的に近いことを、暗示しているのかもしれない。わずかな資料のみで断定することは慎まなければならないが、奈良時代から平安時代前期の山岳宗教の担い手であった古密教（雑密）の僧侶の姿は、確実に白山よりも立山の方が見え易い。山麓の富山県富山市栃谷南遺跡と同市任海宮田遺跡ＳＫ16土坑から十世紀のものと判断される鐘鈴が出土し、一段階古い九世紀のものが日光男体山から出土していることに象徴的に示されるように、立山と日光男体山の間には明確な共通性が見出されるのである。

二　十世紀の問題

大野の次の画期は十世紀である。画期を設けた根拠は、室堂遺跡から発見された須恵器杯破片二点が、立山町上末窯産の十世紀初頭のものであったことにある。その事実から、彼は、この時期に「登拝・修業の場の中心が剱岳から室堂平の周辺に移動した」と考えた。[10]宇野らは、「ごくわずかではあるが、室堂遺跡において遺物が出土するようになり、立山が開山されたことを示唆する。まだ資料は乏しいが、それは山頂の雄山神社付近を浄土と仰ぎ、地獄谷と対比しつつ、玉殿窟・滝付近で修業するという、一つの山で完結する形態をとるものであったであろう」と述べ[11]、この時期に立山信仰の発展の基礎が据えられたとみる。

さて、ここで問題なのは、画期を設定するには資料があまりにも貧弱なことである。しかも、雄山山頂遺跡では九世紀から連綿と遺物がみられ、別山山頂遺跡などでは十世紀の遺物が採集されている事実を等閑視し、室堂遺跡のみで判断を下している点である。つまり、十世紀は九世紀の延長であって、あえて画期とする必要がないかもしれないのである。まして、そこから修行のあり方まで推測し、立山信仰の開山が確実になされた時期と判断するのは、あまりにも予断に満ちた見解といわざるを得ない。将来的に、この時期が画期として押さえられるほど資料が増加し、追認される可能性がないとはいわないが、むしろ十一世紀か十二世紀が新たな時代の幕開けに相応しい画期として登場してくるかもしれない。現状では、十世紀を画期と評価できるだけの資料が整っていないというのが筆者の見解であり、一端十世紀を画期からはずすことを提案したい。

ところで、日光男体山では、この時期に画期は認められない。銅鏡が増加するなど遺物組成の変化はあるが、画期とするほど大きな変化はなく、むしろ十一世紀に入ってから古密教（雑密）系の仏具がなくなるなど、より顕著な変化を見出すことができる。そして、十二世紀になると、再び仏教系遺物が顕著になるが、今度はもっぱら純密系のものばかりで、以前とはその趣を異にするという特色がある。十二世紀は、山頂に小祠が成立し、山岳登拝行が成立した時期でもあり、遺物組成の変化に留まらない大きな画期であった[12]。

白山では、垣内説によれば、この時期に山頂祭祀が開始されたことになるが、それは第一の画期と重なるもので、遺物の性格に対する評価の結果である。一般的な見解では、画期はなく、九世紀後半から連綿と陶器を使用した山頂祭祀が継続するものと理解される。画期があるのは、仏教系遺物が顕著になる十二世紀のことで、そのあり方は日光男体山と共通している。ここでも立山のような意味での十世紀の画期を見出すことはできない。

やはり、十世紀を山岳宗教史上の画期として評価することは、限定された比較ではあるが、他山との比較の結果でも難しいようである。

三　山岳登拝行の成立

大野による時期区分では、十二世紀中頃が画期であるので、検討しておこう。画期を設定した根拠として、室堂遺跡SK1出土遺物・虚空蔵窟出土銭貨・地獄谷の石造物・雄山三の越採集の珠洲焼破片を挙げているが、[13]このうち確実に十二世紀中頃にまで遡るのは室堂遺跡SK1出土遺物と雄山三の越採集の珠洲焼破片に過ぎない。虚空蔵窟出土銭貨は、至和元宝（一〇五六年初鋳）と治平元宝（一〇六四年初鋳）であるが、初鋳年は十一世紀であり、十二世紀ではない。しかも、北宋銭が、中世を通じて流通していたため、上限を設定する資料にはなり得ても、時期を決定する根拠にできないことは、周知の通りである。地獄谷の石造物は、十四世紀以降のもので、十二世紀に遡るものはない。

大野はそれらの資料から、十二世紀頃に「室堂平とその周辺での僧侶・修験者の宗教活動が活発化し始め」たこと、「雄山への登拝」が十二世紀頃までには成立したことを主張する。[14]宇野らは、この時期には「山を拠点としつつ世俗的な力ももつ勢力として、当時の全国的な社会情勢に関わるまでに成長していたのであろう」と述べ、その証拠として室堂遺跡における京都系土器の多さを挙げる。[15]しかし、寺社勢力の台頭を山頂遺跡で論じても仕方ないので、ここではむしろ大野の主張に注目したい。

日光男体山では、山頂に登拝し、修法や納経をおこない、山頂の小祠に奉納品を献じる修行が、十二世紀前期に成立した。当初は山頂祭祀を最終的な目的とするものであったが、長期間の精進のうえ登拝する行為が苦しいものであったため、十三世紀には登拝自体を目的視する風潮が生まれた。山頂に登拝した行者は、納経と修法など所定の儀礼を終えた後、山頂の小祠に登拝の証拠として禅定札を納めたが、それには登拝回数を記す慣わしになっていた。やや時期的に遅れるが、得志良（現在の栃木県宇都宮市徳次郎）の近津宮に仕えた伴家守は、貞治五年（一三六六）に十四回目の登拝を達成したことが禅定札から知られる。禅定札に記された十四回という回数が示すように、繰り返し登拝することを重視する風潮があったが、それは山頂への登拝を重ねることで験力の増進を図ったためと考えられる。山岳登拝行も修験道の修行形態の一つである。

白山では、経筒や仏具が十二世紀になると増加し、小祠に奉納された懸仏が出現する。それは、修法と納経をともなう白山禅定が一般化し、盛んに活動をおこなった結果である。さらに、行者たちのために禅定道が整備され、仏堂と宿泊施設を兼ねた室堂が建設される。垣内によれば、平成十五年の越前室の発掘調査で検出された焼土と灰層からなる火処は、灰層中出土の越前焼擂鉢と土師器皿が、十三世紀後半のものであるところから、その創設が十三世紀中頃以前である可能性が高まったという(16)。

このように、十二世紀は、どこの山岳でも大きな画期をなしており、立山においても例外ではないと考えられる。たぶん、大野がいうように、山岳登拝行としての立山禅定が本格的におこなわれるようになり、拠点としての室堂の整備がなされたのであろう。

四　十五世紀と十七世紀の画期

大野のあげる次の画期は十五世紀で、室堂遺跡において「遺物量が減少」することが確かめられたことから、彼は「この時期の立山山中における宗教活動は衰退傾向にあったと推察」している(17)。宇野らは、一向一揆などの「新たな時いという状況証拠によるもので、室堂遺跡の遺物量が、中世後期の宗教的動向の影響を受けつつ、山岳宗教の活動が、相対的に低下したものと」みているが、[18] 要は活動の痕跡に乏しいということに尽きる。この時期の日光男体山では、山頂遺跡から遺物が出土しなくなる反面、輪王寺や二荒山神社の伝世品が増加することが知られている。おそらく、山頂へ登拝して奉納する行為が下火になり、山麓の寺社に奉納することが一般化したものとみられる。また、白山では、垣内によれば、十五世紀に入峰道を利用して修験者による山岳練行が開始され、妙法山・三方岩岳・笈ケ岳などで修法をおこないながら峰々を巡り、修行の証に行人札を造立したという。[19] 修験者による集団入峰が始まったのである。十五世紀は修験道教団の形成が本格化する時期であり、室堂遺跡の遺物が乏しいからといって、単純に山岳宗教の衰退と決め付けてしまうことには問題があろう。むしろ、それまでとは異なったかたちの修行がおこなわれるようになったため、室堂遺跡に遺物を残しにくい状況が生み出されたと考えるべきではないか。

大野の最後の画期は十七世紀で、彼は室堂遺跡の建物の整備と遺物量の増加を根拠に、「室堂の整備によって一度に多くの人の宿泊が可能となった結果、登拝者の数が激増したことを示す」という。[20] 宇野らは、それに加えて、出土遺物の様相から「中世的な宗教色が薄れて、近代の観光登山へのはしりが生じてきた」ことを指摘するが、同時に「この場が大衆化しつつも近世的な宗教性を保持したことは、無地の食器を基本として、また徳利がないことからうかがえる」と述べる。[21] 日光男体山では、十七世紀に在俗者の男体山禅頂が開始され、成人儀礼などとして山頂登拝が習俗化する。彼らが納めた多数の木製禅定札が出土している。白山でも、在俗者である道者による登拝が一般化したようであるが、考古学的な証拠は定かではない。十七世紀は、それまで宗教的な専門家のみに許されていた山岳修行が、在俗の一般人に開放されたことによって生まれた画期であることを、決して見落としてはならない。

十五世紀と十七世紀が画期であることは疑いない。しかし、その歴史的な評価については、再度文献史料を含めて検討する必要があろう。

おわりに

以上、検討の結果、大野によって示された立山信仰の時期区分は、いくつかの問題を抱えていることが判明した。とりわけ、立山2期は、その存在自体が疑わしいことがわかった。そこで、修正案を提示すると、立山1期が九世紀から十二世紀初め、立山2期が十二世紀中頃から十四世紀、立山3期が十五世紀から十六世紀、立山4期が十七世紀から十九世紀中頃ということになろう。つまり、五期区分ではなく、四期区分が現状での実態に即していると考えるのである。

このように、立山の開山時期を下方修正すると、くすしくも白山と同時期の開山となる。類似した自然条件にある二つの山が、歴史的に深い関係にある可能性は高く、今後も比較の視座を持ちながら検討を深めていく姿勢が求められよう。

椙山先生が白山山頂遺跡を調査されてからすでに二十年以上が経過した。その間、山の考古学研究会が結成され、先生には長年会長としてご奮闘いただいた。山の考古学のパイオニアとしての先生のご業績をわれわれは忘れることができない。

註

（1）大野淳也「立山信仰の時期区分」『芦峅寺室堂遺跡―立山信仰の考古学的研究―』立山町教育委員会・富山大学人文学部考古学研究室　平成七年。

(2) 詳細は、紙数の関係で、別稿に譲りたい。
(3) 佐伯哲也氏ご教示。吉岡康暢氏鑑定。
(4) 註(1)に同じ。
(5) 宇野隆夫・前川要・三鍋秀典「結語」『芦峅寺室堂遺跡―立山信仰の考古学的研究―』立山町教育委員会・富山大学人文学部考古学研究室　平成七年。
(7) 時枝　務「日光男体山頂遺跡の成立時期とその性格―研究史の検討を通して―」『山岳信仰と考古学Ⅱ』同成社　平成二十二年。
(8) 國學院大學考古学資料館白山山頂学術調査団「白山山頂学術調査報告」『國學院大學考古学資料館紀要』第四輯　國學院大學考古学資料館　昭和六十三年。椙山林継「白山山頂出土遺物と白山信仰」『山岳信仰と考古学』同成社　平成十五年。
(9) 垣内光次郎「白山の山頂遺跡と山岳修験」『白山市白山山頂遺跡』石川県教育委員会　平成十八年。
(10) 註(1)に同じ。
(11) 註(5)に同じ。
(12) 時枝　務『修験道の考古学的研究』雄山閣　平成十七年。
(13) 註(1)に同じ。
(14) 同右。
(15) 註(5)に同じ。
(16) 註(9)に同じ。
(17) 註(1)に同じ。
(18) 註(5)に同じ。
(19) 註(9)に同じ。
(20) 註(1)に同じ。
(21) 註(5)に同じ。

「公事方御定書」下巻の奇妙な伝本

高塩　博

はじめに

「公事方御定書」は上下巻からなるが、上下巻が揃って書写されることはむしろ稀であって、下巻のみが単独で書写されることが多い。その下巻の夥しい数の伝本が遺されていることは周知のことである。各地の図書館や資料館等に所蔵されているばかりでなく、いまもって古書目録や古書展会場において目にすることが少なくない。こうした伝本をながめていると、じつに様々な表題が与えられていることを実感する[1]とともに、しばしば不可思議な伝本に出会うのである。本稿では奇妙な伝本の最たる事例を紹介し、そのよってきたる原因と理由とを考察し、「公事方御定書」を理解する一助にしようとするものである。

一　「公事方御定書」の成立と増補修正

本題に入る前に、「公事方御定書」の成立と増補修正の過程について一瞥しておこう。「公事方御定書」下巻には次の二つの奥書が存する。

①右御定書之条々、元文五庚申年五月、松平左近将監を以被仰出之、前々被仰出之趣、
并先例、其外評議之上追々伺之、今般相定之者也、

寛保二壬戌年三月廿七日

牧野越中守
石河土佐守
水野対馬守

②右之趣、達
上聞、相極候、奉行中之外不可有他見者也、

寛保二壬戌年四月

松平左近将監

すなわち、「公事方御定書」上下巻の法文は、寛保二年（一七四二）三月二十七日をもって定まった。これを将軍徳川吉宗に報告して諒承を得、同年四月、老中松平乗邑が秘密の旨の奥書を加えて施行に移したのである。この時、上巻は七十八箇条の法令、下巻は九十箇条の法文から成っていた。しかし、この後寛保三年、延享元年、同二年、同三年と四年連続で増補修正の手が加わり、さらに八年後の宝暦四年（一七五四）にも増補修正がなされ、ここにおいて最終の法文が定まった。その最終の法文は、上巻八十一箇条、下巻百三箇条である。

伝存する「公事方御定書」下巻の写本は、その大部分が延享三年増修本もしくは宝暦増修本のどちらかである。[2]宝暦増修本は、延享三年増修本に対し、一箇条を追加し、五箇条に六箇所の増修（削除を含む）を加えている。[3]この増補修正の有無を確かめることにより、延享三年増修本であるか宝暦増修本であるかの判別がつく。[4]

二　条文配列の奇妙な伝本

明治大学博物館蔵の「御刑法書」と題する伝本（一冊、美濃判本七十丁、架号はF三二）は、法文は確かに「公事方御定書」下巻なのであるが、その条文配列がじつに奇妙なのである。(5)「棠蔭秘鑑」収載の「公事方御定書」下巻(6)の条文番号をもって「御刑法書」の条文配列を示すと、次のようになる。第一条に始まって第四条、第七条、第十条というように条文を飛ばして進むのである。以下は数字のみ記すと、十二→十四→十八→二十三→二十四→二十八→二十九→三十→三十一→三十二→三十八→四十→四十三→四十四→四十五→四十六→四十七→四十九→五十→五十一→五十二→五十三→五十四→五十六→五十七→六十四→七十→七十一七十二→七十三→七十四→八十三→八十四→八十五→九十二→九十六→九十七→百と配列され、第百三条の敲の規定までを筆写したのち、再び若い番号に戻って第二条、第三条、第五条、第八条、第十一条、第十三条（以下省略）と配列される。つまり、今まで抜けていた条文が順次筆写されてゆくのであり、最後は第百三条の入墨の規定以下が記されている。また、「御刑法書」のこのような順不同の法文を、「棠蔭秘鑑」所収の法文と比較すると、宝暦四年の増補修正が施されていないことが判明する。つまり、「御刑法書」は、本文百二箇条から成る延享三年増修の「公事方御定書」下巻なのである。

条文配列が奇妙であるということの他に、「御刑法書」には次の三つの特徴がみられる。

第一は、箇条肩書の位置である。「従前々之例」「享保五年極」というような箇条肩書は、その名が示すように法文冒頭の右肩に置かれるのが通例であるが、「御刑法書」においては法文の末尾に細字双行をもって記されている。

第二は、奥書についてである。「公事方御定書」下巻の末尾に書き付ける奥書としては、前掲したような二つを存するのが本来である。すなわち第一は、寛保二年三月二十七日の日付で御定書掛三奉行の連名による同書成立を示す奥書であり、これに続く第二の奥書は、寛保二年四月の日付で、老中の松平左近将監（乗邨）の名による、奉行以外は他見を許さぬ旨のいわゆる秘密文言である。しかしながら、「御刑法書」には第一の奥書のみを存し（ただし、日付と御定書掛三奉行の連名を欠く）、第二の奥書は存しない。第二の奥書にかわって、「公事方御定書」の編纂を担当した御定書掛三奉行とその許で実務に従った四人を褒賞した次のような記事を載せている。岩佐郷蔵と倉橋武右衛門の二人は、支配御勘定評定所書物方である。

寛保二年四月、御定書を被為裁御役人賞賜、
　時服七　寺社奉行牧野越中守、　時服四　町奉行石河土佐守、　時服四　御勘定奉行水野対馬守
右於　御座之間　御目見拝領物、此外同断賞賜、同年四月六日、於躑躅之間左近将監殿被申渡面々、
　金壱枚ツヽ　御勘定評定所留役　浅野半左衛門
　　　　　　　　　　　　　　　　鵜飼左十郎
　銀拾枚ツヽ　岩佐郷蔵
　　　　　　　倉橋武右衛門

第三の特徴は、第百三条中に「公事方御定書」下巻の法文にあらざる記事を挿入させていることである。その挿入記事は、入墨の規定に続いて入墨図を載せ、続けてさらに弾左衛門が配下に施す入墨の規定二箇条を載せることである。入墨図は十八を存する。江戸から伊奈半左衛門に至る十三図は、各地の幕府奉行所等の入墨図である。続いて弾左衛門の入墨図があり、残りの四図は紀伊、安芸広島、会津、丹波の各藩の入墨図である。

三　「青標紙」収載の「御定書　九百箇条」

そこで、この三つの特徴を兼ね備えた「公事方御定書」下巻を探したところ、はたして見つけ出すことができた。「青標紙」後編に収載する「御定書　九百箇条」がそれであり、その法文も「御刑法書」に同じ延享三年増修のものである。

「青標紙」は、旗本大野広城《ひろき》が編纂し、自ら上梓したものである。前編は「武家必冊青標紙　完」と題して天保十一年（一八四〇）に、後編は「武家秘冊青標紙　後編」と題して翌十二年に刊行されている。「青標紙」後編は、幕臣として遵守すべき規則や承知しておくべき法令などを収録する。それらは、「武家諸法度」「御番衆勤方掟書」「二条・大坂在番掟書并年割」「御軍令御軍役之次第」「大的　上覧并御射初百手的之事」「御鷹之鳥来歴之事」「非常心得掟書」「御定書」の八点である。最後の「御定書」が「公事方御定書」下巻であり、内題では「御定書　九百箇条」と称している。

「青標紙」は折本仕立の版本である。表裏の両面刷りであり、界線をもって紙面を上下二段に分けている。「武家諸法度」から「非常心得掟書」までは、上下二段の紙面を次のように用いている。すなわち、記事の前半を上段に記した後に、後半部分を下段に記すのである。ところが「御定書　九百箇条」のみは、これらとは紙面の使い方が異なる。まず第一条を上段に記し、ついで第二条を下段に配すのである。第二条は短い条文なので上段の第一条よりも右側の行で終了する。そのため、下段に第三条を続けて記し、その最終行が上段の第一条の最終行とほぼ同じ行で終了すると、今度は第四条を上段に配するのである。続く第五条を下段に記すが、その最終行が上段よりも右側の行で終了するので、第六条を第五条に続けて下段に記すのである。その結果、第六条の最終行が上段の第四条の最終行よりも左側に出たので、次の第七条は上段に記すのである。したがって、第八条は下段に記されることになる。「青標紙」は、このように「公事方御定書」下巻の各条文を千鳥足のごとく、上下の紙面を行ったり来たりさせて表記するのである。

要するに、上述した「御刑法書」に見る奇妙な条文配列は、「青標紙」所載の「御定書　九百箇条」の上段部分をまず書写し、ついで下段部分を書写したために生じたのである。「御刑法書」が版本「青標紙」からの直接の筆写本なのか、あるいは転写本なのかは定かでない。しかし、「御刑法書」は「青標紙」の書式に忠実に書写しているのであり、[7]奇妙な条文配列が「青標紙」後編の「御定書　九百箇条」に端を発するのは疑いのないところである。

四　幕臣大野広城の処罰

「青標紙」の編者大野広城（一七八八～一八四一、通称は権之丞、忍軒・忍屋隠士などと号した）は、天保十二年（一八四一）六月十日、評定所において大目付岡村丹後守直恒から左の判決を申し渡された。[8]

小十人
本多左京組
大野権之進（マヽ）
五十四才

其方儀、御政務筋ニ拘り候不容易事共彫刻いたし、絵本屋伊助ぇ相渡候段不届之至ニ候、依之九鬼式部少輔ぇ御預ヶ
被　仰付候もの也、

十六歳の嫡子鏃之助は、これに縁坐して改易に処されている。「九鬼式部少輔」は、丹後国綾部藩（一万九千五百石）の藩主九鬼隆都のことであり、大野広城は判決後に綾部に移送され、同年九月十一日、同地に没した。

奇しくも広城の没したその日、江戸においてはこの事件に関与した人々に判決が出て一件落着となった。販売担当の絵本屋伊助は、北町奉行遠山左衛門尉（景元）から左の判決を申し渡された（傍点引用者）。

遠山左衛門尉掛
下谷車坂町
栄蔵店
伊助

堀田備中守殿御差図

右之もの儀、去々亥年以来大野権之丞著述之殿居嚢・青標紙・泰平年表と唱候表題之書物類は御政務筋ニ拘り候不容易儀品々彫刻いたし候品ニ有之処、兼て町触之趣相背、前書之書物取交度々ニ四百三十部、代金五十五両弐分弐朱ニ買取、名住所不存武家方等ぇ六十六両余ニ売払、拾壱両余売徳取、剰右板木絶版後、其以前摺立置候由ニて権之丞持参致候青標紙前編買受、売捌、猶売徳取候段、旁不届ニ付、江戸払、

絵本屋伊助の判決からわかるように、大野広城の罪状である「御政務筋ニ拘り候不容易事共彫刻」とは、「殿居嚢」「青標紙」「泰平年表」の三書を上梓したことを指す。上梓の年次は、「殿居嚢」前編が天保八年（一八三七）、後編が同九年、「青標紙」前後編は前述したように天保十一・十二年、「泰平年表」は天保十二年である。絵本屋伊助はこれらの書を売り捌いて利益を得たことが咎められ、江戸払に処されたのである。[9] この時、同様にこれらの書を売り捌いた神田旅籠町弐丁目の喜兵衛が敲の上江戸払、本銀町弐丁目の喜助は江戸払の判決を受けた。また、広城の注文によって「青標紙」と「泰平年表」を板木に彫刻した中之郷竹町の喜兵衛もまた江戸払の判決を申し渡された。書物師の出雲寺金吾も取調をうけたが、こちらは「不念之筋も無之」ということで「無構」との判決を受けた。[10]

「殿居嚢」「青標紙」は、ともに縦十九・七糎、横十一・二糎の折本で両面刷りである。一方、「泰平年表」の方は縦十七・二糎、横十一・八糎の小本である。この三書に共通する第一は、著者の本名を名乗っていないことである。「殿居嚢」前編では序文に「藤原朝臣」、同後編では刊記に「訂書堂蔵版」と見える。「青標紙」前編では「東都　忍廼屋蔵版」、同後編では「東都　訂書堂蔵梓」と刊記に記す。また「泰平年表」では内題に「東武　忍屋隠士謹輯」とある。共通する第二は、書型がいずれも小さい上、極小の文字をぎっしりと詰め込んでいることである。したがって、視力の弱い者にとってははなはだ読みづらい。

また、最初に刊行した「殿居嚢」前編は、その冒頭に「此書はおほやけのかしこき事共をかきしるしたれハ、すり巻の数を三百部にとゝめ板を絶しぬ」と注記し、三百部限定の出版物であることを謳っている。同様に、「殿居嚢」後編および「青標紙」前後編のそれぞれの見返しに「禁商頒限三百部」、「泰平年表」においてもやはり見返しに「頒限三百部禁市鬻」という文言を刷り込んでいる。この三書は幕府の機密事項を数多く掲載するので、著者の本名を伏せたり、極小の文字を用いたり、限定出版を謳ったりして幕府の追及をかわそうとしたのであろう。「青標紙」の記事中、大野広城が幕府からの嫌疑をもっとも怖れたのは「御定書　九百箇条」であった。それ故、「御定書　九百箇条」を収録するにあたり、版面の上段と下段とを行ったり来たりする不自然な表記法を採ったのである。奥書の秘密文言を省いたのもその現れであろう。しかしながら、こうした細工も功を奏せず、大野広城は処罰されたのである。(11)

むすび

「御刑法書」は、このような事情をもつ「青標紙」から「御定書　九百箇条」の部分のみを忠実に書写したのである。しかしその際、書写者は「公事方御定書」下巻の本来の姿を知らないため、上段を書写し終えてから下段を書写したのである。これが奇妙な条文配列の伝本の誕生した経緯である。

伊勢の神宮文庫は、「御定書　九百箇条」と題する「公事方御定書」下巻（一冊、半紙本五十八丁、内藤耻叟旧蔵本、架号は七門四八六号）を蔵する。その表題が示すように、本書もまた「青標紙」所載の「御定書　九百箇条」を忠実に書写した写本であって、条文配列は「御刑法書」に同じである。また、福井県立図書館の松平文庫に「公辺御定書」と題する「公事方御定書」下巻が存する（一冊、架号は四一―一）。本書もまた「御刑法書」と同様の条文配列を持つ伝本である。[12]目下、「青標紙」に端を発する奇妙な条文配列の伝本は、右の三本を確認したにすぎないが、おそらくは未見の伝本が各地に伝存していることであろう。

『国書総目録』によると、「青標紙」の写本が各地の図書館や資料館等に所蔵されている。そのうち、國學院大學図書館蔵の「青標紙」を調査したところ、同書は版本の「青標紙」前後編を書写したしたものであった。[13]ここに筆録された「御定書　九百箇条」の条文配列はなおいっそう奇妙である。それは、両面刷りの表面上段、同下段の順に書写し、続いて裏面に移ってその上段、下段の順に書写しているからである。こうして書写した条文配列を具体的に言うと次のようである。すなわち、第一条に始まってとびとびに第三十一条第九項までを書写し、次に表面下段に移って第二条からとびとびに三十四条の題号までを書写し、今度は裏面上段に移り、第三十一条第十項に始まってとびとびに第百三条の敲の規定までを書写し、続いて裏面下段に移って第三十四条本文に始まってとびとびに第百三条の入墨の規定以下を書写し、最後に奥書と褒賞記事を書写して終わるのである。

「青標紙」前後編は、「殿居嚢」前後編とともに『江戸叢書』に採録されたので活字として読むことができる。[14]ここに収録する「御定書　九百箇条」も、表面上段、同下段、裏面上段、同下段の順に条文を並べている。國學院大學本のように、条文の中途で新しい条文に移ることは無いが、その条文配列は國學院大學本と大同小異である。このような奇妙な「公事方御定書」下巻をいくら読んでも、その正しい理解は不可能である。

そもそも、このような奇妙な条文配列の伝本が出現した根源は、「奉行中之外不可有他見者也」という奥書をもって「公事方御定書」を秘密にしたことに存する。そのために人々は、「公事方御定書」について何が正しい法文なのかを認識していなかったのである。幕府は、「公事方御定書」をひそかに写し取って所持することまでは咎め立てしなかったのであるが、板木に彫って不特定多数の人々に公開することは、さすがにこれを黙認できなかったのである。

註

（1）「公事方御定書」下巻に与えられた様々な表題の一端については、拙稿「「公事方御定書」下巻の伝本と呼称について」（藤田覚編『近世法の再検討―歴史学と法史学の対話―』平成十七年、山川出版社）を参照されたい。

（2）高塩博「「公事方御定書」下巻の伝本と呼称について」前掲書。

（3）小出義雄「御定書百箇条編纂の事情について」『史潮』四年三号一三一頁、昭和九年。茎田佳寿子『江戸幕府法の研究』一二〇頁、昭和五十五年、巌南堂書店。

宝暦四年次における一箇条の追加と六箇所の増補修正（削除を含む）を、具体的に述べるならば次のようである。すなわち一箇条の追加は、「重キ御役人之家来御仕置ニ成候節其主人差扣伺之事」を第九条として増補したことである。第五十六条盗人御仕置之事においては、第二十六項に但書「但、武家之家来ニ候ハヽ、江戸払」を増補し、第七十条火附御仕置之事においては、第一項但書「但、燃立不申候ハヽ、引廻之上死罪」を削除している。つぎに第七十七条酒狂人御仕置之事においては、第三項本文を修正している。それは、武家の家来が酒狂によって傷害を負わせた場合、加害者が中小姓躰の者のときは銀二枚、徒士のときは金一両、足軽のときは銀一両を被害者の治療代として徴収する規定であったが、加害者の身分を問わず、刑罰として一律に江戸払とすることに修正した。五番目の増修は、第八十二条科人欠落尋之事の第四項に見られる。すなわち、喧嘩口論による殺人罪において、捜索が三十日ほどに及んでも逃走の共犯者を逮捕できない場合、逮捕済みの共犯者については本人の供述が有れば刑を科してもよい、という規定を増補したことである。六番目、七番目の増修は第百三条御仕置仕形之事に見られる。六番目は江戸払の立入禁止区域に本所・深川の町奉行所支配地を加えたことである。七番目は「町人百姓之女は、重追放にも可申付事」という規定を増補したことである。

(4)「公事方御定書」下巻の伝本を調査していると、延享三年本に宝暦本をもって校合し、あるいは逆に宝暦本に延享三年本をもって校合したものに出会うことがある。その校合はしばしば中途半端であり、その場合、伝本の年次を判断するのは必ずしも容易でない。

(5)「御刑法書」という表題は、表紙左上への打付書であり、内題は存しない。筆写者の奥書、識語の類も存しないが、書写年代は――後述するところからおのずと判明するように――天保十二年（一八四一）以降のことである。なお、表紙左下に「古川氏蔵」という隋円形の蔵書印が存する。

(6)法制史学会編・石井良助校訂『徳川禁令考』別巻所収五七～一四一頁（平成二年第五刷、創文社）。「公事方御定書」の諸刊本中、「棠蔭秘鑑」所収のものが「最も系統の明瞭な、良質の法文である」とされている（平松義郎「徳川禁令考別巻解題」同書解題八頁）。

(7)「御刑法書」は、条文配列を除き、「青標紙」の書式を極めて忠実に踏襲している。このことを示す事例を二つだけあげておこう。「青標紙」は題目の上に黒丸を付けてその部分が各条文の題目であることを明瞭にさせている。しかし、第七十一条についてはその黒丸をたまたま付け忘れている。「御刑法書」においては白抜き丸をもって題目を表示するが、やはり第七十一条については白抜き丸が存しないのである。また、「青標紙」は第六十四条の第一項に「下ヶ札」と注記して、寛保三年（一七四三）の次の記事を載せている。それはすなわち「向後かたりを申人之物を取候ハ、家内ぇ忍入或ハ土蔵抔破り候類之御仕置同様ニ相心得可然之旨、評義致可被相伺候、亥三月、／三月廿六日、丹後守殿評定所一座ぇ御渡し」というものである。この部分は「公事方御定書」下巻の法文ではないが、「御刑法書」はこの記事を「青標紙」の書式そっくりに書写しているのである。

(8)藤川貞（号整斎）「天保雑記」第三十九冊。「天保雑記」は、天保二年（一八三一）より同十五年（一八四四）までの諸記録や見聞録をほぼ年代順に記録した書である。著者の自筆稿本と推定される写本が国立公文書館内閣文庫に所蔵されており、その影印が『内閣文庫所蔵史籍叢刊』（汲古書院）の第三十二～三十四巻に収載されている（解題は南和男氏）。引用は同書による（五一～五三頁）。

(9)『国史大辞典』の「青標紙」の項をひくと、「版元の下谷新寺町広徳寺門前絵草紙屋菱屋伊助も「手鎖預け」となり、彫師らも処罰を受けた」とある（村井益男氏執筆。第一巻四五頁、昭和五十四年、吉川弘文館）。しかし、「天保雑記」所載の判決文に拠るに、絵草紙屋伊助の「手鎖預け」はおそらく判決が出るまでの措置であろう。また、伊助は版元にあらずして販売を担当したにすぎない。

(10)大野広城の筆禍事件については、森銑三「大野広城とその筆禍」（『森銑三著作集』第七巻二三二頁以下、昭和四十六年、中央公論社、初発表は昭和四年）、竹内秀雄「解題」（『泰平年表』昭和五十四年、続群書類従完成会）等参照。後者には、大野広城や関与した人々に対する判決文を『藤岡屋日記』により掲げてある。

(11)「天保雑記」第三十九冊は読み人しらずとして、「取次の御役人中そ、うなり、殿居袋の口がやぶれて」という狂歌と、「座右重宝折本新、何時書店売何人、可懼一冊青標紙、終為生涯御預身」という狂詩とを載せている（前掲書五三頁）。

(12)「公辺御定書」一冊（福井県立図書館松平文庫蔵）については、門脇朋裕氏のご教示による。なお、本書は題簽に「御定書」とあり、これが本来の表題である。目録（『松平文庫目録』昭和四十三年、福井県立図書館）に登載するにあたり、幕府の「御定書」であることを明確にするため、「公辺」の二文字を加えたのであろう。

(13)「青標紙」二冊、写本（國學院大學図書館蔵、佐佐木文庫一六三七）。同書には、「文久紀元秋九月日神田祠祭一日釈筆於二丸城下」の奥書があるので、書写年次は文久元年（一八六一）であり、書写者はおそらく幕臣であろう。

(14)『江戸叢書』巻の壱・巻の弐、大正五年、江戸叢書刊行会編刊。

「まれびと」の来訪

折口信夫の「まれびと」論

小川　直之

日本列島の民俗研究において、琉球民俗の研究が重要な意味をもつ課題はいくつもある。具体的な事象としてあげれば、たとえばノロやツカサによる女性司祭、聖地としての御嶽信仰、ニライ信仰と他界観、曝葬と洗骨、神口と歌謡等などである。これらの課題が重要な意味をもつというのは、今日的には、それぞれが日本列島に連続する民俗として、あるいは連続せず琉球独自の民俗として存在するといった、単に列島内の民俗文化の位相としてではなく、さしあたっては東アジア・東南アジアのなかでの列島民俗への視座として、これら琉球民俗が指標となり得る要素をもっているということである。

こうした民俗の一つとして存在しているのが、折口信夫によって術語化された「まれびと」である。折口の「まれびと」論については、すでにさまざまな検討が行われているが、いうまでもなくこれは一九二一年（大正十年）、一九二三年（大正十二年）の沖縄本島ならびに石垣島などでの民俗採訪をもとに実像化されていく理論である。

折口は、大正時代前半にはすでに民族学的な指向をもち、一九一六年（大正五年）の「異郷意識の進展」につづく、一九二〇年（大正九年）の「妣が国・常世へ―異郷意識の起伏―」では、古典にみえる「妣が国」への思いは、民族移動をともなう異族婚によるエキゾチシズムであると想定する。しかしその後の沖縄採訪によって、この思いはニライ・カナイなど海彼の「常世」との関連が強いと、説を改め、八重山諸島に伝えられているアンガマア、アカマタ・クロマタなどに、こうした常世から訪れ来る「まれびと」の姿を見ていくのである。とくに一九二三年に石垣島の登野城で実見したアンガマアが折口の「まれびと」論に大きな影響を与え、異郷意識の形成は「常世」とそこから訪れる「まれびと」の存在によってなされると考えるようになる。

異郷である常世から神として村や家々に訪れ来るのが「まれびと」であるが、折口は、こうした村落祭祀や世界観を成り立たせたのが、実体としての「ほかひびと」の存在であるとしている。この「ほかひびと」は、『万葉集』や『日本書紀』に見えている「室ほぎ」の正客などから着想されたもので、「ほかひびと」の発生は、古代において特定氏族（民族）による支配の拡大のなかで、無籍者になった亡命の民が、自らの神を奉じながら遍歴するようになったことに拠ると想定している。これは柳田國男の「毛坊主考」などの論文が下敷きとなり、さらに那覇の図書館の郷土室に揃えられていた台湾の『蕃族調査報告書』に記された村の移動とその伝承、宗教的な自覚者の漂泊の実態から成論されていったと考えられる。折口は一九二一年の「沖縄採訪手帖」に「念仏者」のことを記しているが、これは念仏者に「ほかひびと」の姿を見出そうとしていたからである。

本稿は折口の「まれびと」論そのものの検討に目的をおいているわけではないので、「まれびと」に関する折口の論述はたどらないが、この理論は、『古代研究』国文学篇の「国文学の発生（第二稿）」に文学発生論として説かれている、呪言・寿詞を述べ、神わざを行う「ほかひびと」を第一次モデルということができる。そして、この上に琉球のニライ・カナイ、アンガマア、アカマタ・クロマタの伝承と習俗を重ね合わせて、「国文学の発生（第三稿）」（「常世及び『まれびと』」）で説く常世から訪れ来る神としての「まれびと」を第二次モデル、さらに山の神との接触などによって「鬼」や「翁」の姿に変容する「まれびと」を第三次モデルと、その理論形成を跡づけることができる。折口理論としてはこうした第三次モデルまでの「まれびと」を組み合わせた、構造的仮説を「まれびと」論というべきである。[1]
第三次モデルの「まれびと」の論理だては、沖縄の「長者の大主」、本島北部に見られる海神祭り、一九二六年（大正十五年）から頻繁に見学に訪れる新野の雪祭り（長野県）や花祭り（愛知県）の鬼や翁によって行われ、ここから折口の芸能史論が形成されていくのである。

「まれびと」の身体性

折口の「まれびと」論の特質は、神としての「まれびと」の実像を琉球の習俗や伝承によって捉え、これを中核にして日本の文学史や芸能史を描いてみせたところにある。しかし、その神観念理解には、解決されていない本質的な問題がいくつか含まれており、本稿では、こうした問題を改めて確認し、検討を加えておくことにする。

第一に、「まれびと」なる用語は、日本の古典のなかにも語句としては若干見られるが、基本的には折口が特別の意味を与えた語で、記紀や『万葉集』に「人」にカミの読みを当てている場面があることから、「人の扮した神なるが故にひとと称した」（「国文学の発生（第三稿）」）と解釈し、ここに稀に訪れる神の存在を措定している。つまり「まれびと」は、立論の根底から身体性を備えた神であるところに重点がある。[2]であるからこそ、「大晦日・節分・小正月・立春などに、農村の家々を訪れた様々のまれびとは、皆、簑笠姿を原則として居た」（「国文学の発生（第三稿）」）というのである。

しかし折口以後の、所謂「来訪神」研究においては、たとえば伊藤幹治は、沖縄県慶良間諸島の阿嘉島・慶留間島の播種儀礼であるタントゥイに、ヌル（祝女）たちが村の東端の聖地で迎える、海彼から訪れてくる神である「ヤヘー・ヌ・ミチャガナシ」を来訪神としている。[3]また現時点で沖縄の来訪神研究の基点の一つとなる「常世神と他界観」[4]の筆者である比嘉政夫は、同論文で来訪神を仮面・仮装で現れ、目に見える、より人格的で先祖神的性格をもつ神と、観念的で目に見えない、より神格的な性格をもつ神に大別している。前者の例には石垣島・川平のマユンガナス、西表島・古見のアカマタ・クロマタをあげ、後者の例には沖縄北部のニライ神、竹富島のユーの神、石垣島・川平のニランタフヤン、多良間島のスツウプナカをあげている。

問題となるのは、異人として身体化された神と、身体をもたない観念的神を同列に見るかということである。別の言い方をするなら、両者の関係を考えた場合、身体をもたない観念的な神が、何らかの事由によって異人としての表象をもつ神に変わるようなことがあるのかということである。日本本土の小正月に見られる子どもたちが行うカセドリという来訪者習俗では、仮面・仮装はなくとも、家人に見られないようにしてミニチュア農具などの祝儀物を家に置いて回り、家人はこれを見越して縁側などに餅などの供物を用意しておいた。この場合には、姿なく訪れるという秘儀性によって神性が保たれているが、後にこの来訪者が仮面・仮装を行って家人の前に現れるようになったというのは、蓋然性としてはあり得よう。しかし、沖縄の「ヤヘー・ヌ・ミチャガナシ」やユーの神などは、積極的に招かれる神としての性格をもち、招来神とも呼べるのであり、来訪神とは区別すべきではなかろうか。

来訪神を折口がいう身体をもった「まれびと」に限定するなら、来訪神は神招きのわざおぎ（所作）や依代などによって招き迎えられる神ではなく、さしあたっては鈴木正崇がいうように「洞窟、森、山、海の底、異郷の地など、現世とは別の所に想定されている他界や異界から、年の新旧の変わり目（正月・新年・節）や、季節の移行期（収穫後、播種前）などの境界の時間に、仮面・異装の来訪者として出現するものの総称である。豊饒や祝福を齎すが、時には不幸を背負う者として追いやられるなど両義性を持」つ存在であるといえよう(5)。

これに関連して来訪神伝承の特色をもう一つあげておくと、たとえば西表島・古見のアカマタ・クロマタ・シロマタの起源伝承は、往昔、村に出現する神人が「三離御嶽」の神前まで現れたときには凶作、「ウセーヌ泊」まで現れたときには普通作、村中まで現れたときには豊作だったが、あるときから、この神人は姿を現さなくなった。そこで村人たちは困り、この神に擬した神を出現させることになったのが起源であるという(6)。また、昔、山の幸をとる家の男の子が、ある時に犬を連れて猟に出かけたがついに戻ってこなかった。死んだものとして供養をしていたが、嵐の日の夜に「おかあさん」と呼ぶ声がして現れ、自分は神となり、旧暦六月初壬の日に現れるといって消えた。その後、毎年この日になると姿を現したが、出現場所は豊作の年には村の近く、凶作の年には村から遠いところであったので、何とかして毎年、この神が村の近くに現れて欲しいと願い、この神の面を作って村の中に招くようにしたのが起源であるという(7)。

こうした古見の来訪神祭祀の起源伝承は、その出現を待ち望み、祭る者たちに豊饒をもたらすが、本来この神の来訪は未定であった、あるいは豊饒をもたらしてくれるかどうか不安定であった。つまり、混沌とした世であったので、村人自らが安定した来訪神の訪れを儀礼化して祭ることで、豊かな世がもたらされるようになったと説いているのである。安定した訪れを儀礼化したところに祭祀の根拠があって、不安定な来訪という神の外在性を村落社会に内在化するところに祭祀の本質があるといえる。

古見でのこうした来訪神祭祀の起源伝承は、他には見られず一般的ではないかもしれない。しかし、すでに伊藤清司が明らかにしているように(8)、東アジアに広汎に伝えられている昔話「大歳の客」では、来訪者は乞食や老人などとして現れ、その出現は文脈上では偶然的な色合いをもっている。この昔話の一つの話型である葬列の棺桶を預かる「大歳の火」は、もっとも典型的な例で、古見のアカマタ・クロマタ・シロマタの起源伝承と通底する心意があるのではなかろうか。なお、「大歳の客」にしても、本土の霜月二十三夜の大師伝承にしても、来訪するものは身体を持った者として語られている。

「まれびと」の表象

折口は八重山の「まれびと」を、「大地の底の底から、年に一度の成年式に臨む巨人の神」、「海のあなたの浄土まやの地から、農作を祝福に来る穀物の神」、「盂蘭盆の家々に数人・十数人の眷属を連れて教訓を垂れ、謡ひ踊る先祖の霊と称する一団」(「国文学の発生(第二稿)」)の三つに類別している。巨人の神はニイル・ピトゥ(アカマタ・クロマタ)、穀物の神はマヤの神(マユンガナシ)、先祖の霊と称する一団はアンガマアである。折口は、「まれびと」は死霊が古い観念で、これが後に祝福に来る常世神ともなったと言っているので(「鬼の話」)、アンガマアを原型と考えているのであるが、八重山の「まれびと」の三類別は、その表象からいうなら、アカマタ・クロマタは草装、マユンガナシは簑笠装、アンガマアは翁媼面装で、異装には違いないが著しく異なっている。折口は、すでに伊藤幹治が指摘するように[9]、この三類別を発展系列的に解釈しているのである。

第二の問題としてあげておきたいのは、表象の上で大きな違いのあるこれら三種の「まれびと」を発展系列的に理解し得るかどうかである。

たとえば石垣市大浜では、昭和初めまでは新節(節祭り)の日の真夜中にはサリサリゴンゴという簑を着た神二人が各戸を廻って歩き神詞を唱えていった。この神は恐ろしい神で、子どもが親の言うことをきかないと、サリサリゴンゴにやってしまうぞ、などといって脅した。新節の日は日没からは死者の世界となるので、日が暮れないうちに食事の準備をするとともに、この日には村の井戸の脇で豚を殺し、その血を窪地に溜め、各家ではこの豚の血をつけた藁二本を家の入口に付けて魔除けにしたという。竹富島では種取祭の四十九日前のシチマツリ(節祭り)の夜には、顔が真っ青なお化けが出るというので、家の入口や井戸などに魔除けとしてカズラを付けている。こうした伝承は奄美諸島でいうアラシチ（新節）とシバサシ（柴刺し）とに関連する。また、沖縄では「節」やその後の「ヨウカビ」と呼ばれる新旧の年の境のときには、各地で恐ろしい神霊が出現すると考えられているのである。

渡邊欣雄によれば、(10)東村平良では八月七日からのヨーカビーの期間には、ヒーダマ・イニンビ・インネンビ・タマイなどと称する妖火が、墓地・旧集落跡・森などの縁起が悪い所に出るといわれ、妖火と同時に人の泣き声、棺を作る音、茶碗を割る音のみならず、墓所で灯明用、清掃用につくるギニーという藁束の燃える匂いもするという。これらは死霊の来訪を意味し、これと関連して八月十日から十五日までの間、家屋の四隅、門口、水がめ、味噌がめなどにシバ（薄芒）をさすという。

こうした「節」や「ヨウカビ」の死霊出現が、「まれびと」祭祀の基盤にあるといえるなら、クライナー・ヨーゼフが指摘するように「来訪神は祖先神でありながら死霊の性格を強くもっている」のであり、(11)折口が言うようにアンガマアを「まれびと」の原型と考えることもできよう。

しかし、「まれびと」の表象は、先に述べたように草装、簑笠装、翁媼面装と、大きく異なっている。本土の事例も含めるなら甑島のトシドンや秋田県のナマハゲのような鬼面神も各地で見られる。表象のあり方に基づく「まれびと」である来訪神の検討は、まだ十分に行われておらず今後の課題となるが、例えば草装の神はアカマタ・クロマタのほか、波照間島のフサマラ、宮古島のパントゥ、沖縄本島北部の安田や安波のシヌグ、トカラ悪石島のボゼ（ポシェ）、硫黄島のメン、鹿児島県・知覧のソラヨイ、枕崎の萱引きのヨイヨイ笠、さらにこれは日本以外でも、たとえばニューブリテン島トライ族のトゥブアン、ヨーロッパではスイス・ウイルナシュのクロイセ（大晦日に家々を訪れる森の精霊）等などを見ることができる。

折口は晩年の一九五〇年（昭和二十五年）の「日本芸能史序説」では、日本宗教史的にみると「でもんとかすぴりつとか言ふ、純粋な神ではない所の、野山に満ちてゐるあにみずむの当体、即、精霊の祝福に来る事が、まづ考へられる」、「野山の精霊が、家やその主人を祝福に来ると言ふ考へは、日本の芸能の到る処に見る事が出来る」と言っており、神としての「まれびと」論を再考している。

来訪神としての「まれびと」の性格をどのように考えるか、これを発展系列的に見ていくのか、あるいは身体を備えたこの神は、その表象から、草装の神と、簑笠装や翁媼面、鬼面の神の二系に大別でき、前者は自然精霊祭祀、後者は死霊祭祀と区別できるのかなどの検討が必要となる。草装の神には、その出現に踊りなどのわざおぎ（所作）はあっても、神としての呪言・寿詞は伴わない傾向にあるように思われ、他の表象の神とは相違点がある。

神の来訪と降臨

最後に第三点目としてあげておきたいのが、来訪する神と降臨する神の関係性である。折口は一九二五年（大正十四年）の「古代生活の研究―常世の国―」で、海彼の常世からの来訪が、「まれびとの属性が次第に向上しては、天上の至上神を生み出す事になり、従つてまれびとの国を、高天原に考へる様になつた」、そしてさらに「まれびと」の内容が分岐して、地上に属する神たちも含めるようになったと、これも発展系列的に解釈している。

来訪神、降臨神、地上神の三類別を発展系列的に見ており、三者をサブ・カテゴリーとすることで、文学史、芸能史の叙述が可能になったといえる。沖縄でいえば常世神である「まれびと」と『おもろさうし』に著されているオボツ・カグラの神の関係性をいかに考えるかということになる。

さらにまた、降臨神の巡行と、これに伴う芸能の成立を考えるなら、仮面・仮装の巡行者を「まれびと」と理解する必要はないのであり、再検討が必要になる。鈴木満男は韓国・河回の別神祭の仮面行事を「まれびと」と理解し[12]、伊藤好英も、同じく河回の別神祭をはじめとする韓国の巡行する仮面行事を「まれびと」の文脈でとらえている[13]。河回の別神祭では、「城隍竿」（ソナンテ）、「降神竿」（ネリムテ）に神を依り憑かせて巡行が行われており、この竿を立てて仮面劇が行われる。ここに出現する神を「まれびと」と考えられるか、ということである。

この問題は改めて述べることにするが、来訪神は、前述のようにその発現に偶発性を内包しているのに対し、降臨神は神を招く依代が必ず付随しており、神観念やその祭祀形態に違いがあり、両者を同系列に見ていくことはできないのではなかろうかと考えている。この問題は、他界観とも構造的に関連する問題であることはいうまでもない。

註

（1）詳しくは小川直之「折口信夫の『まれびと』論」（『東アジア比較文化研究』四、東アジア比較文化国際会議日本支部、二〇〇五年）を参照願いたい。

（2）折口がいう「まれびと」の身体性については、長谷川政春「折口信夫の〝神〟―その身体性の意味」（『東横国文学』第15号、一九八三年）に論じられている。

（3）伊藤幹治『沖縄の宗教人類学』弘文堂、一九八〇年

（4）比嘉政夫『沖縄民俗学の方法』新泉社、一九八二年

（5）鈴木正崇『祭祀と空間のコスモロジー―対馬と沖縄―』春秋社、二〇〇四年

（6）喜舎場永珣『八重山民俗誌』上、沖縄タイムス社、一九七七年

（7）宮良高弘「八重山群島におけるいわゆる秘密結社について」『沖縄学の課題』木耳社、一九七二年

（8）伊藤清司『昔話伝説の系譜　東アジアの比較説話学』第一書房、一九九一年

（9）伊藤幹治「折口信夫の沖縄論」、谷川健一編『人と思想　折口信夫』三一書房、一九七四年

（10）渡邊欣雄「沖縄の世界観についての一考察―東村字平良を中心として―」『日本民俗学』七八号、一九七一年

（11）クライナー・ヨーゼフ「南西諸島における神観念、他界観の一考察」（『沖縄文化』二三号、一九六七年。後に住谷一彦との共著『南

西諸島の神観念』未来社、一九七七年に所収）
(12) 鈴木満男「ミコトモチとマレビト―朝鮮民俗による折口学再検討の試み―」、谷川健一編『人と思想　折口信夫』三一書房、一九七四年
(13) 伊藤好英『折口学が読み解く韓国芸能』慶応義塾大学出版会、二〇〇六年
※折口信夫の著作については『折口信夫全集』によった。
※本稿は、第五回沖縄研究国際シンポジウム（二〇〇六年九月十四日　イタリア・ヴェネツィア、カ・フォスカリ大学）での、同題による講演をもとにしている。

第Ⅳ章　現代における基層文化

遷宮を継承する次世代とは誰なのか

石井　研士

はじめに

平成二十五年に第六十二回式年遷宮が斎行される。近年は年間七百五十万人が神宮を訪れ、遷宮の年には一千万人を超えることが予想されている。[1] 筆者はこれまでに、実証的な資料を基にして、日本人と神社との関わりについては、厳しい現状と変容を指摘してきた。[2]

一例を挙げれば、氏神と氏子の関係、氏神に対する意識に関して、かなり大規模な変化が生じていることがわかっている。すでに、人口の流動化に伴う氏子意識や行動の希薄化は、研究者によって昭和四十年代から指摘されてきたが、今やそうした状況が顕著に認識されるまでにいたっている。平成八年から五年ごとに神社本庁によって実施されている「神社に関する意識調査」から、氏神をめぐる現下の問題をいくつか指摘してみたい。

図1は「あなたは、あなたの氏神様（あなたの住んでいる地域の神社）を知っていますか」という質問に対する回答である。調査を始めてから十年の間、数値は一貫して減少を続けている。平成八年に七二・六％であった氏神の認知は、平成十三年に六九・一％、平成十八年に六五・一％と、十年間で七・五ポイント減少した。とくに大規模都市（十六大都市　七一・九％から五九・五％）、二十代（四九・四％から三二・六％）での減少が著しい。同じ割合で変化

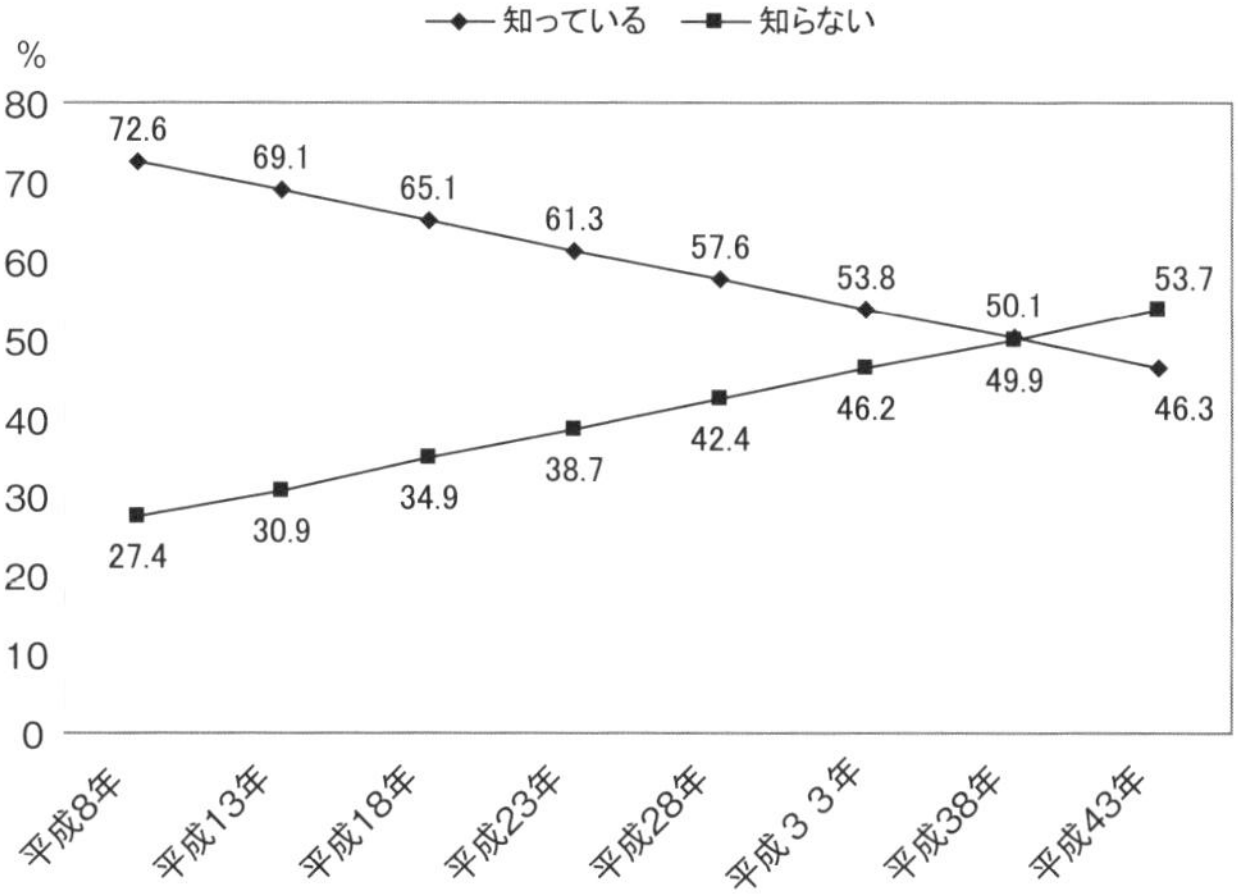

図１　氏神様の認知（神社本庁）

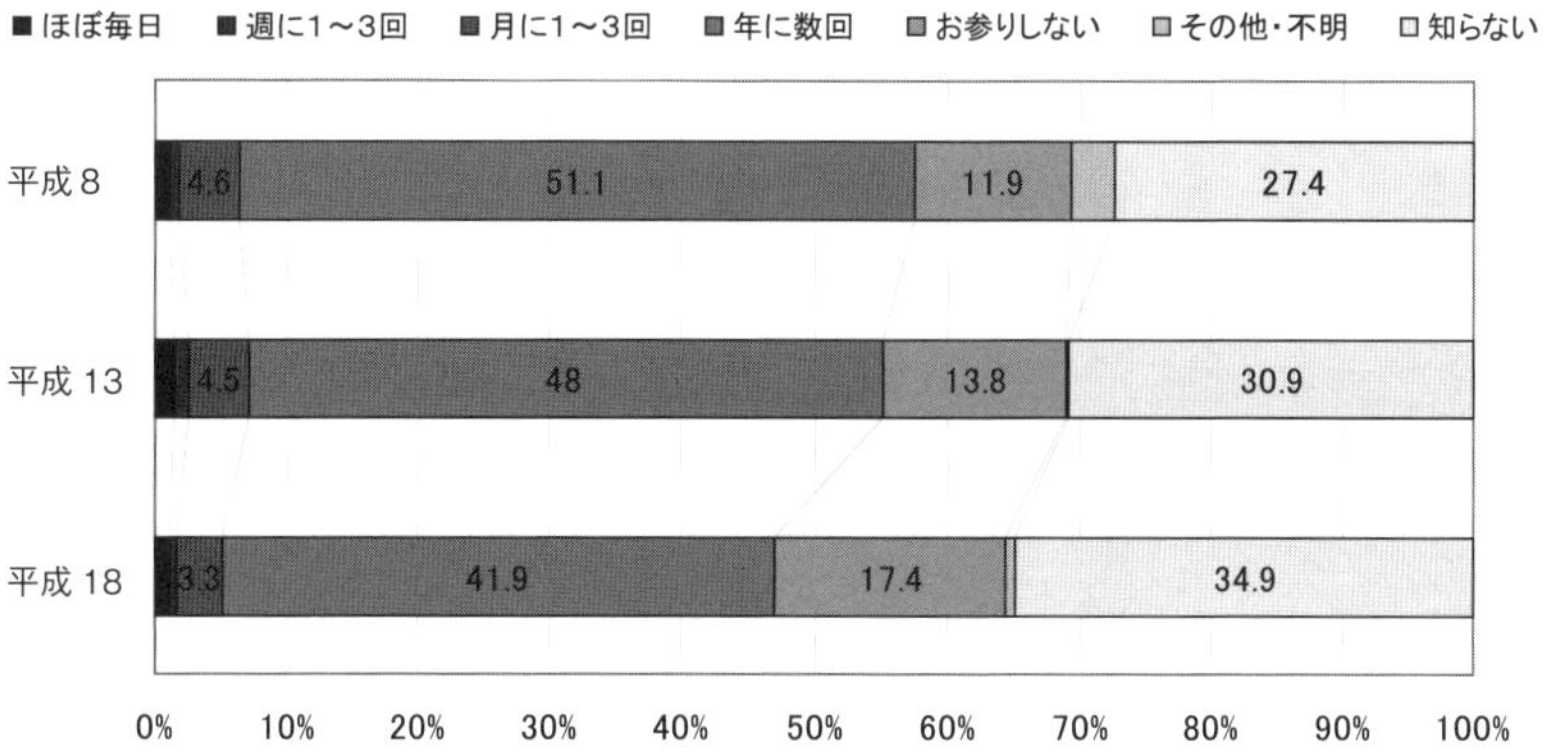

図２　氏神様への参拝状況（神社本庁）

すると、平成三十八年には、「知っている」と「知らない」がほぼ同じ割合になる。

さらに、氏神への参拝状況を加味すると、事態はいっそう明確になる。図2は、氏神の認知と参拝の頻度を加えた十年間の変化である。「月に一〜三回以上」の定期的な参拝者は全体の一割に達せず、「氏神様を知らない」「お参りしない」の合計はしだいに増加して平成十八年では五割を超えるまでになっている。

こうした傾向は、氏神と氏子の関係が、意識的に絶たれたということを表しているわけではない。新しい家族の創出と人口の高度な流動性こそが、地域社会との関わりや愛着を弱め、氏神との関係を脆弱にしているのであり、居住年数の短いものほど「氏神様を知らない」ということになる。

他にも神棚の所有率の低下、神棚への参拝状況の低下など、日本人の日常的で具体的な神社との関わりは希薄になりつつある。こうした中で、本論の冒頭で述べたように、神宮の参拝者数が増加しているのである。本論では、実証的な資料に基づいて、日本人の神宮との関わりや意識の現状を理解したいと思う。

一　伊勢神宮の認知度

伊勢神宮の認知度はきわめて高い。図3は平成二十一年十二月に実施した「日本人の宗教団体に関する認知・関与・評価に関する世論調査」の結果である。伊勢神宮以外にも、明治神宮、創価学会、天理教など日本人がよく知る宗教団体があるが、伊勢神宮の九六%という認知度は、日本人であれば知らない人はいない、というレベルである。この世論調査は平成十一年より五年ごとに実施しているが、三回ともに伊勢神宮がもっとも高い認知度を示している。(3)

それでは伊勢神宮の高い認知度はそのまま参拝という具体的な行動に結びついているのだろうか。神社本庁は平成十六年に「伊勢神宮に関する全国意識」世論調査を実施した。調査では、伊勢神宮を知っているかどうかとは別に、参

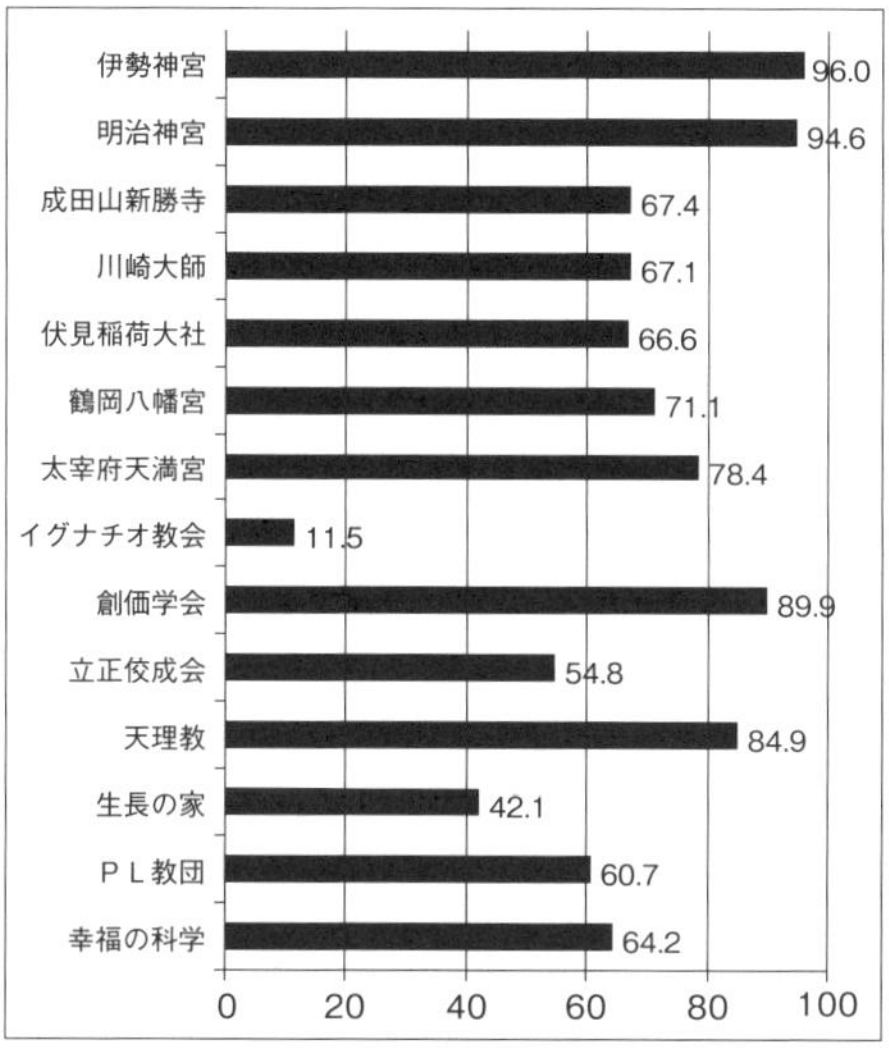

図３　伊勢神宮の認知度

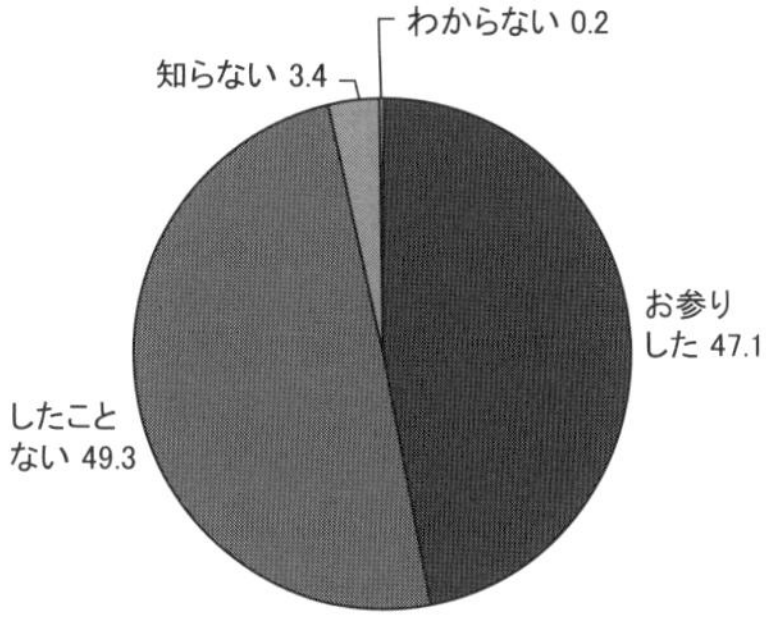

図４　伊勢神宮の認知と参拝の有無

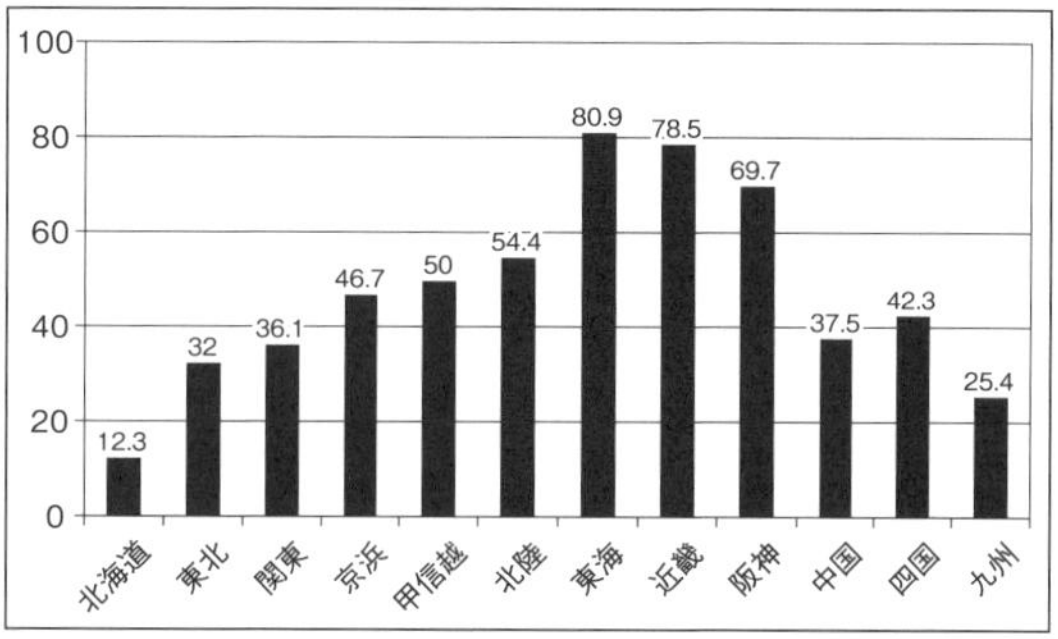

図５　お参りをしたことがある：地域別

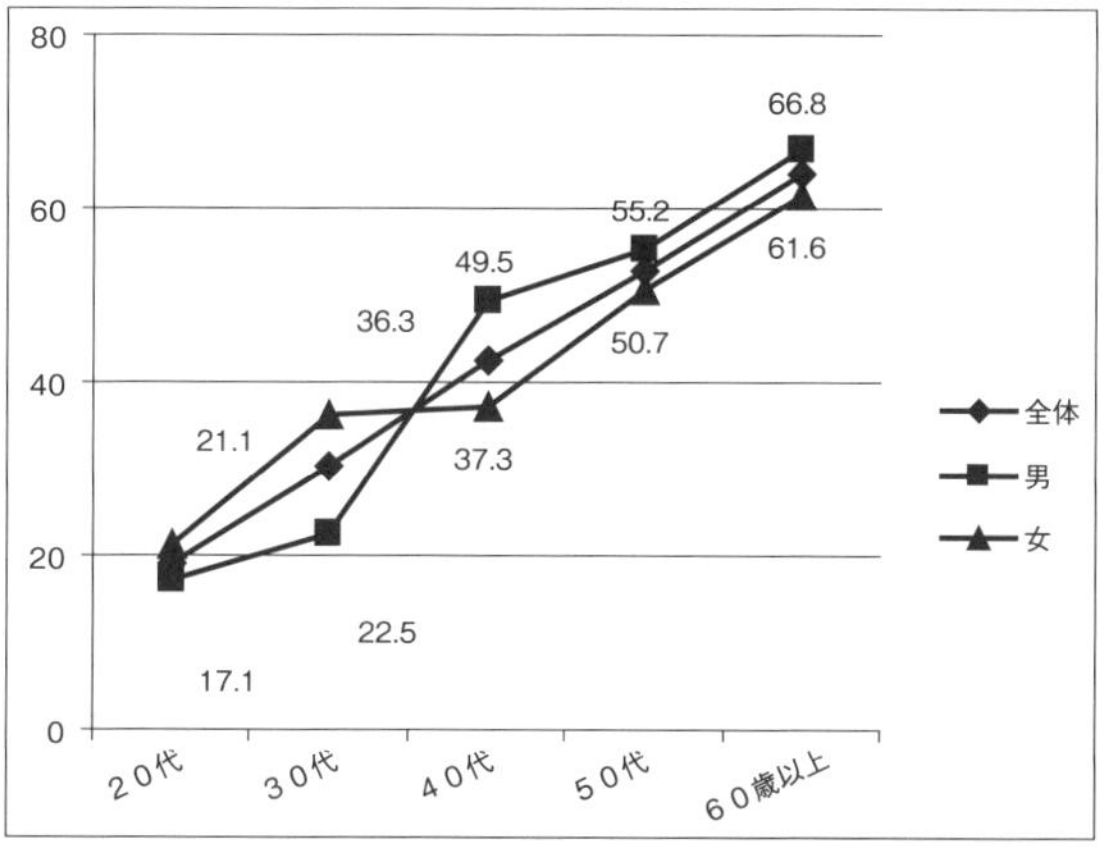

図６　お参りをしたことがある：年齢・男女別

拝の有無についても尋ねている（図4）。

調査結果を見ると、これまで実際に「参拝したことがある」と回答したのは半数以下の四七・一％だった。つまり、伊勢神宮について認知はしていても、これまで実際には参拝したことのない日本人が約半数いるのである。

伊勢神宮への参拝に関しては、地域的な変数が大きな要素として存在している。図5は、これまでに伊勢神宮に参拝したことがあると回答した者を地域別に示したものである。一目して明らかなのは、伊勢神宮からの距離によって、参拝の割合が決まってくるということである。実施には距離よりも、参拝のためにかかる時間（交通上の距離）であろうと考えられるが、北海道、東北地方、九州の参拝率は他の地域と比較して圧倒的に低くなっている。他方で、東海地方と近畿地方は八割ほどと、ひじょうに高い参拝率を示している。

日本人の宗教性に関しては、一般的にいって宗教意識、宗教行動ともに女性の方が強く表れるが、伊勢神宮への参拝を性別に見ると、年代によって微妙な相違が示されている（図6）。二十代、三十代で高かった女性の割合は、四十代以降逆転し、男性が高い参拝率を示すようになる。

二　参拝の回数と参拝の意向

参拝者の基本的属性のうち、所属している地域、性別について検討したので、参拝の実態について考察したいと思う。実際に参拝したことのある人に限定して、参拝の回数を尋ねたのが図7である。もっとも多かったのは「一回」で半数弱の四五・八％だった。「三回以上」を頻繁に参拝した者とすると、五三％にのぼるが、この数値を回答者全体の割合に換算すると、二五％となり、日本人の四人に一人の割合となる。

質問では、どのような機会に伊勢神宮に参拝したかも尋ねている（図8）。もっとも多かったのは「家族との旅行」

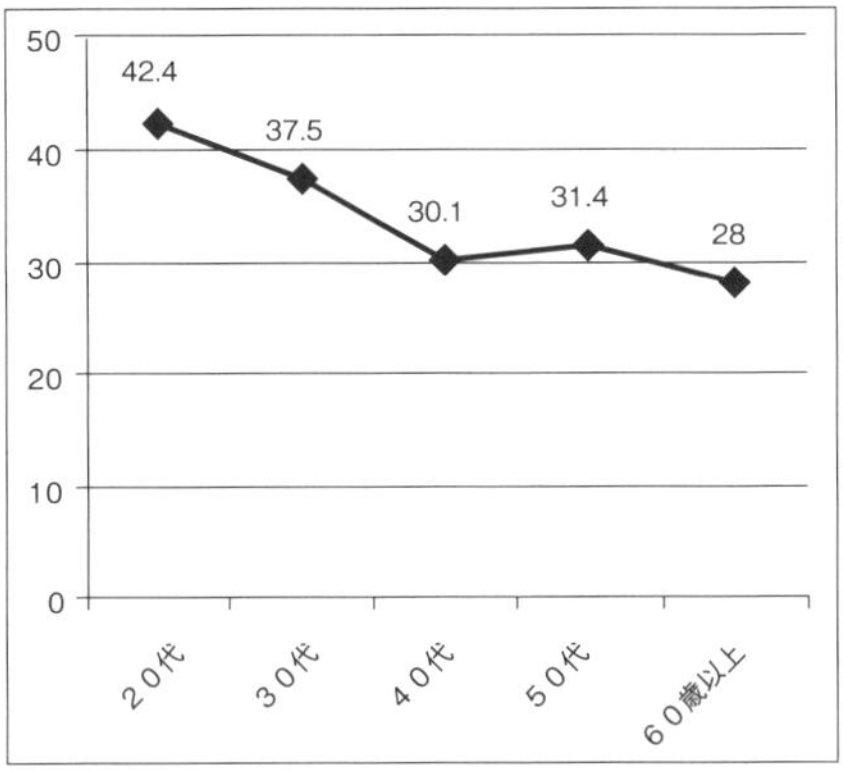

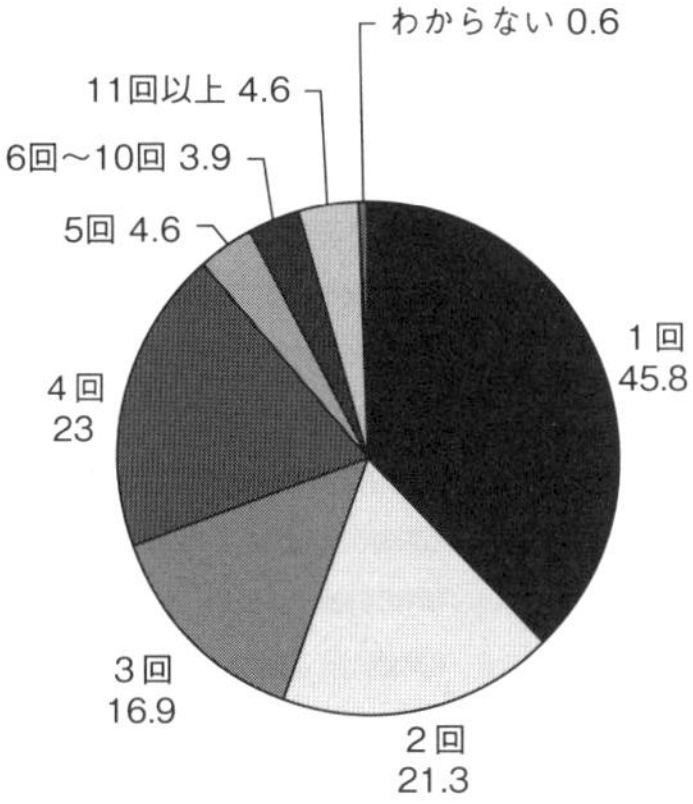

図7　参拝の回数

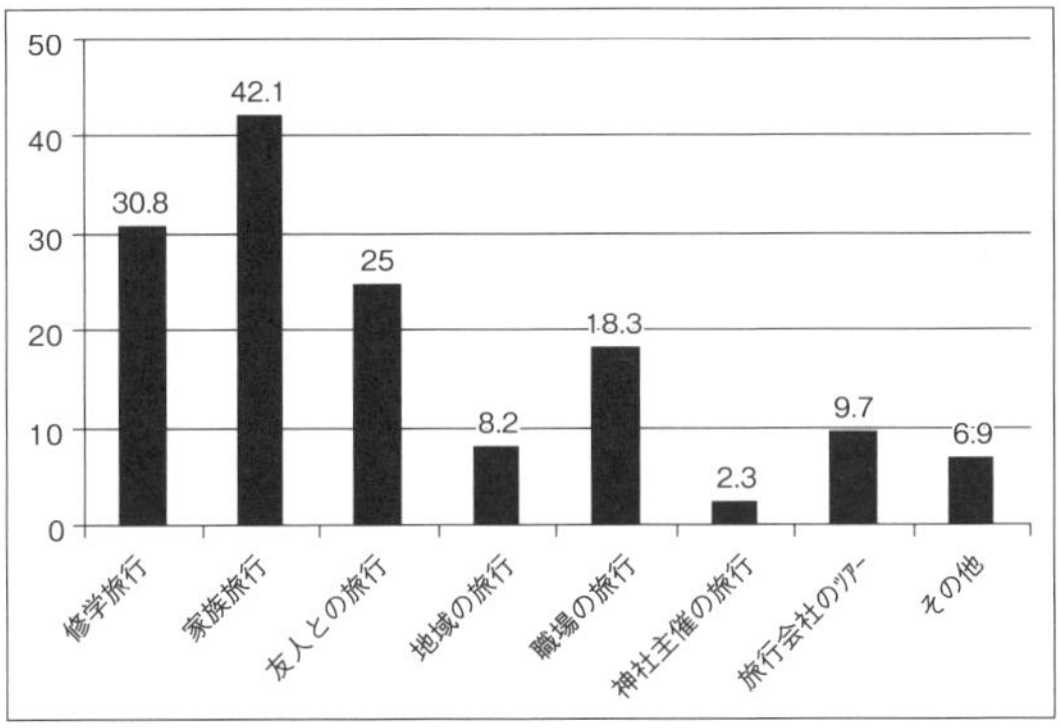

図8　参拝の機会

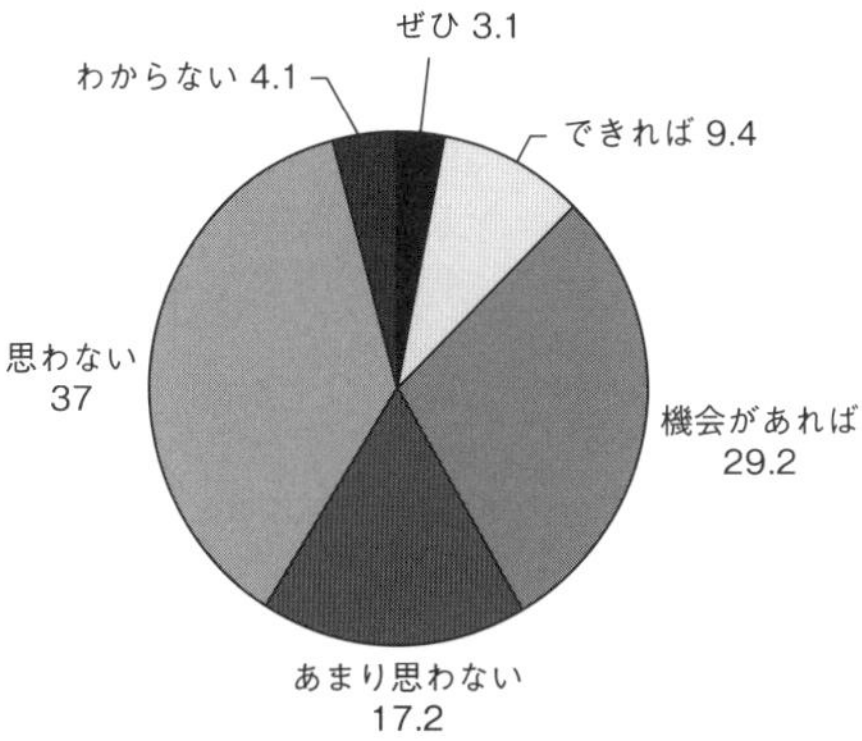

図9　参拝の意向

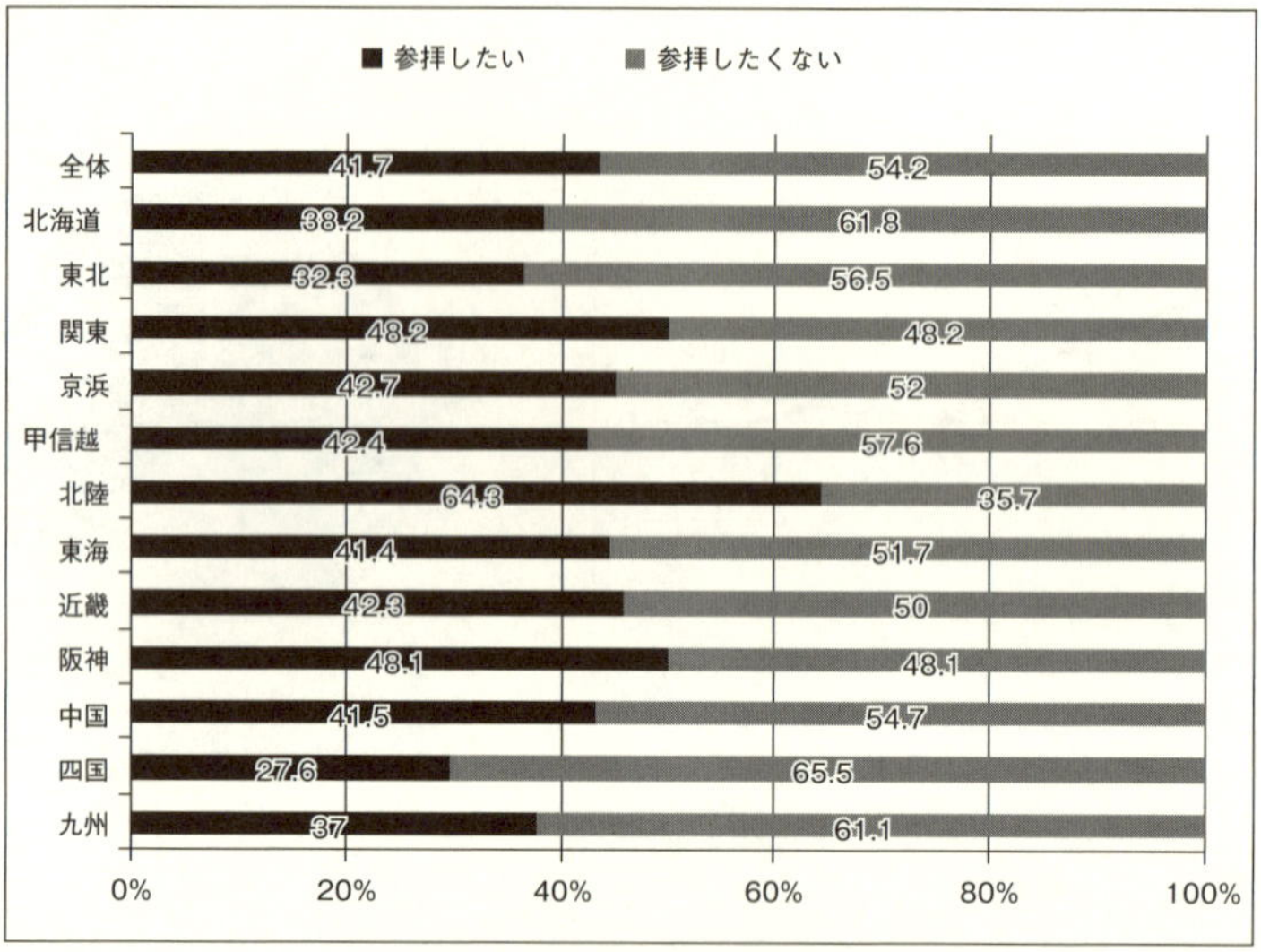

図10　参拝の意向・地域別

で四割を超えた（四二・一％）。次に多かったのは「修学旅行で」（三〇・八％）で、修学旅行に関しては、若年層の回答が高く、むしろ五十代、六十代の修学旅行での参拝は少なかった。他にも「友人との旅行」「職場の旅行」など、一般的な旅行の機会に訪れており、「神社主催の旅行」はわずか数％に過ぎなかった（二・三％）。

今後、伊勢神宮に参拝したいかどうかを尋ねた結果が図9である。もっとも多い回答は「参拝したいと思わない」で三七％だった。回答結果を「参拝したいと思う」（「ぜひ参拝したい」「できれば参拝したい」「機会があれば参拝したい」の合計）と、「参拝したいと思わない」（「あまり参拝したいと思わない」「参拝したいと思わない」の合計）に分けると、「参拝したいと思う」の四一・七％に対して、「参拝したいと思わない」五四・二％となり、消極的な意見が上回った。

先に、伊勢神宮への参拝に関しては、地域的な変数が大きな要素として存在している点を指摘したが、参拝の意向に関しても地域的な差が強く表れている。参拝の意向を「参拝したい」「参拝したくない」に分け、地域ごとに見たものが図10である。「参拝したい」がもっとも多かったのは「北陸」で、回答者の

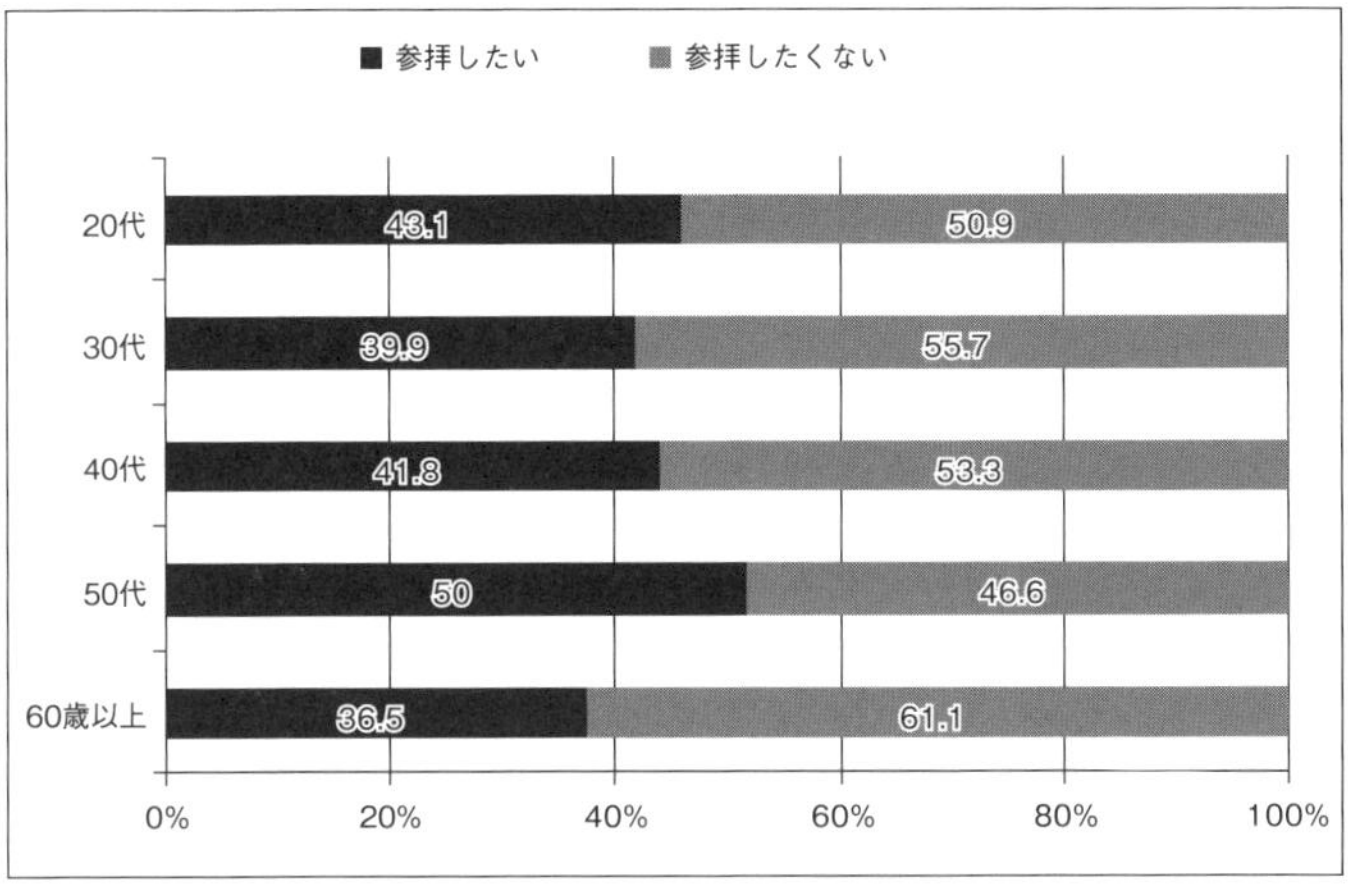

図 11　参拝の意向・年代別

ほぼ三分の二が肯定的な回答だった。

しかしながら全体で「参拝したくない」が多かったように、他の地域ではより消極的な態度が強く示されている。参拝したことがない割合の高かった「北海道」「東北」「九州」では「参拝したくない」が六割を超えた。「参拝したくない」割合のもっとも高かったのは「四国」であるが、四国も必ずしも参拝した率の高い地域ではなかった。参拝率の高かった「東海」「近畿」でも消極的な意見が積極的な意見を上回っている。

参拝の意向を年代別に見たのが図11である。図から分かるように、参拝に消極的なのは二十代、三十代ではなく、六十代以上の年配者であることがわかる。近年、世界遺産やパワースポットとして、多くの若者が伝統的な神社仏閣に訪れるようになっており、実際に訪れるかどうかは別にしても、若年層に当初から強い拒否感は存在しないものと考えることができる。

三　伊勢神宮に対する印象と知識

伊勢神宮の印象はどのようなものだろうか。該当するであろう項目を挙げて複数選択するようになっているが、圧倒的に多かったのは、全世代において「歴史伝統を感じる」だった。他の項目は、どれも、またどの世代においても三〇％を超えなかった（図12）。

伊勢神宮の印象に関して興味深いのは、世代によって印象に差が見られる点である。図12の個々の項目で、調査結果が階段状になっているものがある。世代が高くなるにつれて結果が増えていく項目に、「きれい美しい」「御社殿が立派である」「広大である」「神々しい」「すがすがしい」「緑が豊かである」「心がなごむ」がある。こうした印象は、特別な知識や情緒的成熟を用するわけではないと思われるが、世代間に少なからぬ差が見られるのである。換言すれば、二十代は、きれい美しいと思わず、御社殿が立派だとも感じない。広大であるとも神々しいとも、森が豊かであるとも、心がなごむとも感じない傾向が強いのである。そして「何も感じない」割合が強い。とくに「すがすがしい」「心がなごむ」の低さが目を惹く。

先に、伊勢神宮の知名度がきわめて高い点に言及した。それでは、伊勢神宮の何について知っているのだろうか。調査では一〇の選択肢が設けられ、複数回答で質問が行われている（図13）。「三重県にある」「有名な観光地である」の二つは、高い割合を示した。二十代でも「三重県にある」ことを知っているという回答は六割近い。しかしながらこの二問を除いては、「天皇陛下（皇室の祖先）がお祀りされている」がやや高いものの、他の項目の割合は低いといわざるをえない。

興味深いのは、これらの項目の回答が、世代の上昇と同時に上昇している点である。これも換言すれば、若い世代は「内宮と外宮のふたつのお宮から成り立っている」「日本で最も古い神社の一つである」「天皇陛下（皇室の祖先）がお

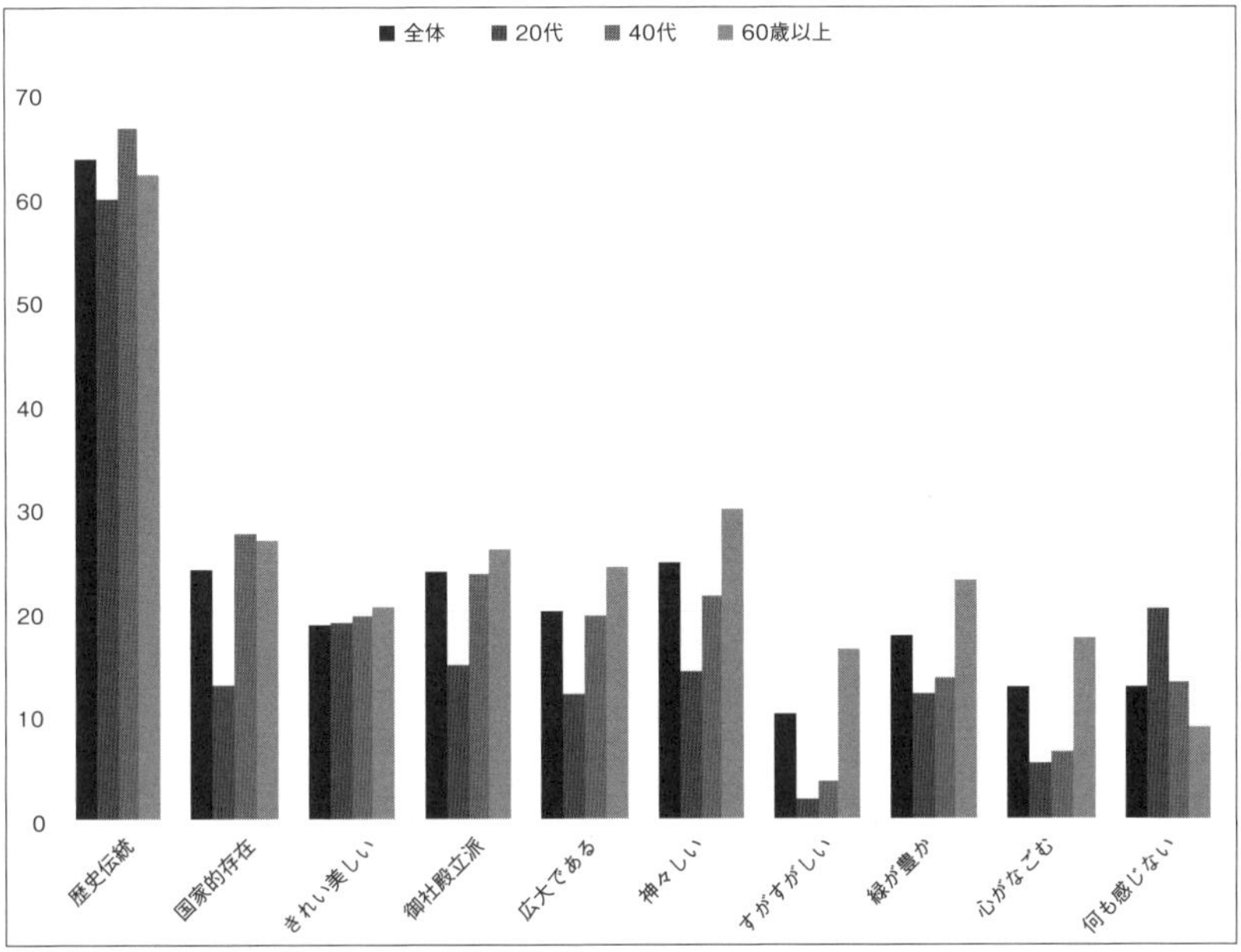

図 12　伊勢神宮の印象・世代別

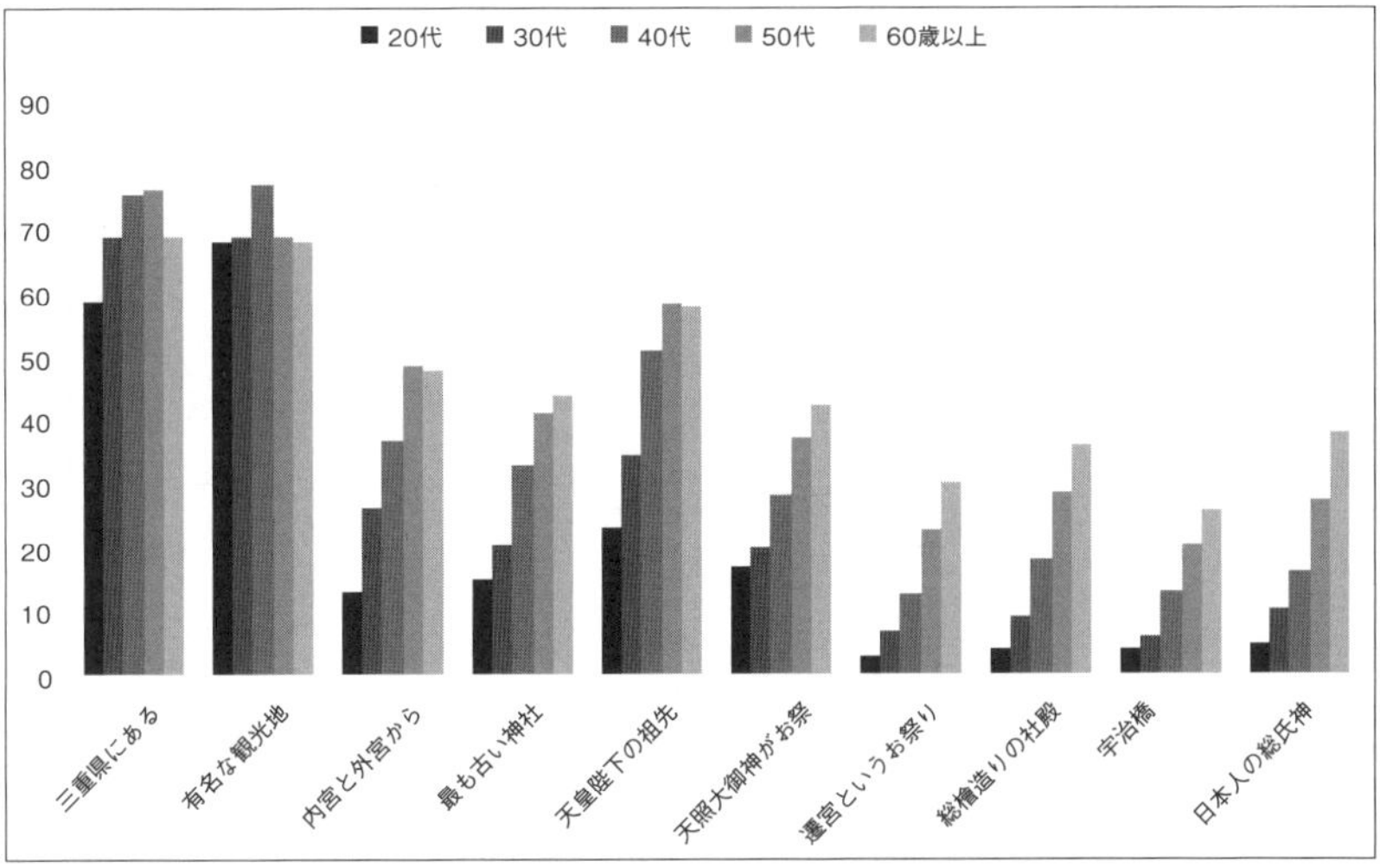

図 13　伊勢神宮について知っていること・世代別

祀りされている」「天照大御神がお祀りされている」「遷宮という神様が引越をするお祭がある」「総檜造りの御社殿である」「宇治橋という木造の橋が架かっている」「日本人の総氏神として信仰されている」ことを、ほとんど知らなかった、ということになる。

おわりに

式年遷宮は国民総奉賛のもとに行われるのが当然であるとしたときに、世論調査から見る限りでは、伊勢神宮と日本人との具体的な関わり、認知、関心などは、必ずしも密接な状態にあるわけではないようだ。神宮を本宗と仰ぐ神社界と「三重県にある有名な観光地」と見なす日本人との間には深刻な認識上のギャップが存在するのではないか。

ギャップが生じる主たる理由は、大きく分けて二つではないかと考えられる。ひとつは、本論でも部分的に指摘したように、日本人の氏神離れ、氏子意識の希薄化、神棚の保有率の減少といった現象となって現れている日本人と神社との関わりの変容である。

いまひとつは、神社や神道に関する情報の入手先の問題である。実生活において神社と日本人の関わりが希薄になったときに、どこから伊勢神宮や式年遷宮の情報が伝わっているのだろうか。図14は、式年遷宮について知っていると回答した人に対して、式年遷宮に関する情報の入手先を複数回答で選択してもらった結果である。もっとも多かったのは「神宮にお参りして」で四〇・六%だった。次は「ラジオ・テレビ」で約三割であった（二九・三%）。注目すべきは「神社・神職から」でわずかに八・四%だった。

遷宮を継承する次世代を考えたときに、神社界が直面している氏神神社を取り巻く大規模な構造的変動と、他方でパワースポットを初めとした情報のあり方、そしてつけ加えれば、神社の次世代を担う神職後継者の問題は、きわめて重大な意味を持つものと考えることができる。

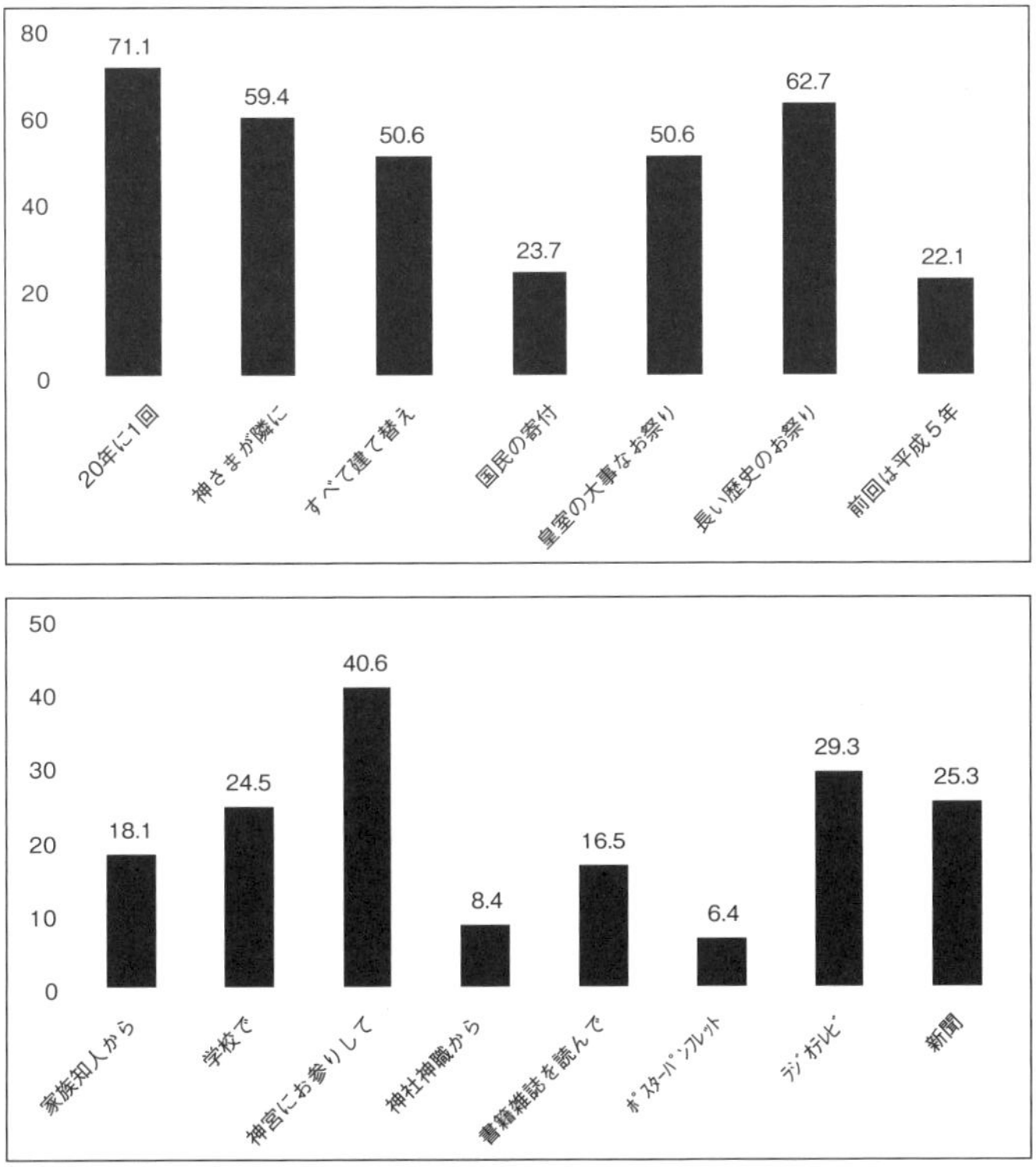

図14　式年遷宮に関する情報の入手先

註

（1）『奉祝　天皇陛下御即位二十年　天皇皇后両陛下御結婚満五十年　第二十七回東北六県神社庁関係者連絡協議会記録』平成二十一年、四十四頁参照。

（2）たとえば、「氏神信仰の十年「神社に関する意識調査」から」（『第三回『神社に関する意識調査』報告書』平成十九年、神社本庁教学研究所）、「現代社会における神道教学の諸問題」（『神社本庁教学研究所紀要』第一三号、平成二十年）、「神社神道はどこへ行くのか」（『皇學館大学神道研究所紀要』第二五輯、平成二十一年）参照。

（3）第一回・第二回調査に関しては、國學院大學二十一世紀COEプログラム『日本人の宗教意識・神観に関する世論調査二〇〇三年日本人の宗教団体への関与・認知・評価に関する世論調査二〇〇四年　報告書』（平成十七年）参照。

宗教教育と神社神道
—現状と課題から—

藤本　頼生

はじめに

わが国における諸種の教育の根幹をなす法律である教育基本法が昭和二十二年の制定から約六十年を経て、平成十八年に改正、同年十二月二十二日に[1]、公布、施行された。同法は教育の目標の一つとして、第二条の第五項において「伝統と文化を尊重し、それらをはぐくんできた我が国と郷土を愛するとともに、他国を尊重し、国際社会の平和と発展に寄与する態度を養うこと」とされ、宗教に関する教育についても、第十五条の第一項に「宗教に関する寛容の態度、宗教に関する一般的な教養及び宗教の社会生活における地位は、教育上尊重されなければならない」と変更された。公立学校における宗教教育についても「宗教に関する一般的な教養」という文言が新たに付け加えられたことによって実際の学校教育、大学教育の場においても様々な変化が起こりつつある[2]。また、平成十四年から小中学校、平成十五年から高校でそれぞれ段階的に学年進行の形で実施されている総合的な学習の時間（いわゆる総合学習[3]）によって小中学校でも各地域社会で培われてきた伝統文化、郷土芸能、和楽器や古典の朗読などを扱う機会が増していることが報告されている[4]。

そこで本稿では、宗教教育と神社神道との関わりについて、近年の取り組みや戦前の神社と郷土教育についても若干紹介しながら、現状と課題を述べ、今後の生涯教育や小中学校、高校で行われる総合学習、また宗教的な情操教育の取り組みへの一助としたい。

一　宗教教育と神社神道との関わり　—ヒト・ところ・コトに着目して—

宗教教育と神社神道との関わりを考える上では、安齋伸が「広義では宗教一般についての知識教育や宗教情操教育が宗教教育と呼ばれるが、狭義かつ固有の意味で宗教教育とは特定の宗教にもとづく教育を指している（宗教学辞典）[5]」と示したように宗教教育に関する定義を考察する必要があるが、そもそも、神社・神道に関する教育を宗教教育として捉えるか否かという問題が大前提となる。この点を考える場合、特に戦前までは神社は法的に他の宗教と一線を画して取り扱われてきた経緯があり、神社・神道の持つ宗教的な側面と非宗教的な側面の両面を持つことに留意して考える必要もある。しかし、本稿では紙面の都合もあり、これを正面から論じることは避ける。そのためまずは、神社神道に関する教育として現在、何がなされているかという現状を考えるなかで、宗教教育との関わりをみてゆくこととしたい。

宗教教育を、その担い手（主体）と受け手（客体）、そしてその教育の場、何を教えるのかという、ヒト（人）・ところ（場）・コト（何を教えるか）という三つの視点から考えて分類を試みると、神社神道の場合、大学や養成機関でのいわゆる資格教育としての神職養成のための知識教育（大学教員等による）を除いて考えれば、担い手となるヒト（人）には、現在、①神職②教員兼務神職③氏子総代等、があると考えられる。その教育の受け手となる側には、①幼児、②児童、③生徒、④学生、⑤成人が考えられ、その場としては、A神社、B学校、Cその他、の場があり、さらに何を教えるかといえば、D神話教育（『古事記』、『日本書紀』にみられる神々の逸話）E道徳教育（公共、公益意識、規範意識）、F郷土教育（歴史地理的教育）と神社との関わり（祭神をはじめ偉人、農林・水産、商工業、まちづくり、個々の地域の歴史とともに育まれてきたもの）、Ｇ自然地理と神社との関連、Ｈ宗教儀礼の体験学習（祭礼への参加や儀礼作法の習得）などが考えられる。またＩ課外学習・総合学習（遠足や修学旅行含む）も考えられよう。

では次に担い手の①についてさらに分類してみると、①は宗教者としての神職の行う教育であり、特に専任神職の行う教育の機会が考えられる。これは、いわゆる総合学習や神社や関係団体の行う教化活動、あるいは祭礼などへの参加を通じて行う体験学習のなかにおいて教育の機会があると考えられる。次に②教育者の行う教育のなかでは、兼任神職でもある教育関係神職の活動のなかにその機会があると考えられる。教職との兼務をする神職にとっては、実際に宗教知識教育、宗教情操教育を学校教育の現場において直に教授できる機会等を持つことから、その活動の現状についてより深く考察してゆかねばならないものと考える。さらに③一般の人々が行う宗教教育、宗教的情操教育の可能性として、神社という場を用いて行う諸活動のなかに可能性があると考える。ゆえに①②③については後述する。また④地域づくり、まちづくりのなかで生涯学習の一環として行われる活動や教育のなかにも担い手となる可能性があると考える。[6]こうした四つの教育の担い手に対して、神社界として何をしてきたのか、あるいは何をサポートするのかという問題もあるが、この点は神職養成・研修、後継者養成などでの問題点とも密接に関係しており、後継者育成という点では高齢化、過疎化という社会的な状況も相俟って個々の神職にとっては、氏子の減少とともにまさに身近で喫緊な問題でもあり、[7]神職養成制度の改善や早期の子弟教育の実施が望まれている。[8]これらの全てについて詳細に考察してゆくことは本稿だけでは到底できないため、次節ではまず戦前期に神社に関する教育がどのように考えられていたのかということに着目し、そのなかで特に地域づくりやまちづくりなどとも関係の深い、Ｆの郷土教育（歴史地理的教育）と神社との関わりについて述べてみたい。

二　神社と郷土教育 ―補助教材のなかから―

歴史的な経緯からの神社神道と教育との関わりを考える場合、学校教育制度が整った近代における学校教育との関わりのなかで、神社との関わりをみてゆく必要があり、この点ではそもそも大学校や皇学所の問題、あるいは、明治六年三月の「学制二篇」における神官・僧侶の社寺内での学校開設の問題[9]や明治三十七年以降の国定教科書である修身や国語、地理、国史等の教科書についてみてゆく必要があるが、これに関しては既に国家主義、軍国主義、皇民化教育の是非などと相俟って主に近代教育史の分野から多く論じられてきた。[10]そこで視点を少し変え、郷土教育という観点から着目してみると、いわゆる教育の対象と教育の目標という点で神道教化との兼ね合いがあり、教材教育を中心に数多くの業績が見られる。なかでも昭和初期に教科教育の補助教材として神社と郷土教育について編まれた書籍が多数あり、これらの書が参考となるため、少し掲げておきたい。

我が国において郷土教育という概念が登場するのは、岡市仁志によれば[11]明治十九年の「小学校令」で公式に登場し、明治二十四年の「小学校教則大綱」では地理教育を「郷土ノ地形方位等児童ノ日常目撃セル事物ニ就キ端緒ヲ開キ」、歴史教育についても「郷土ニ関スル史談ヨリ始メ」など身近なところから地理や歴史に関する洞察力を養うよう細則を定めたとされる。さらに郷土主義の思想が教育のなかで取り入れられはじめたのは、明治三十年代に入ってからであり、その後、ドイツなどの郷土教育運動に刺激され実際に教育現場に運動として浸透していったのが昭和四年頃であったという経緯がある。[12]そのような社会的状況のなかで地歴科等の補助教材が多数作成されていったが、このなかで神社との関連にて作成されたものとしては、まず『神社と郷土教育―神社学習案と神社地理学』（鈴木四郎著　会通社、昭和七年）が挙げられる。同書は「神社地理学」をキーワードに神社の概説的なものも踏まえ、自然地理分野、人文地理分野から神社と神々との関わりを説くもので、尋常小学校一年から六年までの指導案が書かれている。山や海川などの自然と神々との関係を神話や歴史的事象から説き起こす他、商業や製鉄などの産業、政治と神社との関わりや地域調査などもあり、分野別に神社と郷土教育の関連性を説いた書である。次に『神社と郷土教育』（堀江秀雄著　東方書院、昭和九年）は、著者が國學院大學教授であり、鈴木の『神社と郷土教育』の著に比べ、より平易に説かれ、祭礼を通じた情操教育を述べた点に特徴がある。次に『小學全科神社教材の解説と研究』（齋藤要著　厚生閣、昭和十三年）は尋常小学校一年から六年までの修身、国語、国史の各科目の教科書ごとに神社に関する記述のある事項を取り上げ、その解説が詳しく書かれている。神社や教派神道に関する全般的な記述もあり、著者は学校教育よりも子弟教育、家庭教育の教科書的なものとして本書を編んでいるところに大きな特徴がある。

これらの三冊の他に全国神職会編の『神社読本』をはじめ、例えば、前出の齋藤要の『小学教育に於ける神社教材の解説』、白戸恒蔵の『神社参拝教本』、大久保千濤の『神社に関する教育資料』、河上民輔の『教育と神社祭祀』、全国神職会・長崎県神職会共編の『神社読本』、石川県内政部教学課編の『国民学校初等科　神祇教育資料』など[13]、類似した名称で神社と教育、郷土教育に関する書籍は数多く出版されており、いずれも国史や国語科、修身科教育に関係するものである。本稿では鈴木、堀江をはじめとする先学の書名を紹介するだけに留めるが、単に道徳的な教育を行うというよりも、実際の授業内容のなかで神社や寺院の特性である郷土の歴史や民俗との関わりにどの程度踏み込んで教育されていたのかということについてもこれまで国家神道との関わりで論じられてきたようなナショナリズムやイデオロギー的な側面を抜きにして今一度注目し直し、詳細に検討してみる必要があると考える。尚、戦後も教員関係神職の全国団体である全国教育関係神職協議会において『郷土教育の進め方』や『教員関係神職としていかに神社に生きるか』[14]という実践集が出され、指導教案や実際の苦労話なども掲載されている。これら全国教育関係神職協議会の刊行物と戦前期の郷土教育関連書と比較することによって、社会的な変化を問わず神社のもつ郷土教育の特性が明らかとなるものと考える。

三　担い手の活動実例について

前節では、教育の内容、何を教えるかということに注目して戦前期の郷土教育に関する補助教材について紹介したが、本節では、現状として実際の担い手となる神職や教員関係神職が行う事例や一般の人々が行う事例について紹介してみたい。

まず神職の実例であるが、総合学習に関しての実例として、まず天祖神社教化部（東京都品川区）の事例を掲げておきたい。この団体は財団法人神道文化会が行う神道文化功労者表彰を平成十六年に受賞しており、平成十一年に「雅楽の普及・伝承による地域の神道教化」を目的として発足し、教育機関にての鑑賞会開催や地元小中学校での選択音楽の授業においての雅楽技術の指導等を通して、中学生などの演奏会なども実施し、神道に関わる芸能文化の普及にも寄与している団体である。(15)こうした雅楽技術に関する指導や演奏は都内の神社に拘わらず各府県で多数なされている。次に学校での指導ではなく神社で行う神職体験の実例として、茨城県ひたちなか市の「わくわくライフ町内留学隊」がある。これは一例ではあるが、茨城県ひたちなか市では第二次ひたちなか市生涯学習推進基本計画(16)の策定に基づき、「わくわくライフ町内留学隊(17)」事業を行い、平成十九年度には、市内の酒列磯前神社、平成二十一年度は同じく市内の橿原神宮において生活体験・職業体験の一環として一泊二日間の日程で神社にて体験学習を実施している。(18)こうした神社での体験学習は近年学校での総合学習とも相俟って増加の傾向にある。この他にも各地で神社が実施する緑陰教室等もある。これらの事例はいわゆる神社・神職の教化活動としての意味合いもあり、これを宗教教育との兼ね合いで明確に区分することは非常に難しいものと考える。

次に教員兼務神職が行う事例を一つ掲げておきたい。東北地方では旧暦十二月九日を大黒祭と称して大黒天が妻迎えをする夜といって祀る風習があり、小豆飯や二股大根などを供えるが、山形県庄内地方でもこの風習が残っている。これを総合学習に取り入れたのが、鶴岡市立上郷小学校の女性校長(19)（当時）である兼務神職である。(20)庄内地方では、十二月九日の「大国《だいこく》さま」(21)の日にあわせて総合学習の時間を利用して平成十八年度には全校生の前で、校長自ら因幡の白うさぎと大国さまを演じ、大国さまの歌(22)と寸劇を行うことで、日本神話の学習とともに地域の歴史、大国さまの日にあわせた郷土料理の話などをする時間を設けている。鶴岡市上郷周辺は西羽黒修験の盛んな地域であり、荒倉神社に伝わる神事に子どもたちは幼少期から当屋などで参加、学校での「大国さま」の時間は児童からも非常に好評を得ており、(23)神社でも大国さまの踊を用いた社会教育が実施されている。(24)さらに鶴岡市内の加茂小学校では総合学習での獅子舞体験として、地元春日神社の祭礼に際して、獅子舞が小学校を訪問し、鶴岡市加茂地区の加茂祭に因んで地域での伝統を学ぶ体験を行っている。(25)同小学校では、学校の教育目標として「自らが育つ地域にすすんでかかわりを持ち、その活動から地域を理解し、愛し、将来的には郷土愛に裏打ちされた心をもって社会貢献できる次代の人間の育成」を目指すとされており、神社で神職ではなく、地域の指導者から獅子舞の指導を受け、地域の伝統芸能を伝える指導者との触れ合いや伝統文化に学ぶことで各々の児童がその地域に生きているという実感を得ることをねらいとしている。

次に一般の人が担い手として行いうる事例として、かつて拙稿(26)でも取り上げたが国分寺市内に鎮座する神社社務所（神明社）を活動拠点として利用した子育て支援団体、プレイセンター・ピカソの事例を掲げておきたい。プレイセンター・ピカソはニュージーランドで著名な子育て支援団体「プレイセンター」をモデルにしたもので、日本プレイセンター協会（池本美香代表）にも加盟。当初は市の施設を利用して活動。市や既成の施設では場所的な制約も多いため、活動がうまくいかず、神社の社務所を活動拠点としてから活動が安定した。同団体では特に宗教的な情操教育などは行っていないにもかかわらず、団体自体、またその運営者などにも神道、神社に対する信仰、宗教的なバックグラウンドも全くないが、鎮守の森をもつ神社の場所的特性が大きく作用し、実際にくる母親にも、子どもにも鎮守の森という

「場」がいいと非常に喜ばれており、直接的な神道教育は行わないものの神社境内、社務所をフィールドに子育てと情操教育がうまくいっている実例の一つとして考えられる。

おわりに

本稿では、宗教教育と神社神道との関わりを考える上で、まずはその担い手に着目し、その機会や場、教育内容等についての分類を試み、その中で、過去の郷土教育についての書籍や神道的な教育の実例などを紹介するなかで、現状の課題を探ろうと試みた。実例をみてゆくなかで、さらに課題として考えられる点としては、次のようなものが挙げられよう。

①教員関係神職の現状としては、社会状況の変化が大きな影響を及ぼしており、教育基本法の改正などに伴ってめまぐるしく変化する教育現場のなかで神社を兼任していくことの困難さや教員免許更新制の実施などに伴う教員研修時間の増加なども相俟って、神社の後継者として神職資格を取得、あるいは神社運営をしていくための時間的な余裕がないなど、さまざまな時間的制約が増加していること（また神職資格と同時に教員資格を得、さらに採用試験合格は困難であり、平成半ばから特に深刻[27]）。ゆえに学校教育の現場で活躍している教員関係神職の現状に十分留意しながら宗教教育と神社神道との関わりもみてゆかねばならないこと。

②①に関連して近未来の教員採用数増加の傾向に対し、どう神社界は対応できるのかということ。地方の小規模神社を支えてきた兼務神職の一部には学校教員などが多い。社会的な状況の変化により、かつてに比べ融通が利かなくなった、利かなくなってきた社会の中で、どのように宗教教育、神道的な教育ができるのかという点では、現状として教員関係神職、教育関係従事神職数の減少は具体的な担い手の減少という問題にもつながり、非常に厳しい状況にあること。

③①に対して、教育関係従事神職数は減少しても、郷土教育との関連で各小中学校、高校でおこなう総合学習との

関わりのなかに神職が担い手となる大きな可能性があると考えられる。しかし、単なる神社や神道に関する知識習得なのか、体験的な学習なのか、学校教育のなかでの総合学習の位置づけの問題もあること。また科目の性格、内容との問題、授業時間数、正規授業との組み込みの問題など、諸種の課題も大きいこと。

④神社という場の持つ特性や祭礼行事の中に宗教教育としての神社神道の可能性があり、社会教育、生涯学習や環境教育のなかで大きな可能性があると考えられること。

⑤神社という場の持つ特性や祭礼行事の中に宗教文化教育としての神社神道の可能性があり、社会教育、生涯学習、伝統文化教育や環境教育のなかで大きな可能性があると考えられること。

特に①②③については本稿では詳しく述べることができなかったこともあり、別稿にて詳しく考察していきたいと考えている。この他、神社、神職が地域づくり、まちづくりなどに関与していくなかでの教育の可能性もあると考えられるが、本稿では、その点まで触れることができなかった。神社神道の側が宗教教育をサポートするためには、一体何が必要で、何ができるのかということを考える上で、単に神道教化活動の一部として考えるのではなく、本稿で述べてきたことが幾許かでも参考となれば幸いである。

尚、本稿と併せて拙稿「宗教教育と神社神道の関わりについての一考察—現状と課題から—」(『神社本庁総合研究所紀要』第十五号、平成二十二年四月、一二九頁～一六五頁)を参照戴ければ、幸甚である。

註

(1) 平成十八年十二月十五日の第一六五回臨時国会において旧教育基本法(昭和二十二年三月三十一日法律第二五号)の全部を改正する形で可決成立。

（2）教育基本法の改正が直接的な契機ではないが、近年、大正大学の星野英紀教授らをはじめとする宗教学者を中心に「大学教育における宗教文化教育の実質化を図るシステム構築」という研究プロジェクトが実施されている。同研究は最終的には「宗教文化士（仮称）」という、宗教学関係の学会が認定する資格付与を目指すもので、現在、日本宗教学会及び「宗教と社会」学会に設置されたワーキンググループにて検討が進められている。

（3）総合的な学習の時間は教育基本法の改正や中央教育審議会の答申を受け、学習指導要領についても平成二十年八月要領の解説等が若干改訂されている。詳しくは小学校、中学校の学習指導要領解説『総合的な学習の時間編』を参照。

（4）「教育ルネッサンス No.1197 和文化を知る1 美しい日本語 身に着く授業」『読売新聞』平成二十二年一月十九日（火）十六面。「教育ルネッサンス No.1204 和文化を知る8 お囃子学び地域と一体」『読売新聞』平成二十二年一月三十日（土）十六面、などが、見直されてはじめてきた伝統文化教育の実例や郷土を愛する心の育成を目標にした教育が活発化してきた実例を伝えている。また東京都教育委員会では平成十七年から「日本の伝統・文化理解」推進事業が実施され、既に都立白鷗高等学校では試験的に教科目として導入されている（平成十八年四月二十七日東京都教育庁報道発表資料「日本の伝統文化に関する教育推進会議報告書について（概要）」、平成十八年十二月十四日東京都教育庁報道発表資料「日本の伝統・文化理解教育推進会議報告書及び「日本の伝統・文化」教材集について」）。

（5）安齋伸「宗教と教育」『宗教学辞典』東京大学出版会、一九七三年、三三九～三四一頁。

（6）例えば板橋区の天祖神社の境内を利用した地域防犯の活動、民間交番「森の番所」の活動などが挙げられる。詳しくは、南ときわ台民間交番管理運営委員会「わが街のコウバン―民間交番が目指すもの―」文部科学省編『マナビィ』No.76 二〇〇七年十月、二〇～二三頁。

（7）一例として、『第二回後継者問題実態調査報告書』（新潟県神社庁青少年対策部、平成十六年）、『山口県・後継者問題実態調査報告書』（石井研士、平成十九年）、『山形県神社庁後継者問題実態調査報告書』（山形県神社庁強化委員会、平成二十一年）など、神職後継者の問題についての調査報告書が次々と出されており、神職の後継者をいかに確保するか、子弟教育とも相俟って喫緊の問題となっている。

（8）この問題については井澤正裕「神職後継者問題によせて」『埼玉県神社庁報』No.一八八、平成二十一年六月十日、四～五頁、に詳しく問題点の指摘と改善の志向点が指摘されている。

（9）文部省編『学制百年史』帝国地方行政学会、昭和四十七年九月、八二～八六頁。阪本是丸『明治維新と国学者』大明堂、二〇七～二五〇頁。大久保利謙『明治維新と教育』吉川弘文館、昭和六十二年十月。文部省布達第二十七号甲には「教化ノ儀ハ至急ノ要務ニ候ヘハ各地方ニ於テ夫々著手可相成ハ勿論ニ候就テハ神官僧侶ニ於テモ有志ノ輩ハ其社寺内ニ中小学校相開候儀不苦候此段相達候也　但中小学校相開候者ハ學制ニ準據可有之事　三月」（『太政類典』第二編明治四年～十年、第二百四十三巻学制一所収）とある。

（10）例えば教師養成研究会編『近代教育史』学芸図書株式会社、昭和三十七年五月、一五六～一六四頁。山住正巳『日本教育小史』岩波書店、一九八七年一月、など。

（11）岡市仁志「神社と郷土教育について」『全神協広報』第八三号、平成十九年二月一日、一一頁。

（12）前掲『近代教育史』一五四頁。

（13）全国神職会『神社読本』日本電報通信社、昭和十五年十一月、齋藤要『小学教育に於ける神社教材の解説』、南光社、昭和十一年、白戸恒蔵『神社参拝教本』龍文社、昭和十五年六月、大久保千濤『神社に関する教育資料』神苑保勝会、昭和二年十月、河上民輔『教育と神社祭祀』六盟館、昭和十七年四月、全国神職会・長崎県神職会編纂『神社読本』政治教育協会、昭和十二年八月、石川県内政部教学課『国民学校初等科　神祇教育資料』昭和二十年二月。この他にも鉄道省『神もうで』（昭和五年）などもある種参考となる書である。

（14）全国教育関係神職協議会編『郷土教育の進め方　全神協シリーズ第八集』昭和五十年七月、『教育関係神職としていかに神社に生きるか―教職兼務神職社頭奉仕実践集―』昭和五十八年七月、神社本庁。後者は教育関係神職の協力の下できた報告集である。

（15）「表彰者一覧」『神社新報』第二七九〇号、平成十七年五月三十日、二面。

（16）ひたちなか市『第2次ひたちなか市生涯学習推進基本計画～豊かな人間性を育み個性がきらめくまちづくり～』二〇〇八年。

（17）「〝わくわく〟ライフ町内留学隊」『生涯学遊　かわら版』其乃拾　平成十九年師走号、ひたちなか市教育委員会生涯学習課、平成十九年十二月、四頁。

（18）平成二十一年度については、学習内容について当該宮司へのインタビュー調査を行った。このような生涯学習の一環としての体験学習（総合学習含む）で神社に小学生や中学生が来る例は茨城県のみのものではなく、例えば神奈川県横浜市金沢区瀬戸の瀬戸神社などをはじめ、近年、全国的に数多く見られるようになっている。詳しくは『神道文化』第二十二号所収の「神道文化とこれからの伝統文化教育」（平成二十二年四月）を参照。

(19) 当時の鶴岡市立上郷小学校の校長は荒澤和子氏。同氏は平成十四年から荒神社禰宜を務めており、現在は小学校長を退職し、市内の幼稚園（大山幼稚園・西郷幼稚園）で園長を務めている。また全国教育関係神職協議会の常任理事（平成十九～二十一年）も務め、その取り組みを同会の中央研修会で発表している。参考として「全国教育関係神職協議会　教育再生への課題と実践探る」『宗教新聞』平成二十年九月五日号。神社立の幼稚園や保育園での神道教育については今後の研究課題である。

(20) 荒澤和子「神話から伝えること」『山形県教神協会報』第十七号、平成十六年一月一日、五頁。

(21) この「大国さま」の風習は大黒天とも称される大国主命に因む行事であり、山形県庄内地方でもその日は各家庭では郷土料理で祝う風習がある。荒澤氏は、大国さまの行事は小学生がこの行事の根本となる「大国さま」のことを知らないため、「いなばの白兎」の寸劇をして、子供たちに神話への理解を深めるようにという趣旨で始めたもので、その後、児童も一緒に寸劇を行うなど、神話への理解を深める効果が生まれている。

(22) 大国さまの歌は次の通りである。

一、大きな袋を肩にかけ　大国様が来かかるとそこにいなばの白うさぎ　皮をむかれてまるはだか

二、大国様はあわれがり　きれいな水で身を洗い　ガマのほわたにくるまれと　よくよく教えてくれました

三、大国様の言うとおり　きれいな水で身を洗い　ガマのほわたにくるまると　うさぎはもとの白うさぎ

四、大国様はだれだろう　大国主の命とて　国をひらけき世の人を　たすけなされた神様よ

(23) 荒澤氏へのインタビュー調査（平成二十年五月）による。

(24) 飯田正義「だいこくさまのうた」『山形県教神協会報』第十九号、平成十八年一月一日、六頁。

(25) 天野卓夫（鶴岡市立加茂小学校長［当時］）「獅子舞にまなぶ地域の伝統」『山形県教神協会報』第十七号、平成十六年一月一日、六頁。

(26) 藤本頼生「子育て支援と境内地の活用―神道的福祉実現の場としての神社の可能性―」『國學院大學伝統文化リサーチセンター研究紀要』第一号、平成二十一年三月、一一三～一二八頁。同「神社神道と社会貢献の関わりを考える」『社会貢献する宗教』世界思想社、二〇〇九年二月、八三～一〇五頁。

(27) そもそも小学校教員の免許状と神職資格との両方の資格の獲得は四年間ではカリキュラム上も非常に難しく、教育実習等も多い。また、中学校国語、社会、高校の地理、歴史、公民科などは採用人数も多くないという現状も指摘できる。

変容する宗教的伝統の基層を探る
―神社の空間に託されたもの―

松村　志眞秀

はじめに

神社神道の拠点である神社は、神道の神を祀る聖なる場であり、人々が訪れる場である。言挙げをしない伝統を持つといわれる神社神道では、神道の思想と称されるものを言葉に託して説明する代わりに、多くの人々に備わっている五感によって感受されるように、空間構造に託したのではないかと想定される。この想定を前提にすると、聖なる場（境内）に足を踏み入れて臨むとき、人が空間を見て無意識のうちに感じるものは、構築されている基層と思われる。このように、神社の空間に託されている基層に言及している論考は、管見によれば見当らない。一方、実感される神社の多様さは、境内空間の多様さにつながっている。そのために、感受されるものもまた多様になると思われる。そして、多様さが地域的な宗教性に基づくものなのか、あるいは社会変動の影響を受けた結果なのか定かではない。しかし、多様さの中に共通している基層があるとすれば、それは何であろうか。

本稿は、実地調査と研究者の見解をもとに、神社の空間に託されていると思われる神道思想の伝統とその基層を想定する論考を試みたものである。

一 伝統的な神社空間の変容について

超高齢化社会に向き合う神社にとって、弱者の参拝を支援するために神社境内の構造をバリアフリー化することは、避けては通れない現在における課題の一つであると思われる。バリアフリー実施の有無、実施されている構造の特徴そしてそれらに係わる問題を明らかにするために、実地調査を重ねてきた(1)。その結果、バリアフリーの実施は、少ないということが実態であった(2)。一方、伝統的な神社についてのイメージといえば、神社の森・鎮守の森・社叢などといわれるように、建物などの施設と樹木が一体となっている空間や形象であることを確認してきた。神社即ち森という神社観は、研究者の見解にも共通して示されている(3)。このような神社の森についての空間や形象に、神域として相応しい理想的な型があるといわれていないようである。しかし、研究者が指摘する〝神社即ち森〟のイメージは、現代の多くの人々に共有されているように思われる。このように、実地調査を重ねることによって得られた印象は、神社の多様さであった。

社会変動が進む現代において、都市化地域の神社では、伝統的な空間の変容が進んでいる実態を多く見かける。しかし、全国の神社をいくらか実地調査してきた範囲でいえば、変容現象は必ずしも都市化地域に限ったものでないことを実感する。例えば、大都市東京においては、社殿後方の境外に立つ高層建築物が社殿を圧倒するような存在となっていて神社空間の宗教性が影響を受けている神社（写真1−1、1−2）、構造物の二階屋上に境内地を移して高層化を図り境内構造が変化している神社（写真1−3）などがある。一方、東京に限らず全国的にも見られる変容現象は、境内地に樹木が僅少化している神社（写真1−3〜5）、境内に賃貸しの駐車場やビルなどが設けられて境内が俗化されている神社、正面鳥居を潜らないで参道の途中から参拝が行われる形態が常態化している神社などがある。

写真1－1　都市の神社

社殿の後背に聳え立つ高層ビル

写真1－2　都市の神社

社殿の後背に連なる高層ビル

写真1－3　都市の神社

境内は二階屋上、社務所は左ビルの中、社殿の形容は伝統には見られない

写真1－4①

写真1－4②

写真1－4①と②　都市の神社：樹木が僅少な社殿の空間

写真1－5　地方の神社

樹木が僅少な社殿の空間

写真2－1　天空・山・樹木・拝殿・前庭から成る社殿の空間

写真2－2　天空・樹林・拝殿・前庭から成る社殿の空間

表1　見えないものを見る

見えないもの		見えるもの
表現 1	表現 2	有形の象徴物
聖なるもの	神	神体、神籬、いわくら
	鎮座	本殿、神殿
聖なる場・空間・聖地	神社、神域、境内	鳥居、鎮守の森、社叢
		樹林や玉垣の囲垣
	祭場、区域	しめ縄囲い
	出入り口	鳥居
	祈る所	拝殿、拝所
	心身の清浄	手水舎
聖なる鎮座	住居	本殿、神殿
聖なる祭祀	祭る行為	儀式（祭礼、供物、祝詞など）
	祭るこころ	祝詞
聖なる祈願	祈りの行為	参拝
	守護、加護	御札（神札、守札など）

戦後の社会的変動が著しい神社神道の変容現象について、宗教学者の石井研士は、「都市化と神社神道に関して特に注目しておきたいのは、神社という空間の変容についてである。[4]」と指摘している。さらに、神社という空間の変容について、「戦後の神社神道の現状をもっとも的確に表す言葉は〝格差の増大〟である。」と分析し、「格差の増大は、もはや神社を一律に語ることが容易ではなくなっていることを意味している。[5]」と述べると共に、神社間には「〝神社らしさ〟に大きな隔たりが生じることになる。[6]」と指摘している。

このように、神社の空間が変容している実態は、単に構造が変化したということだけではなく、宗教性が変容することに通じる。基層の何が変わり残されているものは何か、それは、神社によって違いがあることは当然である。

ところで、通底する基層は何かを探り出すことは、空間の変容現象、例えばバリアフリーを実施している神社が少ないという実態を分析することにつながると考えたい。

二　伝統と基層

（1）見えない聖なるものを思い見る

神社は神が鎮座する本殿を持ち、神を祀る祭場であることは周知のことである。鎌倉時代の初期の歌僧として著名な西行法師が、伊勢の神宮を参詣したときに詠んだ「何事の　おはしますかは　しらねども　かたじけなさの　なみだこぼるる」の歌は、よく知られている。[7]当時、祀られる神道の神々は、目に見えない不可視の聖なる存在であることが、認識されていたことを示す事例である。不可視であることは、現代においても研究者の多くが触れていることから、周知のことになっている。[8]

古代の神観念において神社に祀られる神の基本的な性格の一つとして、研究者の伊藤聡等は「神は目に見えないということである。神の存在は、象徴物によってあらわされる。象徴物は鏡・剣・木・岩等の自然物・人工物であり、神体・ひもろぎ・いわくらというのがそれである」と述べている。[9] さらに、ご神体について言及している見解として、宗教学者の井上順孝は、「神体は神そのものをあらわすのではなく、神霊がよってくるものである。それゆえ御霊代（みたましろ）とも称する。今日「ご神体」という場合には、社殿の内部に置かれているものを指すことが多い。社殿内のものであると、鏡が代表的であるが、その他、玉、御幣（ごへい）、神像彫刻、神像画などもある。[10]」と述べている。また、神道学者の上田賢治は「まず神社は、もと神の祭祀場所を意味し、神籬（ひもろぎ）・磐境（いわさか）から発展した。（中略）神道では、仏教からの影響による一時期を除いて、偶像礼拝を見る事が出来ない。礼拝の対象は霊魂（ミタマ）であり、活（ハタ）らきであるからである。このミタマの依り代が御神体に外ならない。[11]」と指摘している。この他に、山・滝など自然そのものを神体として祭る場合もある。[12] 御神体について、一般的によく知られているのは、伊勢の神宮の鏡、熱田神宮の剣である。また、三輪山を神体山とする大神神社、那智の滝を神として祭った社伝を持つ熊野那智大社などがある。[13]

一方、御神体と本殿との関係について、宗教学者の平井直房は、「本殿は御神体（御霊代）を奉安する、神社で最も重要な建物である。御神体は祭神の御霊の依り憑く物体とされ、鏡が多いが、剣・勾玉・木像または祭神にゆかり深い品の場合もある。御神体は幾重にも包まれて容器に納められ、本殿奥の神座に安置されており、宮司といえども特別な場合を除き、これを見ることは許されない。[14]」と述べている。

このように、御神体という有形の対象を通じて見えない聖なる存在を思い、それに向かって拝礼することが、神道の宗教的な伝統となっている。御神体以外のものとして、境内にある有形の構造物に注目してみると、見えないものを有形の象徴物を通じて見ているのではないかと思われるものが多く、主なものを表1のように取り上げることができる。これらは、いつでも誰でもが実感できる一目瞭然の象徴物といえる。この表に示すように、本殿は聖なるものが鎮座することを実感する対象になっているといえる。また、神社は聖なる場であり宗教的な空間であるが、ここが聖地の神社であることは、樹林や玉垣などの囲垣そして鳥居などの有形のものを具備することによって実感されていると考えられる。その他、境内の有形のもの全ては、聖なるものと捉えることができる。

見えない聖なるものを見えるものによって思い見るという思想が、基層として神社空間の諸々の伝統的な構造の中に生きていて、現代にも通じているように思われる。

バリアフリーは、階段という有形のものの変更である。有形のものに託した神道思想が変容すると強く意識する神社が多いとすれば、変更を実施する神社が少ないという実態に符合するように思われる。

(2) 秩序のある多様さ

全国を広く実地調査した結果の印象として、神社の空間は多様であるということを指摘した。しかし一方、規模の大小や形容の差異はあるものの、どこの神社を参拝しても、大きな違和感を持たなかったのは、空間の構造に基本的なものが基層としてあって、それを感得している安心感によるのではないかと思われる。

神社と言っても、神社のある地域の地勢や環境、そして社名・祭神・樹木（樹種・形容と配置）や本殿・鳥居・参道・手水舎・狛犬などの建造物があり、これら多数の要素を組み合わせた総合として神社がある。当然神社のイメージは〝多様〟と表現される。例示するまでもなく多様であることは、一般的に理解されていることと思われる。

神社は、似ているが違っている。例えば、同じ名の祭神を祀る神社であれば、規模の大小はあっても、神社のシンボルである鳥居や社殿の様式は同じかまたは同類なのかと思いがちである。しかし、そうではないというのが実態である。〝同名異人〟のように、〝同名異社〟となっている。なぜこのように多様になっているのであろうか。この理由に関連して、「社殿を造ってから林苑を造るのでなく、自然の中に社殿を配置するといふことで、できるだけ自然をこはさないことが望ましく、枝打ちや伐採等も行はずにすべて自然にまかした混合林であることが最も理想的である。[15]」との見解がある。この見解にしたがえば、神社は鎮座地の自然を損なわないように構築されているゆえに、多様であると受け取ることができる。

しかし一方、このような多様さがなぜ認知されているのであろうか。多様さに関連して、神道の神について、上田賢治は「神道の神が「ナル」神であり、或は「生まれる」神であるが故に、多神となる。[16]」と述べている。このことを前提にすると、神社に祀られる神々が多神であれば、神が鎮座する本殿（または神殿）及び神社の空間構造も多様であっても何ら不思議なことではなく、逆に当然といえなくもない。したがって、地理・地形が変化に富んでいる我が国の風土は何一つ同じものはないということと同様に、神社も同一のものはなく、多様であるということになる。

他方、「神社を訪問すると、まず境内の入り口に鳥居がある、（中略）鳥居を過ぎると、木立の中を参道が続き、両側の樹林の静かなたたずまいが、人々の心を鎮め、荘厳な雰囲気に引き入れてくれる。[17]」という見解がある。また、概略図を用いて空間構造を示している事例もある。[18]

神社は多様であると表現すると、バラバラで無定形であるようなイメージを持たれがちであるが、そうではない。これらの論考から、神社の空間には神道的な定形の秩序があって、それからの変化即ち振幅を多様と捉えることが正当であるように思われる。このように秩序と多様さの両輪のもとで、神社の伝統が構築されているように思われる。このことから、伝統の基層として、〝秩序のある多様さ〟を指摘することができる。

おわりに

大都市東京では、境内の樹木が僅少となっている神社が多数を占めている実態が見られる。このことに関連して、石井研士は「神社が杜を含んだ境内地の聖性ゆえに宗教的空間が成立しているとすれば、（中略）神社らしさを有する大規模な著名な神社へと参拝者が訪れることになる。[19]」と分析している。神社らしさを失えば参拝のこころを衰弱させることを意味する貴重な指摘としてあげておきたい。

〝見えない聖なるものを思い見る〟という基層を重視する考えが、多くの神社で支配的であれば、階段構造を変更するというバリアフリーを実施する神社が増えないという実態につながっているのではないかと分析できる。また、神社への参拝が減れば、基層を感得する機会が減ることになるので、神道の思想や伝統の伝達は難しくなる。このことも神社を知らない人が増加している実態とよく符合しているように思われる。

これらの事例のように、空間に構築されている基層が想定されれば、神社に生じる変容現象の事由を分析する上で有効な資料となる。本稿ではこのことを例示することができたと考える。本稿で取り上げた基層以外にも想定している基層がある。これについては別の機会に言及したい。先人たちの信仰のこころを、見える形に構築したであろう神社、地域の文化風土を支えてきた氏神鎮守の杜[20]などの空間に、言挙げされていない基層を見出す試みを行ったが、今後も探り出す試みを続けたい。

本稿では、研究者の敬称は省略させていただいた。また、ページ数の関係で、神道宗教学会の第六三回学術大会で口頭発表した論文の一部を加筆修正したものである。

註

（1）実地調査した神社の一覧は、スペースの都合で省略した。実地調査を行った神社は一三二社となった。その内訳は、著名な神社や主要な神社（岡田米夫『日本史小百科〈神社〉』東京堂出版、平成十六年（新装七版）、五～七頁）に上げられている神社に該当する五四社とその他の神社七八社で、概略それぞれ半数に近い割合となっている。その他の神社の中には、日本の代表的な都会である東京の渋谷区にある神社（二三社）と、都会と比べると地方に当たる地域として『古語拾遺』を著した斎部広成の出自である徳島県（阿波の国）の神社（十四社）が多くなっている。

（2）拙論「神社参拝におけるバリアフリーの諸相—神社の空間構造と拝所神拝の視点より—」『神道宗教』第二〇八・二〇九号、平成二十年、二九～四九頁。

（3）神社即ち森に関する論考として、次の四つをあげる。小野祖教『増補改訂神道の基礎知識と基礎問題』神社新報社、昭和五七年（初版三八年）、一九～二〇頁。薗田稔「自然・風土と神道」（薗田稔編『神道　日本の民族宗教』弘文堂、平成一四年）、一三～一四頁。平井直房「社殿と神宝・神饌」（薗田稔編『神道　日本の民族宗教』弘文堂、平成一四年）、二〇三～二〇四頁。山内泰明『神社建築』神社新報社、昭和一四年（第十一版）、二〇五頁。

（4）石井研士『戦後の社会変動と神社神道』大明堂、平成一〇年、二五四頁。「神社空間の変容に関しては、ふたつの側面から考察する必要がある。第一には、神社を取り巻く空間の変化によって、総体的に神社空間の宗教性に影響が及ぶ場合である。」、そして、「都市化はたんなる境内地の減少をもたらしただけでなく、周囲の景観を神社に好ましくないものにしていった。神社という空間が俗なる空間と異なる聖性を保持するためには、境内地の森厳な風致を保つだけでなく、周囲を取り巻く環境との調和的関係が存在しなければならない。周囲を高層のビルに囲まれたときに神社の伝統的な意味での聖性は総体的に剥奪されていくにちがいない。」という見解が示されている。

（5）石井研士、前掲書、二五六頁。

（6）石井研士、前掲書、二五七頁。

（7）國學院大學日本文化研究所編『縮刷版　神道事典』弘文堂、平成十一年、三一九頁。

（8）前掲書、三八頁。その他、見えない神について記述・表現されている事例を三つあげる。「天地自然に日本の神は八百万といわれるように、本来、天地自然に無数に存在する不可視の神霊であり、」（神道学者、三橋健『神社のしくみと慣習・作法』日本実業出版社、二〇〇七年、十二頁）。「カミは具体的な姿・形を持たなかった。」（大野晋『日本人の神』新潮社、平成十三年、十六頁）。「神は目に見えないものである。」（宗教学者、岡田精司『神社の古代史』大阪書籍、一九八七年（第四刷）、八頁）。

（9）伊藤聡、遠藤潤、松尾恒一、森瑞枝『日本史小百科　神道』東京堂出版、二〇〇三年再版、二一～三三頁。また、神体・ひもろぎ・いわくらについては、前掲書『縮刷版　神道事典』で、それぞれ、一九五、一八七、一七六頁参照。
(10) 井上順孝『神道入門　日本人にとって神とは何か』平凡社、二〇〇六年、三四頁。
(11) 上田賢治『神道神学論考』大明堂、平成三年、十一頁。
(12) 國學院大學日本文化研究所編、前掲書、一九五頁。
(13) 國學院大學日本文化研究所編、前掲書、六三三頁。
(14) 平井直房「社殿と神宝・神饌」(薗田稔編『神道　日本の民族宗教』弘文堂、平成一四年)、二〇五頁。
(15) 山内泰明『神社建築』神社新報社、昭和一四年(第十一版)、二〇五頁。
(16) 上田賢治、前掲書、二八頁。
(17) 平井直房、前掲書、二〇四頁。
(18) 境内の概略図については、西牟田崇生「神社の構造―神社の建物の特徴」(三橋健編『わが家の宗教　神道』大法輪閣、平成十五年、二五八頁)や國學院大學日本文化研究所編、前掲書、一八五頁、そして、山内泰明、前掲書、二〇四〜二〇五頁などを参照。
(19) 石井研士、前掲書、二五八頁。
(20) 薗田稔、前掲書、二七三頁。氏神鎮守の社という呼称について言及がある。

第Ⅴ章　文化財の保存と活用を考える

史跡における遺構保存について

青木　繁夫

はじめに

「特別史跡」あるいは「史跡」と云う言葉は、国宝、重要文化財と同じように、よく知られたキーワードになっている。史跡と云う言葉が正式文書の中に最初に登場するのは、明治四十四年（一九一一年）三月十三日、第二十七回帝国議会貴族院に提出された「史蹟及天然紀念物保存ニ関スル建議案」においてである。来年は一〇〇週年の記念すべき年にあたる。このことは、明治維新後の内戦状態や廃仏毀釈、富国強兵政策による急速な開発などによって破壊される遺跡を保存する事から始まっている。日本では、戦争や宗教対立などによる文化財の破壊は過去形で語られる事が多いが、アフガニスタンやイラクで起こっていることは、日本がかって辿ってきた道と云える。このような状況から始まった文化財保護の経緯から見れば、どうしても「保存」に主眼が置かれることは仕方がないことであると云える。昭和二十五年に公布された文化財保護法第一条に「この法律は、文化財を保存し、且つ、その活用を図り、もって国民の文化的向上に資するとともに、世界文化の進歩に貢献することを目的とする」とあり、ここで活用という言葉が使用されているが、史跡において文化財の公開と活用が活発に行われるようになるのは、日本が世界遺産条約を締結した以降である。観光や地域活性化などと連携した公開・活用が活発に行われるようになる。最近では、平城宮跡朱雀門、東院庭園や大極殿に代表されるような、単なる復元では包括しきれない要素を加味した大規模な環境復元整備が行われるようになった。覆屋をかけて発掘直後の生の遺構状態を展示する手法も技術開発が進み、多くの史跡で積極的に採用されている。ここでは、生の遺構を展示する技術の開発経過を概観するとともにいくつかの保存例についてふれることにする。

一　遺構保存の経緯

保存を意識して遺跡に覆屋をかけた例としては、明治中期に行われた小樽市手宮洞窟の保存例が、筆者が知る限りにおいては最も早いものであると思われる。手宮洞窟は史跡指定も大正十年（一九二一年）でかなり早い時期に行われている。この場合は、洞窟内に描かれた線刻の消滅劣化を防ぐ目的で行われている。発掘調査した遺構を覆屋内で保存・展示を試みた早い例としては、昭和二年（一九二七年）に鳥居龍蔵が実施した、埼玉県大里村水殿窯跡の覆屋建設がある。しかし、それは単に遺構を風雨から守るだけの機能しかなかった。昭和三十三年（一九五八年）に浜松市蜆塚貝塚の貝層断面と住居跡の露出展示が試みられ、アクリル樹脂エマルションによる強化保存処理が実施された。昭和三十八年（一九六三年）には、横浜市三殿台遺跡の住居跡を保存展示するための覆屋建設と樹脂による遺構の保存処理が行われた。ここでは、蜆塚遺跡での経験を踏まえ、覆屋を建設して遺構を風雨から守り、その上で樹脂を使用して遺構の強化保存を図ろうとした。使用された樹脂は、水溶性タイプのアクリル樹脂、ポリエチレングリコール、アクリルアマイドなどである。注目されるのは、様々な課題を抱えながらも遺構を保存するために、遺構を破壊する要因を出来るだけ排除するために覆屋が建設されたことである。同時に遺構の土壌水分を保持するためにポリエチレングリコール、アクリルアマイド等の保湿能力を有する樹脂が使用された。昭和四十一年（一九六六年）には千葉市加曽利貝塚で貝層断面と住居跡を保存展示することになり、覆屋内に直射日光が入ることによって起きる土壌の乾燥を防ぐために外光の入らない覆屋が作られた。他の問題点として覆屋内の温度・湿度を安定させる必要があったが、昭和四十年代前半の建築技術では覆屋内への外気温の影響を防止するための壁断熱技術がなく、覆屋内の高温多湿、壁面の結露、カビなどの発生を充分の防止できなかったことである。遺構の保存処理についても三殿台で使用したポリエチレングリコールやアクリルアマイドは、半年ほどでその能力が失われ、かえって遺構を破壊してしまうため、貝層の処理はアクリル樹脂エマルションおよび水溶性タイプアクリル樹脂を使用した。昭和四十六年（一九七一年）には、岐阜県土岐市にある元屋敷陶器窯跡の焼成された窯壁体の強化処理をエチルシリケートを使用して行っている。壁体は焼成されていたため効果的な処理ができた。昭和五十二年（一九七七年）には福岡市野方遺跡住居跡の保存処理にイソシアネート樹脂が使用される。その後、一部の遺跡でエポキシ樹脂エマルションが保存処理に使用されるが、あまり良い結果を得ていない。昭和六十二年（一九八七年）三殿台遺跡の再整備計画が始まり、覆屋の整備を実施することと、今までの遺構保存の問題点を解決するために、土壌水分の蒸発抑制をはかる樹脂の開発が行われた。平成元年（一九八九年）土壌処理用の親水性シリコーン(2)が開発され、三殿台遺跡で効果の確認実験が行われた。約三年間の実験を経て水分抑制や生物被害が軽減できることが判明して平成四年（一九九二年）に施工された。残念ながら覆屋は、予算措置ができず改築が実施されなかったが、この施工とともに維持管理体制を整備したこともあって、現在でも比較的良好に保存されている。その後、気象環境、土壌調査、地下水調査などの事前調査の方式が確立され、そのデータを基に排水や断熱係数など覆屋の建築仕様の決定、あるいは親水性シリコーンの種類、使用量、維持管理方法などを決めて施工する方法が確立された。

図１　吉野ヶ里遺跡北墳丘墓甕棺の劣化状態（発掘直後の展示状況）

二　遺構の劣化

大地に刻まれた遺構を発掘直後の状態で保存し、展示活用することはきわめて困難なことはよく知られていることである。劣化には図１に見られるように壁面の亀裂や苔の発生など、様々な症状がある。

一般的に発掘直後の遺構を屋外の自然環境の中で保存・展示しようとした場合、以下のようなトラブルが起きる。

①　風、日照、温度、湿度などの影響をうけて土壌水分が蒸発する。その結果、水による土粒子の結合力が失われ、遺構の亀裂崩壊や砂漠化などが発生する。

②　雨や地下水などの過剰な水分供給は、土壌を流失させ遺構の崩壊につながる。

③　霜柱や凍結、あるいは凍結融解の繰り返しによって遺構が崩壊する。

住居跡のような土壌中に刻まれた遺構は、風雨や日照、凍結などによって崩壊してしまう。被害を軽減するためには、遺構の保存条件を満たす覆屋を建設し、その中で保存することが望ましい。覆屋が、保存条件を満たしていなければ、外気温や日照などの影響をうけて土壌から蒸発した水によって、覆屋内部が高温多湿になってしまう。仮に覆屋内が、高温多湿になっても土壌水分の蒸発を完全に抑制することは困難であり、雨による水分供給がない環境下では、乾燥による亀裂・崩壊や塩類析出などの被害が発生する。天井などに結露した水滴の落下による浸食。さらにカビや苔の繁殖→それらを餌にするダニなどの昆虫の繁殖→昆虫の糞などの排泄物や死骸→カビや苔の栄養供給→カビや苔の繁殖のような食物連鎖の小宇宙が形成される。

三　土壌水分の蒸発抑制試験

遺構の保存処理は、遺構土壌からの水分蒸発を抑制し、土壌水分量を土壌が崩壊しないレベルに安定させることを目的に行われる。保存処理の前には、含水比測定、比重、間隙率、液性限界、塑性限界、収縮限界などの土壌調査が行われる。そのデータをもと親水性シリコーンを用いて処理を行うことが多い。

親水性シリコーンは、疎水部分にポリジメチルシロキサン、親水部分にポリアルキレンオキサイドを有する界面活性機能を持つ樹脂である。この樹脂は、化学的安定性がたかく、粘性が低く、拡散性に優れているなどの性質を持っている。処理する土壌の性質に応じて親水部分と疎水部分の分子構造を調節することが可能である。樹脂の疎水部分が土粒子と結合し、親水部分が土壌水分と結合することによって土壌水分を保持し、蒸発や水の動きを抑制する効果がでてくる。その結果、乾燥による崩壊を防ぐとともに、塩類析出を押さえることができ、土壌水分を生物が使用しにくい状態にすることが出来る。土壌への親水性シリコーンの含浸量については、土壌の間隙率や土粒子の大きさによって変える必要がある。

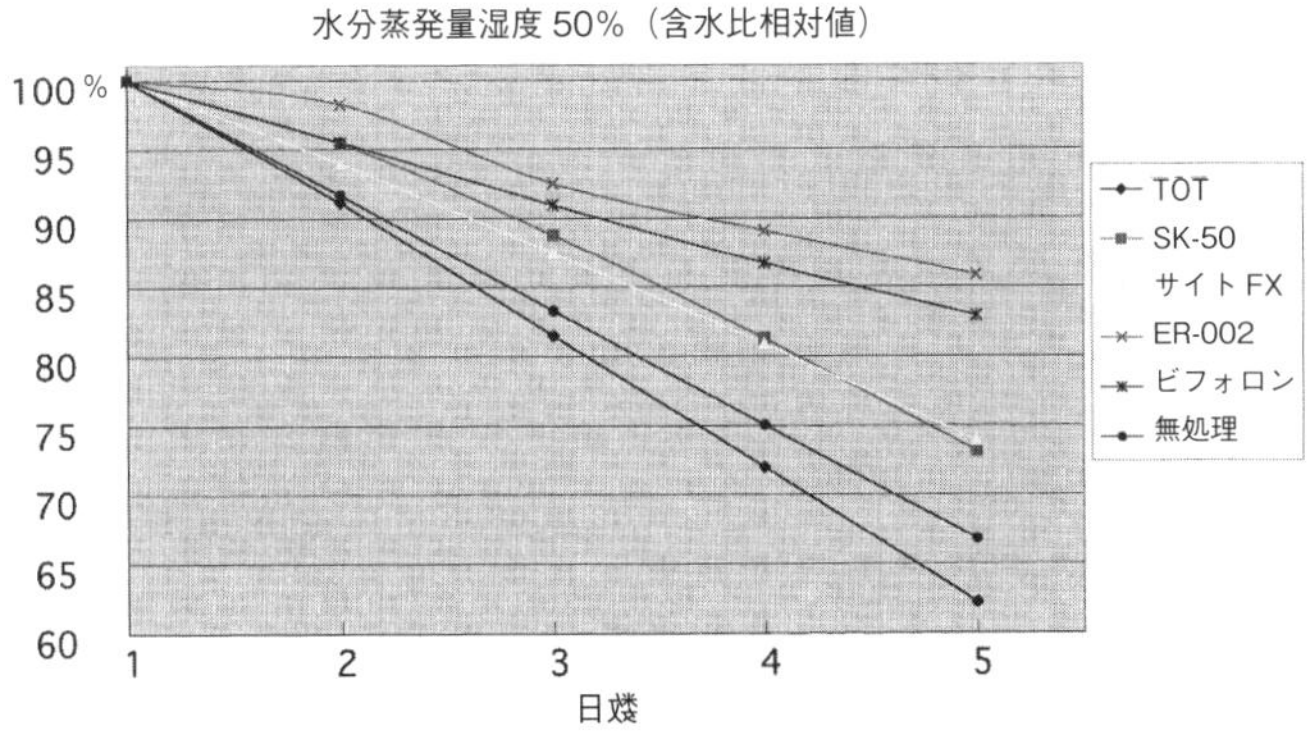

図2　樹脂処理した土壌の水分蒸発量
ウレタン樹脂やエポキシ樹脂に比べ親水性シリコーンの蒸発量が少ないことがわかる。

この親水性シリコーンは、商品名でビフォロンと呼ばれ、主剤のポロシロキサンと硬化剤のイソシアン酸エステルを土壌の水分量にあわせて任意の配合比で混合して使用する。

図2は現在使用されている土壌用の保存処理用樹脂の土壌水分の蒸発抑制能力を比較した試験結果である。土壌サンプラーで採取した関東ロームに対し、樹脂固形分が2kg／㎡になるように親水性シリコーン（商品名：ビフォロンER002）、エポキシ樹脂エマルション（商品名：サイトFX）、イソシアネート樹脂（商品名：SK50）、エチルシリケート（商品名：TOT）をそれぞれ浸透させた試料に十分水を含ませた後、温度20℃、湿度50％に調整した恒温恒湿槽内で乾燥させたものである。

親水性シリコーンを浸透させた試料の水分蒸発が少ないことがわかる。

四　加曽利貝塚における保存処理試験（図3）

通常、親水性シリコーンを使用して遺構の保存処理を行う場合は、土壌調査などの結果を基に処理条件を設定し、その条件で保存が可能かどうか最低でも一年程度の現場施工試験を実施して諸条件を確定してから施工に入るのが一般的である。ここでは加曽利貝塚で覆屋の改修工事とあわせて行われた遺構の保存処理試験について説明を行うことにする。土壌調査などの結果に基づいて親水性シリコーンを一週間の間隔を開けて、二回（各回：1kg／㎡）に分けて施工した。

1　試験条件

苔と塩類（X線回折分析により石膏（$CaSO_4 \cdot 2H_2O$）と同定）を除去後、AからEまでの五箇所の試験区を設け、A～Cの三箇所の試験区に2kg／m²（今までの試験の結果、含水比70～80％程度の関東ロームの場合は、この樹脂量が最も水分保持能力が大きい）親水性シリコーン（ビフォロンER002）を一週間間隔で2回に分けて浸透させた。D、Eについては処理をしていない。（図4）

図3　加曽利貝塚博物館の保存・展示遺構

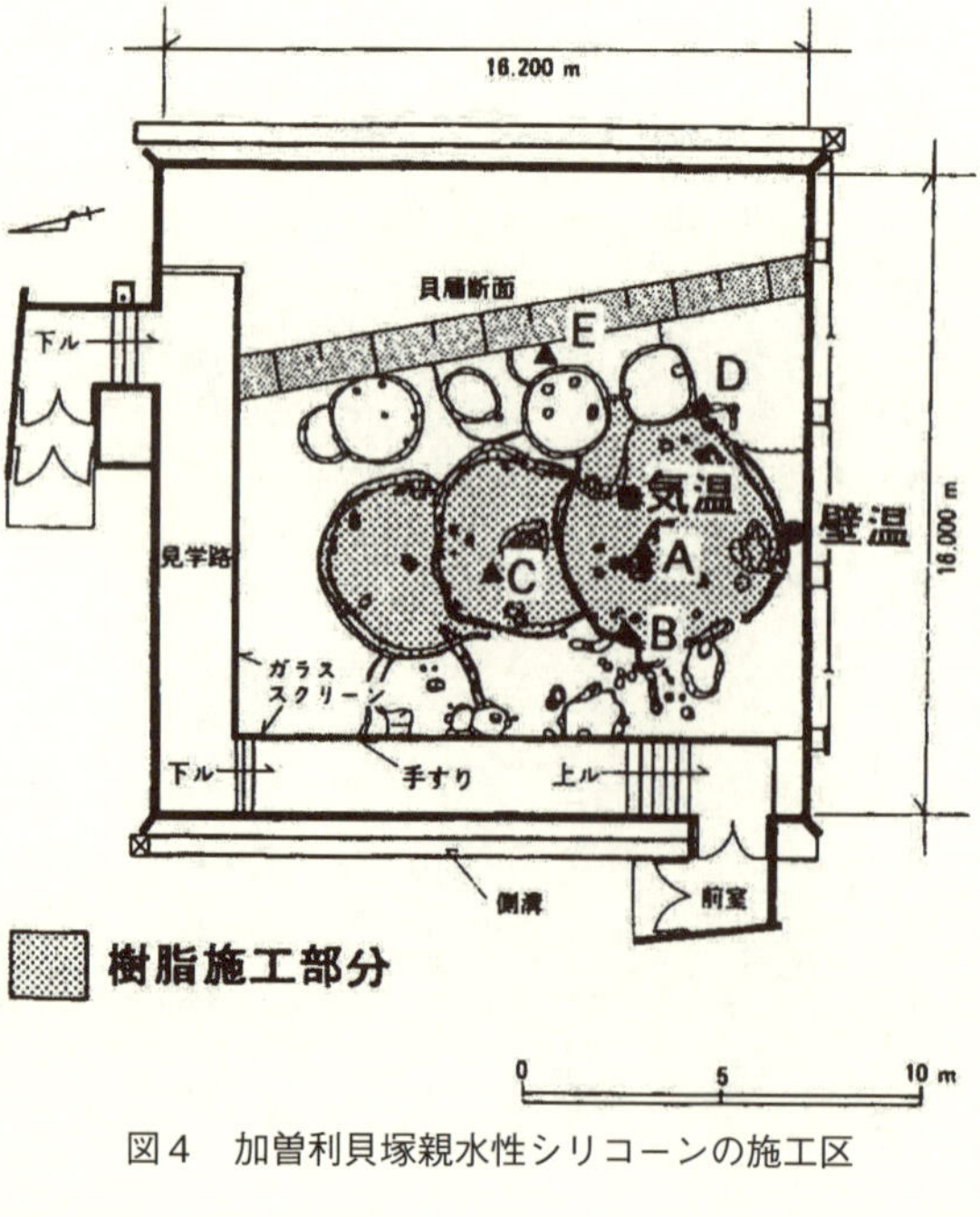

図4　加曽利貝塚親水性シリコーンの施工区

実験項目は、

① 覆屋内の温度、湿度測定

② 土壌表面温度

③ 水分蒸発量（2リットルメスシリンダーに水を入れ、水面の下がり具合から可能蒸発量を測った）

④ 体積含水率測定IMKO社TDR土壌水分計をA（炉・処理あり）、B（エッジ・処理あり）、C（中央部・処理あり）、D（エッジ・処理なし）、E（中央部・処理なし）部分に埋設して、深さ8cm部分の含水率を平均体積含水率として一時間に一回の割合で自動計測した（図5）。

⑤ 遺構と同一の土壌試料について親水性シリコーンを処理したものとしないものを作り、PF試験により水分特性曲線を取得した（図6）。

2　結果

① 覆屋内の温度は、年間4℃から30℃まで緩やかに変化し、湿度は年間を通して90%以上であった。

② メスシリンダーからの可能蒸発量は、年間14㎜程度の低い値である。

③ 体積含水率は、気温変化と緩やかに相関する変化が見られた。変化幅はエッジ部分（B、D）において大きく、樹脂処理していない部分（D）より、処理した部分（B）の変化幅が小さかった。水分特性曲線（図6）から見ると、処理によって処理前より高PF側での保水性が高まっていることがわかる。遺構面の状況は、処理前にエッジ部分に見られた塩類の析出も見られなかった。

④ 夏季での中央部分の体積含水率は、処理部分（C）で約65%、未処理部分（E）で約55%程度であり、およそ

10％前後の差が見られた。

⑤ 冬季には、処理部分（C）で約70％、未処理部分（E）で約45％であり、約25％の体積含水率の差が見られた。

これらの結果と水分特性曲線の結果から考えると樹脂処理によって水分放出が抑制されていると思われる。

⑥ 苔については、樹脂処理した時から一年間経過しても発生が観察されていないことから効果があると認められる。

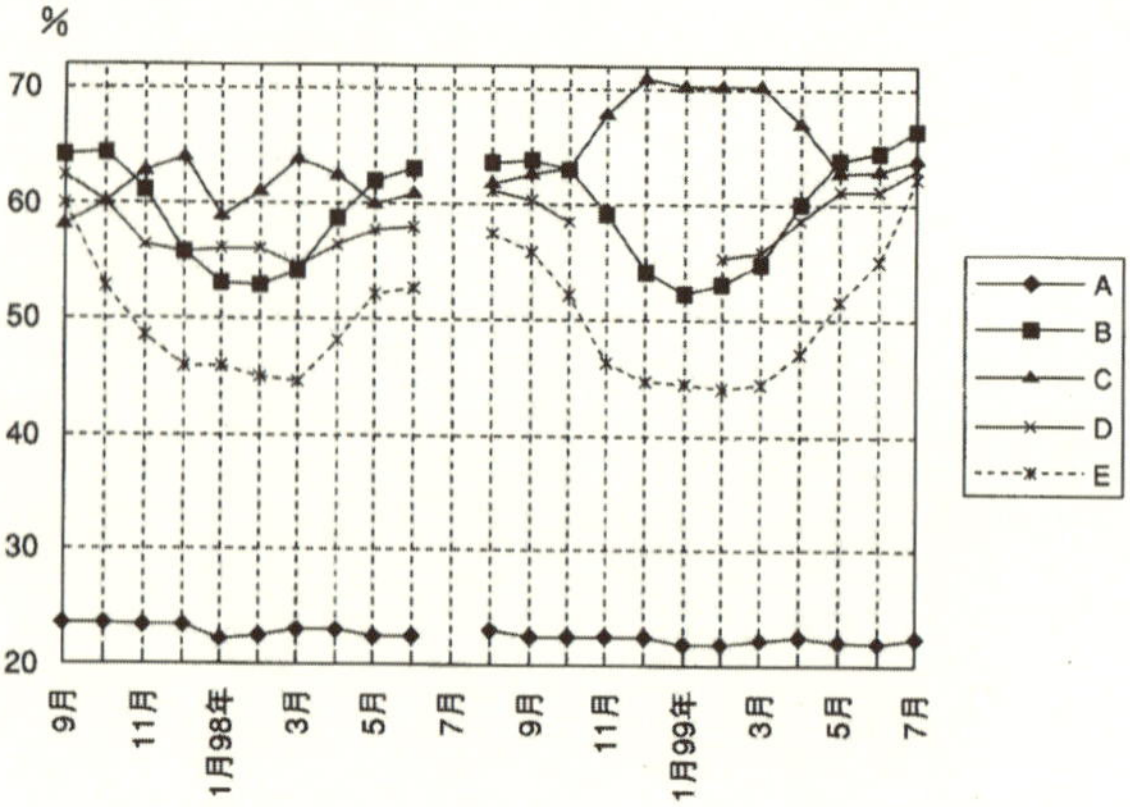

図５　各地点の土壌堆積含水率の季節変化の比較
各地区毎の体積含水率の月平均値をプロットしたもの。B，D，E地点で冬場の含水率の低下が見られる。樹脂含浸をしていないD地点で特に大きい。

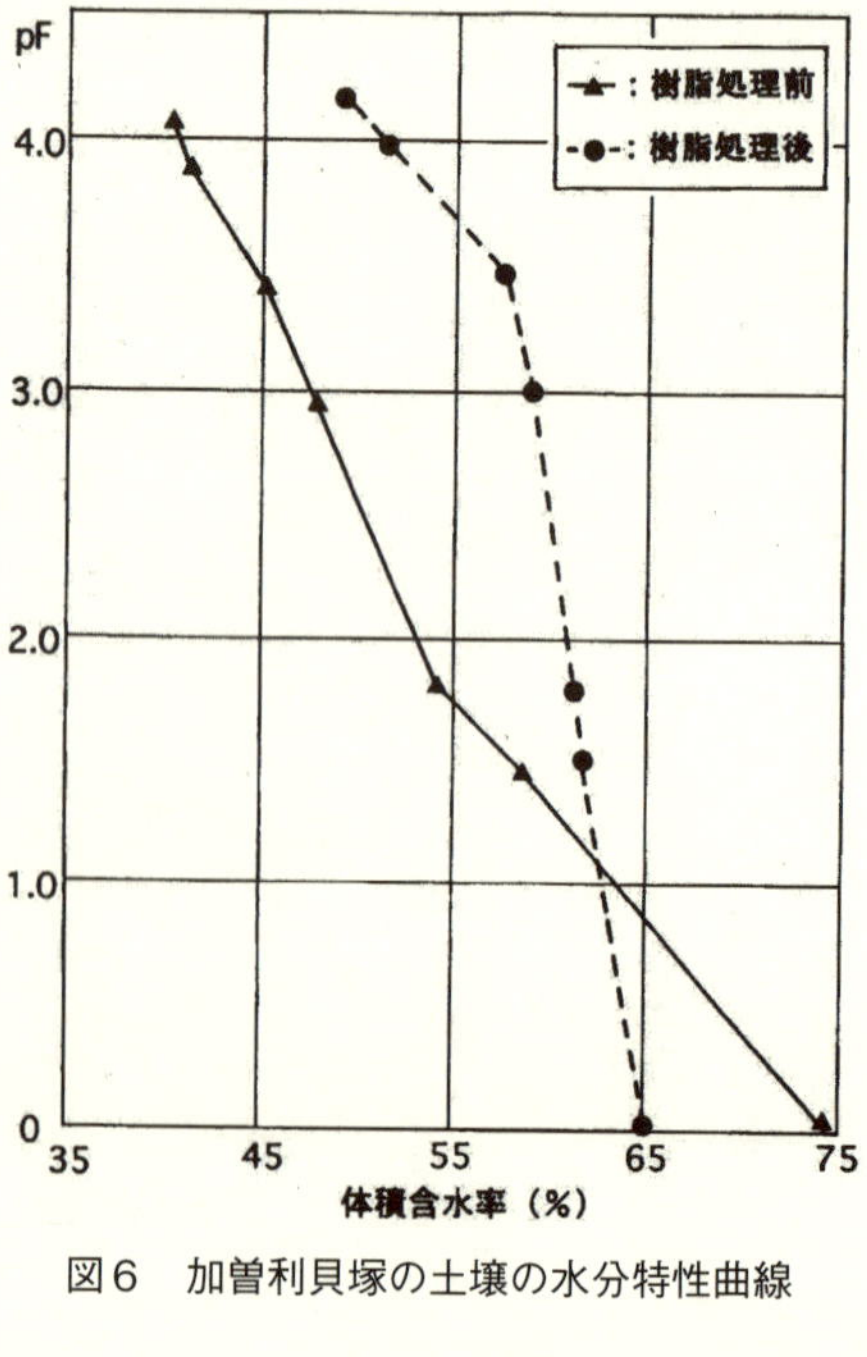

図６　加曽利貝塚の土壌の水分特性曲線

⑦　処理前は、乾燥して白っぽい色をしていた土壌に親水性シリコーンを浸透させると濡れ色に変化して、発掘直後の土壌の色に近づくため、展示には好ましい方向に変化していると云える。

⑧　浸透させた樹脂は、土壌の中でゲル化するため大量の水に触れなければ溶出しない。したがって地下水を汚染することも少ないと思われる。

五　親水性シリコーンを使用した保存処理例

親水性シリコーンを使用した代表的な保存例について触れてみることにする。

図７　富沢遺跡遺構の保存・展示状態

１　富沢遺跡（図７）

仙台市富沢遺跡は昭和六十二から六十三年（一九八七〜一九八八年）にかけて発掘調査が行われ、約二万年前の旧石器時代に生きた人達の活動跡と森林跡が発見された。地下に遺構展示室があり、一階部分に、遺物を展示している。「地底の森ミュージアム」が、平成十一年（一九九九年）に開館した。この建物は地下部分に遺構を発掘状態のまま展示活用しているが、地下水をコントロールしなければ遺構は水没してしまうため、厚さ80㎝の円筒状のコンクリート外壁を地下20ｍの深さまで入れ、ポンプで排水しながら地下水位を一定に維持している。

図8　宮崎県酒元の上横穴墓の状態

展示環境については、見学通路では人間が不快にならない程度の温度約20℃前後、湿度70～80％程度を維持している。

焚き火跡や針葉樹を主体とする風倒木などが発掘されており、それらが発掘当初のままの姿で展示してある。この遺構では、遺構を構成している土壌と水浸出土木材の保存処理を同時に行う必要がある。水浸出土木材は、水中にあったために比較的良い状態で保存されてきた。木材中の水が蒸発すると乾燥による収縮破壊が起きて形状が失われてしまう。したがって水浸出土木材の保存処理は、木材中に含まれる水を保湿能力のあるポリエチレングリコールなどの樹脂と置き換えることによって乾燥による収縮破壊から木材を守ることを目的として行われている。一般的にその処理は、ポリエチレングリコールを溶かした含浸タンクの中に木材を長時間浸漬して置き換えている。しかし、木材を取り上げて処理することは不可能なため、親水性シリコーンの親水基部分を多くして水分保持能力を大きくした木材用の親水性シリコーンを開発した。

保存処理は、木材に不織布をかぶせ、その上から木材用の親水性シリコーンを塗布して染み込ませた。不織布を乾燥させないようにしながら何度もこれを繰り返した。遺構は、木材の処理と並行して土壌用の親水性シリコーン樹脂を2kg／㎡の割合で浸透処理した。木材の出土状態を立体的に見せるために、木材の下の土を土手上に盛り上げる必要がある。その土手部分は、水分蒸発量も多くなるため乾燥崩壊しやすくなる。親水性シリコーンを多めに浸透させるともに、一部にイソシアン酸エステルを混ぜて強化を行った。

現在、遺構や木材の乾燥による崩壊防止、あるいは生物被害については所期の目的をある程度達成できているが、土壌面全体に塩類（硫酸マグネシウム $MgSO_4$、硫酸カルシウム $CaSO_4 \cdot 2H_2O$）の結晶が析出して白くなっている。塩類が溶けていた水が土壌表面で蒸発するために塩類が結晶化する現象でかなり対策が困難な問題である。現状では地下水位を上げて常に表面を濡れた状態に保つことによって結晶化防止を試みている。

2　吉野ヶ里遺跡（図9）

佐賀県吉野ヶ里遺跡は、弥生時代の大規模な環濠集落跡である。平成元年（一九八九年）三月に北墳丘墓が発掘調査され、甕棺から細形銅剣などの遺物が発見された。当時の吉野ヶ里遺跡ブームの中で、押し寄せる観光客用に一部の住居が復元され、北墳丘墓も同年十一月には鉄骨プレハブの急ごしらえの仮設覆屋の中で公開された。しかし、公開後の劣化の激しさでわずか数年で封鎖され、墳丘墓は埋めもどされた。平成十八年（二〇〇六年）頃から展示公開工事が始まり、平成二十年二月に北墳丘墓の展示公開が始まった。

覆屋施設は、四角い鉄筋コンクリートのお椀を伏せたような形をしており、コンクリート壁は防水、断熱処置が施され、その上に1mほど盛土されている。出入り口は外気が直接入らないように風除室を設けた二重扉の構造になっている。壁の四周には見学通路と展示施設が設けられている。一部の通路がデッキ状に遺構の上にのび、遺構を上から覗きながら見学できるようになっている。照明は、壁際に置かれた展示品に対して蛍光灯（紫外線カット）とスポット照明、遺構には立体感をだすためのスポット（ハロゲンランプ）照明が行われている。温度は20℃~25℃の範囲内で調整している。湿度については、覆屋内全体が約80%前後、遺構面の湿度は、約90%前後で推移している。通路床下に加湿された空気の吹き出し口が設置されている。

遺構の保存処理については、本格的な保存処理工事が開始される前に、保存処理樹脂選定および含浸量や施工条件を決めるための試験を実施している。

実験項目としては、

図9　吉野ヶ里遺跡北墳丘墓の状態

① 遺構表面土壌の処理、数種類の湿度下における使用樹脂の選定、含浸量、施工方法などの検討

② 擬土処理、数種類の湿度下における使用樹脂の選定、含浸量、施工方法などの検討

③ 甕棺の塩類風化防止処理である。甕棺に撥水剤処理を行ったときの塩類の析出状態

評価は、①②については、「土壌の乾燥、亀裂、崩壊」、「植物の根、蘚苔類、カビの発生」、「塩類析出」、「色調」などの状態を目視によって定性的に判断した。③については、水分の吸放出速度で判断した。

以上の結果から、遺構表面土壌の保存処理には親水性シリコーンを一回1kg／㎡ずつ、四十八時間毎に三回（浸透性のことを考え、各回毎にポリシロキサンの量を変化させている）に分けて、合計3kg／㎡をスプレーで噴霧して含浸させた。擬土処理については、補修場所の土壌に合わせて、親水性シリコーンと混入する土の量を変化させて処理を行った。

この施設では、温湿度測定を実施するとともに、日常起きる変化をチェックするためのカードが作成され、職員が異常を認識するシステムが整備されている。また、年に一回の定期点検も専門業者によって実施されていて問題が発生する芽を事前につぶし、仮に発生しても大きな被害になるまえに対処できる体制が整っている。

おわりに

発掘された遺構を生の状態で展示公開するための技術は、開発途上であり未だ困難なことが多く未解決な部分も多い。しかし、住居跡などの土壌を主体にした遺構の基本的な保存条件が解ってきている。個々の遺跡によって若干の違いはあるが、

① 覆屋の基本条件

＊遺構を風雨から守れること

＊遺構に直射日光があたらないこと

＊遺構の土壌水分の蒸発あるいは壁面の結露を防止するために、高温多湿にならないような断熱性のよい建物にすること

＊昆虫などの侵入を防ぐような構造であること

② 遺構土壌保存の基本条件

＊土壌の基本的物性を守るために、土壌にあった理想的含水量を維持すること

＊土壌が流失するような過剰な水を供給しないこと
＊土壌水分の蒸発を抑制し、乾燥させないこと

遺構保存の研究が本格的に始まってから五十年ほどになるが、その間、様々な試行錯誤が行われてきた。樹脂を浸透させ土を固化して保存する時代から、土の性質を熟知し、土粒子と土粒子を結合している水分を保ち、土本来の機能を維持して保存する方向に変わってきた。親水性シリコーンが開発されたことによって、土壌水分の蒸発を抑制して地下水からの水分供給量とのバランスを保って適切な土壌含水率を維持することが可能になってきた。

遺構を保存するためのマクロ的な環境は、覆屋を建築することによって基本的な環境条件を整備し、そのうえで親水性シリコーンを含浸処理して土壌水分の蒸発抑制と微生物の繁殖を防ぐ。この二つの技術を組み合わせることによって、よりよい状態で遺構を展示公開することができるようになってきた。しかし、遺構は大地に刻まれていて、大きな地球環境の中で生きているため、周辺環境に変化があれば敏感にその影響を受けてしまう。そのような変化に対応するためには、遺構のモニタリングと維持管理が重要であると云える。

親水性シリコーンによる遺構保存の研究開始からすでに二十年近くが経過した。最近はその有効性が認められ、ここで紹介した遺跡の他に、高松塚古墳、キトラ古墳、鹿児島県上野原遺跡、三鷹市出山横穴古墳、群馬県矢瀬遺跡の保存などに使用されるようになってきた。今後も改良を加えてよりよい保存方法を確立していきたい。

註

(1)　「史蹟」と云う言葉が最初に使われている文書は、明治四十四年（一九一一年）三月十三日、第二十七回帝国議会貴族院に提出され

た「史蹟及天然紀念物保存ニ関スル建議案」において初めて使用された。その後、大正八年（一九一九年）「史蹟名勝天然紀念物保存法」が制定された。昭和二十五年（一九五〇年）四月に公布された「文化財保護法」にその法律は、受け継がれたが、名称は「史蹟」から「史跡」に変更になった。

（2）土壌用保存処理剤である親水性シリコーンは、従来「ポリシロキサン」と呼ばれている。ポリシロキサンはシリコーンの一種であるため、ここでは、水を保持する能力が高い特殊な樹脂としての特徴を強調して「親水性シリコーン」の名称を使用している。

参考文献

文化財保護委員会編集　昭和三十五年十一月一日『文化財保護の歩み』

児玉幸多・中野浩編　昭和五十四年八月二十五日『文化財保護の実務』柏書房、東京国立文化財研究所『要覧』

加曽利貝塚博物館　一九八〇年「集落遺構の保存」『貝塚博物館研究資料』第二集

青木繁夫　一九九七年「加曽利貝塚遺構の保存について」『貝塚博物館紀要』二三号、加曽利貝塚博物館

朽津信明・青木繁夫　一九九九年「加曽利貝塚遺跡における遺構保存を目的とした環境調査1」『貝塚博物館紀要』二六号、加曽利貝塚博物館

朽津信明・青木繁夫　二〇〇〇年「加曽利貝塚遺跡における遺構保存を目的とした環境調査2」『貝塚博物館紀要』二七号、加曽利貝塚博物館

特許公開平5－57707　一九九三年三月九日『遺跡・遺構の整備復元・保存方法』

特許公開平5－69411　一九九三年三月二十三日『遺跡・遺構の保存方法』

地域社会の再生という観点から電子化された博物館・図書館の資料の活用を考える

山内　利秋

電子化された情報のその先は

重要文化財クラスの美術工芸品をはじめ、行政が管理している公文書、さらには個人が家庭で所有している写真に至るまで、さまざまな情報の電子化が進行している。これらは多かれ少なかれ何らかの目的に応じて情報化が遂行されてきた訳であるが、博物館や図書館で所蔵されている資料については情報化そのものが目的化してしまった感があり、それをいかに発展的に活用するかについての議論と実践が今ひとつ停滞してしまった。

特に写真を中心とした画像の扱いには常に権利問題が付きまとい、知的財産権に関する専門家との関係が希薄な中小規模の博物館・図書館では、興味深い資料を所有していながらも積極的な活用という側面においては、一歩引いてきた感がある。大規模館においても現実的に閲覧制限がかけられていたりする例も多く、このままでは電子情報化のストックを増やしているのみの状況からの脱却が難しくなってしまう。そこで本論では活用という重要な課題をもう一度考え、議論の俎上に載せていきたい。

地域社会における電子化された情報、特に博物館や図書館にある情報は、その利用方法に関しては、オリジナルの資料が活用されるのと同じ考え方でしか扱われてこなかったのではないだろうか。すなわちそれは利用者自身の行動に依存した「閲覧」や「観賞」という方法であって、管理する側から積極的に提案されたアイデア、あるいは管理者が利用者に促す事によって新たに創発された活用方法という訳ではない。要するにどのように扱うのかは利用者の自由に任せてきた。

しかし実際には、資料保護の観点において為される「手で触れない」・「書き込まない」といった制限と同様な制限が、一旦電子情報化されたり、電子情報を出力したものであっても存在する訳であり、利用をユーザーの完全なる自由任せている訳ではないし、任せていい訳でもない。従って、管理する側から今一度、電子情報化された資料の利活用を提示・提案し続けていかなければならず、さらにそうする事によって新たな可能性をも模索出来よう。さらにこれは、博物館や図書館に新たなる役割・存在意義をも獲得させる提案につながるものである。

高齢社会における文化財

高齢社会、ないしは高齢化社会と言われて久しい。博物館における公開講座の主たる受講者として高齢者が積極的に参加し続けてきた事は夙に知られている。だがこのような普段から知的欲求や好奇心が強くて、さまざまな企画に積極的な参加姿勢を見せる人々ばかりではない。地域社会にはより多くの高齢者が居住しているのであって、この人々が文化資源の有する優れた価値を享受する対象であるのは疑いようもない。専門家の使命の一つとして、普段は博物館への関心が低い彼ら対象者をどうやって引きつけるかの方法を模索し、彼らの関与を可能にしていくかが重要となってくる。

ただ、これら資料の活用を生涯学習を目的とするだけでは普及にも限界がある。また、複製や情報交換の簡易さという電子情報の基本的な特性を考えてみても従前以上の活用に裾野を広げられるのは当然であって、問題は社会における諸問題を立脚点とした場合への対応の術とする点である。

介護予防は高齢社会を生きる我々にとって、医療福祉関連の経費削減をはじめとするさまざまな負担軽減を目指す上で重要な課題である。中でも認知症は高齢者自身だけでなく家族や周辺にとっても大きな負担だが、その予防的な方法として博物館や図書館で所蔵する地域性の高い資料の活用が模索されている。

過去を回顧し、人生を振り返る様を聞き手が受容的・共感的な姿勢で傾聴する事で、語り手が自己を肯定的に捉えアイデンティティの再構築や人生の統合をはかり、前向きに生きていけるようになるのを目標とする心理療法の一つに回想法がある（遠藤二〇〇七・黒川二〇〇八）。回想法は本来認知症者の療法としてのみ実施されてきたが、健常高齢者の介護予防手段としても有効である事が知られ、近年各地において広く実践されるようになった。この方法で活用される「道具」には古い生活用具や写真といったものがあるが、若干問題なのは、聞き手となる介護・看護の専門家が、資料に対しての歴史性や地域性といったモノそのものが有する情報や取り扱い方法を持ち合わせていないケースが多々あり、さらには地域性や年代観が考慮されていなかったりもする。より効果的な効果を引き出すためにも、こうした情報・知識を歴史的・地域的な文化資源の取り扱いに長けている専門家がサポートする必要性がある。

一方、資料の扱いに長けている専門家は、このようないわば他分野における資料の利用に積極的に協力・関与していく必要があり、ここに新たな需要を見出す事も出来るだろう。そうした点において、回想法を手法とした介護予防へのニーズは博物館・図書館資料の有する地域性・歴史性といった属性を最大限に引き出せる場として着目出来る。

このような中で、行政の文化財保護に関わる部局と高齢者福祉に関わる部局が協働する事によって、こうした道具に関する知識の欠点をフォローしている所もある。昭和期のまちなかを展示テーマにした博物館や登録有形文化財となった建造物を活動拠点とし、平成一四年度に国のモデル事業として地域の文化資源を活用した回想法活動を行っている愛知県北名古屋市（旧師勝町）のグループは、現在では実践的な成功例として広く知られている。彼らは地域性の高い社会資源を活用して地域のネットワークを広げて社会参加を促していくと同時に、高齢者にとっては介護予防を目的としながら自らの人生を肯定的に捉え、豊かな人生を過ごす事を支援する活動を「地域回想法」と呼んでいる（来島二〇〇七）。

もちろん博物館資料を扱う側からも、回想法に対して同じような認識を持った専門家は以前から存在している。岩崎竹彦は民俗学において行われるインフォーマントからの聞き書きと、回想法において実施されているライフレビューとを比較し、聞き書きが民俗誌を記述する上での情報を引き出す事を目的にしているのに対して、ライフレビューは対象者が語る事の効果を目的としている点で目指す所が異なっていると述べている（岩崎二〇〇八）。だが岩崎はさらに、それを踏まえた上で方法論やプロセスが類似しているこの二つの方法の相互作用を目指し、文化的背景の共通した日本でならば、民俗学の有する知識を高齢者に対して活用していく事が可能であるとし、熊本博物館と共同で博物館資料を回想法に活用した活動を展開している。

これら地域性の高い「少し以前の」歴史的資料を活用していく事例は、博物館や図書館の新しい機能を追及しているものである。

電子情報化した資料の回想法への活用

電子情報化する事によって取り扱いが容易になった反面、権利関係に拘泥されてしまう資料が多く生じているのも確かである。特に芸術作品や個人情報としての割合が高いものがこれにあたる。一方でこのような問題から離れて、比較的自由に扱う事が可能な資料もある。特にそれはある時期の地域の街並みや自然景観を撮影した写真といった対象であり、日本各地で情報として集積されており、また入手し易いものである。

介護予防を目的とした回想法の対象である高齢者の年齢を考慮すると、写真機材が一般にも広く出回るようになっていき、撮影された写真も大量に存在する第二次大戦以後の昭和二十年代後半から四十年代初めにかけての資料でも十分に活用出来る。筆者はこうした資料を活用し、回想法的な手段を使ってのさまざまな取り組みを展開している。

宮崎県北部に位置する延岡市は近世城下町として形成され、近代になると日本窒素—旭化成の企業城下町として繁栄してきた。市中心部の道路は早くから区画整理され、さらに空襲を受けた事もあって江戸期の面影を残す路地や古建築は少ない。反対に都市計画法成立以前から工場群が市内複数個所に存在していたので、住居地域と工業地域が混在するという極めて独特な景観が形成されている。この町に住む高齢者には、戦前の江戸の風情が残る街並みから戦時中の体験、さらには高度成長期の発展していった様子と、各年齢層によって印象にある記憶に違いがある。例えば後期高齢者前後の年齢層（七五歳前後）の場合は小児期であった戦前〜戦中にかけての出来事から青年期の戦後復興期の体験が中心であったり、六十歳代では高度成長期の記憶が主たる思い出として語られたりと、それぞれ異なった年齢層と年代幅が表現される。

ただ各々の時代に共通するのは、既に写真のようなメディアがある程度一般にも出回っていたのでそれぞれの時期の地域社会の様子が記録されており、これを高齢者の記憶とマッチングさせる事が比較的容易に出来るという点である。

このような事例を確認するに至ったのは、これまでの高齢者を対象とした聞き取り調査を行った際の経験的な側面が大きかったが、情報を聞き出すよりも過去の回顧そのものを目的とした回想法的な方法をもってこれに望んでみても同じような結果が得られる。実際に行った実験的な事例を次に述べていく。

事例一：延岡市内の同じ地区出身の健常者女性三名、小学校の同級生（実験当時七五歳）、延岡市のK建設会議室小学校の同級生であり、市中心部の繁華街周辺出身であるAさん・Bさん・Cさんを被験者とし、テーブルに広げた昭和二十七年頃に撮影された地区の写真と、同年に作成された市街地地図、昭和三十四年の住宅地図を観てもらい、椅子に腰掛けて二時間にわたって昔の思い出を語ってもらった。

この昭和二十七年の写真は「大正の広重」と呼ばれ、全国各地の街並みを独特な手法で表現した鳥瞰図絵師吉田初三郎が、延岡市の依頼によって描いた作品『延岡市鳥瞰図』(原画は延岡市内藤記念館蔵)を制作するにあたって、弟子に取材させて記録撮影したものである。(1)

ここでは筆者が写真を被験者に差し出し、撮影対象となっている物件を特定してもらい、さらに地図で正確な場所を確認・指示してもらうという作業を行った。すると被写体として記録された場所や周辺に関わるさまざまなエピソードが、被験者から発話された。発言の傾向としては、その場所に誰が住んでいたか・あるいは店舗の場合はどんな店があったかからはじまり、次第にそこでどんな出来事があったか、そこに自分や誰かがどう関係していたかという話に移り変わっていく。そして被写体そのもの話からは離れながらも、地区全体にかかわる大きな出来事へと話題が大きくなった。

発話の傾向には時間的な変化が確認できた。当初はAさんとBさんの二人が殆んど発言していて、Cさんは黙って聞いているばかりであった。ところが二人の会話を聞いているうちにCさんもうなずく回数が増え、ついには会話に積極的に参加するようになり、最後には戦前に父親から教わったという歌を思い出してその場で披露してくれた。また戦時中、延岡は空襲を受けており三者供に炎の中避難したという苦しい体験を話してくれたが、こうした状況にあっても思い出される小さな楽しいエピソードを語るという傾向があった。さらに最初は椅子に腰掛けながら話していたのが、会話が弾んでくると席を立って乗り出す事もしばしばあった。

事例二:延岡市内の学区を同じくする隣接した地区出身の健常者男性五名・女性六名、小学校の同級生(実験当時

七五歳）、延岡市内藤記念館

事例一で挙げた女性三名と同級生である方々に集まって頂き、さらに規模を大きくして実施した。まず、地図は昭和三十四年の住宅地図を原図から二倍の大きさで拡大し、A２サイズのボール紙で裏打ちした。この拡大地図を実際の方位と位置関係を合わせて会場の床上に置き、地図に直接書き込みが出来るようにペンを用意した。これはガリバーマップと呼ばれ、東京都世田谷区のまちづくりグループが開発した市民参加型のまちづくりワークショップで用いられる手法である（木下二〇〇七）。参加者一人ひとりの記憶や意識を地図上に表しながら全員でこの情報を共有するとともに、意識を共感していく仕掛けである。

写真は昭和二十七年頃と昭和三十年代半ば～四十年代前半に撮影された延岡市内各地の写真をA３サイズに拡大したものを用意した。床に並べた地図の上に立った場合に実際とほぼ同じ方向で確認出来るよう壁面に展示し、おおまかな地区名のみを記載したキャプションを添付した。昭和二十七年頃の写真は先にも挙げた吉田初三郎関連写真である。また、昭和三十年代半ば～四十年代前半の写真は地元の教育者で郷土史家であった小嶋政一郎が撮影し、内藤記念館にて所蔵しているリバーサルフィルムを筆者の研究室で電子情報化し、一部劣化部分を修復したものを出力した。

最初は資料を展示してある部屋を間仕切りで仕切っておいて、別室で待機してもらう。被験者には資料を観る時間を一時間と告げ、ブラインドを開けて資料のある部屋へ移って観てもらう。導線を設定している訳ではないので、壁面の写真・床面の地図と、それぞれの興味の赴くままに観賞してもらうと、遅くとも開始五分以内には自分の知っている場所を見つけ、参加者同士で語り合いはじめた。事例一の場合と同様に当初は記録されている場所に関係ある事柄から会話がはじまり、次第にそこであったエピソード、自分との関係、地図全体の話へと移り変わっていた。ただし今回の場合は対象となった地区や写真数が多いので、ある程度その地区に関する話が終了すると、次の地区の話へと代わっていったり、再び元の地区の話へと戻っていったりという会話傾向があった。また、この実験では筆者を含め複数の「聞き手」を用意する事で、被験者から会話を導き出しやすくするという事を試みた。ただこの場合、地域に関して知識のある者とない者、高齢者への対応に慣れている者とそうでない者といった側面が会話の流れを上手く形成したり持続していったりする上で重要である事を確認した。

なお、この実験を行うに際しては、被験者の感情の状態を顔の表情をイラスト化した図表でもって評価する尺度であるフェイススケール、及び唾液として分泌されるアミラーゼの状態を計測する口腔アミラーゼ測定を行い、被験者の意識が実験を行う前の不安な状態から興奮状態（楽しい状態）へと変化している事も確認した。(2)

電子情報化した資料を活用していく―中心市街地における住環境の整備を目指して―

これまでの実験を踏まえると、博物館や図書館で所蔵している資料、特に電子情報化する事によって利用し易くなった複製資料を回想法的な方法でもって活用していく事が、高齢者の発話の増加やコミュニケーションの活性化といった介護予防へつながる高い効果を挙げる可能性がある事を確認してきた。筆者らは現在、この方法を基礎としたより応用的・実践的な活用方法に取り組んでいる。

都市のより効率的な運用を目指して、現在は拡散してしまっている都市機能や居住空間をコンパクトに集約化していこうという考え方が、コンパクトシティである。このコンパクトシティ化を推進していこうという近年の政策動向においては、衰退が目立ちながらも、商業地としての中心市街地の再整備を目指していくのは必然でもある。

近年の地方都市では、郊外への居住が進み自家用車での移動が一般化している。だがその一方、自動車の運転が難しい交通弱者としての高齢者は、むしろ移動の必要がなく、すでにインフラの整備されている中心市街地へ居住が回帰する傾向が増加している。

このような状況の中で中心市街地の再整備を進めていくならば、高齢者の住環境の向上がはかられなくてはならないが、必要なのは必ずしも住宅の供給やバリアフリー化といったハードの部分のみではなく、地域コミュニティーの形成と維持をはじめとするソフトの部分に他ならない。中心市街地での居住はマンションのような集合住宅になる場合が多く、そのままでは近い将来に高齢者の介護や孤独死といったさまざまな問題が表出してしまう恐れがある。そこで、地域社会におけるコミュニケーションの活性化や介護予防をはかる活動として、博物館・図書館資料を活用した回想法的方法の実践を、一つの手段として行っている。

筆者らは延岡市商工観光部・延岡観光協会、さらには市内の中心市街地にある複数の商店街振興組合と連携して、商店街の空き店舗や観光案内所を利用し、先述の事例で紹介した資料を活用した回想法的方法を継続的に実施している。言わば高齢者のためのカフェ的なたまり場と、教員・学生を中心とした「思いで話」の聞き手がいる空間の提供である。特に商店街におけるイベント時等人の出が多い日にはこの空間に高齢者が多く訪れ、聞き手のみならず他の話し手との会話を切っ掛けとして、高齢者間で新たなコミュニケーションが形成される傾向が強く確認出来ている。今後はより持続可能な取り組みへの発展を計画し、地域コミュニティー形成の場として展開していきたい。

また、高齢者からの情報は、これまであまり知られていなかった地域社会の細かな情報を我々にフィードバックしてくれる。特にメディアが限定されていた第二次大戦中から昭和二〇年代の情報は、忘れられていた地方都市の民俗誌として蓄積され続けている。さらにこのような情報は、単に歴史的な記録としてだけではなく、都市景観形成をはじめとしたこれからの都市計画の中にも反映される情報として期待されるものも多い。実際に延岡市では、現在景観条例に伴った景観計画を策定しているが、市民ワークショップ等でこれまで挙げてきた資料を活用している。また、同じ宮崎県の日南市では、同市の重要伝統的建造物群保存地区である飫肥地区において、筆者の指導でこれまで同市教育委員会が収集してきた古い写真や住宅地図を活用し、回想法的方法を援用して高齢者から情報を収集する事を目的とした景観資源調査を実施している。

回想法的な取り組みにおいて活用している写真を中心とした延岡市内の資料は、電子媒体上の地図情報であるグーグルマップと組み合わせる事によってインターネットからも閲覧可能な仕組みを現在構築している。近年の市町村合併に伴って行政区が拡張した公共団体が全国でも多いが、これは延岡市も例外ではない。筆者らの活動は主に中心市街地で実施しているため、市内でも遠隔地に居住していたり身体的に不自由があったりして活動を行っている場に来る事が難しい高齢者も当然存在する。一方で台風災害が例年のように多く、日向灘沖を震源とする東南海沖地震の発生も予測されるため、災害時の情報伝達の観点から延岡市では全市域を網羅した光ケーブルを整備しており、自宅や、あるいは自宅に接続していなくとも地区の公民館等でインターネットの閲覧が容易に行える。高齢者が直接電子媒体を操作し、資料を確認するのは若干難しい側面もあるが、援助者―聞き手を介在させる事によってウェブ上にアーカイブされた昔の写真等の情報を閲覧し、回想活動を行えるようにする事も可能になりつつある。

おわりに

電子情報化された資料を活用していく上で欠かす事が出来ないのは、既に意識され、認識されていった運用の枠組みを新しい方法に適合させていく柔軟性である。博物館・図書館で有している地域性の高い資料は、これまでも生涯学習、さらには学校教育の場においても広く活用されてきた。展示や公開講座・ワークショップといったさまざまな活動を通じて培われ、蓄積されていったノウハウはこれまで以上に幅広い分野において活用出来るものである。いわば「どこにでもある」地域社会の記録としての資料を活用していこうとする対人コミュニケーションの場においては、資料に精通している専門家の有する知識が対話者との会話において潤滑油として極めて有効に機能する。この事について、資料を扱う専門家はこれまでも経験的に理解してきたと考えられるものの、地域社会における博物館・図書館の近い将来の役割を改めて考えた際、これまで以上に広範囲な分野と近接し、その枠組みすらも変化させていく能動性が求められるだろう。

折りしも総称としての博物館・図書館さらには文書館の連携を目指すＭＬＡ（Museum, Library, Archive）連携が議論されるようになった。この中において、電子情報化された資料の活用は、従前の枠組みを乗り越えて新たな仕組みを構築していく上で最も取り掛かりやすい、言わば異なった組織間を横断可能にする翻訳機能を持った道具である点が再確認出来よう。

註

（1）山内利秋・増田豪・益田啓一郎二〇〇八．六「鳥瞰図に描かれた都市―吉田初三郎『延岡市鳥瞰図』関連写真にみる地方都市の復興―」『日本写真芸術学会平成一五年度年次大会研究発表会』日本写真芸術学会　至東京工芸大学にて発表。写真（ネガ）は益田啓一郎所蔵。延岡市内各所を撮影したものであり、実際に鳥瞰図を作成するにあたってこれを確認しながら描いた事が構図や個々の対象の配置から確認出来る。

（2）押川武志・山内利秋・増田豪・小川敬之・小浦誠吾・上城憲司二〇〇九．一〇「認知症予防に向けた地域での取り組み～昭和二〇―三〇年代の写真・地図を利用して～」『第一〇回日本認知症ケア学会大会』日本認知症ケア学会　至東京国際フォーラムにて発表。

参考・引用文献

岩崎竹彦　二〇〇八．一「回想法と民俗学・博物館」岩崎編『福祉のための民俗学　回想法のススメ』慶友社　二三～六四頁

遠藤英俊　二〇〇七．一「介護予防と地域支援事業」遠藤監・ＮＰＯシルバー総合研究所編『地域回想法ハンドブック』河出書房新社　一三～二八頁

木下　勇　二〇〇七．一「まちづくりにおけるワークショップの事例」『ワークショップ　住民主体のまちづくりへの方法論』学芸出版社　七二～一六七頁
来島修志　二〇〇七．一「地域回想法とは」遠藤監・NPOシルバー総合研究所編『地域回想法ハンドブック』河出書房新社　四七～六一頁
黒川由紀子　二〇〇八．三『認知症と回想法』金剛出版　七六～八五頁

筆者が歴史的な資料の電子情報化の研究を行う切っ掛けとなったのは、椙山先生の「お前、やってみるか」という一言であった。考古学そのものから広く文化財保存、さらにはその活用といった分野の研究に自分の方向性を進めていくにあたって、先生のこの一言と、さらに未だ未知の分野であった研究活動を、若輩に担わせて頂いた事が、現在に強く繋がっていると言っても過言ではないであろう。先生はまだ資料の「電子化」という、いわば保存や閲覧といった基礎的な部分の問題が中心であった頃から、「これをどう活用していくのか、その事を常に頭に入れろ」と仰っていた。時代はまさに活用を考える頃となったのだ。

椙山先生の古稀を祝いたい。

久米邦武の面目

―『米欧回覧実記』の博物館に関する記述の評価を考える―

山本　哲也

はじめに

最近、展示学史における『米欧回覧実記』の意義付けを行う機会を得た。(1)そしてその編著者である久米邦武（一八三九〜一九三一）のことも含め、当該書籍の研究に関する文献を再読していく中で、博物館に関する記述の評価として、意外にも久米の面目が保たれかねないものがあることが気になり始め、やはり看過すべきではないと考えるに至った。そこで、ここに久米邦武の『米欧回覧実記』に見られる博物館や展示の記述について、この場を借りて諸評価に対する筆者の見解を示しつつ、筆者なりに久米の評価を行ってみたいと思う。

一　久米邦武と『米欧回覧実記』

『米欧回覧実記』は、正式名称を『特命全権大使　米欧回覧実記』と言う（以下は全て『米欧回覧実記』とする）。明治十一年（一八七八）に全五冊の大冊として刊行されたもので、これは岩倉具視を特命全権大使とした使節団の見聞の記録（本報告）である。副使に木戸孝允、大久保利通、伊藤博文、山口尚芳、以下総勢四十六名にて明治四年

（一八七二）十二月二十三日に出発し、明治六年九月に帰国するまでの約一年十ヶ月にわたり、米欧十二ヶ国を視察。各国を歴遊した使節団であるが、その際に各地の博物館、美術館、動物園、植物園、水族館、博覧会など、各種施設や事業を視察している。筆者の確認した限りでは、博物館・展示等関連の記事は四十二巻七十三件に及ぶ。もちろん、博物館等の視察のみを目的としたものではなく、不平等条約改正を主目的としつつ、各国の諸制度・経済・産業・文化・教育など、さまざまな面の視察を行ったのであり、その詳細な報告を行っているのである。その著者が久米邦武であり、『米欧回覧実記』は久米の処女作であった。

二 『米欧回覧実記』の博物館関連記事に関する既存の評価

さて、本稿がまず問題として取り上げるのは、『米欧回覧実記』における博物館に関する記述を評価した二本の論考である。即ち、武田雅哉の「大英博物館を見たふたつの東洋―『米欧回覧実記』と『環游地球新録』[2]」と、松宮秀治の「万国博覧会とミュージアム[3]」である。それぞれを掻い摘んで、対する筆者の考えを示す。

武田はタイトルの通り、大英博物館の記述について言及する。それも、同時代に大英博物館を見た中国人の記録から李圭著の『環游地球新録』を取り上げ、それと比較してのものである。武田の主張は「『実記』にみえる博物館観は、それほど特殊なものとはいえないようである。むしろ当時においては、流行ともいえる啓蒙的言説に沿ったものであり、突出した主張と呼べるものは、とくに認められないのである。」に集約されていると思われる。

また、「『実記』においては、博物館や動物園の描写は、工場など実学的なもののそれに比べると、具体性を欠いているようである。」とも言う。そしてついに「総じて『実記』の大英博物館には、臨場感がない。いじわるなことをいえば、「実際に行ってなくても書けそうな」記述なのである。」とも言うのである。

非常に残念であるが、最後の武田の物言いは、まったく「いじわる」以外の何物でもなく、自説をいかにも有利に導こうとする言い分と思えるものである。武田は「行ってなくても書けそう」と言っているが、『米欧回覧実記』の記述にある「左顧右瞻モ亦倦ム」や「思議スヘカラサルヲ感スルノミ」といった表現をどう解釈しているのだろうか。また、「美術ヲ学フモノ、石雕家ハ摶泥ヲ齎シ来リテ、之ヲ模造シ、画家ハ鉛筆或ハ彩筆ヲ以テ、其状ヲ模スモノ絶ヘス」とあり、館内での模造や模写の様子を示している。この部分について武田は「展示品を模写したり模造したりする人びとを、久米は見たらしい。」と捉えているし、決して「見ていない」と言っている訳でもない。しかし、模写の様子は他でも記述され、特に第五十一巻では「年四十余、…」と、その年齢等の特徴にも及んでいるし、このような館内での模写・模造の様子というのは、そこで見ることによって気づき、伝聞では描写し難いものであると考えるところである。したがって、「行ってなくても書けそう」とはとても思えない記述なのである。しかし、武田は「行ってなくても書けそう」と言う。なんとも「いじわる」な見方としか言いようがない。さらに、伝聞で書けるというのは、久米の文章に限らず、李圭の文章にも、またその他のあらゆる文章にも言い当てられることではないか。あまりに思慮のない言い方にしか思えない。このように、「見ていない」と疑惑の目を向けている訳ではないにしても、そうとも言いたくなる物言いの仕方を武田はしているのである。

また、『環游地球新録』に記述される「プロフェッサー」が「サー・ロバート・ダグラス」と推測し、中国人の諸記録では、李圭以外は全て実名で記していることを明らかにしている。そして岩倉使節団の見学の際も館員がガイドについたことを推定し、『米欧回覧実記』ではそれに触れていないことを指摘する。しかし、この論法は、中国人は全てガイドが付いたことを記しているのだから、それに触れないのはおかしい、というものであろう（さらに言い方を変えれば「あり得ない」となるか）。しかし果たしてそのような物言いで、文献比較をすべきだろうか。少なくとも筆者はそうは考えない。日本人の施設視察の記録のあり方を比較するのならわからなくもないが、中国の文献との比較はあくまで一つの方法であって、それが全てではないにもかかわらず、武田の久米論の辛辣さは何所から出てくるのか、理解しがたいものがある

そして「なぜ中国人のほうが博物館の記述に臨場感があるのか、正直いって、筆者にはわからない。」とも武田は言う。残念ながら筆者にもその理由はわからないのであるが、一部の記述を取り上げつつ少々精細に書かれたことを見てとって、中国側に軍配を上げてしまったのは、中国文学専門の研究者がほんのわずかながらも、ひいき目に中国側に傾いたと考えてしまうと言いすぎかもしれないが、そうも思いたくなる論考なのである。

このように見ていくと、武田の論法は中国の文献と比較するグローバルな内容であり視野が広いようでありながら、実は狭いものであると思わざるを得ない。大英博物館のみを取り上げたもので『米欧回覧実記』全編を通しての博物館観とはなっておらず、ではそういった評価をしてみてはいかがかと思ってしまう。

一方、松宮は『米欧回覧実記』のオランダ編とオーストリア編を見渡した上で、万国博覧会と博物館の問題を挙げる。オーストリア編を取り上げたのは、ウィーン万博を訪れ、その記述に二巻割かれており、それを論じるためである。オランダ編は、「博物館、美術館、動物園といったいわゆる「ミュージアム」施設の記述に圧倒的な分量を割」いているからと言う。本稿では、ごくわずかであるが、問題視し得る部分を、取り敢えず「美術」観に関する記述の評価と「博物館」観について見ることとする。

さて、いきなりではあるが、松宮の論法を受け入れるのは、どうしても躊躇せざるを得ない点がある。それは次の内容に賛同できないからである。松宮は『米欧回覧実記』と、同時代のある文章の記述が酷似していると言う。以下、その二つの文章を筆者なりに比較してみたい。まずは、松宮が引用した双方の文章を記す。

・『米欧回覧実記』の文章

○夫ヨリ蔵画館ニ至ル、欧洲ニ高名ナル「ボットル」氏ノ、柳陰ニ牛羊ヲ牧スル図、「レンブランド」氏ノ人体ヲ解剖スル図ノ如キ、ミナ此院ニアリ、拿破侖第一世欧洲ヲ席巻セルトキ、各国ノ珍宝ヲ集メシニ、此牧羊ノ図ハ、欧洲第二ノ名画ナルトノ鑑定トナリシヲ以テ、四十万弗ニテ買取ントセシニ、蘭人与ヘサリシトナリ、此図ノ大サ竪七尺、幅一丈五六尺モアルヘキ大額面ナリ、坊間ニ其縮模図ヲ抽摺ニシテ鬻ク

・ユージン・フロマンタンの『昔日の巨匠たち』の文章

《テュルプ博士の解剖学講義》や《夜景》と並んで、パウルス・ポッターの『雄牛』〔図86〕はオランダで最も有名な絵のひとつである。デン・ハーグの美術館が人々の関心を集める理由の大半は、この作品にあると言っても過言ではない。これはポッターの最大規模の作品ではないが、少なくとも彼の大作の中で、注意深い考察に値する唯一の作品なのである。アムステルダムの美術館の《熊狩り》などは、かりにこれを真筆と見なすとして、後世の加筆でそこなわれていることを別にしても、所詮は若者の無謀な企てに過ぎず、ポッターが生涯に犯した最大の過ちというほかはない代物である。『雄牛』のほうは、はかりがたい価値がある。ポッターの作品の今日の評価額に従ってこの絵を値ぶみするならば、ヨーロッパのどこで売り立てに出されようと、途方もない高値を呼ぶことは疑いない。では、これは美しい絵なのか。全然美しくはない。そんな値段をつけられるほどの価値があるのだろうか。その点は異論の余地がない。それでは、パウルス・ポッテルは大画家なのだろうか。そのとおり。とすると、彼が巧い絵描きだという人々の通念は正しいのだろうか。厳密に言うと正しくない。この点は誤解されているので、これを解く必要がある。

なお『米欧回覧実記』は、現代語訳が刊行されているので、それを比較の参考としたい(4)。

〇それから美術館に行った。ヨーロッパで名高い(ディールク・)ブーツ(一四一〇?〜一四七五)氏の、柳の陰で牛・羊を放牧している絵や、レンブラント(・ファン・リーン、一六〇六〜一六六九)氏の人体解剖の図などはみなこの美術館にある。ナポレオン一世が欧州全域を征服した際、各国の貴重な宝物を集めたが、この牧羊の絵は、ヨーロッパで第二の名画であるという(専門家の)鑑定があったので、四〇万ドルで買い取ろうとした。しかし、オランダ人は承知しなかったという。大きさは縦二メートルあまり、横五メートル近い大画面である。世間ではその縮小したものが図版になって売られている。(前記と共に傍線筆者)

これらを松宮は酷似していると言うのである。しかし筆者は「似て非なるもの」と考える。つまり、何が似ているかというと、久米の記述は「雄牛の図はナポレオン一世が四十万ドルという高価で買い取ろうとしても買うことができなかったほどの価値であり、その大作の故か縮小図版として売られている」ということであり、フロマンタンはナポレオンという「伝説」に触れることもなく、唯一「途方もない高値」という点が似ていなくもないだけである。そして不可解なのは、筆者が傍線を加えた部分について、実は松宮は何故か引用していないのである。間違いなく前文と関連し、それに続く文章であるにも関わらず、縮小図版が売られていることを読み取れなくしている。そして、そのような内容はフロマンタンの記述にはもちろん見当たらず、とても似ているとも言えるものでもない、松宮にとっては誠に不都合な部分なのである。

また松宮は、レンブラントの『テュルプ博士の解剖学講義』について論文中にその写真を掲げ、さらにその説明に「『米欧回覧実記』の記述に見られるように、その評価はボッターの下位に立っている。」と言うのである。しかし、『米欧回覧実記』には上位・下位という概念は読み取れない。あくまで並列・併記の関係であって、文章全体の中心が『雄牛』にあるため先に記されたという性格のものではなかろうか。つまり、松宮が自分の価値観を強引に当てはめた言い方でしかないと言わざるを得ない。

また、松宮は「彼の「博物館」観を付したのは、「大英博物館」と「サウスケンジントン博物館」のみである」と、いかにも久米は博物館をさほど論じていないかのような物言いをつける。しかし、本当にそうだろうか。

例えば「此ニ又「コンセルワトワル」ノ博物館ヲ記ス、（中略）目ヨリ導キテ、耳ニ及ホシ、耳ヨリ教ヘテ目ニ及ホシ、耳目ノ両竅ニヨリ、直ニ其頭漿ニ開明ノ智ヲ輸送ス、是此館ノ大益アル所ナリ」（第四十三巻）など、深く踏み込んだ博物館観ではないにしても、博物館の意義に関しての記述はほかにも認められる箇所がある。農業博物館の意義（第六十三巻）や民族学博物館（第七十四巻）の意義に簡単に触れた文章にも当たることができる。また、逆に見聞した博物館の全部ではないにしても、いちいち博物館観を付す必要があるものだろうかという疑問もある。これは『米欧回覧実記』であり、『米欧博物館回覧実記』ではないのである。博物館に関する諸記述を通読することで、博物館観が理解できるのであり、そのように久米なりに述べていると筆者は考える。

つまり、こういった論法を用いている松宮の所論の妥当性に賛同できるかというと、それは困難であるというのが筆者の見解である。また、オランダ編が「「ミュージアム」施設の記述に圧倒的な分量を割」いているため松宮は採用していると述べたが、「圧倒的」なのはイギリス編であり、その他でもフランス編、ドイツ編、イタリア編にはオランダ編と同等か、それよりも多い記述がある。つまり、「圧倒的」という「嘘」が潜んでいるのである。

このように、武田にしても松宮にしても、非常に都合の良い解釈や引用、述べ方になっているのであり、直に受け止められるものではない。そして久米邦武の面目をつぶしたとも言える、その過ちを見逃すわけには行かないと改めて言っておきたい。

三　久米邦武の博物館及び展示の見方

さて、では実際に久米邦武は「博物館」や「展示」をどう記録したのか確認してみる。即ち、総合的に判断して久米や『米欧回覧実記』の記載のあり方を評価すべきと考えるからである。なお前記した七十三件全てを網羅するのは紙数の都合で不可能なので、主な記述を取り上げて説明する（括弧内にその解釈を記す）。

・**第二十三巻「倫敦府ノ記 上」** 南「ケンシントン」ノ博覧館ヲ一見ス、（中略）印度貴人ノ偶像ヲ刻シ、之ニ衣被粧飾セシメテ、其著用ノ何状何用タルコトヲ知シメタリ

（人形を使用して装飾品の装着の様子を示すことの効果を述べる。モノだけ置くのではなく、理解を促す展示のあり方を記している。）

・**第三十一巻「壱丁堡府ノ記」** 製作ノ品物ヲ排序スルニ、注意ヲ加ヘタリ、一物ノ原質ヨリ、次第ニ工作ヲ経テ、成就ニ至ルマテ、順序ヲ残サス陳列ス、（中略）ミナ一見シ其術ヲ詳悉スヘシ

（配列方法に注意して、原料から工程、完成に至るまでが順に全て展示されることで、理解が高まることを述べる。そして、一見してその技術が詳しく理解できることを述べている。）

・**第四十三巻「巴黎府ノ記二」** 「コンセルワトワル」ニ至ル、此ハ農業工芸ノ諸器械ノ常博覧場ナリ、（中略）螺旋ヲ以テ機関ノ枢ヲ捩レハ、（中略）即チ局調シ音発ス、宛トシテ活ルカ如シ、（中略）其他製鉄ノ器ハ、ミナ雛形ヲ具シ、火爐ノ雛形ハ、割ルヘク畳ムヘカラシム

（機器のネジを回せばピアノが演奏を始める仕掛けは、参加型展示の一形態と言える。また、溶鉱炉の模型が分解

したり組み立てたり出来るというのも参加型展示であり、それらはハンズ・オン展示の紹介ということにもなる。つまり、モノをただ並べることだけが「展示」ではないことを明示している。）

・**第五十三巻「海牙鹿特坦及ヒ来丁ノ記」** 東南洋ノ博物館アリ、是ハ首トシテ「シーボルト」氏ノ集メタル、日本ノ諸物品ヲ蓄へ、数室ニ充ツ、已ニ十余年ヲ経タルハ、多ク色変シ、形傷レテ、見ルニ足ラス

（海外の展示といえども決していい面ばかりではなく、見るに値しない様を的確に捉えている。）

・**第六十三巻「聖彼得堡府ノ記」** 農業博物館ニ至ル、（中略）諸物器械ヲ備ヘタルコト、簡ニシテ要ヲ得テ、一矚モ亦益アルヲ覚フナリ

（機械類の展示について、簡潔で要領を得た展示は、わずかな観覧でも有益であるとする。）

・**同右** 其他蜜蝋、或ハ硫酸石炭ヲ以テ、諸果ヲ製シテ陳列ス、ミナ真ヲ欺ク

（複製・模造を示すもので、二次資料展示の意義に関する記述である。）

・**第六十八巻「瑞典国ノ記 上」** 農業工芸ヲ教ヘル用意ニテ、草木ノ種子ニ、成形ノ図説ヲ附籤シ、或ハ工作ノ順序ヲ排序シ、器械雛形ニ及ヘル所アリ、（中略）衆ニ教示ヲ寓スル親切ナリ

（種子の成長を図で示し、また工作（加工）の順を示して模型まで見せるなど、市民の教育に有効で親切な展示のあり方を見極めている。）

以上、その主な部分のほんのごく一部を抜粋した。ここで改めて考えたいのは、久米や使節団が、博物館等で何を見てきたかである。展示しているモノを見てきたのか。それは確かであろう。しかしここで忘れてならないのは、モノだけではなく、展示技法に注目している点である。日本人のその他の見聞記を見渡すと、何を展示しているかということに触れるものは非常に多い、と言うよりも、ほとんどがそういった記述に留まっている。それに対し、久米の記述は現

在で言うところのハンズ・オン展示にまで目を向け、その様子を伝えている。しかし、それはその仕掛けの全てを記しているのではなく、簡潔に記されているだけであり、それをそのまま応用できるものではない。と言って、それで久米の評価が落ちるとは言えない。日本において博物館という制度がようやく始まり、これから様々な意味で整備が進められようとした時代であって、その時に果たした『米欧回覧実記』の意味こそ、さらに追求しなければならないと思うところである。

おわりに―久米邦武の評価

本稿は、久米邦武の面目躍如を目的に草したものである。先人を評価する際、その仕事をどのように捉えるかで、全く想像もしない評価が現われることがある。それが今回取り上げた二編の論考であった。

しかし前節のように、博物館やその展示を見聞し、その展示の諸々の特徴を細かに記録した久米邦武であった。つまり、久米邦武の展示に対しての洞察力の鋭さは認められ、当時において極めて出色のものであって、現在見直しても色あせることなどないと考えるものである。そういった評価ができるはずにも関わらず、久米の面目が保たれない論考が出されているため、それらについての解釈を、わずかながら述べた次第である。紙数の関係で所論の一つひとつを細かに論じる余裕がなかったが、二つの論法の特徴を示す部分の抽出にはなったのではないかと思う。

なお、『米欧回覧実記』に博物館や展示の記載が多く存在するからと言って、それが直に後進に影響を与え、以後の日本の博物館や展示に反映されたかどうかは定かではない。そもそも、どれだけの識者の眼に止まったかの確認ができないし、その保証もない。さらに、どれだけ臨場感のある記述をしても、それで博物館の全てがわかる訳でもなく、それを読み、応用、採用するのに全部ではなくごく一部のみを参考とすることなども十分あり得るからであるし、もっとも、応用する側の意識や力量にもよるからである。つまり、実態解明は極めて困難であるとしか言えない。しかし、この時代にこれほどの博物館や展示の記述に出会うことは、『米欧回覧実記』以外にはあり得ないのであって、更なる評価が求められるし、筆者自身、さらに読み解いてみたいと考えるのである。

註

（1）山本哲也　二〇一〇「「博物館」の成立前後に海外の「展示」を見てきた日本人―日本における博物館展示の始原との関わりを考える―」『展示学』第四十八号　日本展示学会

（2）武田雅哉　一九九三「大英博物館を見たふたつの東洋―『米欧回覧実記』と『環游地球新録』」『米欧回覧実記』の学際的研究』北海道大学図書刊行会

（3）松宮秀治　一九九五「万国博覧会とミュージアム」『『米欧回覧実記』を読む―一八七〇年代の世界と日本―』法律文化社

（4）水澤　周訳　二〇〇八『現代語訳　特命全権大使 米欧回覧実記　普及版』第三巻　ヨーロッパ大陸編　上　慶應義塾大学出版会

椙山林継先生　年譜

昭和十五年一月二十一日
上総國天羽郡総鎮守、八雲神社の社家に生まれる。
昭和三十一年
七月、千葉県木更津市祇園貝塚の発掘調査（千葉大学神尾明正・千葉県立木更津高等学校対馬郁夫指導）に木更津高等学校郷土研究部々長として参加。
八月、神道講習（直階）受講。八雲神社禰宜。
昭和三十二年
木更津市永井作貝塚の発掘調査（千葉大学神尾明正・対馬郁夫指導）に参加。
木更津市江川火葬墓の発掘調査（保坂三郎調査）に参加。
昭和三十三年
四月、國學院大學文学部史学科入学。
東京都世田谷区等々力渓谷横穴の発掘調査（東京大学甘粕健調査）に参加。
昭和三十六年
茨城県筑波山の踏査。
六月、千葉県成田市花内玉作遺跡の発掘調査（寺村光晴調査）に参加。
昭和三十七年
三月、國學院大學文学部史学科卒業。
四月、國學院大學大学院文学研究科日本史専攻修士課程入学。
千葉県市原市惣社古墳群の発掘調査（大場磐雄団長）に参加。

神奈川県横浜市三殿台遺跡の発掘調査（國學院大學班）に参加。

昭和三十八年

埼玉県熊谷市西別府祭祀遺跡の発掘調査（大場磐雄団長）に参加。

熊野総合調査、和歌山県新宮市阿須賀神社境内発掘調査（考古班）。

千葉県姉ヶ崎町山王山古墳の発掘調査（甘粕健主任）に参加。

昭和三十九年

三月、東京都八王子市宇津木台遺跡の発掘調査（大場磐雄団長・椙山主任）。

四月、國學院大學文学部助手に就任。

五月、島根県東忌部中島玉作遺跡の発掘調査（寺村光晴氏調査）に参加。

八月、東京都町田市鶴川地区の発掘調査（大場磐雄団長）に参加。

十月、福井県坂井市河和田玉作遺跡の発掘調査（寺村光晴調査）に参加。

昭和四十年

三月、福井県鯖江市王山古墳群の発掘調査（斉藤優団長・椙山主任）。

七月、鯖江市長泉山古墳群の発掘調査（斉藤優団長・椙山主任）。

東京都八王子市石川・楢原・元八王子、中央道関係の遺跡発掘調査（大場磐雄団長・椙山主任）。

昭和四十一年

東京都調布市深大寺、中央道関係の遺跡発掘調査（大場磐雄団長・椙山主任）。

昭和四十二年

二月、千葉県富津市天王台遺跡の発掘調査（椙山団長）を実施。

三月、國學院大學大学院文学研究科日本史専攻博士課程単位取得退学。

四月、富山県朝日町浜山玉作遺跡の発掘調査（寺村光晴団長）に参加。

八月、東京都町田市木曽遺跡の発掘調査（大場磐雄団長）を実施。

昭和四十三年

長野県下伊那郡阿智村神坂峠祭祀遺跡の発掘調査（大場磐雄団長・楢崎彰一・大沢和夫副団長・椙山主任）。

千葉県富津市海良天神台遺跡の発掘調査（野中徹調査）に参加。

八月、茨城県土浦市宍塚古墳群の発掘調査（大場磐雄団長・椙山主任）。

十月、和歌山県那智山経塚の発掘調査（大場磐雄団長・椙山主任）。

昭和四十四年

千葉県県下総町大日山古墳の発掘調査（市毛勲調査）。

九月、長野県軽井沢町入山峠祭祀遺跡の発掘調査（大場磐雄団長・椙山主任）。

昭和四十五年

四月、國學院大學日本文化研究所嘱託研究員に就任。

八月より、千葉県船橋市千葉ニュータウン開発関連の埋蔵文化財調査（椙山調査班長）。小室遺跡の発掘調査を実施。

昭和四十六・七年

千葉県千葉ニュータウン開発関連の埋蔵文化財調査（椙山団長）。

昭和五十年

千葉県富津市文化財審議会委員に就任。

千葉県木更津市請西遺跡の発掘調査（椙山調査班長）。

昭和五十一年

二月、八雲神社他十五社の宮司に就任。

三月、千葉県富津市西山横穴群の発掘調査（野中徹団長）に参加。

四月、國學院大學文学部兼任講師に就任。

昭和五十二年

千葉県富津市市史編さん委員会委員（古代担当）に就任。

昭和五十四年
千葉県木更津市鳥越古墳の発掘調査（椙山団長）。
昭和五十五年
東京都八王子市宇津木台遺跡の発掘調査（椙山団長）。
昭和五十六年
千葉県香取市十老山古墳、富津市向原新割古墳の発掘調査（椙山団長）。
昭和五十七年
国立歴史民俗博物館共同研究「古代祭祀遺跡に関する基礎的研究」、共同研究プロジェクトメンバー。（〜昭和五十九年）
（財）君津郡市文化財センター理事に就任。
昭和五十八年
國學院大學日本文化研究所助教授に就任。
千葉県富津市森山塚古墳の発掘調査（國學院大學考古学実習指導調査）。
昭和六十年
石川県（白山市）白山山頂遺跡の調査（加藤有次団長・椙山主任）。
（〜昭和六十一年）
昭和六十二年
日本文化研究所主事に就任。
平成元年
神社本庁教学委員に就任。
平成三年
國學院大學日本文化研究所教授に就任。
平成六年
祭祀考古学会を創設、会長に就任。

平成十二年

（財）千葉県文化財センター理事に就任。（〜平成十七年）

平成十三年

國學院大學から博士（歴史学）の学位を授与される。

國學院大學日本文化研究所所長に就任。

学校法人國學院大學評議員に就任。

平成十四年

國學院大學神道文化学部教授・同大学院兼担教授に就任。

平成十六年

東京都足立区文化財保護審議会委員に就任。

平成十七年

四月、神道宗教学会々長に就任。（〜平成二十一年三月）

平成十八年

千葉県文化財保護審議会委員に就任。

平成十九年

國學院大學伝統文化リサーチセンター長に就任。

國學院大學神道学専攻科長に就任。

平成二十年

千葉県館山市文化財審議会委員に就任。

平成二十一年

七月、千葉県神社庁長に就任。

平成二十二年

國學院大學から名誉教授の称号を授与される。

業績一覧

昭和四十年

・「上代祭祀遺物の研究」『新国学』三

・「古代祭祀の分布私考」『上代文化』三十五

昭和四十一年

・「千葉県岩井宮の台祭祀遺跡と国勝神社」『研修』第二十号

昭和四十二年

・「墳丘内発見礫積みの遺構について」『月刊考古学ジャーナル』第九号

・『王山・長泉山古墳群』鯖江市教育委員会（共著）

昭和四十四年

・『神坂峠』阿智村教育委員会（共著）

昭和四十五年

・「瀬戸内海における古代祭祀」『神道宗教』第六十一輯

・『町田市史』上巻　町田市史編纂委員会（共著）

・『町田市三輪宮ノ前遺跡』町田市史編纂委員会（共編）

昭和四十六年

・『那智経塚』那智熊野大社（共編）

・『常陸宍塚』國學院大學宍塚調査団（共著）

・『大日山古墳』大日山古墳調査団（共著）

・『堂場遺跡調査報告書』町田市史編纂委員会（編）

昭和四十七年

・「祭と葬の分化―石製模造品を中心として―」『國學院大學日本文化研究所紀要』第二十九輯

・「祭祀遺跡　関東」『神道考古学講座』第二巻　雄山閣

・「神坂峠」『神道考古学講座』第五巻　雄山閣

・『大満横穴群調査報告書』富津市教育委員会（共著）

昭和四十八年

・『下総国の玉作遺跡』千葉県教育委員会（共著）

昭和四十九年

・『千葉ニュータウン埋蔵文化財調査報告書Ⅰ』千葉県都市公社（共著）

昭和五十年

・「住居址発見祭祀遺物の研究―時期検討を中心に」『國學院大學日本文化研究所紀要』第三十七輯

・『木更津市請西遺跡』請西遺跡調査会（共著）

・『下総小川台古墳群』芝山はにわ博物館（共著）

・『世田谷区史』資料編二　世田谷区（共著）

・『遺跡日吉倉』日吉倉遺跡調査団（共著）

昭和五十一年

・「古代祭場立地考」『國學院大學日本文化研究所紀要』第三十八輯

・『請西』木更津市教育委員会（共著）

昭和五十二年

・「葬送儀礼の考古学的事象―古墳における祭器具」『國學院雑誌』第七十八巻第十二号

昭和五十三年

・『真里谷城址』木更津市教育委員会（共著）

昭和五十四年

・『史跡弁天山古墳』富津市教育委員会（共著）

・『上総菅生遺跡』木更津市教育委員会（共著）

・「文献史料から見た天羽郡」『富津市西山横穴群調査報告書』西山横穴群発掘調査団

昭和五十五年

・「「やまとごと」の系譜」『國學院雑誌』第八十一巻第十一号

・「吉田家関東役所の創立と初期の活動」『國學院大學日本文化研究所紀要』第四十五輯

・『上総山王山古墳』市原市教育委員会（共著）

・「鳥越古墳の調査（1）」『宇麻具多』創刊号　木更津古代史の会

昭和五十六年

・「いはさか（磐境）（神道用語集三十五）」『國學院大學日本文化研究所紀要』第四十七輯

・「石製模造品」『神道考古学講座』第三巻　雄山閣

・「金属製模造品」『神道考古学講座』第三巻　雄山閣

昭和五十七年

・『富津市史』古代編　富津市（共著）

・『上野塚古墳』上野塚古墳発掘調査団（共著）

・『飯野陣屋』稲荷口遺跡調査会（共著）

・「鳥越古墳の調査（2）」『宇麻具多』第2号　木更津古代史の会

・「房総関係抜粋資料Ⅲ「柴田常恵資料」」『宇麻具多』第3号　木更津古代史の会

昭和五十八年

・「古墳時代後期における地域性について―横穴式石室の玄門部構造」『坂本太郎博士頌寿記念日本史学論集』上

・「古事記の「たま」」『神道思想史研究』安津素彦博士古希祝賀会

・『入山峠』長野県軽井沢町教育委員会（共著）

昭和六十年

・「安房における鐸鈴のまつり」『国立歴史民俗博物館研究報告』第七集
・「筑波山中における祭祀遺跡」『常陸国風土記と考古学　大森信英先生還暦記念論集』雄山閣
・『日本宗教事典』弘文堂（共著）

昭和六十一年

・「祭と葬の分化」『日本考古論集』三（呪法と祭祀・信仰）吉川弘文館
・「内裏塚古墳出土の鳴鏑」『宇麻具多』第４号　木更津古代史の会

平成三年

・『律令制祭祀論考』塙書房（共著）
・「杉浦国頭の葬儀」『國學院大學日本文化研究所紀要』第六十七輯

平成五年

・「根本胤満の葬儀」『神道宗教』一五二号
・「古代のまつり」『考古学と古代日本』東京理科大学特別教室

平成六年

・「鹿島神宮」『風土記の考古学的研究─常陸国風土記の巻』
・『風土記の考古学的研究－常陸国風土記の巻二』同成社（共著）

平成七年

・「日本列島の五世紀を中心とした祭祀遺跡」『海の祭祀』韓国立全州博物館
・「〝こと〟のこと」『國學院大學日本文化研究所所報』Vol.32　No.2

平成八年

・「最近の祭祀遺跡調査動向」『月刊考古学ジャーナル三九八号』ニューサイエンス社

平成九年

・「冠考」『國學院大學考古学資料館紀要』第十三輯

平成十年

・「祭と葬の分化」『現代神道研究集録（二）　神道史研究編Ⅰ』

・「巨大な琴」『瑞垣』一八一　神宮司庁

・「玉と魂―石製品の祭り―」『奈良国立文化財研究所学報』59『日本の信仰遺跡』

・「吉田家関東役所の創立と初期の活動」『現代神道研究集録（三）　神道史研究編Ⅱ』

・「薩摩の神社奉納鏡―大形和鏡を中心として」『國學院大學考古学資料館紀要』第十四輯

・鼎談：「緊急鼎談・黒塚古墳発掘の意味」『東アジアの古代文化』九十五（共著）

平成十一年

・「建鉾山祭祀遺跡と儀鏡」『月刊考古学ジャーナル』第四四六号　ニューサイエンス社

平成十二年

・「古墳時代の祭祀の成立とその性格」『祭祀考古学』第二巻　祭祀考古学会

・「飛鳥時代の祭祀遺跡」『神道宗教』一八〇号

平成十三年

・「高山大岳山頂部における古代祭祀の展開―白山の例を通じて―」『宗教儀礼にみる自然・社会環境の読み込み構造の解析』

・「Chapter I. Religion in Primieve Japanese Society」『A History of Japanese Religion』Kosei Publishing Co.（共著）

・「薩摩の神社奉納鏡（承前）―大形和鏡を中心として」『國學院大學考古学資料館紀要』第十五輯

・「祭祀考古学から見た大社神殿」『東アジアの古代文化』第一〇六

平成十四年

・「吉田家国掛役人について」『國學院雑誌』第一〇三巻第五号

・「関東・東北地方の神社奉納鏡―大形和鏡を中心として」『國學院大學考古学資料館紀要』第十六輯

・「考古学から見た出雲大社」『神道宗教』第一八二号

・「出雲の考古学」『東アジアの古代文化』第一一二号

平成十五年

・「日本列島における青銅器祭祀のはじまり」『東アジアにおける新石器文化の成立と展開』國學院大學二十一世紀COE第1グループ考古学

・「神社の鑑鏡」『國學院大學二十一世紀COEプログラム「神道と日本文化の国学的研究発信の拠点形成」研究報告書』國學院大學二十一世紀COEプログラム研究センター

・「峠の祭祀―神坂―」『平成十四年度「劣化画像の再生活用と資料化に関する基礎的研究事業報告」』國學院大學学術フロンティア事業委員会

・「神道宗門の一考察―神職家族全員が神道宗門として別帳で届け出ている例」『國學院雑誌』第一〇四巻第十一号

・『山岳信仰と考古学』同成社（共著）

平成十六年

・「古代祭祀遺跡の展開」『季刊考古学』八十七　特集：古代祭祀の世界　雄山閣

・「古墳時代後期の滑石質材玉作」『日本玉作大観』吉川弘文館

・「神道考古学から見た古代の大社」『出雲大社境内遺跡』大社町教育委員会

・「多鈕細文鏡予稿―平成十五年度調査から見た検討―」國學院大學二十一世紀COE第1グループ考古学

・「宇津木向原遺跡の方形周溝墓」『宇津木向原遺跡発掘四〇周年記念「方形周溝墓研究の今」Ⅰ』方形周溝墓シンポジウム実行委員会

平成十七年

・「多鈕細文鏡の観察と使用痕跡について」『東アジアにおける新石器文化と日本』國學院大學二十一世紀COE第1グループ考古学

・『古代出雲大社の祭儀と神殿』学生社（共著）

・「山岳信仰遺跡の再検討」『考古学の諸相Ⅱ―坂詰秀一先生古希記念論文集』匠出版

・「東アジアにおける青銅器祭祀調査報告」『國學院大學二十一世紀COEプログラム「神道と日本文化の国学的研究発信の拠点形成」二〇〇五年度考古学調査研究報告―東アジアにおける新石器文化と日本　Ⅲ』

平成十八年

・「弥生のマツリ、古墳のマツリ」『國學院大學二十一世紀COEプログラム「神道と日本文化の国学的研究発信の拠点形成」国際シン

ポジウム予稿集　二〇〇六年度考古学調査報告―東アジア世界の日本基層文化における考古学的解明』

・『神道と日本文化』兵庫県神社庁編・戎光祥出版（共著）

平成十九年

・講演録：「鏡と神道考古学」『皇學館大學神道研究所紀要』

平成二十年

・『近世の好古家たち』雄山閣（共著）

・年表編纂：「白山信仰史年表」白山比咩神社（共著）

・「考古資料から見た日本の鳥信仰」『鳥学大全』東京大学総合研究博物館

・「古墳時代の海上交通と信仰」『古代日本の異文化交流』勉誠出版

平成二十一年

・『神社継承の制度史』思文閣出版（共著）

執筆者一覧（掲載順）

阿部　昭典	（アベ・アキノリ）	國學院大學客員研究員
中村　耕作	（ナカムラ・コウサク）	國學院大學助手
石井　匠	（イシイ・タクミ）	國學院大學ポスドク研究員
小林　青樹	（コバヤシ・セイジ）	國學院大學栃木短期大学教授
鈴木　敏弘	（スズキ・トシヒロ）	大東文化大学非常勤講師
柳田　康雄	（ヤナギダ・ヤスオ）	國學院大學教授
池上　悟	（イケガミ・サトル）	立正大学教授
石野　博信	（イシノ・ヒロノブ）	兵庫県立考古博物館館長
大平　茂	（オオヒラ・シゲル）	兵庫県立考古博物館調査第一課長
小沢　洋	（オザワ・ヒロシ）	富津市教育委員会生涯学習課課長補佐兼文化係長
瓦吹　堅	（カワラブキ・ケン）	高萩市歴史民俗資料館文化財専門員
木下　亘	（キノシタ・ワタル）	奈良県立橿原考古学研究所埋蔵文化財部主幹
酒巻　忠史	（サカマキ・タダシ）	木更津市役所主査
坂本　和俊	（サカモト・カズトシ）	埼玉県立本庄高等学校教諭
佐々木　彰	（ササキ・アキラ）	足立区教育委員会文化課学芸員
笹生　衛	（サソウ　マモル）	國學院大學教授

篠原　祐一（シノハラ・ユウイチ）財団法人とちぎ生涯学習文化財団埋蔵文化財センター調査部係長
高橋　一夫（タカハシ・カズオ）国士舘大学非常勤講師
古谷　毅（フルヤ・タケシ）東京国立博物館学芸研究部列品情報整備室長
光江　章（ミツエ・アキラ）袖ケ浦市教育委員会生涯学習課文化振興班班長
米川　仁一（ヨネカワ・ジンイチ）奈良県立橿原考古学研究所主任研究員
高　慶秀（コ・キョンス）國學院大學外国人研究員
加藤　里美（カトウ・サトミ）國學院大學専任講師
谷口　康浩（タニグチ・ヤスヒロ）國學院大學准教授
青木　豊（アオキ・ユタカ）國學院大學教授
天野　努（アマノ・ツトム）房総古代学研究会代表・元千葉県立安房博物館館長
嵐　義人（アラシ・ヨシンド）國學院大學教授
石橋　美和子（イシバシ・ミワコ）財団法人鹿嶋市文化スポーツ振興事業団調査係主幹
宇野　淳子（ウノ・ジュンコ）学習院大学大学院博士後期課程
嵯峨井　建（サガイ・ケン）賀茂御祖神社禰宜
佐藤　長門（サトウ・ナガト）國學院大學教授
鈴木　靖民（スズキ・ヤスタミ）國學院大學教授
竹田　政敬（タケダ・マサタカ）橿原市世界遺産推進課課長補佐

辰巳　和弘（タツミ・カズヒロ）　同志社大学教授
中西　正幸（ナカニシ・マサユキ）　國學院大學教授
藤森　馨（フジモリ・カオル）　国士舘大学教授
深澤　太郎（フカサワ・タロウ）　國學院大學助教
村瀬　友洋（ムラセ・トモヒロ）　國學院大學大学院博士課程後期満期退学
茂木　雅博（モギ・マサヒロ）　茨城大学名誉教授・土浦市立博物館長・奈良県立橿原考古学研究所指導研究員
内川　隆志（ウチカワ・タカシ）　國學院大學准教授
尾多賀　晴悟（オタガ・セイゴ）　備後一宮吉備津神社権禰宜
時枝　務（トキエダ・ツトム）　立正大学准教授
高塩　博（タカシオ・ヒロシ）　國學院大學教授
小川　直之（オガワ・ナオユキ）　國學院大學教授
石井　研士（イシイ・ケンジ）　國學院大學教授
藤本　頼生（フジモト・ヨリオ）　神社本庁録事
松村　志眞秀（マツムラ・シマホ）　國學院大學大学院特別研究生
青木　繁夫（アオキ・シゲオ）　サイバー大学教授
山内　利秋（ヤマウチ・トシアキ）　九州保健福祉大学准教授
山本　哲也（ヤマモト・テツヤ）　新潟県立歴史博物館専門研究員

あとがき

平成二十二年一月、我々が敬愛する椙山林継先生は、めでたく古稀を迎えられた。

先生は、國學院大學大学院在学中から國學院大學考古学研究室助手をつとめられ、大学院修了後は、出身地の千葉県及び東京都下などで数多くの埋蔵文化財の発掘調査を担当された。また、昭和五十八年に國學院大學日本文化研究所の助教授、平成十四年からは國學院大學神道文化学部教授として後進の指導に当たられ、多くの人材を世に送り出してこられた。さらに、國學院大學日本文化研究所の所長もつとめられ、様々な研究業績を残しておられる。

先生の御研究は、神道考古学を提唱した大場磐雄博士の学問を直接受け継ぐもので、『神道考古学講座』全六巻の刊行を始めとして、神道考古学研究の中核となり、その体系化と発展を担われてきた。最近では、さらに広い視野から祭祀考古学を提唱され、祭祀考古学会を創設、現代的な視点に立った「まつり」の新しい考古学研究を試みられている。その一方で、近世以降の神社・神職制度に関しても造詣が深く、その方面での研究業績も多く残されている。つまり、先生の御研究は、日本列島を舞台として、原始・古代から、近世以降まで視野に入れた、まさに日本の基層文化の通史的な研究と言えるものである。

そこで、日本の基層文化をテーマとする論文集『日本基層文化論叢』の出版を計画したところ、多くの方々から御賛同を賜り、各方面から論文を寄せていただいた。ここに、無事、記念論集を刊行することができた。本書を、椙山先生に献呈し、先生の古稀をお祝いしたい。先生の今後の御健康と更なる御活躍をお祈りする次第である。

先生には、これまでに変わらず、温かい笑顔で末長く後進を御指導くださるようお願い申し上げる。

最後に、本論集の出版を引き受けてくださった雄山閣、本論集の趣旨に御賛同いただき論文を執筆くださった関係各位には、改めて感謝する次第である。

平成二十二年六月三十日

椙山林継先生古稀記念論集刊行会

平成22年8月31日　発行　《検印省略》

椙山林継先生古稀記念論集（すぎやましげつぐせんせいこききねんろんしゅう）

日本基層文化論叢（にほんきそうぶんかろんそう）

編　者　© 椙山林継先生古稀記念論集刊行会

発行者　宮田哲男

発　行　株式会社 雄山閣

東京都千代田区富士見２－６－９
TEL 03-3262-3231 / FAX 03-3262-6938
振替 00130-5-1685　http: //www.yuzankaku.co.jp

印　刷　松澤印刷

製　本　協栄製本

Printed in Japan 2010
ISBN 978-4-639-02147-6 C3021